Acharyya Verlag
für kritische Wissenschaft
Internet: www.acharyya.de

Bisher erschienen:

Preis des aufrechten Gangs
Die dokumentarische Erzählung von Prodosh Aich
Aus den Jahren 1957–1987 in Deutschland und in Indien
ISBN 3–935418–01–9

Lügen mit langen Beinen
Entdeckungen, Gelehrte, Wissenschaft, Aufklärung
Dokumentarische Erzählung von Prodosh Aich
ISBN 3–935418–02–7

In Vorbereitung:

Die Auffassung von Ayurveda
Für perfekte Gesundheit und langes Leben
Von Vaidya H. S. Kasture
Übertragen aus dem Englischen durch
Dr. Gisela Aich, Dr. Prodosh Aich und Aldo Stowasser

Titel der Originalausgabe

Before the
Beginning
And After the
End

BEYOND THE UNIVERSE OF PHYSICS

REDISCOVERING ANCIENT INSIGHTS

Rishi Kumar Mishra

Ediert von VYVYAN CAYLEY

Veröffentlicht in: Rupa & Co, (Rupa Hardback) New Delhi, 2000
Copyright © R. K. Mishra
ISBN 81-7167-450-X

Ins Deutsche übertragen von

Gisela Aich
Prodosh Aich
Aldo Stowasser

Juni 2004
Acharyya Verlag, Oldenburg (in Oldenburg)
© 2004 Prodosh Aich
Umschlaggestaltung: [FEINDESIGN] Oldenburg (in Oldenburg)
Herstellung: Books on Demand GmbH, Norderstedt
Printed in Germany ISBN 3-935418-03-5

Rishi Kumar Mishra

Vor dem
Beginn
Und nach dem
Ende
Jenseits des Universums der Physik

Widerentdeckung der Einsichten aus alter Zeit

Ins deutsche übertragen
von
Gisela Aich
Prodosh Aich (verantwortlich)
Aldo Stowasser

Acharayya Verlag
für kritische Wissenschaft
www.acharyya.de

Vorwort zur deutschen Ausgabe

Die deutsche Fassung ist keine Übersetzung im üblichen Sinne. Sie ist aus dem englischen Original ins Deutsche übertragen. Dabei ist die Struktur des Textes – Abschnitte, Kapitel, Absätze – voll berücksichtigt. Es gibt Umstellungen innerhalb des Absatzes. Der Stil des Autors ist weitestgehend berücksichtigt.

Alle Sanskritwörter sind durch das Kursive erkennbar. Diese nicht übersetzten Wörter sollen ständig signalisieren, das sie nicht ohne Verzerrung übersetzbar sind. Die Bedeutung dieser Wörter ist im Text entsprechend erläutert bzw. umschrieben worden. Es könnte möglich sein, für die erläuterten *vedischen* Begriffe auf Englisch oder in einer anderen Sprache durchaus zusammenfassende Begriffe zu erfinden. Nur dürfen diese nicht schon belastet sein mit früherem Sinngehalt.

Die deutsche Fassung enthält kein Glossar und keinen Index. Wir sind der Überzeugung, daß sich das vorliegende Buch nicht schnell bzw. diagonal lesen läßt. Deshalb hat sowohl ein Glossar wie auch ein Index keine Funktion. Nicht nur diese Auslassung, sondern jede vom Original abweichende Organisation des Textes, ist mit der Zustimmung des Autors geschehen. Die Fußnoten sind stets unten auf der Seite. Wir finden keinen einleuchtenden Sinn, die Fußnoten am Ende zu plazieren. Zentrale *vedische* Begriffe, die nach einer Weile wiederauftauchen, sind in Klammern mit einer „Erinnerungsstütze" auf Deutsch versehen.

Sanskrit kennt den Bindestrich zwischen Wörtern nicht. Die Wörter, die nebeneinander verbunden im Satz den Sinn geben, werden, wo immer möglich, miteinander verschmolzen. Wenn aber zwei oder mehrere Sanskritwörter nebeneinander stehen, die nicht miteinander verschmolzen werden können, diese Reihenfolge aber den Sinn ausmacht, bleiben sie ohne Bindestriche. Das Geschlecht solcher Kombination wird nach dem des letzten Wortes bestimmt. Beispiel: Veda Mantra. Veda ist männlich und Mantra ist sächlich. Die Kombination heißt. Das Veda Mantra. Die Hauptwörter in Sanskrit sind hier **doch** mit einem in Sanskrit unüblichem Artikel versehen und zwar nach dem Geschlecht.

Sanskrit hat nie Großbuchstaben gebraucht. Auch nicht am Satzanfang, der auch ohne Großbuchstabe eindeutig ist. Um das Lesen nicht zu erschweren, beginnen die Sanskrithauptwörter mit dem Großbuchstaben in den lateinischen Buchstaben.

para ambayai namah
shri ganadhipataye namah
acharya charan kamalebhyo namah

ajnan timirandhasya jnanjan shalakaya
chakshu runmeeliam yen tasmai shri guruvei namah

Blind wie ich war in der tiefen Finsternis der Unwissenheit,
Der wer mir meine Augen öffnete mit
Einer feinen Feder voller Einsicht
Vor ihm, meinem Lehrer, verbeuge ich mich in tiefer Ehrfurcht.

In ehrerbietiger Anerkennung der Schuld eines
demütigen Schülers gegenüber seinem großen Lehrer,
ist dieses Werk gewidmet.

Pandit Motilal Shastri

guru purnima
(28. Juli 1999)

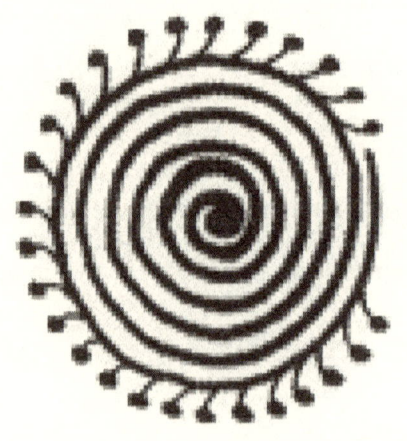

INHALT

Vorwort zur deutschen Ausgabe

Ein persönliches Wort des Autors 12

Die Anmerkung des Autors
zur Transkription und Aussprache 15

Hinweise für die Aussprache der
Sanskritwörter im Text 16

Erster Abschnitt

Einleitung 17

Zweiter Abschnitt

Einführung in „Veda" und in die *Veden* 34

KAPITEL EINS: **Die Veden: Ein Prolog** 35

Dritter Abschnitt

Jenseits des Universums der Physik 46

KAPITEL ZWEI: **Der Beginn der Reise** 47

KAPITEL DREI: ***Prajapati:* Das Erste Individuum** 70

KAPITEL VIER: ***Jeeva, Ishwara* und *Parmeshwara*** 80

KAPITEL FÜNF: ***Jajnya*: Deutung und Bedeutung** 92

KAPITEL SECHS: **Wer ist das „Ich"?** 118

KAPITEL SIEBEN: **Das Universum: Innen und Außen** 128

KAPITEL ACHT: **Im Inneren des supraphysikalischen Universums**   150

KAPITEL NEUN: **Das Raum–Zeit–Kontinuum**   165

Vierter Abschnitt

Die Seherwissenschaftler und die Götter   194

KAPITEL ZEHN: **Gott, Götter und Göttinnen**   195

KAPITEL ELF: **Reiner Verstand und absolutes Bewußtsein**   207

KAPITEL ZWÖLF: **Vishnu und seine tausend Namen**   232

KAPITEL DREIZEHN: **Indra und Vishnu: Zwei kämpfende „Götter"**   246

Fünfter Abschnitt

Vedische Einsichten und ihre praktischen Anwendungen   253

KAPITEL VIERZEHN: **Bändigung unseres ungenutzten Potentials**   254

KAPITEL FÜNFZEHN: **Ayurveda: Die Wissenschaft von Gesundheit und langem Leben**   279

Sechster Abschnitt

Instrumente des Lernens   298

KAPITEL SECHSZEHN: **Definitionen, Begriffe und Metaphern**   299

KAPITEL SIEBZEHN: **Das Wort und die Bedeutung**   327

KAPITEL ACHTZEHN: **Die Sprache und die Seherwissenschaftler in den Veden**   **342**

KAPITEL NEUNZEHN: **Methoden der Analyse**   **356**

Siebter Abschnitt

Die Entstellung der Bedeutung   **373**

KAPITEL ZWANZIG: **Die *Veden*: Entstellung und falsche
Darstellung**   **374**

Achter Abschnitt

Vor dem Anfang und nach dem Ende   **386**

Gedanken   **387**

Neunter Abschnitt

Anhänge   **393**

ANHANG EINS: **Auszüge aus *Vedic Aryans and the
Origins of Civilization* (Die vedischen
Arier und die Ursprünge der Zivilisation)
von Navaratna S. Rajaram
und David Frawley**   **394**

ANHANG ZWEI: **Das Gefühl von Macht – Eine
Kurzgeschichte von Isaac Asimov**   **413**

BIBLIOGRAPHIE   **418**

ÜBER DEN AUTOR   **422**

Ein persönliches Wort des Autors

Ich habe dieses Buch meinem verstorbenen Guru Pandit Motilal Shastri gewidmet. Doch mußte ich die folgenden Zeilen noch schreiben. Ich redete ihn als *Maharadschaa Ji* an. Er war mehr als ein Lehrer. Für keinen anderen hätte ich diese Zeilen schreiben können. Nicht, weil ich alles in diesem Buch von ihm lernte. Die Begegnung mit ihm war meine reale Wiedergeburt. Er fand mich, nahm mich mit zu *Manvashram*, wo er lebte, und gab mir eine neue Gestalt.

Aus zermalten Lehm entsteht ein Spielzeug aus Ton, erst trocknen, Wasser beimischen und dann die Tonmasse wiederformen. Genau dies bewirkte er mit meinem Inneren und ließ mich wie die Tonmasse im Feuer des Alltagskampfes brennen. Das Material dieses Spielzeugs war nicht neu; selbst die neue Gestalt unterschied sich nicht von der alten. Aber es war eine wirkliche Wiedergeburt, im wahrsten Sinne des Wortes. Eines Tages werde ich dieses Erlebnis erzählen, obwohl ich weiß, daß er es als eine Verschwendung meiner beschränkten Energie betrachten würde. Also, ich beschränke mich hier auf den kurzen Hinweis. Diese Arbeit wäre nicht entstanden, wenn mein Guru mit mir das nicht gemacht hätte, was er mit mir tat. Tatsache ist, daß jener, der diese Zeilen schreibt, ohne den Guru gar nicht da wäre. Wie aber soll dieses Geschöpf diesen Beitrag des Schöpfers dem Schöpfer widmen? Mit diesen Zeilen will ich ihm nur sagen: „Ich bin dabei das zu tun, was Sie von mir wollten, als Sie entschieden, in dieser Welt uns allen lebe wohl zu sagen."

Nahe dem Ramnivas *Bagh*, dem historischen öffentlichen Garten in Jaipur, steht ein Haus mit einem großen eindrucksvollen Garten. In einer kleinen Kammer in diesem Areal lebte Swami Brahmananda, ein *Sanyasin*, allem weltlichen abgewandt, ein Weiser, der fast sein ganzes Leben dort verbrachte. *Maharadschaa Ji* nahm mich mit zu ihm, und danach besuchte ich ihn häufig. Ich kann ihn nicht beschreiben, weil es eigentlich nichts Beschreibbares gab. Er sah aus wie ein gewöhnlicher indischer *Sanyasin*, tat anscheinend nichts, verließ nie seine kleine Kammer in jenem Areal, hielt keine Reden, bat nie um etwas, lebte von freiwilligen Gaben (*Bhiksha*). Für einige Stunden am Tage kam er aus seiner Kammer heraus, um draußen auf der Veranda zu sitzen. Einige Leute kamen. Für Segen, Rat, auch für Medizin gegen ihre Wehwehchen. Der letzteren Gruppe gab er Kräuter und oft riet er ihnen auch, einen Arzt aufzusuchen. Immer hatte er im Gesicht ein Lächeln,

Ruhe und Friede ausstrahlend. Oft saß ich dort, beobachtete ihn, wie er zu den Leuten sprach.

Mit der Zeit merkte ich, welche Perlen von Einsichten er herum streute. Die Besucher/innen haben sie aufgehoben, wenn sie sie erkannten oder Neigung dazu hatten. Ich kann mich kaum erinnern, daß er Fragen stellte. Häufig, während er Fragen beantwortete oder ein Problem erörterte, schaute er mich an und machte seine Bemerkungen. Ich wußte irgendwie, daß diese für mein Wohl waren. Langsam begann ich ganz anders auf die Geschichte unseres Landes und auf die Qual unserer Zivilisation zu schauen. Häufig nahm *Maharadschaa Ji* die kernigen Bemerkungen von *Swami Ji* später wieder auf mit der Weisheit eines Seherwissenschaftlers .

Swami Brahmananda *Ji* war ein Rishi unserer Tage. Er verließ diese Erde geräuschlos, von Gelehrten und Philosophen unbemerkt. Ich hoffe, ich werde mein nächstes Werk, über die kosmische Matrix und dauerhaftes Glück, ihm widmen können aus Dankbarkeit, was ich und *Maharadschaa Ji* diesem großen Mann verdanken, der mir die Gelegenheit gab zu erblicken, wie die Seherwissenschaftler und *Rishis* früherer Tage gewesen sind.

Wäre das vorliegende Buch ein religiöses Werk, würde ich gesagt haben, alles darin war vom Himmel bestimmt. Aber es ist eine Studie über die Wissenschaft. Deshalb möchte ich meine Gedanken anders äußern. Seit jenem Zeitpunkt als *Maharadschaa Ji* den Samen in die Erde steckte, wurde alles danach, um dieses Werk herum, ja, der Gang meines ganzen Lebens, von der Jagadamba reguliert, jener supraphysikalischen Kraft, die den Gang dieses Universums bestimmt. Nichts sonst kann meine Begegnung mit Vyvyan Cayley und die Partnerschaft zwischen uns erklären. Ich lief ihr in die Arme, als sie zwischen London, Melbourne, Delhi und *Dharamsala* trieb. Sie hat dieses Buch nicht nur professionell ediert, sie ist darin hervorragend professionell, sondern sie partizipierte, um das Werk ans Licht zu bringen mit tiefer Verbindlichkeit und Betroffenheit.

Dr. Prodosh Aich verließ Indien als Teenager, lebte in Deutschland für drei Dekaden, studierte und lehrte Soziologie. Er geriet unter den Bann des Marxismus, ging weit Weg von seinem Land (nicht nur im geographischen Sinne), und hatte nicht den leisesten Schimmer von der Überlieferung der Veden und des damit zusammenhängenden Wissens. Er begegnete mir in Jaipur in den sechziger Jahren, der Kontakt ging aber danach verloren. Es ist nicht einfach zu erklären, warum eine solche Person eine Dekade später Indien wieder besuchte, sich in die vorliegende Arbeit einmischte, einige entworfene Kapitel las, insistierte, daß ich bei ihm in Deutschland wohnen sollte, um ungestört dieses Buch zu Ende zu schreiben. Warum traktierte er mich mit seinen unbequemen Anmahnungen, die auf mich wie Peitschenhiebe wirkten, immer wenn ich mich verlangsamte oder meine Hingabe durch Ablenkungen schleifen ließ. Unzählige solche Episoden in meinem Leben, ganz besonders im Zusammenhang mit diesem Werk, offenbaren mir die Arme der Jagadamba, die mich wie eine Mutter geführt hat, so wie eine Mutter das Kind an die Hand nimmt und durch die Gedränge leitet, um die Straße zu überqueren.

Phänomenal für mich ist das Erlebnis meiner Begegnung mit Renuka, meiner Frau, und unsere turbulente Reise durch das Leben danach. Sie erträgt mich mit unglaublichem Verständnis, vor allem jene langen Perioden meines ärgerlichen Schweigens, immer wenn ich in Gedanken verloren bin oder einen inneren Kampf ausfechte. Während meine physische Existenz in den kräftigen Wellen des turbulenten Meeres des Lebens zu sinken drohte, war sie die Quelle enormer Stärke; ein rettender Anker, ohne den die Gefahr des Sinkens immer real ist. Wir haben zusammen ein Leben gelebt, in dem viele Einsichten und Lektionen verstärkt wurden, die ich von *Swami* Brahmananda *Ji* und *Maharadschaa Ji* lernte. Ohne die Kraft, die sie mir gibt, wäre diese Arbeit ein viel größerer Kampf geworden.

Die Anmerkung des Autors über Transkription und Aussprache

Für die Transkription der Sanskritwörter in diesem Buch haben wir ein simplifiziertes System ausgewählt. Die Aufmerksamkeit der Leser sollte nicht vom Sinn der Redewendung, des Satzes oder des Absatzes abgelenkt werden. Doch sollten einige einfache Regeln der Grammatik und der Aussprache zu Beginn erwähnt werden.

Buchstaben werden beim Zusammenziehen der Wörter nach der Regel von *Sandhi* geändert. Beispielhaft sind die Titel einiger *Upanishaden* wie Kenopanishad. Kena + Upanishad wird Kenopanishad.

Sehr häufig ist der Buchstabe „a" am Ende der Sanskritwörter zu finden. Ihre Zahl ist Legion, darunter sind *Yoga*, *Krishna*, *Parmeshwara* and *Atma*. Immer, wenn diese Wörter gesprochen werden, enden sie „beinahe" mit einem „a", aber nur angedeutet, nicht einmal ein halb ausgesprochenes deutsches „a". Die Alternative wäre, diese Wörter etwa als *Yog*, *Krishn*, *Parmeshwar*, *Atm* zu schreiben, was, dachten wir, für viele ungewöhnlich erscheinen würde, deren erste Sprache Deutsch, Englisch oder eine andere europäische Sprache ist, und unnötig ablenken könnte.

Die meisten Vokale in Sanskrit haben eine offene Aussprache. So wird das „o" in dem Wort *Yoga* wie in dem deutschen Wort „so" ausgesprochen und nicht so kurz wie in „gesprochen". Ähnlich wird ausgesprochen das lange „i" in *Ishwara* wie im deutschen Wort „die" oder „sie" als „i" in „Sinn". Das kurze „i" in *Bindu* wie „i" in „ist".

Ein „th" in Sanskrit wird nicht wie in „These" oder in „Theater" ausgesprochen. Ein „th" in Sanskritwörtern macht das „t" zu einem Hauchlaut. Danach kommt das klar artikulierte „h". *Patha* beispielsweise wird Pat–ha gesprochen. Ähnlich in allen Kombinationen der Konsonanten mit einem Hauchlaut „h" – bh, dh, gh, jh, kh, and ph – wird nach dem vorangehenden Buchstabe deutlich das „h" artikuliert. So wird das Wort *Adhyatma* wie Ad–hyatma ausgesprochen.

Es soll auch angemerkt werden, daß die Situation in den Kombinationen „ch" und „sh" in diesem Buch anders ist. Die Buchstaben „ch" in diesem Buch könnten etwa ersetzt werden durch den

Buchstaben „c" mit einem diakritischen Zeichen auf „c" anstatt *Acharya* oder *Chitta* oder auch die Sanskrit Buchstabierung des „ch" in dem Wort *Chandogya Upanishad*. In beiden Fällen müssen die „ch" wie beim englischen Schauspieler Charlie Chaplin ausgesprochen werden. Ähnlich könnten „sh"s in der lateinischen Schreibweise mit „s" mit einem diakritischen Zeichen darauf versehen werden. Dann wären in diesem Buch die Worte *Shiva*, *Shastra*, *Shunya* und andere halt *Siva*, *Sastra*, *Sunya*, etc.

Hinweise für Aussprache der Sanskritwörter in diesem Text

A	wie o in Tonne	m	wie m in Mann
AE	Wie ä in Säge	m	wie m in Dumm
AI	wie e in besser	N	wie n in Nase
AU	wie au in Laub	N	wie n in ähnlich
B	wie b in Buch	O	wie o in oben
BH	wie ab in abheben	oo	wie u in Buch
CH	wie ch in (Charlie) Chaplin	p	wie p in Punkt
D	wie d in das	ph	wie ph in Philosoph
Dh	wie dh in Windhose	R	wie r in Rad
E	wie e in Fehlen	S	wie ss in lassen
ee	wie ie in tief	sh	wie sch in Schaum
H	wie h in heiß	T	wie t in Tor
I	wie i in ich	th	wie th in Theodor
J	wie dsch in Dschungel	u	wie u in Null
Jh	wie j in Dschungel, aber noch mit einem h hinter j. Also Dsch–hungel	V	wie w in Wille
K	wie k in Kaufmann	w	wie oa in Oase
kh	wie ch in Achim	y	wie j in Jagd
L	wie l in laufen		

ERSTER ABSCHNITT

Einleitung

om keneshitam patati preshitam manah
kena pranah prathamah preti yuktah
keneshitam vacham imam vadanti
chakshuh shrotram ka u devo yunakti

Was steckt hinter dem Geist?
Was treibt ihn dazu, Gegenstände zu erleuchten?
Was ist hinter dem Atem, der ein- und austritt?
Was hält das Leben in Gang?
Was steckt hinter der Sprache?
Warum äußert sich der Mensch in Worten?
Was steckt hinter den Augen und den Ohren?
Welche Kraft ermöglicht das Sehen und das Hören?

KENOPANISHAD 1:1

na hi kaschit kshana mapi, jatu tishtatya akarma krit
karyate hyavashah karma, sarvah prakriti jair gunaih

Nicht einen Augenblick kann ein Mensch
Stillstehen und nicht arbeiten;
Denn der Mensch wird unvermeidbar getrieben zur Arbeit
Von den „Kräften der Natur".

BHAGAVAD GEETA 3:5

SICH WUNDERN UND FRAGEN IST ALLGEMEIN MENSCHLICH. Die wenige Jahrhunderte alte Geschichte der modernen Wissenschaft ist angefüllt von faszinierenden und kreativen Antworten auf diese ununterdrückbaren Antriebe. Einige der spektakulärsten Errungenschaften wurden im Laufe des letzten Jahrhunderts erzielt. Während dieses kurzen Zeitraums der Menschheitsgeschichte enträtselten die Wissenschaftler ein Geheimnis der Natur nach dem anderen. Mit der Vermehrung der menschlichen Werkzeuge zur Beobachtung und zur Forschung, stieg die Zuversicht, daß die Menschen das Zeitalter der Spekulation, der Mutmaßungen und des Aberglaubens hinter sich gelassen hätten. Aufgeregte Begeisterung machte sich breit. Man glaubte einen zuverlässigen und sicheren Weg finden zu können, der den menschlichen Intellekt in die Lage versetzen würde, auf alle Geheimnisse der Natur eine Antwort zu finden.

Sir Isaac Newtons Entdeckung der drei berühmten Gesetze verfestigte die Überzeugung, daß die Menschheit letztlich über die Natur triumphieren würde. Für Newton waren Zeit und Raum absolut, d.h. im ganzen Universum gleich, und unveränderbar oder unverändert. Seit seiner Zeit war das Fortschreiten der Wissenschaft unaufhaltsam und für die nachfolgenden Generationen berauschend. Dieser Zeitabschnitt kann zweifelsohne große Leistungen für sich in Anspruch nehmen. Früher als Träume und Phantasien eingestufte Ideen wurden zur Wirklichkeit. Wissenschaft und Technologie haben die Fähigkeit des Menschen, Güter und Dienstleistungen zu erzeugen und sie zum eigenen Nutzen bzw. Genuß zu verwenden enorm erweitert. Gleichzeitig hat aber auch das menschliche Vermögen zu zerstören und zu vernichten in erschreckendem Maße zugenommen. Die moderne Wissenschaft hat zugleich den unbarmherzigen Drang des Menschen verstärkt, seine Herrschaft über die Natur zu errichten.

Trotz dieser beeindruckenden Leistung hat sich weltweit ein beharrliches Unbehagen ausgebreitet. Die unmißverständlichen Beweise von „Fortschritt" können ein nagendes Gefühl nicht verhindern, daß doch irgend etwas Kritisches fehlt. Dieser kritische Faktor ist das Glück. Letzten Endes hat das gesamte menschliche Streben nur ein Ziel: Glück und Frieden zu sichern; doch dieses Ziel weicht der Menschheit immer wieder aus, mit der Folge eines Gefühls der Unruhe, welches weit über die Grenzen von Kontinenten und Zivilisationen hinaus gemeinsam empfunden wird.

Diese Gefühle von Pein und Zorn werden von Paul Feyerabend in *Farewell to Reason* kraftvoll artikuliert: *„Ich sage, daß Auschwitz eine extreme Äußerung einer Haltung ist, die immer noch in unserer Mitte* *gedeiht. ... Sie offenbart sich in der nuklearen Drohung, in der ständigen Zunahme von Zahl und Stärke tödlicher Waffen und in der Bereitschaft einiger sogenannter Patrioten einen Krieg anzufangen, der den Holocaust zur Bedeutungslosigkeit zusammenschrumpfen lassen würde. Sie zeigt sich in der Tötung von Natur und von ‚primitiven' Kulturen, ohne daß der geringste Gedanke an jene verschwendet würde, denen so der Sinn des Lebens entzogen wird, in der kolossalen Einbildung unserer Intellektuellen, in ihrem Glauben, daß sie genau wissen, was die Menschheit braucht und in ihren unermüdlichen Anstrengungen, Menschen nach dem eigenen erbärmlichen Ebenbild neu zu schaffen; im kindlichen Größenwahnsinn einiger unserer Ärzte, die ihre Patienten durch Angst erpressen, sie verstümmeln und dann mit hohen Rechnungen verfolgen; in der Gefühllosigkeit vieler sogenannter Forscher der Wahrheit, die systematisch Tiere quälen, ihren Verdruß studieren und für ihre Grausamkeit Preise erhalten."*[1]

Oft fragen sich die Menschen, ob die Konflikte oder die Unruhe in und unter Nationen, Gemeinschaften und Individuen nicht in unmittelbarem Verhältnis zu der von Wissenschaft und Technologie herbeigeführten Zunahme an „Wohltaten" stehen. Je eifriger Männer und Frauen dem Glück in ihrem persönlichen Leben und in der Außenwelt nachjagen, um so weiter scheint sich das Ziel von ihnen zu entfernen. Das hat weit verbreitete Frustration bei den Einzelnen verursacht, sogar in den wohlhabendsten Gesellschaften. Ein wachsendes Gefühl der Bestürzung bewegt immer wieder empfindsame Gemüter, und die Auswirkungen dieser beunruhigenden Lage der Dinge sind überall sichtbar.

Auf einer anderen Ebene hat die zuversichtliche Annahme, daß die Physik die Menschheit letztendlich in die Lage versetzen würde, die Ursprünge des Universums zu entdecken, die Gegenwart zu prägen und die Zukunft zu erkennen, durch die Arbeit von Albert Einstein einige Erschütterungen erlitten. Seine Relativitätstheorie hat die Welt der Newton'schen Physik auf den Kopf gestellt. Newton hatte uns versichert, daß Raum und Zeit absolut sind; der Raum teilt die Gegenstände und die Zeit trennt die Ereignisse. Er behauptete, daß Raum und Zeit für jeden Betrachter auf der Welt die gleiche Bedeutung hätten – und immer haben würden.

Im Gegensatz dazu stellte Einstein fest, daß sich Raum und Zeit unterschiedlichen Beobachtern in unterschiedlicher Weise offenbaren.

---

[1] Paul Feyerabend, 1987, *Farewell to Reason*, London: Verso, S. 313 (zitiert durch John Horgan in *The End of Science*, 1997, New York: Broadway Books).

Seine Relativitätstheorie bewies nicht nur, daß Raum und Zeit relativ sind, sondern stellte auch die Frage, ob absolutes Wissen überhaupt erreichbar sei. Laut Einstein: *„Raum und Zeit sind freie Schöpfungen menschlicher Intelligenz, Werkzeuge des Gedankens"*.[2] Seine Theorie besagt, daß ein Stab beim Messen durch unterschiedliche Betrachter unterschiedliche Längen zeigen wird. Einstein entdeckte auch, daß Materie (Masse) und Energie ein und dasselbe sind und in einander verwandelbar. Er behauptete, daß obwohl Materie geformt und Energie unsichtbar und fein ist, die beiden unter einander austauschbar sind.

Die Vorstellung von Raum veränderte sich ebenfalls dramatisch. 1934 stellte Einstein in einem Artikel fest[3], daß der Raum bislang als der Abstand zwischen zwei festen Körpern definiert wurde. Nach René Descartes ist der Raum überall und Gegenstände sind als im Raum befindlich zu betrachten. Aber auch diese Auffassung ist einer Wandlung unterlegen. Der Raum wird nicht mehr als ein Behälter von Gegenständen angesehen; alle Materie ist ein Zustand des Raumes und von diesem nicht getrennt.

Einsteins Relativitätstheorie verbietet die Übertragung von Materie oder sogar von Information schneller als mit Lichtgeschwindigkeit. Die Quantenmechanik bestimmt, daß unsere Kenntnis der subatomischen Welt immer leicht verschwommen sein wird. Die Chaostheorie bestätigt, daß wir auch ohne die Unbestimmtheit der Quanten nicht in der Lage sein würden, viele Phänomene vorherzusagen. Der Lehrsatz der Unvollständigkeit von Kurt Godel versagt uns die Möglichkeit, eine vollständige, folgerichtige, mathematische Beschreibung der Wirklichkeit zu erstellen.

Gewisse Felder der Wissenschaft sind einfach durch die Begrenztheit ihres Gegenstandes eingeschränkt. Niemand würde, zum Beispiel, die humane Anatomie oder die Geographie als unendliche Forschungsfelder betrachten. Auch die Chemie ist begrenzt. Viele Chemiker meinen, daß das Ziel, die Grundsätze des Verhaltens der Moleküle zu verstehen, erst in den 30er Jahren erreicht wurde, als Linus Pauling das Verstehen aller chemischen Interaktionen mittels Quantenmechanik nachwies.

Wenn die Wissenschaft auf dem Gipfel ihrer Kraft zu sein scheint, triumphierend und mächtig, dann könnte dies auch ihr nahender Tod

---

[2] Glen Peter Kezwer, 1996, *Meditation, Omeness and Physics*, New Delhi: Sterling Publishers, p. 65
[3] Albert Einstein, „The Problem of space, Ether and the Field in Physics" in *Ideas and Opinions*, 1982, Crown, S. 276–285

sein. *„Das Schwindel erregende Tempo, mit dem sich der Fortschritt gegenwärtig entwickelt,"* schrieb Gunther Stent in *The Coming of the Golden Age*, *„läßt es in der Tat als sehr wahrscheinlich annehmen, daß der Fortschritt bald zu einem Stillstand kommen muß, vielleicht zu unseren Lebzeiten, vielleicht in einer oder zwei Generationen."*[4]

Auf seinem eigenen Gebiet behauptet Stent, daß die Entdeckung der Struktur der Doppelspirale des DNA in 1953 und die darauf folgende Entschlüsselung des genetischen Codes, der Information von einer Generation auf die nächste überträgt, den Biologen nur drei weitere größere Forschungsfragen übrig lassen würde: wie begann das Leben, wie entwickelt sich eine einzelne befruchtete Zelle zu einem mehrzelligen Organismus und wie verarbeitet das zentrale Nervensystem Information. Er meint, daß mit dem Erreichen dieser Ziele die Grundaufgabe der reinen Biologie erfüllt sein würde. Auf dem Gebiet der Physik, behauptet er, würde die Gesellschaft so lange die Forschung unterstützen, wie sie das Potential behält, wirksame neue Technologien zu erfinden. Würde aber die Physik unpraktisch oder auch unverständlich werden, würde die Gesellschaft dann mit Sicherheit ihre Unterstützung zurücknehmen.

Darüber hinaus hat die reine Wissenschaft einige ziemlich große Fragen unbeantwortet gelassen. Wie wurde unser Universum wirklich erschaffen, und was wird aus ihm werden? Könnte es sein, daß unser Universum nur eines von einer unendlichen Zahl von Universen ist? Wie unvermeidlich war das Entstehen von Leben und Organismen – intelligent genug, um Wissenschaft zu erschaffen? Beherbergt das Universum andere intelligente Lebensformen? Hinter all diesen Rätseln lauert – so wie ein Schauspieler, der in einem Stück alle Rollen spielt – das größte Geheimnis: warum gibt es irgend etwas, anstatt nichts?

In den späten 80er Jahren erklärte Stephen Hawkins, daß die Physik an der Schwelle einer einheitlichen Theorie stehe, wie auch einer kurzen Beschreibung aller grundlegenden Kräfte der Natur und eines möglichen Schlüssels zum Verständnis der Ursprünge des Universums. Bereits 1988 erreichte seine Zuversicht die schwindelige Höhe der Spekulation, daß eine einheitliche Theorie die Wissenschaft zum ultimativen Triumph verhelfen würde, nämlich *„das Wesen Gottes zu erkennen"*.[5]

---

[4] Gunther Stent, 1969, *The coming of the Golden Age*, Garden City New York: Natural History Press, S. 94
[5] Stephen W. Hawking, 1989, *A Brief History of Time*, New York: Bantam export edition, S. 185.

Diese steigende Flut der Zuversicht hat sich aber etwas abgeflacht. Aufmerksame Betrachter haben bereits begonnen zu fühlen, daß *„weltbewegende Begriffe wie Evolution, Relativität und Quantenmechanik hinter uns liegen und die Ära der wissenschaftlichen Entdeckung jener der schrumpfenden Erträge weichen muß".*[6] Und weiter: *„In Anbetracht dessen, wie weit die Wissenschaft bereits gekommen ist, und unter Berücksichtigung der physikalischen, gesellschaftlichen und kognitiven Grenzen, welche die weitere Forschung einschränken, ist es unwahrscheinlich, daß die Wissenschaft noch irgendwelche signifikanten Zuwächse zu bereits gewonnenen Erkenntnissen wird verzeichnen können. Es wird in der Zukunft keine großen Offenbarungen geben, die vergleichbar mit jenen von Darwin oder Einstein oder Watson oder Crick wären."*[7]

Das Prinzip der Ungewißheit ist die letzte Entwicklung, die der früheren Zuversicht in die allmächtige Natur der modernen Wissenschaft einen Schlag versetzt hat. Das allgemeine Prinzip der Ungewißheit besagt, daß man nicht beides, Position und Triebkraft eines Teilchens, zur gleichen Zeit mit verhältnismäßiger Genauigkeit messen kann. Was immer man zum Messen einer Eigenschaft eines Teilchens benutzt, wird dieses unausweichlich das Teilchen selbst und seine anderen Eigenschaften verändern. Die Grundlage dieses Prinzips, behaupten Wissenschaftler, macht die Natur des Universums ungewiß und unvorhersehbar. Im wesentlichen ist es ein viel tiefer verwurzeltes Prinzip. Die Existenz rein wahrscheinlicher Ereignisse in der Natur bestätigt die unendlichen Möglichkeiten des Universums. Es wurde gesagt, daß: *„In der Tat müssen die Physikbücher neu geschrieben und die Welt, in der wir leben, unter einer neuen Sicht betrachtet werden."*[8]

Das Erkennen dieses Prinzips hat uns jenseits der Netwon'schen Mechanik in ein Reich unendlicher Möglichkeiten und neuer Wahrheiten geführt. Viele Hochenergie–Physiker lenken unsere Aufmerksamkeit auf die außerordentliche Beschaffenheit des subatomischen Bereichs und auf die Tatsache, daß dieser Bereich keiner unserer gängigen Vorstellungen entspricht. Sie weisen darauf hin, daß die Relativität in das Reich des Alltags noch nicht eingedrungen ist. *„Wie viele unter uns können tatsächlich akzeptieren, daß unsere Lineale um so mehr*

---

[6] John Horgan, January 1996, „The Twilight of Science" in Technology Review, Bd. 99, S. 50–57.
[7] John Horgan, 1997, *The End of Science*, New York: Broadway Books, S. 16.
[8] Tom Werner, 27 February 1996, „A Treatise on the Nature of Unpredictability". Tom Werner can be contacted at xxvii@dubuque.net.

schrumpfen und unsere Uhren um so langsamer gehen, je schneller wir uns bewegen?"[9]

Praktiker der modernen Wissenschaft beobachten mit erheblicher Sorge, daß *„sich mächtige gesellschaftliche, politische und wirtschaftliche Kräfte derzeit dieser Vision von grenzenlosem wissenschaftlichen und technologischen Fortschritt widersetzen. Der kalte Krieg, welcher der Grundlagenforschung in den Vereinigten Staaten und in der Sowjetunion erheblichen Schwung verliehen hatte, ist vorbei; die Vereinigten Staaten und die früheren Sowjetrepubliken haben viel weniger Anreiz, Weltraumstationen und gigantische Beschleuniger zu bauen, nur um ihre Macht zu demonstrieren. Die Gesellschaft ist auch in zunehmendem Maße empfindlich für die schädlichen Folgen von Wissenschaft und Technologie, wie Umweltverschmutzung, nukleare Kontamination und Massenvernichtungswaffen."*[10] In einer Ausgabe aus dem Jahre 1979 der *Quarterly Review of Biology* legte der herausragende Biologe Bentley Glass (ehemals Präsident der *American Association for the Advancement of Science*) Beweise vor, um seine Ansicht zu untermauern, daß die Wissenschaft im Begriffe war, ihren Höhepunkt zu erreichen. Seine Analyse zeigte, daß biologische Entdeckungen mit dem exponentiellen Zuwachs an Forschern und Geldmitteln nicht Schritt gehalten hatten: *„Wir waren so beeindruckt von der unleugbaren Beschleunigung des Anteils an herrlichen Ergebnissen, daß wir kaum wahrgenommen haben, daß wir uns tief in einer Ära fallender Erträge befinden."*[11]

Würde die Wissenschaft im gleichen Ausmaß wie im zwanzigsten Jahrhundert weiter wachsen, hebt Glass hervor, hätte sie das gesamte Budget der industrialisierten Welt bald aufgebraucht: *„Ich denke, daß es für alle ziemlich klar ist, daß die Finanzierung für die wissenschaftliche Forschung, für die Grundlagenforschung, gebremst werden muß."* Diese Verlangsamung, bemerkt er, veranlaßte offenbar den US Kongreß 1993, die Arbeit mit dem superleitenden Riesenbeschleuniger zu beenden, von dem die Physiker erhofft hatten, er würde sie jenseits von Quarks und Elektronen in einen tieferen Bereich des Mikrokosmos führen, und das Ganze für läppische 8 Mrd. US $. Verständlicherweise sind die meisten Wissenschaftler – anders als Glass – abgeneigt,

---

[9] Steve Mizrach, 1996, „An Unusual Anthropology of High Energy Physics", web site http://web.clas.ufl.edu/users/secker/scholarly/anth-of-phys.html (last modified 15 September '96.
[10] John Horgan, 1997, *The End of Science*, S. 23
[11] Bentley Glass, März 1979, „Milestones and Rates of Growth in the Development of Biology" in *Quarterly Review of Biology*, S. 31-53

öffentlich zuzugeben, daß sie in eine Ära der fallenden Erträge eingetreten sind.

Der Standpunkt von Thomas Kuhn bestätigt jedoch die von Glass gemachten Beobachtungen. In *The Structure of Scientific Revolution*, eine der einflußreichsten Abhandlungen, die je darüber geschrieben wurden, wie die Wissenschaft fortschreitet (oder nicht), ist Kuhn der Meinung, daß *„Wissenschaftler keinen weiteren Vorstoß erzielen können, selbst wenn die erforderlichen Ressourcen zur Verfügung stünden."*[12] Kuhn *„erkannte, daß die ultimative Kenntnis der Realität nicht erreichbar ist, und daß jeder Versuch, sie zu beschreiben, sie ebenso verdunkelt wie beleuchtet."*[13]

Die Welt der Wissenschaft nimmt zunehmend die Sprache der Metaphysik in Anspruch. Hervorragende Wissenschaftler spüren, daß sie noch nicht mit der ultimativen Realität in Berührung gekommen sind. Giganten im Bereich der Quantentheorie haben Aufsätze geschrieben mit Titeln wie „Die geheimnisvolle Vision" (Sir James Means) und „Die mystische Vision" (Erwin Schrodinger). Den Gebrauch der Sprache der Mystik begründen die Physiker damit, daß unsere gebräuchliche Sprache die Ereignisse nicht erfassen könne, die sie im Teilchenbeschleuniger beobachten. Es ist beispielsweise Fakt, daß in unserer Sprache nichts dem Prinzip der Komplementarität entsprechen würde: wie kann etwas gleichzeitig eine Welle und ein Teilchen sein?

Wir können also beobachten, daß dieses ein eindeutig herausfordernder Übergangspunkt in der menschlichen Geschichte ist. Die Menschen können sich nicht still damit abfinden, daß wir bei unserer Suche nach der ultimativen Wirklichkeit unserer Existenz an das Ende einer Sackgasse gelangt sind. Eine kreative Antwort auf diese Herausforderung könnte eine völlig neue Ära einleiten, in der die Suche nach Wissen und das Streben nach Frieden, Harmonie und Glück eng miteinander verwoben werden könnten. Ein Durchbruch würde die Menschheit von jener frustrierenden Situation befreien, in der jede Problemlösung neue Probleme hervorbringt. Wir sind in diesen Stillstand geraten, weil das umfangreiche Potential zur Erkennung tiefer Wahrheiten bisher noch nicht ausgeschöpft wurde, das im vergessenen Labyrinth der Geschichte verborgen ist.

In übermäßiger Ehrfurcht vor dem betörenden Fortschritt der modernen Wissenschaft, dramatisch symbolisiert durch den Flug des Menschen von der Erde in den Weltraum und zu entfernten Planeten,

---

[12] In einem Interview mit John Horgan, zitiert in *The End of Science*, S. 46
[13] ebenda, S. 47

Einleitung

haben wir irgendwie die ermunternden Ergebnisse der einschneidenden Forschungen der früheren Zeiten unserer Geschichte außer Acht gelassen. Diese schließen ein, die Erforschung der Geheimnisse der Natur und der Vorgänge und Kräfte, die Neues schaffen, zu erhalten und uns denen letztendlich unterzuordnen. Wir haben auch die Gesetze der Natur ignoriert. Leben nach diesen Gesetzen hätte Harmonie unter den Menschen und zwischen den Menschen und der Natur gesichert.

Diese Geheimnisse wurden vor mehreren Jahrtausenden enträtselt und einige der ewigen Gesetze der Natur entdeckt und von Generation zu Generation zum Wohle aller weitergegeben. Im Verlauf der Zeit verlor die Menschheit den großen Pfad wissenschaftlicher Entdeckung und tiefer Kenntnisse, der von den großen Wissenschaftlern der Saraswati-Zivilisation gebahnt worden war. Diese Zivilisation blühte an den Ufern des gigantischen Flusses Saraswati, der als Folge einer lang andauernden Dürreperiode und von Naturkatastrophen austrocknete und im Untergrund verschwand. Das Leben dort hörte auf durch eine massive Umsiedlung der Bewohner.

Die Gesellschaft im Saraswati-Becken erfreute sich einer üppigen Kultur. Große Geister verschrieben sich dem Streben nach dem Wissen, insbesondere in bezug auf die grundsätzlichen Fragen zur Entstehung des Universums und auf die Gesetze, die es beherrschen. Die mit dieser Suche befaßten Männer und Frauen waren die größten Wissenschaftler ihrer Zeit. Sie wurden als „Seher" verehrt, weil ihre Einsicht und ihr Scharfsinn sie in die Lage versetzten, die Wirklichkeit des Wirkens des Kosmos zu „sehen." Diese Seherwissenschaftler vererbten der Nachwelt einen unschätzbaren Nachlaß von Wissen und Einsichten, in dem sich Theorie mit sorgfältig ersonnenen Lebensweisen und Übungen verschmolz. Diese kostbare Erbschaft war später für uns verloren.

Was verursachte diese schwere Tragödie in der Geschichte der Menschheit? Eine vollständige Antwort würde kollektive Anstrengungen einer großen Zahl von Forschern in verschiedenen Disziplinen über einen ziemlich langen Zeitraum erforderlich machen. Wir haben bewußt vermieden, diesen Aspekt in Einzelheiten zu untersuchen, weil so ein Unterfangen zu diesem Zeitpunkt die Aufmerksamkeit von der zentralen Zielsetzung des vorliegenden Werkes abgelenkt hätte – die darin besteht, den Lesern einen Schimmer von den vergessenen Einblicken zu vermitteln, die in den Texten, bekannt als *die Veden*, enthalten sind. Sie sind die ältesten Aufzeichnungen der menschlichen Erforschung in die Geheimnisse des Universums.

Diese alten Texte mit profunden Gedanken und tiefschürfenden Darstellungen haben im Lauf der Geschichte schwerwiegende und dauerhafte Entstellungen erlitten. Das falsche Verständnis des einzigen Wortes „Veda" hat den Zugang zu dem in den Texten enthaltenen kostbaren Wissen arg gehemmt. Ein eigenes Kapitel ist der Bedeutung dieses Wortes „Veda", dem ursprünglichen Faktor im Prozeß des Werdens, gewidmet.[14]

Das Wissen in seiner Gesamtheit ist als *Veda Shastra* bekannt und dringt in die fundamentalen Geheimnisse unseres Universums ein. Es besteht aus vier Haupt– und sechs Hilfstexten. Die *vedischen* Seherwissenschaftler liefern uns in strenger methodischer Untersuchung und Auswertung gewonnene Antworten auf Fragen wie: Wie entstand der Kosmos und was ist seine Zukunft? Woraus besteht er? Wer ist das „Ich", die eigene Individualität? Welcher ist sein Platz im Universum?

Diese Antworten befriedigen das tief empfundene Bedürfnis der Menschen, die Natur und den Sinn des Lebens auf der Erde zu verstehen. Sie erklären, was die Existenz des Kosmos im Gang hält und was geschehen wird, nachdem er aufhört zu existieren. Sie enträtseln das Verhältnis zwischen Ursachen und ihren Auswirkungen, und zwischen menschlichen Handlungen und deren Folgen. Sie erklären, wie Energie die Grundlage zur Materie legt und wie Materie letztendlich in Energie umgewandelt wird. Sie identifizieren die Natur und den Ursprung der Ignoranz und liefern uns die Mittel, sie zu beseitigen. Sie erklären die Prinzipien, die Prozesse und die Faktoren des Werdens im Mikrokosmos wie auch im Makrokosmos, von all dem, was entsteht. Sie analysieren was das menschliche Wesen ausmacht und wie es sich von den anderen Gattungen unterscheidet und in welcher Hinsicht es sich nicht unterscheidet.

Auf diese Art führen sie uns Schritt für Schritt vom Groben zum Feinen, vom Körper zum Verstand und dann zum Intellekt, und erklären dabei die Grundlage, auf der alle drei funktionieren. Sie vermitteln uns eine tiefe Einsicht in die Eigenschaften, Fähigkeiten und charakteristischen Merkmale von Dingen und Wesen. Sie legen die inneren Eigenschaften eines Individuums offen und erklären ihr Zusammenwirken. Sie erklären die wirkliche Bedeutung von Zeit, Raum und Richtung und deren Verhältnis zueinander. Sie offenbaren uns die Natur und deren ständige Veränderungen und führen uns gleichzeitig zu der unveränderlichen Grundlage, auf der diese Veränderungen vor-

---

[14] Siehe Kapitel „Die *Veden*: Ein Prolog".

Einleitung

kommen. Es ist wie wenn der Vorhang aufgeht und wir die feste und unbewegliche Bühne sehen, auf der ein ewiger Tanz aufgeführt wird. Sie zeigen die Bedeutung dieser Einsichten für das Leben auf, indem sie diese mit *Dharma* (nicht übersetzbar, wird später erläutert) zu einem komplizierten Wandteppich aus Ethik, Pflichten, Funktionen und Richtlinien verweben.

Ein gesondertes Kapitel gibt in groben Umrissen einen Gesamtüberblick der *Vedischen* Literatur und führt in das Wissen im *Veda Shastra*.[15] An dieser Stelle ist jedoch eine kurze Einführung in das geläufige Verständnis der *Veden* angebracht, um die *raison d' être* für das vorliegende Werk herauszuheben. Die nun folgenden Ansichten unterscheiden sich grundsätzlich von jener Interpretation der *Veden* durch westliche Experten, ganz besonders der britischen und deutschen „Indologen", die diese Texte übersetzt, interpretiert und kommentiert haben. Das vorliegende Buch erschließt auch neue Grundlagen in einigen wichtigen Aspekten, die sich auch von der traditionellen Forschung in Indien unterscheiden.

Die betrübliche Geschichte der fortgesetzten und weit verbreiteten Entstellung der *Veden* erstreckt sich über einen langen Zeitraum, insbesondere über die letzten 200 Jahre. Sie wird in einem eigenen Kapitel in aller Kürze erzählt.[16] Die notwendige Debatte darüber ist von großer Bedeutung, steht aber nicht im Mittelpunkt dieses Werkes. Sie muß anderen Historikern, Forschern der *Veden* und Experten überlassen bleiben. Wir haben unsere Kommentare auf einige Aspekte der Entstellung beschränkt, von „Experten" verursacht, die sich im Westen als Pioniere des Studiums des Sanskrits und der *Veden* hervortaten. Diese haben die Entstehung der *Veden* willkürlich datiert und Verwirrung über den Inhalt vieler *vedischen* Texte geschaffen.

Einige offenkundig lächerliche Fehlinterpretationen wurden als Übersetzung der Original-Sanskrit-Texte ausgegeben. Sie verursachten schwerwiegende Mißverständnisse über die *Veden* und unterdrückten ihre tatsächliche Bedeutung. Eine so sorgfältig ausgeführte Fälschung der alten Geschichte Indiens beraubte die Menschheit der wissenschaftlichen Einsichten in den *Veden*, von sonstigen Folgen abgesehen. Die Entstellungen waren das Ergebnis zweier leicht erkennbarer Motive: erstens, den Interessen des britischen Kolonialismus zu dienen und zweitens den Bekehrungseifer der christlichen Missionare zu unterstützen.

---

[15] siehe Kapitel: „Die *Veden*: ein Prolog".
[16] siehe Kapitel: „Die *Veden*: Entstellung und Fehldarstellung".

Einige Gelehrte wurden beauftragt, die Sprachen, die Geschichte, die Religion und das Leben der Inder zu studieren. Die East India Company bot zum Beispiel Max Müller großzügige Gelder, damit er eine Übersetzung des *Rig Veda* in Angriff nehmen sollte. Ein neues spezialisiertes Fach, bekannt als „Indologie", wurde geschaffen und entwickelte sich zu einem beliebten Studienfach zur Förderung der Tätigkeit christlicher Missionare als auch zur Konsolidierung der britischen Herrschaft über Indien.

Max Müller stellte drei Behauptungen auf – planvolle Behauptungen: 1. Der *Rig Veda,* der Älteste der *Veden*, wurde um 1200 v. Chr. verfaßt, 2. der *Rig Veda* ist das Werk von Ariern und 3. die Arier waren eine Rasse von Menschen, die in Indien einfielen und die einheimische Bevölkerung unterwarfen. Inzwischen liegen überwältigende Beweise vor, daß alle drei dieser Prämissen völlig unhaltbar sind. Aber diese Falschbehauptungen haben heute noch beherrschenden Einfluß, so tief waren sie eingeschlagen, so tief wurden sie durch beharrlich eingesetzte Interessen unterstützt.

Die Meinung gewinnt zunehmend an Boden, daß die Übersetzungen und Interpretationen der von dieser Schule der Indologie beeinflußten „Gelehrten" unglaubwürdig sind. Versuche, über das Leben anderer Leute zu berichten, enden häufig in Entstellung und Fehlinterpretation, wenn man das Fremde überhaupt nicht verstehen will. Leider war die Zielsetzung dieser „Gelehrten" von Anfang an zweifelhaft, da sie darauf aus waren zu beweisen, daß diese „religiösen" Texte voll irrationaler Glaubenssätze und sinnlosem Geschwätz waren. Tatsächlich haben diese Texte mit Religion, wie sie in den europäischen Sprachen definiert und verstanden wird, nichts zu tun. Wir werden uns mit dieser Angelegenheit etwas detaillierter im letzten Abschnitt dieses Buches befassen.

Wir müssen einen weiteren Grund für die Entstellung erwähnen, um das Bild in diesem Zusammenhang zu vervollständigen. Dem hohen Respekt indischer Gelehrten für die *Veden* zum Trotz, neigen die meisten dazu, die *Veden* lediglich als eine Zusammenfassung religiöser Riten, Rituale oder Abhandlungen über Philosophie und Spiritualität zu halten. Diese Gelehrten haben ohne Zweifel einen enormen Beitrag zur Erhaltung dieser Texte geleistet, die während der langen Zeit der politischen Fremdbesatzung und der kulturellen Unterdrückung vor der Vernichtung standen. Sie hielten inmitten der schlimmsten Formen der Verfolgung und Belästigung die Tradition des Studiums der *Veden* aufrecht. Oft waren sie der Lächerlichkeit preisgegeben, in Armut und persönliche Gefahr gezwängt. Sogar unter diesen Widrigkeiten ließen sie nicht zu, daß das Licht erlosch. Dafür verdienen sie unseren ewigen Dank. Es bleibt aber die unglückliche Tatsache, daß sie und ihre Gelehrtenschulen die wissenschaftlichen Einsichten in den *Veden* durch ihr eifriges Verblendetsein durch Philosophie, Dichtung und Literatur in Sanskrit verdeckt haben.

Die *Veden* sind nicht bloße Übungen in Metaphysik, Philosophie oder Esoterik. Das wird durch die Tatsache offenbart, daß dieses Kompendium an Wissen zahlreiche Nebenabschnitte von beachtenswerter praktischer Bedeutung enthält und zu ihrer Entwicklung geführt hat. Diese Nebenabschnitte schließen Gegenstände ein wie Anatomie und Medizin, Architektur und Städteplanung, Meteorologie und Astronomie, Sprache und Linguistik, Musik und Tanz, Politikwissenschaft und Wirtschaftswissenschaft, Sozialwissenschaft und Rechtswissenschaft, Psychologie und Physiologie.

Diese Zweige angewandter Wissenschaft dienten über Tausende von Jahren einem der ältesten Völker mit einer hochentwickelten Zivilisation und Kultur. Menschen auf der ganzen Welt wenden sich jetzt diesen alten Quellen menschlichen Wissens für die Lösung von Problemen auf so unterschiedlichen Feldern wie Gesundheitspflege und Firmenmanagement zu.

Die *Veden* sind Abhandlungen über *Vidya* oder *Vijnana*. Beide Ausdrücke wurden mit dem Wort „Wissenschaft" übersetzt. Allerdings muß man wissen, daß sich die Wissenschaft der *Veden* von der modernen Wissenschaft sehr stark unterscheidet. Die *Veda Vidya* befaßt sich mit Faktoren, Prinzipien und Vorgängen, die hinter natürlichen Erscheinungen liegen. Einige wohlmeinende Gelehrte der *Veden* haben versucht zu „beweisen", daß die Errungenschaften der modernen Wissenschaft nichts Neues sind, und daß jüngste Fortschritte bereits in der *Vedischen* Zeit bekannt waren. Das ist nicht unser Anliegen.

Was die *Veden* beinhalten ist eine andere Art von Wissen – nämlich Kenntnisse der *supraphysikalischen* Welt, die mit unserer Welt engst verbunden ist, weil sich das physikalische Universum aus ihr entwickelt und ein wesentlicher Bestandteil von ihr ist. Diese Bücher legen das Fundament für ein in die Tiefe gehendes Studium der Gesetze der supraphysikalischen Kräfte und verhelfen einem ernsthaften Forscher zur Erkenntnis darüber wie diese das physikalische Universum gestalten, beeinflussen und steuern.

Um die wahre Bedeutung des Wortes *Vijnana* zu verstehen, müssen wir es zuerst in seine buchstäblichen Bedeutungselemente auflösen.

Die Silbe *Vi*, verwendet als Vorsilbe zum Wort *Jnana*, übermittelt drei Bedeutungen: Spezialkenntnis (*Vishesh*), die Vielfalt von Kenntnis (*Vividham*) und pervertierte Kenntnis (*Viruddham*). Negative oder verdrehte Kenntnis wird mit dem Wort *Ajnana* und Spezialkenntnis wird durch das Wort *Jnana* bezeichnet. *Vijnana* bedeutet daher „Vielfalt der Kenntnis" oder, um genauer zu sein, die Kenntnis der Vielfalt. Das Wissen darum, wie dieses vielfältige und unterschiedliche Universum aus einer Quelle hervorgeht, ist das *Jnana*, und das Wissen darum, wie diese eine Quelle zu einer unterschiedlichen Welt von großer Vielfalt wächst, ist das Feld vom *Vijnana*. So bemühen sich die „Seherwissenschaftler" uns zu erklären, wie dieses vielfältige Universum aus einer Quelle entsprungen ist. Diese Erklärung umfaßt die Erforschung der Kräfte und Vorgänge durch welche die *supraphysikalische* Energie – die letztlich ja die eine ist – diese Vielfalt entstehen läßt.

Diese fundamentale Kenntnis über die Bedeutung der *Veden* wurde vom Schleier der Fehlinterpretationen kritischer Begriffe wie diese verdunkelt. Nicht desto weniger möchten wir an dieser Stelle hervorheben, daß diese Kritiken an westlichen Forschern und Übersetzern der *Veden* weder mit Fremdenhaß noch mit einer Sehnsucht nach der Vergangenheit Indiens zu tun haben. Die Verzerrungen und Fälschungen der *Veden* würden völlig unverständlich bleiben, wenn wir den historischen Hintergrund und die Rolle dieser Übersetzungen und Interpretationen nicht kennen würden. Die intellektuelle Integrität fordert es, daß diese Fakten angemessen hervorgehoben werden. Dadurch wird unsere Achtung für ihren Beitrag nicht geringer. Sie haben einige positive Leistungen des alten Indiens der Welt zur Kenntnis gebracht. Es muß auch ausdrücklich betont werden, daß nicht jeder europäische Kommentator seine Studien mit einem negativen Vorsatz durchführte. Einige waren ehrlich von dem Reichtum an Gedanken in den Werken der Sanskritgelehrten aus alten Zeiten angezogen, und mehrere haben die Errungenschaften des alten Indien in Schlüsselbereichen mit verschwenderischem Lob kommentiert.

Wir müssen auch einer großen Zahl westlicher Gelehrten unseren Dank sagen, die mit Ehrlichkeit, Hingabe und Ergebenheit das Studium der *Veden* und ihrer Nebenwerke fortgesetzt haben. Ohne diese Kommentare, Übersetzungen und andere Publikationen in englischer Sprache hätten Generationen der Inder, die im kolonialen Bildungssystem der Engländer erzogenen wurden, keine Gelegenheit gehabt, sich mit dieser alten Weisheit vertraut zu machen. Daher erkennen wir an – trotz all ihrer Unzulänglichkeiten, Ungenauigkeiten und oft vorkommenden Entstellungen –, daß diese Werke einen wertvollen Beitrag zur Wiederherstellung und Weitergabe der Einsichten der *Veden* geleistet haben. Ebenso groß ist unsere Dankesschuld gegenüber den Archäologen und Forschern, welche die Bloßstellung der Fälschung der indischen Geschichte ermöglicht haben. Wir entbieten unsere tiefe Dankbarkeit all diesen Gelehrten und Autoren.

Die vollständige Erforschung der *Veden* ist für jemanden, dem eine hohe Intelligenz beschert ist, eine lebenslange Aufgabe. Dieses Buch ist notwendigerweise eine kurze Erforschung *vedischen* Wissens, geschrieben in der Hoffnung, daß das Wesentliche aus dieser Weisheitsquelle in unverfälschter Form übermittelt wird. Dieses Werk wird in der Überzeugung dem Leser angeboten, daß vieles von seinem Inhalt für die beunruhigte globale Gesellschaft von heute wertvoll ist.

Die Schatzkammer der *Veden* enthält Antworten auf mehrere Fragen, die heute Wissenschaftler und Philosophen narren, wie auch Lösungen mehrerer erschreckender Probleme, welche die menschliche Gesellschaft bedrohen. Der Zugang zu diesen Antworten würde die Möglichkeit eines Quantensprungs in eine Welt neuer Erkenntnisse und neuer Erfahrungen eröffnen und ein Studium des in diesen Texten enthaltenen Wissens würde auch helfen, die grundlegenden Prinzipien einer der ältesten Zivilisationen in der menschlichen Geschichte zu verstehen. Zusammen könnten diese uns den Weg zur Einrichtung von dauerhafter Harmonie und Glück auf unserem Planeten aufzeigen. In einem Band, das diesem Werk folgen wird, erforschen wir genau diesen Weg.

Das vorliegende Werk versucht, den Leser in den unerforschten Schatz der alten Einsichten der Menschheit einzuführen. Die Entdeckung eröffnet faszinierende Ansichten und bietet flüchtige Blicke in die Ursprünge des Universums. Sie befördert uns in eine wie auch immer vergessene Epoche, in welcher der menschliche Intellekt blendende Höhen erreicht hatte und tief in die Geheimnisse des Seins eingedrungen war. Unser größtes Anliegen ist es, einen Einblick in diese Einsichten der *Veden* in einer Art zu bieten, die für die moderne Denkweise Sinn macht und trotzdem die Einsichten der Seherwissenschaftler, der Verfasser der *Veden*, unverzerrt übermittelt. Wir werden bemüht sein, nicht in die Falle zu stolpern, unsere eigenen Ideen in der Sprache einer fremden Kultur zu äußern.

Die Struktur dieses Buches offenbart den Umfang des Verlustes, den wir als Folge unserer Trennung von der *vedischen* Weisheit erlitten haben. Die Leser werden bemerken, daß umfangreiche Erklärungen der *vedischen* Weltanschauung erforderlich sind, damit wir den Zusammenhang der verschiedenen Disziplinen verstehen. Daher ist der „Dritte Abschnitt: Jenseits des Universums der Physik", der die Ansicht des Kosmos erforscht wie sie in den *Veden* dargestellt ist, bei weitem der längste. Der Leser wird eingeführt in die wesentliche Terminologie, in die philosophische Grundlage für die praktischen Wissenschaften, für welche die Seherwissenschaftler den Weg bahnten, und in eine Erforschung der wesentlichen Natur des Kosmos und von uns selbst als Individuen in ihm. Um eine so vollständige und integrierte Weltanschauung zu erkunden, ist es erforderlich, daß wir unsere Aufmerksamkeit all diesen Aspekten widmen, die das Ganze ausmachen.

Wir verfolgen dies mit einer Erkundung des *vedischen* Intellekts in seiner reinen Form und decken dabei die wirkliche Bedeutung der Ausdrücke auf, die von westlichen Gelehrten fälschlicherweise als „Götter" und „Göttinnen" interpretiert wurden. Wir beziehen Auszüge aus großzügig mit Dichtung und Metaphern ausgestatteten alten Texten ein, um die Wirklichkeit über den Kosmos zu erläutern, die den Menschen durch die *Veden* offenbart wurden.

Wir erforschen die praktische Anwendung *vedischer* Einsichten entlang zweier Beispiele: der Wissenschaften von *Yoga* und *Ayurveda*, dem tradierten indischen Gesundheitssystem. Diese beiden Disziplinen werden in der gegenwärtigen Gesellschaft weit verbreitet praktiziert, haben aber ihre Ursprünge in den *Veden*. Die Seherwissenschaftler entwickelten auch solche praxisorientierten Disziplinen innerhalb des breiteren Zusammenhanges des universellen Daseins, damit die Menschen die Unteilbarkeit des Individuellen und des Kosmos nicht aus den Augen verlören.

Als nächstes widmen wir unsere Aufmerksamkeit den Instrumenten des Lernens, welche die Seherwissenschaftler vorgeschlagen haben. Dies schließt eine Erkundung des Weges ein, auf dem die Sprache Sanskrit das in den *Veden* enthaltenes Wissen offenbart und zugleich schützt, aber auch zu einer tieferen Betrachtung der Methoden der Analyse der Seherwissenschaftler verhilft. Wir schließen eine Diskussion über einige grundlegende Begriffe ein, deren Verständnis wesentlich ist, um die Tiefen des *Veda Shastras* auszuloten.

Nach der Betrachtung der Gründe für die historische Verdunkelung der vedischen Wahrheiten machen wir eine kurze Pause, um über all das nachzudenken, was in diesem Werk vorangegangen ist. Das Kapitel mit dem Titel „Betrachtungen" ist eine auf Erfahrung bezogene

Interpretation der Botschaft der *Veden* und eine grundlegende Einschätzung ihrer Tiefe und Feinheit.

Wir schließen ab mit „Anhänge", die, wie wir hoffen, weiteres Licht auf die historischen Vorurteile und Entstellungen werfen werden, die an den *Veden* verbrochen wurden und die uns bei der Korrektur dieser vorangegangenen falschen Interpretationen unterstützen werden.

Es ist unser tief empfundener Wunsch, daß die Menschheit erneut zu der unverfälschten Weisheit Zugang erhält, die in diesen unschätzbaren Texten enthalten ist, und daß unsere Leser mit uns die Erbschaft des gesamten Menschengeschlechts feiern mögen.

ZWEITER ABSCHNITT

Einführung in „Veda" und in die *Veden*

rik bhyo jatam srvasho moorrtimahuh
sarva gatiryajushee haiva shashwat
sarvam tejjah sam roopam ha shashwat
sarvam hedam brahmana haiva shrishtam

Alle Formen entstehen aus dem *Rik*
Alle Bewegungen entspringen aus dem *Yaju*
Alle Helligkeit ist eine Offenbarung von *Sama*.
Aus diesen entfalten sich alle Gestalten.

TATTERIYA BRAHMANA 3:12:9:2

KAPITEL EINS – Die *Veden*: Ein Prolog

DIE *VEDEN*, DIE UNS BEKANNT SIND, BESTEHEN AUS VIER Texten: *Rig Veda, Yajur Veda, Sama Veda* und *Atharva Veda*. Jeder dieser Texte besteht aus (a) *Mantra* bzw. *Samhita*, (b) *Brahmana* und (c) *Aranyaka*. Am Ende der *Aranyakas* kommen die *Upanishaden*. Ein größerer Teil der *Upanishaden* ist verlorengegangen. Sie wurden zerstört in aufeinander folgenden Einfällen, von Plünderern aus dem Land geschafft oder auf andere Weise ruiniert.

Die *Mantras* sind schwierige, in großer Kürze zusammengefaßte Formulierungen grundlegender Prinzipien. Die *Brahmanas* erläutern und regeln die aus diesen Prinzipien folgenden praktischen, konkreten Handlungen, also deren Anwendung. Die *Aranyakas* nehmen uns mit in das Reich des Nachsinnens und die *Upanishaden* in die wohlbegründete Philosophie dieser Wissenschaften.

Das hier verwendete Wort „Brahmana", sollte nicht mit einer der vier *Varnas* verwechselt werden, in denen die Gesellschaft im „alten Indien" im Einklang mit den *Veden* organisiert war. Die Brahmanen in den *Varnas* widmen sich der Suche nach Wissen und leiten die anderen Gruppen in intellektuellen, andächtigen und alltäglichen Dingen. Aber hier bezieht sich *Brahmana* auf jenen Teil der Texte der *Veden*, der detaillierte Leitlinien für die Anwendung der *vedischen* Theorien und Grundsätze im Alltag gibt. Nur 108 der 1137 *Brahmanas* sind heute noch verfügbar.

Die *Upanishaden* befassen sich mit der Philosophie der Prinzipien, die in den *Mantras* formuliert und in den *Brahmanas* erörtert sind und mit deren alltäglichem Gebrauch. Bislang sind 183 *Upanishaden* wiederentdeckt, von denen 10 als die wichtigsten angesehen werden. Diese sind der Nachwelt von mehreren großen Philosophen und Gelehrten mit ausführlichen und erschöpfenden Kommentaren überliefert. Einige *Upanishaden* sind bekannt nach dem ersten Wort im Text, wie z. B. *Kenopanishad*, beginnend mit dem Wort *Kena*, das „wer" bedeutet.[1] Ein weiterer Text beginnt mit dem Wort *Ishawasya* und ist als

---

[1] In der Sanskritgrammatik verwandelt sich das im letzten Konsonanten eines Wortes verborgene „a" in ein „o", wenn die beiden Wörter zusammengeführt werden, z.B. „Kena" + „Upanishad" wird *Kenopanishad*, „Katha" + „Upanishad" wird *Kathopanishad* usw.

der *Ishawasya Upanishad* bekannt.[2] Einige *Upanishaden* sind auch nach dem Namen des *Rishis* (Seherwissenschaftlers) benannt, der die darin erörterten Erkenntnisse entdeckte bzw. „sah", wie beispielsweise der *Kathopanishad*, benannt nach dem *Rishi* namens Katha.

Die *Veden* wurden ursprünglich mündlich vom Lehrer an den Schüler überliefert. Diese Überlieferung erforderte strenge Disziplin, tiefe Hingabe und konzentriertes Studium mehrerer Fächer. Irgendwann im Verlauf der Zeit muß diese anspruchsvolle Tradition begonnen haben, belastend zu wirken. Der große Weise Veda Vyasa, Verfasser des epischen Werkes *Mahabharata*, sah ein spürbares Absinken sowohl in der Fähigkeit als auch in der Bereitschaft der Generation, die berufen war, diese Verantwortung weiter zu tragen. Besorgt, daß die „Wissenschaft der Wissenschaften" für künftige Generationen verloren gehen würde, wenn er sich nicht der riesigen Aufgabe des Sammelns, des Klassifizierens, des Niederschreibens stellte, sammelte er alle *Mantras*, die einigen wenigen, verstreut lebenden Gelehrten noch bekannt waren, und gab sie in den vier großen Büchern – *Rig Veda*, *Yajur Veda*, *Sama Veda* und *Atharva Veda* – ediert heraus. Mehrere große Seherwissenschaftler „sahen" diese *Mantras* durch Jahre der „Selbstbeobachtung" und „Selbstanalyse". Sie überlieferten ihre Entdeckungen der nächsten Generation über ihre Schüler, die wiederum neue Meilensteine auf ihrem Weg hinzufügten und das Werk ihren Schülern zur Vollendung übergaben.

Die *Veden* sind die ultimative Quelle der Anschauung des Lebens und des Universums. Alle gesellschaftlichen Wechselwirkungen, einschließlich aller „religiösen" Handlungen, Bräuche und Zeremonien des alten Indiens basieren auf den Texten der *Veden*. In Sanskrit heißt die Gesamtheit dieser Texte *Veda Shastra*. Bücher über den *Dharma* wie z. B. *Manusmriti*, welche die individuellen und gesellschaftlichen Verhaltensweisen regeln, leiten ihre Begründung von den *Veden* ab. Der Begriff *Dharma* wird im allgemeinen als „Religion" übersetzt, aber dieses Wort hat eine viel umfassendere Bedeutung und betrifft nicht nur die Menschen. Alle Individuen und Wesen besitzen ihren *Dharma*, d. h. ihre spezifischen Eigenschaften, Attribute und Merkmale, ebenso das Gesamtgefüge der Pflichten, Werte und Verhaltensregeln. So zum Beispiel, der *Dharma* des Feuers ist es zu brennen und sich nach oben

---

[2] Ein „a" am Ende eines Wortes verschmilzt mit dem „u" des folgendem Wortes nach den Regeln des Wohlklangs in der Sanskritgrammatik, wie Ishawasya + Upanishad als *Ishawasyopanishad*, Kena + Upanishad *Kenopanishad* und Manduka + Upanishad *Mandukopanishad*.

zu bewegen, während jener des Wassers ist zu kühlen und sich nach unten zu bewegen.

Verschiedene Schulen der indischen Philosophie, wie *Samkhya*, *Vaisheshika* und *Vedanta*, leiten ihre Gültigkeit von den Texten der *Veden* ab. Alle übrigen Texte werden als sekundäre Quellen betrachtet und ihre Annehmbarkeit und Authentizität hängt davon ab, ob sie mit den *Veden* im Einklang sind oder nicht. In allen Angelegenheiten des individuellen und gesellschaftlichen Verhaltens ist das *Veda Shastra* die endgültige Autorität, die nicht in Frage gestellt werden kann, und alles, was den *Veden* widerspricht, wird abgelehnt. Die *Veden* benötigen keinen externen Beweis für ihre Akzeptanz und Gültigkeit. Sie selbst sind Maßstab für andere Gebote, Gesetze und Normen. Die *Veden* sind die einzigen Texte, die über Jahrtausende hinaus geachtet und verehrt wurden.

Die zahlreichen Überzeugungen und eine verwirrende Vielfalt von Bräuchen und Zeremonien aus der alten Zeit sind für die Anhänger dieser Überzeugungen dann annehmbar, wenn sie ihren Ursprung in den *Veden* orten können. Die *Bhagavad Geeta* wird als einer der am meisten geachteten Texte verehrt. Darin wird ein Zwiegespräch zwischen Krishna – verehrt als eine glorreiche Verkörperung der menschlichen Gestalt – und dem Pandava Prinzen Arjuna, auf dem Schlachtfeld des Mahabharata wiedergegeben. Alles was in der *Bhagavad Geeta* gesagt ist, wird als richtig und authentisch akzeptiert, weil es mit den *vedischen* Grundsätzen übereinstimmt und die Wirklichkeit sorgfältig erläutert ist. Der Gestalter der *Bhagavad Geeta*, Krishna, bestand darauf, daß sich die Menschen im Einklang mit dem *Shastra* verhalten sollten, womit er das *Veda Shastra* gemeint hat.

Die *vedischen* Texte sind eine unerschöpfliche Schatztruhe des Wissens. Sie sind ein Buch des *Vijnana*. Dieser Begriff ist als „Wissenschaft" übersetzt. Tatsächlich bedeutet er viel mehr. Bücher des *Dharmas* und Richtlinien für die *Dharmiks*, wie die *Manusmriti*, lehren uns, was wir tun und was wir nicht tun sollten, aber geben oft keine detaillierte Antwort auf die Frage, warum wir bestimmte Dinge tun oder nicht tun sollten. Aber die *Veden* analysieren und erklären das „Warum" verschiedener Phänomene und Aktionen. Wenn in den Abhandlungen über *Dharma* und Philosophie solche Fragen auftauchen, so wird der Fragende auf die *Veden* verwiesen, um Antworten zu finden.

Die Texte der *Veden* sind Bücher über *Vidya*. Das Wort „Vidya" ist in Sanskrit von der Wurzel *Vid* („wissen") abgeleitet. Anders ausgedrückt, diese Texte vermitteln Wissen. Das Wort „Veda" ist von der gleichen

Wurzel abgeleitet. Dies erklärt warum Weise und Gelehrte schon immer die *Veden* als „Stätte des Wissens und des Lernens" bezeichnet haben.

Sechs *Vedangas* bez. Hilfsdisziplinen sind wesentlich zum Studium der *Veden*: *Shiksha* (Phonetik), *Vyakarana* (Grammatik), *Chhandas* (Taktlehre), *Nirukta* (Etymologie), *Kalpa* (praktische Anwendungen, Bräuche und Zeremonien) und *Jyotisha* (Astronomie/Astrologie). Die ersten vier sind sprachwissenschaftliche Fächer und die letzten zwei sind nicht–sprachwissenschaftlich. Phonetik, Grammatik und Taktlehre sollen den Laut der *vedischen* Wörter schützen und die Tradition der mündlichen Überlieferung bewahren. *Nirukta* befaßt sich mit der korrekten Interpretation der Wörter der *vedischen* Texte und steht in engem Zusammenhang mit *Vyakarana*.

Jedem *Veda* ist ein *Pratishakhya* angehängt, der die vedischen Laute prüft. Wie die *Shiksha*, dienen auch die *Pratishakhyas* der Erhaltung der korrekten Aussprache der *Veda Mantras* und bestimmen peinlich genau die Regel für Silbenmessung, Phonetik, Betonung und Klang der zusammengefaßten Wörter. Der Begriff „*Pratishakhya*" bedeutet auch, daß es ein praktisches Handbuch für jede Schule der *Veden* ist. Er bestimmt die Laute der *Veda Mantras*, nicht nur für eine bestimmte Region, sondern absolut.

Das *Vyakarana* bestimmt die genaue Form der Wörter nach sprachwissenschaftlicher Analyse. Das *Nirukta* befaßt sich mit der sprachwissenschaftlichen Analyse der Wörter selbst, um ihre richtige Bedeutung innerhalb ihrer Zusammensetzung festzustellen. Es betont nachdrücklich die Ableitung schwieriger und scheinbar nicht analysierbarer Begriffe. Die alten Seherwissenschaftler haben im einzelnen darüber diskutiert, ob das Verhältnis zwischen einem Wortlaut *(Shabda)* und seiner Bedeutung *(Artha)* eine in der Natur gegebene oder eine von Menschen erfundene ist. Sie meinen, daß ein Wort nicht bloß der Laut ist, sondern während der Artikulation auch die Bedeutung des Wortes bzw. der Wörter hervorgebracht wird.

Vierzehn Zweige von *Vidya*

Das Wort „Vidya", wie schon bemerkt, ist von der Wurzel „Vid" (wissen) abgeleitet. So ist die *Vidya* etwas, was Wissen übermittelt und Licht auf die Wirklichkeit wirft. Die *vedische* Organisation des Lernens und die Aneignung von Fertigkeiten teilt die *Vidya* in 14 Zweige auf. Jeder Zweig enthält nicht nur von großen Gelehrten aufbereitete Aufgaben zur Vermittlung von Wissen, sondern auch sorgfältig

Die *Veden*: Ein Prolog

ausgearbeitete moralische und ethische Grundsätze und legt Leitlinien für das individuelle und gesellschaftliche Verhalten fest.

Diese 14 „Stätten des Wissens" schließen mit den vier *Veden – Rig Veda, Yajur Veda, Sama Veda* und *Atharva Veda* – auch die oben erwähnten sechs Disziplinen bzw. Zweige ein. Dazu kommen noch die vier: *Meemamsa, Nyaya, Puranas* und *Dharmashastra*. Ferner kommen *Ayurveda* (die Wissenschaft der Gesundheitspflege), *Arthasastra* (die politische Ökonomie), *Dhanurveda* (die Wissenschaft der Kriegführung) und *Gandharva Veda* (die Musikwissenschaft) hinzu. Insgesamt sind es 18 *Vidyas*. Vierzehn davon berühren den *Dharma*, d. h. die Grundsätze bzw. die Ethik des individuellen und gesellschaftlichen Verhaltens. Die restlichen vier gehören zu den „Stätten des Wissens", befassen sich aber nicht unmittelbar mit dem *Dharma*.

Die gesamte Literatur über die *Vidyas* wird *Veda Shastra* genannt. Sind alle 14 *Shastras* grundlegende und maßgebende Texte, so sind die *Veden* doch ihre Krone. Die ersten vier (die vier *Veden*) der vierzehn Zweige des Lernens bilden die Grundlage für die nachfolgenden 10, und zusammen bilden sie den vollständigen Korpus der Anschauung über das Universum, das Leben, ebenso zu *Jnana* und *Vijnana*.

Diese letzten beiden bedeutsamen Begriffe erörtern wir im Detail an anderer Stelle dieses Buches. Hier erläutern wir sie nur kurz: das *Vijnana* ist das Wissen darüber, wie sich eine unendliche, unteilbare Energie zu einer bunten Vielfalt und zu unzähligen Dingen entwickelt, die das Universum ausmachen. Der *Jnana* ist das Wissen darüber, wie diese Vielfalt, Unterschiedlichkeit und Pluralität letzten Endes nichts anderes eine Einheit ist. Anders ausgedrückt, *Vijnana* und *Jnana* offenbaren wie sich ein riesiger, unendlicher Behälter voller Energie in unzählige und unterschiedliche Objekte aus Materie verwandelt, die dieses Universum ausmachen, und wie all diese unterschiedliche Materie eigentlich nichts anderes ist als eine gemeinsame Quelle der Energie. Die Werke im *Veda Shastra* vereinigen in sich die vorgeschriebenen Bräuche bzw. die Regeln und Erlasse, die darauf ausgerichtet sind, Menschen zu erziehen und sicherzustellen, daß sie auf dem richtigen Pfad sind, d. h. auf einem Pfad in Harmonie mit den grundlegenden Prinzipien, welche die Organisation des Universums stützen.

Diese alten Texte sind aufgeteilt in zwei Kategorien: in *Shruti* – was gehört wurde – und in *Smriti* – was dem Gedächtnis eingeprägt wurde. Bücher des *Dharmas* sind *Smriti*, während Bücher der *Veden Shruti* sind. Die gesprochene Worte der *Rishis* sind *Shruti* und die Wiedergabe der Worte der *Rishis* sind *Smriti*. Ein *Rishi* ist jemand, der durch seine Einsicht „gesehen" hat, was „ist" – die Wirklichkeit, das Wesen der Phänomene. Die *Rishis* (Seherwissenschaftler) sind durch die äußere Erscheinung der Phänomene gedrungen, um die Wirklichkeit hinter dem Offensichtlichen und Scheinbaren zu „sehen". Der *Veda* ist also nicht ein Buch. Der *Veda* ist die Wirklichkeit selbst.

Die *Veden* als Texte und das Phänomen *Veda*

Wir können in einem Buch lesen, daß die Elektrizität durch eine elektrische Ladung entsteht und die Erklärung, wie ein Überschuß oder ein Defizit an Elektronen in der geladenen Substanz diese elektrische Ladung verursacht. Das Buch mag betitelt sein als *Elektrizität*, von einem Autor XYZ. Das Verhältnis zwischen dem Buch *Elektrizität* und dem Phänomen der Elektrizität illustriert das Verhältnis zwischen den *Veden* als Text und dem Phänomen *Veda*. In diesem Sinne sind die Texte von *Rig*, *Yajur*, *Sama* und *Atharva Veden* eigentlich nicht *Veden*; sie sind Bücher der *Veden*. Der *Veda* ist das ursprüngliche *Tattwa*, der primäre Faktor, nicht die Sammlung von Sätzen und Versen, welche dieses *Tattwa* erklären. *Rig*, *Yajur*, *Sama* und *Atharva* sind vier *Tattwas*, wobei das *Tattwa* der ursprüngliche oder primäre Faktor ist, der sich in andere Objekte verwandelt. Das gesamte Universum besteht aus diesen vier *Tattwas*.

Die *Veden* klassifizieren Aktionen und Anwendungen in zwei Kategorien. Handlungen, in denen die Ein- und Ausgangsenergie physikalisch sind, fallen in eine Kategorie, innerhalb derer die Mittel physikalisch und die Ziele irdisch sind. Handlungen, in denen die Ein- und Ausgangsenergie supraphysikalisch sind, fallen in die andere Kategorie, in der die Mittel wie auch die Ziele supraphysikalisch sind. Die *Brahmanas* sind Bücher von Regeln, die uns deren Wirkungsweisen und Anwendungen offenbaren. Sie erklären im Detail praktische Handlungen, die mit materieller Eingangsenergie eingeleitet werden und materielle Ergebnisse zeitigen.

Bei Handlungen und bei Anwendungen werden *Aranyaka* und *Upanishad* getrennt betrachtet. Zum Beispiel der Titel *Brihad Aranyakopanishad* enthält sowohl *Aranyaka* wie auch *Upanishad*. Das Sanskritwort *Upasana* bedeutet „in der Nähe sitzen", ist aber als „Anbetung", „Huldigung", „Dienst" oder „Opfer" unzutreffend übersetzt worden. Tatsächlich übermittelt die *Upasana* den Sinn des tiefen Nachsinnens vermischt mit Hingabe. Die *Upasana* und der *Jnana* (Wissen) sind miteinander verwoben. Obwohl der *Jnana* ein selbständiger Weg zum Erkennen der Wirklichkeit ist, hat Krishna die *Upasana* im *Jnana* mit eingeschlossen und die drei Wege – jene des Wissens, der Praxis und des Nachsinnens – zu zweien zusammengefaßt: *Jnana* und *Karma*.

Die Abschnitte über Aktion und Anwendung beziehen sich auf das Universum und jene über Wissen und Nachsinnen auf den *Ishwara*. Das Wort „Ishwara" wurde mit „Gott" übersetzt. Sir Monier Monier-Williams übersetzt *Ishwara* mit „Meister, Herr, Fürst und Gott, das Höchste Wesen". Diese Übersetzung ist eines von vielen Beispielen dafür, wie christliche Kommentatoren ihre eigenen religiösen und mentalen Konstrukte den *Veden* übergestülpt haben. Solche Fehlkonstruktionen haben manche *vedische* Verse unverständlich gemacht. Wir werden den Begriff „Ishwara" an anderer Stelle ausführlich erörtern, vor allem in den Abschnitten: „*Prajapati*: Das Erste Individuum" und „*Jeeva, Ishwara* und *Parmeshwara*". Und auch seine Nebenbedeutung als ein spezifischer Faktor im Prozeß des Entstehens. Hier nur kurz: Der *Ishwara* ist jener Zustand, aus dem der unteilbare Ozean von supraphysikalischer Energie sich in unzähligen Wellen offenbart, die das Universum der Dinge und Individuen bilden. Der *Ishwara* kann eine Form annehmen oder formlos sein. Die *Aranyakas* lehren uns das *Vidya* (Wissen) über *Ishwara* mit Form und die *Upanishaden* das *Vidya* über *Ishwara* ohne Form.

Beim Studium der *Veden* sollten wir ständig die zwei Dimensionen der Wirklichkeit im Blick haben: den *Ishwara* und das Universum. Da *Ishwara* unterschiedlich wahrnehmbar ist, mit und ohne Form, ist er mal mit Merkmalen und Eigenschaften versehen und mal nicht. Das Universum wird als diese Welt beschrieben, der *Ishwara* oft als die andere. Teilnahme in dieser Welt heißt, die Vergnügungen dieser Welt genießen. Hinwendung zu *Ishwara* bringt Freude von „außerhalb dieser Welt".

Die *Veden* bestehen aus vielen *Sooktas*. Das Präfix *Soo* heißt „gut" und *Ukta* bedeutet „gesprochen" bzw. „das, was gesprochen ist". So bedeutet der *Sookta* „wohl gesprochen", ein „gutes Wort" oder „eine gute Äußerung". Jeder *Sookta* besteht aus einer gewissen Anzahl von *Mantras* (Verse).

Wenn wir die *Veden* wie vorgeschrieben rezitieren, erwähnen wir den Namen des Sehers, der mit jedem *Sookta* verbunden ist, wie auch die Metrik und die supraphysikalische Kraft, die erzeugt werden soll. Beim richtigen Rezitieren eines *Mantras*, beziehen wir uns auch auf die Abstammung des Sehers. So zum Beispiel, *Agastyo Maitravarunih* ist Agastya, der Sohn von Mitra–Varuna und *Madhucchanda Vaisvamitrah* ist der Weise Mandhucchanda, der von Visvamitra abstammte.

Die *Mantras* erklären nicht explizit. Sie offenbaren ihre „Botschaft" mittels Hinweise und führen so zu dem was „ist". Die *Veden* sind aufgeteilt in zwei Wege: der Weg der Handlung und der Weg des Wissens, des Arbeitens und des Erkennens. Manchmal werden sie *Poorvameemamsa* (frühe *vedische* Studien) und *Uttarameemamsa* (späte *vedische* Studien) genannt. Die *Upanishaden* stehen am Ende der *Aranyakas*. Wäre ein *Mantra* bzw. *Samhita* der Baum, so wäre *Brahmana* die Blume, *Aranyaka* die Frucht (noch unreif), und *Upanishad* die weiche oder voll ausgereifte Frucht.

Die *Upanishaden* sind auch als *Vedanta* bekannt und bilden den Endteil der *Veden* in zweifacher Hinsicht. Bei jeder Durchsicht begegnen wir erst der *Samhita*, dann dem *Brahmana*, dann dem *Aranyaka*, und am Ende dem *Upanishad*. Die *Upanishaden* werfen Licht auf die Philosophie der *Veden*.

Die *Upanishaden* sind die Lehren, die ein *Guru* dem dicht neben ihm sitzenden Schüler vermittelt. Traditionell sitzt ein(e) Schüler(in) oder Sucher(in) an den Füßen des Lehrers, des Gurus, der ihn/sie in die Welt des Wissens führt. Wie im Kapitel „Anfang der Reise" erwähnt, waren die Seherwissenschaftler bzw. weisen Lehrer der Meinung, daß die Schüler(innen) dicht neben ihnen sitzen sollen, wenn sie sie unterweisen, ihnen Geheimnisse mitteilen oder etwas geheimnisvolles enträtseln. Ein Geheimnis in den *Veden* wird *Rahasya* genannt. In den *Upanishaden* wird dafür den Begriff *Upanisat* gebraucht. Jene Schüler, die nicht reif genug sind, werden für den Empfang dieser geheimnisvollen Lehren nicht in Betracht gezogen.

Die *Veden* sind aufgeteilt in 1180 *Shakhas* (zu überprüfende Textzweige), jede mit einem *Brahmana, Aranyaka* und *Upanishad* versehen. Viele dieser zahlreichen *Shakhas* sind in Vergessenheit geraten. Die übrigen sind auch von Auslöschung bedroht, weil das Studium der *Veden* auf ein gefährlich niedriges Niveau gesunken ist.

Für einige der *Upanishaden* mit *Shakhas* gibt es keine *Samhita* oder *Brahmana* Texte mehr. Die *Samhita* der *Sankhayana Shakha* vom *Rig Veda*, zum Beispiel, wird nicht mehr rezitiert. Anscheinend ist sie verloren gegangen. Aber der *Kausitaki Upanishad*, der ein Teil der *Shakhas* ist, existiert. Der *Baskala Mantropanishad*, ebenfalls aus dem *Rig Veda*, ist noch vorhanden. Es wird berichtet, daß ein Palmenblatt-Manuskript desselben in einer Bibliothek in Chennai, der Hauptstadt des

Staates Tamil Nadu (Indien) vorhanden ist. Aber weder die *Samhita* noch der *Brahmana* des *Baskala Krishna–Yajur Veda* ist vorhanden, und obwohl der *Kathopanishad* als einer der gewichtigen *Upanishaden* berühmt ist, ist sein *Aranyaka* nicht mehr verfügbar. Der *Atharva Veda* wird nur in ein oder zwei Gegenden studiert, während *Prashna, Mundaka* und *Mandukya*, die zu diesem vedischen Text gehören und unter den 10 gut bekannten *Upanishaden* sind, heute noch existieren.

Man nimmt an, daß es viele *Upanishaden* gegeben hat. Vor zweihundert Jahren schrieb ein Asket aus Kanchipuram (eine Stadt in Tamil Nadu) einen Kommentar über 108 *Upanishaden* und erwarb sich so den Namen „*Upanishad Brahmendra*".[3]

Der erste Sankaracharya[4] wählte 10 unter den zahlreichen *Upanishaden* aus, um sie aus dem nicht–dualistischen Gesichtspunkt heraus zu kommentieren. Ramanuje, Madhav und andere herausragende Philosophen, die nach ihm kamen, schrieben Kommentare über die selben Texte, begründet auf ihren eigenen philosophischen Ansichten.

Der *Isha* oder *Ishawasya Upanishad* kommt gegen Ende der *Samhita* vom *Shukla Yajur Veda* vor. Wie schon erwähnt, ist der Name dieses *Upanishads* von seinem allerersten Wort, *Ishawasya*, abgeleitet. Als nächstes folgt der *Kenopanisad*, der auch *Talavakara Upanishad* genannt wird, da er im *Talavakara Brahmana des Sama Vedas* vorkommt. Der *Kenopanishad* untersucht vertieft die Natur der ultimativen Wirklichkeit, wie auch das Verhältnis Subjekt-Objekt im abschließenden Teil.

Prashnopanishad, Mundakopanishad und *Mandukyopanishad* sind alle im *Atharva Veda* zu finden. *Prashna* bedeutet „Frage", und in diesem Text werden viele wichtige Fragen gestellt und beantwortet, wie zum Beispiel: Was ist der Ursprung verschiedener Geschöpfe? Welche supraphysikalischen Kräfte erhalten sie? Wie durchdringt Leben den

---

[3] *Jagadguru Shri* Jayendra Saraswati Swami (der 68. Shankaracharya), 1996, *Hindu Dharma*, A Collection of Discourses, Mumbai: Bharaitya Vidya Bhawan, S. 25.

[4] Geboren im Dorf Kaladi (jetzt im indischen Bundesstaat Kerala), Shankaracharya ist die berühmteste Persönlichkeit in der Geschichte der indischen Philosophie. Er belebte das Studium der *Veden* neu und wurde zum begeisterten Vertreter der *Advaita Vedanta* Philosophieschule. Er schrieb Kommentare über das *Brahma Sutra* und über die wichtigsten *Upanishaden*. Er bereiste ganz Indien und diskutierte mit Philosophen verschiedener Schulen. Seine hitzige Diskussion mit Mandana Mishra, einem Philosophen der Meemansa-Schule (dessen Frau als Schiedsrichterin fungierte) ist vielleicht die interessanteste Episode in seiner Biographie. Shankara war in einer politisch chaotischen Zeit aktiv und das neue Entfachen des Studiums der *Veden*, insbesondere des *Vedantas*, wird als sein Verdienst anerkannt.

Körper? Welche Wirklichkeit ist wirklich, die beim Wachsein, im Schlaf oder im Traum?

Der *Mundakopanishad* untersucht wie die unterschiedliche und bunte Vielfalt unseres Universums am Ende in eine einzige fundamentale Quelle aufgeht, in der gleichen Weise wie die Flüsse mit verschiedenen Namen ihre Namen und Formen im Ozean verlieren.

Manduka bedeutet „Frosch". Der Frosch muß nicht schrittweise schreiten, weil er vom ersten zum vierten Schritt springen kann. In ähnlicher Weise zeigt der *Mandukyopanishad* uns den Weg zu *Turceya*, den vierten Zustand, vom Wachsein über den Schlaf und über den Traum.

Der *Tatteriya Upanishad* ist Teil des *Tatteriya Aranyaka*. Er wird vielleicht umfassender studiert als irgend ein anderer *Upanishad*. Der *Aitereya Upanishad* bildet einen Teil vom *Aitereya Aranyaka* des *Rig Veda*, und sein Name stammt von Aitereya dem Weisen, der ihn weit und breit bekannt machte.

Die *Chandogya* und *Brhadaranyaka Upanishaden* sind die letzten zwei der 10 größeren *Upanishaden* und auch die umfangreichsten. Tatsächlich sind sie umfangreicher als die übrigen acht zusammen. Der erstere ist ein Teil des *Chandogya Brahmanas* vom *Sama Veda*. *Chandogya* bedeutet „*Chandoga* betreffend", einer der das Sama rezitiert.

Der *Brhadaranyaka Upanishad* kommt als letztes. „Brhad" bedeutet „groß", und er ist in der Tat ein großer *Upanishad*. Im allgemeinen kommt ein *Upanishad* gegen Ende des *Aranyaka* der betreffenden *Shakha*. Während der *Ishawasya Upanishad* in der *Samhita* des *Shukla Yajur Vedas* vorkommt, steht der *Brhadaranyaka Upanishad* im *Aranyaka* des *Yajur Vedas*. Eigentlich bildet der ganze *Aranyaka* diesen *Upanishad*.

Im *Brahma Sutra* stellt Vyasa das Wesentliche der 10 (wichtigsten) *Upanishaden* in extrem bündiger Form vor. Das Wort „Sutra" bedeutet eigentlich „Schnur". Jede Lehre bzw. jedes Gedankensystem der *vedischen* Sammlung von Begriffen hat einen *Sutra* (Aussprüche in kurzen und präzisen Stil, in Aphorismen), einen *Bhashya* (Kommentar) und ein *Vartika* (Erläuterung des Kommentars). Ein *Sutra* stellt eine Erkenntnis in einer extrem knappen Form dar; er drückt einen Gedanken oder ein Fakt mit der geringst möglichen Anzahl von Wörtern aus.

Die Bedeutung der in den *Mantras* enthaltenen wissenschaftlichen Kenntnisse und die Bedeutung ihrer Anwendung im Alltag, so wie sie im

Brahmana–Teil der *Veden* in sorgfältiger Vollendung erörtert werden, ist über Jahrtausende verblaßt. Forscher beseelt mit großer Schärfe und Gelehrsamkeit haben sich mit den *Upanishaden* befaßt, in denen beachtliche Möglichkeiten für die Entfaltung philosophischer Impulse gegeben sind.

DRITTER ABSCHNITT

Jenseits des Universums der Physik

atha kabandhee katyayana upetya paprachha
bhagwan kuto ha wa ima praja prajayante iti

tasmai sa howacha prajakamo wai
prajapatih sa tapotapyat sa tapastaptwa
sa mithunam utpadyate.
rayi cha prana cha ityetau me
bahudha prajah kjarishyat iti

Der Schüler Katayana fragt:
„O verehrter und ehrwürdiger Meister, woher
Wurden diese Geschöpfe geboren?"

Pippalada, der Lehrer, antwortet:
„Prajapati brachte ein „Paar" hervor
Rayi (Materie) und *Prana* (Energie)
Und dachte, daß sie miteinander
Viele Wesen hervorbringen würden."

PRASHNA UPANISHAD 2:3-4

KAPITEL ZWEI – Der Beginn der Reise

WIR SOLLTEN UNSERE ERKUNDUNGSREISE ZU DEN Einsichten vor etwa 6000 Jahren beginnen. Die Seherwissenschaftler aus den alten Zeiten hinterließen uns diese. Wir stehen an den Ufern eines gewaltigen Flusses, der mitten durch ein blühendes, grünes und fruchtbares Tal fließt. Gruppen von Häusern, pulsierend mit Lebenskraft und Betriebsamkeit. Männer und Frauen stehen vor Sonnenaufgang auf und huldigen der Sonne, der Quelle von Leben und Licht. Sie wässern die Bäume und füttern die Vögel. Melodische, gesungene Verse schweben in der Luft. Die Atmosphäre ist heiter und die Menschen strahlen ein Gefühl des Friedens unter einander und der Harmonie mit der Natur aus. In ihren Gesichtern zeigt sich Zufriedenheit.

Wenige Gehminuten entfernt vom Fluß steht eine einfache aber elegante Hütte, in der ein Wissenschaftler wohnt. Er wird „Seher" genannt, weil er die Entfaltung der Geheimnisse des Universums „gesehen" hat. Oft offenbart sich dem Suchenden die Wirklichkeit selbst. Bevor die Wirklichkeit wie ein Blitz sichtbar wird, haben diese Wissenschaftler die Natur natürlich lange mit ungeteilter Hingabe umworben. Denn die Natur gestattet keinem unerwünschten Eindringling auch nur einen flüchtigen Einblick in die in ihrer Brust verborgenen Geheimnisse. Der „Seher", den wir beobachten, wie er nach einem Bad im Fluß zu seiner Hütte kommt, hat eine lange Zeit mit der Erforschung der Natur verbracht. Er sieht auf einmal die Wirklichkeit in einem aufwühlenden, blitzartigem Einblick, spürt auch zur gleichen Zeit die Last großer Verantwortung. Denn mit der Preisgabe auch nur eines ihrer Geheimnisse gibt sie gleichzeitig erhebliche Macht in die Hände der Menschen. Der Seherwissenschaftler ist sich dessen bewußt, daß diese Macht mißbraucht werden kann.

Die Nachricht reicht weit und breit und zahlreiche Leute strömen zusammen, um die Geheimnisse zu erfahren, die der Seherwissenschaftler entdeckt hat. Er ist vorsichtig. Er weiß genau, daß das Wissen über die geheimnisvollen Wirkzusammenhänge der Natur ebenso für die Vernichtung der Menschheit angewandt werden könnte. Er wählt daher seine Schüler sorgfältig aus. Sie müssen kritisch, urteilsfähig und hingebungsvoll sein. Die letzte Auswahl wird dann mehreren strengen Prüfungen unterzogen.

Aber auch diese wohl durchdachte Umsicht genügt dem Seherwissenschaftler und seinen Kollegen nicht. Selbst wenn sie über ihre Schüler glücklich sind, die Wissen suchen und bereit sind, eine fortdauernde Verpflichtung zum Wohle der Menschheit und zum Frieden auf dieser Welt einzugehen, wissen sie doch, daß dieses nicht genug ist. Trotz ihrer guten Absichten könnten sie es schwer finden, dem eventuellen Druck seitens der herrschenden Kreise zu widerstehen. Die Zukunft der Menschheit muß vor der Launenhaftigkeit und der Habsucht der Mächtigen geschützt werden.

Unser Seherwissenschaftler berät sich mit seinen Kollegen. Einige Kollegen lesen seine Gedanken und teilen seine Sorgen. Gemeinsam widmen sie sich der Aufgabe, eine gesellschaftliche Ordnung zu entwerfen und zu entwickeln, die sicherstellen würde, daß keine Gruppierung der Gesellschaft so mächtig wird, um die Früchte des Wissens zu mißbrauchen. Besonders besorgt sind sie über die menschliche Habgier und das unbändige Streben der Kurzsichtigen, die Gaben der Natur schnellstens für den maximalen Gewinn auszubeuten. Sie sind sich auch der Gefahren durch die Konzentration der Macht bewußt – der intellektuellen, der militärischen, der ökonomischen und der politischen. Deshalb stellen sie sicher, daß in ihrem Entwurf der sozio-politischen Ordnung eine solche Konzentration nicht vorkommen kann.

Die Seherwissenschaftler empfinden eine außerordentliche Liebe für die Natur, denn sie hat ihnen gestattet zu sehen, was hinter und jenseits ihres undurchschaubaren Äußeren verborgen ist. Deshalb wollen sie Harmonie zwischen Menschen und Natur und zwischen Menschen unter einander sicher stellen. (Der Entwurf, die Entwicklung und der spätere Verfall ihrer gesellschaftlichen Ordnung wird in einer späteren Veröffentlichung vorgestellt.)

Nachdem er die fleißigen, hingebungsvollen, bescheidenen Schüler ausgewählt hat, die aufrichtig die Wirklichkeit suchen, beginnt der Seher als Lehrer, das von ihm entdeckten Wissen, schrittweise weiterzugeben. Der Unterricht beginnt mit gesellschaftlichen Dingen, und mit dem wachsenden Verständnis wird der Gegenstand feiner und anspruchsvoller. Auch Studierende der modernen Wissenschaft wissen, daß irgendwann die Alltagssprache nicht mehr für wissenschaftliche Erörterungen ausreicht, um die tiefen und komplexen Zusammenhänge hinter den einfachen Phänomenen zu erklären. Mathematische Formeln, Symbole und Verschlüsselungen werden dann benutzt, um diese feinen Grundsätze und verwickelten Vorgänge zu übermitteln.

Die Seher, die Wissenschaftler der alten Tage, lösen das Problem indem sie eine Sprache entdecken, die in ihrer etymologischen Struktur exakt und in ihrer Disziplin der Aussprache, Silbenmessung und Grammatik rigoros ist. Diese Sprache, Sanskrit,[1] spielt eine unschätzbare Rolle in der Erhaltung und Übermittlung ihres Wissens.[2]

Die Seherwissenschaftler stellen eine auffallende Parallele fest zwischen dem Ursprung und der Entfaltung des weiten Universums und der Entwicklung des Urlautes zu Alphabet, Wörtern, Sätzen und voll entwickelter Sprache. Sie ist auch vergleichbar mit der Entfaltung eines kleinen Samens zu einem riesigen Banyan–Baum (Ficus benghalensis) mit seinen zahlreichen untereinander verflochtenen Zweigen, von denen sich einige als Wurzeln, als neue Stützen, in den Boden senken. Das Sanskrit folgt in seiner Entwicklung peinlich genau den Gesetzen der Evolution, auch bezogen auf den Ursprung des Wortes aus einer Wurzel, der Aussprache und der Grammatik.

Die Seherwissenschaftler entdecken ein weiteres Gebiet von faszinierender Ähnlichkeit. Die Geburt eines menschlichen Wesens, die Entwicklung und Entfaltung seiner verborgenen Potentiale verlaufen in Bahnen, die der Entwicklung der Sprache aus dem ursprünglichen Laut ähnlich sind. Das vereinfacht etwas die Aufgabe, sich mit den Schülern zu verständigen; sie können so zu einer unmittelbaren Erfahrung des Vorgangs und der Kräfte der Entstehung heran geführt werden. Die Lehrer hoffen, daß die Schüler den Weg zur Selbstentdeckung leichter bewältigen, als wenn sie gefordert würden, sich unmittelbar den tiefen Geheimnissen des Universums zu stellen.

Die Schüler sind aber nicht interessiert an „weltlichen" Fragen. Sie haben bereits mehrere Jahre verschiedene Künste und Wissenschaften studiert, bevor sie zum Seherwissenschaftler gekommen sind. Sie sind ungeduldig, ihre Kenntnisse zu vertiefen. Sie sind begierig zu wissen, wie und durch welche Kräfte das Universum entstanden ist. Sie wollen wissen, was vor der Entstehung des Universums war und was geschehen wird, wenn dieses Universum nicht mehr ist.

Die Seherwissenschaftler wählen den Dialog als Mittel für die Vermittlung von Wissen. Als Katyayana und fünf weitere Schüler beispielsweise von dem Seher Pippalada angenommen wurden, sollten sie zunächst ein Jahr lang bei ihm leben. Er sagte ihnen: *„Dann könnt*

---

[1] Wir benutzen das Wort „Sanskrit" sowohl für das moderne Sanskrit als auch für das *vedische*.
[2] Wir haben zwei Kapitel der Erörterung der charakteristischen Merkmale dieser Sprache gewidmet, die sich aus der ihr zu Grunde liegenden Sprachphilosophie entwickeln. Diese sind: „Das Wort und die Bedeutung: Die Wichtigkeit der Grammatik im Studium der *Veden*" und „Die Sprache und die Seherwissenschaftler der *Veden*".

ihr Eure Fragen [an mich] stellen und ich werde sie beantworten, wenn ich die Antworten weiß." Dieses Gespräch ist dem *Prashna Upanishad*[3] vorangestellt. Es hebt die Bescheidenheit des großen Lehrers und die Bedeutung von Geduld bei der Aneignung von differenziertem und bedeutsamem Wissen hervor.

Einige große Lehrer hatten sich mit dem Studium der Kräfte- und Wirkzusammenhänge des Universums befaßt und jeder von ihnen wurde zum Anziehungspunkt des Lernens. Gruppen von Studierenden sammelten sich um sie, um von den weisen Lehrern Antworten auf die sie bewegenden Fragen zu bekommen. Die übermittelten Dialoge sind erleuchtend. Das darin enthaltene Wissen wurde von Generation zu Generation überliefert, von einem Lehrer zum anderen. So wird das Wissen erhalten.

Der *Mundaka Upanishad* beginnt mit der Aussage: *„Brahma übergab das Wissen über die Wirklichkeit, das Wissen aller Wissen, die Grundlage aller Wissenschaften seinem ältesten Sohn Atharva. Das Wissen, das Brahma Atharva anvertraute, lehrte dieser Angiras anno dazumal; und der lehrte es Satyavaha, einen der Bharadwajs; und Satyavaha lehrte es Angiras – so wurde das Wissen vom Älteren (Lehrer) an den Jüngeren (Schüler) weitergegeben..."*

„Saunaka, der mächtige Hausherr, wandte sich an Angiras auf angemessene Weise und fragte ihn: ‚Was wird geschehen, verehrter Lehrer, wenn man weiß, was alles entdeckt ist?'"

„Angiras antwortete ihm: ‚Es gibt zwei Arten von Wissen, die man erwerben kann, nämlich Apara und Para – über all das was „Ist" und über die Quelle von „Ist" – so sagen die großen Wissenschaftler, die die Kenntnis über die Wirkungsweise des Universums haben."

Hier ist ein weiteres Beispiel eines Dialogs zwischen Lehrer und Schüler: *„'O mein verehrter großer Lehrer, lehre mich die erhabenste Kenntnis über die Wirklichkeit, erforscht durch die Weisen und Überragenden, die (ansonsten stets) rätselhaft bleiben. (Lehre mich die Erkenntnis), die eine Person in die Lage versetzt, alle ihre Schwächen abzulegen und den höchsten Stand zu erreichen.'*

---

[3] Der *Prashna Upanishad* besteht aus den Antworten des Seherwissenschaftler Pippalada auf sechs gestellte Fragen von sechs herausragenden und gelehrten Schülern. Das Wort „Prashna" bedeutet „Frage". In diesem, einem der seltensten unter den einst verlorenen Texten des vedischen Gesamtwerkes, werden einige wichtige Fragen der Kosmologie behandelt.

Der Beginn der Reise

‚Du kannst (dieses Wissen erlangen) durch Engagement, Hingabe und Nachdenken', sagte der große Lehrer, und fuhr dann fort, die Wissenschaft des Universums zu erklären und wie man den Ist–Zustand des Seins überschreiten kann."[4]

Hier ist ein weiterer Austausch, wieder zwischen Schüler und Lehrer: Frage: *„Was war das für ein Wald? Welcher Baum in diesem Wald wurde geschnitten und getrimmt, um diese dreifache Welt von Erde, Raum und Himmel herzustellen? O ihr Gelehrten, die ihr über diese beiden Fragen nachdenkt, sucht die Antworten bei den Lehrern der Wissenschaft der Entstehung. Fragt diese Lehrer auch, welches jenes Prinzip ist, jenes Element, das die sieben Häuser auf sich trägt? Welche ist die Ursache, der Brahma, für all die sieben?"*[5]

Der Lehrer antwortet: *„Brahma war jener Wald. In jenem Wald war Brahma der Baum. Durch das Beschneiden und Zurückschneiden des Brahma–Baumes entstand diese dreifache Welt. O fragende Gelehrten, nach gründlicher Untersuchung sage ich Euch, daß nur der Brahma alle diese Häuser trägt und daß der Brahma allein diesen Welten vorsteht."*

Es ist notwendig, die Bedeutung der Begriffe *Para*, *Apara* und *Brahma* zu kennen um zu verstehen, was der Lehrer in seinen Antworten oder in den Erörterungen über den Gegenstand übermittelt. Auch jene, die mit dem Vokabular solcher Dialoge vertraut sind, meinen oft, daß sie etwas ganz anderes bedeuten als das was sie tatsächlich übermitteln. Die Verwendung von Wörtern mit vielschichtiger Bedeutung und die anderen Dimensionen des Machtproblems und die Beschränkungen der Sprache als Medium der Kommunikation werden in den beiden Kapiteln erörtert: „Das Wort und die Bedeutung: Die Wichtigkeit der Grammatik im Studium der *Veden*" und „Die Sprache und die Seherwissenschaftler der *Veden*".

Mehrere berühmte Übersetzer und Kommentatoren der *Veden* sind verwirrt ob der Dialoge zwischen Schüler und Lehrer und den Lehrern selbst. Der Grund dafür ist ihr Unvermögen in die verschiedenen Schichten der Bedeutung einzudringen und die volle Tragweite einer Formulierung oder die genaue Bedeutung eines Wortes zu entdecken. Das überrascht nicht. Grundsätze, die in der Sprache mathematischer Gleichungen ausgedrückt werden, bleiben allen jenen verborgen, die die Mathematik nicht kennen.

---

[4] Kaivalya Upanishad 1:1.2
[5] Tatteriya Brahmana 2:8:9/6-7

Diese alten Texte haben die Sprache verwendet wie ein Phänomen voll vibrierenden Lebens. Wir müssen uns etwas gedulden. Wir werden versuchen, die Verwendung schwieriger technischer Begriffe bzw. häufig mißverstandener Wörter und Symbole, auf ein Minimum zu halten. Wenn ihr Gebrauch nicht vermieden werden kann, werden wir sie so vollständig wie möglich erläutern.

In diesem Band werden wir das Entstehen unseres Universums erforschen und darüber nachdenken. Wir erörtern zunächst die Kräfte, Faktoren, Prozesse und Regeln des Universums. Bei dieser Reise werden wir an verschiedenen Stationen kurz anhalten müssen. Die Seherwissenschaftler haben sich mal in knapper Prosa, mal auch in zauberhafter Poesie ausgedrückt. Kein Wunder, daß sie bei der Entdeckung der Geheimnisse der Natur verzückt waren und ihre Freude in Poesie ausschütteten.

Welche Ausdrucksform auch angewendet wird, der Schüler wird mit ernster Herausforderung konfrontiert. Die Prosa ist oft bestückt mit technischen Begriffen, Symbolen und Verschlüsselungen, und zum Verstehen der poetischen Ausdrücke muß der Suchende ein „Gefühl" für die Umwelt, die Kultur, den Kontext und die bildliche Sprache entwickeln. Die Seher verwenden eine Kommunikationsform, die indirekt ist und für Ungeübte manchmal wie ein Rätsel erscheint. Deshalb sollten wir uns gemeinsam mit Definition, Bedeutung und Nuancen einiger Begriffe vertraut machen, die mit mehreren Schichten von tiefer Bedeutung trächtig sind. Wir beginnen mit der Erforschung des Wortes *Prana*.

Das Prana: Die Supraphysikalische Energie

namaste astwayate namo astu parayate
namaste prana tishthata aseenaayota te namah

Lob Dir, oh *Prana*, wenn Du kommst, wenn Du gehst.
Lob Dir, wenn Du still stehst, Lob Dir, wenn Du sitzt!

ATHARVA VEDA 11:4:7

pranah praja anu vaste pita putramiwa priyam
prano ha sarvasya ishwaroyachcha pranati yachcha na

Prana nimmt (Lebe)Wesen an wie seine Hülle,
Wie ein Vater (nimmt) seinen geliebten Sohn.
Prana ist der Oberste von allem,
Von allem was atmet und was nicht atmet.

ATHARVA VEDA 11:4:10

„Jeder weiß, daß Einstein etwas Erstaunliches geleistet hat, aber sehr wenige wissen genau, was es war. Es ist allgemein anerkannt, daß er unsere Vorstellung der physikalischen Welt revolutioniert hat, aber diese neuen Gedanken sind in mathematischen Formeln verpackt. Viele der neuen Ideen können auch in einer nicht–mathematischen Sprache ausgedrückt werden, sind aber deswegen nicht weniger schwierig. Was verlangt wird, ist eine Änderung unserer Vorstellung über die Welt. ... Eine Veränderung der Vorstellung ist immer schwierig, insbesondere wenn wir nicht mehr jung sind.

Bertrand Russell, *The ABC of Relativity*

Jede Erforschung beginnt mit der Beobachtung. Die Erforschung des Universums muß also mit seiner Beobachtung beginnen. Konkret bedeutet dies die Beobachtung der zahlreichen Objekte und Phänomene, die das Universum umfassen. Wir beginnen das Beobachten eines Gegenstandes mit seiner äußeren Erscheinung. Dann betrachten wir die Substanzen seiner Beschaffenheit, welche wiederum aus einer oder mehreren Verbindungen sein können. Jede Verbindung kann zwei oder mehr Elemente haben. Auf diese Weise gelangen wir zu den Elementen, aus denen sich jede einzelne dieser Verbindungen zusammensetzt.

Eine tiefer gehende Untersuchung, vielleicht in einem Labor, ermöglicht es uns die Verbindung, die Elemente und andere, feinere Teile des Objektes zu erkennen. Das Beispiel Milch. Zunächst sehen wir Milch. Wir finden dann heraus, daß sie aus Wasser und bestimmten anderen Substanzen besteht. Weitere Untersuchung offenbart, daß Wasser aus zwei Molekülen Wasserstoff und einem Molekül Sauerstoff besteht. Wasserstoff ist ein Element und alle Elemente bestehen aus einer bestimmten Anzahl von Atomen. Jedes Atom besteht aus Elektronen, Neutronen und Protonen.

Auf diese Weise finden wir heraus, daß sich wissenschaftliche Beobachtung vom allgemeinen zum besondern, vom groben zu feineren hin bewegt, und daß für verschiedene Ebenen der Beobachtung verschiedene Instrumente erforderlich sind. Für feinere Ebenen der Erforschung sind anspruchsvollere Instrumente erforderlich, weil die Instrumente nur eine vorbestimmte Reichweite besitzen. Je tiefer die Forschung dringt, um so verfeinert müssen die Instrumente sein, um vorangegangene Befunde durch neuere und exaktere Beobachtungen ablösen zu können.

Moderne Wissenschaftler wissen, daß das Universum aus Materie und Energie besteht. Materie beansprucht Raum und besitzt Masse. Die Energie nicht. Energie kann definiert werden als etwas was verbraucht wird, oder als die Kraft zur Arbeit. Wir arbeiten, wenn wir gehen, sprechen, singen, einen Tisch heben, schreiben oder ein Loch graben. Ein Motor arbeitet indem er ein Automobil fortbewegt, ein Triebwerk indem es einem Flugzeug den Antriebsschub liefert, ein Pferd indem es einen Wagen zieht und atomarer Sprengstoff indem er große Löcher gräbt. Es gibt unbegrenzte Arten von Arbeit, die getan werden kann.

Die Anzahl der verschiedenen Arten von Energie ist jedoch begrenzt und sie können erschöpft werden. Atomenergie kann in Atomreaktoren und Atomwaffen freigesetzt werden. Ein fallender Körper wie z. B. ein vom Baum fallender Apfel, besitzt kinetische Energie als Folge potentieller Energie. Andere wichtige Formen von Energie sind Elektrizität, Licht, Wärme und chemische Energie – die in den chemischen Verbindungen zwischen den Atomen in den Molekülen gespeicherte Energie.

Grundsätzlich können alle Formen der Energie ineinander umgewandelt werden. Diese Verallgemeinerung wird das Gesetz des Erhalts der Energie genannt: Energie kann weder erschaffen noch vernichtet, lediglich von einer Form in eine andere umgewandelt werden. Somit wird keine Energie je verloren oder vernichtet, obwohl oft Teile davon eine Form annehmen, die wir nicht wünschen und nicht nutzen können. Die Wärme einer Glühbirne, zum Beispiel, ist das unerwünschte Nebenprodukt der nutzlosen Umwandlung von elektrischer Energie in Licht.

Da grundsätzlich jede Form von Energie in jede andere umgewandelt werden kann, benötigen wir für die Energiemessung nur ein Maß. In der Praxis haben sich aber unterschiedliche Maßeinheiten zu verschiedenen Arten von Energie entwickelt, wegen der Unkenntnis der Tatsache, daß alle Formen von Energie im Grunde das selbe sind.

So haben wir das Fuß/Pfund (die Energie, die benötigt wird, um ein Pfund – 453,59 g – Masse auf eine Höhe von einem Fuß – 30,48 cm – zu heben) als Maßeinheit für potentielle Energie, die Kalorie als Maßeinheit der Wärmeenergie und die Kilowattstunde als Maßeinheit der elektrischen Energie.

Die Chemiker betrachten die Atomenergie kaum als Bestandteil der Chemie, weil die Energie bei der Atomspaltung auf so ungeheure Weise die gewöhnlichen chemischen Reaktionen übertrifft. Atomreaktionen spalten faktisch alle benachbarten chemischen Verbindungen in der Nähe. Atomreaktionen setzen Energien frei, deren Menge zu groß (bzw. die Wärme manchmal zu klein) für chemische Berechnungen ist. Die Tatsache, daß die Chemiker für Atomenergie keine Verwendung haben, macht sie jedoch weder nicht–existent noch irrelevant.

In all diesen verschiedenen Formen, die wir hier beschrieben haben, stellt die Energie eine physikalische Realität dar. Aber welche Kraft oder Faktor ist ursprünglich die Ursache für physikalische Energie, die sich uns dann in ihren zahlreichen Formen offenbart? Was ist ihr Ursprung? Antworten auf Fragen wie diese würden uns zu verstehen helfen, wie dieses Universum entstanden ist, weil, wie wir vorhin festgestellt haben, das Universum aus Materie und Energie besteht – und Materie ist eine andere Form von Energie, wie wir noch sehen werden.

Vor der Einführung der *vedischen* Begriffe sollten wir uns kurz mit der Quelle aller physikalischen Energien, der „suraphysikalischen Energie", befassen. „Supraphysikalisch" als Begriff wird gebraucht, um zwischen dem Faktor, der physikalische Energie *verursacht* und seiner *Wirkung*, die die moderne Wissenschaft „physikalische Energie" nennt, zu unterscheiden. Auch die supraphysikalische Energie offenbart sich in verschiedenen Formen. Es ist jedoch wichtig, die supraphysikalische Energie nicht als eine Variante dessen anzusehen, was wir gemeinhin unter Energie verstehen. An dieser Stelle erinnern wir uns an Bertrand Russells Feststellung, als er Einsteins Relativitätstheorie zu erklären suchte. Er sagte, daß wir unsere aus vergangenen Zeiten überlieferte Anschauung des Universums ändern müssen, eine Anschauung, die jeder von uns schon in seiner frühen Kindheit gelernt hat. Wir erinnern uns auch an Russells Worte: *„Eine Veränderung der Vorstellung ist immer schwierig, insbesondere wenn wir nicht mehr jung sind."*[6]

Kopernikus lehrte, daß die Erde nicht stillsteht, und daß sich der Himmel nicht einmal täglich um sie dreht, und forderte auch eine Veränderung gleicher Art. Wir haben keine Schwierigkeit den

---

[6] Bertrand Russell, *The ABC of Relativity*, S. 9.

Vorstellungen von Kopernikus zu folgen, weil wir schon damit vertraut waren, bevor sich unsere Denkgewohnheiten festsetzten. So werden die Vorstellungen von Einstein jene Generationen leichter annehmen, die mit ihnen aufwachsen; für uns aber ist das Nachvollziehen dieser Vorstellungswelt ohne eine gewisse Anstrengung nicht möglich.

Das Gegenteil geschieht auch. Eine Idee verliert sich in der Wildnis der vergessenen Geschichte, wenn sie außer Mode gerät. Isaac Asimov beschreibt diesen Vorgang in einigen seiner Novellen. In der beliebten „science fiction" Erzählung, *The Feeling of Power* (Das Gefühl der Macht), beschreibt er das Gefühl von Schock und Bestürzung bei den etablierten Wissenschaftlern und Regierungsbeamten angesichts der Fähigkeit eines Mechanikers, Berechnungen ohne Benutzung von Computern und Rechnern anzustellen. Es schuf eine Sensation, daß der Mechaniker dafür lediglich Bleistift und Papier benötigte. (Auszüge aus dieser Erzählung sind im Anhang Zwei enthalten.) Die Vorstellungen in den *Veden* und in ihren Nebenzweigen erscheinen uns heute unverständlich, weil wir vor Jahrtausenden die Berührung mit ihnen verloren haben. Einige Kommentatoren haben sie als kindliches Geschwätz der Menschheit abgetan, weil sie unfähig waren, sie zu entschlüsseln, zu verstehen oder zu interpretieren. Solche Einstellungen strotzen vor Ignoranz und Arroganz. Die Dimensionen verschiedener Begriffe in den *Veden* werden klar, wenn wir uns in sie vertiefen.

Beginnen wir mit der wichtigsten supraphysikalischen Energie, das *Prana*. Energie ist etwas, wofür wir alle ein instinktives „Gefühl" haben. So sagen wir, daß wir energisch sind, wenn wir bereit sind auszugehen und zu arbeiten. Eine energische Person paßt in die wissenschaftliche Definition von Energie, weil Energie die Fähigkeit ist, zu arbeiten. Das Studium der supraphysikalischen Energie beginnt oft mit dem Studium vom *Prana*, weil sich diese Energie in allen Wesen als „Leben" offenbart. Alle Lebewesen heißen auf Sanskrit *Pranee*, also jene die das *Prana* besitzen. Das *Prana* bedeutet in seiner elementarsten Auslegung *„der Lauf des Lebens, Atem, Atmung, Seele"*. In der *vedischen* Philosophie ist es auch beschrieben als *„die vitalen ‚Lüfte' oder Energien des Körpers"*. Es wurde *„für das Prinzip der Vitalität gehalten und man dachte, sie würde als der letzte Atemzug einer Person überdauern."*[8]

Das *Prana* ist ein grundlegender und vitaler supraphysikalischer Faktor im Prozeß des Entstehens, der sich auf verschiedene Weise offenbart. Es beansprucht keine physikalische Fläche und es ist die

---

[8] *Encyclopedia Britannica*, CD-ROM – Ausgabe 1996.

Grundlage aus der alle Materie entspringt. Diese supraphysikalische Energie verwandelt sich in zahlreiche Formen, wenn sie in unterschiedlichen Mengen und Größenordnungen umgewandelt wird. Wie die Musik in verschiedenen Takten variiert, nimmt das *Prana* verschiedene Namen oder Formen an nach unterschiedlicher „Metrik".

Zu Beginn des physikalischen Universums ist alles ruhig und still. Was war vor diesem Beginn? Wir werden auf unsere Reise mit den Seherwissenschaftlern dieser Frage nachgehen. Im Augenblick stellen wir uns einen weiten Ozean vor, absolut still, voller Frieden. In diesem Ozean entsteht eine ganz kleine Turbulenz. Eine winzige Regung, eine unmerklich kleine Bewegung. Spontan kräuselt es sich; dann eine Welle, der eine weitere folgt, sobald sich die erste gelegt hat, und dieses Steigen und Fallen von Wellen setzt sich fort.

Ein ähnlicher Vorgang spielt sich im weiten Ozean der supraphysikalischen Energie ab. Der lebenswichtige Urzustand dieser supraphysikalischen Kraft heißt das *Rishi Prana*. Die Anfangsphase wird der *Rishi* genannt, weil das *Prana* spontan in Bewegung gerät. Das Wort *Rishi* beschreibt die Eigenschaft der Bewegung, des Gehens, des Antriebs.[9] Das *Prana* ist der *Rishi*, wenn es die Bewegung wird.

Alle Dinge sind entweder in Ruhe oder in Bewegung. Letztere kann nach innen oder außen gerichtet sein, beinahe wie die Atmung, beim Ein- oder Ausatmen. Dieses *Rishi Prana*, die primäre supraphysikalische Energie, hat fünf Erscheinungsformen: 1. Reine Ruhe bzw. unbewegt, 2. Reine Bewegung nach innen, 3. Reine Bewegung nach außen, 4. Bewegung, in der ein Ruhestand mit eingeschlossen ist und 5. Stillstand, der in sich die Bewegung nach innen einschließt. Diese fünf Arten der Bewegung haben in den *Veden* eigene Namen.[10] Bewegung ist die Grundlage aller materiellen und physikalischen Dinge.

Das Haupt-*Prana* oder die supraphysikalische Bewegungsenergie wird das *Gayatri Prana* genannt. Alle Gegenstände erhalten sich durch ein labiles Gleichgewicht der nach außen und nach innen gerichteten Bewegung und in einem Ausgleich des Aus- und Einfließen supraphysikalischer Energie. Diese beiden zusammen bilden die *Gayatri*, die eine Verschmelzung von zwei Arten der supraphysikalischen Energie ist. Die eine ist das *Prana*, die das Einfließen von allem für die Existenz eines Gegenstandes Notwendigen fördert; und die zweite ist der *Apana*, der

---

[9] *rishati gachhati idamichhantah shramen tapa arishan tasmad rishayah* – Shatpatha Brahmana 1:6:1:1:1
[10] *Brahma akshar, Vishnu akshar, Indra akshar, Agni akshar* und *Soma akshar*.

durch das Ausfließen das Überleben oder den Unterhalt sichert. Eine sorgfältig ausbalancierte Wechselwirkung dieser beiden supraphysikalischen Energien sichert die fortgesetzte Existenz jedes Dinges.

Die supraphysikalische Energie ist der *Rishi* in der ursprünglichen Form bzw. in dem primären Zustand. Es sind reine, total unvermischte Energien. Das Verhältnis zwischen zwei *Rishis* (supraphysikalische Energien) ist manchmal harmonisch, manchmal auch im Mißklang. Einige vermischte Energieformen entstehen aus der Wechselwirkung dieser harmonischen und disharmonischen supraphysikalischen Energieflüsse. Diese Verbindungen bestehen aus mehr als einem Element. Die Wechselwirkung und die daraus entstehenden sechs Verbindungen der supraphysikalischen Energie verwandeln den ursprünglichen *Rishi*.

Bewegung ist eine kritische Eigenschaft dieser supraphysikalischen Energieformen, aus denen das gesamte Universum entsteht. In ständigen Wechselwirkungen wird ein Zustand des labilen Gleichgewichts gehalten, ein Vorgang, der die Erhaltung aller materiellen und physikalischen Dinge sichert. Diese ständige Wechselwirkung der supraphysikalischen Energie *Prana* läuft nach genau definierten Regeln. Nur Menschen in unserer Welt verletzen diese Regeln.

Wie verursacht das *Prana* aber Materie, Energie und physikalisches Universum? Zwei weitere Begriffe bzw. Namen von zwei supraphysikalischen Kräften sind zum Verständnis dieses Vorgangs notwendig. Diese sind das *Mana* und die *Wak*, die untereinander und mit dem Prana verbunden sind. Und bevor wir das *Mana* und die *Wak* erforschen können, begegnen wir aber dem *Atma*. Er ist als ein unerläßlicher Teil unserer Suche zu verstehen, wie dieses Universums entstanden ist.

Die vier Hauptakteure dieses Dramas

Das Universum und die Vorgänge in ihm sind ein faszinierendes Drama, ein packendes Spiel der supraphysikalischen Energien. In der *vedischen* Literatur werden oft die Wörter *Deva* oder *Devata* verwendet, um jene supraphysikalischen Energien zu kennzeichnen, die in ihren Wechselwirkungen neues schaffen, verändern oder abschaffen. Übersetzungen von „*Devata*" mit „gott" (klein geschrieben) haben einen sinnvollen Begriff zu Aberglauben und Mystizismus verkommen lassen.

Das Wort *Devata* steht für jene supraphysikalischen Energien, die die Akteure auf der Bühne des Universums sind. Wir kennen bereits das *Prana*, den Hauptakteur im kosmischen Theater und nun erfahren wir die Namen einiger anderen wichtigen Akteure in diesem packenden

Stück, vor allem das *Mana* und die *Wak*, enge Gefährten vom *Prana*. Aber es gibt auch andere wie der *Atma* und der *Brahma*, die wir auch kennen müssen, um dieses Drama in all seinem vielschichtigen Reiz würdigen zu können. Wir lernen sie also etwas näher kennen, während wir unsere Forschungsreise fortsetzen.

Der *Atma*: seine vielseitigen Dimensionen

Unser Universum besteht aus unzähligen Dingen, und wir sehen sie, wenn wir das Universum anblicken. Wir blicken zuerst auf ihre Gestalt, die eine runde, rechteckige, viereckige oder irgend eine andere Form haben kann. Die Gestalt ist allerdings nur eine Hülse. Wir schauen dann hinter die Hülse und sehen was darin enthalten ist. Welche Substanz ist hinter der Hülse? Etwas Festes, Flüssiges oder Gasförmiges?

Selbst wenn wir die Gestalt und den Inhalt kennen, bleibt unser Wissen über den Gegenstand noch unvollständig. Denn, wir würden nicht unterscheiden können zwischen Sonne und Mond, zwischen Gold und Eisen, zwischen Milch und Alkohol, weil unser Wissen über ein Ding erst dann vollständig wird, wenn wir seine Funktionen kennen. Jedes Ding definiert sich durch seine Form, Substanz und Funktion und diese zusammen bilden den Körper. Der *Atma* eines Dinges sagt, woraus es sich entwickelt, worin es sich ansiedelt und was alles es umfaßt.

Der *Atma* ist ein relativer Begriff. Die Aussage „Ich bin ein Vater" schließt die Mitteilung ein, daß es jemanden gibt, der mein Kind ist und dessen Vater ich bin. Kind, Schüler, Lehrer usw. sind Wörter, die ein Verhältnis mit einem oder mehreren Anderen ausdrücken. So steht der *Atma* in einer Relation zum Körper. Also gibt es neben dem *Atma* etwas anderes und dieses wird „Körper" genannt. Der Körper entwickelt sich aus dem *Atma* und behält seine Existenz in sich. Der Körper kann ohne den *Atma* nicht existieren und der *Atma* ist ohne einen Körper nicht wahrnehmbar. Dieses Verhältnis Körper – *Atma* trifft zu für alle Dinge unseres Universums, genau so wie für das Verhältnis Universum – *Atma*. Dieses unser Universum entspringt aus dem *Atma*, wird vom *Atma* erhalten und löst sich schließlich im *Atma* auf. Später werden wir dieses Verhältnis tiefergehend erforschen.

Der *Atma*: Schwierigkeiten ihn zu begreifen

Wie gesagt, hat jedes Ding einen Körper und jeder Körper mehrere Teile. Der Körper hat üblicherweise Glieder. Versuchen wir uns etwas vorzustellen, das keine Teile hat, oder einen Körper ohne Glieder. Ohne die Teile eines Körpers zu kennen, würden wir ihn nicht abgrenzen können. Solch ein Ding – es ist an sich schon falsch, ihn ein Ding zu nennen – wäre ohne Grenzen. Dann gäbe es darin keine Teile, die voneinander unterschieden werden könnten. Verschiedenartige Produkte würden daraus entstehen. Der Haupt–*Atma* ist ein solcher „Gegenstand": unteilbar, ohne Glieder, Teile oder Unterteilungen.

Die Aufgabe des Verstandes ist es zu erkennen. Der Verstand erfaßt ein Ding, weil dieses sich von einem anderen Ding unterscheidet. So lange der Verstand aber ein Ding nicht erfaßt, wird er es auch nicht von einem anderen Ding unterscheiden können. So ist die Natur des Verstandes. Er kann ein Ding nur erfassen, weil jedes Ding seinen Namen, seine Form und seine Funktion besitzt. Wir unterscheiden ein Auto von einem Flugzeug, weil sie jeweils einen spezifischen Namen, unterschiedliche Formen und unterschiedliche Funktionen haben. Ihre Bestandteile definieren ihre Abgrenzungen.

Weil der *Atma* unteilbar, grenzenlos und all umfassend ist, gibt es keinen Platz, Ort oder Punkt in dem es keinen *Atma* gibt. Deshalb kann der Verstand den *Atma* nicht von anderen Gegenständen unterscheiden. Folgerichtig kann er nicht die Form vom *Atma* erfassen und so wird der *Atma* als unfaßbar beschrieben.

Nehmen wir das Wort „Wasser" als Beispiel. Neben dem Namen kennen wir auch dessen Eigenschaften; es ist flüssig und farblos, es fließt, ein Gegenstand wird naß, wenn er mit ihm in Berührung kommt, usw. Wenn wir „Feuer" hören, kennen wir den Namen und die Eigenschaften; es brennt, es erzeugt Wärme, es strahlt Licht aus, usw.

Jeder Name eines Gegenstandes enthält zwei Komponenten, die eine, die seine spezifischen Züge und Eigenschaften unterstreicht und eine andere, die den Gegenstand hervorhebt, dessen Eigenschaften und Züge spezifiziert. Anders ausgedrückt, sind die spezifischen Eigenschaften die Eigenschaftswörter und das wovon die Eigenschaften spezifiziert werden ist das Hauptwort. Hauptwort und Eigenschaftswort gehören zusammen, wobei das Eigenschaftswort die Eigenschaft definiert. Ein Eigenschaftswort und ein Hauptwort werden oft kombiniert um auf eine spezifische Bedeutung hinzuweisen. In solchen Fällen lenkt das Eigenschaftswort unsere Aufmerksamkeit auf eine spezifische Eigenschaft des Hauptwortes. Etwas, was überall zugegen ist, wird nur verständlich, wenn es durch ein Eigenschaftswort in gewisse Grenzen eingeschlossen wird. Leben wird zum Beispiel anschaulich, wenn wir es als menschliches oder tierisches Leben näher kennzeichnen. Oft begreifen wir durch ein weiteres Merkmal die Funktion. Solche Merkmale sind Eigenschaftswörter. Wenn wir die „Botschaft" des Eigenschaftswortes nicht begreifen, werden wir kein Wort finden können, das uns ein allgegenwärtiges Phänomen verständlich macht.

Ein Phänomen wird als unbeschreibbar bezeichnet, wenn es weder mit Name, Form und Funktion, noch durch irgendwelche Unterteilungen fest verankert ist. Sein Grund–*Tattwa* bleibt daher jenseits der Domäne von Sprache und Verstand. (Das *Tattwa* ist die elementare Eigenschaft oder der feinste Wesensinhalt eines Wesens. Es enthüllt die wahre Natur einer „Substanz" und das wahre Prinzip eines Wesens, es offenbart das Wesen bzw. die „Substanz", wie es tatsächlich „ist", die Wirklichkeit jenes Wesens bzw. der „Substanz".)

Dieser *Atma* ist der *Brahma*, sagen uns die Seherwissenschaftler: formlos, ohne Eigenschaften, ohne Funktionen, unteilbar und vollständig still oder sprachlos.

Wenn Teilungen entstehen

Plötzlich und spontan entstehen jedoch Teilungen im *Atma*, der vorher ohne Teilungen oder Bestandteile war. Er verwandelt sich in diesem Prozeß rasch. Was einst eins war, wird plötzlich in drei Facetten erkennbar, sein unteilbarer Glanz erlangt drei Dimensionen.

Dies ist der Beginn des Entstehens, in dem sich ein grenzenloses, unteilbares Etwas in ein Dreidimensionales verwandelt. Das erste wird der *Brahma* [11] genannt; wenn Teilungen in ihm entstehen, werden sie als der *Atma* bekannt. Die Wissenschaft vom *Apara* untersucht, wie aus diesem dreidimensionalen *Atma* mit fortschreitenden Verwandlungen weitere Wesen hervorkommen. Die Umwandlung eines einheitlichen, harmonischen, unteilbaren Prinzips in drei ist ein Prozeß der Einbeziehung jener drei „Elemente", die in allem Neuen stets präsent sind. Die Gesamtheit der Verwandlung geht aus diesen drei „Elementen" hervor – *Prana*, *Mana* und *Wak*.

---

[11] Sanskritgelehrte, einschließlich Gelehrte der Philosophie der *Veden*, haben das Wort ‚Brahman' benutzt (mit einem am Ende hinzugefügten ‚n'), um es von „Brahma", einem aus der Dreiheit von Brahma (dem Schöpfer), Vishnu (dem Erhalter) und Mahesh (dem Zerstörer), die von den „Hindus" verehrt werden, zu unterscheiden. Wir halten Brahma in der Originalform, weil es eine Verbindung gibt zwischen dem Brahma, dem verehrten, und dem Brahma, die supraphysikalische Kraft. Diese Verbindung wird im weiteren Text dieses Buches deutlich, wenn wir die Bedeutung der dinglichen Erscheinungen untersuchen, die gemeinhin als „Gottheiten" verstanden werden.

Prana, *Mana* und *Wak*

Auf unserem Weg zu entdecken, was vor der physikalischen Welt existierte, haben wir bereits begonnen, die supraphysikalische Welt zu erforschen. Während die Ausrüstung Körper–Verstand–Intellekt leicht die physikalischen Faktoren begreifen läßt, ist sie bei der Erforschung der supraphysikalischen Welt zweifellos eine Hilfe, aber keineswegs ausreichend. Deshalb müssen wir nun die Horizonte unseres Verständnisses erweitern.

Unser Bestreben, das Universum zu erkennen, umfaßt mehrere Faktoren. Betrachten wir hier jeden dieser Faktoren als einen „Aspekt". Als erstes werden wir uns eines Objekts bewußt. Das Bewußtsein bzw. die Kenntnis dieses Objekts ist also der erste „Aspekt". Dieses Objekt hat auch eine Funktion, die seine Eigenschaft zur Bewegung offenbart. Seine Funktionen sind Folge jener inneren Beweglichkeit des Objekts. So ist also diese „Aktivität" bzw. „Bewegung" bezogen auf seine Funktion der zweite „Aspekt". Der dritte „Aspekt" ist die Materie bzw. die Substanz des Objekts.

So begegnen wir im Universum und in jedem seiner Bestandteile drei „Aspekten" bzw. Faktoren. Wir könnten diese auch als die drei Dimensionen jedes einzelnen Objekts beschreiben: 1. die Kenntnis bzw. das Bewußtsein, 2. die Aktion, Funktion oder Bewegung, und 3. die Materie bzw. Substanz. Griffiger könnten wir sie als Bewußtsein, Energie und Materie bezeichnen. Einfacher noch: Verstand, Bewegung und Materie. In den *Veden* heißen sie: *Mana, Prana* und *Wak*.

Jedes physikalische Ding wandelt sich fortwährend. Es verweilt für eine bestimmte Zeit, verändert sich oder hört auf zu sein. Aber *Prana, Mana* und *Wak* sind stets da. Tatsächlich entsteht eine dingliche Form durch eine Kombination dieser drei. Das *Prana* ruht auf dem *Mana* und funktioniert unter seiner Leitung. Die *Wak* ist die Substanz in einem Ding, die Materie innerhalb der Schale. Die *Wak* erschafft die Materie.

Die Besonderheit der Materie ist, daß sie Raum einnimmt. Deshalb können wir ein Ding in bezug auf andere Dinge orten. Wir können seine Position im Verhältnis zu anderen Dingen angeben. Wir können beispielsweise sagen, daß sich der Stuhl südlich des Tisches befindet, östlich des Bücherregals und westlich der Tür zum Arbeitszimmer. Wir können auch erklären, daß der Stuhl benutzt wird, um darauf zu sitzen. Außerdem gibt es einen Zeitrahmen innerhalb dessen ein Ding in Erscheinung tritt und aufhört zu existieren. So definiert bzw. begrenzt sich jede Materie nach Richtung, Standort oder Zeit.

Die Symptome von *Mana*

Das *Mana* hingegen hat keine spezifische Form und kann daher nicht gesehen werden. Das Verständnis vom *Mana* wird nur durch die Wahrnehmung seiner Funktionen möglich.

Der supraphysikalische Faktor *Mana* wird leichter begreifbar, wenn wir im Verlauf unserer Reise ihn mit dem physikalischen Faktor „Verstand" vergleichen. Die Frage könnte entstehen, ob der „Verstand" ein physikalischer Faktor sein kann, wenn er weder gesehen, noch berührt, noch geschmeckt werden kann und so fort. In der „westlichen" Tradition ist der Verstand ein Komplex von Fähigkeiten, die beim wahrnehmen, erinnern, betrachten, abwägen und entscheiden einbezogen werden. Der Verstand spiegelt sich gewissermaßen wider in Erscheinungsformen wie Empfinden, Wahrnehmen, Gefühlsregung, Gedächtnis, Erinnerung, Wunsch, Urteil, Beweggrund, Auswahl, Persönlichkeitsmerkmal, Unbewußtsein. Die vielen in Verlauf der Geschichte entstandenen materialistischen Philosophien besagen, daßdas was sich im Geiste abspielt, in Wirklichkeit komplizierte physikalische Vorgänge sind.

Nach diesen Theorien werden geistige Prozesse gänzlich von physikalischen Prozessen bestimmt. „Einen Entschluß fassen" ist demzufolge ein realer Vorgang, verursacht durch körperliche Vorgänge. Die *vedischen* Seher unterscheiden zwischen körperlichen Vorgängen und körperlicher Beschaffenheit einerseits und physikalischen Vorgängen und physikalischer Beschaffenheit andererseits. Sowohl fühlende wie auch nicht–fühlende Wesen haben einen Körper (*Shareer*). Ein Tisch, ein Stuhl, ein Vogel, ein Hund, ein Elefant und ein menschliches Wesen haben einen Körper. Aber der *Adhyatma Sanstha* (ein „physikalisches Ding" oder eine „physikalische Anordnung") schließt den Körper, den Verstand und den Intellekt ein. Diese drei sind die auf einer gemeinsamen Plattform wirkenden Facetten vom *Atma*.

Obwohl jedes Ding einen Körper hat, unterscheiden die *Veden* zwischen materiellen Dingen – die vorwiegend „Körper" sind – und fühlenden Wesen, die mehr sind als nur ein Körper, weil sie auch andere Facetten wie Intellekt und Verstand in verschiedenen Abstufungen offenbaren. In materiellen Dingen sind keine anderen Aspekte offenbar als der Körper. Der *Atma* ist eine Triade von *Mana*, *Prana* und *Wak*. Das Verhältnis dieser drei *Tattwas* (primären Faktoren) variiert in unterschiedlichen Dingen und in vielen Spezies. Und es gibt kein Wesen ohne oder jenseits vom *Atma*. Die Unterschiede und die Mannigfaltigkeit liegen in dem Grad der Offenbarung der drei

Komponenten, die den *Atma* oder seine drei Facetten einschließen. Der Ausdruck *Adhyatma Sanstha* wird für menschliche Wesen verwendet, weil gerade in dieser Gattung alle drei Facetten voll entwickelt und offenbart sind. Deshalb meinen die Seherwissenschaftler, daß nichts dem menschlichen Wesen überlegen ist.[12]

Jenseits dieses physikalischen Universums befindet sich das supraphysikalische Universum, das Universum der *Devatas* oder die Welt der supraphysikalischen Energien, bekannt als die *Adhidaivata*. Die Welt der Materie wird der *Adhibhoota* genannt. Da wir mit den Dingen des supraphysikalischen Universums noch nicht vertraut sind, benutzen wir jene der materiellen bzw. physikalischen Ebene, um auf die Existenz supraphysikalischer Erscheinungen hinzuweisen und beginnen, sie verstehen zu lernen.

Man muß die Hand bewegen, um einen Gegenstand zu greifen, aber ein Gegenstand kommt ins Bewußtsein, wenn wir nur an ihn denken. Was auch zum *Mana* kommt, es bleibt nicht dort. Wenn wir einen Stoff färben, bleibt die Farbe dran haften und wenn wir Öl in ein Gefäß gießen, bleibt es auch in dem Gefäß. Aber das *Mana* bleibt nirgendwo lange haften. Wenn uns ein Gegenstand bewußt wird, behalten wir es im Gedanken und es bleibt dort so lange bis es durch etwas anderes ersetzt wird. Ähnlich erscheint ein Gegenstand im *Mana*, völlig versenkt, solange es im *Mana* verbleibt. Wenn aber das *Mana* jenen Gegenstand aufgibt oder ablegt, entfernt er sich von ihm vollständig, um in das Neue einzutauchen. Wenn wir beispielsweise an rot denken, eignet sich unser Verstand die rote Farbe an und wird von ihr ergriffen. „Er wird rot", könnten wir sagen. Dann denken wir an weiß und er wird weiß, so vollständig, daß das Rote komplett verschwindet. Genau so verhält sich das *Mana* und deshalb bezeichnen die Seherwissenschaftler das *Mana* als *„etwas, das nicht haften bleibt"*.

Blicken wir in den weiten Raum des Himmels, so stellen wir fest, daß er stets Luft, Wasser und andere Gegenstände enthält, aber weder haftet er an ihnen, noch versinkt er in ihnen. So ist auch das *Mana* mit allen Dingen verknüpft, ohne an einem von ihnen zu haften. Ein Ding kann sein eigenes *Mana* umfassen. Anders ausgedrückt: es kann den eigenen „Verstand" kennen. Aber es kann kein fremdes *Mana* umfassen. Dies leuchtet uns schon ein, weil wir wissen, daß eine Person ihre eigenen Gedanken kennen kann, nicht aber, was in den Köpfen anderer Personen vorgeht. Das *Mana* gleicht dem weiten Raum

---

[12] *guhyat brahma tadidam vadami, nahi manushat shreshtataram hi kinchit* - Maharshi Veda Vyasa.

am Himmel, wie das Bewußtsein auch, in dem Dinge erscheinen, eine Weile scheinen und dann gehen. Das *Mana* ist immer voll, unabhängig von der Größe der Dinge, die in ihm verweilen. Von einem Gedanken ist das *Mana* gleich voll, ganz gleich ob es nur um ein kleines Staubkörnchen oder um einen großen Berg geht. Es nimmt stets die Form und die Farbe des Dinges an, mit dem es in jenem Augenblick verbunden ist.

Im *Mana* findet kein Handeln bzw. Treiben statt. Es hat aber einen solchen Anschein beim *Mana,* weil es mit dem *Prana* verbunden ist. Von sich aus ist das *Mana* inaktiv.

Das Prana und die Bewegung

Prana ist stets aktiv, ewig und ununterbrochen, und alle Bewegungen im Universum offenbaren jeweilig das *Prana*. Es hat mehrere Eigenschaften. Erstens verursacht es in jedem Ding eine Vibration. (Eine Vibration ist ein Zeichen dafür, daß das Ding mit dem *Prana* in Berührung gekommen ist.) Bei der Vibration als erkennbare Tätigkeit bzw. Bewegung wird ein Teil vom *Prana* verbraucht bzw. es schwindet aus dem Ding, in dem sich die Bewegung ereignet hat.

Wird einem Teich ein Tropfen Wasser entnommen, macht das für den Teich keinen merklichen Unterschied. Genauso fällt kein Schwinden vom *Prana* auf, wenn ein Finger bewegt wird oder wenn eine Person geht, obwohl solche Tätigkeiten einen Verbrauch des *Pranas* bedeuten. In Wirklichkeit verringert sich das *Prana* auch bei diesen unbedeutenden Tätigkeiten, wenn auch in extrem geringem Maße. Wir alle kennen jene Ermüdung, die auch dann zu erfahren ist, wenn wir eine relativ mühelose Tätigkeit über eine längere Dauer ausüben, was die Folge vom Verbrauch des *Pranas* ist. Wir erholen uns von dieser Erschöpfung durch das auftanken vom *Prana* aus der Atmosphäre und die Müdigkeit verschwindet.

Das *Prana* ist frei von jenen fünf Elementen, die als *Mahabhootas*[13] bekannt sind. Dies ist seine zweite Besonderheit. Wann immer diese Urelemente an einander geraten, entsteht ein Laut. Dies geschieht nicht, wenn ein Teil des *Prana* an einen anderen gerät. Wir spüren die kräftige wehende Luft, aber wir hören keinen Anprall vom *Prana*.

Das *Prana* hat weder Farbe noch Geschmack, noch Geruch. Man kann es daher nicht „Materie" nennen. Aber wir erkennen es leicht ob seiner einzigartigen Fähigkeit der Bewegung. Wir vermischen zum

---

[13] Die *Mahabhootas* sind im Kapitel „Definitionen, Begriffe und Metaphern" erörtert.

Beispiel etwas Wasser mit Ton, um einen Klumpen zu formen. Der Klumpen bleibt fest, auch nachdem er getrocknet ist. Vor diesem Experiment war der Ton spröde und lose, aber dann wird er zu einem festen Klumpen, was darauf deutet, daß dem Ton ein neuer Bestandteil hinzugefügt wurde, um ihn in einen Klumpen zu verwandeln. Das *Prana* ist es, das ungleichartige Gegenstände zusammenhält und stützt.

Man mag entgegnen, daß eine gewisse Anziehungskraft die Tonpartikeln zusammenhält. Wäre dies der Fall, so wäre der Ton nicht zuvor spröde und lose gewesen. Wir können auf den Tonklumpen einschlagen, ihn in Stücke zertrümmern, was nicht möglich wäre, die Kohäsion seine immanente Eigenschaft wäre. Die unausweichliche Schlußfolgerung ist, daß die Tonpartikeln keine immanente Anziehungskraft besitzen, und daher irgend ein anderer Faktor zum Ton hinzugekommen sein muß, um seine Partikeln zusammenzuhalten. Dieser andere Faktor ist das *Prana*. Es „wickelt sich" um Partikel von Materie in einer Weise herum, daß die Atome der Masse einander haften. Das *Prana* ermöglicht es Atomen, sich so zu verhalten.

Die dritte charakteristische Eigenschaft vom *Prana* ist, daß es nie ohne Materie existiert. Es bleibt stets in der *Wak* und erfüllt seine Aufgabe, die *Wak* zu erhalten und zu stützen.

Es gibt vier Arten vom *Prana*. Die erste stellt sicher, daß alle Dinge im Universum an ihren zugewiesenen Standorten bleiben. Die zweite hat die Fähigkeit der Ausdehnung. Die dritte hat die Eigenschaft der Verdichtung, und die vierte kann ein Ding in ein anderes verwandeln, zum Beispiel, das Gras in Milch, nachdem es vom Vieh verzehrt worden ist.[14] Die vierte hat die Fähigkeit, sich an etwas anderes anzuhaften bzw. anzuklammern. Das *Mana*, wie wir schon wissen, bleibt an nichts dauerhaft haften. Das *Prana* dagegen wird nie ohne Materie zu finden sein. Es gibt entweder mit dem *Prana* durchdrungene Materie oder mit Materie durchdrungenes *Prana*.

Das *Prana* bindet oder hält das *Mana* kraft seiner überlegenen Haftfähigkeit. Deshalb bleibt das *Mana* an den Körper der Menschen gebunden, der dank dem *Prana* existiert und überlebt. Wenn das *Mana* über ein Thema denkt, kann es hin und her laufen, aber nie das *Prana* verlassen. Angebunden zu bleiben ist keine Ureigenschaft vom *Mana*, aber die Kraft vom *Prana* macht diesen Zustand möglich.

Die fünfte Eigenschaft von *Prana* ist die Flexibilität. Es kann auf kleiner Fläche eingeschlossen bleiben, aber auch leicht in einem weiten

---

[14] Diese werden in den *Veden Paroraja, Agneya, Somya* und *Apya* benannt

Gebiet bestehen. So kann *es* in der Flamme einer Lampe ebenso gefunden werden wie in dem von der Lampe ausgestrahlten Licht.

Die sechste Eigenschaft vom *Prana* ist Gehorsam gegenüber dem *Mana*, insofern als es ohne das *Mana* nicht tätig werden kann. Es bewegt keinen Finger, wenn das *Mana* es nicht will. Wenn wir beim Einschlafen einen Gegenstand in Händen halten, lockert sich der Griff, die Hand öffnet sich und der Gegenstand fällt. Dies geschieht, weil die Tätigkeiten vom *Mana* zeitweilig gestoppt wurden.[15] Wäre es dem *Prana* freigestellt, an dem Gegenstand festzuhalten, so würde seine Tätigkeit auch nach dem Einschlafen nicht aufhören, den Gegenstand zu halten. Andere Tätigkeiten hingegen wie die Atmung, der Herzschlag und die Arbeit des Verdauungssystems werden ohne Unterbrechung fortgesetzt, obwohl die Tätigkeiten vom *Mana* während des Schlafes still stehen.

Die siebente Eigenschaft vom *Prana* ist, daß es nie schläft. Das *Mana* hingegen schläft manchmal. (Zu Weilen befindet sich das *Mana* in einem Zustand zwischen Tiefschlaf und Wachsein, „Traumzustand" genannt.)

Die achte Eigenschaft vom *Prana* ist seine Unermüdlichkeit. Harte Arbeit macht das *Mana* müde und es braucht dann Ruhe. Das *Prana* hingegen wird nie müde. Sollte im *Prana* die Müdigkeit bemerkt werden, so wäre dies auf die Ermüdung vom *Mana* zurückzuführen. Denn die Aufgabe vom *Mana* ist, das *Prana* anzutreiben und es zur Tätigkeit zu bringen. Das *Mana* in Müdigkeit kann den Impuls zur Tätigkeit nicht aussenden. Dies wäre ein Signal, daß die Aktivitäten vom *Prana* zu Ende gehen.

Die neunte Eigenschaft vom *Prana* ist Bewegung bzw. Übergang. Es geht von einem Ding zum anderen über. Es gibt in jedem Ding eine bestimmte Menge an *Prana*. Wenn sich ein Ding mit einem anderen verbindet, vereinigt sich das *Prana* von beiden und verteilt sich im neuen Gebilde gleichmäßig. So wie sich ein kalter Gegenstand mit einem heißen verbindet und die Wärme sich gleichmäßig über das Ganze verteilt.

Die zehnte Eigenschaft vom *Prana* ist, daß es sich bewegt, stehen bleibt und dann wieder bewegt, so wie ein Frosch.

Im Verlauf unserer Erforschung über das Entstehen des Universums und über die Ursachen seines Entstehens, werden wir oft die Rolle vom

---

[15] Es könnte gefragt werden: Wenn das *Mana* als Verstand während des Schlafes still steht, wie verhält es sich mit den Tätigkeiten des „Bewußtseins" während der Träume? Im Kapitel „Definitionen, Begriffe und Metaphern" befindet sich eine kurze Untersuchung der Zustände von Wachsein, Traum und Tiefschlaf.

Prana erkennen. Deshalb sollten wir die zehn Eigenschaften dieser wichtigen supraphysikalischen Kraft präsent halten. Nun wenden wir uns den Eigenschaften der anderen supraphysikalischen Energie zu, der *Wak*.

Die Eigenschaften von *Wak*

Erstens nimmt die *Wak* Raum ein. Wenn sie aus einer bereits von ihr besetzen Fläche nicht entfernt wird, kann dort weder eine neue *Wak* gefunden noch eingebaut werden.

Zweitens kann die *Wak* verändert werden. Sie unterliegt Veränderungen von einer Form zur anderen, kehrt aber dann zurück zur ursprünglichen Form.

Drittens zieht die *Wak* das *Prana* an sich bzw. nimmt es in Besitz und stößt es später ab, wendet sich einem neuen *Prana* zu und macht Platz für es. So wird ein menschlicher Körper durch das *Prana* geformt. Ohne sein Einfließen in den Körper wäre dieser eine leblose Ansammlung von Fleisch, Haut, Knochen, Blut und so weiter. (Deshalb wird das *Prana* auch „Leben" oder „Lebenskraft" genannt.) Allmählich altert der Körper, zerfällt und wird dann begraben, verbrannt oder sonstwie entsorgt. Schließlich vermischt er sich mit Asche und Staub. Hätte das *Prana* den Körper nicht verlassen, wäre die Person nicht gestorben; der Austritt vom *Prana* ist der Tod. Bei materiellen Dingen verändert sich die Form nach der Menge vom *Prana*. So zum Beispiel, wenn Gold im Feuer erhitzt wird und es schmilzt, verläßt das sich verdichtende *Prana* das Metall. Wenn das abgekühlt ist, verfestigt sich das Gold erneut, weil sich verdichtendes *Prana* aus dem Raum in das Metall eingeflößt wurde.

Viertens hat jede *Wak* eine Mitte. Alle materiellen Dinge werden um einen Mittelpunkt zusammengehalten. Wenn das nicht so wäre, würde das Material, aus dem der Gegenstand gemacht ist, auseinanderfallen und verstreut. Wenn der Mittelpunkt geortet und manipuliert wird, verändert sich das ganze Ding. Von diesen drei supraphysikalischen Aspekten ist die *Wak* diejenige, die einem Ding Umfang, Raum und Form verleiht. Die *Wak* schöpft den „Körper". Ohne den Mittelpunkt in der *Wak* kann der „Körper" nicht zusammengehalten werden.

Fünftens hat die *Wak* eine Form. Sie nimmt Raum ein, besitzt Glieder und hat Weite, Länge und Breite.

Sechstens ist die *Wak* begrenzt durch Richtung, Raum und Zeit.

Siebtens besitzt jede *Wak* eigene Merkmale, die sie von anderen *Waks* unterscheiden.

Wir haben der Klarheit wegen die Eigenschaften von *Mana*, *Prana* und *Wak* getrennt erörtert. Tatsächlich kommt keine von ihnen ohne die anderen beiden vor. Wo die *Wak* da ist, werden stets auch *Prana* und *Mana* da sein. Jede dieser supraphysikalischen Energien hat drei untereinander verknüpfte Facetten: *Jnana* (Bewußtsein), *Kriya* (Bewegung oder Tätigkeit) und *Artha* (Materie oder Substanz).

Es kann kein Bewußtsein geben ohne die Tätigkeit des Verstandes. Diese Tätigkeit muß einen Gegenstand haben. Dieser ist der „substantielle" Teil der drei Komponenten. Nehmen wir das einfache Beispiel der Bewegung eines Fingers. Der Bewegung geht der Wunsch voraus, ihn zu bewegen. Der Wunsch ist die Facette *Jnana*, die Tätigkeit ist die Facette *Kriya* und der Finger ist die „Substanz" oder die Facette *Artha*. Oder wenn ein(e) Töpfer(in) einen Topf macht, macht er/sie ihn entsprechend dem Wunsch und dieser Wunsch ist die Komponente *Jnana*, das Wissen oder Bewußtsein bei der Herstellung des Topfes. Die Hände sind die Tätigkeit oder *Kriya*, während der Ton die „Substanz" oder *Artha* ist.

Der *Prajapati*

Wie oben gesagt, existieren *Prana*, *Mana* und *Wak* nicht von einander isoliert und ihr Zusammenspiel verursacht die Schöpfung. Der eine *Atma*, dessen „Glieder" diese drei sind, ist bekannt als der *Prajapati*. Er ist ewig mit dem Vorgang befaßt, durch den die Schöpfung stattfindet. Dieser Vorgang wird *Yajnya* genannt und umfaßt den gesamten Ablauf beim Entstehen des Universums.

Wie andere *vedische* Begriffe wurde auch der *Yajnya* falsch gedeutet als Anbetung, Frömmigkeit, Gebet, Lob, Anerbieten, Opfer oder Opfergabe. Faktisch ist *Yajnya* der Vorgang der Verfeinerung und Durchdringung der supraphysikalischen Energien ineinander, der die Schöpfung der Dinge bewirkt. Nach den *Veden* ist alles, was existiert, durch den *Yajnya* entstanden und die Schöpfung ist ein Produkt des *Yajnyas*. Bei der Betrachtung des Universums, sehen wir wie der *Yajnya* vom *Atma* vor unseren Augen stattfindet. In den folgenden Kapiteln untersuchen wir diese wichtigen Begriffe, den *Prajapati* und den *Yajnya*, um ein vollständigeres Bild über das Entstehen unseres Universums mit allen darin existierenden Dingen zu gewinnen.

KAPITEL DREI – *Prajapati*: Das Erste Individuum

Der Beginn des Entstehens des Kosmos

---

na sada seenno sadaseet tadaneem
naseed rajo no vyoma para yat
kimawareevah kuha kasya sharmannambhah
kim aseed gahanam gabhheram

na mrityur aseed amritam na tarhi
naratrya aham aseet praketah
aneedwatam swadhaya tadekam
tasmaddhanyatra parah kim chanasa

Weder war das Sein, noch das Nichtsein,
Noch Atmosphäre, noch Firmament, noch das Jenseits.
Was war umgeben? Wo? Wer sorgte für
Die Gewässer und für die unergründliche Tiefe?

Weder Tod noch Unsterblichkeit war da,
Kein Zeichen von Nacht oder Tag.
Das eine atmete, ohne Wind, durch seine eigene Energie
Nichts anderes existierte damals.

RIK VEDA 10:129:1-3

Prajapati: Das erste Individuum

IN SANSKRIT WIRD ETWAS, WAS MAN DEFINIEREN KANN, *Padartha* genannt. Wir werden dafür die Worte „Individuum", „Ding" oder ‚Gegenstand' benutzen. Auf Deutsch übermittelt das Wort „Individuum" etwas Lebendiges, ein einzelnes menschliches Wesen als Unterschied zu einer Gruppe; das Wort „Gegenstand" beschreibt im allgemeinen etwas Materielles, was man sehen oder berühren kann, und das träge ist; und das Wort „Ding" wird im allgemeinen benutzt für etwas, was „individuell" oder „kollektiv" existiert. In unserem Zusammenhang hat das „Individuum" keine Glieder im engsten Sinne des Wortes und ist nicht eine Summe irgendwelcher „Individuen". Es ist anders als ein Gegenstand, weil es als solches eine Anhäufung mehrerer Dinge ist.

Das erste „Individuum" bei jeder Schöpfung – einschließlich der Entstehung des Kosmos – ist der *Prajapati*. *Prana*, *Mana* und *Wak*[1] sind in *Prajapati* vorhanden. Jeder dieser Bestandteile vom *Prajapati* hat zwei Bezüge: einen Mittelpunkt und ein von diesem Mittelpunkt ausgehendes Feld. Wenn wir die Flamme einer Lampe ansehen, können wir die beiden Bezüge erkennen: die Flamme und das sie umgebende Licht. Diese beiden Bezüge stehen zueinander im gleichen Verhältnis wie ein Magnet zu seinem Feld. Zum Verständnis könnten wir uns den aus dem Mittelpunkt einer Glühbirne ausgestrahlten Lichtbereich vor Augen führen. Der Mittelpunkt heißt *Uktha*, und der Lichtbereich heißt *Mahima*. Wir erkennen diese zwei Dimensionen von *Uktha* und *Mahima* in den drei *Atmas* von *Mana*, *Prana* und *Wak*.

Alle Dinge sind Individuen und als solche können sie in vier Kategorien eingeordnet werden. Selbstleuchtende Dinge wie die Sonne und das Feuer, fallen in die erste Kategorie. Sie strahlen Licht aus und beziehen ihr Licht nicht von einem anderem „Individuum". Gegenstände wie der Mond, der durch das Licht der Sonne glänzt, durch den widergespiegelten Glanz eines anderen „Individuums" beleuchtet werden, fallen in die zweite Kategorie. Zu ihr gehört auch der Spiegel. Die dritte Kategorie besteht aus einer Gruppe von Individuen, die dank ihrer äußeren Form beleuchtet werden, wie ein Krug, ein Tisch usw. In die letzte Kategorie gehören Dinge, die überhaupt nicht beleuchtet sind, wie z.b. die Luft, der Klang und das *Prana*.

Die sich selbst beleuchtenden Gegenstände sind von allen Seiten deutlich sichtbar, während widergespiegelte Gegenstände stets nur halb sichtbar sind. Wir müssen annehmen, daß sogar ein nicht leuchtendes

---

[1] Erläuterungen von *Mana*, *Prana* und *Wak* sind im Unterabschnitt „Die vier Hauptakteure des Dramas" im vorangegangenen Kapitel.

„Individuum" einen ‚Körper' und ein Strahlungsfeld hat. Die durch die Form beleuchteten „Individuen" sind nur dann sichtbar, wenn unser Blick sich innerhalb des Feldes ihrer Beleuchtung auf sie richtet. Wenn wir einen Gegenstand anschauen, wandern einige seiner „Teile" zu unseren Augen. Diese „Teile" beleuchten das Individuum, analog zum Duft einer Blume, der sich weit ausbreitet. Dieser Bezug des „Individuums" ist bekannt als die *Mahima* und verweilt um das *Uktha* (um den Mittelpunkt) des Gegenstandes herum. Die Existenz eines spezifischen *Prajapatis* wird nach dem Umfang seiner *Mahima* bemerkbar.

Die Interaktionen von *Mana*, *Prana* und *Wak* finden auf eine solche Weise statt, daß neue Dinge entstehen. So setzt sich der Vorgang der Schöpfung fort. Im allgemeinen findet die Schöpfung neuer Dinge auf zweierlei Weise statt: Zwei Individuen bzw. Gegenstände verschmelzen sich durch das gegenseitige Zerstören. Es entsteht ein vollständig neues Individuum, in dem keines der vorausgegangenen Teile erkennbar ist. Ein Beispiel. Ein starker Luftstrom erzeugt Blasen im Wasser. Wenn diese kleine Menge an Luft in das Wasser eindringt und Blasen erzeugt, ist das so etwas wie eine Schlacht. Die Luft kämpft um sich zu befreien, als wäre sie im eingeschlossenen Bereich des Wassers gefangen; zugleich kämpft das Wasser um die Luft in seinem Griff eingeschlossen zu halten. Mit der Zeit tritt Erschöpfung der beiden Elemente ein, sowohl das Wasser als auch die Luft zerstreuen sich und lassen ein drittes Ding entstehen – Schaum.

Im zweiten Vorgang verschmelzen sich zwei Gegenstände, Produkte bzw. Dinge ohne ihre Identität zu verlieren. Das ist, wie wenn man Wasser mit Zucker vermischt, um Sorbett zuzubereiten. Die Identität der beiden Bestandteile bleibt klar erhalten. Im ersten Vorgang machen Wasser und Luft zunächst Luftblasen und dann Schaum, also entsteht eine Verbindung, während es bei der Herstellung von Sorbett um eine Mixtur geht.

Der *Prajapati* ist das erste supraphysikalische „Individuum", das sich aus den drei Gegebenheiten bzw. supraphysikalischen Kräften, von *Mana*, *Prana* und *Wak*, heraus entfaltet. Folglich ist er nie ohne diese drei sichtbar. Jedes Individuum im Universum, vom größten zum winzigsten, ist ein *Prajapati*, und unzählige *Prajapatis* bilden ein Universum.

Prajapati: Das erste Individuum

Ein anderer Name für *Prajapati* ist *Om* (Aum).[2] Dies ist der Urlaut aus dem ruhigen und stillen Ozean. Beim Beginn des Vorgangs der Schöpfung herrscht absolute Geräuschlosigkeit. Ee enthält einen winzigen „Teil", der Laut ist. Menschliche Ohren „erhaschen" einen unendlich kleinen Laut und verwenden ihn, um einzelne Buchstaben des Alphabets von einander zu unterscheiden. Er verleiht den Silben ihre Identität und wächst sich zur Sprache aus. Dies ist der *Wak*–Anteil der Triade.

Dann kommt beim Durchgang des Atems durch den Mund der Laut der Sprache, der durch die Stimmbänder zu Stimme wird. Die Stimme wird durch die Stellung des Mundes und der Lippen zu verschiedenen Lauten moduliert, um sie zu heben oder zu senken. Dies ist der *Prana*–Anteil der Triade. Der *Mana*–Anteil der Triade lenkt den Verstand auf die Bedeutung der Übermittlung oder die Beschreibung der Dinge.

Alle drei Bestandteile der Triade sind in jedem Wort gegenwärtig. So kann zweifellos jedes Wort – das in sich selbst ein Individuum ist – ein *Prajapati* genannt werden. Da das Symbol *Om* mehrere Eigenschaften mit dem *Prajapati* gemeinsam hat, ist es umsomehr als ein *Prajapati* zu bezeichnen.[3]

Unser Universum erscheint in unserer Beobachtung als eine Ansammlung von Buntem und Verschiedenem. Aber es entspringt einer einzigen Quelle. Diese eine ‚Substanz', so zu sagen, die diese zahlreichen Erscheinungen und Formen annimmt, ist der *Brahma*. Aus dem Samen sprießen der Stamm, der Stiel, die Äste, die Zweige, die Blätter, die Blüten und die Früchte. Genauso entspringt diese bunte Vielfalt, die wir das Universum nennen, aus dem *Brahma*(n).[4] Der *Prajapati* ist der Brahma(n), wahrnehmbar in seinem offenbaren Zustand oder in seinem nicht–offenbaren Zustand.

Jede wahrnehmbare (offenbare) Erscheinung verändert sich ständig, selbst wenn er mit einem unveränderlichen Faktor verbunden ist, weil alle Gegenstände im Universum von den Elementen der Kontinuität und

---

[2] *Om* ist das wichtigste Symbol im Veda. Es faßt den gesamten Prozeß des Entstehens zusammen, die drei Schichten des menschlichen Bewußtseins und den Aufstieg des Kosmos aus dem Urlaut ‚A'. *Om* ist das wichtigste Medium zur Meditation und zur Bändigung des unerschöpften Potentials der Menschen. Weitere Einzelheiten über diesen Urlaut sind im Kapitel „Definitionen, Begriffe und Metaphern".
[3] Ausführliche Erklärungen sind in der Monographie *Die Bedeutung von Upasana* des Autors (in Vorbereitung).
[4] Weitere Erläuterungen von Brahma und Brahma(n)sind im Kapitel „Definitionen, Begriffe und Metaphern".

des Wandels bestimmt werden.[5] Ein unaufhörlicher Prozeß des Wandels verhindert einen Stillstand der Kontinuität. *Prajapati*, *Mana*, *Prana* und *Wak* sind in dem nicht–offenbaren Zustand unauffällig. Jene Teile von *Mana*, *Prana* und *Wak*, die im offenbaren Zustand erkennbar werden, sind in dem nicht–offenbaren Zustand nicht gegenwärtig. Aus diesem nicht–offenbaren Zustand tritt der offenbare hervor, wenn wir *Mana*, *Prana* und *Wak* in Teilen wahrnehmen.

Der offenbare Zustand ist definiert durch Angaben von Richtung, Raum, Zeit, Zahlen, und so fort. Was so nicht definiert werden kann ist demnach nicht–offenbar. Der *Prajapati* kann also im nicht–offenbaren Zustand weder abgegrenzt, noch nach Richtung umschrieben, im Raum eingesperrt und zeitlich beschränkt werden. Da alle Individuen im Universum Grenzen haben und gezählt werden können, sind sie alle offenbarte *Prajapati*. Sie entwickeln sich aber alle aus einem nicht-offenbaren Zustand vom *Prajapati*, in dem sich die *Mana-Prana-Wak*-Triade drei Merkmale aneignet: einen Mittelpunkt, eine Form und ein Feld. Diese drei Facetten eines jeden *Prajapatis* werden entsprechend *Nabhi*, *Moorti* und *Mahima* genannt.

Jeder Gegenstand hat Bestand um einen Mittelpunkt herum.[6] Die zweite Facette ist seine Erscheinung; er „verweilt" innerhalb seiner Form, seiner Umrisse. Der dritte Aspekt ist ein „Feld", das aus ihm ausstrahlt. (In der modernen Physik ist das „Feld" der Bereich über den Gegenstände sichtbar sind.)[7] Der *Nabhi* (der Mittelpunkt), wird vom *Mana* kontrolliert. Die *Wak* übt Einfluß auf die *Moorti* (die Form) aus. Das *Prana* bestimmt die *Mahima* (das ausstrahlende Feld).

Obwohl die Annäherung dieser drei Facetten nur einen *Prajapati* hervorbringt, wird sie aus funktionalen Gründen als drei *Prajapatis* mit den Namen *Nabhya*, *Vyakrit* und *Sarva* bezeichnet. Der *Nabhya* ist der Mittelpunkt, die erste Facette, die sich mit der Moorti verbindet, um das *Vyakrit* zu werden. Die Verbindung des Mittelpunktes mit der Form eines Gegenstandes bildet das *Vyakrit*, genannt Haupt–*Prajapati*, weil wir ihn mit unseren Augen klar sehen. Alle Individuen, die wir sehen,

---

[5] vgl. Kapitel „Methoden der Analyse".
[6] vgl. Kapitel „Jeeva, Ishwara und Parmeshwara".
[7] Das Feld bedeutet auch „ein Gebiet in dem die unter Betrachtung stehenden Kräfte merkbar sind". In der Elektrizität ist das Feld (genauer ‚Vektorfeld' genannt) jenes Gebiet im Raum, in dem das das Feld kennzeichnende Phänomen, z. B. elektrische, magnetische oder Schwerkraft durch einen Vektor dargestellt wird (*Chambers Technical Dictionary*). Die *Mahima* bedeutet ein Feld, in dem supraphysikalische Kräfte aus einem Gegenstand ausstrahlen.

sind *Vyakrit* (Formen). Die supraphysikalische „Energie", die im Mittelpunkt dieser Form weilt, ist ein Teil des nicht–offenbarten *Prajapati*. Die *Veden* sagen, daß dieser *Prajapati* „unbeschreibbar" ist, weil er sich nicht offenbart. Aber die Kräfte des *Sarva Prajapati* entspringen dem Mittelpunkt und lagern beim Erfüllen ihrer Funktionen stets ihr gesamtes Gewicht auf den Mittelpunkt des Gegenstandes. Von allen Seiten der Form vom *Prajapati* gehen verschiedene „Strahlen" aus, deren technische Bezeichnung der *Gau* ist.

Wie schon erwähnt hat der *Prajapati* nur drei Bauelemente, *Mana*, *Prana* und *Wak*, die am Beginn des Universums emporsteigen. Diese drei Bestandteile vom *Prajapati* sind unvergänglich. Einige Seherwissenschaftler meinen, daß der *Prajapati* nur im *Mana* existiert und in dieser Form unzerstörbar und in sich ruhend ist wie der Himmel. Wenn sich in ihm ein Wille, ein Impuls oder ein innerer Drang regt, wird das *Prana* in wechselndem Maße erzeugt. Gelegentlich wird das *Prana* in erheblicher Menge erzeugt. Beispielsweise während der Mensch arbeitet, wendet er mehr oder weniger Kraft nach seinem Willen auf. Diese Kraft offenbart sich nicht, aber ihre Folgen. Aller Wahrscheinlichkeit nach war die supraphysikalische Energie einst nicht–offenbar, die wir jetzt in Gestalt des Universums wahrnehmen. Zu jener Zeit müßte der *Prajapati* absolut still und ruhig gewesen sein, und auch das *Mana* hätte sich im Zustand völliger Ruhe befunden.

Der erste *Prajapati*

Jener erste *Prajapati* hat sich zu diesem weitem Universum entwickelt. Seine grenzenlose und unendliche Natur entspringt der Tatsache, daß *Mana*, *Prana* und *Wak* keine eigene Existenz im „Hauptteil" dieses *Prajapati* haben. Teilungen entstehen mit dem Emporsteigen von *Mana*, *Prana* und *Wak* von dem, was vorher ohne Grenzen und ohne Ende war. Alle anderen *Prajapatis* entstammen diesem ersten *Prajapati*, und jeder nach dem ersten „geborenen" *Prajapati* ist seinerseits Entstehungsquelle zahlreicher anderer *Prajapatis*. Dieser Prozeß setzt sich *ad infinitum* fort und unser weites Universum, selbst eine Anhäufung unzähliger *Prajapatis*, ist auch ein *Prajapati*.

An einem Pol dieses breiten Spektrums unzähliger *Prajapatis* ist der *Parmeshwara* das, was keine Grenzen, Ende oder Einschränkungen hat. Am entgegengesetzten Pol sind winzige, unzählige *Prajapatis*, die sich anschicken, den *Parmeshwara* zu bilden. Diese winzigen *Prajapatis* werden *Jeevas* genannt. Zwischen dem *Jeeva* und dem *Parmeshwara* ist der *Ishwara*, der zwar auch riesig, aber im Vergleich zum *Parmeshwara* doch klein ist.[8]

Rasa, Bala und Abhwa

Nun können noch drei wichtige „Individuen" eingeführt werden, die der *Mana–Prana–Wak*–Triade gehören: der *Rasa*, die *Bala* und der *Abhwa*. Der *Rasa* ist die Urform vom *Mana*, die *Bala* die unverdorbene Form vom *Prana* und der *Abhwa* jene von der *Wak*. Einige Seherwissenschaftler sind der Ansicht, daß diese drei aufeinander folgend auftreten.

Der *Rasa* ist auch bekannt als der *Ananda*, ein Begriff, den Philosophen als „beständige Freude" übersetzen. Der *Ananda* entsteht, wenn totaler Friede, ungehinderte Prosperität, Errungenschaften und Fortschritt vorherrschen. Im *Vijnana* (die vedische Wissenschaft) wird der *Ananda* als ein Zustand des ganzen Universums in äußerster Stille bezeichnet. Keine Regung, keine Tätigkeit in diesem Ozean von totaler Ruhe. Daher wird alles das was vollständig still und äußerst ruhig ist, und worin es weder Regung noch Tätigkeit gibt, als *Ananda* bezeichnet. Das *Prana* ist noch nicht aufgetreten. Das *Mana* wird in dieser Phase des äußersten Entzückens der *Rasa* genannt. Aus diesem *Rasa* entsteht die *Bala*.

So wie wir dazu neigen, uns glücklich zu fühlen, wenn wir etwas gewinnen, tritt der *Ananda* im supraphysikalischen Universum ein, wenn der *Atma* einen Gewinn bzw. einen Zuwachs erfährt. Dieses Glück (*Ananda*) ist jedoch kurzlebig und augenblicklich. Der *Atma* nimmt zu, breitet sich aus, es gibt Regungen und doch schrumpft es sehr schnell auf seine frühere Form zurück. Mit anderen Worten kehrt die Ruhe nach einer Phase der Freude zurück. Wenn es im *Atma* keine Herausforderung oder Störung gibt, verbleibt er in einem friedvollen, ruhigen und seligen Zustand. Dieses ist die eine Form vom *Ananda*, die unvermischte Freude. Wenn wir aus einem tiefen und ungestörten Schlaf erwachen, löst die Erinnerung daran ein Gefühl unermeßlicher Freude aus. Dies ist ein anderes Erlebnis vom *Ananda*. Von diesen beiden ist das erste das bedeutendere Erlebnis dauerhafter Freude.

Der *Ananda* existiert am Anfang der Schöpfung, als im *Mana* noch kein *Prana* entstanden ist. Dann kommt es zu Regungen. Aus dem *Rasa* wird die *Bala* geboren, die nächste Phase supraphysikalischer

---

[8] vgl. Kapitel „Jeeva, Ishwara und Parmeshwara".

Energie. Die *Bala* ist in jedem Gegenstand im unterschiedlichen Grad von Kraft und Stärke erkennbar und im Universum in unzähligen Formen sichtbar. Es ist noch nicht bestimmt, wie viele Arten von *Bala* dort vorhanden sind. Aus der Kollision dieser *Balas* entspringt eine neue Phase supraphysikalischer Energie, bekannt als der *Abhwa*. Wie Öl aus Samen, oder Butter aus Sahne entsteht, so entspringt die latente *Bala* aus dem *Rasa*. Und wenn sich die *Balas* unter einander verschmelzen oder zusammenstoßen entsteht ein neues „Individuum" namens *Abhwa*.

Bala, *Rasa* und *Abhwa* entspringen als ewige und eigenständige supraphysikalische Kräfte aus dem selben Ursprung. Der *Abhwa* wird als die *Bala* geboren und alle *Balas* entspringen aus dem *Rasa*. Der *Rasa* ist nicht wie Luft, die sich ständig bewegt. Genau umgekehrt, er bleibt ortsfest und ohne Wandlungen oder Veränderungen. Er ist eine Rampe für das Wirken vom *Prana* und von der *Wak*. Es ist grenzenlos und endlos, unendlich zart und fein wie der Raum (*Akasha*).[9]

Den Raum gibt es sowohl innerhalb als auch außerhalb eines individuellen Gegenstandes. Wenn wir in einem Zimmer sitzen, können wir sowohl den Raum im Zimmer als auch die Existenz des Zimmers im Raum wahrnehmen. Kein fester Gegenstand, wie dicht auch immer er sein mag, kann Raum versperren und es gibt Raum auch im kleinsten unter den Teilchen und Atomen. Wenn sich Salz oder Zucker mit Wasser vermischen, nehmen sie flüssige Gestalt an. Zuckerteilchen vermischen sich mit Wassermolekülen, doch hat jedes dieser Teilchen oder jeder dieser Wassertropfen auch Raum in seinem Innern. Genau so, wie es in jedem Gegenstand Raum gibt und sich jeder Gegenstand im Raum befindet, gibt es in jedem *Prana* und jeder *Wak* den *Rasa*, und in jedem *Rasa* das *Prana* und die *Wak*. Das *Mana* (oder der *Rasa*) ist so zart und so fein, daß kein fester Gegenstand mit seiner Dichte es/ihn versperren kann. Aus diesem Grund wird der *Rasa* (oder das *Mana*) mit dem Raum verglichen und der *Akasha* genannt.

So wie der Raum, ist der *Rasa* (oder das *Mana*) äußerst ruhig und still. Es ist nicht sein *Dharma* (die Eigenschaft) tätig zu werden oder sich zu regen. Der *Rasa* (oder das *Mana*) ist nicht durch Richtung, Raum, Zeit oder Zahlen eingegrenzt. Es verringert sich nicht, wenn aus ihm die *Bala* geboren wird. Es mag erstaunlich erscheinen, daß die in hohem Maße rastlose *Bala* dem völlig ruhenden und stillen *Rasa* entspringt und

---

[9] Der *Akasha* ist eines der fünf Elemente (*Mahabhootas*), welche die Urfaktoren der Schöpfung sind. Im allgemeinen übersetzt man es mit „Himmel", hier wird es im Sinne von „Raum" benutzt. Vgl. das Kapitel „Definitionen, Begriffe und Metaphern".

sich letztendlich wieder im selben *Rasa* auflöst. Es ist nicht leicht zu begreifen, wie gerade dies geschieht. Es kann nur durch Erfahrung ergründet werden und die Einsicht in seine Natur stellt sich mit der Plötzlichkeit eines Blitzes ein, während der Sucher seine Erkundung fortsetzt.

Obwohl der *Rasa* schrankenlos und endlos ist, hat die aus ihm entstehende *Bala* wechselnde Größen, und keine ist unendlich. An einem Ende des Spektrums ist die *Bala* so groß, daß sie die Tätigkeiten eines ganzen Universums anführt. Am anderen ist sie so zart und fein wie die kleinsten Atome, die man nicht sehen kann, aber doch die *Bala* in Mikroform sind.

Keine *Bala* existiert ohne die Unterstützung vom *Rasa*. Aus diesem Grunde, da die *Bala* eine bestimmbare Größe hat, unterstellen wir das Gleiche in bezug auf den *Rasa*. Obwohl sie auf der vom *Rasa* gestellten Unterstützung beruht, ist die *Bala* nie sichtbar. Laufen zwei, drei, vier oder mehr *Balas* zusammen, so entsteht aus diesen gegenseitigen Reiben und Aufprallen ein neues „Individuum". Das ist die *Wak*. Die selbe *Bala* erzeugt etwas Neues durch ihre Wirkung auf die *Wak*, und dieses neue supraphysikalische Wesen nennen wir den *Abhwa*.

Solange ein Atom von seinem Platz nicht entfernt wird, kann ein anderes Atom seinen Platz nicht einnehmen. Im Falle der *Bala* ist dies aber nicht so. Tausende *Balas* (die unter einander kompatibel sein mögen, oder auch nicht) können auf einen Punkt zusammenlaufen. Manchmal versinken ihre verschiedenen Wesen in ein einziges unteilbares „Wesen". Der Prozeß des Zusammenschlusses von *Balas* erfolgt auf verschiedenen Wegen. Das erste vom Zusammenschluß dieser *Balas* gebildete supraphysikalische Wesen heißt der *Abhwa*. Beim Anschauen eines Gegenstandes sollten wir wissen, daß es nichts anderes ist als der *Rasa* unter dem Anfall von Tausenden von *Balas*. Gegenstände scheinen unterschiedlich zu sein als Folge der Unterschiede in den *Balas*, die zusammenlaufen um diese Gegenstände zu erzeugen. Jeder Gegenstand ist jedoch eine Ansammlung von *Balas* aus *Rasa*.

Auf diese Weise werden, während das Gefühl der Einheit in einem „Individuum" besteht, weil es *Rasa* zur Grundlage hat, in ihm Änderungen beobachtet. Man stellt auch fest, daß sich Dinge wegen der Änderungen in der Zahl der in ihnen vorhandenen *Balas* untereinander unterscheiden. Diese Vielfalt bildet unser Universum und begründet die Unterschiedlichkeit in Form, Funktion und Namen aller Dinge, die wir im Universum wahrnehmen.

Prajapati: Das erste Individuum

Auf der Grundlage dieses Verständnisses dessen, woraus sich der *Prajapati* als die Ursache der Schöpfung zusammensetzt, können wir nun dazu übergehen, im nächsten Kapitel die vitalen Bestandteile der Schöpfung – *Atma, Jeeva, Ishwara* und *Parmeshwara* – etwas detaillierter zu untersuchen. Dies wird uns wiederum den erforderlichen Hintergrund und das Wissen liefern, um zu einer Betrachtung vom *Yajnya* zu schreiten, dem ununterbrochenen Prozeß der Erneuerung und Auflösung der Schöpfung, durch den wir selbst existieren und der unser ganzes, unergründliches Universum beherrscht.

KAPITEL VIER – *Jeeva*, *Ishwara* und *Parmeshwara*

Erforschung der Relativität eines
supraphysikalischen Wesens

---

*ishwarah sarva bhootanam hriddeshe, arjuna, tishthati
bhramayan sarva bhootani yantrarodhani mayaya*

Ishwara ruht, o Arjuna, im Mittelpunkt aller Wesen,
Und alles dreht sich durch seine unheimliche Macht,
Wie Marionetten befestigt an einer Maschine.

BHAGAVAD GEETA 18:61

IM KAPITEL „BEGINN DER REISE" HABEN WIR DEN ALLES durchdringenden *Atma* bereits vorgestellt. Dabei haben wir die beiden Begriffe, „*Atma*" und „Universum", nebeneinander gebraucht. So entsteht die Frage, ob diese beiden unterschiedliche Dinge oder ein und dasselbe sind. In den *Veden* wird häufig ein und derselbe Begriff auf verschiedene Dinge in verschiedenen Zusammenhängen angewandt. Dies könnte Verwirrung über die Bedeutung des einzelnen Wortes stiften. Diese Verwirrung aber wird nicht entstehen, würden wir nach dem eigentlichen *Tattwa* (Sinn bzw. die elementare Eigenschaft) suchen, der mittels bestimmter Begriffe übermittelt wird.

Solchen Beispielen begegnen wir oft auch in der Alltagssprache. Das Wort „Mittelpunkt" hat beispielsweise viele Bedeutungen je nach dem Zusammenhang. Es kann der mittlere Punkt von beliebigen Dingen sein, wie eines Kreises oder einer Kugel. Es kann auch „ein fester Bezugspunkt" sein, der Punkt zu dem alle Dinge sich bewegen oder angezogen werden, ein Atomkern, die Hauptperson einer Organisation, ein Spieler in zentraler Position, ein Mann mit gemäßigten politischen Ansichten".[1] Ein gezeichneter Kreis auf einem Blatt Papier hat einen Mittelpunkt; ein großes Fußballfeld hat einen Mittelpunkt; eine Regierung oder ein Unternehmen hat einen Mittelpunkt; die Erde hat einen Mittelpunkt.

Diese sind einige geläufige Beispiele, und es gibt viele andere Bedeutungen des Wortes „Mittelpunkt" in der modernen wissenschaftlichen und technologischen Literatur. So wird beispielsweise der Landvermesser „ein Vermessungsinstrument senkrecht über einen Standortpunkt aufstellen."[2] Der Mittelpunkt einer Linse liegt auf der Hauptachse, durch die die Strahlen in parallel einfallenden und ausfallenden Richtungen gehen. In der Meteorologie ist der Mittelpunkt des Geschehens eine geographische Position, die fast ständig von einem Hoch oder einem Tief eingenommen wird, das weitgehend die Wetterbedingungen eines weiten Gebiets bestimmt. Der Schwerpunkt in einem Körper ist der Punkt, auf dem dessen Gewicht zur Bewegung angeregt und im Gleichgewicht gehalten werden kann. Der Mittelpunkt einer Masse ist jener Punkt in einem Körper, durch den die infolge der Trägheit des Körpers übrig gebliebene Kraft wirkt, wenn er beschleunigt wird. Viele andere Beispiele kennen wir. Wir können festhalten, daß das Wort „Mittelpunkt" die Lage eines Punktes in einem spezifischen Zusammenhang bezeichnet. Es gibt einen inneren Zusammenhang in

---

[1] *Chambers Twentieth Century Dictionary.*
[2] *Oxford Dictionary of Technical Words.*

der Bedeutung dieses Wortes, obwohl sich die spezifische Bedeutung aus dem Sachzusammenhang entwickelt.

Aber zurück zum *Atma*, einem supraphysikalischen Wesen, dem wir bei unserer Erforschung des großen kosmischen Dramas schon früh begegnet sind. Der *Atma* und der *Vishwa* (das Universum) werden manchmal getrennt beschrieben. Dies ist auch ein Hinweis dafür, daß es zum *Atma* noch etwas gibt, etwas, das nicht der *Atma* ist. Nennen wir es den *Anatma* (nicht-*Atma*).[3]

Das Wort „*Atma*" ist auch relativ wie das Wort „Mittelpunkt". Aber relativ zu was? Suchen wir die Antwort und entwickeln wir dabei ein tieferes Verständnis über dieses faszinierende Wesen, weil darin der Schlüssel zum Verständnis des in den *Veda Mantras* enthaltenen Wissens liegt.

Der *Atma* umfaßt *Mana, Prana* und *Wak*. Das wissen wir schon. Diese drei Faktoren sind wirksam auf zahlreichen anderen Ebenen. Unser Körper beispielsweise besteht aus den fünf grundlegenden festen Elementen (*Mahabhootas*), *Akasha* (Raum), *Wayu* (Luft), *Teja* bzw. *Agni* (Sonne bzw. Feuer), *Jala* (Wasser) und *Prithwi* (Erde). Der Körper umfaßt die äußerste Offenbarung dieser festen Elemente. Im *Atma* ist die *Wak* die äußere Facette bzw. der „Körper" des dreidimensionalen Arrangements der *Mana-Prana-Wak*-Triade. Zunächst sehen wir diese materielle Hülle; aber ein Körper ist nicht nur die Materie aus dem er zusammengesetzt ist, d.h. Blut, Knochen, Fleisch, Mark usw. Ein Körper ist ein Körper und keine Leiche, weil er Leben hat.

Die Bewegungen des Körpers machen das Leben in ihm erkennbar, alles verursacht durch das *Prana*. Es umfaßt alle Teile des Körpers und ermöglicht ihre Aktivität. Das *Mana* als eine Eigenschaft vom *Akasha* befindet sich innerhalb des allgegenwärtigen *Pranas*. (Dies nehmen wir als „Verstand" wahr, weil dies die Facette ist, in der das *Mana* die Triade Körper–Verstand–Intellekt widerspiegelt.) Das *Mana* ermöglicht beispielsweise das augenblickliche Empfinden von Schmerz, wenn ein Dorn in einen Teil unseres Körpers eindringt. Das *Mana* strahlt die Schmerzbotschaft aus wie ein „Lichtblitz". Dieses „Licht" aus dem *Mana* ist die Grundlage für das Tätigwerden vom *Prana*. Es reagiert, sobald die Schmerzbotschaft vernommen ist, um der Schmerzursache zu entfliehen. Das *Prana* tut dies unter Anweisung vom *Mana* und es unterbricht den schmerzverursachenden Kontakt der *Wak*, der Stelle des Dorns im Körper. *Mana*, *Prana* und *Wak* wirken innerhalb des

---

[3] Die Vorsilbe *an* wird in Sanskrit mit der selben Bedeutung verwendet wie das lateinische *non* in der englischen Sprache.

Körpers so wie drei Ströme zeitgleich und ununterbrochen fließen. Dies sind die drei Aspekte, in denen sich die Bestandteile der Triade offenbaren: Es sind: das *Jnana* (Bewußtsein bzw. Wissen), die *Kriya* (Anstrengung bzw. Bewegung) und der *Artha* (das physikalische bzw. materielle Äußere).

In jedem Wesen sind diese drei Aspekte erkennbar. Unsere Augenhöhle und unser Augenlid sind der physikalische bzw. materielle Teil des Wesens genannt „Auge". Sie machen den *Wak*–Anteil bzw. die *Artha*–Strömung aus. Aber sie sind nicht das ganze „Auge". Die Bewegung der Augen, die es uns ermöglicht, einen Gegenstand zu sehen, ist der *Prana*–Anteil bzw. die *Kriya*–Strömung. Zunächst sehen wir einen Gegenstand, dann werden Botschaften übermittelt, die das Gesehene deuten. Das Bewußtsein bzw. das Wissen, das durch das Sehen eines Gegenstandes entsteht, ist der *Mana*–Anteil bzw. die *Jnana*–Strömung. Jeder „Körper" und jedes seiner verschiedenen Organteile hat diese drei Facetten, die Triade. Diese drei Strömungen, wie schon gesagt, fließen zeitgleich.

Alle zum Erschaffen unserer Körperteile eingeflossenen „Energien" besitzen diese drei Facetten. So zeigen die blutbildenden Substanzen die *Artha*–Strömung, umfassen den *Wak*–Aspekt und der Kreislauf des Blutes offenbart den *Prana*–Anteil. Durch die Wahrnehmung unserer Sinnesorgane, das Sehen oder Berühren von Blut werden wir seiner bewußt und dieses Bewußtsein bzw. diese Kenntnis ist der *Mana*–Anteil der Triade.

Ähnlich wie ein Körper besteht auch das ganze Universum aus unzähligen Welten, verursacht von der *Mana-Prana-Wak*-Triade. Man könnte sagen, daß diese drei den *Atma* bilden, der dann in der Form dieser Triade erscheint. So ist richtig zu meinen, daß das ganze Universum mit *Atma* durchdrungen ist. Wie schon erklärt, das *Uktha* umfaßt als der Mittelpunkt eines Wesens sein *Atma* und das hält sein Wesen zusammen. Dieser ist auch als der *Brahma* oder das *Sama* jenes Wesens bekannt. Es ist der kritische Punkt, an dem die ganze Existenz des Wesens hängt. Aber, wie schon gesagt, *Atma* steht in Beziehung zu *Anatma* (nicht–*Atma*). Der *Atma* ist die „Seele" und der *Anatma* ist der Körper in dem diese „Seele" ansässig ist. Ich nehme einmal mich selbst als Beispiel, um die Relativität vom *Atma* und sein Verhältnis zum *Anatma* auf den verschiedenen Ebenen zu verdeutlichen.

Wenn Sie mich anschauen, betrachten Sie meinen Körper. Dieser „Körper" ist der Mittelpunkt aller meiner Tätigkeiten und Beziehungen.

So ist er und alles was mit ihm einher geht, *Uktha*, *Brahma* und *Sama* aller meiner Tätigkeiten. Die Erscheinung meines Körpers ist also der *Atma*, bezogen auf alle um ihn herum geschehenden Tätigkeiten. Auf dieser Ebene bin „ich" der *Atma* (der Mittelpunkt). Alles andere um diesen Mittelpunkt und alles abhängige von meinem „ich" bilden den *Anatma*. Wenn man beispielsweise eine Person als „die Seele" einer Partei bezeichnet, so wird diese Person zum *Atma* und die Partei zum *Anatma*, zum „Körper" jener „Seele".

Auf einer tieferen Ebene können wir den Körper isoliert von seiner Umgebung und seinen Beziehungen betrachten. Dabei stellen wir fest, daß der Körper nur eine mit dem Faktor *Uktha* (Mittelpunkt) ausgestattete äußere Schale ist. Dieser Faktor, auch *Brahma* oder *Sama* genannt, hält den Körper „am Laufen". Er ist der „Mittelpunkt", an dem der Körper hängt. Im Verhältnis zum Körper ist der Faktor *Uktha*, *Brahma* oder *Sama* sein *Atma*. Diesem *Atma* sind wir im Kapitel „Beginn der Reise" begegnet und haben ihn erforscht. Im Verhältnis zu diesem *Atma* ist der Körper *Anatma*. Von hier aus sind wir in der Lage noch tiefer vorzudringen und den *Atma* auf anderen Ebenen zu erforschen.

Das *Mana* und das *Prana* kontrollieren jeden Wandel (*Vikara*) bzw. jede Veränderung in einem Wesen. So macht die Verbindung von *Mana* und *Prana* innerhalb einer *Mana–Prana–Wak*-Triade den *Atma* aus. Im Verhältnis zu dieser Verbindung ist die *Wak* also der *Anatma*. Gehen wir noch tiefer. Jene beiden Facetten von *Mana* und *Prana*, die gemeinsam den *Atma* im Verhältnis zur *Wak* bilden, werden stets vom *Prana* kontrolliert. Es entspringt dem *Mana*, wird vom *Mana* geordnet und letztlich dem *Mana* untergeordnet. Im Verhältnis zum *Prana* ist also das *Mana* der *Atma*. Auf dieser Ebene schließen *Prana* und *Wak* (mit all seinen veränderlichen Formen) den „Körper" ein und sind der *Anatma*, und das *Mana* ist der *Atma*.

Eigentlich müssen *Mana*, *Prana* und *Wak* von einem anderen „Faktor" beherrscht werden, der keinen Namen oder keine Form hat und nicht–offenbar bleibt. Dieser unterliegt offensichtlich nicht der dreidimensionalen Konfiguration, ist nicht teilbar und nicht beschreibbar. Er ist der Haupt–*atma* und alles andere ist sein „Körper". Weil er weder Name, noch Form, noch „praktische" Bedeutung hat, wird er nicht im Alltagsgebrauch *Atma* genannt. Die Seherwissenschaftler sehen ihn jedoch als *Atma*. Diesem „unbeschreibbaren" *Atma* werden acht „Merkmale" zugeschrieben:

1. Es kommen keine Umwandlungen in ihm vor;
2. Er altert nicht;

3. Er erlischt nicht, noch verschwindet oder stirbt er;
4. Er erleidet weder Qual noch Reue;
5. Er verspürt keinen Hunger;
6. Er verspürt keinen Durst;
7. Seine „Triebe" sind echt und wahr; und
8. Seine Entschlüsse (*Sankalpa*) sind unabänderlich.

So ist dieser *Atma* das unveränderliche, unsterbliche, unteilbare und zeitlose *Tattwa* (ursprünglicher Faktor). Anzumerken ist jedoch, daß der Begriff „Atma" im Alltagssprachgebrauch nur aus Bequemlichkeit verwendet wird. So soll er das Verständnis praktischer Anwendungen der supraphysikalischen Energien und Faktoren erleichtern. So zum Beispiel: die Flamme ist der *Atma* einer Lampe, ihr Hauptbestandteil. Normalerweise verstehen wir aber unter einer „Lampe" die Glühbirne, den Glühfaden darin, den Lampenständer und so weiter. In Wirklichkeit aber ist der Lichtschein ihr wesentlicher Bestandteil und alles andere wird nur dann zur „Lampe", wenn das Licht vorhanden ist. Ähnlich ist der unveränderliche, ewige Faktor *Atma* und wenn dieser Faktor in einem Wesen präsent ist, müssen alle anderen Bestandteile von *Mana*, *Prana*, *Wak*, Körper usw. auch „Atma" genannt werden.

Wir sollten uns stets gegenwärtig halten, daß diese *Atmas* sekundär sind, und nur aus Bequemlichkeit so bezeichnet werden. Sie besitzen nicht die oben beschriebenen acht Merkmale vom *Atma*. Diese *Tattwas* (die sekundären *Atmas*) sind allesamt vergänglich. Sie unterliegen Wandel und Veränderung, Geburt und Tod. Dennoch werden sie uns auf unserer Erforschungsreise von Ebene zu Ebene unter der Bezeichnung „*Atma*" begegnen. In bezug auf andere äußere Merkmale wird der Körper so bezeichnet, aber in bezug auf den Körper selbst erhält die *Mana-Prana-Wak*-Triade diese Bezeichnung. Und im Zusammenhang der Triade erhält das *Mana* die Ehre, *Atma* genannt zu werden. Dies ist deshalb so, weil in jeder Phase der Annäherung zum *Atma* die sich Annähernden die obenerwähnten Eigenschaften vom *Atma* erwerben.

Bislang wurden die beiden Einteilungen von *Atma* und *Anatma* in bezug auf den Körper erörtert. Diese Einteilung gilt auch in bezug auf das Universum. Das Universum besteht aus Mannigfaltigkeit und Pluralität. Die Mannigfaltigkeit wird verursacht durch Veränderungen der Form und die Pluralität durch Veränderungen im Aussehen. Jede Abänderung der *Wak* führt zu diesen Veränderungen. In anderen Worten, Änderungen in der Form von *Wak* bilden das Universum. Auch hierbei wirkt das Prinzip, daß die *Mana–Prana–Wak*–Triade den *Atma* einschließt. Änderungen in der *Wak* unterscheiden sich nicht von der *Wak* selbst. Das Universum besteht aus diesen Umwandlungen und Änderungen in der *Wak*. Wie schon gesagt, ist die *Wak* ein Teil vom *Atma* und daher kann auch dieses bunte Universum *Atma* genannt werden.

Die Beziehung: *Atma* – Universum

Drei Arten von Beziehung sind zwischen dem Universum und dem *Atma* unterscheidbar:

1. Das Universum ist <u>im</u> *Atma*;
2. Der *Atma* ist <u>im</u> Universum; und
3. Der *Atma* <u>ist</u> das Universum. Wenn die *Wak* als *Atma* betrachtet wird und nicht aber die veränderten Formen von *Wak*, weil diese ja nur Variationen sind, so tritt eine vierte Art von Beziehung hervor:
4. Der *Atma* und das Universum <u>sind</u> unterschiedlich. Wenn Variationen und Veränderungen nicht getrennt eingeteilt werden, tritt eine fünfte Art der Beziehung hervor:
5. Das Universum unterscheidet sich <u>nicht</u> vom *Atma*. In anderen Worten, der *Atma* ist anders als das Universum, aber das Universum unterscheidet sich nicht vom *Atma*, ähnlich wie das Verhältnis zwischen Wärme und Feuer. Wärme ist im Feuer, aber das Feuer ist nicht in der Wärme. Oder wie das Verhältnis zwischen der Lampe und dem Licht. Es gibt Licht in der Lampe, aber im Licht ist die Lampe nicht vorhanden.

Dies bringt uns zur sechsten Art der Beziehung *Atma*–Universum, die einige Philosophen den „unbeschreibbaren" Zustand genannt haben. Einige dieser Philosophen haben daraus die Schlußfolgerung gezogen, das Universum sei eine Illusion.

Um zusammen zu fassen: wir sehen hier sechs denkbare Arten in der Beziehung zwischen dem Universum und dem *Atma*. Sechs Schulen der indischen Philosophie haben jede einzelne dieser Arten bis in die kleinsten Einzelheiten erörtert.

Abänderungen in der *Wak*

Die *Wak* verändert ihre Form je nach unterschiedlicher Lage. Erstens offenbart sie sich in der Form der *Mahabhootas* („Urelemente"). Später bilden die *Paramanus* (Kerne der fünf fundamentalen festen Elemente)

Akasha (Raum), *Wayu* (Luft), *Teja* bzw. *Agni* (Sonne bzw. Feuer), *Jala* (Wasser) und *Prithwi* (Erde). Diese nehmen in der Folge die Form materieller „Körper" an. Diese Veränderung findet nur in einer Hälfte der *Wak* statt und nicht in der ganzen *Wak*. Die andere Hälfte nimmt keinerlei Form an. Wenn die *Wak* die Form des Wassers annimmt, wird jener Teil des Wassers vom Schaum überdeckt, der nicht die Form von Schaum angenommen hat. In ähnlicher Weise umwickelt jener Abschnitt von *Wak*, der eine Form annimmt, den formlosen Abschnitt von *Wak* mit sich selbst.

Die *Wak* bedeutet auch ‚Laut'. Außer *Akasha* (Raum) erzeugt jedes andere Urelement Laut, immer wenn zwei oder mehr Urelemente zusammenkommen oder wenn sie getrennt werden. Der Laut besitzt keine Bewegung in sich. Er reitet auf dem *Wayu* (Luftwelle) und löst sich in *Akasha* auf.

Das physikalische bzw. materielle Universum verweilt in der *Wak* vom *Atma*. Wie schon erörtert, entspringen alle Variationen aus den Veränderungen der *Wak* heraus und sie sind auch selbst *Wak*. Während der Auflösung der Schöpfungen reduzieren sich alle materiellen Dinge auf die fünf Hauptelemente und werden letztlich zu *Wak*. Diese materiellen Dinge sind lediglich Veränderungen von *Wak*. Wie aus einem Stück Gold Armreifen, Ringe und Halsketten gemacht werden, so verändert die *Wak* lediglich ihren Zustand und nimmt verschiedene Formen an, ohne aufzuhören, *Wak* zu sein. Ebenso ist das weite Universum nichts anderes als *Atma*, eine Tatsache, welche die Seherwissenschaftler in vielen *Veda Mantras* ausgedrückt haben.

Unter den unzähligen Erscheinungsformen von *Mana–Prana–Wak–*Triade bzw. den unzähligen Variationen, in denen sich der *Atma* offenbart – sind drei Anordnungen (*Vyuhas*) die bedeutendsten. Diese sind als *Anuvyuha* (Meta-Anordnungen) bekannt.

Die Anhäufung Tausender *Vyuhas* von *Prajapati* bilden eine Meta-Anordnung genannt *Jeeva*. Tausende von *Jeeva*–Anhäufungen wandeln sich zum *Ishwara* um. Unzählige *Ishwara*–Anhäufungen bilden ein *Parmeshwara*. Da der *Parmeshwara* ein und einzig ist, entsteht keine vierte Anordnung (*Vyuha*).

Auf der Ebene seines eigenen *Vyuha* (Anhäufung supraphysikalischer Faktoren) ist der *Atma* mit seiner eigenen *Mana–Prana–Wak–*Triade ausgestattet. Wir müssen anmerken, daß sich die *Mana–Prana–Wak*–Triade von *Jeeva* von der Triade vom *Atma* unterscheidet. Ebenso die Triade *Ishwaras* vom *Jeeva* und *Parmeshwaras* vom *Ishwar*a. Sie sind wie in einander greifende konzentrische Kreise, eine weite und grenzenlose Kugel, die das ganze Universum umfaßt. Der Vorgang der Schöpfung beginnt mit dem ersten bzw. ursprünglichen Kreis, der ohne Grenzen ist. Im Verlauf der Zeit beginnt sich aus diesem ein Kreis abzuzeichnen, so daß ein weiterer Kreis empor taucht. Dieser Kreis ist einigermaßen umschrieben, wenn auch mit noch überaus weiten Abgrenzungen. Die folgenden Kreise werden im Verlauf immer kleiner.

Nehmen wir die drei ersten Kreise, die drei *Atmas* darstellen. Der erste ist grenzenlos, der zweite mit weiten Abgrenzungen und der dritte mit eingeschränkteren und kleineren Abgrenzungen. Aus diesen drei *Atmas* heraus finden drei Reihen der Schöpfung statt. Jede für sich auf ihrem eigenen *Atma* ruhend. Die *Wak* weilt in Gestalt von Samen, als die materielle Ursache in all diesen drei Reihen der Schöpfung und deren *Atmas*. Das *Prana* ist die mittelbare Ursache und das *Mana* ist die unmittelbare Ursache oder der Schöpfer. Bei der Herstellung eines Topfes ist Ton die materielle Ursache, die Gußform die zufällige Ursache und der Töpfer ist der Schöpfer. Angespornt durch das Drängen vom *Mana* und mit Hilfe und Unterstützung vom *Prana* nimmt die *Wak* verschiedene Formen an. Dieses ist das Grundprinzip des Werdens, der Schöpfung. Jene, die dieses „Geheimnis" verstehen, gelangen zum wirklichen Wissen. Die Seherwissenschaftler haben dieses Geheimnis enthüllt und der Menschheit eine gründliche Kenntnis dieses Vorgangs beschert.

Mana, *Prana* und *Wak* sind zwar auch in *Parmeshwara*, *Ishwara* und *Jeeva* vorhanden, aber ihre Menge variiert; die größte „Menge" befindet sich in *Parmeshwara*, verhältnismäßig weniger in *Ishwara* und die geringste Menge in *Jeeva*. Dies ist die Lehre der Dreifachen Wirklichkeit.

Der Körper ist die Form, die der *Jeeva* trägt, der Rahmen in dem der *Jeeva* wirkt und die Bühne auf der der *Jeeva* spielt. Im Falle vom *Ishwara* ist das ganze Universum (*Brahmanda*)[5] der Rahmen seiner Tätigkeiten, das Labor seiner Experimente, die Bühne für seinen großen Theaterauftritt. Das Universum ist das Spielfeld der zahlreichen Sportarten vom *Ishwara*.

Der *Jeeva* hat drei Arten von *Prana*: *Vaishwanara*, *Taijas* und *Prajnya*. *Vaishwanara* schützt und erhält den Körper. Jeden Augenblick, den Gesetzen der Natur folgend, verbraucht der Körper seine Energie und erschöpft sich. Der *Vaishwanara* ersetzt diesen Verlust, füllt die erschöpfte Energie wieder auf und unterhält den Körper, indem er die Säfte der Nahrungs– und anderer Aufnahmen des Körpers von

---

[5] *Brahmanda* bedeutet „das eiförmige Universum".

Abfallprodukten trennt. Das zweite *Prana*, der *Taijas*, schickt die nahrhaften Säfte in den Kreiskauf des Körpers und scheidet den Abfall aus. Dieses *Prana* ermöglicht das Wachstum des Kindes zum Erwachsenen und verwandelt später Jugend in Alter. Das dritte *Prana*, die *Prajnya*, bringt Bewußtsein hervor. Es ist die supraphysikalische Energie, welche die Sinnesorgane antreibt. Es leitet die Wahrnehmung der äußeren Dinge zum Gehirn über und hilft, diese Wahrnehmung als Wissen zu behalten. Aus dem *Prajnya Prana* haben sich zahlreiche Wissenszweige entwickelt.

Vaishwanara, Taijas und *Prajnya* verbinden den *Atma* des *Jeevas* mit dem *Atma* des *Ishwaras*. Die Seherwissenschaftler haben mehrere Methoden zur Verstetigung des Verstandes überliefert, die wichtigste darunter ist die *Upasana*. Im wesentlichen bedeutet dies den Versuch, im eigenem *Atma* die Eigenschaften vom *Parmeshwara* anzurufen, sie einzuladen und aufzunehmen. In der Sphäre von *Upasana* bekommen jene drei Arten von Prana, *Vaishwanara, Taijas* und *Prajnya* neue Namen: *Vaishwanara* heißt dann *Vishnu*, der die Aufgabe hat, zu erhalten und zu schützen. *Taijas* heißt dann *Brahma*, der die Schöpfung zur Aufgabe hat und *Prajnya* heißt *Shiva*, der Frieden und Wohlstand stiftet.

Die drei *Pranas* in der Meta-Anordnung vom *Ishwara* sind *Virat*, *Hiranygarbha* und *Sarvajnya*. Der *Virat* erhält das Universum und füllt den nach den Regeln der Natur eintretenden Verlust wieder auf. Der *Hiranygarbha* setzt die verschiedenen im Universum erschaffenen Dinge in Umlauf, hält ihre geordneten Bahnen aufrecht und ist zuständig für alle Veränderungen im Universum. Der *Sarvajnya*, auch als *Antaryami* bekannt, ist die Kraft hinter allen Bemühungen, Änderungen und Bewegungen im Universum.

Wir kennen unsere Anstrengungen, immer wenn wir einen Impuls umsetzen wollen. Wir wissen nicht, was alles von den ersten Regungen eines Wunsches bis hin zu seiner Verwirklichung in uns stattfindet. Allerdings nehmen wir aus unserer eigenen Erfahrung an, daß bei anderen Personen die Vorgänge unseren eigenen ähneln würden. Auf der gleichen Weise könnten wir beim Beobachten der vielen Ereignisse im Universum annehmen, daß sie das Ergebnis irgendwelcher Regung(en) sind, die irgendwo in Bewegung geraten. Ein solches konzentriertes Bewußtsein wird *Sarvajnya Atma* genannt.

Die solare Welt heißt *Dyau*, dieser unser Planet *Prithwi* und der Zwischenbereich in der Mitte *Antariksha*. Zusammen bilden sie das, was als eine dreifache Welt bekannt ist. Diese dreifache Welt schwebt im prächtigen Feld mit der Sonne als Mittelpunkt. Es gibt aber zahlreiche andere dreifache Welten und der *Ishwara* ist auch eine, um die herum Tausende solcher dreifachen Welten schweben.[6] Wir können uns den *Ishwara* bildlich vorstellen wie eine prächtig glänzende Sonne, oder auch als ein konzentriertes Bewußtsein wie der Mittelpunkt eines Kraftwerks. Von dort fließt der elektrische Strom in alle Richtungen. Genau so strahlt der *Ishwara* das Licht des Bewußtseins rundum aus.

Der *Parmeshwara* ist das, in dessen weiten Himmel (Raum) Tausende solcher *Ishwaras* schweben. Der *Jeeva* und der *Ishwara* haben um ihren *Atma* herum Schranken bzw. Grenzen. Der *Parmeshwara* dagegen hat weder einen Mittelpunkt noch Grenzen. Er ist jenseits von Zeit und Raum und grenzenlos. Was immer auch in diesem weiten, uneingeschränkten Universum stattfindet, ereignet sich auf der Ebene vom *Parmeshwara*. So ist er die uneingeschränkte Bühne bzw. eine Meta-Struktur, auf der alle Dinge im Universum funktionieren. Die Totalität des Geschehens ist *Parmeshwara*.

Das Bewußtsein, die Aktion und die Substanz, die aus dem *Atma* bzw. aus der *Mana–Prana–Wak*-Triade des *Parmeshwaras* ausgehen, dringen überall durch. Der *Parmeshwara* ist die Schatzkammer dieser drei Bewußtseinszustände. Wenn der *Jeeva* nicht mehr existiert, geht sein *Rasa* (Substanz) in den *Ishwara* über und der *Rasa* des *Ishwaras* schließlich in den *Parmeshwara*. Die drei *Pranas* im *Parmeshwara* heißen *Agni*, *Wayu* und *Indra* und in letzter Konsequenz durchdringen diese drei das Universum und ordnen es.

Jeder der unzähligen *Jeevas*, mit seiner eigenständigen Meta-Struktur, ist im *Ishwara* eingebunden und geht in den *Ishwara* auf, wenn er aufhört zu existieren. Wenn wir 1000 Tassen mit Wasser füllen und sie auf den Boden stellen, wird sich die Sonne in jeder einzelnen Tasse widerspiegeln. Jede Spiegelung hat ihren eigenständigen Bestand, doch sind sie alle so eng mit der Sonne verknüpft, daß sie aufhören zu sein, wenn die Sonne weg geht. Dies wird als die „Gunst" der Sonne bezeichnet. Durch ihr Wohlwollen verleiht die Sonne jedem Widerschein eine eigenständige Existenz, die aus ihrer eigenen Existenz ausstrahlt. Also existieren diese Widerspiegelungen, weil die Sonne existiert. Genau so existieren alle *Jeevas*, weil es die „Gunst" des *Ishwaras* gibt. Unzählige *Ishwaras* existieren dank dem *Parmeshwara* in seinem

---

[6] Die supraphysikalische Energie wird in dieser Phase zu einer Offenbarung sprudelnden Lebens. Die Sonne wird zur Quelle allen Lebens. In dieser Phase wird die Sonne als jenseits des Geschlechtes betrachtet. Mal wird „er", mal „es" und mal „sie" für die Sonne verwendet. Vgl. auch das Kapitel „Gott, Götter und Göttinnen".

Jeeva, Ishwara *und* Parmeshwara

Bereich. In diesem Sinne hängen *Jeeva* wie auch *Ishwara* vom *Parmeshwara* ab und existieren durch seine Gunst.

Obwohl die Existenz der *Jeevas* vom *Ishwara* abhängt, ist jeder einzelne von ihnen in bezug auf die übrigen in seinem Wirkungsfeld unabhängig und eigenständig. Daher stellen wir fest, daß *Jeeva*, *Ishwara* und *Parmeshwara* konzentrische Makro-Anordnungen sind, wobei jeder seinen eigenen *Atma* bzw. seine eigene *Mana–Prana–Wak*–Triade besitzt.

Ebene	Name der Atmas auf jeder Ebene der Schöpfung			
Jeeva	Vaishwanara	Taijas		Prajnya
Ishwara	Virat	Hiranygarbha		Sarvajnya (Antaryami)
Parmeshwara	Agni	Wayu		Indra

Diese *Atmas* sind unterschiedlich, weil sie sich auf drei verschiedene Ebenen bzw. Anordnungen – *Jeeva*, *Ishwara* und *Parmeshwara* – beziehen. Wie die obige Tabelle zeigt, bilden *Agni*, *Virat* und Vaishwanara die selbe Kategorie. Diese sind in der Tat Namen für dieselbe supraphysikalische Energie *Agni*, der vorwiegend die *Wak* ist. Er erzeugt *Artha* (Substanz) in all diesen drei Anordnungen. *Wayu*, *Hiranygarbha* und *Taijas* gehören der selben Kategorie an, die vorwiegend *Prana* ist, und in all diesen drei Anordnungen Bewegung hervorbringen. *Indra*, *Sarvajnya* (*Antaryami*) und *Prajnya* gehören ebenfalls der selben Kategorie an, die *Mana* ist, und erzeugen Bewußtsein bzw. Wissen in allen drei Anordnungen.

Über allen *Jeevas* gibt es einen *Ishwara*. Der *Atma* vom *Jeeva* geht vom *Ishwara* aus und der *Atma* vom *Ishwara* vom *Parmeshwara*. Ihr Verhältnis zu einander ist wie jenes zwischen dem Wasser, der Luftblase und dem Spiegelbild. Die Luftblase ist vom Wasser „abhängig" und das Spiegelbild (in der Luftblase) ist von der Luftblase „abhängig".

Wenden wir uns nun dem faszinierendsten Aspekt des Lebens in diesem Kosmos zu, nämlich dem *Yajnya*, dem ständigen Zyklus von Erneuerung und Auflösung im eigentlichen Prozeß der Schöpfung. Im nächsten Kapitel werden wir sehen, wie Lebensformen entstehen, erhalten werden und sich schließlich in *Yajnya* wieder auflösen.

KAPITEL FÜNF – *Jajnya*: Deutung und Bedeutung

yo vidyat sootram vitatam yasmin netah praja imaha
sootram sootrasya yo vidyat sa vidyad brahamanam mahat

Der Kenner der Wirklichkeit ist jener
Der Bescheid weiß über das unsichtbare Garn
Das innerhalb des sichtbaren Fadens verläuft.

ATHARVA VEDA 10:8:37

ritasya hi shurudhah santi poorvi
ritasya dheeti vrijanani hanti
ritasya shloko badhiratatarda
karnam budhanah shuchaman ayoh

Unendlich sind die Kräfte der ewigen Gesetze;
Sich an sie halten endet alle Nöte.
Die Erwägung des ewigen Daseins
Vertreibt alle Sorgen.
Schon ein Verstehen dieser Gesetze ist
Erleuchtend und bereinigend für lebende Wesen.
Diese ewigen Botschaften erregen sogar unaufmerksame Ohren.

RIG VEDA 4:23:8

DAS SUPRAPHYSIKALISCHE UNIVERSUM UMFASST EINIGE Grund–*Tattwas* (Faktoren), welche als die ursprünglichen „Individuen" und als die ersten Bauklötze angesehen werden. Zu diesen ursprünglichen Faktoren im Universum kommt noch eine ständige Wechselwirkung, gegenseitige Durchdringung und Angleichung der supraphysikalischen Energie.

In dem uns vertrauten physikalischen Universum geschehen schon immer Millionen Reaktionen. Diese geschehen innerhalb unserer Körper, in der Welt der Pflanzen, der Tiere, in jedem anderen Gegenstand, also überall in der Natur. Diese Reaktionen und Wechselwirkungen verursachen Veränderungen, die manchmal unwiderruflich sind, manchmal nicht. Gelegentlich erzeugen sie ein neues „Individuum" mit eigenständiger Identität. Einige dieser „Individuen" haben ein eigenes Leben und Triebkraft, während andere nicht von Dauer sind. Dies geschieht fortwährend auch im supraphysikalischen Universum.

Als eine der wichtigsten supraphysikalischen Energien kann der *Agni* durch Verschmelzung mit anderen vollständig neue „Individuen" erschaffen. Andere Verschmelzungen aber erzeugen nur ein flüchtiges Nebenprodukt. Dieser Vorgang der „Akkulturation" ist *Yajnya*, in dem der *Agni* sich verfeinert und verschönert.

Wir verwenden „Akkulturation" für das Sanskritwort *Sanskara*, auch wenn es vieldeutig ist. *Sanskara* bedeutet zusammenfügen, wohl formen, perfektionieren, vollenden, verschönern, fertig machen, würzen (von Speisen), raffinieren (von Metall), polieren (von Edelsteinen), züchten (von Tieren), wie auch Schmuck, Reinigung, Säuberung, Vorbereitung. Es bedeutet noch: den Verstand formen, Ausbildung, Erziehung, Korrektur, weihen, heiligen, einweihen und regenerieren.

In bezug auf supraphysikalische Kräfte bzw. Energien bedeutet der *Sanskara* einen Prozeß der Überlappung und Wechselwirkung der selben supraphysikalischen Energien in wechselnden Mengen. Es bedeutet auch die Wechselwirkung von zwei oder mehr supraphysikalischen Kräften, deren Folge die Verfeinerung von einer von ihnen, oder auch die Schöpfung eines neuen supraphysikalischen Wesens sein kann. Der *Yajnya* ist der Prozeß, der *Sanskara* ermöglicht.

Die fünf Formen von *Yajnya*

Das Phänomen *Veda* diskutieren wir detaillierter an anderer Stelle. Aber um seine Bedeutung im Prozeß vom *Yajnya* zu verstehen, bringen wir auch den *Prajapati* in Erinnerung, der sich im wesentlichen mit Schöpfungen befaßt. *Praja* umfaßt alles, woraus das Universum besteht und *Prajapati* bedeutet buchstäblich „Beherrscher aller *Praja*". Der *Prajapati* ist der Schöpfer aller Dinge und die *Praja* ist seine Schöpfung. Der *Veda* ist die Beschaffenheit des *Prajapatis*. Und der *Yajnya* ermöglicht das Fortbestehen von *Prajapati*.

Praja, *Veda* und *Yajnya* zusammen übermitteln uns die Gestalt vom *Prajapati*. Verstehen wir diese drei, verstehen wir auch die Natur vom *Prajapati*. Wie schon gesagt, der *Prajapati*, das erste „Individuum", besitzt auch die *Mana–Prana–Wak*-Triade. *Veda* ist bezogen auf *Mana*, *Yajnya* auf *Prana* und *Praja* auf *Wak*.

Der *Prajapati* hat gleichsam drei Facetten: einen Mittelpunkt, einen Rahmen und einen Schein, wie bei jedem anderen Gegenstand auch: einen Mittelpunkt, um den herum er zusammengehalten wird, einen Rahmen, der erkennbar ist und einen Schein, der ihn sichtbar macht. Wenden wir uns zunächst den Aspekten des Rahmens zu, also den Konturen und dem strahlenden Schein des Gegenstandes. Der *Veda* durchdringt diese beiden Facetten auf dreierlei Weise: *Rik*, *Sama* und *Yaju*.[1] Wenn wir *Prajapati* näher erforschen wollen, können wir es nur tun, in dem wir den *Veda* genau anschauen.

Die drei *Veden* führen den *Yajnya* durch. Das *Yaju* startet den Prozeß, ihm folgt der *Rik*, und das *Sama* vollendet ihn. Diese drei *Veden* sind die Ursprungszone und auch das Areal für die Durchführung, weshalb der *Yajnya* auch der „Mutterleib von *Veda*" genannt wird. Die Seherwissenschaftler verwenden das Wort „Mutterleib" um jenes Feld zu charakterisieren, aus dem ein Vorgang entspringt und in dem es zugleich eingegrenzt bleibt. Der *Veda* hat drei Komponenten und, weil er im „Mutterleib" vom *Yajnya* verweilt, hat auch der *Yajnya* drei Komponenten, in anderen Worten dreidimensional, eine Triade. Alle materiellen Gegenstände entstehen aus diesen drei *Veden* heraus.

Die *Veden* sind das *Satya*[2], was allein wirklich und wahr ist. Die *Veden* sind im *Satya* begründet und deren Verteilung findet durch *Yajnya* statt.

---

[1] *Yaju* endet mit einem stummen ‚h'-Laut. Nach den Regeln der Wohlklang – Konjunktion in der Sanskritgrammatik, wenn Veda auf *Yaju* (h) folgt, verwandelt sich das stumme ‚h' in ein ‚r' und das Einzelwort in *Yajurveda*. Wenn es allerdings nicht von Veda gefolgt wird, bleibt das Wort als *Yaju* bestehen.

[2] Die deutsche Übersetzung von *Satya* ist ‚Wahrheit'. Die Seherwissenschaftler verwenden diesen Begriff um etwas dauerhaftes, unvergängliches und unveränderliches zu bezeichnen.

Bevor überhaupt etwas im Schöpfungsprozeß geschieht, am absoluten Beginn also, steht der *Swayambhu Yajnya*. Das weite Universum mit all den trägen und fühlenden Wesen und Dingen existiert in den drei *Veden* von *Swayambhu Yajnya*. Dieser spezielle *Yajnya* offeriert sich dem *Agni* zum Verzehr. Während er brennt, sich erschöpft, produziert er ständig neue *Rik*, *Yaju* und *Sama*. Entstehen dabei neue *Veden*, wird ein neuer *Yajnya* geschaffen und dieser wird zu einem neuen „Wesen". Eine neue „Substanz" entsteht.

Unzählige Himmelskörper am Firmament wie Sonne, Mond, Erde, sind die Orte verschiedener *Yajnyas* verschiedener Reihen der drei *Veden*. Jeder von ihnen stellt seine spezifische Reihe der drei *Veden* aus. Alle diese *Yajnyas* sind verbunden mit jenem ersten *Swayambhu Yajnya*, innerhalb dessen Domäne überall diverse große und kleine *Yajnyas* vorkommen. Alle diese sind untereinander abhängig und ihr Ablauf richtet sich nach jenem des *Swayambhu Yajnyas*.

Der gesamte Kosmos ist in zahlreiche dreifache Welten aufgeteilt. Jede Welt ist ein *Loka*. Alle diese dreifache Welten befinden sich in der Domäne von *Parmeshthi*. Der *Swayambhu Yajnya* befindet sich im Herzen von *Parmeshthi* und daher wird er auch oft *Swayambhu* benannt. Der *Ishwara* ist der spezifische *Prajapati* unterhalb vom *Parmeshthi*. Das weite Universum entwickelt sich aus dem *Prajapati*. Dieser *Prajapati* wird auch der *Atma* genannt.

Der *Parmeshthi* hat, wie alle *Prajapatis*, drei *Veden*. Weil der *Prajapati* der *Ishwara* ist, heißen seine drei *Veden* ebenfalls *Ishwaras*. Und weil die drei *Veden Ishwaras* sind, so sind die *Yajnyas*, die von diesen drei *Veden* durchgeführt werden auch *Ishwaras*.[3]

Um das Konzept vom *Yajnya* zu klären, ziehen wir einige Illustrationen des Vorgangs heran:

1. Alles, was wir um uns herum sehen, wird als *Prana* beachtet. Das *Prana* existiert sichtbar als Licht des *Mana*. Die *Wak* existiert im *Prana* und ist wahrnehmbar durch ihr Licht. Diese drei – *Mana*, *Prana*, *Wak* – bilden zusammen einen *Prajapati*. Der unaufhörliche Übergang vom *Mana* zum *Prana*, vom *Prana* zur *Wak* und von der *Wak* zurück zum *Prana* ist der *Yajnya*.[4] Der *Yajnya* ist nach dem Seher Aitereya das Eindringen vom *Mana* in *Prana*, seine Umwandlung in *Wak* und die darauf folgende Umwandlung von *Wak* in *Mana*. Diese Umwandlung

---

[3] Erklärung dieser Begriffe und deren Verwandtschaft mit *Atma* befinden sich im Kapitel „*Jeeva, Ishwara* und *Parmeshwara*".
[4] *wachashchittasyottarottarkramo Yajnya* - Maharshi Aitereya. Zitiert von Pandit Madhu Sudan Ojha in *Brahma Vijnana*, S. 148.

wird vom *Prana* verursacht, das im Mittelpunkt der *Mana-Prana-Wak*-Triade liegt. Mit dem *Prana* als Mittelpunkt bilden *Mana* und *Wak* den Umfang, wie die Felge eines Reifens. Das *Prana* ist so die Tätigkeit, um die sich *Mana* und *Wak* drehen. Es treibt sie während des gesamten Prozesses an. Das ist der *Yajnya*.

2. Der *Soma* heißt *Amrit* (unvergänglich). Der *Soma* ist jener wesentliche Teil (*Rasa*), der nie zerstört wird. Er ist die supraphysikalische „Substanz", aus der alle Dinge auf der Welt gemacht sind. In diesem Sinne ist er die „materielle Ursache" aller Gegenstände im Universum. Er durchdringt die gesamte Atmosphäre und ist ohne Form, Geruch oder Geschmack. Aber nur durch seine Berührung entstehen Form, Geschmack, Geruch oder eine fühlbare Eigenschaft in den Dingen.[5] Wenn ein *Soma* mit einem anderen kollidiert und letzteres eine Vergeltung übt, daß sie einander zermalmen oder sich aneinander reiben, entsteht eine *Bala*, bekannt als *Saha*. Aus der *Saha* entsteht spontan der *Agni*, und der *Yajnya* ist der Prozeß, in dem durch Reibung und dem Widerstand von einem *Saha* am anderen der *Agni* geboren wird.

3. Das *Havana* ist die Übergabe einer Substanz an den *Agni* (dem Feuer) zum Verzehr. Indem der *Soma* anläßlich eines *Havanas* dem *Agni* gegeben wird, wandelt er sich im *Agni* um. Dann verwandelt sich der *Agni* selbst in eine Flamme und strahlt nach außen bis Licht entsteht. Dann kommt er über diesen Punkt hinaus, verliert sein Feuer und wandelt sich zurück zum *Soma*. Dieser ununterbrochene Zyklus von *Soma–Agni* ist *Yajnya*, die Verwandlung vom *Agni* im *Soma* und vom *Soma* zurück zum *Agni*.

4. Wie schon erwähnt: der *Yajnya* ist die Vermehrung und Ausbreitung des ursprünglichen *Prajapatis*. Und alle Wesen im Universum werden aus dem *Yajnya* geboren. In gleicher Weise entstehen nun Individuen und Gegenstände aus den *Yajnyas*, und dies wird auch in der Zukunft so sein. Der *Yajnya* schöpft und erhält jedes Wesen in unserem Universum.

Die aus den *Yajnyas* entsprungene Nachkommenschaft vom *Prajapati* ordnet sich in zwei Kategorien: *Deva* (auch *Devata* genannt) und *Bhoota*. Die Devas gehören zum supraphysikalischen Universum

---

[5] Kommentatoren und Übersetzer haben in Unkenntnis der supraphysikalischen Bedeutung der *Veda Mantras* und der darin geäußerten kosmologischen Grundsätze den *Soma* als „das Getränk der Götter, das Getränk, das Götter unsterblich gemacht hat und das Sterblichen die Unsterblichkeit verleiht" interpretiert. Und dies trotz der Tatsache, daß die ‚Experten' bemerkt haben, daß „das gesamte neunte Buch des *Rigveda Samhita* aus *Soma* – Hymnen besteht" (Patrick Olliville, *The Early Upanishads*, S. 19).

und die *Bhootas* zum physikalischen. (Einige Gelehrte nennen diese beiden Kategorien „vital" bzw. „materiell".) Es gibt 33 *Devatas*: die 8 *Vasus*, 11 *Rudras*, 12 *Adityas*, das *Dyau* (Atmosphäre) und die *Prithwi* (die Erde). Der *Agni* führt die *Vasus*. Der letzte der *Adityas*, die den *Rudras* folgen, ist Vishnu. Während des *Yajnyas* erscheinen die *Devatas* in der Reihenfolge von *Agni* bis Vishnu. Alle *Devatas* sind umgeben von dem *Yajnya*, der eine Gemeinschaft der *Devatas* schafft. Diese Gemeinschaft ist der *Prajapati*. Die Entfaltung und Ausbreitung vom *Prajapati* als jene 33 *Devatas* ist die Verwandlung des nicht-offenbaren *(Anriukta) Prajapatis* in eine offenbarte Form. Die ferne und verborgene Form wird dadurch nah und wahrnehmbar.

5. Von den drei *Veden* entspringen der *Rik* und das *Sama* nicht aus sich selbst. Sie werden selbst nicht verbraucht und sie verbrauchen auch nichts. Aber die *Wak* ist in ihnen, die als eine Form vom *Agni* sowohl sich selbst verzehrt wie auch verzehrt wird. Sie verwandelt sich zu einem Strahl (*Arka*) und steigt vom Mittelpunkt eines Wesens auf der Suche nach etwas zum Verbrauchen empor. Auch der *Agni* steigt als Folge eines Überfalls des „Verbrauchers", des *Pranas*, auf einen anderen *Prajapati* empor. Der *Agni* bzw. die *Wak* eines *Prajapatis* wird so in den Körper eines anderen *Prajapatis* gelockt oder hineingezogen, wo ein anderer *Atma* ihn verzehrt.

Das *Prana* als Verzehrer (*Annada*) ist der *Agni*, während der verzehrbare Teil (*Anna*) des anderen „Individuums" der *Soma* ist. Der *Soma* verliert sein Aussehen und wird zum *Urka*, sobald er dem *Agni* zum Verzehr angeboten wird. Der *Urka* ist ein kalter „Saft", der an Stärke zunimmt und sich rasch in *Prana* verwandelt. Ebenso rasch beginnt das *Prana* die *Annas* zu verzehren. So sind *Prana*, *Urka* und *Anna* eng miteinander verflochten. Das *Prana* hält zum Beispiel den *Soma*, solange bis er zum *Urka* wird, und in einer anderen Phase wird das *Prana* aus dem *Urka* erzeugt. Dieser Vorgang der „Geburt" bzw. das Entstehen des Einen aus dem Anderen ist der *Yajnya*. Kein Individuum oder Gegenstand kann ohne den *Yajnya* erschaffen oder erhalten werden.

Dieser Prozeß ereignet sich unaufhörlich in allen Dingen. Er treibt unseren *Atma* bzw. den *Agni* unseres Körpers zur Sphäre der Sonne, oft *Swarga* genannt.[6] Obwohl der *Atma* ständig in Richtung *Swarga*

---

[6] *Swarga* ist mit ‚Himmel' übersetzt worden, aber seine eigentliche Bedeutung ist eine andere, so wie hier erklärt.

ausfließt, ist er[7] mittels *Sutratma* so eng an unseren Körper angebunden, daß der Platz *Atmas* in unserem Körper ungerührt bleibt und der Prozeß seiner Überlappung mit den körperlichen Organen nicht unterbrochen wird. Trotz der ständigen Überfälle durch den *Atma* ins *Swarga* hinein weiß deshalb die *Atma*–Körper–Überlappung nichts von diesem Geschehen.

Das *Atma*–Körper Verhältnis kann am Beispiel der Sonne und ihrer Spiegelung im Wasser besser verstanden werden. Das Gebilde der Sonne spiegelt sich im Wasser wider und seine Rückstrahlung ändert sich mit dem Durchgang des Himmelskörpers durch das Firmament. Rührt sich das Wasser, verschwindet das Spiegelbild, doch kehrt es zurück, wenn sich das Wasser wider beruhigt hat. In der Zwischenzeit tritt weder Beschädigung noch Schwund in der Rückstrahlung ein. So können wir wissen, daß die Rückstrahlung der Sonne nicht an das Wasser gebunden ist, obwohl es diesen Anschein haben kann. In ähnlicher Weise weiß der *Atma* nicht, daß er aus unserem Körper ausfließt und glaubt daher selbst, daß er an unseren Körper gebunden ist, auch wenn es in der Wirklichkeit nicht so ist.

Der Yajnya und seine Einteilungen

Wie schon erwähnt ist *Yajnya* der Prozeß von „Akkulturation", auf Sanskrit, vom *Sanskara* des *Agnis*. Es gibt drei Typen von *Agni*:

1. *Vaidik Agni*, verbunden mit den *Veden*,
2. *Deva Agni*, verbunden mit der supraphysikalischen Energie, und
3. *Bhautik Agni*, verbunden mit materiellen oder physikalischen Gegenständen (Wir kennen diesen *Agni* als das „Feuer").

Der *Yajnya* ist der Prozeß von *Sanskara* aller dieser *Agnis*, und das *Yaju* ist ein anderer Name für *Vaidik Agni*. Das Aussehen und die Konfiguration aller Dinge werden durch die Substanz vom *Yaju* erhalten.

Der *Sanskara* (die Akkulturation) von *Vaidik Agni* verläuft in den folgenden Phasen: Das *Yaju* geht aus einem Wesen heraus in der Gestalt von Rik, kehrt aber zurück als das *Sama*, wenn der *Agni* die Gestalt vom *Soma* annimmt. Das *Sama*, das zum Gegenstand zurückgekehrt ist, wird zum *Rik*, wenn der *Soma* zum *Agni* zurück verwandelt wird. Mit der Rückwandlung vom *Agni* zum *Yaju* kommt der Prozeß zum Abschluß. Dieser gesamte Zyklus ist der *Yajnya*. Wir können uns diesen Prozeß leicht bildlich vorstellen. Das Meerwasser

---

[7] Es gibt verschiedene Dimensionen vom *Atma*. Die Dimension, die diese Verbindung aufrecht erhält, wird *Prajna Atma* oder *Kshetrajna* genannt.

wird zu Wolken, Wolken zu Regen, Regen zu Flußwasser, das in das Meer zurückfließt, womit der Zyklus vollendet ist und der Prozeß von neuem beginnt.

Deva Yajnya ist der Akkulturationsprozeß zwischen supraphysikalischen Energien. Dieser *Agni* ist die entfaltete Form des *Prajapatis*, welche die 33 *Devatas* wie *Vasu*, *Rudra* und *Aditya* umfaßt. Wie schon erklärt, findet der *Yajnya* in *Deva Agni* durch die Wechselwirkung von *Anna*, *Urka* und *Prana* statt.

Der physikalische *Agni* (das Feuer) ist die dritte Kategorie in der *Ahuti* (einen Gegenstand in den *Agni* [Feuer] geben) stattfindet. Dinge, die als *Ahuti* in den *Agni* gegeben werden können, sind entweder *Agni* oder *Soma*. Wir wissen schon, wie sich in diesem Prozeß der *Agni* zum *Soma* verwandelt.

Wenn der *Agni* angeboten wird, heißt der Prozeß *Agni Chayan Yajnya*, oder *Agni Yajnya*. Das ist der *Yajnya*, in dem der *Agni* zur eigenen Metamorphose gegeben wird.[8] Wenn die *Ahuti* vom *Agni* im *Agni* gestaltet wird, ähnelt der Prozeß jenem, in dem eine neue Farbschicht eine frühere überdeckt. Wenn dies geschieht, wird der *Agni* mächtig, und damit wird auch der *Atma* mächtig. Als Folge davon werden die Verbindung und die Bindungen vom *Atma* mit dem *Soma* bzw. mit materiellen Gegenständen schwach und beginnen abzufallen wie Blätter von einem Baum. Der *Atma* läßt die Erde und den Mond hinter sich und fährt direkt zur Sonne in seiner Gestalt als *Agni*. Dies geschieht, wie wir gleich sehen werden, weil die Metamorphose den *Agni* reinigt zu seinem feinen, supraphysikalischen Zustand, ein Zustand, in dem die Bewegung plötzlich ansetzt.

Vaishwanara Agni ist ein Produkt der Kombination vom *Deva Agni* (vom supraphysikalischen *Agni*) mit dem physikalischen, irdischen *Agni*. Der Verfeinerungsprozeß entfernt das Irdische, so daß nur der supraphysikalische Anteil bleibt, und so gelangt der *Atma* zur Befreiung.[9] Wenn jedoch der *Soma* als *Ahuti* (Gabe) dem *Agni* gegeben wird, befreit sich der *Atma* nicht, obwohl er gern in den *Swarga* ankommen will.

---

[8] Der *Agni*, in dem die *Ahuti* vom *Agni* oder vom Soma besteht, ist eine von 11 Kategorien: *Garhpatya* ist bezogen auf die Erde; *Ahawaniya* ist bezogen auf die Sonne; die dritte Kategorie ist eine Gruppe von acht (*Ghisnyagni*), die auf den Raum bezogen ist. Und die letzte Kategorie wird der *Nairit Agni* genannt. Dieser ist ein separater Forschungsgegenstand.

[9] „Befreiung" ist eine annähernde Übersetzung von *Mukti*. Es gibt verschiedene Formen und Stadien von *Mukti* des *Atmas*, und dieses Stadium wird *Kaivalya Mukti* genannt.

Der *Swarga* ist in der Reihenfolge die dritthöchste Region in der geschlossenen Front des Kosmos. Sie ist die Region der Sonne, die jenseits von *Bhu* und *Bhuvah*, d. h. jenseits der Erde und des Raumes liegt. Sie ist das Zwischenstadium zwischen dem *Atma* in menschlicher Gestalt und seiner vollständigen Befreiung.[10] Hier erscheint eine supraphysikalische Energie bzw. eine *Devata* aus der Sonne und wird zum *Atma* eines menschlichen Körpers. Er wird eins mit dem *Vaishwanara* (ein *Atma*) des Körpers, entsprechend der Natur des Feuers, und verläßt augenblicklich den Körper in Richtung der Sonnenregion zwischen der Erde und der Sonne. Dieser Vorgang gleicht den Flammen eines Feuers, die ständig in Richtung des Himmels streben. Der *Vaishwanara* eines menschlichen Körpers ist ein Spiegelbild des *Samvatsara*[11] der Sonne, das sich aus allen supraphysikalischen Energien (*Devatas*) zusammensetzt. Genau so setzt sich der *Agni* im Körper eines menschlichen Wesens aus allen *Devatas* zusammen. So bedeutet das Erzeugen von *Ahuti* aus *Soma* im *Agni* das Gleiche wie Gaben für die *Devatas*, und diese Handlung ist der *Yajnya*.

Der *Samvatsara* der Sonne braucht ein volles Jahr, die Zeit, die die Erde für eine Umrundung der Sonne braucht. Der *Vaishwanara* hat mithin genau so viele Teile wie der *Samvatsara* der Sonne. Der *Yajnya* verfeinert die *Ahuti* des *Samvatsara* der Sonne und verfeinert zugleich auch den *Vaishwanara* desjenigen, der den *Yajnya* vollzieht – genannt der *Yajaman*.

Der *Samvatsara* der Sonne und seine Einteilungen

Der *Samvatsara* der Sonne ist in 360 Teile unterteilt. Der Tag und die Nacht zusammen machen den kleinsten Teil aus. Jeder Teil hat also zwei Halbeinheiten, den Tag und die Nacht, einen weißen und einen schwarzen Teil. Der *Samvatsara* hat somit insgesamt 720 Einheiten von

---

[10] Die Reisen *Atmas* durch verschiedene Stadien und seine Erfahrungen in verschiedenen Phasen werden in einer separaten Monographie über *Shraddha Vijnana*, die Wissenschaft über die Reise nach dem Tod behandelt.
[11] Eigentlich bedeutet „*Samvatsara*" bzw. „*Samvatsara* der Sonne" die Zeit, die die Erde benötigt, einmal die Sonne zu umrunden, also ein Jahr. Wir benutzen hier aber nicht den Begriff „Jahr", weil der *Samvatsara* mehr bedeutet als bloß ein Jahr. Er ist die Personifizierung der supraphysikalischen Energien, die den Zeitraum eines Jahres untermauern. Tatsächlich wurde im alten Indien eine ganze Schule der Kosmologie gegründet, die sich mit dem Studium der supraphysikalischen Energie befaßte, die ein Jahr ausmachen. Sie ist bekannt als der *Samvatsara Vidya* bzw. die Wissenschaft vom *Samvatsara*.

wechselweise wirkenden weißen und schwarzen Anteilen. Ein heller Tag folgt der dunklen Nacht, auf die wiederum der Tag folgt.[12]

Die Erde bewegt sich ungefähr um einen Grad jeden Tag. Ein Grad, so wird angenommen, macht jenen überbrückten Raum aus, der in einer hellen und einer dunklen Periode beschritten wird. Wenn wir eine Umrundung der Sonne durch die Erde berücksichtigen, kommen wir so auf 720 Anteile. Das ist die erste Abgrenzung vom *Samvatsara*.

Die zweite Abgrenzung ist die des Monats. Der Mond dreht sich um die Erde, „verschwindet" an einer bestimmten Stelle, wenn er zwischen Erde und Sonne gerät, und das kündigt einen neuen Tag an. Weil der Mond und die Erde sich bewegen, kommt der Mond auf die andere Seite der Erde und die Erde gerät zwischen der Sonne und dem Mond. Fünfzehn Tage dauert dieser Zeitraum und dieser wird *Shukla Paksha* (die hellen zwei Wochen) genannt.

Der Mond setzt seinen Durchgang fort und begibt sich während weiterer 15 Tage in die *Krishna Paksha* (die dunklen zwei Wochen)[13] zwischen der Erde und der Sonne. Ein solcher Zyklus wird „Monat" genannt. Somit schafft die Erde 24 Abteilungen in einem Jahr, indem sie je zwei Wochen eine der obigen Abteilungen bewältigt. 12 davon sind hell und 12 dunkel und sie kommen abwechselnd vor. Diese sind die 24 Abteilungen eines *Samvatsara*.

Die dritte Abgrenzung ist jene der Jahreszeiten. Es gibt in Indien drei Hauptjahreszeiten: den Sommer, die Regenzeit und den Winter, jeweils von vier Monaten. Der *Samvatsara* ist daher dreiteilig.

Die vierte Abgrenzung ist jene vom *Ayan*.[14] Während sechs Monate in einem *Samvatsara* bleibt die Sonne nördlich vom Äquator und erscheint in dieser Zeit niedriger als die Erde. Während der folgenden sechs Monate ist die Sonne südlich vom Äquator. Wegen dieser Bewegung der Sonne und der Erde gibt es zwei Abteilungen im

---

[12] Heute zählt man die Tage von Mitternacht zu Mitternacht. Es war nicht immer so. Vom 2. Jahrhundert n. Chr. bis 1925 haben die Astronomen die Tage von Mittag zu Mittag gezählt. In früheren Zivilisationen hielt man sich hierfür an verschiedene Methoden. Einige Gesellschaften zählten die Tage von Sonnenaufgang zu Sonnenaufgang als so-und-so-viele Sonnenaufgänge, oder einfach „Sonnen". Babylonier, Juden und Griechen zählten einen Tag von Sonnenuntergang zu Sonnenuntergang. Andere Gesellschaften sagten, daß der Tag mit Sonnenaufgang beginnt, andere wiederum zählten den Tag von Mitternacht an.

[13] Die alten germanischen Völker hielten den Zeitablauf in Einheiten von „Nächten" eher als von Tagen fest. Daher war eine Periode von zwei Wochen auf Altenglisch *feowertiene niht* oder „vierzehn Nächte". Mit der Zeit wurde es zu dem einen Wort ‚fortnight' zusammengezogen.

[14] Die Sonnenlaufbahn nördlich oder südlich des Äquators, das Halbjahr.

Samvatsara; die nördliche wird der *Shukla* (der helle Teil) genannt, während die südliche der *Krishna* (der dunkle Teil) ist. Die fünfte Anordnung des *Samvatsara* ist die eines vollen Jahres.

Fünf Arten vom *Agni* wirken in diesen fünf Konfigurationen. Verschiedene Arten vom *Soma Yajnya* beinhalten unterschiedliche Formen der *Ahutis* in diesen *Agnis*. Wie wir schon wissen, ist die *Ahuti* die Abgabe an den *Agni*. In solchen *Yajnyas* wird eine Form von supraphysikalischer Energie einer anderen Form angeboten.

Der Soma ist die supraphysikalische „Essenz", die nie zerstört wird und die Natur durchzieht. Die *Soma Yajnyas* werden je nach der benötigten Zeit zu ihrer Vollendung unterschieden und benannt. *Ekah* ist jener *Soma Yajnya*, der für die Vollendung einen Tag und eine Nacht braucht. Der in 10 Tagen und Nächten vollendete heißt *Dashah* oder *Aheen*. Der für seine Vollendung 100 Tage und Nächte braucht, heißt *Ratri Satra*, und der in 1000 Tagen und Nächten vollendet wird, heißt *Ayan Satra*. Der *Yajnya* hält in diesem Zusammenhang einen Teil, groß oder klein, des *Samvatsaras* zur Verfeinerung und Akkulturation fest.

Die Durchführung vom *Yajnya* bewirkt *Sanskara* (Verfeinerung) von *Samvatsara*. Es ist eine große Sache. Mit kleineren *Yajnyas* kann man einen großen *Yajnya* in Teilen so verrichten, daß der *Samvatsara* doch verfeinert wird. Diese sind: *Agnihotra, Darshapoornamas, Chaturmas* und *Pashubandh*.

Der *Agnihotra* zielt auf die Verfeinerung des Tag-Nacht Aspektes des *Samvatsaras*. Der *Darshapoornamas* zielt auf die Verfeinerung eines Zeitraumes von zwei Wochen bis zu einem Monat. Das *Chaturmas* zielt auf die eines *Ritus* (Jahreszeit) und der *Pashubandh* auf die eines *Ayans*, des sechsmonatlichen Anteils vom *Samvatsara*. Anschließend findet die Verfeinerung des vollständigen *Samvatsara* durch fünf *Soma Yajnyas* statt. Durch den Vollzug dieser *Yajnyas* nach den Regeln der Sonnen-*samvatsara* verschmilzt sich der *Vaishwanara* des Körpers des Vollziehenden (*Yajaman*) mit dem Sonnen-*samvatsara* und begleitet ihn beim Verlassen des Körpers, wenn die Zeit dafür gekommen ist. Der *Vaishwanara* ist die wichtige supraphysikalische Energie für die Erhaltung des Körpers. Sie verursacht Hunger und nur durch die Gaben an *Agni* wird der Körper erhalten.

Die *Praja*

Die Schöpfung ist der Prozeß der Geburt, des Erzeugt-werdens, und die *Praja* ist das Erzeugnis, das, was geboren wurde, was entsprungen, emporgestiegen oder hervorgebracht worden ist. Alles, was erzeugt wird, ist *Praja*. Die Gesamtheit der Schöpfung wird aus *Mana*, *Prana* und *Wak* vom *Swayambhu Prajapati* geboren, dem ersten Wesen im Prozeß der Schöpfung. Dieses „Wesen" erscheint, noch bevor das Universum entsteht.

Die Schöpfung beginnt, wenn im *Mana* ein Wunsch entsteht. Das ist der Moment, in dem sich das *Mana* selbst in die Gestalt des gewünschten Dinges umwandelt. Der Wunsch treibt das *Prana* unverzüglich an, ihn zu verwirklichen. Das *Prana* ist eine Art *Bala*, die in die *Wak* eingeht, Veränderungen von *Bala* in *Wak* bewirkt und *Praja* erzeugt.

Die *Wak* verändert sich durch den Wunsch *Manas* und durch das Zusammenwirken *Prana–Bala* auf zweierlei Weise: in *Amrit* oder in *Martya*. Die *Amrits* haben keine Gestalt und sind dauerhaft. Die *Martyas* hingegen haben eine Gestalt und unterliegen dem Wandel. Alle Wesen ohne das Bewußtsein (*Moorchita*) heißen *Martya*. In diesem Zustand verliert *Wak* ihre Selbständigkeit und wird zur Materie (*Bhoota*). Das Formlose verbleibt in allen Dingen und heißt *Amrit*, wird auch *Devata* genannt. Die *Praja* ist entweder *Bhoota* oder *Devata*. (Die Aussage, daß es entweder Materie oder Energie gibt, zeigt den Unterschied zwischen diesen beiden).

Alles um uns herum ist *Martyas*, durchdrungen von *Mana*, *Prana* und *Wak*. Sie sind sich ewig verändernde Erscheinungen. Innerhalb *Martya* ist ein unveränderlicher *Amartya* „Faktor" vorhanden, der die Grundsubstanz aller Materie ist. Dieser konstante, unabänderliche, gestaltlose Faktor ist die *Devata*. Sie erhält, trägt sie oder hält sie aufrecht und kontrolliert und regelt alles materielle (*Bhootas*).

Obwohl alle Materie von *Mana–Prana–Wak* durchdrungen ist, bleibt nur die *Wak* auffällig. Unterschiede in der Materie gehen offensichtlich auf die *Wak* zurück, weil ohne ihre Präsenz Veränderungen nicht möglich sind. Ein Wandel der ursprünglichen Form von Materie, also Veränderung, Verzerrung oder Umwandlung, findet in *Mana* und *Prana* nicht statt. Wenn Wasser in einen Behälter gegossen wird, nimmt es die Form jenes Behälters an. Der *Rasa* (der „Saft" bzw. das „Elixier") nimmt Gestalt an nach der Form in die er gegossen wird. Wasser, das in die Felder fließt, nimmt die Gestalt der gefundenen Wasserwege an. Ähnlich passen sich *Mana* und *Prana* den Veränderungen in der *Wak* an, weil sie nicht anders sein können als die gegebene Form der *Wak*. Diese Form ist wie das Taktmaß, das ein Musikstück gestaltet oder die Metrik, die durch die Regelung einer Gruppe von Silben der Dichtung einen Rahmen gibt. Die Tätigkeit *Pranas* wird vom *Mana* bestimmt.

Wenn das *Prana* handelt, verändert sich die *Wak*. Deshalb sind *Mana–Prana–Wak* in allen materiellen Dingen wahrnehmbar als seien sie in eine Form gegossen worden.

Das *Mana* nimmt zwar durch Veränderungen der *Wak* verschiedene Formen an, dezimiert sich aber nie. Die Gefühle, Gedanken oder Emotionen im Bewußtsein sind von ihm unzertrennlich. Das *Mana* ist zwar dank seiner eigenen *Maya*[15] frei veränderlich, wird aber nie beeinträchtigt durch die in ihm selbst stattfindenden Veränderungen.

So nimmt auch das *Prana* ob seiner Verbindung mit dem *Mana* verschiedene Gestalten an, ohne sich wirklich zu verändern und seine neuen Bindungen zu verfestigen. Da es mit der *Wak* zusammenwirkt, mag kurzfristig der Anschein eines gewissen Unterschieds aufkommen. Es kehrt jedoch rasch zu seiner ursprünglichen Form zurück. Ein Beispiel. Wir setzen Bemühung ein, wenn wir etwas tun. Bemühung (*Prana*) ist an sich formlos, nimmt aber verschiedene Formen wie schieben, ziehen, schleppen, fallen lassen, binden und so fort an. In Verbindung mit unserem Verstand (*Mana*) und nach seinen Weisungen. Welche Form diese Bemühung annimmt, hängt auch von der Natur des materiellen Gegenstandes (*Wak*) ab, der das Medium der Anwendung unserer Bemühung ist. Wir zapfen Wasser, werfen einen Ball, schleppen ein schweres Gewicht oder heben ein Glas.

Das *Prana* ist ein anderer Name für die *Bala*, von der es unzählige Arten gibt. Die *Wak* nimmt durch unterschiedlichen „Mix" der *Bala* veränderliche Formen an. Wir erinnern uns: alle Dinge sind von *Mana–Prana–Wak* durchdrungen. Nur die *Wak* in ihnen verändert sich durch das Einwirken von *Bala* im *Prana*, dem Wunsch von *Mana* folgend. Im *Amrit Prajapati* entsteht der Wunsch nach der Geburt von *Amrit* und das *Prana* setzt seine *Bala* auf *Wak* für *Amrit* an. So entsteht *Amrit* durch die Verschmelzung von *Mana*, *Prana* und *Wak*.

Zwei Tendenzen entstehen, wenn die *Bala* im *Prana* in Übereinstimmung mit dem *Mana* einem Wunsch folgt: eine introvertierte und eine extrovertierte. Die extrovertierte ist von Natur aus ruhelos. Sie nimmt nach und nach Bewegung auf, wird zum *Anna* (etwas verzehrbares) und heißt *Soma*. Gäbe es keinen *Soma*, würde sich jedes Ding unentwegt bis zu seiner Vernichtung ausweiten. Gäbe es keinen

---

[15] Die *Maya* ist eines der komplexesten Phänomene. In diesem Stadium begnügen wir uns damit, daß sie aus dem Unendlichen als die außerordentlichste Kraft austritt und das Wechselspiel endlicher Dinge ermöglicht, die wir als Universum wahrnehmen. Einige Gelehrte haben *Maya* als „Illusion" beschrieben. Dies hat zu einer philosophischen Schule geführt, die behauptet, daß die Welt eine Illusion und keine Wirklichkeit ist.

Agni, würde jedes Ding zusammenschrumpfen bis es letztendlich aufhört zu existieren. Faktisch aber sorgt der *Agni* dafür, daß die Ausweitung ein vernünftiges Ausmaß nicht überschreitet und die Schrumpfung ein vernünftiges Ausmaß nicht unterschreitet. So behalten alle Gegenstände im Universum ein Gleichgewicht zwischen Ausweitung und Schrumpfung.

Wir wissen schon, daß *Amrit* Unabänderlichkeit, Unsterblichkeit oder Unvergänglichkeit bedeutet und *Mrityu* bzw. *Martya* das Gegenteil – Änderung, Sterblichkeit oder Vergänglichkeit. Jede Schöpfung ist eine Mischung der beiden. Der *Prajapati* ist der Schöpfer und die *Praja* die Schöpfung. Der erste *Prajapati* besitzt beide Antriebe, sowohl *Amrit* als auch *Mrityu*, und so sollte es auch sein. Wären beide nicht vorhanden, würde es unmöglich sein, die Stärke von *Agni* und *Soma* bei der Schöpfung von Dingen zu regulieren. Wären *Amrit* und *Mrityu* nicht präsent und *Agni* und *Soma* nicht gleich stark, würde die Vielfalt, die wir in diesem Universum sehen, nicht möglich sein. Sie entsteht durch die Verschmelzung von *Agni* und *Soma* in unterschiedlichem Maß. Die Sehnsucht nach *Mrityu*[16] entsteht in *Prajapati* und sie wird von *Mana*, *Prana* und *Wak* erzeugt. Das *Mana* bestimmt welches der beiden Typen entsteht: der *Mrityu* vom *Soma*, genannt *Yama* oder der *Mrityu* vom *Agni*, genannt *Amiti* oder *Ashanaya*.

Verschiedene Teile werden zusammengefügt, um ein Ding bzw. ein Wesen zu erschaffen, wie etwa die verschiedenen Glieder um ein Individuum zu schaffen. Im Alltag sehen wir oft, wie mit Klebstoff Teile eines Gegenstandes zusammengefügt werden und wie sie auseinanderfallen, wenn der Klebstoff austrocknet. Verbindungen werden durch die Feuchtigkeit fest und beständig, aber fallen im Laufe der Zeit auseinander. *Yama* ist eine heiße Substanz wie *Wayu* (Luft) und hat die Eigenschaft der Trockenheit. Als Folge dieser Trockenheit lockern sich die Verbindungen bzw. Glieder eines Gegenstandes und zersetzen sich allmählich bis zu seiner Zerstörung.

Die zweite Kategorie von *Mrityu* – die *Amiti* bzw. die *Ashanaya* – ist wie ein heftiger Hunger, der jedes Körnchen in die Magengrube hineinzieht, und sie dort sammelt und versteckt. Sie werden dann durch eine raffinierte Metamorphose vernichtet. Die negative Kraft der *Ashanaya* ist so mächtig, daß sie sich nicht einmal selbst erhalten kann.

---

[16] Oft wird *Mrityu* als ‚der Tod' übersetzt. Während das in der Umgangssprache richtig ist, hat es eine spezifische und „wissenschaftliche" Bedeutung in der Terminologie der *Veden* – der ständig wechselnde Faktor in der Dialektik der Existenz. *Amrita* ist der konstante, nicht wechselnde Faktor.

Tief in sich selbst bewahrt sie aber den *Amrit Soma*. (All dies geschieht nach dem Wunsch des *Prajapatis* und folgerichtig entsteht der *Atma*). Da die *Ashanaya* im *Amrit* „eingewickelt" ist, erlischt sie nicht, sondern erscheint eher in Gestalt des *Arka*. Er stürzt sich von *Ashanayas* Hunger getrieben auf das *Anna* und verzehrt es. Wie erinnerlich ist das Anna ein Gegenstand, der verzehrt wird, während der *Annada* jenes ist, den das Anna verzehrt. In Gestalt von Anna erhält die *Ashanaya* den Namen *Apa*, was klebrig ist und Stücke zusammenhält.[17] Der *Apa* befördert alle Speisen innerhalb des Körpers und wirkt der Ausweitung vom *Agni* entgegen und treibt es nach innen.

Eigenschaften von *Agni*, *Soma*, *Yama* und *Apa*: Ähnlichkeiten und Verschiedenheiten

Der *Soma* und der *Agni* sind ähnlich was die Eigenschaft der Unvergänglichkeit (des *Amritatwa*) angeht. Der *Yama* und der *Apa* sind ähnlich was die Eigenschaft der Veränderlichkeit (des *Mrityutwa*) angeht. Der *Yama* und der *Agni* sind trocken (der *Rookshata*), der *Soma* und der *Apa* sind ölig und klebrig (der *Sneha*).

Der *Agni* und der *Yama* gehören zu jener erweiterten Gruppe supraphysikalischer Energien, die unter der allgemeinen Bezeichnung „*Agni*" umfaßt sind. Aber der *Agni* ist unvergänglich und der *Yama* ist veränderlich. Der *Soma* ist, wie schon erwähnt, die materielle Ursache des Universums. Der gesamte Raum ist mit ihm gefüllt, doch hat er weder Gestalt, noch Geruch, noch Geschmack. Dennoch sind alle Wesen, die Gestalt, Geruch oder Geschmack haben, aus ihm gemacht. Alle supraphysikalischen Energien (mit ihren Unterschieden), sind *Soma*, obwohl er auch die Bezeichnung eines spezifischen Wesens in der selben Gruppe ist. Der *Soma* und der *Apa* gehören der Gruppe von *Soma*, doch ist *Apa* unbeständig, während *Soma* unvergänglich ist.

Der *Agni* und der *Soma* interagieren im supraphysikalischen Universum unaufhörlich. Es gibt zwei Klassen des *Agni*, von denen die eine den *Soma* annimmt und umarmt und die andere ihn abstößt. Die erste Klasse vom *Agni*, die den *Soma* verzehrt, wird zum *Yajnya*. Die andere stellt sich gegen den *Soma*, versperrt bzw. kontrolliert die Abgabe vom *Soma*. Diese Klasse des *Agni* wird der *Yama* genannt.

Der *Agni* ist eigentlich ein „Element", aber auch ein Verbund. Wenn sich der ursprüngliche *Agni* und der ursprüngliche *Soma* verschmelzen, entsteht ein Verbund des *Agni*. Diese Kategorie vom *Agni* ist gefestigt

---

[17] Das Wort *Apa* wird allgemein mit „Wasser" übersetzt.

(im Gegensatz zu subtil) und hat eine physikalische Gestalt. Wenn *Agni* und *Soma* durch die Präsenz vom *Yama* getrennt werden, erlischt dieser physikalische *Agni*, weil er keine „Nahrung" als *Soma* erhält.

Wie der *Agni* hat auch der *Soma* zwei Klassifikationen. Einer, der im Zusammenwirken mit dem *Agni* verbrennt, wird ein wesentlicher Teil vom verbundenen *Agni*. Der andere *Soma* wird nicht vom *Agni* verbrannt, sondern verdampft aus der eigenen Schwäche heraus. Wenn er stark ist, verdrängt er den *Agni*. Diese Spielart wird *Apa* genannt. *Agni*, *Yama*, *Soma* und *Apa* sind daher vier *Tattwas* (elementare Eigenschaften), und alles, was wir um uns herum sehen, wird von diesen vier erzeugt. Wir können *Yama* in *Agni* und *Apa* in die Kategorie vom *Soma* einschließen. So gibt es diese zwei „Hauptelemente", den *Agni* und den *Soma*.

Rishis haben die Theorie unterbreitet, wonach dieses ganze Universum aus *Agni* und *Soma* zusammengesetzt ist.[18] Der *Loka* (Platz des Verweilen bzw. Standort) des *Yama* ist der *Vivaswana* (die Sonne) und jener des *Agni* ist die *Prithwi* (die Erde), vom *Soma* der *Chandrama* (der Mond) und vom *Apa* der weite *Akasha* (der Raum).

Der *Agni* blickt nach Osten, der *Yama* nach Süden, der *Soma* nach Norden und der *Apa* nach Westen. Diese vier *Tattwas* bewegen sich aus den vier Richtungen auf die Erde zu. Die Ansprache für *Devas* sollte gehalten werden zugewandt nach Osten und Norden, für *Pitaras* (Ahnen oder Vorfahren) zugewandt nach Süden; und wenn man Unangenehmes (*Asura*) erledigen muß, sollte man dies nach Westen zugewandt tun.

Zu erwähnen ist hier, daß sowohl der *Deva* wie auch der *Asura* supraphysikalische Energien sind. Alle Arbeit bzw. Tätigkeit ist das Resultat der Anwendung dieser beiden supraphysikalischen Kräfte, ganz gleich, ob die Tätigkeit nun gut oder schlecht, angenehm oder unangenehm ist. Bekanntlich fallen alle menschliche Tätigkeiten in eine dieser beiden Kategorien, so ist es nahegelegt, eine unangenehme bzw. widerwärtige Arbeit nach Westen blickend zu verrichten, weil die genannten vier *Tattwas* die *Devatas*, *Pitaras* und *Asuras* unterstützen. Von allen *Devatas* ist *Vasudevata* diejenige, die ein besonderes Verhältnis zum Agni unterhält; *Rudradevata* tut dies zu *Soma* und *Yama*; und *Adityadevata* zu *Yama* und *Apa*. Diese *Tattwas* haben

---

[18] *agnisomatmakam jagat* – Pandit Motilal Shastri, in *samvatsarmoola agnisom vidya*, der ersten von fünf Vorlesungen, die zwischen dem 14. Und dem 18. Dezember 1956 in New Delhi gehalten wurden.

weitere Unterteilungen und Verhältnisse. Diese werden in der *Vidya*[19] von *Devavad* ausführlich behandelt.

Das *Soma Tattwa* tendiert, sich in Richtung *Agni* zu bewegen, das *Yama Tattwa* in Richtung *Prana* und das *Apa Tattwa* in Richtung *Wak*. Das *Mana* veranlaßt den *Soma*, Masse und Größe in den Dingen zu schaffen, das *Prana* veranlaßt den *Agni* und den *Yama* Bewegung bzw. Tätigkeit zu schaffen. Vertrauend auf die *Wak* liefert der *Apa* die „Substanz", die ein Ding ausmacht. Wird dem Schlamm Wasser hinzugefügt, wird er dünner, je mehr Wasser, desto dünner. Dann beim Erhitzen dieser dünnen Masse verdampft das Wasser allmählich und die Masse verdichtet sich. Der *Soma* ist wäßrig und der *Agni* ist feurig; eine Masse wird dick oder dünn je nach dem Verhältnis von *Soma* und *Agni* darin. Diese beiden sind immer zusammen. Die schmierende Eigenschaft vom *Apa* bringt die Teilchen einer Substanz dazu an einander zu haften und die trocknende Eigenschaft vom *Yama* bringt die Bindungen dazu, sich zu lockern. Der *Yama* verringert die Kraft vom *Soma*, während der *Apa* die Stärke von *Agni* mindert.

Wir wissen bereits, daß alle *Prajas*, also alle Schöpfungen, sich in zwei grobe Kategorien aufteilen: *Devata* und *Bhoota*. Beides sind aus der Kombination der vier *Tattwas* erschaffen. Das Mischungsverhältnis dieser vier primären Elemente erschaffen verschiedene Arten von *Devata* und *Bhoota*. Die *Devata* wird geboren, während *Soma* im *Agni* verschmilzt bzw. verzehrt wird beim minimalen Vorhandensein des *Yamas* und des *Apas*. Der *Bhoota* dagegen wird geboren bei der Verschmelzung vom *Apa* mit dem *Yama* beim minimalen Vorhandensein des *Agnis* und des *Somas*.

Die *Tatteriya–* und *Aitereya Brahmana* Texte behaupten jedoch, daß sowohl die *Devata* wie auch der *Bhoota* aus dem *Apa* erzeugt werden. Diese Ansicht ist als die Theorie von *Ambhovad* bekannt. Danach wäre *Apa* das primäre Element, es also nicht vier gleich wichtige Elemente gäbe. In einer anderen Theorie werden die *Devatas* geboren, wenn der *Amrit Soma* in den *Amrit Agni* eintritt, und die *Bhootas*, wenn der *Agni* im *Soma* gebändigt wird. Trotz dieser subtilen Nuancen behaupten alle Seherwissenschaftler, daß in diesem gesamten Universum nichts anderes existiert als *Devatas* und *Bhootas*.

Soma, *Yama*, *Agni* und *Apa*, jeder für sich, sind in zwei Kategorien unterteilt: *Amrit* und *Martya*. Sind sie von der *Wak* durchdrungen, sind

---

[19] *Vidya* ist Wissen. Es nähert sich in diesem Zusammenhang dem Begriff „Wissenschaft". Es ist dennoch nicht ratsam, es als die „Wissenschaft vom *Deva*" zu übersetzen, weil der moderne Wissenschaftsbegriff andere Assoziation hervorbringt.

sie veränderlich (*Martya*). Sind sie durchdrungen von *Mana* und *Prana*, sind sie unvergänglich (*Amrit*). Die durch diese vier erzeugten Substanzen sind von zwei Typen: mit Form oder formlos. Jene, die eine Form haben, sind *Martya* und jene ohne Form sind *Amrit*. Die Substanzen mit Form sind in zwei Klassen unterteilt: die Form mit und ohne Konturen: Die Erde, das Wasser, das Feuer sind mit Konturen und sie sind veränderlich (*Martya*). Das *Akasha* (der Himmel) und der *Wayu* (die Luft) haben keine Konturen und sind unveränderlich (*Amrit*). Auch die Substanzen formloser Kategorie sind in zwei Klassen unterteilt: die erste umfaßt *Amrit Prana* (die unveränderlichen supraphysikalischen Energien) wie z. B. *Rishi, Pitara, Deva, Asura, Gandharva* und *Manushya*. Die supraphysikalische Energie *Vaishwanara*, die den menschlichen Körper erhält und andere ähnliche aus dem *Prana* erzeugte supraphysikalische Energien sind allerdings veränderlich (*Martya*), obwohl sie formlos sind.

Sieben *Rishis*: Kategorien von *Prana*

Wie schon gesagt, existiert *Prana* nie ohne *Wak*, und es verursacht alle beobachtbaren Veränderungen in *Wak*. *Prana* existiert überall. Es ist in sieben Kategorien aufgeteilt entsprechend dem Wunsch des *Manas* im *Prajapati*, des ursprünglichen Faktors, der durch seine drei „Komponenten" von *Mana*, *Prana* und *Wak* den gesamten Prozeß der Schöpfung verursacht hat. Diese Kategorien vom *Prana* werden *Rishi*[20] genannt. Ein *Rishi* in seinem ursprünglichen Zustand inspiriert, spornt an und motiviert die *Wak* als ihr treibender Agent. Er kann nicht ein Bestandteil der *Wak* sein und ist immer die regulierende Kraft der *Wak*. Der Begriff *Saptarishi* (sieben *Rishis*) weist auf seine sieben Klassifikationen hin. Auch wenn es hauptsächlich sieben Typen von *Rishi* gibt, entstehen noch zusätzliche Arten ob der veränderlichen Mengen von *Prana* und *Wak*. Die aus der Kombination verschiedener *Rishis* entstehenden Verbindungen von *Prana* werden *Pitara*[21] genannt. Auch davon gibt es verschiedene Arten, hauptsächlich von acht Typen.

Devatas und *Asuras* werden aus der Kombination verschiedener Typen von *Pitaras* geboren. Ein *Prana* mit Licht, das leuchtet und glänzt, ist *Devata*. *Asura* ist dagegen dunkel, kommt nie zum Licht.

---

[20] Dieses darf nicht verwechselt werden mit der Bedeutung von *Rishi* als ein „Weiser" oder als ein „Seherwissenschaftler".
[21] *Pitara* (auch in der Schreibweise ‚Pitra' vorkommend) wird als „Vorfahre" oder „Ahn" übersetzt. Es ist eine Kategorie, die die „Seherwissenschaftler" uns für die Bändigung von supraphysikalischer Energien aufgezeigt haben. Ihre Beziehung zu Ahnen ist nur ein Aspekt dieser Energien.

Obwohl der Unterschied zwischen dem *Deva* (gleich wie *Devata*) und dem *Asura* jener zwischen Dunkelheit und Licht ist, gehören die beiden zur gleichen Art, weil sie beide aus *Pitara* entspringen. Der Standort der *Devatas* ist Gold, der *Pitaras* Silber und der *Asuras* Eisen.

Diese drei Metalle symbolisieren drei Substanztypen: leuchtend bzw. sich selbst beleuchtend, im Lichte einer Lichtquelle glänzend und nicht leuchtend. Alle Substanzen fallen in eine dieser drei Kategorien. Die *Pranas* von *Devata*, *Pitara* oder *Asura* verweilen in den drei dazugehörenden Örtlichkeiten Gold, Silber und Eisen. Die *Rishi Pranas* verweilen jedoch in allen drei und haben keinen spezifischen Standort.

Es gibt eine Klasse vom *Prana*, das an den menschlichen Körper gebunden ist und *Manushya Prana* heißt. Es ist verbunden mit dem menschlichen Verstand, unter Einschluß der Sinnesorgane. Der „Verstand" heißt in Sanskrit das *Mana*, und *Manushya* „Menschen". Wahrend wir träumen hält sich das *Prana* außerhalb unseres Körpers auf. Nach dem Tod erscheint es in einer anderen Form und bewegt sich im Raum oberhalb der Erde und unterhalb des Mondes bis seine Lebensspanne erschöpft ist. Diese *Pranas* im Raum, eine gesonderte „Art", genannt *Gandharva*, sind besondere supraphysikalische Energien. Kurz, die erste Schöpfungsreihe vom *Prajapati* umfaßt also *Rishi*, *Pitara*, *Devasura*, *Manushya* und *Gandharva*.

Zwei Typen von *Devatas* klassifiziert nach *Agni* und *Soma* wurden erwähnt. Diese sind weiter unterteilt in *Amrit* und *Mrityu*. Der *Amrit Agni* wird Shiva und der *Mrityu Agni* (auch *Yama Agni* genannt) *Ghora* genannt Es gibt drei Arten vom *Shiva Agni*: *Agni*, *Wayu* und *Soorya*, jeder von ihnen bewacht einen bestimmten *Loka* (eine Region). Der *Shiva Agni* eines jeden *Loka* (Region) hat jeweils seinen besonderen Namen.

Der *Agni* der Erde hat acht Varianten, *Vasu* genannt. Der *Wayu*, die Region zwischen der Erde und der Sonne (das *Antariksha*), hat elf Varianten, genannt *Rudra*. Die *Soorya Loka* schließt die Sonne mit ein, und dehnt sich über sie hinaus aus (der *Dyau*) und hat zwölf Varianten, genannt *Aditya*. Darüber hinaus gibt es zwei *Devatas* genannt *Ashwani Kumar*. Insgesamt gibt es also 33 *Devatas*, Varianten von *Shiva Agni*, eine Erscheinung von *Amrit*.[22]

---

[22] Nicht vertraut sein mit der supraphysikalischen Wirklichkeit hat mehrere Kommentatoren dazu gebracht, zu verkünden, daß die Inder an 330 Millionen Götter glauben. Das ist eine lächerlich falsche Übersetzung von „33 Koti Devatas". „Koti" bedeutet 10 Millionen, aber auch „Klassifizierung" bzw. „Kategorie".

Von der Erde aus gesehen, bekommen diese *Agnis* andere Namen. Der *Agni* der Erde heißt *Garhpatya*, der aus der Sonnenregion kommende *Deva Agni* heißt *Ahavaniya*, der *Agni* vom *Antariksha* (der Zwischenregion) und der auf der Erde in acht Formen verweilt, heißt *Dhishyagni*. Die Gesamtheit dieser *Agnis* wird *Virat* genannt. Wenn der *Agni* der Erde, der *Wayu* des Weltraums und die Sonne des *Dyau* zusammenkommen bzw. gegeneinander stoßen, entsteht ein neuer *Agni*, bekannt als *Vaishwanara*. Er durchdringt alle Regionen und weilt in unserem Körper in vier Formen.

Es gibt ebenfalls vier Typen von *Ghor Agni*: *Pawaka, Pawamana, Shuchi* und *Niti*. Den *Pawaka Agni* findet man im *Wayu* (die Luft), den *Pawaman Agni* im *Jala* (das Wasser), den *Shuchi Agni* im *Teja* (die Sonne), und Niti bzw. *Nairitiagni* in der *Prithwi* (die Erde).

Es gibt zwei Arten vom *Soma Amrit*: das eine mit Masse bzw. Fülle und das andere ohne. Das erste findet man im Mond und das zweite in verschiedenen Richtungen – Nord, Süd, Ost, West usw. Der *Soma*, der *Mrityu* ist, wird *Apa* genannt, und der *Amrit Agni* verweilt darin. Wenn der *Soma* und der *Amrit Agni* vollständig zusammenschmelzen, wird *Apa* in Erde verwandelt. Die *Prithwi* (die Erde) setzt sich also aus einer Kombination von *Agni* und *Apa* zusammen.

Die Schöpfung im physikalischen Bereich hat einen Körper, während jene im supraphysikalischen Bereich als deren *Atma* im Körper weilt. Dieser *Atma*, eine integrierte Gesamtheit von *Mana*, *Prana* und *Wak*, übt die vollständige Kontrolle über den Körper aus. Es gibt in beiden Bereichen, im supraphysikalischen (*Devata*) und im physikalischen bzw. materiellen (*Bhoota*), jeweils sieben Klassen wie die sieben Stockwerke eines Baus (*Vyahritis*). Diese sind auch als die „sieben *Lokas*" bekannt: erstens *Bhooha*, zweitens *Bhuvah*, drittens *Swah*, viertens *Mahah*, fünftens *Tapah*, sechstens *Janah* und siebtens *Satyam*.

Es gibt sieben Klassifikationen von Devatas: erstens *Manushya*, zweitens *Gandharva*, drittens *Devasura*, viertens *Pitara*, fünftens *Rishi*, sechstens *Prana* und siebtens *Mana*.

Ähnlich haben *Bhootas* sieben Ausformungen. Diese sind: erstens *Prithwi* (Erde), zweitens *Jala* (Wasser), drittens *Teja* (Sonne), viertens *Wayu* (Luft), fünftens *Akasha* (Raum), sechstens *Prana* und siebtens *Mana*.

Also ist der Körper eine aus allen sieben *Bhootas* (physikalische Wesen) zusammengesetzte Masse. Der *Atma*, der den Körper reguliert, setzt sich zusammen aus den sieben *Devatas* (supraphysikalische Wesen).

(Einige Seherwissenschaftler meinen, daß *Agni*, *Wayu*, *Teja*, *Chandrama* [der Mond], *Dik* [die Richtungen Nord, Süd, Ost, West usw.], *Prana* und *Mana* die sieben Klassifizierungen der *Devatas* sind).

Verlangen, Bestreben und Mühe
Devata wie *Bhoota* werden aus dem *Atma* erzeugt. Der *Prajapati* ist der *Atma*, ein Aggregat aus *Mana*, *Prana* und *Wak*. Bevor überhaupt etwas erzeugt bzw. erschaffen wird, finden unausweichlich drei Vorgänge statt. Diese sind *Ichha* (Verlangen, dringender Wunsch oder Impuls), *Tapa* (intensives mentales oder intellektuelles Bestreben bzw. Anstrengung) und *Shrama* (physische Anstrengung bzw. Mühe).

Der Schöpfungsvorgang ist eine Tätigkeit, und die Tätigkeit ist eine Eigenschaft vom *Prana*. Wir wissen schon, daß es in *Mana* und *Wak* keine spontane Tätigkeit gibt. Jede Unruhe im *Mana* wird vom *Prana* und von der *Wak* als solche wahrgenommen, weil sie immer zusammen sind. Eine solche Unruhe im *Mana* ist *Ichha*, ein Verlangen, dringender Wunsch, Impuls. Die Unruhe vom *Prana* heißt *Tapa*. Ein Bestreben bzw. eine Störung in der *Wak* heißt *Shrama* (Mühe).

Jede Mühe des physikalischen Körpers heißt *Shrama*. Die physikalische Mühe aber folgt dem Bestreben *Pranas* innerhalb des Körpers. Dieses Bestreben folgt dem Verlangen, und das Verlangen dem Wissen bzw. Bewußtsein über ein Objekt. Wenn also dem *Mana* (Verstand) etwas bewußt wird, lösen seine angeborenen Neigungen (*Rajovritti*) einen Impuls aus, erzeugen einen dringenden Wunsch und spornen ein Verlangen nach jenem Gegenstand an. Verlangen bzw. Impulse können positiv oder negativ sein, und umfassen sowohl die Zuneigung als auch die Abscheu gegenüber einem Gegenstand. Dem Verlangen folgt eine Unruhe im Verstand und löst die Kette von Aktivitäten bzw. Vorgänge von Verlangen, Bestreben und Mühe aus. So sagen Gelehrte:

jnanjanya bhavedichha, ichhajanya kritibhavet

kritjanyam bhavet karma, tato vishaya sidhhayah

(Aus Kenntnis entsteht Verlangen, aus Verlangen das Bestreben und aus Bestreben Aktionen. Aktionen führen zu materiellen Zielen.)[23]

---

[23] Pandit Madhu Sudan Ojha, *Brahma Vijnana*, S. 160.

Paramanu: Die Kleinste Einheit

Das Verlangen stückelt das *Prana* in kleine und große Teile, die je nach ihrer Größe ein entsprechendes Maß an *Wak* enthalten. Jedes Teil sichert sich seine Menge an *Wak*. Der *Jeeva* entsteht mit der *Wak* innen wie außen. Wenn die *Wak* das *Prana* in ihrem Schoß hat, teilt sich die *Wak* in kleine Portionen. Und wenn das *Prana* die *Wak* in seinem Schoß hat, verstreut es sich in kleine Teile, die *Paramanu* heißen. „Kern" ist der Begriff In der modernen Wissenschaft, der dem *Paramanu* am nächsten kommt.

Im physikalischen Universum, das ein Gegenstand der „modernen" Wissenschaft ist, wurde früher angenommen, das Atom sei die kleinste Einheit der Materie. (Das Wort „Atom" ist aus einem griechischen Wort abgeleitet, das „unteilbar" bedeutet). Diese Theorie wurde jedoch revidiert und die modernen Wissenschaftler akzeptieren jetzt im allgemeinen die Hypothese, daß die Materie aus Teilen besteht, die kleiner als das Atom sind. Die Teilchentheorie der Materie[24] wirft beachtliches Licht hierauf.

Die Auffassung von *Paramanu* als das kleinste aller Teilchen, wird in den *Veden* und in deren Hilfstexten erstaunlich detailliert diskutiert. Die *Paramanus* sind in verschiedenen Kategorien klassifiziert. Ein *Paramanu* von *Wayu* (die Luft) entsteht beispielsweise durch die Verschmelzung von zwei *Prana Paramanus* von *Yama* und Agni, um eine Verbindung zu erzeugen. Eine Verbindung von *Agni* und *Soma* erzeugt ein *Paramanu* von Wasser. Ein *Paramanu* von Lehm wird aus einer Verbindung von *Agni*, *Yama* und *Soma* erschaffen. Verbindungen von *Agni*, *Yama*, *Soma* und *Apa* lassen in verschiedenen Stufen eine enorme Vielfalt entstehen.

Das *Prana* hat zwei Eigenschaften. Es kann verschiedene *Paramanus* an einander knüpfen und sie zu einem assimilieren. Es kann auch mehrere *Paramanus* zusammenhalten. Diese zwei Eigen-

---

[24] Eine starke Kraft bindet die Teilchen aneinander: Protonen und Neutronen werden mittelbar vereint zu einem Kern, in dem die Quarks innerhalb von Protonen und Neutronen gebunden werden. Kerne können aber auseinander brechen oder natürlich zerfallen in einem Prozeß, der als Radioaktivität bekannt ist. Ein Typ von Radioaktivität, in dem ein Kern ein Elektron ausscheidet, wird Beta–Zerfall genannt. Dieses war seit den späten 1890-ern bekannt. Aber erst nach der Entdeckung des Neutrons in 1932 konnten die Physiker beginnen, den radioaktiven Prozeß richtig zu verstehen.
Die elementarste Grundform von Beta–Zerfall wandelt ein Neutron in ein Proton um, bei gleichzeitiger Emission eines Elektrons, um das Gleichgewicht der elektrischen Ladung zu erhalten. Darüber hinaus, wie Pauli 1930 erkannte, scheidet das Neutron ein neutrales Teilchen aus, das sich an der durch den Zerfall freigesetzten Energie beteiligt. Dieses neutrale Teilchen hat wenig oder gar keine Masse und heißt Neutrino.

schaften ermöglichen eine charakteristische Vielfalt von Verbindungen des *Prana*. Zwei oder mehr *Paramanus* werden in einem *Prana* zusammengeknüpft und in gleicher Weise gehalten wie Wasser in einer Tasse, oder Zucker in Wasser (Sirup in jener Tasse bildend).

Ein *Paramanu* zieht aus eigenem Antrieb keinen anderen *Paramanu* an. Sie sind eigenständig und in sich selbst vollendet. Trotzdem bleiben *Paramanus* mit dem selben *Prana* auf acht verschiedene Weisen aneinander gebunden und führen jeweils zu einer spezifischen Art von Verbindung, wobei jede Art ein unterschiedliches Arrangement von *Paramanus* widerspiegelt, wie die folgende Zeichnung zeigt.

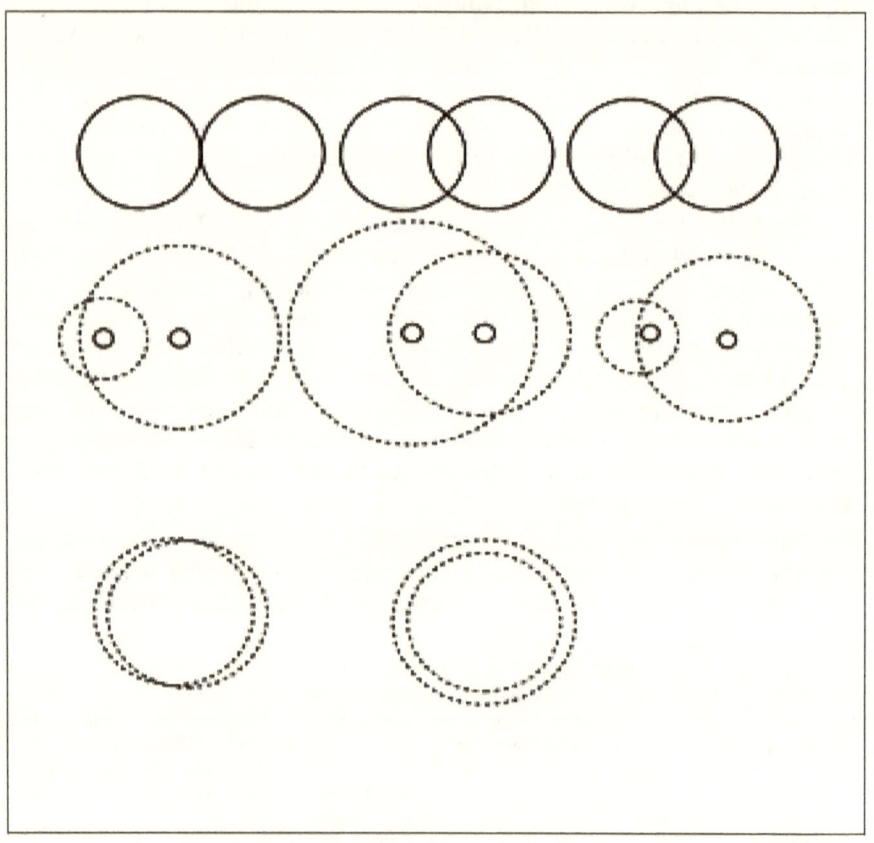

Die obige Zeichnung zeigt die acht Arten von Vereinigung zweier *Paramanus* als Folge der spezifischen Charakteristika ihres *Pranas*.

Jajnya: Deutung und Bedeutung

1. Zwei *Paramanus* bleiben getrennt.
2. Zwei *Paramanus* sind Rücken an Rücken zusammen, oder ein *Prana* befindet sich im Bauch des anderen.
3. Zwei *Pranas* stehen hinter einem *Paramanu*.
4. Ein *Prana* steht hinter einem Paramanu.
5. Zwei *Paramanus* von *Prana* befinden sich im Bauch eines zweiten *Prana*.
6. Ein *Paramanu* befindet sich im Bauch von einem zweiten *Prana*.
7. Zwei *Paramanus* sind Rücken an Rücken verbunden.
8. Zwei *Paramanus* sind Mittelpunkt an Mittelpunkt mit einander verbunden.

***Paramanus*: Acht Arten der Vereinigung**

Die kleinen Abgrenzungen in der *Wak*, die das *Prana* am Beginn macht, durchdringen das ganze Universum. Diese werden *Akasha* (Raum) genannt und sind mit Laut gefüllt. Die Seherwissenschaftler fanden heraus, daß der Schöpfungsprozeß schon von jeher dem gleichen Muster folgt: das Universum ist in der Form von *Akasha* und bleibt so für eine sehr lange Zeit, fast eine Ewigkeit. Ein Teil jener anfänglichen *Wak* durchdringt dann *Akasha*, oder ein kleiner Teil davon beginnt infolge der Anwesenheit vom *Soma* „fest" zu werden, sich zu „setzen" oder zu „kristallisieren". Schließlich füllt eine kristallisierte Substanz den *Akasha*, und diese Substanz heißt *Wayu* (Luft).

Eine Zeit lang bleibt das Universum in Gestalt von *Wayu*. Im Laufe der Zeit gibt es jedoch im *Wayu* Bewegung und daraus innere Reibung, so daß ein Teil vom *Wayu* in *Teja* (Wärme) verwandelt wird.

Das Universum bleibt dann für eine Weile als *Teja*, bis es intensiver wird und in ihm ein furchtbarer Einschlag stattfindet. Dieser macht das *Teja* starr und der starre Zustand im *Teja* heißt *Apa*. Dann bleibt das Universum eine Weile im Zustand vom *Apa*, bis es nach und nach durch eine Mischung aus *Wayu* und *Teja* (Luft und Wärme) in diesem *Apa* die *Prithwi* (Erde) entsteht. Sie ist noch nicht in der Gestalt, in der wir sie heute beobachten. In dieser Phase durchdringt die *Prithwi* das ganze *Akasha* in Gestalt von *Paramanus* (Kernen).

Im Verlauf der Zeit sammelt der *Wayu* diese *Paramanus* zusammen und gibt ihnen eine Struktur, die wir die *Prithwi* (Erde) nennen. Eine ähnliche Zusammenlegung von *Paramanus* von Teja bildet den Globus der Sonne. Aus diesen *Paramanus* entstehen verschiedene „Substanzen", wie *Mana, Prana, Shabda, Wayu, Teja, Jala, Prithwi* usw. So entwickelt sich die zweite Schöpfungsreihe aus der ersten.

In den *vedischen* Texten sind Tausende von einstigen Flüssen auf dieser Erde erwähnt. Die meisten von ihnen sind verschwunden. Von den Gebliebenen sind jene, die einst sehr tief waren, seicht geworden. Selbst in einem weiten und tiefen Fluß sind kleine Inseln oder angehobene Landmassen emporgestiegen. Der Umwandlungsvorgang von Wasser in Ton bzw. Erde hat diese Formationen hervorgebracht und die Gesamtmenge an Wasser verringert. Je weiter die zweite Schöpfungsreihe fortschreitet, verschwinden die Formen der ersten Schöpfungsreihe, so daß das physikalische und materielle Universum, das wir heute beobachten, die Folge eben dieses Prozesses ist. Weitere Schöpfung mag vorkommen, bzw. diese Schöpfung mag stufenweise verschwinden. Es ist unmöglich, dieses mit Gewißheit zu behaupten.

Im Verlauf der Schöpfung der fünf *Mahabhootas* (grundlegender Faktoren) kommt die Phase, in der das *Mana* in Gestalt der Erde zu kristallisieren beginnt. An diesem Punkt findet es keine Möglichkeit für weitere Verdichtung. Vielleicht ist dies der Augenblick, in dem es unruhig wird und umkehrt, als schaltete es in den Rückwärtsgang, in der Suche nach Raum für Ausweitung. So beginnt das Leben hervorzutreten, aus einer Zeit, in der es nur physikalische Körper bzw. materielle Dinge gibt. Das ist noch eine andere Erscheinungsform vom *Mana*. Zunächst gibt es wenig Leben, dann entwickeln sich Verstand, Intellekt und *Atma*. Während sich *Mana* entwickelt, steigt in verschiedenen Wesen das Niveau des Intellekts und die Präsenz vom *Atma* nimmt zu, was erklärt, warum wir in menschlichen Wesen mehr Bewußtsein und Wissen vorfinden als in Insekten, Tieren, Vögeln usw.

Diese Eigenschaft vom *Mana* treibt menschliche Wesen in ein Bemühen um Emanzipation durch den Erwerb von Wissen und durch intensive Bemühungen verschiedener Art (*Tapa*). Ihre Anstrengungen und Mühen könnten in eine Zunahme des Anteils an Bewußtsein im Vergleich zum physikalischen Anteil münden. Nach und nach verringert sich die Abhängigkeit der Menschen vom Physikalischen und sie werden so vollständig vom Bewußtsein durchdrungen, daß sie emanzipiert sind. Im Verlauf des Emanzipationsprozesses verwandelt sich das *Teja* in *Wayu* und der *Wayu* in *Akasha*. Letztendlich verbleibt der *Atma* nur in Gestalt von *Prana* und *Mana*. So findet der menschliche Verstand einen Weg, sich von der Gegenschöpfung zu befreien, die als Gegensatz zur Schöpfung stattfindet.

Zusammengefaßt kann diese unsere Schöpfung in drei Phasen aufgeteilt werden:
1. Die physikalische Schöpfung, vom *Mana* zur *Prithwi*.
2. Die Schöpfung der Sonne, des Mondes, der Erde usw. aus den fünf *Mahabhootas* (grundlegende Faktoren).
3. Die Schöpfung von Mineralien, Pflanzen und lebenden Organismen – zu menschlichen Wesen führend – auf diesen Welten.

Das *Mana* entwickelt sich allmählich fort. Mit der Zunahme lebender Organismen wird ein Stadium erreicht, in dem eine Person, gestützt auf *Jnana* (Bewußtsein), die materiellen, physikalischen und supraphysikalischen Bestandteile des *Atmas* im *Mana* überwindet und zur Emanzipation gelangt.

Die Verwandlung einer unteilbaren, unbegrenzten, absolut regungslosen und ruhigen Einheit in diese faszinierende Vielseitigkeit, Pluralität und unzählige Vielfalt, in der aber jedes Wesen weiterhin mit der Quelle verbunden bleibt, ist ein faszinierender Prozeß. Wie aus diesem Einen das Viele wird, und wie jene weit ausgedehnte Vielfältigkeit letztendlich in der unteilbaren Einheit versinkt, ist der Gegenstand von *Jnana* und *Vijnana*. Die Seherwissenschaftler (Rishis) haben uns einen umfassenden Wissensbestand und zahlreiche Wissenschaftszweige vermacht, in denen die ganzheitliche Wirklichkeit das Fundament ist, auf dem jedes Gebäude errichtet ist. Sie haben auch Wege aufgezeigt, wie man diesen Prozeß „erfahren" kann. Die „moderne" Wissenschaft will mit Instrumenten des menschlichen Körpers die Wirklichkeit überprüfen. Die Seherwissenschaftler haben uns die Methode aufgezeigt, die Wirklichkeit zu erfahren durch die Steigerung des Potentials der körperlichen Werkzeuge und durch die Verwendung feinerer Fähigkeiten, die eine Person in die Lage versetzen, das supraphysikalische Universum zu „betreten" und zu erfahren.

KAPITEL SECHS – Wer ist das „Ich"?

om poornamadah poornamidam
poornat poorna mudhachyate
poornasya poornamadaya
poornam mewawashishyate

Jenes ist das Ganze,
Dieses ist das Ganze,
Jenes ist unendlich,
Dieses ist unendlich.
Wenn das Unendliche der Unendlichkeit entnommen wird,
Ist das Gebliebene auch unendlich.

So beginnt der ISHA UPANISHAD

indriyani paranya ahur
inriyebhya param manah
manasastu para buddhir
yo buddheh paratastu sah

Die Sinne sind größer als das Fleisch,
Größer als die Sinne ist der Verstand,
Größer als der Verstand ist der Intellekt
Größer als der Intellekt ist er (Ich).

BHAGAVAD GEETA 3:42

Wer ist das „Ich"?

UNS ALLEN MAG ES SCHWERFALLEN, EINE NEUE IDEE ZU begreifen, aber keinem fällt es schwerer als den Spezialisten und den Experten. Sie hängen an den alten Ideen und ziehen Nutzen daraus. Werden sie mit einer neuen Idee konfrontiert, neigen sie dazu, diese herabzusetzen, anzuschwärzen, zu belächeln oder zu verwerfen. Dies war das Schicksal aller neuen Ideen, und gelegentlich haben sie für ihre „Unverfrorenheit" teuer draufzahlen müssen.

Aber der menschliche Drang nach Fragen ist nicht unterzukriegen und manchmal scheitert eine Verschwörung des Schweigens (oder die Versuche, eine Idee durch Geringschätzung und Spott zu töten). Es kommt vor, daß eine neue Idee einige wenige sensible, aufrichtige Intellektuelle berührt und so ein günstiges Umfeld findet und floriert. Wenn sich der Glanz ihrer Wahrheit ausweitet, beginnen die Wolken des Zweifels zu schwinden. Sie faßt Fuß und behauptet sich letztlich.

Ein weiteres Hindernis besteht in der Beschränkung der Instrumente unseres Verstandes, neue Ideen zu verstehen. Der menschliche Verstand ist geprägt von Erfahrungen der Vergangenheit, und die Sprache ist ein Vehikel, diese Erfahrungen aufzuzeichnen, wiederzufinden und mitzuteilen. Hier tut die Technologie einiges, um die Grundfähigkeiten der Menschen zu steigern.

Die Seherwissenschaftler der *Veden* „sahen" die großen Wahrheiten und wollten sie für das Wohl der Menschheit überliefern. Sie hielten die Schärfung der Instrumente des Verstandes für notwendig. Waren die Ideen zu subtil, um in Worte gefaßt mitgeteilt zu werden, zeigten sie dem Suchenden den Pfad der unmittelbaren Erfahrung auf und wiesen die Richtung des Blicks, um jene Realität zu erfahren.

Moderne Wissenschafter wissen, daß im Verlauf der Erforschung die Instrumente der Beobachtung nicht mehr reichen. Sie helfen uns nicht, mehr Phänomene zu erkennen oder zu sehen. Diese werden dann in mathematischen Formeln ausgedrückt. Wissenschaftler, denen diese Sprache geläufig ist, verstehen leicht die von diesen Formeln dargestellte Realität. Die Seherwissenschaftler der *Veden* identifizierten die Instrumente der Beobachtung und Erforschung. Sie bewerteten ihre Stärken, Schwächen, ihr Potential. Sie entwickelten Methoden, um die Reichweite dieser Instrumente zu schärfen und ihr ungenutztes Potential zu erschließen.

Die *Veden* verstehen lernen heißt, eine Reise zu unternehmen, ausgehend vom Universum als Ganzes hin zu seinen extrem verfeinerten Regionen. Es ist ein steiler Anstieg von dem mit unseren Augen und anderen Sinnesorganen gewonnen Wissen zu jenem, das hinter bzw. jenseits dieser Organe liegt. Diese Vorgehensweise ähnelt der wie wir den Menschen begreifen. Unter allen Spezies kann allein der Mensch auf Grund dieser Fähigkeit den Vorgang der Entstehung des Universums verstehen und jene Kräfte erfahren, welche die Schöpfung bewirkt haben. Ein ernster Forscher beginnt die Erforschung der Natur des Universums mit der Frage: „Wer bin ich?" Eine Untersuchung der Frage, wer ist das „Ich", ist der Ausgangspunkt. Versuchen wir, diese Frage zu verstehen.

Wer bin „Ich"?

Alles beginnt mit der Berührung vom „Ich" mit all den anderen im Universum. Am Anfang ist mein Körper meine Visitenkarte im Universum. Andere schauen meinen Körper an und kommen zum Schluß, daß ich Rishi oder Robert oder Mary oder Mohammed sei, oder was auch immer mein Name sein mag. Diese Schlußfolgerung ist aber offensichtlich oberflächlich, weil mir neben dem Körper ein weiterer Bestandteil die Empfindung von Freude und Trauer ermöglicht. Dieser ist jener Teil von mir selbst, der fortwährend zu Gegenständen eilt, zu dem Gedanken kommen und gehen und der ständig ein Ding nach dem anderen begehrt. Dieser Teil von mir ist mein Verstand, ein wichtiger Teil meiner Ausrüstung. In ewiger Unrast jagt mein Verstand dem einen Ding nach dem anderen nach. Meist ist er nie ruhig und still. Andere lernen mich besser kennen, wenn sie meinen, die Arbeitsweise meines Verstandes zu kennen. Sie lernen mich dann auf einer Ebene kennen, die tiefer liegt als mein Körper, mit dem sie mich zuerst identifiziert hatten.

Bei einem tieferen Blick in mich hinein entdecke ich einen anderen Teil von mir, der mir verhilft, meinen Verstand zu kontrollieren, meinen Intellekt. Seine wichtigste Funktion ist zu unterscheiden. Wenn mein Verstand etwas begehrt, sagt mir mein Intellekt, ob es richtig ist, diesem Begehren nachzugehen oder nicht. Ich komme in eine Bank und sehe ein Bündel Geldscheine auf dem Tisch liegen. Mein Intellekt sagt mir, ob ich ihn mir aneignen soll oder nicht. Ich stehe auf dem Gipfel eines Berges und bin so verzaubert von der Schönheit des Flusses der darunter fließt, daß ich in die Luft fliegen und in den Fluß runterspringen möchte. Es ist mein Intellekt, der mir sagt, daß ich mich dabei verletzen würde. Ich sehe einen schönen Gegenstand und verspüre den starken Wunsch ihn zu besitzen. Mein Intellekt sagt mir, ob ich versuchen sollte, mir den fremden Gegenstand anzueignen, oder nicht. So prüft mein Intellekt immerzu Situationen und führt meinen Verstand. Oft ignoriere

Wer ist das „Ich"?

ich oder widersetze ich mich der vom Intellekt gegebenen Empfehlung. Das meinem Verstand entsprungene Verlangen wie auch Gedanken überwältigen mich und ich füge mich ihrem Diktat.

Die andere vorherrschende Eigenschaft des Intellekts besteht in dem Auseinandersetzen mit Problemen, um Lösungen zu finden. Der Intellekt stellt Fragen und versucht Antworten zu finden. Er spornt Menschen zu Leistungen an.

In den vorangegangenen Sätzen sind Redewendungen wie „mein Körper", „mein Verstand" und „mein Intellekt" vorgekommen. Wer ist dieses „Ich", dem dieser Körper, Verstand und Intellekt gehören? Setzen wir die Untersuchung auf dieser Linie fort, bewegen wir uns von den gröberen Aspekten des Universums hin zu seinen feineren Regionen.

Die Antwort auf diese Frage sagt uns auch wie sich der Mensch von den anderen Arten unterscheidet. An sich haben alle fühlenden und trägen Wesen im Universum einige gemeinsame Merkmale. Wie Menschen besitzen auch Tische, Stühle, Pflanzen, Flüsse, Bäume, Blumen, Hunde und Esel einen Körper. Wir sprechen oft – sehr zutreffend – vom „Körper" eines Autos oder Flugzeugs. Wie Menschen sind auch Tiere mal glücklich und mal traurig. Ein Haushund hat gelegentlich Tränen in seinen Augen, ist voller Glück und macht Freudensprünge. Oder er ist wütend und bellt. So können wir erkennen, daß auch Tiere ausgerüstet sind, Freude und Leid zu empfinden, Gegenständen nachzurennen und Wünsche zu haben.

Körper, Verstand und Intellekt

Es liegen genug Beweise vor, daß auch Tiere Intelligenz besitzen, auch wenn das Niveau ihrer Intelligenz vergleichsweise niedrig sein mag. Aber mit geeignetem Training kann ihre Intelligenz zu einem erstaunlichen Maß gesteigert werden. Also können Menschen Körper–Verstand–Intellekt nicht ausschließlich für sich beanspruchen.

Aber etwas anderes als die Ausstattung mit Körper–Verstand–Intellekt unterscheidet die Menschen von anderen Arten. Die Identität dieses anderen Faktors ist wesentlich, um sich selbst zu kennen. Wer bin „Ich"? Die Seher stellen diese Frage und geben uns die Antwort. Vielleicht sollten wir besser sagen, daß sie uns die Richtung weisen, in die wir gehen sollten, um die Antwort für uns selbst zu finden. Denn letzten Endes muß jeder für sich die Antwort auf diese grundsätzliche Frage finden.

Vor dem Beginn und nach dem Ende

Während ich wach bin, sehe ich das Universum um mich. Ich stehe auf, mache mich fertig, esse und trinke, tausche mich mit anderen aus, gehe zur Arbeit, komme zurück nach Hause, genieße eine Fernsehsendung. Und dann gehe ich zu Bett. Während ich schlafe, nehme ich nicht wahr, was um mich herum geschieht. Ich sehe das Universum nicht. Aber in meinem Schlaf träume ich, und in meinem Traum unternehme ich Reisen. Ich rede mit Leuten, sie streiten mit mir, ich zahle es ihnen heim. Der Streit gerät außer sich. Plötzlich mischt sich ein Freund ein, um uns zu trennen, und als er uns zurückdrängt wache ich auf. Wer war dieses „Ich", das geredet hat, gereist ist und sich gestritten hat, während „Ich" schlief? Ist der Träumende ein anderer als der Wache? Während diese Frage mich beschäftigt, falle ich erschöpft in den Schlaf zurück. Es regnet und stürmt stark, aber ich nehme es und alle andere Geschehen auf der Welt überhaupt nicht wahr. Die Sonne geht auf und die ganze Welt begeht einen neuen Tag. Mein Sohn geht in die Schule und meine Tochter begibt sich zu ihrem Musikunterricht. Ich nehme diese Ereignisse überhaupt nicht wahr. Meine Frau weckt mich, bevor sie zur Arbeit das Haus verläßt. Ich öffne jäh meine Augen und sage: „Oh, ich habe so fest geschlafen." Wer ist dieses „Ich", das fest geschlafen hat und nichts auf der Welt um mich herum wahrgenommen hat?

Das sind nicht nur metaphysische Fragen. Der Versuch, mich selbst zu entdecken, ist auch der Prozeß, das Universum zu entdecken. Die *Veden* stellen diese bedeutsamen Fragen und führen uns zur Entdeckung der Antworten.

Die Beschränkungen der Ausrüstung

Wir müssen die Möglichkeiten und Grenzen unserer Ausrüstung kennen, mit der wir die Antworten suchen. Bislang haben wir das Zusammenwirken von Körper–Verstand–Intellekt besprochen. Der menschliche Körper funktioniert durch Organe, die in zwei Gruppen teilbar sind: die Tätigkeitsorgane, einschließlich Kehlkopf, Hand, Fuß, After und Genitale und zweitens die fünf Sinnesorgane, das Auge, das Ohr, die Nase, die Zunge und die Haut. Mit den Organen der ersten Gruppe verrichten wir unsere „Tätigkeiten" wie essen, trinken, bewegen uns, stellen physischen Kontakt mit Dingen her, vermehren uns, scheiden aus usw. Die Organe der zweiten Gruppe ermöglichen uns das Sehen, Hören, Riechen, Schmecken und Berühren.

Diese beide Organgruppen sind die Ausrüstung des Körpers und stellen seine Möglichkeiten und seine Beschränkungen dar. Der

Wer ist das „Ich"?

Verstand und der Intellekt steigern zwar die Reichweite dieser Werkzeuge, aber sie liefern uns doch keine Antwort auf die Frage: wer ist das „Ich"? Wer ist dieses „Ich", welches das Universum betrachtet, wenn ich wach bin? Welches „Ich" ist es, das träumt? Wer ist es, der so fest schläft, daß er nicht wahrnimmt, was auf der Welt vorgeht? Es hat den Anschein, daß „Ich" mich in einer anderen Welt befinde, während „Ich" wach bin als jenes „Ich" während des Schlafes. Die *Veden* untersuchen, ob es nur eine Welt gibt, die ich in meinem wachen Zustand sehe, oder mehr als eine Welt.

Diesem „Ich" geben wir einen Namen: das Bewußtsein. Die *Veden* nennen es *Atma*. In der *vedischen* Literatur über Philosophie und in den *Upanishaden*, in denen die Natur von *Atma* erforscht wird, wird dieses „Ich" als „das Selbst" bezeichnet. Auf diese faszinierende Untersuchung kommen wir im Verlauf unserer Reise noch zurück.

Jenseits von Körper, Verstand und Intellekt

Während der Körper nichts wahrnimmt, der Verstand träumt und Körper–Verstand–Intellekt in tiefem Dämmerschlaf oder unbewußt sind, bleibt der *Atma* wach und achtsam. Er sagt mir, daß ich geträumt habe und teilt mir mit, ob ich einen festen und angenehmen oder einen gestörten Schlaf hatte. In den ersten Etappen unserer Reise haben wir die Wörter „Wissen", „Bewußtsein" oder „Kenntnis" als eine Umschreibung jenes nachhaltigen und ewigen Faktors verwendet. Trotz der Nuancen dieser Wörter sind sie unzulänglich, um die subtilen und feineren Dimensionen dieses Faktors zu übermitteln. Machen wir uns vertraut mit dem *Atma*, um einige seiner zahlreichen Dimensionen zu verstehen.

Eine Person ist eine Kombination von Körper, Verstand, Intellekt und *Atma*, wobei das Bewußtsein der nachhaltige bzw. der ewige Faktor ist. Wenn wir die Welt um uns herum anschauen, erkennen wir drei Vorgänge: ein Gegenstand entsteht, wir nehmen ihn wahr und letztlich verfällt er, oder wird aufgezehrt oder stirbt. Eine Frucht wächst am Baum; ich nehme sie wahr, ich esse sie und es gibt sie nicht mehr. Ein Kind wird geboren; ich nehme es wahr. Eine Reihe von Aktionen finden statt, wie es wächst, altert und stirbt. Dieser Prozeß beginnt mit dem Bewußtsein bzw. Wissen, worauf die zweite Phase beginnt – der Prozeß des Wachstums, des Alterns und des Sterbens. Eine genauere Betrachtung des Universums zeigt, daß alles Existierende eigentlich die Wechselwirkung von Bewußtsein, Tätigkeit und Materie ist. Man könnte es auch als die Wechselwirkung von Wissen, Materie und Bewegung, bzw. die Wechselwirkung von Erkenntnis, Prozeß und Dinge nennen.

Gegenstände und Wahrnehmung

Jedes Ding belegt Raum, aber das Wissen nicht. Das Wissen bzw. das Bewußtsein eines Gegenstandes ist wie das Licht, das keinen Raum einnimmt, obwohl der Gegenstand, auf den das Licht fällt, Raum belegt. Wir sehen einen Gegenstand nur, wenn Licht auf ihn fällt; wenn es kein Licht gäbe, wäre totale Finsternis und wir würden nicht einmal wissen, ob es überhaupt Dinge gibt. Faktisch existiert kein Ding in Abwesenheit von Licht, weil es außer Finsternis nichts gibt. Würden wir beispielsweise kein einziges Ding um uns herum wahrnehmen, dann herrschte nur tiefe Finsternis, denn die Wahrnehmung „beleuchtet" ein Ding. Die Wahrnehmung macht die Existenz eines Dinges bekannt. Würden alle Dinge von der Wahrnehmung entfernt, verwandelte sich diese in reines Bewußtsein. Das Wissen entsteht, wenn ein Ding in den „Blick" kommt. Das Bewußtsein ist selbsterleuchtend. Die Erkenntnis entsteht, wenn ihm das Ding die Wahrnehmung erlaubt bzw. sich als wahrnehmbar offenbart. Es sind also drei Aspekte: das Sehen bzw. Beobachten, das gesehen bzw. beobachtet werden und jener, der sieht bzw. beobachtet.

Das weite Universum umfaßt Gegenstände, die beobachtet werden. Der Prozeß des ‚Sehens' eines Gegenstandes schließt die Wahrnehmung der Sinnesorgane ein. In der Alltagssprache heißt es eben, „ich sehe diesen Gegenstand". Bei der Vertiefung stellen wir fest, daß unser Wahrnehmungssinn es ist, der den Gegenstand „sieht". Die Sinnesorgane senden Informationen über die Existenz des Gegenstandes an den Sitz meines Bewußtseins. Dies ist die Kenntnis des Gegenstandes. Also ist der Seher die Kenntnis und der Gegenstand die Szene, in der was gesehen wird. Es gibt eine weite Leinwand, auf der gleichzeitig unzählige Gegenstände schweben, und das ist Erkenntnis. In anderen Worten, wir wissen zur gleichen Zeit von zahlreichen Gegenständen, etwa so wie ein Großbehälter zahlreiche Gegenstände zur gleichen Zeit beinhaltet. Erkenntnis ist eins und ewig, während die Gegenstände viele und vergänglich sind.

Handlungen: unabhängige und willensbestimmte

Alle Handlungen auf der Welt fallen in zwei Kategorien: solche von Menschen bewirkte und die anderen, nicht von Menschen bewirkte. Handlungen wie lachen, sprechen, gehen usw. bestimmen wir. Wir entscheiden, ob wir es machen wollen oder nicht. Andere Handlungen sind unabhängig von unserem Willen, wie geboren werden, leben, sich ändern, wachsen, schrumpfen, sterben. Sicherlich können wir nicht entscheiden, ob wir geboren werden oder nicht, ob wir wachsen sollen oder nicht. Wir können unsere Veränderung von der Kindheit zur Jugend und weiter zum Alter nicht bestimmen. Und es steht uns auch nicht frei zu entscheiden, ob wir sterben wollen oder nicht. Der Gottgläubige beschreibt diese Handlungen als „den Willen Gottes".

Gegenstände und Prozesse

Im Verlauf der Untersuchung dieser Vorgänge stellen wir fest, daß diese sich nur in Verbindung mit einem Gegenstand ereignen. Tatsächlich hängen sie von der Existenz der Gegenstände ab, während diese andererseits eine eigenständige Existenz besitzen. So gibt es die Frucht, die Wahrnehmung der Frucht und den Prozeß des Verzehrs oder des „Todes" der Frucht. Für diese Erörterung sollten wir Erkenntnis, Handlung und Gegenstand voneinander trennen.

Jeder Gegenstand ist definiert nach seiner Materie bzw. Substanz, durch die sich in ihm abspielenden Vorgänge und aus unserer Kenntnis davon. Alle belebten oder nicht belebten Gegenstände im Universum haben ihre eigenen Begrenzungen hinsichtlich Kenntnis, Handlungen und Materie. Das bedeutet, daß es unzählige Ströme von Kenntnis, Handlung und Materie gibt, und die Gesamtheit dieser unzähligen Ströme macht unser Universum aus. Jeder Gegenstand hat eine Form, innerhalb der sich auch sein Inhalt und seine Funktion befinden.

So besitzen alle Gegenstände ihre eigenen Umrisse von Wahrnehmung, Funktionen und Substanz, und es hat den Anschein, als würden diese Umrisse die Gegenstände definieren und ihre Begrenzungen darstellen. Begrenzungen in *Form*, *Inhalt* und *Funktion*. Ein Beispiel. Alle Menschen unterscheiden sich in ihrer Form, ihren Eigenschaften und ihrem Bewußtsein. Dieses Phänomen ist sogar im Falle der unterschiedlichen Organe einer Person klar erkennbar. Die Augen besitzen eine andere Form, Funktion und Inhalt als die Zunge oder die Nase. Aber es gibt eine gemeinsame Quelle für alle diese unzähligen Ströme von Wahrnehmung, Formen und Funktionen, die in den *Veden* als *Ishwara* beschrieben ist.

Was ist *Ishwara*?

Innerhalb der Form eines Gegenstandes gibt es Substanz, und zwischen der Form und der Substanz verläuft ein ständiger Prozeß der Aktivität. Aktivität ist ein Zeichen von Leben, und somit ist nichts leblos. Da die *Veden* das Leben und seine Quellen untersuchen, sind auch die darin verwendeten Begriffe für die Beschreibung der supraphysikalischen Faktoren, Kräfte und Energien mit Leben erfüllen.

Nehmen wir *Prana* als Beispiel. Es wird gesagt, daß *Prana* nach Belieben kommt und geht. Oder es wird zur Intelligenz gesagt, daß sie in ihrer reinen Form scheint. Das bezieht sich nicht auf eine Frau irgendwo oben im Himmel, oder auf eine geheimnisvolle Gottheit. Es ist bezogen auf supraphysikalische Kräfte, Prozesse oder Energien, deren Zusammenwirken das Universum erhält.

Die Natur dieser Kräfte und Prozesse wird im Verlauf dieser Arbeit klarer. Wir werden uns mit ihnen und mit der Bedeutung der Begriffe *Devata* und *Devi* vertraut machen, Begriffe, die von westlichen Forschern unzutreffend mit „Gott" und „Göttin" übersetzt wurden. Dies hat erhebliche Verwirrung und Mißverständnis gestiftet.

In den *Upanishaden* wird *Ishwara* als „allmächtig", „allwissend" und „allumfassend" beschrieben. Alles Wissen fließt aus jener Quelle, jede Form steigt aus ihm empor und jeder Prozeß stammt aus ihm.[1] Alle fühlenden und nichtfühlenden Gegenstände sind daher ein Teil von *Ishwara*, welcher die große Gesamtheit allen Wissens, aller Prozessen und aller Materie ist. *Ishwara* wird im Kapitel: „Das Universum: Innen und Außen" ausführlich beschrieben.

Arten von Gegenständen

Materie ist die vorherrschende Eigenschaft einiger Gegenstände, wie leblose Metalle und Mineralien. Materie und Tätigkeiten sind vorherrschend in anderen Gegenständen, wie Gemüse, Pflanzen usw. Dann gibt es Gegenstände, in denen alle drei Bestandteile – Bewußtsein, Tätigkeit und Materie – vorhanden sind, wie bei Insekten, Tieren, Vögeln, Menschen usw. Die Fähigkeit der Wahrnehmung oder das Bewußtsein ist nur in der Gattung Mensch voll entwickelt, und das ist der Grund, weswegen der Mensch als das Nächste zu *Prajapati* in

---

[1] *yah Sarvajnah sarvavit jnanmayam tapah tasmatedad brahma, namaroop mannam cha jayate* – Mundaka Upanishad 1:1:9.
mamivansho jeevloke jeevbhootah sanatanah – Bhagavad Geeta 15:7.

dessen Rolle als *Ishwara* angesehen wird.[2] Dies ist auch der Grund, warum Wissen nur durch Menschen verbreitet wird. Nur Menschen sind in der Lage, *Prajapati* zu begegnen und zu erfahren. Die Menschheit ist in der Nähe von *Ishwara Prajapati*, und ist in der Tat ein Teil davon.

Es gibt aber einige Faktoren, die unserer Erkenntnis von *Ishwara* im Weg stehen. Sie sind bekannt als *Avidya* und schließen Ignoranz, Mängel im Bewußtsein, Bindungen und Arroganz ein. Der menschliche Verstand unterliegt, wie wir wissen, all diesem Elend, *Ishwara* aber nicht. Das unterscheidet einen Menschen von *Ishwara*.[3] Die *Veden* lehren und zeigen uns Methode und Weg, unseren Verstand von diesen Leiden zu befreien, in die Nähe *Ishwaras* zu gelangen und letztlich in ihm aufzugehen. Dies ist der Weg zur Selbstverwirklichung, der uns schließlich zu Erkenntnis und zu Erfahrung über uns selbst führt.

---

[2] *purusho wai prajapaternedishtam* – Shatpatha Brahmana 2:5:1:1.
[3] *klesha karma vipakashaiyaparamrishah purushvishesh Ishwarah* – Patanjali's Yoga Sutras 1:24

KAPITEL SIEBEN – Das Universum: Innen und außen

atmaivdeamagra aseet purusha vidhah
so anuveekshya nanyad atmano pashyat
so ahamasmee tyagrevyaharat, tato aham namabhawat
tasmadapyate ahamntrito ahamyam ityewagra
uktwathanyannam prabroote
yadasya bhawati

Zu Beginn dieses Universums war allein das **Selbst** in der Gestalt des Menschen.
Es sah herum, aber sah nur sich selbst.
Zu aller erst sagte es: „Das ist **Ich**". Daraus folgte der Name „Ich".
Seither beginnt es jede Anrede mit: „Das ist **Ich**".
Erst dann nennt es seine anderen Namen, die es haben mag.

BRIHAD ARANYAKA UPANISHAD 1:4:1

ZU BEGINN IST DER *ATMA* WAHRNEHMBAR IN ZWEI Erscheinungsformen, einzeln und verbunden. Er ist einzeln, wenn nur eine seiner vielfältigen Gestalten wahrgenommen wird und verbunden, wenn eine Anhäufung seiner vielfältigen Gestalten gesehen wird. Im verbundenen Zustand sehen wir also mehrere einzelne Einheiten im Zusammenschluß. Jede Einheit wird ein *Jeeva* genannt. Wenn alle *Jeevas* zusammen sind, wird das Aggregat *Ishwara* genannt.

Wenn die Sonne in zahlreichen Widerspiegelungen in einer großen Zahl von Wasserteichen scheint, bleibt die originäre, einzige Sonne der Ursprung all dieser Widerspiegelungen. In ähnlicher Weise gibt es eine große Zahl von Widerspiegelungen des einen *Atmas* und die Quelle dieser unzähligen Widerspiegelungen ist *Ishwara*. Das unendliche universelle Bewußtsein, das als *Ishwara* bekannt ist, wird vom Begriff „Om" symbolisiert, und die zahlreichen und uneingeschränkten Offenbarungen dieses Bewußtseins, bekannt als *Jeevas*, werden vom Begriff *Aham* symbolisiert.

Jeder Gegenstand, den wir sehen, hat einen physischen „Körper", eine Sammlung kleiner Bestandteile, Elemente genannt, die wiederum eine Sammlung von Atomen sind. Jedes Atom besteht aus kleineren Einheiten, Kerne genannt, und diese unendlich kleinen Einheiten sind ihrerseits eine Sammlung von Neutronen und Protonen. An sich ist ein „Körper" eine Einheit. Ein „Körper" kann aber aus mehreren „Körpern" bestehen. So ist Wasser eine Einheit, also ein „Körper". Bei näherer Betrachtung ist Wasser aber ein Aggregat von Wasserstoff und Sauerstoff. Jedes dieser Elemente ist eine Einheit und daher ein „Körper", und jedes Atom dieser Elemente ist ein separater „Körper".

Der menschliche Körper ist ein weiteres Beispiel. Er ist eine Einheit, die Augen, Ohren, Nase, Hände, Füße usw. umfaßt, doch hat jeder dieser Teile einen eigenen „Körper" auf einer anderen Ebene. Wir sagen auch, daß eine Anzahl menschlicher Körper den ‚Körper' einer Armee oder einer Gemeinde bildet.

So bilden mehrere Kerne in einem Atom eine Einheit und diese bildet einen „Körper"' und in jedem „Körper" gibt es ein Zentrum supraphysikalischer Energie. Dieses Zentrum steuert alle Bewegungen im „Körper" als die Quelle aller Bewegung und als die Stütze aller Tätigkeiten. Dieses Zentrum supraphysikalischer Energie, das der *Atma* des „Körpers" ist, wird *Jeeva* genannt.

Untersuchen wir nun das weite Universum, das seit jeher existiert. Es besteht aus unzähligen Einheiten, wovon jede ein „Körper" ist. Aber auch das gesamte Universum ist eine Einheit in sich und daher auch ein

„Körper". Dieser „Körper" ist der Makrokosmos, im Vergleich zu den kleineren Einheiten, wovon jede ein Mikrokosmos ist. Auch der Makrokosmos hat ein Zentrum supraphysikalischer Energie, das ihn steuert und *Ishwara* heißt. Er ist die Quelle unerschöpflicher Energie, die dieses Universum in Gang hält.

Der „Körper" eines *Jeevas* ist endlich und seine Energiequelle befindet sich an einem besonderen Ort seines Gefüges. Die Energiequelle des unendlichen „Körpers" des Universums hingegen ist nicht an einem spezifischen Ort untergebracht. In diesem Sinne ist der *Ishwara* bezeichnend. Der *Atma* des „Körpers" vom *Ishwara* macht aus jedem seiner Punkte eine Energiequelle und plaziert diese Quellen in seinem „Körper". Deshalb haben die Seherwissenschaftler gesagt: wenn ein Körper des höchsten *Ishwara* (*Parmeshwara*)[1] sichtbar wird, können wir davon ausgehen, daß jeder Punkt Herz, Kopf, Füße, Augen, Ohren usw. zur gleichen Zeit **ist**.[2] Ein Seher beschreibt die Gestalt vom *Parmeshwara* als habe er Hände und Füße, Augen, Köpfe und Münder an allen Seiten. Das bedeutet, daß der *Parmeshwara* alle Wesen von allen Seiten umhüllt.

Wir haben *Jeeva* als Bewußtsein und *Ishwara* als Makro–Bewußtsein konzipiert. Daraus ergibt sich eine Ähnlichkeit zwischen Wissen/Bewußtsein und dem Universum einerseits und dem *Jeeva* und dem *Ishwara* andererseits. Dabei ist ein *Jeeva* nur ein winziger Tropfen im weiten Ozean der Erkenntnis und der *Ishwara* ist der Speicher der endlosen, unermeßlichen Gesamtheit allen Wissens. Zwischen den beiden gibt es einen qualitativen Unterschied. Ihrer wahren Natur nach sind sie Bewußtsein, doch haben *Jeeva* und *Ishwara* ihren jeweiligen eigenen Bereich, ihr eigenes „Universum".

Jeevas Bewußtseinsfeld ist stets durchdrungen von seinem inneren Universum. Der *Jeeva* bleibt unaufhörlich damit beschäftigt, aus dem Grundstoff dieses Wissens neue innere Welten zu schaffen. Er hält diese inneren Universen in sich und löst sie innerhalb seiner selbst auf. Auf ähnliche Weise erschöpft *Ishwara* die äußere Welt, hält sie in sich und löst sie innerhalb seiner selbst auf. Hierin besteht zwischen *Jeeva* und *Ishwara* eine deutliche Ähnlichkeit, aber der bedeutsame Unterschied zwischen ihnen ist, daß *Jeeva* immer eine Hülle (*Kosha*)

---

[1] Eine detaillierte Abhandlung dieser drei hier verwendeten Begriffe sind im Kapitel „Jeeva, Ishwara und Parmeshwara".

[2] s*arvatah pani padam tat sarvatokshishiromukham
sarvatah rutimalloke arvamavritya tishthati*
zitiert von Pandit Madhu Sudan Ojha in *Brahma Vijnana*, S. 78.

um seinen Kern braucht, *Ishwara* nicht. Die *Jeeva* erhaltenden Hüllen sind: Sinnesorgane, Materie, Geist und Intellekt.

Die vier Hüllen von *Jeeva*

Aham (übersetzt: das „Selbst") wohnt innerhalb dieser vier Lagen. *Jeeva* ist mit Wissen durchdrungen, das die Sinne erzeugen. So erlauben mir meine Augen zu sehen, meine Ohren zu hören usw. Die gewonnenen Erfahrungen durch verschiedene Sinne unterscheiden sich, aber „Ich" bin es, der alles durchlebt und alle Übermittlungen der Sinne erfährt der eine *Atma*. Auf einer Ebene gibt es keine Verbindung zwischen meinen Augen, die sehen und meinen Ohren, die hören, zwischen der Erfahrung des Sehens und der Erfahrung des Hörens. Doch behaupte „Ich", daß „Ich" gesehen oder gehört habe, was darauf hindeutet, daß die Seh- und Hörvorgänge zuerst zu einem zentralen Punkt eilen und ein Teil von ihm werden. Was immer auch dem Gehirn übermittelt wird, es landet letzten Endes in diesem Zentrum, und das ist der *Atma*; das ist aber nur möglich, wenn zwischen den Sinnen und dem *Atma* eine Verbindung besteht.

Die Sinnesorgane bilden die äußerste Hülle von *Atma*, die äußere Lage, und innerhalb dieser gibt es eine weitere Hülle. Diese ist die Substanz oder Materie innerhalb der Hülle, der Inhalt innerhalb der Form. Die fünf Sinne von Laut, Berührung, Form, Geschmack und Geruch sind die fünf Eigenschaften dieser Substanz, die Merkmale der Materie, die in der hohlen Hülle einer äußeren Erscheinung enthalten sind.

Diese Eigenschaften existieren in äußerst feinem Ausmaß im *Atma*. Die Sinnesorgane würden diese Erfahrungen nicht übermitteln können, wenn diese Eigenschaften im *Atma* nicht präsent wären, oder wenn einer dieser Sinne zerstört oder beschädigt würde. Zum Beispiel, farbenblinde Menschen können einige der Farben des Spektrums nicht erfahren, weil die auf Form oder äußere Erscheinung bezogene Eigenschaft – die Eigenschaft von *Roopa* – nicht vorhanden bzw. wesentlich geschwächt ist. Entsprechend ist es möglich, daß einer sich als Folge einer Hirnverletzung an vergangene Erfahrungen nicht erinnern kann. Es ist festgestellt, daß die Formen bzw. Gestalten, die zu unseren Augen gelangen, innen die feste und nachhaltige Eigenschaft von *Roopa* (Form, Gestalt oder äußere Erscheinung) berühren und das Zentrum vom *Atma* erreichen. Diese innere Hülle „filtert" das, was das Auge sieht, weil sich die Hülle der Substanz bzw. Materie im Inneren der Schale innerhalb der Hülle der Sinnesorgane befindet. An der

Oberfläche ist eigentlich die Schicht der Sinne und unterhalb dieser ist die Schicht der von den Sinnen erfahrenen Materie.

Innerhalb der Hülle der Materie ist die dritte Hülle, jene vom *Mana*. Diese kommt der Bedeutung nahe, die das Wort „Verstand" übermittelt. Oft sehen wir einen Gegenstand direkt vor unseren Augen nicht; wir nehmen einfach nicht wahr, daß er dort ist. Das geschieht, wenn unser Verstand woanders ist. Irgendwann hat jeder von uns einen Freund bitten müssen: „Oh, entschuldige. Würdest Du bitte wiederholen, was Du eben gesagt hast? Ich war geistesabwesend und habe nicht gehört, was Du gesagt hast." Wir können Kenntnis von einem Gegenstand nur erlangen, wenn diese dritte Hülle des Verstandes gut funktioniert. Die Wahrnehmung äußerer Gegenstände reist zum Verstand und erreicht dann den *Atma*. Wenn sie es nicht zum Verstand schafft, erreicht sie das Zentrum von *Atma* nie. Aber das *Mana* (der Verstand) funktioniert nur über die Vermittlung der Sinnesorgane und der Materie bzw. Substanz, die jenen besonderen Gegenstand darstellt. Der Verstand ist die dritte Lage, der dritte Filter um Erkenntnis zu erleichtern, innerhalb dessen die Hülle des Intellekts ruht.

Wir können ein Thema einem Publikum von 10 Personen präsentieren. Wir werden zweifellos feststellen, daß die vorgetragenen Inhalte von jeder Person im Publikum unterschiedlich verstanden wurden. Wegen der verschiedenen Erkenntnisebenen. Weil sich der Intellekt von Person zu Person unterscheidet. Jemand, dessen Intellekt scharf ist, begreift das Thema schneller als jemand, der ein langsameres Verständnis des Themas hat. Unabhängig vom Aufwand gelingt es einer weniger intelligenten Person nicht, ein Thema mit der gleichen Geschwindigkeit und Genauigkeit zu begreifen wie jemandem der mit größerer Intelligenz ausgestattet ist. Der Verstand bewegt sich auf der Grundlage des Intellekts und erzeugt dementsprechend Wissen im *Atma*. Der Intellekt ist eine Art Bewußtsein und der *Atma* ist, wie wir schon gesagt haben, auch eine Form von Bewußtsein. Der Intellekt ist mit dem *Atma* eng verbunden, ohne Barriere zwischen ihnen. Reines Wissen als eine Eigenschaft vom *Atma* ist wie reine Energie. Es ist nicht-offenbar. Die gleiche reine Energie wandelt sich in Elektrizität um, die dann einen elektrischen Ventilator antreibt, oder eine fluoreszierende Röhre zum Leuchten bringt oder einen Kühlschrank betreibt.

Wenn sich der *Atma* dem Intellekt nähert und sich mit ihm zusammen tut, verwandelt er sich in das Wissen des Intellekts. Der Intellekt hat Grenzen, abhängig vom Lernen seit der Kindheit, während der *Atma* reine Erkenntnis ist. Er ist das Bewußtsein ohne Grenzen oder

Einschränkungen. In dem weiten, unbegrenzten Himmel gibt es zahlreiche Dinge, mit ihren jeweiligen Grenzen. Aber der Himmel sammelt sie alle fortlaufend in seiner Umarmung, immer nach ihrer Entstehung. Ähnlich sammelt der *Atma* als reines Bewußtsein ohne Grenzen, alle Einheiten von Intellekt in seinem Erfassungsbereich (wenn wir die intellektuelle Ausstattung eines jeden *Jeeva* als eine Einheit betrachten) und dies fortlaufend mit neuen Einheiten.

Obwohl Intellekt, Geist, Materie und Sinnesorgane matt sind, erscheinen sie kraft des „Lichts" vom *Atma* beleuchtet. Die vier Hüllen und der *Atma* stehen in so engem Verhältnis zu einander wie beleuchtete Gegenstände zu ihrer Lichtquelle. So sind sie miteinander verbunden. Der *Atma* bleibt mit allen vier Hüllen verbunden bis sie den „Körper" verlassen. Daher ist von „vier Hüllen vom *Atma*" die Rede.

Kurz zusammengefaßt: die vier Hüllen sind wie vier Lagen oder Überzüge, die einen Gegenstand bedecken. Die Sinnesorgane sind die oberste bzw. die äußerste Schicht, darunter befindet sich die Materie bzw. Substanz, die diese Sinne definieren. Unterhalb dieser Lage ist das *Mana* (der Verstand). Als vierte Lage darunter ist der Intellekt (*Buddhi*). Diese vier – Sinnesorgane, Substanz, Verstand und Intellekt – kann man sich als Hüllen innerhalb von Hüllen, wie vier Behälter ineinander vorstellen.

Also ist die Materie hinter den Sinnesorganen und der Verstand hinter der Materie. Der Intellekt ist hinter dem Verstand und der *Atma* ist jenseits vom Intellekt.[3] Intellekt, Verstand, Materie und Sinne sind so eng mit dem *Atma* verkettet, daß die Offenbarung von einem die anderen offenbart und das Verschwinden von einem alle anderen verschwinden läßt.

Angesichts dieser Kenntnisse ist die Ansicht fehlerhaft, daß Tiere nicht *Atma*, Intellekt und Verstand haben. Tiere haben Sinn für Form und Farbe. Sie haben auch Verstand. Wir sehen ihre Reaktion auf Schmerz und Freude. Sie haben Intellekt, der durch Training entwickelt werden kann. Und sie können unterscheiden zwischen dem, was ihnen schadet und dem, was ihnen nutzt.

Also sind alle vier Hüllen in allen Lebewesen erkennbar. Aber keine Hülle ist beim *Ishwara* zu finden. Die Hüllen und der *Atma* sind aneinander verkettet. Der *Ishwara* ist ohne Begrenzungen und kann deshalb nicht mit etwas verkettet sein. Im Gegensatz zum *Jeeva* hat er keine Hüllen, Lagen oder Überzüge, so wie *Parmeshwara* auch.

---

[3] *indreyabhyah parahyartha arthebhyash param manah manasastu parabudhir yobudheparatastu sah* – Bhagavad Geeta 3:42.

Der *Ishwara* besitzt weder Intellekt, noch Verstand noch Sinnesorgane, was aber nicht bedeutet, daß er die Funktionen der vier Hüllen der *Jeevas* nicht erledigen kann. Seine totale Freiheit von jeglicher Bindung bedeutet, daß der *Ishwara* ohne Sinnesorgane mit jedem Punkt seines Körpers sehen, lauschen und hören, denken und verstehen kann.[4] Die Seher haben ihn als einen beschrieben, der zwar ohne Hände oder Füße ist, aber doch flink und zupackend, ohne Augen und Ohren, aber doch sehend und hörend. Er kennt alle, ist aber selbst unerkennbar. Der *Ishwara* wird das „höchste Wesen" genannt.

Das Denkvermögen eines *Jeevas* kann schwächeln, zu Fehlern führen. Das des *Ishwaras* bleibt stets frei von Verzerrungen bzw. Mängel. Es nimmt nie ab. Das Vermögen unserer Sinne, unseres Verstandes und unseres Intellekts ist beschränkt, aber jenes des *Ishwaras* ist uneingeschränkt. Es gibt einen weiteren bedeutsamen Unterschied. Der Mensch kann mal mit Hilfe der Sinnesorgane Wissen über einen Gegenstand sammeln und mal aber auch nicht. Um sich Wissen über einen Gegenstand anzueignen, muß der Mensch zunächst damit beginnen, den Gegenstand abzuschätzen. Der *Ishwara* dagegen braucht einen Gegenstand nicht mit den Sinnesorganen oder mit dem Verstand abzuschätzen, weil der Gegenstand in der gleichen Gestalt bleibt, wie er *Ishwara* zur Kenntnis gelangt ist. Er bleibt unverändert vom Anfang der Schöpfung bis zum Ende. Ein Gegenstand wird genau das, was der *Ishwara* weiß, das ist er und so wird er bleiben.

Das ist so, weil die Kenntnis *Ishwaras* die Existenz eines Gegenstandes *ist* und kein Gegenstand ist dem *Ishwara* unbekannt. Deshalb muß der *Ishwara* sich nicht bemühen, etwas Neues zu kennen. Die *Jeevas* müssen einige Gegenstände und Dinge akzeptieren und andere ablehnen, ob ihrer Unvollständigkeit als Wesen. Der *Ishwara* ist aber vollkommen, dem nichts hinzugefügt oder entzogen werden kann. Er lehnt nichts ab, noch verzichtet er auf etwas. Alles steht ihm zur Verfügung und er braucht sich um nichts zu bemühen. Trotzdem vermehrt er unaufhörlich sein Wissen und handelt.[5]

Weil alle Dinge der Welt veränderlich sind, tritt eine natürliche Veränderung im Zustand von *Jeeva* immer dann ein, wenn sich die Formen der Dinge verändern. Der Prozeß der Veränderung, d. h. der Zerstörung oder der Neuerscheinung von Materie, ihres Todes und ihrer

---

[4] *apanipado javanograheeta, pashyatya chakshu sa shrinotkarnah sa vetti vaidyam na cha tasya vaita, prahutamagryam purusham puranam* – Pandit Madhu Sudan Ojha, *ibidem*, S. 81.
[5] *na me parthasti kartavyam trishulokesh kinchana manavaptaavyam varta eva ch karmani* – Bhagavad Geeta, 3:22.

Das Universum: Innen und außen

Geburt, ist ewig, und das erklärt die unendliche Anzahl von *Jeevas* in diesem Universum. Im Gegensatz dazu ist der *Ishwara* **eins** und unzerstörbar.

Form, Feld und Masse

Alle „Individuen" (Dinge) haben drei Dimensionen. Nehmen wir die Sonne als Beispiel. Der strahlende Ball, den wir so nennen, ist im Mittelpunkt eines Lichtfeldes, innerhalb dessen Saturn, Jupiter, Venus und die anderen Planeten positioniert sind. Die Gestalt der Sonne – die runde Form im Mittelpunkt – wird *Uktha* genannt. Das Lichtfeld, das sie umgibt, wird *Arka* und die Substanz innerhalb jenes Feldes *Ashiti* genannt. *Jeeva* sollte optisch ebenso gesehen werden: ein strahlender Punkt in der Mitte (*Uktha*), ein von Bewußtsein (*Jnana*) durchdrungenes Feld aus dem Mittelpunkt heraus (*Arka*) und verschiedene schwebende Formen (*Ashiti*) in diesem Feld von Bewußtsein.

Wenn es die Erde nicht gäbe, würde das sie umschließende Feld nicht existieren, noch würden die Sonnenstrahlen durch dieses Feld zu uns kommen. Ohne das Sonnenlicht würde die Sonne schon so gut wie aufgehört haben zu existieren. Auf gleiche Weise gewinnt Erkenntnis ihre Form aus den Gegenständen im inneren Universum. Würde es dem Universum auch nur an einem einzelnen Gegenstand fehlen, würden Wissen oder Bewußtsein nicht existieren. Ohne das Licht der Erkenntnis, würden keine Individuen existieren, und auch wenn sie doch existierten, wäre es so als ob es sie nicht gäbe. So wie die Masse der Erde und anderer Gegenstände, die in dem von ihnen ausgehenden supraphysikalischen Feld existieren, können auch die inneren Welten als *Ashiti* beschrieben werden.

Ashiti ist das, was *Arka* seine Existenz ermöglicht. Der *Atma* eines jeden verzehrt „Nahrung" aus dem Körper um zu leben, und das ist *Ashiti*. *Arka* ist das, worin sich diese verzehrbare Nahrung ansammelt; sie entsteht aus einem zentralen Punkt und der *Atma* sucht Nahrung immer aus dem selben Punkt. Der zentrale Punkt, aus dem *Arka* entsteht, ist *Uktha*. Der Mittelpunkt von *Jeeva* ist *Aham* (das Selbst). Aus *Aham* dehnt sich das Feld der Wahrnehmung in alle Richtungen aus, sammelt „Nahrung" in der Gestalt von Gegenständen und bringt diese zu *Uktha* bzw. *Atma*. Wissen ist *Arka* und der *Atma*, der aus dem das Bewußtsein entsteht, ist *Uktha*. Somit ist *Jeeva* dreidimensional.

Das innere Universum und die Antriebe

Wegen der fehlerhaften Übersetzung erweckt *Kama* im Westen die Assoziation von „Liebe, Erotik und Sex". Dem ist nicht so. *Kama* kann als „Drang", „Verlangen" oder „Trieb" übersetzt werden. *Kama* ist der Impuls oder der starke Drang, einen Gegenstand oder eine Erfahrung zu gewinnen oder zu besitzen, zu genießen oder sich anzueignen. (Wir verwenden hier *Kama* als „Antrieb".) Alle inneren Welten im Bewußtsein sind Produkte des *Kamas* (Antriebs) vom *Atma*, und das ist der Hauptgrund für die Entstehung dieser inneren Welten. Es geschieht etwa so: *Mana*, *Prana* und *Wak* sind in *Jeeva* stets vorhanden. Ein Antrieb entsteht im *Mana* und das *Prana* setzt die Aktivität in Gang, um ihn umzusetzen. Schließlich entsteht in dem *Wak*–Teil vom *Atma* Bewegung, die dann zur Tätigkeit in der Materie führt.

Der Antrieb ist der Hauptgrund für alles was im *Atma* entsteht und *Jeeva* ist durchdrungen von Antrieben, welche die „Nahrung" für *Atma* sind. Geschieht etwas ohne Antrieb, verliert *Jeeva* seine eigene Identität und löst sich schließlich in *Ishwara* auf, der auch sein Ursprung ist. *Ishwara* ist die Quelle aus der *Jeeva* entspringt. Ein Beispiel. Wasser verwandelt sich in Schaum. Wenn die Ursache dieses Vorgangs endet, verwandelt er sich zurück in Wasser. So wird *Atma* zu *Ishwara*, wenn er von Antrieben befreit ist. Die „Nahrung" als Antrieb steht ihm nicht mehr zur Verfügung und so wird er nicht wieder *Jeeva*. Viele Merkmale von *Jeeva*, wie Geburt, Tod usw. entstehen ob der Antriebe und wenn es diese nicht mehr gibt, verschwinden die Fesseln von Geburt und Tod auch. Dies wird als Befreiung bzw. Emanzipation beschrieben.

Auch der *Ishwara* ist voller Antriebe. Es gibt aber einen qualitativen Unterschied, wie diese in *Jeeva* und in *Ishwara* erfahren werden. Die Antriebe *Jeevas* sind vergänglich, sie steigen empor und zerfließen wieder. *Jeeva* kann nicht alle Antriebe herbeirufen, weil sein Intellekt Einschränkungen unterliegt. Die Antriebe *Ishwaras* hingegen sind ewig. Er bleibt unverändert und schwindet nie. Alle seine Antriebe bleiben stets gegenwärtig in seinem Bewußtsein. Wenn der *Ishwara* seine Antriebe vergessen würde, wäre die Welt zerstört. *Ishwaras* Antriebe und Wille erfüllen sich also immer und er ist daher einer, dessen Antriebe und Wünsche sich stets erfüllen und in der Erfüllung schwinden die Antriebe als solche. Weil sich *Ishwaras* Wünsche immer erfüllen, wird er beschrieben als ein Wesen, das weder Wünsche noch Antriebe hat. Dies ist der Hauptunterschied zwischen *Jeeva* und *Ishwara*.

Andere Unterschiede zwischen *Jeeva* und *Ishwara*

Jeder *Jeeva* hat Zugang zu dem Universum innerhalb seines Erkenntnisfeldes und kann nicht in das Universum eines anderen *Jeevas* eindringen. *Ishwaras* Erkenntnisfeld ist aber ständig verbunden mit Feldern der Wahrnehmung aller *Jeevas*. Alle *Jeevas* sind im inneren Universum von *Ishwara* enthalten. Deshalb befindet sich die innere Welt eines *Jeevas* nie außerhalb des Wahrnehmungsfeldes vom *Ishwara*. So wird er als Zeuge (*Sakshi*) dessen beschrieben, was sich in der Welt der *Jeevas* zuträgt.

Zwischen verschiedenen *Jeevas* entstehen Unterschiede, weil sie geboren werden und sterben, weil sie leiden und Glück empfinden. Im *Ishwara* gibt es solche Unterschiede nicht. Wir können daher feststellen: es gibt viele *Jeevas*, aber nur einen *Ishwara*.

Die in der inneren Welt ersonnenen Gegenstände erhalten die selben Namen und die selbe Formen wie jene in der äußeren Welt. Manchmal ist aber unser innerer *Atma* in der Lage, neue Gegenstände zu erdenken, die sich von allen in der äußeren Welt unterscheiden. Wenn dies geschieht, entsteht einige Verwirrung oder Zweifel, weil ein Teil des Wissens über einen Gegenstand in Übereinstimmung mit der äußeren Welt steht, aber ein anderer Teil davon eingebildet ist.

Unser *Atma* kann sich auch seine innere Welt unabhängig von der äußeren Welt schaffen. Er versucht dabei die äußere Welt nach dieser erschaffenen inneren Welt zu formen. Ein einfaches Beispiel. In der äußeren Welt hat es nie Gegenstände wie Häuser oder Stühle gegeben, bis sie in der inneren Welt von einem Architekten, einem Schreiner usw. erschaffen wurden. Ein Gegenstand in der inneren Welt ist Eigentum von *Jeeva*, und er geht dann über in das Eigentum vom *Ishwara*.

Der *Atma* kann auch eine innere Welt nach seinen Phantasien und Wünschen schaffen. Es entstehen beispielsweise neue Ideen im Kopf eines Dichters und er gibt ihnen eine Form. Eine verblendete Person kann in ihrer Welt ein Reich schaffen und über dieses regieren. Wir schaffen oft unsere eigene innere Welt im Schlaf: in Träumen können wir in den Himmel fliegen, oder uns sehen, wie wir tot daliegen; wir können den Kopf eines Elefanten auf dem Körper einer Schlange sehen. In all diesen Fällen schwebt in unserer inneren Welt etwas, was in der äußeren Welt nicht existiert. *Jeevas* können das möglich machen.

Das Erkenntnisfeld von *Jeeva* steht zu *Jeeva* im selben Verhältnis wie jenes des von einer Lampe ausgestrahlten Lichts zur Flamme dieser Lampe. Das Licht kann verdeckt oder aus seiner Position verlegt werden, nur wenn die Lampe verdeckt oder bewegt wird. Die Erkenntnis von *Jeeva* kann nur begriffen werden, wenn ihre Quelle durch Bereinigung des inneren *Atma* unter Kontrolle gebracht wird.

Die *Jeevas* sind unzählig. Wenn also ein *Jeeva* unwissend, krank oder tot ist, so bedeutet das nicht, daß es anderen *Jeevas* auch so ergehen wird. So wie die anderen Lampen weiter brennen, wenn eine von ihnen gelöscht wird, existieren die anderen *Jeevas* weiterhin, wenn einer unter ihnen stirbt. Genau so wie das Licht einer erloschenen Lampe stirbt, wird das Feld der Wahrnehmung eines toten *Jeevas* zerstört.

Ishwaras äußeres Universum ist jedoch ein Gegenstand in seinem Feld der Wahrnehmung. Sollte also der *Ishwara* zerstört werden, würde möglicherweise auch die Welt zerstört. Der *Ishwara* ist aber ewig und unvergänglich, so werden die Dinge in seiner äußeren Welt weder zerstört noch verstellt. Dabei spielen die Wünsche der *Jeevas* keine Rolle. Also schwebt diese Welt weiterhin in ihrer Ewigkeit und ihre Form ist unzerstörbar, auch wenn ein *Jeeva* stirbt. Daraus folgt, daß sowohl der *Ishwara* wie auch das Universum ewig und eigentlich unteilbar sind.

Die getrennten Identitäten von Jeeva und Ishwara

Alle Wesen, die auf Verständnis (*Chitta*) angewiesen sind, existieren unabhängig von ihrem Verständnisvermögen. Die Einsicht (*Prajnya*) beruht zwar auf Verständnis, ist aber in sich selbst ein getrennter Faktor. Die Einsicht leitet sich vom Verständnis ab, könnte es aber nicht tun, wäre sie nicht ein getrennter Faktor.

Bei vollständig unterschiedlichen Identitäten von zwei Individuen können sie sich ineinander widerspiegeln. Zum Beispiel, die Identität der Sonne unterscheidet sich völlig von der Identität des Wassers, doch können wir die Spiegelung der Sonne im Wasser sehen. Auf ähnliche Weise können wir die Spiegelung des Verständnisses auf Einsicht gerade deswegen beobachten, weil sie zwei getrennte Identitäten haben. *Jeevas* Wahrnehmung der Welt in seinem Feld und sein Verhältnis zu dieser Welt ist anders als jenes vom Ton zum Topf. Die Identität und die Existenz vom Ton sind auch die Identität und die Existenz des Topfes. Die Identität vom Ton kann daher nicht auf die Identität des Topfes gestülpt werden. (Dieser Aspekt wird gleich klarer, wenn wir das Verhältnis zwischen Wahrnehmungen und zwischen Gegenstand und Wahrnehmung erörtern.)

Wenn Wissen im Feld des inneren Universums entsteht, bleibt es als Erinnerung im Bewußtsein erhalten, als eine gesonderte Existenz. Mein Wahrnehmungssinn kann jenes Universum erfassen, aber wenn die

Identität meines inneren Universums von meinem Feld der Wahrnehmung nicht getrennt wäre, wäre letztere nicht in der Lage es zu sehen. Aus diesem Grunde bleibt das ganze innere Universum, das aus dem Wahrnehmungsfeld vom *Atma* erzeugt wird, im *Atma* für immer eingeschlossen. Es hat eine gesonderte Existenz und ist vom *Atma* durchdrungen, obwohl es aus dem *Atma* hervorgeht. Selbst nach der Bildung zahlreicher innerer Welten bleibt der *Atma* so wie er vor dieser Bildung war und erfährt keine Verringerung.

Der *Atma* und die innere Welt

Die weitere Überraschung ist, daß die innere Welt nicht einmal für einen Augenblick eine eigene Existenz hat. So ist sie mit dem *Atma* verwoben. Aber der *Atma* bleibt von der inneren Welt völlig losgelöst. Der Himmel wird in einem strömenden Regenguß nicht einmal naß; der Regen fällt vom Himmel, aber der Himmel bleibt losgelöst vom Regenwasser. Es ist wie das Verhältnis des Wahrnehmungsfeldes zur inneren Welt. Außerdem ist das Verhältnis zwischen dem Bewußtsein *Ishwaras* und der äußeren Welt dem Verhältnis zwischen *Jeeva* und der Inneren Welt ähnlich. Deshalb wird gesagt, daß die Identität und die Existenz des Universums getrennt von der Identität *Ishwaras* sind.

Wahrnehmung und Gegenstand

Bei der Betrachtung eines Topfes ist es schwierig, den Topf und unser Wissen über den Topf auseinander zu halten, weil diese beiden so sehr miteinander verwoben und fast identisch sind. Wenn aber unsere Wahrnehmung den Topf „verläßt" und sich einem anderen Gegenstand zuwendet, verliert sie den Topf vollends. Stellt man eine rote Blume neben ein durchsichtiges Kristallglas, erscheint Letzteres rot; beim Entfernen der Blume verschwindet das Rote im Kristall so vollständig als sei es nie dagewesen. So sollte das Verhältnis zwischen unserer Wahrnehmung und den Gegenständen verstanden werden.

Wenn die Existenz des Universums getrennt ist von der Existenz der Wahrnehmung, so muß sachgerecht untersucht werden, wie und woher das Universum, als ein Produkt der Wahrnehmung, zur Wahrnehmung gelangt. Diese Frage ist auf drei verschiedenen Wegen beantwortet worden.

Erstens existiert das Universum durch die Wahrnehmung. Anders ausgedrückt, die Existenz des Universums in der Wahrnehmung ist die Existenz des Universums. Wenn die Wahrnehmung verschwindet oder vernichtet wird, verschwindet auch die Existenz des Universums. Das Universum ist Wahrnehmung, die eine Form angenommen hat. Es kann weder ein Universum ohne Wahrnehmung, noch eine Wahrnehmung ohne ein Universum geben; das Universum ist ein Nebenprodukt der Wahrnehmung.

Die zweite Ansicht stellt sich der Behauptung entgegen, daß die Existenz des Universums eine Folge der Existenz in der Wahrnehmung sei. Diese Behauptung wäre nur dann haltbar, wenn das Universum aus Wahrnehmung bestehen würde, so wie ein Topf aus Ton, ein Tuch aus Baumwolle, Quark aus Milch und Milch aus Gras bzw. Viehfutter entstehen. Wir wissen, daß Gras bzw. Futter aufhören zu existieren, wenn Milch erzeugt wird, und daß keine Milch übrig bleibt, wenn Quark hergestellt wird. Wenn aber das Universum entsteht, verschwindet die Wahrnehmung nicht, im Gegenteil, das Universum besteht weiter in der Wahrnehmung.

Nach diesem Gesichtspunkt wird das Universum in der Wahrnehmung erschaffen, in der selben Art wie aus Wasser Schaum gemacht wird, aber mit einem Unterschied. Beim Schaum wird etwas Wasser verbraucht, so daß mit der Bildung von Schaum die Wassermenge abnimmt. Außerdem verliert das Wasser seine ursprüngliche Form, wenn Schaum entsteht. Doch nichts dergleichen geschieht im Falle des Bewußtseins. Wenn das Universum erschaffen wird, wird weder die Wahrnehmung verzerrt noch vermindert. Es ist daher nicht korrekt zu sagen, daß die Existenz des Universums von der Existenz der Wahrnehmung abhängt. Sagen können wir, daß die Eigenschaften wie Name, Form und Funktionen in dem Universum plötzlich entstehen und diese in der Wahrnehmung erschaffen werden. Ein Gegenstand kann den Anschein haben, rot oder schwarz zu sein, aber in der Wahrnehmung ist die Farbe nicht vorhanden und ihr Erscheinen ist unerklärlich. Genau so wie die Form tritt die Farbe im Gegenstand abrupt ein, sogar noch bevor sie in der Wahrnehmung vorhanden ist, so daß sie durchaus in der Wahrnehmung entstanden sein könnte. Mit dem Verschwinden der Wahrnehmung verschwindet die Form eines Gegenstandes, und damit auch seine Existenz.

Befürworter der dritten Ansicht verwenden das Beispiel der Schlange und des Seils. Wir sehen ein Seil und verwechseln es mit einer Schlange. So entsteht (als Einbildung) eine Schlange im Seil, aber die Schlange ist unwirklich. Sie existiert nicht. In unserer Wahrnehmung wird durch die Existenz des Seils eine reine Illusion erschaffen, die sich in unserer Wahrnehmung als eine Schlange zeigt. Nach dieser Ansicht ist das Universum eine in der Wahrnehmung entstandene Illusion. Seine

Existenz ist rein illusorisch und daher unwirklich. Diese Ansicht hat einige Schulen der indischen Philosophie über einen beachtlichen Zeitraum beherrscht.

Die Aufeinanderfolge von Bewußtsein und Existenz

In den *Veden* hat das Wort *Jnana* vielschichtige Bedeutungen. Es bedeutet „Wahrnehmung", „Bewußtsein", „Wissen". In seiner rohen Form ist es die Wahrnehmung, und in einer gefestigten Form ist es das Wissen. In seiner reinen Form, nicht in Zusammenhang mit Dingen, ist es das Bewußtsein.

Unter Philosophen und Seherwissenschaftlern war das Thema Gegenstand lebhafter Auseinandersetzungen, was zuerst da war, die Wahrnehmung oder die Existenz. Die einen meinten, das Universum sei mit Existenz durchdrungen, und die Existenz ist gekennzeichnet mit dem Tätigkeitswort „sein". Das Universum „ist" – und diese Aussage kennzeichnet seine Existenz. Und dieses „ist" wird Universum genannt. Dieses Universum kam durch die Wahrnehmung zustande, und so wurde gefolgert, daß erst die Wahrnehmung kam und dann die Existenz. Die Existenz des äußeren Universums ist die Funktion der Wahrnehmung *Ishwaras*, während jene des inneren Universums die Domäne der Wahrnehmung der *Jeevas* ist. Folglich kann es ohne die Wahrnehmung keine Existenz geben und es ist daher richtig zu sagen, daß die Wahrnehmung der Existenz vorausgeht.

Nach einer anderen Ansicht, auch wenn die Ursache der Wirkung vorausgeht, sind Wahrnehmung und Existenz so vollständig mit einander verwoben, daß es unmöglich ist, sich die eine ohne die andere vorzustellen. Wenn es also in der äußeren Welt keinen Topf gibt, kann es keine Wahrnehmung eines Topfes geben. Und die Wahrnehmung eines Gegenstandes geht ohne die Existenz nicht. Eigentlich meinen die Befürworter dieser Ansicht, die Existenz gehe der Wahrnehmung voraus.

Andere meinen, daß es schwierig sei, über die Aufeinanderfolge von Wahrnehmung und Existenz zu entscheiden, weil die Wahrnehmung eines Gegenstandes seine Existenz *sei*. Ohne dieses **ist**, kann die Wahrnehmung keine Form annehmen. Und ohne Wahrnehmung gibt es keine Existenz eines Gegenstandes. Also sind die Existenz und die Wahrnehmung eins. Diese Protagonisten behaupten, daß es einfach ein Irrtum ist zu beschreiben, die eine käme früher und die andere später.[6]

---

[6] *nainam vacha na manasa, praptum shakyon chakshusha*

Schlußfolgerung

Nach der Würdigung dieser Standpunkte müssen wir schlußfolgern, daß es ein Universum gibt, das autonom da ist und nicht von *Jeeva* bestimmt wird. Das andere Universum entsteht in der Wahrnehmung von *Jeeva* und gehört seiner Domäne. Abgesehen von diesen beiden Universen gibt es den *Jeeva* selbst, der subtil, fein, sehr klein (in bezug auf Zeit und Raum) und grenzenlos ist. Der *Ishwara* ist der Herrscher der unzähligen *Jeevas*. Und der *Ishwara* ist das Bewußtsein. Während der *Jeeva* in bezug auf Wahrnehmung mit dem *Ishwara* verwandt ist, ist er in bezug auf die Existenz und der grenzenlosen Mannigfaltigkeit dem Universum zugewandt.

Es gibt nichts außerhalb der dreifältigen Kombination von Universum, *Jeeva* und *Ishwara*. Das ist dreidimensionale Wirklichkeit, die auch als das dreifache „ist" beschrieben wird. Von diesen drei fundamentalen *Tattwas* (Prinzipien) ist der *Ishwara* das Hauptprinzip. Der *Jeeva* und das Universum bleiben unter ihm, stehen ihm zu Diensten und bewundern ihn.

Was das Wirkliche angeht, ist der *Jeeva* allerdings vorherrschend, weil „ich bin" die erste Begegnung mit dem „was ist" bzw. die erste Erfahrung der Wirklichkeit ist. *Jeeva* ist die Offenbarung von „ich bin", ist so mit der erste, der sich selbst beweist. Er ist ein bewußtes Wesen. Die Wirklichkeit des inneren Universums hängt vom Wahrnehmungsfeld der *Jeevas* ab. Die Existenz des inneren Universums hängt von der Existenz des äußeren Universums ab, die mit dem *Ishwara* verbunden ist. Wenn wir die Wirklichkeit von *Jeeva* erkennen, können wir die Wirklichkeit vom *Ishwara* erkennen. Der Weg zu dieser Erkenntnis führt über die Wirklichkeit des Universums. So bleiben diese drei mit einander vollständig verknüpft; es kann eines nicht ohne das andere existieren.

Mehrere Ansichten über *Upasana* haben verschiedene Wege aufgezeigt, um diese Wirklichkeit zu erfahren bzw. zu entdecken. Für diese Suche verwendet die *vedische* Literatur den Begriff „Upasana", der oft als „ritueller Kult" übersetzt wird; aber er hat tiefgehende Bedeutungen. Hier folgt eine kurze Erörterung darüber.

---

asteetobruvatonyatra, katham taduplabhyate
asteetyevopalanbdhsyastatva bhavennachobhayoh
asteetyevoplabdhasya, tatbhavah praseedato – Pandit Madhu Sudan Ojha, *ibid.*, S. 93

Die Bedeutung *Upasanas* verstehen

In den *Veden* vermittelt der Begriff „Upasana" einen wichtigen Aspekt, um den Schöpfungsvorgang zu erfahren, eine Methode um der Wirklichkeit zu begegnen, die Wirklichkeit zu erleben.

Um die Feinheiten dieses Begriffes zu verstehen, müssen wir uns an jene beiden bedeutsamen Begriffe *Rasa* und *Bala* erinnern, denen wir im Kapitel Drei schon als die feinsten Faktoren im Vorgang des Entstehens begegnet sind.

Rasa ruht immer; er bleibt unverändert in der gleichen Form, weil sich nichts in ihm bewegt. Aber er dient der *Bala* als Stütze, die unentwegt tätig ist und die Bewegung verkörpert. Die *Bala* kann als die erste Gärung der urtümlichen supraphysikalischen Energie angesehen werden. Sie ist unaufhörlich tätig und verursacht durch die Tätigkeit einen „Knoten". Häufen sich mehrere *Balas* an einem Punkt, bilden sie einen „Knoten". Die „Knoten" verflechten sich untereinander. Und das ist bekannt als ein „zentraler Knoten" bzw. als ein „Herzknoten". Durch diese unaufhörliche Gärung wird die *Bala* erregt und bald wieder erschöpft. Sie hinterläßt Aufdrücke dieser Erregung auf dem *Rasa*, welche sich der *Rasa* einverleibt und die dann selbst *Rasa* sind. So befindet sich *Rasa* in der Mitte, wenn mehrere *Balas* an einem Punkt zusammenfließen und einen Herzknoten bilden. Diese Art *Rasa* wird *Atma* genannt. Aus diesem Knoten entsteht der Begriff der Hörigkeit von *Atma*. Die Befreiung aus dieser Hörigkeit bzw. diesem Knoten heißt die Emanzipation bzw. frei werden. Die Hörigkeit entsteht im Zustand der Bewegung. Der *Atma* hat keine Bewegung bzw. Tätigkeit, ist nicht wirklich gefesselt, nur die *Bala* läßt ihn so erscheinen.

Wenn eine weitere *Bala* an einem bereits gebildeten Knoten ankommt, bildet sie einen weiteren Knoten. Diese *Bala* kombiniert sich nicht mit dem vorhandenen, so bleibt der neue Knoten getrennt und wird auch getrennt aufgelöst.

Die *Bala* durchläuft zwei Phasen, wenn sie an ein Individuum angekommen ist. Zu Beginn bildet sich kein Knoten, wenn sich der Rasa auf irgend etwas setzt; die *Bala* erzeugt nur ihre Erregung und diese wird vernichtet. Also, wenn reine *Bala* auf *Rasa* ankommt, entsteht noch kein Knoten. Wenn aber die *Bala* und ihr *Rasa* zusammen auf einen individuellen Gegenstand herunterkommen, bildet sich ein Knoten. Auf einer einfachen Ebene spiegelt sich die Wechselwirkung zwischen *Rasa* und *Bala* wider in der ständigen Verwandlung von flüssigen in feste Stoffe und umgekehrt, so wie Wasser zu Eis wird und sich Eis wieder in Wasser verwandelt.[7] Wenn ein Ball in die Luft geworfen wird, steigt er bis sein Schwung in einer gewissen Höhe erschöpft ist und seinen Höhenflug stoppt. An diesem Punkt ist seine *Bala* verbraucht. Ähnlich fliegt ein abgeschossener Pfeil im Bogen bis die *Bala* in ihm erlischt, und dann beginnt sein Abstieg.

Erhitzter Sand zusammen mit Natriumkarbonat, Kalk und anderen Bestandteilen verwandeln sich zu Glas. Die Form des Sandes verändert sich durch die entstandene *Bala*. Das Glas ist das Ergebnis von Knoten, die sich oberhalb früherer Knoten bilden. Würde man diese Knoten im Glas sorgfältig auflösen, oder wenn sie sich selbst auflösen würden, so wäre es möglich, daß das Glas wieder zu Sand wird. Und wenn man die Knoten noch weiter auflösen würde, könnten wir im Endergebnis die Bestandteile erhalten, aus denen der Sand gemacht ist. Dies ist der Vorgang der Öffnung und Schließung supraphysikalischer „Knoten".

(Dieser Vorgang könnte auch verständlich werden, wenn wir uns daran erinnern, daß eine Art „Zement" bzw. eine „Brücke" für das Zusammenhalten von Atomen gebraucht wird. Was hält sie? Sie werden gehalten von den Fesseln, die von den äußeren Elektronen in Atomen gebildet werden. Ein fester Körper entsteht durch das Zusammenfügen einer großen Zahl von Atomen. Wenn sie zusammengefügt werden, bleiben sie zusammen und fliegen nicht auseinander.)

Das Auflösen des zentralen Knotens bzw. der Hauptfessel kommt der Befreiung des *Atmas* aus der Hörigkeit gleich. Dank der Anwesenheit und Unterstützung von *Rasa* und *Bala* wird der *Atma* spontan als das Universum offenbart. Später befreit er sich auch aus der Hörigkeit des Universums und nimmt seine ursprüngliche Form als reiner *Atma* an. Ein und derselbe *Atma* nimmt also die Form des Universums oder seine eigene Form an. Diese sind verschiedene Phasen des selben Faktors.

Zunächst ist der *Atma* unteilbar, alldurchdringend und gleichförmig. Er nimmt verschiedene Formen je nach den von *Balas* gebildeten Knoten an. Er offenbart sich in verschiedenen Gestalten und Formen je nach der Menge von *Bala*. Aber deren Anzahl ist nicht unbeschränkt. Was unteilbar war, ist jetzt geteilt. Jede Einheit ist sozusagen in einem Behälter eingepackt und bei diesem Vorgang entstehen in diesem *Atma* mehrere Teilungen.

---

[7] Früher wurden Flüssigkeiten und feste Stoffe oft als getrennte Wesenseinheiten behandelt, was zur Physik der festen und flüssigen Körper geführt hat. Heutzutage werden die beiden Zweige als „Physik der verdichteten Materie" behandelt.

Neben dem Individuum mit einem ersten Knoten entsteht ein weiteres Individuum, wenn ein zweiter Knoten geknüpft wird; mit noch weiteren Knoten entstehen noch weitere Individuen. So werden mehrere Individuen in dem *Rasa* erschaffen, der in sich selbst eins ist. Aus einem Tropfen des Wassers gehen Keime, Sprossen, Samen, Äste, Blätter und Früchte hervor. In all diesen „Schöpfungen" verändert sich nicht der *Rasa* als solcher. Nur die *Bala* hat sich verändert. Immer neue *Balas* sind hinzugekommen, eins auf den anderen gesetzt.

Diese ständige Aufeinanderfolge von Knoten und Bindungen entwickelt sich zu einem Individuum, einem Wesen, das wir als das Universum beschreiben. Mit der Auflösung der aufeinander folgenden Knoten von *Bala* kehrt das Individuum Schritt um Schritt zu seiner ursprünglichen Form zurück. Endlich von allen Fesseln befreit bleibt nur der reine *Rasa* übrig, mit all den *Balas* still auf seiner ruhigen Oberfläche liegend, ohne jeglichen Knoten. Dieser Zustand wird als die Befreiung des *Atma* beschrieben. In diesem Zustand bleibt er in seiner reinen Form bzw. in der Form von *Rasa*.

Umgekehrt, mit der Anhäufung von Knoten über Knoten nimmt der *Atma* die Form von *Mana*, *Prana* und *Wak* an. Im weiteren Verlauf dieses Prozesses entstehen dann: der Raum, die Luft, die Sonne, das Wasser, die Erde, die Mineralien, die Pflanzen, die Bäume und die Körper empfindender Wesen. Der *Atma* wird im Körper in „Hörigkeit" eingehüllt. Alle die genannten Dinge beinhalten Materie. Also kann dieser eben beschriebene Vorgang als die Herstellung von Materie aus Energie angesehen werden.

Was am Anfang vibrierte und ein gewisses Bewußtsein besaß wird wegen der Vermehrung der *Bala* träge. Aber sie strebt nach Befreiung, indem sie in den Körper eindringt und Bewußtsein entwickelt. Während sich nach und nach das Bewußtsein entwickelt, entsteht aus dem groben Zustand des Körpers der Zustand des reinen *Rasa*. Was im Körper eingeschlossen ist und mal als Glück und mal als Unglück erfahren wird, wandelt sich in den Zustand höchster Freude um. Eine solche vollständige Befreiung, eine vollständige Beseitigung des Keims der Hörigkeit, kann nur durch besondere Anstrengungen erreicht werden Die Vorgänge der Bildung von Knoten und deren Häufung über einander können für immer gestoppt werden. Diese besondere Anstrengung wird als *Vijnana* beschrieben. Es stellt sicher, daß die Hörigkeit nicht wieder kommt. Die vollständige Befreiung ist nur über vollständige Selbstverwirklichung möglich, jener Weg um sich vollständige Kenntnis über den *Atma* anzueignen. Weil es extrem schwer ist, den *Atma* zu begreifen (Selbstverwirklichung zu erlangen), wurde ein leichterer Weg entworfen, und dies ist der Weg über die *Upasana*.

Jeevas Verstand ist unbeständig und flüchtig, aber der Verstand von *Ishwara* ist total friedlich und regungslos. Dies ist so, weil *Jeevas* Wahrnehmung beschränkt und von Ignoranz (*Avidya*) umhüllt ist. Aus diesem Zustand der Ignoranz treten Ursachen von Angst, Trauer und Unglück hervor, während die Wahrnehmung vom *Ishwara* alles durchdringt und nicht von Ignoranz beeinträchtigt ist. So treten in ihm keine Ursachen für Trauer, Unglück und so weiter hervor, so bleibt sein Erkenntnisfeld stabil und harmonisch.

Gelingt es einem *Jeeva* die Neigungen seines Verstandes durch Übungen des *Yogas* zu regulieren und so seinen Verstand zu stabilisieren, geht er im Verstand *Ishwaras* auf und beide erreichen dann vollständige Harmonie. Das ist die Bedeutung der *Upasana*. In der Praxis der *Upasana* setzt sich der Verstand vom *Jeeva* im Verstand von *Ishwara* fest und wird letzten Endes zu einem Teil von ihm; dies ist als *Bhakti* bekannt – ein Teil von *Ishwara* werden. Oft wird die *Bhakti* als „hingebende Frömmigkeit" übersetzt, aber aus diesen Erörterungen wird deutlich, daß das Wort „Frömmigkeit" nicht all die Feinheiten und Deutungen des Begriffs *Bhakti* übermittelt.

Stellen wir uns vor, wir schauen in einen Wasserteich, in dem sich unsere Augen widerspiegeln. Wir schauen in das Spiegelbild. Es wird in unsere Augen zurückgestrahlt. Wenn die Augen unbewegt bleiben, aber das Spiegelbild im Wasser flackert, können die beiden nicht mit einander in Harmonie sein. Wenn sich das Spiegelbild beruhigt hat und die Augen ruhig sind, wird Harmonie erreicht. Dies ist der Vorgang von *Upasana* und sie wird zur *Bhakti*, wenn das Spiegelbild unserer Augen in das Wasser zurückkehrt und ihre eigene Widerspiegelung sich in unsere Augen einprägt. Wenn dies diszipliniert praktiziert wird, fällt das Licht der Erkenntnis von *Ishwara* in großem Maße auf die Wahrnehmung vom *Jeeva* und erzeugt *yogische* Kräfte. Die Reichweite der Wahrnehmung im *Jeeva* wächst dramatisch, wenn sie sich mit dem Wissen *Ishwaras* verbindet. In diesem Vorgang wird die Kraft des *Yogas* offenbart.

Es gibt drei Arten von *Yoga*: *Karma Yoga, Bhakti Yoga* und *Jnana Yoga*. Tätigkeit und Wissen sind die zwei Hauptaspekte vom *Ishwara*. So kann ein *Jeeva*, wenn er so wünscht, den *Ishwara* und den *Parmeshwara* erreichen, auf dem Wege der Tätigkeit (*Karma Yoga*), oder, alternativ, darin eintauchend durch das Streben auf dem Wege des Wissens (*Jnana Yoga*).

Das Universum: Innen und außen

Der Vorgang der Herstellung der Gemeinschaft mit dem *Ishwara* ist *Yoga*, was eigentlich der Vorgang des Eingehens von *Jeeva* in *Ishwara* ist. Wird dies durch eine Verschmelzung von Wissen und Taten erreicht, so wird der Weg *Bhakti Yoga* genannt. Unter diesen drei Arten von *Yoga* wird dem *Karma Yoga* große Bedeutung beigemessen, weil er die Kraft des Handelns der *Jeevas* erhöht. Mit der Stärkung dieser Kraft kann eine Person ihr Potential in viel größerem Maß verwirklichen. Der *Bhakti Yoga* ist eine einfache Methode, die zur Fähigkeit verhilft, *Jnana Yoga* zu erreichen, der wiederum den *Jeeva* in die Lage versetzt, seine beschränkte Wahrnehmung mit dem totalen Bewußtsein vom *Ishwara* zu verschmelzen.

Die *Upasana* will in der Hauptsache den *Jeeva* zum *Ishwara* führen. Dazu stehen zwei Wege offen: einen Teil unseres *Atmas* mit dem *Parmatma*[8] zu verbinden oder einen Teil von *Parmatma* mit einem Teil vom *Jeeva* zu verbinden. Der *Jeeva* liefert sich auf beiden Wegen dem *Ishwara* total aus, der vollständig und ganz ist, und dieses sich Einbringen ist die Hauptform von *Upasana*. Die ganze Welt ist das Werk vom *Ishwara*. Wenn also ein Jeeva sein Werk – erkennbar in der Form des äußeren Universums – dem Ishwara ausliefert, liefert der *Jeeva* eigentlich sein Bewußtsein jenem des *Ishwaras* aus. Dies ist die erste Form der *Upasana*.

Das Wissen über Ursprung, Existenz und Ende eines Gegenstandes und über deren Wechselbeziehungen wird *Vidya* genannt. All dieses Wissen ist eine Offenbarung vom *Parmeshwara*, dem höchsten *Ishwara*. Je mehr wir uns diese *Vidyas* aneignen, desto mehr kommen wir in Berührung mit den Offenbarungen vom *Ishwara*. Anders ausgedrückt, wir bringen unseren *Atma* in Berührung mit dem *Atma* von *Parmeshwara*. Wäre es möglich, Wissen über jeden Gegenstand im Universum zu erlangen, würde unser *Atma* mit dem *Atma* von *Parmeshwara* eins werden. Dieses kann aber nie geschehen, weil der Erwerb des totalen Wissens jenseits der Fähigkeit menschlicher Wesen liegt. Für Menschen ist es leichter dazu zu kommen, seinen eigenen *Atma* zu verstehen. Denn dieser besteht aus der Sammlung kleiner Mengen der zahlreichen supraphysikalischen Energien, die das Universum ausmachen.

Weil unser *Atma* ein winziges Aggregat aller supraphysikalischen Energien ist, lernen wir das ganze Universum kennen, wenn wir ihn kennen. Verstehen wir den Mikrokosmos, können wir den Makrokosmos verstehen. Wenn wir unseren eigenen *Atma* richtig begreifen, kennen

---

[8] *Atma* ist für *Parmatma* das was *Jeeva* für *Ishwara* ist.

wir das gesamte Universum, denn es gibt keine andere Offenbarung vom *Ishwara* außer das Universum. Das Universum zu kennen heißt deshalb, den *Ishwara* zu kennen. Unser *Jeeva* wird vom Bewußtsein *Ishwaras* durchdrungen bis es zwischen den beiden keine Unterscheidung mehr gibt. Diese ist die Form der *Upasana*, die durch die Verfolgung von *Jnana* Yoga erreicht wird.

Karma Yoga, *Bhakti Yoga* und *Jnana Yoga* sind die Wege zur *Upasana*. Selbst wenn wir uns nicht voll und ganz auf diese Reise einbringen können, so könnten wir eine kurze Strecke auf diesen Wegen gehen. Auch ein kurzer Gang ist von immensem Nutzen. Die *Sanskaras* (gewohnheitsmäßige Neigungen), die wir bilden, wenn wir uns auf diesen Weg begeben, hinterlassen ihre Spuren auf unserem *Atma*, so daß spätere Gänge auf diesem Wege leicht und spontan werden. Es entsteht in uns auch ein mächtiger Impuls, auf diesen Wegen weiter zu schreiten. Alle Formen der *Upasana* steigern die Kraft des *Atmas* eines *Jeevas*. Ein Gefühl des Unbehagens bei der Ausübung von *Upasana* ist ein Zeichen dafür, daß man die *Upasana* nicht richtig ausführt. Man sollte für diesen Fall die Führung eines Gurus, eines vollendeten Meisters, suchen.

Um kurz zusammen zu fassen: Das gesamte Universum besteht aus zwei feinen supraphysikalischen Bestandteilen, *Rasa* und *Bala*. Während *Rasa* still und einförmig bleibt, gärt *Bala* ständig und nimmt zahlreiche Formen an. Trotz ihrer widersprüchlichen Eigenschaften sind sie nicht von einander getrennt. Das Universum entsteht indem sie zusammenkommen. Wenn sich Massen von *Bala* auf *Rasa* anhäufen, bildet sich ein Knoten heraus, der "Herzknoten". Wenn eine einzelne *Bala* auf den Knoten herunter kommt, verursacht sie lediglich Erregung; aber wenn *Bala* mit *Rasa* zusammen kommt, bildet sich ein weiterer Knoten, und so setzt sich der Vorgang fort. Würden diese Knoten aufgelöst, wäre es möglich, zur ursprünglichen Form zurückzukehren. *Rasa* wird *Atma* genannt, und diese Knoten sind die Ursache für *Atmas* „Hörigkeit". Sich aus dieser Knechtschaft zu befreien bzw. diese Knoten zu lösen, ist die Befreiung. Die Befreiung ist die größte aller Errungenschaften.

Das, was ohne Anfang und ohne Ende ist, ohne Grenzen, alles durchdringend, still, harmonisch und mit Bewußtsein getränkt, wird *Rasa*, *Atma* oder *Brahma* genannt. Die *Bala* dagegen ist ein einzigartiger Bestandteil mit einem Anfang und einem Ende, eingeschränkt durch Grenzen, eingeschlossen, in Gärung, voller Dunkelheit, mit vielen Formen und eingetaucht in *Rasa*. Dieser einzigartige Bestandteil ist auch als *Maya* bekannt.

Das Auftauchen von *Bala* in *Rasa* ist *Srishti* (Schöpfung), und das Eintauchen bzw. die Auflösung von *Bala* in *Rasa* wird *Pralaya* (Zerstörung) genannt. Im Schöpfungsprozeß ist die *Bala* mit dem *Rasa* so verwoben, daß der *Rasa* als an die *Bala* angebunden erscheint. Viele Anhäufungen von *Bala* sammeln sich in *Rasa*, so daß die ganze Welt als träge erscheint. Wenn die *Bala* sehr schwach wird, beginnt der *Rasa* – der voller Bewußtsein ist – sich zu behaupten und wird erkennbar. Dies wird als Erkenntnis oder Bewußtsein beschrieben.

Das Bewußtsein ist das Leben. Individuen mit Bewußtsein sind, wie wir wissen, lebendig. In einigen Lebewesen ist die *Bala* so geschwächt, daß das Bewußtsein, das eine Offenbarung des *Rasa* ist, sehr deutlich sichtbar ist. Solche Wesen werden menschliche Wesen genannt. Bei Menschen steigert sich das Bewußtsein dermaßen, daß ein menschliches Wesen die Fähigkeit entwickelt, daran zu arbeiten, sich von den Resten der *Bala* zu befreien. Diese Arbeit heißt *Vijnana*. Wenn der *Atma* das Bewußtsein voll und ganz erreicht, wird die Knechtschaft von der *Bala* gebrochen, auch wenn die *Bala* immer noch vorhanden sein mag. Dieses Selbstbewußtsein bzw. Selbstverwirklichung, ist die Befreiung. Weil der Weg, den *Atma* zu erkennen, extrem schwierig ist, wurde als eine Hilfestellung der leichtere Weg der *Upasana* entwickelt.

Eine tiefer gehendere Analyse offenbart, daß es neben dem *Jeeva* und dem *Ishwara* einen *Parmeshwara*[9] gibt. Diese drei grundlegenden und unabänderlichen Wirklichkeiten werden wir weiter untersuchen.

---

[9] vgl. auch Kapitel „*Jeeva, Ishwara* und *Parmeshwara*".

KAPITEL ACHT – Im Inneren des supraphysikalischen Universums

ko addha veda ka iha vochat
kuta ajata kutam ayam vishrishtih
awakdeva asya visrjanena
yatha vedavatam ababhoova

Wer weiß es wirklich?
Wer kann erklären woher es kommt?
Und wohin es verschwindet?
Viel später wurden die supraphysikalischen Energien freigesetzt.
Wer weiß wodurch sie entstanden sind?

RIK VEDA 10:129:6

Eine Erkundung innerhalb des supraphysikalischen Universums führt uns schrittweise zu feineren Ebenen der Wirklichkeit. Die primären Werkzeuge, mit denen wir jene Wirklichkeit begreifen, sind unsere Sinne. Wir bauen auf die Sensibilität unseres Verstandes und auf die Fähigkeit unseres Intellekts, um neue Ebenen der Feinheit und Komplexität zu erfassen. Bei der Fortsetzung der Erkundung erleben wir, wie ein Schleier gelüftet wird, dann ein weiterer und noch ein weiterer. Und dieser Prozeß setzt sich fort. An jeder Phase dieses Prozesses entstehen Fragen und treten Zweifel auf. Die Seherwissenschaftler haben diese Fragen geahnt und sich bemüht, Antworten darauf zu geben. In einem tieferen Sinne ist diese Erkundung eigentlich ein Dialog mit unserem „Ich". Die Fragen entstehen und die Antworten stellen sich ein, in dem Maße, in dem unsere Erfahrung sich vertieft und die Reise weiter geht.

Anmerkung des Verfassers

DER *VEDA* IST DIE „SUPRAPHYSIKALISCHE SUBSTANZ", EINE andere Art von Energie, die es uns ermöglicht, einen Gegenstand zu erkennen. Es ist dessen Wahrnehmung, die den „Beweis" der Existenz jenes Gegenstandes liefert. Er schwebt in unserer Wahrnehmung und deswegen existiert er. Wir können auch sagen, er schwebt in unserer Wahrnehmung, also existiert er. Der *Veda* ist die Grundlage der Wahrnehmung und der Existenz. Das Wort „Veda" entspringt der Wurzel *Vid*, was „Wissen" und „Existenz" bedeutet. Anders ausgedrückt, das, was ein Ding erkennbar macht, ist Veda.

Alles im Universum ist ein zusammengesetzter Ausdruck der drei Veden, von *Rik*, *Sama* und *Yaju*. Jeder Gegenstand besitzt sein eigenes *Rik*, *Sama* und *Yaju*. Rund um einen Gegenstand erzeugt *Sama* zahlreiche unsichtbare kreisförmige Felder. Jedes Feld hat eine Ausdehnung von 360 Grad. Jedes Feld ist größer als das vorangegangene Feld. Der durch kleinere Kreise belegte „Raum", der einem Gegenstand am nächsten ist, ist sehr viel kleiner als jener der größeren weiter entfernten Kreise. Der größte Kreis befindet sich an der Stelle, welche die Grenze der Sichtbarkeit jenes Gegenstandes markiert. Der Gegenstand wird sichtbar, wenn wir uns der Grenzlinie der uns am nächsten gelegenen Seite des Gegenstands zu neigen. Sobald wir unseren Blick zur anderen Seite der Grenzlinie wenden, wird der Gegenstand unsichtbar.

Der gesamte Raum zwischen der Grenzlinie und der Rückseite des einzelnen Gegenstandes ist von *Sama* durchdrungen. Wir teilen die Gesamtheit dieses *Sama* in 1000 Einheiten. Jeder einzelne Gegenstand ist von *Sama*-Wellen eingekreist und befindet sich in deren Mitte. So wie von Schallwellen. Keines dieser 1000 *Sama*-Kreise ist für das bloße Auge sichtbar. Dennoch bleibt der jeweilige Gegenstand so lange sichtbar, wie sich unsere Augen innerhalb des von diesen Kreisen belegten Raumes befinden. Wenn sich unsere Augen von jenem vom *Sama*-Kreis belegten Raum abwenden, sehen wie ihn nicht mehr. Solange wir also unsere Augen innerhalb des *Sama*-Raumes halten, bleibt er in irgend einer Form sichtbar. Der *Sama*-Raum ist vollständig durchdrungen von der „Substanz" des Gegenstandes. So wie ein Wassertank mit Millionen Wassertropfen gefüllt ist. Wo wir auch unsere Hand eintauchen ist Wasser. So ist das Meer von *Sama* mit zahlreichen Formen und Gestalten mit ihrer „Substanz" (*Rik*) gefüllt. Wohin wir auch den Blick richten, sehen wir die Form, die an diesem besonderen Punkt unseren Augen begegnet. Aber es gibt einen interessanten Unterschied. Alle Wassertropfen im Tank sind ähnlich. Die „Substanz" in diesem Meer von *Sama* nimmt aber verschiedene Formen und Größen an.

Die Formen innerhalb eines jeden der 1000 *Sama*–Kreise sind gleich, aber die Ausmaße in den Feldern der äußeren Kreise sind kleiner als jene in den inneren Kreisen. Das größte Ausmaß eines Gegenstandes ist jener, den wir mit unseren Händen berühren können. Die kleinen an den äußeren Rändern der *Sama*–Kreise sehen fast wie ein Punkt aus. Diese zahlreichen Formen, die das Meer von *Sama* füllen, sind als *Rik* bekannt.

Alles Leuchtende zeigt die Präsenz von *Sama* an.[1] Die Sonne, die Sterne und eine Lampe haben die Eigenschaft des Glanzes. Unabhängig von der Art bewirkt *Sama* das Leuchten bzw. den Glanz in diesen einzelnen Gegenständen, und ein bestimmter Anteil des Glanzes verbleibt wie eine Flamme im Herzen der Quelle. Strahlen gehen kreisförmig von dieser Mitte aus, ohne Hindernis bzw. Schwierigkeit für jene zu verursachen, die sich innerhalb dieses Kreises bewegen. Der Lichtkreis bleibt aber fest verankert mit der Flamme in der Mitte. Das Licht kann nur beseitigt werden, wenn die Flamme beseitigt wird. Das Licht kann auch aufgehellt oder abgedunkelt werden, indem die Flamme verstärkt oder verringert wird. Jedes einzelne Ding im Universum ist eine „Flamme" mit um ihn herum gebildeten Kreisen, die sich ausdehnen in weite Entfernung.

Das Wort *Akasha* ist abgeleitet von der Wurzel *a-kasha* und bedeutet „scheinen", „sichtbar sein". Es hat einige Verfeinerungen, aber seit einem längeren Zeitraum bedeutet es nun „Raum". Der *Akasha* ist das feinste der *pancha Mahabhootas*, der fünf Grundelemente. Die anderen vier sind: *Wayu* (Luft/Wind), *Teja* bzw. *Agni* (Sonne bzw. Feuer), *Jala* (Wasser) und *Prithwi* (Erde). Als das feinste Element liefert der *Akasha* Platz für alle weitere Schöpfung. Manchmal wird er als Fülle und manchmal als Leere begriffen. Er scheint je nach den Beigaben zu variieren, aber in Wirklichkeit ist er eins. Der *Akasha* (der Raum) läßt die Dinge sichtbar werden; er erlaubt ihnen, sich zu offenbaren. Der *Akasha* ist das, worin die Sonne und andere leuchtende Wesen scheinen.

Stellen wir uns den weiten *Akasha*, den allumfassenden Himmel, als einen Kreis vor. So wird dieser ein *Sama*–Kreis. Unzählige Formen dieser „Flamme" – die einzelnen oben erwähnten Dinge – sind innerhalb dieses Kreises vorhanden, obwohl wir sie nicht sehen. Würden wir in diesem Kreis einen Spiegel stellen, werden wir darin nur eine Flamme sehen. Sollten wir aber 1000 Spiegel innerhalb des Kreises stellen, so würden wir 1000 Flammen sehen. Anders ausgedrückt, obwohl es unzählige Flammen gibt, werden diese als unterschiedliche Flammen

---

[1] *sarvam tejah sam roopam hi shashwat* – *Tatteriya Brahmana* 12:9:2:3.

nur dann sichtbar, wenn sie sich in einem Spiegel bzw. an einem spiegelähnlichen Gegenstand widerspiegeln. Natürlich „kreiert" der Spiegel nicht das Bild. Täte er dies, würde ein Teil des Spiegels beim Kreieren des Bildes verbraucht, was nicht geschieht. Der Spiegel bleibt völlig unberührt, während er das Bild schafft bzw. offenbart. Eigentlich wird die Flamme, die im *Akasha* bereits vorhanden ist, für uns als Spiegelbild sichtbar, wenn sie im Spiegel unsere Augen erreicht. Alle diese Flammen im Lichtkreis sind *Rik*.

Wenn man gerade Linien vom Mittelpunkt des *Sama*-Kreises in alle Richtungen zöge, würde sich der Abstand zwischen ihnen kontinuierlich ausweiten. Die *Rik*-Wellen dagegen verringern ihren Durchmesser in dem Maße, in dem sie sich vom Mittelpunkt zur Grenze von *Sama* entfernen. Dies ist der Grund, weswegen ein Gegenstand größer aussieht, wenn wir ihm nahe sind, und kleiner, wenn wir uns von ihm weiter entfernen. Dieses wird in den folgenden Bildern erläutert.

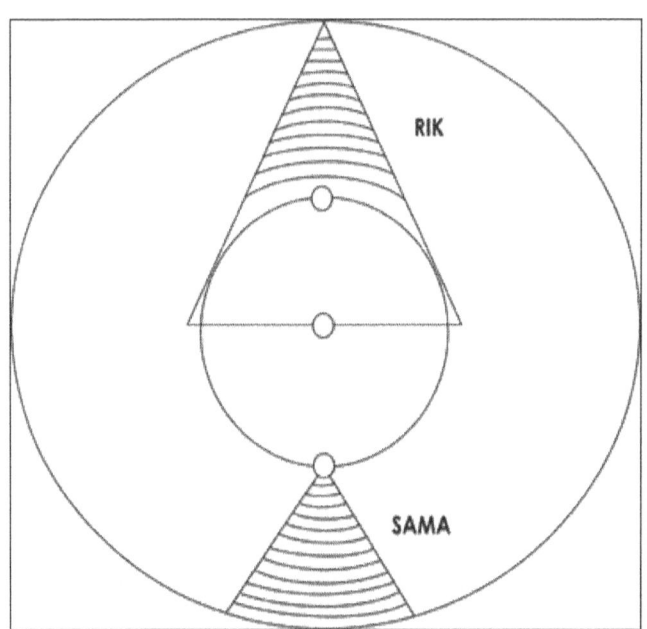

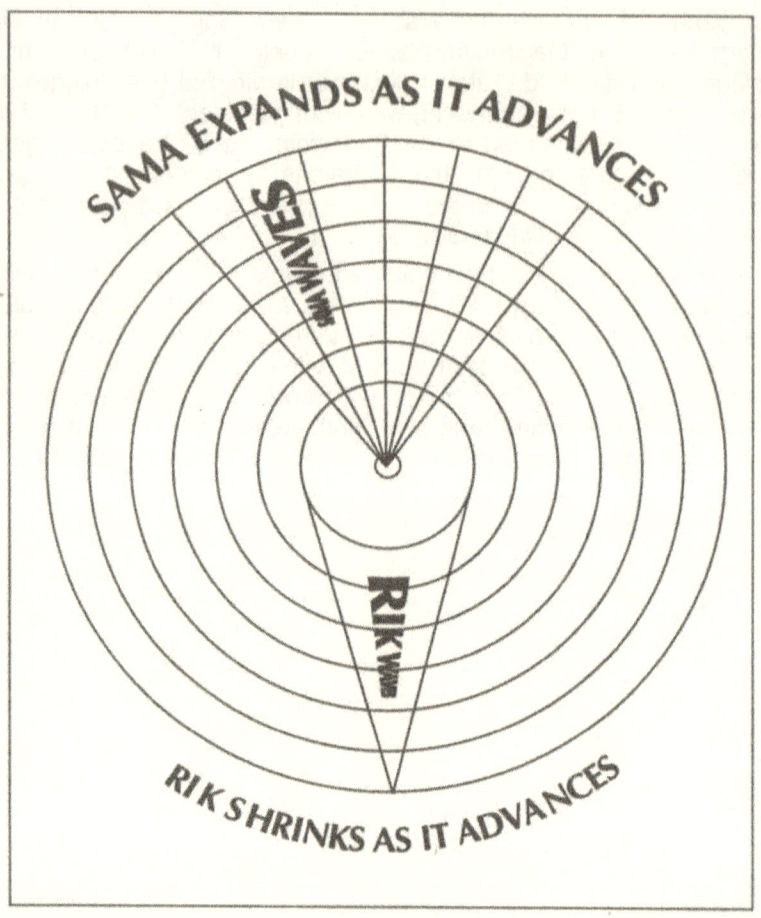

Ob sich ein Gegenstand über, unter oder in einer Tangente zu uns befindet, er wird stets kleiner erscheinen, wenn sich die Entfernung vergrößert. Die Sonne, der Mond und die Sterne erscheinen in unseren Augen klein, unabhängig von der Tatsache, daß die Erde rund ist. Die Sonne ist größer als die Erde, mit einem Durchmesser von 11.393.000 km – mehr als das Hundertfache des Erddurchmessers. Die Venus ist wiederum größer als die Sonne. Diese Himmelskörper erscheinen uns kleiner oder größer im Verhältnis zu einander wegen der Entfernung, die von der Größe des *Riks* bestimmt wird.

Ob ein Individuum (Ding) selbst leuchtet oder von einer anderen Lichtquelle reflektiert oder matt ist, es leitet seinen Veda doch von der Sonne ab, welche die sichtbare Verkörperung vom Veda ist. Wenn wir in der grellen Sonne einer Wüste stehen und aus einer Entfernung auf die weite Sandfläche schauen, sehen wir eine Fata Morgana. Wir sehen Wellen auf einer Wasserfläche. An dieser Spiegelung sind nicht unsere Augen schuld. Die Sonnenstrahlen werden abgelenkt, nachdem sie den Sand getroffen haben. Beim Zurückkommen prallen sie auf die Strahlen, die von der Sonne zur Erde kommen. Dies verursacht jene Wellen. Die sengende Hitze der Sonne macht die Luft heiß, diese heiße Luftschicht steigt an, nachdem sie leicht geworden ist, und das erzeugt in der Luft eine Welle. Diese Wellen ähneln jenen im Wasser, weil aber der Mensch nicht an Luftwellen oder Wellen von Sonnenstrahlen gewöhnt ist, entsinnt er sich der Wellen auf einer Wasserfläche, mit denen er vertraut ist, und täuscht sich selbst. Der Fehler bzw. diese Wahrnehmung liegt daher beim Verstand und nicht bei den Augen. Die Augen empfangen nur das Bild der Wellen, aber diese mit Wasser in Verbindung zu bringen, ist die Funktion des Verstandes.

Die Schlange und das Seil

Nehmen wir das Beispiel der Schlange im Seil. Unsere Augen sehen den krummen und den schwarzen Teil eines Seils, der einer Schlange ähnelt. Unsere Augen als solche entscheiden nicht, ob es sich um ein Seil oder aber um eine Schlange handelt. Es ist unser Verstand, der zwischen den Eigenschaften eines Seils und jenen einer Schlange in Verwirrung gerät und annimmt, daß das Seil eigentlich eine Schlange ist. Das ist daher ein Defekt des Verstandes und nicht der Augen.

Bedeutet dies, daß unsere Augen ein zuverlässiges Ablesegerät für die Wirklichkeit sind? Die Seherwissenschaftler haben diese Frage sehr eingehend untersucht. Eine Person ist als Erwachsener anders als in ihrer Kindheit, und im Alter wiederum anders als ein Erwachsener. Wir können unseren Augen vorhalten, daß sie trotz dieser Veränderungen jene Person als ein und dasselbe Individuum sehen. Diese von unseren Augen zur selben Zeit übermittelte Botschaft sagt uns, daß sich ein Kind und eine alte Person unterscheiden, aber dennoch das selbe Individuum sind. Aus dieser uns von unseren Augen übermittelten Botschaft heraus behandeln wir die Person ungeachtet der Veränderungen als die selbe. Diese widersprüchlichen Botschaften bedeuten sicherlich, daß eine davon falsch sein muß, oder daß sie beide falsch sein können. Daher können unsere Augen, die uns in diesem Fall die falsche Botschaft senden, nicht als ein zuverlässiges Instrument für die Erfassung der Wirklichkeit angesehen werden. Aber sind wir nicht vorschnell mit der Schlußfolgerung ohne angemessene Untersuchung? Schreiten wir ein wenig weiter.

Der Körper und das innere Selbst

Ein Mensch kann in zwei Bestandteile geteilt werden: der Körper und das innere Selbst. Der Körper bleibt auch nach dem Tode greifbar, bis er in die Grundelemente – Erde, Wasser und dergleichen – zerfällt. Das innere Selbst ist jener feine, subtile Teil einer Person, der dem Körper zu Lebzeiten Bewegung ermöglicht, nach dem Tode aber nicht mehr zugänglich ist. Es hat Wünsche, es erzeugt Aktivität, es bewirkt Bewegung und leitet Aktion ein. Es hat keine Form, aber die Kraft, den Körper auszufüllen und ihn zu tragen.

Der Tod trennt den Körper und das innere Selbst. Der Körper durchläuft zwischen Geburt und Tod physische „Veränderungen". Kindheit, Erwachsenenzustand und Alter sind drei markante Phasen des Körpers, aber diese Einteilung kann verfeinert werden, wenn wir den Körper genauer anschauen. Folgende sechs Phasen sind offensichtlich: er wird *geboren*; er fährt fort zu *existieren*; im Laufe seiner Existenz *wächst* er; er *ändert sich*; er *verfällt*; und letztlich *stirbt* er.

Anders ausgedrückt, der Körper macht diese sechs Phasen eines Menschen erkennbar. Sie werden auch die „Wandlungen des Körpers" genannt. Keine dieser sechs Wandlungen findet aber im inneren Selbst statt, das keine „Wandlungen" hat, keiner Umwandlung unterliegt. Das innere Selbst bleibt von der Geburt bis zum Tod dasselbe.

„Aham" ist das innere Selbst und bedeutet fortwährend das Gefühl, „ich bin". Oft wird es ‚das Selbst' genannt. Das Gefühl des „Ich-seins" schwebt ohne Änderung fort von der Geburt bis zum Tode, während der Körper (der das innere Selbst umhüllt) seinen Zustand von einem Augenblick zum anderen ändert und sich zahlreichen Umwandlungen unterzieht. Von den beiden Bestandteilen des Menschen ist der eine unveränderlich, während der andere ständigen Veränderungen unterliegt. (Dies wird ausführlich im Kapitel „Methoden der Analyse" erörtert). Tatsächlich kann in jedem Individuum gleichzeitig eine Identität wie auch eine Verschiedenheit beobachtet werden.

Kein Sinnesorgan kann alle Aspekte eines Gegenstandes erreichen, weil die Funktionsbereiche eines jeden Sinnes klar abgegrenzt sind. Ein Sinnesorgan ist ein Beweisinstrument nur für die ihm zugewiesenen Bereiche. Die Augen beispielsweise sind für die Form zuständig und haben keinen Zugang zu Laut oder Geruch. Wenn ein Sinnesorgan die ihm zugewiesene Aufgabe unbefriedigend löst, weil ein Hindernis zwischen ihm und dem Bereich aufgetreten ist, kann das Sinnesorgan dafür nicht verantwortlich gemacht werden. Ein Hindernis unterminiert nicht die Zuverlässigkeit eines Beweisinstruments. Wenn sich eine Wolke zwischen unsere Augen und die Sonne schiebt und uns der Sicht des Sonnenlichtes beraubt, schließen wir nicht daraus, daß die Sonne kein Licht hat. So ist es richtig, die Prämisse zu akzeptieren, daß die Sinnesorgane zuverlässige Werkzeuge für die Beschaffung von Beweisen bleiben. Funktionieren sie mal nicht, müssen wir nach den Ursachen suchen.

Die Sonnenstrahlen scheinen rot, gelb oder grün, wenn sie durch ein entsprechendes Glas gehen. Das rote, gelbe oder grüne Licht beweist lediglich, daß das Licht durch ein Glas jener Farbe gegangen ist. Nach dieser unserer Untersuchung können wir schließen, daß die Sinne ein Mittel für den „Beweis" der Wirklichkeit bleiben.

Der Verstand: Ein weiteres Beweismittel der Wirklichkeit

Der Verstand ist ein Werkzeug, um die Wirklichkeit zu beweisen. Er ist ein Mittel, um Dinge wahrzunehmen. Er ist ein Medium der Wahrnehmung. Er nimmt manchmal auch Falsches wahr, macht also Fehler. Aber falsche Wahrnehmung ist auch eine Variante der Wahrnehmung, die wegen Defekten und Schwächen zustande kommt. Wir wissen schon, daß ein Seil mit einer Schlange zu verwechseln, eine falsche Wahrnehmung ist. Die Wahrnehmung ist eine Funktion des Verstandes und eine falsche Wahrnehmung ist die Folge des Defekts. Der Verstand erledigt seine jeweiligen Aufgaben. Nur sollte die vom Defekt verursachte Fälschung nicht dem Verstand angelastet werden.

Wissen und Existenz

Wissen und Existenz sind in diesem Universum mit einander verwoben. Wir können nur etwas erkennen, wenn es existiert, und etwas existiert nur, wenn es in unserem Wahrnehmungskreis ist. Das Wort „Inder" bezeichnet die Menschen eines Landes namens Indien für jene Menschen, die von der Existenz dieses Landes wissen. Nur wem die Existenz der Ureinwohner Amerikas bewußt ist – die als „Indianer" bekannt sind –, wird das Wort „Indianer" etwas bedeuten. Entsprechend existieren „Indianer" in Amerika nur, wenn wir von ihnen wissen. Wenn wir von ihnen nicht wissen, existieren sie für uns nicht. Die Dinge, die

Menschen auf diesem Planeten unbekannt sind, existieren für sie nicht. Sie werden „existent", nur wenn sie über sie Kenntnis erlangen.

Das hier erörterte Wissen erreicht bzw. erlangt einen Gegenstand auf zwei Wegen: Wenn wir von der Existenz eines Gegenstandes wissen, haben wir ihn „erreicht". Und wenn wir einen existierenden Gegenstand „erwerben" bzw. „erlangen", haben wir ihn „erreicht". Das, was wir „erreichen" bzw. „erlangen", ist Fakt bzw. Wirklichkeit.

Was ist der Beweis für die Wirklichkeit? Das, was uns ermöglicht, die Wirklichkeit zu erkennen, ist deren Beweis. Die Voraussetzung ist, daß wir ein Ding exakt so kennen, wie es ist. Wir kennen die Wirklichkeit von etwas, wenn unsere Kenntnis dem Ding vollständig entspricht. Wir sehen den Mond am Himmel, weil es am Himmel einen Mond gibt. Dieses Wissen wird uns durch unsere Augen oder durch eine zuverlässige Quelle übermittelt. Sollten wir aber am Himmel 10 Monde gleichzeitig sehen, so wäre dies das Ergebnis eines Defektes in unseren Augen. In der abschließenden Analyse sind Wahrnehmung und Existenz unteilbar. Etwas, was in unsere Wahrnehmung eingegangen ist, kommt auch zur Existenz. Pragmatiker behaupten, daß, was in die Wahrnehmung eingetreten ist, hinsichtlich seiner Existenz überprüft werden muß, weil eine Wahrnehmung ohne Existenz eine Täuschung wäre. Diese Behauptung ist aber falsch, weil Wahrnehmung und Existenz nicht getrennt werden können.

Die Funktion des Verstandes ist Aufklärung, Licht auf die Wirklichkeit zu werfen. Danach ist seine Aufgabe beendet. Defekte bzw. Schwächen schleichen sich durch verschiedene Schlupflöcher ein, wie schadhafte Sinnesorgane oder als Schatten von Wallungen und Begierden. Die Art, wie man sich bemüht, die Wirklichkeit zu erkennen, kann auch Defekte verursachen. Wenn unsere Sehschärfe schadhaft ist, wären wir unfähig, einen Gegenstand zu sehen, weil er zu weit entfernt (oder zu nah) ist. Gewisse Mängel können eine Person der Fähigkeit berauben, den Duft einer Blume zu riechen, was selbstverständlich nicht bedeutet, daß die Blume keinen Duft hat. Wenn jemand sich ernsthaft „bemüht", die Wirklichkeit eines Seils zu erkennen, wird er das Seil sehen. Aber, wenn seine Bemühungen mangelhaft sind, wird er das Seil als eine Schlange sehen. Unvollständige Kenntnis eines Gegenstandes kann auch das Ergebnis mangelhaften bzw. verzerrten Verständnisses sein.

Die unmittelbare Erkenntnis hat drei Komponenten: jene gewonnen durch die Sinnesorgane, durch den Verstand und durch den *Atma*. Ohne den *Atma* würde es keine Erkenntnis geben. Wahrnehmung und Existenz sind Facetten zur Wirklichkeit. Diese Wirklichkeit „gewinnen" ist

Veda, und der *Veda* eines Gegenstandes ist „bewiesen", wenn er wahrgenommen ist, wenn er existiert und wenn er „erreicht" werden kann.

Die Identifizierung von *Jeeva*

Das Universum funkelt stets vor unseren Augen, wo wir auch sein mögen. Wir können nicht sagen, daß nichts vor uns liegt. Die Existenz des Universums ist so überzeugend, daß dieses keines weiteren Beweises bedarf. Würden wir aber das „Universum" vom „Funkeln" trennen, bliebe uns nur das „Licht" (was einen Gegenstand, also das Universum, sichtbar macht). Eine Untersuchung dieses Aspekts offenbart, daß das „Ich", das Selbst, die Quelle dieses „Lichts" ist. So wie die Sonne die Quelle des Lichts ist, das alle Dinge im Universum beleuchtet, so ist die Quelle des Lichts, welches das Universum beleuchtet, irgendwo in unserem Inneren. Jene Quelle in uns, die das Licht über das Universum verbreitet, ist das „Ich".

Trennten wir das „Licht" vom Universum, so würde nur das Bewußtsein (des Universums) oder jenes „Licht" übrig bleiben. Versuchten wir die Quelle jenes „Lichts" zu orten, würden wir nichts anderes finden als das „Ich". Es ist also das Selbst, das Entscheidungen nach angemessener Untersuchung auf der Grundlage von Vernunft fällt. Dabei könnte das Selbst aber beginnen zu zweifeln und etwas unsicher werden. *Aham* (Selbst) ist die Wirklichkeit, die Quelle allen Wissens. Die Beziehung des Selbst zu jenem Licht des Wissens ist so innig, daß die Erkenntnis der Wirklichkeit dieses Universums ohne das Selbst nicht bestehen kann, ebenso das Selbst nicht ohne jene Erkenntnis. Das Selbst *ist* jene Erkenntnis, und wenn das Universum im Lichte jener Erkenntnis glänzt, kann diese nicht falsch sein. Das, was wir mittels dieser Erkenntnis als Wirklichkeit gewinnen, ist *Jeeva*.

Wann immer Menschen (so auch Tiere) einen anderen der eigenen Gattung sehen, beginnt ein plötzlicher und spontaner Prozeß des Vergleichens, um die vergleichbare Stärke bzw. Schwäche herauszufinden. Bei der Annahme der Schwäche beginnt ein *Jeeva* sich in eine aggressive Stimmung zu steigern. Selbst wenn ein sichtbarer aggressiver Akt ausbleibt, spielt er Furchtlosigkeit und Unabhängigkeit vor, in dem ein spürbares Element von Arroganz vorhanden ist. Umgekehrt, also bei der Annahme der vergleichbaren Stärke, beginnt er zu schrumpfen. Es entsteht ein Wunsch zu fliehen. Bei der Annahme gleicher Stärke, beginnt ein *Jeeva* über das Verhalten des anderen zu spekulieren. Dort wo dieser Vergleich stattfindet, ist der Mittelpunkt von *Jeeva*.

Der *Jeeva* ist die Quelle woraus Wissen, Wahrnehmung und Bewußtsein des Universums entspringen. Der Mittelpunkt allen Bewußtseins, allen Wissens, ist das „Ich–sein" bzw. der *Jeeva*. Er ist auch die Quelle des Lichts von richtig und falsch, von wirklich und unwirklich.

Drei Haupt–*Atmas*

Die drei auffindbaren Haupt–*Atmas* im Körper sind *Agni*, *Wayu* und *Indra*. Sie bewirken die Wärme des Körpers, das Ein– und Ausatmen und das Funkeln der Augen beim Öffnen und Schließen der Lider. Alle drei sind eng miteinander verwoben und können ohne die anderen nicht existieren. Wenn diese *Atmas* in einem Körper offenbart sind, werden sie *Vaishwanara*, *Taijas* (oder *Sutratma*) und *Prajnyatma* genannt.

Die Wärme im Körper wird von der supraphysikalischen Energie des *Vaishwanara Agni* verursacht. Die supraphysikalische Energie, die mit Ein– und Ausatmen von Luft (*Wayu*) zu tun hat, heißt *Sutratma*. Und der *Indra* bewirkt das Öffnen und Schließen unserer Augenlider. Er sitzt im Gehirn, und seine Energiewellen werden gelegentlich in den Augen als leicht bläuliche oder grünliche Lichtfunken bemerkbar. Dieses Licht macht alles um uns herum sichtbar und hält unseren Körper am Leben.

Nach dem Seherwissenschaftler Talwakar ist der *Indra* die supraphysikalische Energie des Blitzes, den man manchmal aus den Wolken hervortreten und sich über den Himmel gabeln sieht. In ähnlicher Weise erlaubt der *Indra* unserem Verstand (der an das *Prana* gebunden ist) sich durch unser Bewußtsein zu bewegen.

Der *Indra* kommt aus der Sonne und wird in der Region hinter der Sonne, im *Dyau Loka* erzeugt. Der *Wayu* wird im Raum zwischen der Erde und der Sonne erzeugt, und der *Agni* ist ein Produkt der Erde. Diese drei supraphysikalischen Energien entstehen in unterschiedlichen Regionen, laufen im Körper zusammen, weilen aber an verschiedenen Standorten. Das Licht *Indras* strahlt vom Mund in den Kopf und läßt seinen Einfluß im gesamten Körper fühlen. Der *Wayu* hat seinen Platz in der Brust und der *Agni* im Magen. Auch diese beiden sind überall im Körper wirksam. Das gegenseitige Eindringen dieser supraphysikalischen Energien ist so absolut, daß mit der Vernichtung von einer auch die anderen beiden sofort zerstört werden. Es ist, als ob die drei mit einem einzigen Faden zusammen gesponnen wären, der reißt, wenn einer von ihnen zerstört wird.

Dieser Faden – die vierte Dimension – ist der *Jeeva*, der die einigende Kraft zu sein scheint. Der *Jeeva* ist nicht direkt erkennbar. So wie die drei *Atmas* ihren Ursprung in verschiedenen Regionen haben und im Körper Zuflucht finden, hat die supraphysikalische Substanz vom *Rasa* – die dem Mond zufließt – seinen Platz im Jeeva in Gestalt vom *Mana*. Somit gibt es fünf *Atmas* im Körper – *Agni*, *Wayu*, *Indra*, *Jeeva* und *Mana* – die in Harmonie bleiben, obwohl ein jeder eine charakteristische Funktion hat. Der *Atma*, der im Körper die anderen vier schützt, ist der *Jeeva*. Dieser ist das „Ich".

Die innere Welt

Das Bewußtsein von „Ich bin" ist unumstritten gültig. Es begründet die Identität des Wissenden. Wenn es aber einen Wissenden gibt, muß es so etwas geben, was man wissen kann, und es muß eine Intelligenz geben, die das Wissen hervorbringt. Somit umfaßt das Wissen den Wissenden, das Erkennbare und die Intelligenz. Wird ein Bestandteil des Bewußtseins wie beispielsweise der Wissende als wirklich und echt nachgewiesen, kann es keinen Zweifel darüber geben, daß etwas Erkennbares und die Intelligenz ebenfalls existieren. Es kann kein Wissen ohne einen Wissenden geben, aber dieser Wissende ist nur eine Komponente im dreifachen Vorgang der Erkenntnis. Den Wissenden, das Erkennbare und die Intelligenz als drei getrennte Kategorien anzusehen ist fehlerhaft, weil es kein Wissen in Abwesenheit einer dieser drei Komponenten gibt. Deshalb werden diese drei als Teile der Wahrnehmung einer einzigen Wirklichkeit angesehen. Sie sind drei Facetten eines wirklichen und vollendeten Wissens. Also nur wenn das „Ich" wirklich und echt ist, dann ist das Universum – als der Gegenstand meiner Wahrnehmung – auch wirklich und echt.

Aus dem Licht des Bewußtseins entsteht in erster Linie die Erkenntnis des Selbst – der Wissende wird erkannt. Entsprechend kann der Wissende auch als der Gegenstand des Bewußtseins betrachtet werden, ebenso die Intelligenz bzw. die Fähigkeit zu wissen. Und, was nicht erkennbar ist, kann nicht erkannt werden, und was nicht erkannt werden kann, kann nicht existieren. Ohne die Fähigkeit zu erkennen und ohne den Wissenden, würden wir nicht in der Lage sein, überhaupt etwas zu erfahren.

Der *Jeeva* als Wissender

Der Wissende, das Erkennbare und das Wissen verdanken ihre Bestätigung dem Wissenden allein, der *Jeeva* ist. Jenes Bewußtsein, das uns die Erkenntnis des Wissenden erschließt, ermöglicht uns auch die Erkenntnis über das Universum, also von dem, das erkennbar ist. In diesem dreiseitigen Bewußtsein wird das Universum als das Erkennbare, als der Gegenstand des Wissens betrachtet. In diesem Universum gibt es unbelebte Dinge wie Flüsse, Berge und so weiter, und auch belebte Dinge, die uns Menschen im Aufbau des Körpers und im Verhalten ähneln. Aber es gibt auch entscheidende Unterschiede wie verschiedene Standorte, Alter, Eigenschaften und Charakteristiken.

Ich bin ein *Jeeva*. Ich stelle ähnliche Eigenschaften bei anderen Wesen fest. Deshalb nenne ich sie auch *Jeeva*. Aber „sie" und „ich" können nie als identisch betrachtet werden, weil wir uns in unserem Alter, Körper, Standort usw. unterscheiden. Wir müssen daher anerkennen, daß wir alle unterschiedliche *Jeevas* sind, und daß es in unserem Universum unzählige *Jeevas* gibt.

Die moderne Forschung über das physikalische Universum besagt, daß die Sonne, der uns nächst gelegene Stern, das Leben auf der Erde spendet. Die Sterne sind in Galaxien, und unsere Sonne befindet sich in einer spiralförmigen Galaxie. Bislang sind vier Typen von Galaxien identifiziert. Die *vedischen* Wissenschaftler sagen, daß jede Sonne ein Universum reguliert und unzählige Sonnen regulieren unzählige Universen. Ähnlich ist die Sphäre des Bewußtseins eines jeden Menschen unterschiedlich, und der Regulierende dieser besonderen Sphären des Bewußtseins ist ein unterschiedlicher *Jeeva*. Wir erfahren unser bewußtes Sein und meinen, alles sei sein Objekt. Wir wissen, und alles andere ist das Erkennbare. So bin „ich" das Subjekt und die „anderen" sind die Objekte.

Das Gleiche gilt auch für andere. Aus deren Perspektive bin ich das Objekt ihrer Wahrnehmung und sie sind das „Selbst", der Wissende. So ist es schwierig zu entscheiden, wer Objekt von wessen Wahrnehmung ist. Deshalb ist es sinnvoll, jedes Individuum als einen getrennten *Jeeva* zu behandeln, welcher das ganze Universum zum Objekt seiner Wahrnehmung oder seines Wissens macht.

Die Wahrnehmung und die Existenz

Ich erfahre dieses Universum. Also schwebt das Universum in meinem Bewußtsein. Diese Erfahrung bzw. Wahrnehmung ist also das Fundament des Universums, und es ruht auf dieser Wahrnehmung. Gäbe es diese Wahrnehmung nicht, so gäbe es das Universum nicht. Da ich es erfahre, prüfe ich seine Existenz und meine Sphäre der

Innerhalb des Supraphysikalischen Universums

Wahrnehmung ist seine Basis. Ebenso bin ich die Quelle dieser Sphäre der Wahrnehmung; ich bin an der Wurzel dieser Erfahrung.

Die Sphäre der Erfahrung eines jeden Wissenden ist unterschiedlich. Folglich ist auch die in jenen Sphären der Wahrnehmung schwebende Welt unterschiedlich. Die in meiner Sphäre der Wahrnehmung schwebende Welt kann nicht die selbe sein, wie jene von Ramesh oder Robert. Manchmal können wir diesen Unterschied auf eine sehr augenfällige Art erfahren. Ich sehe den Sonnenaufgang in Indien, während John, dessen Standort 180 Grad entfernt von mir ist, an seinem Horizont den Sonnenuntergang sieht. Ein anderer in der Mitte zwischen uns sieht die Mittagssonne hoch im Himmel. Ein anderes Beispiel. Ich mag jemanden als meinen lieben Freund betrachten, während für Sie diese Person der schlimmste Feind sein könnte. Und genauso wie die Person A aus irgend einem Anlaß Freude erfährt, kann eine Person B eben aus diesem Anlaß Unglück erfahren. Diese und viele ähnliche Beispiele offenbaren eine unbegrenzte Zahl unterschiedlicher *Jeevas* mit unterschiedlichen Welten in ihrer Sphäre der Wahrnehmung. Während des Schlafs hört unsere Sphäre der Wahrnehmung vorübergehend auf zu funktionieren, und für diese Dauer hört auch unser Universum auf zu existieren. Aber andere, die zur selben Zeit wach sind, erfahren ihre Welt in ihren jeweiligen Sphären der Wahrnehmung ohne Unterbrechung.

Wir postulieren hier einen Einwand: wenn wir anerkennen, daß zahlreiche Individuen im Universum nicht lediglich Produkte der Empfindung sind, sondern real existieren, dann ist die Existenz eines Individuums nicht von der Wahrnehmung abhängig. Es ist eher die Wahrnehmung der Dinge, die von ihrer Existenz abhängig ist. Es könnte daher behauptet werden, daß die Existenz von Dingen unabhängig von deren Wahrnehmung ist. Selbst wenn die Wahrnehmung grenzenlos ist, werden Dinge nicht grenzenlos und überdies können verschiedene Leute das selbe Ding zur gleichen Zeit sehen.

Die wirksame Entgegnung zu diesem Einwand ist: die Tatsache, daß verschiedene Dinge im Universum aus Materie bestehen, beweist nicht, daß sie nicht der Wahrnehmung unterliegen. Wir geben beispielsweise zu, daß der Mond am Himmel nicht dort ist, weil wir ihn wahrnehmen, er ist seit jeher da gewesen. Es ist auch offensichtlich, daß wir den Mond wahrnehmen, wenn wir ihn sehen. Mögliche Erklärungen dafür sind: Erstens ist die Wahrnehmung in mir und der Mond ist am Himmel. Also, die beiden haben kein Verhältnis zueinander. Aber es ist ein Gesetz der Natur, daß die Wahrnehmung erfolgt, wenn etwas vor die Augen tritt.

Die zweite Erklärung ist, daß die Fähigkeit zur Wahrnehmung von meinen Augen zum Gegenstand wandert, ihn berührt und mich dadurch seiner bewußt macht.

Die dritte Erklärung ist, daß die Form jenes Individuums (innerhalb einer bestimmten Fläche) seinen Körper nach außen umhüllt. Wenn mein Blick in diese Fläche eintritt, hinterläßt die Form des Gegenstandes einen Abdruck auf meinen Augen, so wie das Abbild eines Gegenstandes auf einem Spiegel oder auf Wasser. Bestimmte Wahrnehmung erzeugende, dem Gehirn entsprungene Nerven befinden sich in den Augen, und durch diese fließt die Wahrnehmung von den Augen zum Gehirn. Sobald die Widerspiegelung in den Augen mit dem *Prajna Prana* Kontakt herstellt, bewirkt die supraphysikalische Energie, daß die Wahrnehmung die Gestalt jenes Gegenstandes annimmt, und der Strom der Wahrnehmung beginnt von den Augen zum Gehirn zu fließen.

Diese im Bewußtsein schwebende Form des Individuums ist eine andere als die Form jenes Gegenstandes, die vom Körper des Individuums zu unseren Augen wandert. Wird jener Gegenstand entfernt oder verdeckt, wird seine Widerspiegelung in den Augen ebenfalls entfernt oder verborgen. Aber die aus dem *Prajna Prana* gemachte Form jenes Gegenstandes wird nicht entfernt; sie bleibt in uns für einen sehr langen Zeitraum. Das zeigt, daß die zwei Formen unterschiedlich sind: eine besteht aus Materie, die andere aus Wahrnehmung. Die erste hat Gewicht, während jene aus Wahrnehmung kein Gewicht hat.

Wir könnten die materielle Form als existentiell und die Bewußtseinsform als wahrnehmbar beschreiben. Die in unserem Bewußtsein schwebende Form eines Individuums ist die wahrgenommene Widerspiegelung unserer Wahrnehmung jenes Gegenstandes, und nicht der materielle Gegenstand. Diese Wahrnehmungsform ist unsere innere Welt, die innerhalb unseres Bewußtseins bleibt und jenseits des bewußten Seins nicht existiert. Unzählige dieser inneren Welten gibt es, weil Wahrnehmung und Wissen in ihrem abstrakten Zustand (wenn sie nicht auf ein spezifisches „Individuum" bezogen sind) unbegrenzt sind.

KAPITEL NEUN – Das Raum-Zeit-Kontinuum

kalo ashwo vahati saptarashmi
sahasraksho ajaro bhoori retah
tamarohanti kavayo vipashitastasya
chakra bhuvanani vishwa

Das Pferd der Zeit trägt auf seinem Rücken
Das Gewicht des ganzen Universums.
Sieben Strahlen gehen von ihm aus.
Es hat eintausend Augen.
Es altert nie. Es ist sehr stark und mächtig.
Die Weisen reiten es, während es
Alle Welten dieses Kosmos durchwandert.

ATHARVA VEDA 19:59

Die Einführung

DIE ZEIT IST EWIG UND IN EWIGEM LAUF. DER NÄCHSTE Augenblick oder ein Bruchteil davon ist nie der selbe wie der vorangegangene Augenblick oder ein Bruchteil dessen. Die Zeit kann nicht angehalten werden, oder abgewendet oder unterbrochen. Sie verrinnt unaufhörlich wie das Wasser durch die Finger einer Hand.

Die Zeit hat in ihrer ewigen Facette keine Form. Doch besitzt sie zahlreiche Formen in ihrer sich ständig verändernden Facette, mit denen wir vertraut sind: Sekunde, Minute, Stunde, Tag und Nacht, Monat, Jahr, Jahrzehnt, Jahrhundert, Jahrtausend usw. Diese Äußerung der Zeit in diesen Formeln heißt in den *Veden Samaya* und der ewige, nicht wahrnehmbare Aspekt der Zeit heißt *Kala*.

Vor der Vertiefung in diese beiden Begriffe werfen wir einen kurzen Blick auf den „modernen" Begriff der Zeit, um ihn mit jenen profunden Einsichten der *vedischen* Wissenschaftler in die Natur der Zeit vergleichen zu können.

„Was ist dann die Zeit? Ich weiß was sie ist, wenn keiner mich fragt. Wenn ich sie einem erklären will, der mich fragt, weiß ich es nicht."

Diese Anmerkung von Augustinus im 5. Jahrhundert n. Chr. lenkt unser Augenmerk auf die Tatsache, daß die Zeit schwer zu fassen ist, obwohl die Zeit als einer der gängigsten aller Begriffe in der Organisierung von Gedanken und Tätigkeiten verwendet wird. Sie kann nicht einfach und verständlich definiert werden. Philosophen haben über zwei umfassende Fragestellungen versucht, ein Verständnis für die Zeit zu gewinnen: das Verhältnis zwischen Zeit und physischer Welt und zweitens, das Verhältnis zwischen Zeit und Bewußtsein.

Sir Isaac Newton machte sich die absolutistische Theorie der Zeit zu eigen, die besagt, daß die Zeit wie ein Behälter ist, worin das Universum existiert und sich wandelt. Die Existenz und die Eigenschaften der Zeit sind nicht abhängig vom physikalischen Universum. Die Zeit würde bestanden haben, auch wenn es das Universum nie gegeben hätte. Es wird angenommen, daß die Zeit ohne Anfang oder Ende, linear und ununterbrochen ist. Diese Eigenschaften der Zeit werden philosophisch abgeleitet, ohne Bezug auf wissenschaftliche Forschung.

Die entgegengesetzte relativierende Theorie besagt, daß die Zeit auf den Wandel reduziert werden kann. Im großen und ganzen wandelt sich nichts im physischen Universum. Alle Hypothesen über die Zeit können in Hypothesen über das physikalische Universum gefaßt werden.

Folgerichtig wird die Frage „*Hat die Zeit einen Anfang?*" heißen: „*Gab es ein erstes Ereignis in der Geschichte des Universums?*". Die Anhänger der relativierenden Theorien untersuchen die Möglichkeit, ob nicht die Physik eine Struktur der Zeit aufzeigen könnte: bestehend aus unstetigen Teilchen (Chronos) oder aus Zyklen.

Philosophen im 20. Jahrhundert haben erkannt, daß die Zeit nicht vom Raum isoliert behandelt werden kann und nach Einstein neigen sie nun dazu, sich auf das Kontinuum „Raum–Zeit" zu konzentrieren. Auch wenn die verweilenden und räumlichen Aspekte von „Raum–Zeit" unterschiedlich sind, ist ihre wechselseitige Abhängigkeit durch Messungen nachweisbar. Das Zeitintervall der Uhr wird beispielsweise durch den Weg und durch die Geschwindigkeit der Zeiger definiert. Die grundsätzliche Kontroverse zwischen den Absolutisten und den Relativisten bleibt bestehen: Anhänger beider Richtungen sehen in der Relativitätstheorie Einsteins die Stützung ihrer eigenen Theorien.

Einsteins Relativitätstheorie unterstreicht, daß *„Zeit und Raum je nach dem Standort der Betrachter unterschiedlich wahrgenommen werden"*. Es muß betont werden, daß diese Effekte real sind. In unzähligen Experimenten ist dies nachgewiesen worden. Heute ist dies ein akzeptierter Bestandteil unseres Verständnisses des Universums.

Sir Arthur Eddington hat unsere Fähigkeit der Wahrnehmung der Länge graphisch so beschrieben: wenn eine Stange vom Ruhestand in gleichmäßige Bewegung gebracht wird, verändert sich nichts an der Stange. Wir sehen sie aber kleiner werden, obwohl dies nichts mit der Stange zu tun hat. Es ist ein Verhältnis zwischen der Stange und dem Betrachter. Bis der Betrachter bestimmt wird, ist die Länge der Stange an sich unbestimmt.[1]

Bertrand Russell hat festgestellt: *„Bis zur Entstehung der Relativitätstheorie dachte niemand, an der Aussage Zweifel anzumelden, daß zwei Ereignisse an unterschiedlichen Stellen zur gleichen Zeit stattgefunden hätten."*[2] Wie sich herausgestellt hat, war das jedoch ein Fehler. Zwei Ereignisse an entfernten Stellen können einem Betrachter nach Berücksichtigung aller Faktoren der Genauigkeit, insbesondere die der Lichtgeschwindigkeit, als gleichzeitig erscheinen, einem anderen jedoch als ob das erste Ereignis dem zweiten voraus gegangen sei, wiederum einem andern genau umgekehrt. Die zeitliche Reihenfolge von Ereignissen hängt zum Teil vom Betrachter ab; sie ist nicht immer und unbedingt ein wirkliches Verhältnis der Ereignisse untereinander.

---

[1] Glen Peter Kezwer, *Meditattion, Oneness and Physics*, S. 65.
[2] Bertrand Russell, *The ABC of Relativity*, S. 35

Nehmen wir an, daß in einer Nebelnacht zwei Banditen auf den Schaffner und auf den Lokomotivführer eines Zuges schießen. Der Schaffner befindet sich am hinteren Ende des Zuges. Die Banditen sind an der Strecke und schießen auf ihre Opfer aus kurzer Entfernung. Ein Fahrgast, der sich genau in der Mitte des Zuges befindet, hört die beiden Schüsse gleichzeitig und würde daher sagen, daß die zwei Schüsse gleichzeitig waren. Aber der Stationsvorsteher, der sich genau in der Mitte zwischen den beiden Banditen befindet, hört zuerst den Schuß, der den Schaffner tötet. Eine australische Millionärin, die Tante des Schaffners und des Lokomotivführers (die Vettern sind) hat ihr gesamtes Vermögen dem Schaffner vererbt, oder, sollte dieser vorher sterben, dem Lokomotivführer. Großes Vermögen steht also im Zusammenhang mit der Frage auf dem Spiel, wer von den beiden als erster gestorben ist.

Der Fall kommt zur Entscheidung vor das „House of Lords" und die Anwälte beider Seiten, in Oxford ausgebildet, kommen überein, daß sich entweder der Passagier oder der Stationsvorsteher geirrt haben muß. In Wirklichkeit könnten beide absolut recht haben. Der Zug bewegt sich weg vom Ort des Schusses auf den Schaffner hin in Richtung zum Schußort auf den Lokomotivführer. Der Schall des auf den Schaffner abgegebenen Schusses muß daher einen weiteren Weg bewältigen, um den Fahrgast zu erreichen, als jener des auf den Lokomotivführer abgegebenen Schußes. Wenn also der Fahrgast mit der Aussage recht hat, er habe die zwei Schüsse gleichzeitig gehört, muß auch der Stationsvorsteher mit seiner Aussage recht haben, er habe zuerst den Schuß auf den Schaffner gehört.[3]

Die kosmische Universalzeit, die einst als gegeben angenommen wurde, gilt nicht mehr. Für jeden Körper gibt es eine bestimmte zeitliche Abfolge für Ereignisse in seiner Umgebung. Man kann sie als die „richtige" Zeit für jenen Körper bezeichnen. Unsere Erfahrung wird von der richtigen Zeit unseres eigenen Körpers gesteuert. Weil wir fast ortsfest auf der Erde sind, bleiben die eigenen Zeiten verschiedener Menschen stimmig auch für größere Körper auf der Erde. Die Elektronen in Laboratorien würden allerdings ganz andere Zeiten beanspruchen. Weil wir aber darauf bestehen, unsere eigene Zeit zu verwenden, scheinen diese sich schnell bewegenden Partikeln an Masse zuzunehmen. Aus ihrer eigenen Sicht bleibt ihre Masse konstant und wir sind es, die plötzlich dünn oder korpulent erscheinen. Die

---

[3] ebenda, S. 36-37.

Geschichte eines Physikers würde aus der Sicht eines Elektrons jener der Reisen von Gulliver ähneln.

Nun taucht die Frage auf, was eine Uhr eigentlich mißt. Wenn wir von der Warte der Relativitätstheorie aus von einer Uhr sprechen, meinen wir nicht nur von Menschenhand gemachte Uhren, sondern beziehen alles ein, was sich regelmäßig periodisch bewegt. Die Erde ist eine Uhr, weil sie eine Rotation, alle 23 Stunden und 56 Minuten vollbringt. Ein Atom ist eine Uhr, weil es Lichtwellen mit einer sehr bestimmten Frequenz emittiert, die im Spektrum des Atoms als helle Linien sichtbar sind. Die Welt ist voll wiederkehrender Ereignisse; und grundlegende Mechanismen wie die der Atome offenbaren eine außerordentliche Ähnlichkeit mit vielen Dingen des Universums. Jedes dieser periodisch wiederkehrenden Ereignisse kann für die Zeitmessung verwendet werden. Der einzige Vorteil der von Menschenhand gemachten Uhr ist, daß sie besonders leicht abzulesen ist. Obwohl einige andere genauer sind. Heutzutage basiert das Richtmaß der Zeit auf der Frequenz einer besonderen Schwingung der Caesiumatome, die viel einheitlicher ist als jene, die auf der Rotation der Erde basiert. Aber die Frage bleibt: was mißt eigentlich eine Uhr, wenn die kosmische Zeit unberücksichtigt bleibt?

Jede Uhr gibt eine genaue Messung ihrer eigenen „richtigen" Zeit, die eine wichtige physikalische Menge ist. Sie gibt aber keine genaue Messung irgend einer physikalischen Menge in Verbindung mit Ereignissen auf Körpern, die sich in bezug auf diese schnell bewegen.[4]

Zeitereignisse werden normalerweise auf Vergangenheit, Gegenwart und Zukunft bezogen, was einige Philosophen als abhängig vom Bewußtsein ansehen. Sie meinen, irgend etwas geschehe jetzt (oder sei geschehen, oder würde geschehen) bedeute nichts anderes, als daß dieses etwas ein zeitgleiches Geschehen im eigenen gegenwärtigen Bewußtseinszustand, bzw. ein Akt der Selbstäußerung sei. Damit wird eigentlich behauptet, daß es ohne das bewußte Sein keine Vergangenheit, Gegenwart oder Zukunft gibt.

Diese Ansicht, daß Vergangenheit, Gegenwart und Zukunft rein subjektive Projektionen des menschlichen Verstandes seien, wird durch den Aufruf an die Physik gestützt, weil man dachte, daß Fragen wie diese in physikalischen Theorien keine Rolle spielten. (Neuere Feststellungen aus dem subatomischen Bereich haben Fragen zur Symmetrie der Zeit in physikalischen Prozessen laut werden lassen). Andere Philosophen glauben jedoch, daß die Zeit unabhängig von der

---

[4] ebenda, S. 35.

Wahrnehmung ist, und daß Vergangenheit, Gegenwart und Zukunft objektive Merkmale unserer Welt darstellen.

Die Zeitmessung setzt ein genau festgelegtes Bezugssystem voraus, um jedes beliebige Ereignis auf einer Achse der Zeit auf einen Abschnitt und auf einen genormten Abstand festzulegen. Die Astronomie und der Alltag befassen sich sowohl mit Zeitabschnitten wie auch mit Zeitabständen, während sich die Physik fast ausschließlich mit Zeitabständen beschäftigt. Die Grundeinheit eines Zeitabstandes ist die Sekunde.

Bis vor kurzem war die Rotation der Erde um die Achse der einzige Zeitmaßstab im allgemeinen Gebrauch, genannt die Sonnenzeit. Nun sind auch andere unabhängige Zeitmaßstäbe in Gebrauch gekommen. Diese schließen die Universalzeit (UT) ein, die mittlere Sonnenzeit des Meridians von Greenwich, England; die koordinierte Universalzeit (UTC), die Grundlage der gesetzlich geregelten Zeit, die Rotationszeit, die astrologische Zeit; die dynamische Zeit; die Terrestrische Dynamische Zeit (TDT), und die 1955 eingeführte Internationale Atomzeit. Ein Ziel der Zeitmessung war, einen Maßstab einheitlicher Zeit zu bilden, das modernen Wissenschaftlern viele Probleme bereitet hat, die wir hier nicht im einzelnen erörtern müssen. Wir können diese Diskussion mit der Bemerkung beenden, daß die Zeit verwirrender zu sein scheint als der Raum, weil sie zu fließen bzw. vorbeizugehen scheint, und auch den Anschein hat, die Menschen würden sich durch sie fortbewegen. Die wirkliche Natur dieses Vorbeigehens oder dieser Fortbewegung erscheint aber als unverständlich.[5]

Die Zeit: ewig und vorübergehend

(*Der Begriff von Zeit in den Veden: Ein kurzer Überblick*)

Wir richten nun unsere Aufmerksamkeit auf die *vedische* Ansicht über die Natur und Funktionen der Zeit. Der große Seher *Maharshi Asyawami* hat die Zeit bis in das kleinste Detail erforscht und über die Wechselbeziehung von Richtung, Raum und Zeit mehrere Verse im *Atharva Veda* verfaßt. Ihre Erörterungen wird uns in die *vedische* Sicht des Raum–Zeit Kontinuums führen.

Üblicherweise besteht die Zeit aus Vergangenheit, Gegenwart und Zukunft. Ein vertiefender Blick aber führt zu mehreren komplexen Fragen wie zum Beispiel: hat die Zeit einen Anfang und ein Ende? Ist es möglich, die Zeit zu messen? Wir könnten meinen, daß es möglich ist, die Gegenwart zu messen, aber unmöglich, die Vergangenheit und die

---

[5] *Encyclopedia Britannica*, CD-ROM Ausgabe 1996

Zukunft zu messen. Dann stellt sich die Frage: was ist die Gegenwart? Die übliche Ansicht legt uns nahe, die Gegenwart ist das, was sich vor unseren Augen befindet. Sie beginnt jeden Tag, wenn wir aus dem Schlaf erwachen. Sie beginnt sich also zu entfalten am Morgen, wenn wir die Augen öffnen und auf die Welt um uns herum blicken. Die Wechselwirkung zwischen Gegenständen, Umfeld und unseren Sinnesorganen führt zu einer Erfahrung der Gegenwart. Ohne diese Wechselwirkung gäbe es keine Erfahrung.

Dabei vertreten unsere Augen alle anderen Sinnesorgane. So ist die Fähigkeit zu sehen ausschlaggebend für unsere Erfahrung der Gegenwart. Die Einwirkung des Lichtes ist unentbehrlich, damit wir einen Gegenstand sehen können. Also ist der Begriff der Gegenwart unauflöslich verbunden mit jenem des Lichts. Es gibt mehrere Lichtquellen in unserer Welt: die Sterne, Planeten, Lampen, Elektrizität usw. Die Sonne ist die Hauptquelle des Lichts für uns Menschen. Daher ist die Gegenwart im Grunde abhängig von der Sonne. Die Sonne ist die Grundlage für die Schöpfung bzw. das Fundament unseres Universums. Auf einer anderen Ebene könnten wir auch sagen, daß der Lebenszyklus unseres Universums die Gegenwart ausmacht.[6]

So fern die Zeit meßbar ist, hat sie eine Form. Die Luft hat keine Form, erhält aber eine, wenn sie in einem Rohr oder einer Flasche eingeschlossen ist und meßbar wird. Der Raum hat keine Form, wird aber meßbar und nimmt eine Form an, wenn er, zum Beispiel, innerhalb der Grenzen einer Halle gelegt wird. Ähnlich verleihen die Meßeinheiten der Zeitberechnung der Zeit eine Form. Die Vergangenheit und die Zukunft sind aber jenseits der Reichweite unserer Sinnesorgane und geben sich für Berechnung oder Bemessung nicht her; so weit kann gesagt werden, daß die Zeit keine Form hat. Wir können versuchen, uns eine Vorstellung über die formlose Zeit mit Hilfe der meßbaren Zeit zu machen, das heißt, der Zeit, die eine Form hat. Während die Gegenwart einen Anfang und ein Ende hat, sind Vergangenheit und Zukunft endlos. Weil alle Gegenstände durch die Vermittlung des Lichts offenbart werden – wobei die Sonne die primäre Quelle ist – prägt die Sonnenzeit die Gegenwart. Sie ist die Periode, die mit der Geburt der Sonne beginnt und mit ihrem Zerfall endet. Die Sonnenzeit verläuft linear. Die lineare Eigenschaft, die „Meßbarkeit", gibt der gegenwärtigen Zeit eine Form bzw. Gestalt in Sekunden, Minuten und Stunden.

---

[6] In den *Veden* wird die Zeit der Gegenwart auch ‚Schöpfungszeit' bzw. *Srishti Kala* genannt.

Alles Geborene stirbt. Alles Entstandene hört auf zu existieren. Die Sonne, der glänzende Ball, den wir am Himmel sehen, ist in einem gewissen Augenblick entstanden und wird daher zweifelsohne zu einem gewissen Zeitpunkt „sterben" bzw. aufhören zu existieren. An jenem Zeitpunkt wird das gesamte sichtbare Universum, seine unbelebten und belebten Wesen, die Sterne, die Planeten, die Galaxien und alle Dinge, aus denen es besteht, in eine unbekannte Finsternis eingehen. Der Seher *Maharshi* Manu erklärte: *„Diese Finsternis war da, bevor die Sonne entstand. Sie hat keine Eigenschaften und keine Merkmale. Sie ist jenseits von Auseinandersetzung und Diskussion. Ihr Zweck ist nicht erkennbar."*[7] Diese Ebene, die nicht–offenbare Phase, ist die Periode vor dem Entstehen der Sonne, stellt die Vergangenheit dar. Sie hat keinen Anfang. Die Phase nach dem Zerfall der Sonne ist die Zukunft. Sie hat kein Ende.

Wir betrachten hier die nicht–offenbaren Phasen der Vergangenheit und der Zukunft als zwei verschiedene Phasen nur um unser Verständnis des Phänomens der Zeit zu erleichtern und uns die Zeit leichter zu erklären. Die Vergangenheit und die Zukunft sind eine unteilbare Einheit der Wirklichkeit. Nur wegen der Phase zwischen diesen beiden wird die an sich unteilbare Wirklichkeit als Vergangenheit, Gegenwart und Zukunft bezeichnet. (Die Phase in der Mitte zwischen Vergangenheit und Zukunft ist die *offenbare* Phase, die Periode, die mit dem Tod der Sonne auch zu Ende geht.)

Anders ausgedrückt, das weite, grenzenlose, unsichtbare Phänomen der Zeit hat keine Form, keinen Anfang und kein Ende. Sie nimmt eine Form an und erhält einen Anfang und ein Ende wegen ihrer zwischen Vergangenheit und Zukunft eintretenden Phase. Die Gegenwart ist ein Anzeiger der Vergangenheit und der Zukunft. Die Zeit zeigt sich also in ihrer „mittleren Phase". Theoretisch ist die Periode der Existenz der Sonne (die Gegenwart) linear und läßt sich berechnen. Wenn wir aber die Zeit auf einer subtilen Ebene betrachten, finden wir, daß sie sich in alle Richtungen endlos ausdehnt.

Wir haben die Gegenwart als linear beschrieben und gesagt, daß sie sich berechnen läßt. Bemühen wir uns aber ernstlich, die Gegenwart zu verstehen, stellen wir fest, daß es unmöglich ist, das volle Ausmaß einer Gegenwart zu begreifen, die einen Anfang und ein Ende hat. Dies ist so, weil die nicht–offenbare Zeit der sichtbaren sowohl vorausgeht als auch dieser folgt. Eingeschlossen an beiden Seiten von nicht–Offenbarem ist

---

[7] *aaseedidam tampbhootam aprjnyam alkashanam apratkryam anirdeshyam prasuptabhiva sasravath – Manusmriti* 1:5.

die mittlere Phase im Kern auch nicht–offenbar. Die Vergangenheit, die Gegenwart und die Zukunft sind somit Bestandteile einer endlosen Kontinuität.

Was ist die Gegenwart?
Nehmen wir den heutigen Tag als Beispiel. Ist die eingeschlossene Zeit zwischen dem Morgen und dem Abend die Gegenwart, oder ein Teil davon definitiv die „Gegenwart"? Offensichtlich nicht, weil die Zeit die unendliche Folge von Momenten ist. Gerade der jetzige Moment ist ein Moment, in dem wir leben und ihn deshalb erfahren. Ihm ist ein Moment vorausgegangen, den es nicht mehr gibt, der für uns nicht mehr „sichtbar" oder „erkennbar", und daher nicht–offenbar ist. Dem unmittelbar folgenden Moment, in dem wir nun sind, folgt ein anderer, ein uns noch unbekannter Moment. Wir können ihn weder erfahren noch erkennen, und in diesem Sinne ist er nicht–offenbar.

Uns liegt also eine lineare Anordnung vom Offenbarem und nicht–Offenbarem vor, in der uns eine beinahe unendliche Gegenwart beschert wird. Was jetzt die Gegenwart ist, wird im unmittelbar folgenden Augenblick die Vergangenheit. Und was jetzt die Gegenwart ist, war vor einem Augenblick Zukunft. Vom Morgen bis zum Abend sind wir in dieser ununterbrochenen linearen Anordnung von Vergangenheit, Gegenwart und Zukunft gefesselt. Deshalb sagen uns die Seher, daß was die Gegenwart ausmacht, auch die Vergangenheit und die Zukunft ist. Etwas das keinen Anfang und kein Ende hat, aber eine Form annimmt und dabei einen Anfang und ein Ende bekommt.

Als nächsten Schritt betrachten wir einen zwölf Stunden Tag, vom Sonnenaufgang bis zum Sonnenuntergang, also die Gegenwart. Sie umfaßt etwa die Zeitspanne, in der die Sonne täglich für uns existiert. Wir nennen diese Zeitspanne einen *Menschentag* und kürzen sie als *MT* ab.

MT hat eine andere Ebene, welche die Zeitspanne vom Entstehen bis zur Auflösung bzw. zum „Tod" der Sonne markiert. Diese Zeitspanne umfaßt auch eine Reihe unzähliger Folgen von Offenbarem und nicht–Offenbarem. Auch von unzähligen *MTs*. Diese Reihe nennen wir *BD,* als eine Abkürzung für *Brahma Divas*, was einen Tag von *Brahma* bedeutet.

Ein *MT* besteht also aus einer endlosen Folge von Punkten, geordnet in einer linearen Konfiguration von mehreren Offenbarem und nicht–Offenbarem. Ein *BD* umfaßt eine unendliche Folge von *MTs*, auch in einer linearen Form die Gesamtheit vom Offenbarem und nicht–

Offenbarem. Das was diese unzähligen ‚Punkte', die einen *MT* bilden, umfassen, wird *Vak* genannt und gilt als das fundamentale *Tattwa* (Basiseinheit) der Zeit. Es deckt die Spannweite von der Basiseinheit bis zur größten Einheit.

Die *vedische* Auffassung der Zeit ist aber keineswegs linear. In den *Veden* befaßt sich ein ganzer Zweig von *Vijnana* mit der Erforschung von *Vak*, bekannt als *Vak Sahasri Vidya* oder die Wissenschaft von *Vak*. Hier können wir uns mit einem kurzen Blick auf die Berechnung und Messung der Zeit in den alten indischen Texten begnügen.

Von der linearen Zeit zur Spirale der Zeit

Nach *vedischer* Vorstellung, dargestellt in den Texten, beginnt die Zeit mit ihrem linearen Zustand, bewegt sich dann hin zu der Ansicht von Zeit als eine vertikale Spirale von Kreisen. Der Kreis wird auf jeder folgenden Ebene der Spirale größer und schließt den vorangegangenen Kreis ein. Während wir uns von der Basis der Spirale auf die darauf folgenden höheren Kreise bewegen, sind wir zur Erweiterung des Verständnisses aufgefordert. Auf jeder folgenden Ebene ist die Messung schwieriger und die Zahlen werden allmählich überwältigend. In diesem Sinne wird die Zeit unermeßlich.

Wie schon gesagt, kann die Spirale als eine Folge von Kreisen angesehen werden. Sie kann aber auch als ein sehr großer Kreis betrachtet werden, in dem alle anderen Kreise zusammengefallen sind. Die umgekehrte Perspektive ist, daß der kleinste Kreis den größten mit einschließt. Dieses wird in der berühmten Formulierung ausgedrückt: was feiner als das Feine und größer als das Große ist, befindet sich im Herzen (der Mittelpunkt).[8] Diese Kreise sind von supraphysikalischer Energie, und darin finden wir den *Prajapati* in seinem feinsten Zustand.

Der *Prajapati* ist schon in einigem Detail diskutiert. Er muß auf verschiedenen Ebenen verstanden werden, aber das ist angesichts der eingeschränkten Möglichkeiten der menschlichen Instrumente nicht leicht. Je höher bzw. tiefer die Ebenen des Verständnisses, um größer ist die Herausforderung. Ein auf einer Ebene verstandener Begriff bereitet auf der nächsten Ebene schon einige Schwierigkeiten. Auf einer weiteren Ebene ist er extrem schwierig zu begreifen, und auf der höchsten Ebene wird er praktisch unverständlich. Ausdrücke wie „leicht" und „schwierig' sind relativ, weil das Bemühen den *Prajapati* (die ewige

---

[8] *anoraneeyanmahato maheeyan atmasyajantornihito guhayam* – Katha Upanishad 2:20.

Zeit) zu begreifen, beinahe jenseits der Erkenntnisapparaturen des menschlichen Körpers, Verstandes und Intellektes liegt.

Auf der höchsten Ebene ist der *Prajapati* bekannt als der *Paratpara*. Hier gibt es keine Eigenschaften von Zeit, Alter, Begrenzung. Deshalb wird er als unbegreiflich beschrieben. Die Grenzen menschlichen Verstehens werden von der Natur gesetzt. Hierin mit eingeschlossen sind jene zusätzlichen Fähigkeiten, die der technologische Fortschritt dem Menschen zu seinen „normalen" Gaben hinzufügen kann. Der *Paratpara* ist jenseits der Natur, und daher werden Begriffe wie „übernatürlich" oder „supraphysikalisch" verwendet, um diesen Zustand zu kennzeichnen. Trotz der Aussage, daß der *Prajapati* auf seiner höchsten Ebene praktisch unbegreiflich ist, machen wir einen Versuch, ihn uns vorzustellen.

Wir könnten uns den *Paratpara* als einen weiten und grenzenlosen Ozean vorstellen, auf dessen Oberfläche unzählige Wesen, die *Parmeshwaras*, schweben, wie unzählige Blasen auf der weiten Oberfläche. Wir werden nur einen der unzähligen Aspekte vom *Paratpara* erforschen, der als *Maheshwara* bekannt ist.

Ein *Vivarta* stellt einen Zustand, eine Lage, eine Phase oder einen Aspekt eines sich ins Unendliche ausweitenden, ungebrochenen, unteilbaren Wesens dar. Der *Prajapati* bzw. der Brahma hat vier erste *Vivartas*. Der allererste heißt *Paratpara* und liegt jenseits der Zeitrechnungen. Angesichts unseres eingeschränkten Auffassungsvermögens über die Dinge der Natur, gilt der *Paratpara* als „undenkbar". Er ist jenseits der Diskussion und der „rationalen" Forschung. Er kann nur über andere Wege und Mittel oder Methoden erreicht werden. Diese werden in mehreren folgenden Kapiteln erörtert, vor allem in den Kapiteln „Wer ist das ‚Ich'" und „Bändigung unseres unausgeschöpften Potentials." Im normalen Ablauf der Dinge muß sich der Mensch auf eine Untersuchung der drei anderen *Vivartas* beschränken, die in der Reihenfolge als a) extrem schwierig, b) verständlich und c) leicht verständlich klassifiziert werden.

Alle *Vivartas* haben einen Namen. Der erste, den wir als „unbegreiflich" und einer rationalen Forschung unzugänglich beschrieben haben, hat den Namen *Parmeshwara*. Auf seiner grenzenlosen Oberfläche ist der *Maheshwara*, der zweite *Vivarta* von *Prajapati*, der extrem schwierig zu begreifen ist. Der *Maheshwara* ist wie eine auf der Oberfläche eines grenzenlosen Ozeans schwebende winzige Blase. Der dritte Zustand heißt *Balsheshwara*, der dem menschlichen Intellekt zugänglich ist, und der vierte *Vivarta* von

Prajapati hat den Namen *Upeshwara*, der etwas leichter begreiflich ist. Diese vier *Vivartas* kennzeichnen vier charakteristische *Tattwas*, die sich als vier subtile Grundsätze der Schöpfung beschreiben und definieren. Zum leichteren Verständnis werden alle vier *Tattwas* "Ishwara" genannt. Nachdem wir uns um die drei *Ishwaras* – Maheshwara, Balsheshwara und Upeshwara – bemüht haben, erreichen wir die Ebene der Existenz des Menschen. Wir sind immer noch beschäftigt mit der Einschätzung und Untersuchung des „Zeitalters" der von uns bewohnten Domäne.

Die Spirale der Zeitskalen: Eine hierarchische Anordnung

Sehen wir nun an, wie die Seherwissenschaftler die Zeit gemessen und berechnet haben. Sie nahmen als ihre Meßeinheit 100 Jahre, die Lebensspanne eines Menschen.

Nachdem ein Mensch sein Leben gelebt hat, also nachdem er „100 Jahre" verbraucht hat, geht er in ein größeres Wesen ein. Dieses Wesen ist der *Upeshwara*, in dem sich die den Menschen umfassenden supraphysikalischen Energien (der *Samvatsara Prajapati*) auflösen. Wenn der *Samvatsara Prajapati* seine Lebensspanne von „100 Jahren" in der Gestalt des *Upeshwaras* verbraucht hat, wird er im *Balsheshwara* aufgenommen und löst sich darin auf. Nachdem er seine *Balsheshwara* „100 Jahre" aufgebraucht hat, löst er sich auf im *Maheshwara*. Schließlich geht der *Maheshwara* in den *Parmeshwara* auf, seiner eigenen Quelle. So verschmilzt eine der unzähligen Blasen, die auf der Oberfläche des grenzenlosen Ozeans vom *Paratpara* schweben, in dem *Parmeshwara*.

In der Spirale mit vielen Ebenen fällt der kleinere Kreis in einem größeren zusammen. Diese beide fallen in einem noch größeren Kreis zusammen und dann fallen diese drei in einen größeren vierten, im höchsten Kreis in der Spiralleiter zusammen. Jedes Ereignis des Zusammenfallens heißt *Pralaya*. Das erste Zusammenfallen ist Routine und wird *Nitya Pralaya* genannt, das zweite der *Saur Pralaya* (das Solare), das dritte der *Pralaya* und das endgültige ist der *Mahapralaya* (das große Zusammenfallen).

Ein Mensch ist der offenbarte *Samvatsara Prajapati*, auch als der *Upeshwara* bekannt. In anderen Worten, der *Upeshwara* bzw. der *Samvatsara Prajapati* ist das ursprüngliche *Tattwa*, der Schöpfer von menschlichen Wesen. Sie alle sind supraphysikalische Wesen, keine unbelebten materiellen Substanzen. Es sind Lebewesen bzw. unterschiedliche Formen supraphysikalischer Energie. Der Schöpfer vom *Upeshwara* ist der *Balsheshwara*, der fünf Facetten hat: die Erde, die Sonne, der Mond, der *Parmeshthi* und der *Swayambhu*. Die letzte Facette, der *Swayambhu*, ist der Brahma, während der *Parmeshthi* der Vishnu und die Gesamtheit von Erde, Sonne und Mond der *Mahadeva* ist. Diese Dreiheit wird in den *Puranas* oft als Schöpfer–Erhalter–Zerstörer der Schöpfung bezeichnet.

Zunächst lösen sich die Erde, die Sonne und der Mond in dieser Reihenfolge in den Ozean vom *Parmeshthi* auf, dann der *Parmeshthi* in den *Swayambhu*. Der *Upeshwara* geht also in einem Teilkollaps in den *Parmeshthi* ein. Dies kennzeichnet das Ende der so genannten *Divya* Periode, das Ende der Lebensspanne des *Upeshwaras*.

In der Folge auf dem Höhepunkt der *Brahma* Periode löst sich der *Swayambhu* mit *Vishnu* bzw. *Parmeshthi* im *Maheshwara* auf. Das ist das Ende der Lebensspanne vom *Balsheshwara*, bekannt als der *Pralaya* (Zusammenbruch). Der *Maheshwara* wird auch als ein riesiger Baum aufgefaßt. Dann kommt die Zeit, in der seine 1000 Zweige verwelken, und er sich in seinem grenzenlosen und unendlichen Schöpfer, dem *Paratpara Parmeshwara*, auflöst. Das ist der *Mahapralaya* (großer Zusammenbruch).

Die Zeitspanne des Routinezusammenbruchs der Schöpfung heißt *Manava Yuga* (Menschenperiode). Die auf den Teilkollaps bezogene Periode heißt *Divya Yuga*. Der dritte Kollaps kennzeichnet den Höhepunkt der *Brahma* Periode, und der vierte, der Große Kollaps, ist auf die *Ishwara* Periode bezogen, innerhalb der alle vorausgegangenen Perioden eingeschlossen sind.

Jede Periode stellt eine andere Zeitskala dar und kennzeichnet eine unterschiedliche Ebene in der Hierarchie der Zeitspirale. Jede Periode umfaßt 100 Jahre in ihrer spezifischen Zeitskala. Der große Seher Barkali hat eine Konfiguration dieser Ebenen erstellt, um eine Skala nur bezogen auf die Menschenperiode zu konzipieren. Er hat die Formel erarbeitet um beispielsweise die Phase des *Maheshwaras* in *Menschenjahre* umzurechnen. Diese Umrechnung in Menschenjahre, wie wir sehen werden, konfrontiert uns mit so schwindelerregenden Zahlen, daß die Seherwissenschaftler es vorzogen, mit Rücksicht auf das Fassungsvermögen des menschlichen Intellekts diese als „unbegreiflich" zu bezeichnen.

Wir beginnen mit der Zeitskala der Menschenperiode, die 30 Tag–Nacht–Einheiten zu einem Monat, 12 Monate zu einem Jahr und 100 Jahre zu einer Menschenperiode, also die Lebensspanne eines Menschen enthält. Wir berechnen nun die Zeitskala der Divyaperiode.

Vor dem Beginn und nach dem Ende

Ein Jahr in der Zeitskala der Menschenperiode gleicht einer Tag–Nacht–Einheit in der Zeitskala der *Divya* Periode. Dreißig solcher Tag–Nacht–Einheiten bilden einen *Divya* Monat, also gleich 30 Menschenjahre, und 12 *Divya* Monate bilden ein *Divya* Jahr, macht also 360 Menschenjahre aus. Die „Lebensspanne" bzw. die Dauer des Verweilens in dieser Spirale ist 100 Divya Jahre, macht also 36000 Menschenjahre aus.

Die Seherwissenschaftler systematisierten die Jahrmillionen der vergänglichen Zeit in vier Zeitzyklen, in vier *Chaturyugas*. *Chatur* heiß vier und *Yuga* ist eine „Ewigkeit". Jeder *Chaturyuga* weist eine kritische qualitative Abweichung von dem vorangegangenen *Chaturyuga*.

Der Begriff von vier Yugas

Ein großer Zeitzyklus ist aufgeteilt in vier „Ewigkeiten", in vier *Chaturyugas*: *Satya Yuga, Treta Yuga, Dwapara Yuga und Kali Yuga*. Der Kürzel *MJ* bedeutet ein Menschenjahr und 360 Menschenjahre machen ein Divya Jahr (*DJ*). Also bilden 36.000 *MJ* 100 *DJ*. Eine vollständige Einheit auf der Ebene der *DJ* ist jedoch 1000 und nicht 100 wie auf der Ebene der *MJ*, was 3.600.000 *MJ* umfaßt. Zehntausend solcher *DJ* bilden die vier Zeitalter von *Satya, Treta, Dwapara* und *Kali*.

Viertausend *DJ* umfassen einen *Satya Yuga*, dreitausend *DJ* umfassen einen *Treta Yuga*, zweitausend *DJ* umfassen einen *Dwapara Yuga* und eintausend *DJ* umfassen einen *Kali Yuga*. Der Gesamtzahl von *DJ* in diesen „Ewigkeiten" werden jeweils 800–600–400–200 *DJ* hinzugefügt und so die Dauer von Morgen– und Abenddämmerungen mit erfasst. Somit erhöht sich die Summe der *DJ* für jeden *Chaturyuga* um 1200 *DJ* bzw. 4.320.000 *MJ* (Menschenjahre).

Ein vier–*Yuga*–Zeitzyklus macht einen Teil des *Divya* Zeitalters (*Divya Yuga*, in Kürzel *DZ*) aus. Es wird angenommen, daß die Sonne 1000 Strahlen aussendet und ein Strahl einen ein–*Yuga*–Zeitzyklus ausmacht. Die Zeitspanne der verbliebenen 999 Sonnenstrahlen wird noch zu berechnen sein. Nur dann wäre eine Einschätzung der Gegenwart, bezogen auf *DZ*, das große *Divya* Zeitalter bzw. die Lebensspanne einer Sonne, möglich.

Die folgenden Tabellen, berechnet auf der Grundlage von *DJ* und von *MJ*, sind eine Illustration der Dimensionen in Jahren ausgedrückt im Rahmen der vier–*Yugas* und wieviel *Divya* bzw. Menschenjahre die vier–*Yugas* insgesamt ausmachen. Nicht zu vergessen: diese Zeitspanne bezieht sich nur auf einen von 1000 angenommen Strahlen, die aus dem Zentrum der Sonnensphäre ausstrahlen. Die Zeitspanne dafür können wir abschätzen, wenn wir das *Manwantara* als Parameter (Meßeinheit für die *Brahma*–Ebene, analog zum *Muhurta* auf der Menschen–Ebene) für diese Messung verwenden.

Name des Yuga	Divya Jahre	Menschenjahre
Satya Yuga	4800	1.728.000
Treta Yuga	3600	1.296.000
Dwapara Yuga	2400	864.000
Kali Yuga	12000	432.000
Insgesamt	22800	4.320.000

Name des Zeitalters	Tagesanbruch	Mittel	Abend	Total
1. Satya Yuga	400	4000	400	4800
2. Treta Yuga	300	3000	300	3600
3. Dwapara Yuga	200	2000	200	2400
4. Kali Yuga	100	1000	100	1200
Insgesamt	1000	10000	1000	12000

Brahma Kalpa

Die Zeitmessung der nächsten Stufe ist die Spirale *Brahma Kalpa* (*BK*). Diese besteht aus 1000 Teilen *DJs* (*Divya* Jahre), je ein Teil für den Tag und 1000 DJ für die Nacht. In der 24stündigen Menschen–Tag–Nacht–Einheit gibt es 60 *Ghatikas* und 30 *Muhurtas*. Jeweils 15 *Muhurtas* werden während des 12–Stunden–Tages und der 12–Stunden–Nacht verbraucht. Diese Tag–Nacht–Einheit wird *Tithi* (Datum) genannt. Also gibt es 30 *Muhurtas* in einem menschlichen *Tithi* und 30 *Tithis* in einem menschlichen Monat. Es gibt 30 *Kalpas* in einem *Brahma* Monat und 30 *Manwantaras* in einer *Brahma* Tag–Nacht–Einheit. In einem Menschen–Tag werden fünfzehn *Muhurtas* verbraucht, während in einem *Brahma* Tag 15 *Manwantaras*. Die Reihenfolge und Anordnung der Zeiteinheiten in verschiedenen Hierarchien der Zeit–Skala sind also ähnlich. Das Verhältnis zwischen dem *Tithi* und dem *Muhurta* in der Mensch–Zeit–Skala dupliziert sich im Verhältnis zwischen dem *Kalpa* und dem *Manwantara* in der *Brahma*–Zeit–Skala. Die Zeitberechnungen wäre wie folgt:

Brahma Spirale in der Hierarchie der Zeit-Skala

BTN (Tag–Nacht Brahma Hierarchie der Zeitskala)	DJs (berechnet in Divya Jahren)	240,000,000
BM (Ein Monat Brahma Hierarchie der Zeitskala)	DJs (berechnet in Divya Jahren)	7,200,000,000
BJ (Ein Jahr Brahma Hierarchie der Zeitskala)	DJs (berechnet in Divya Jahren)	86,400,000,000
BJHD (Ein Jahrhundert Brahma–Hierarchie)	Dys (berechnet in Divya Jahren)	864,000,000,000

Brahma Zeit in Menschenjahren

Brahma Einheiten	Umgerechnete Menschen Einheiten
BTN (*Brahma* Tag–Nacht)	8,640,000,000
BM (*Brahma* Monat)	25,920,000,000
BJ (*Brahma* Jahr)	311,040,000,000
BJh (*Brahma* Jahrhundert)	311,040,000,000,000

Nehmen wir die Lebensspanne der Sonne, also den Zeitraum zwischen ihrer Geburt und ihrer Auflösung, als einen Tag an, so würden die 14 *Manwantaras* in der Spirale der Zeit–Skala auf dieser Ebene einen *Muhurta* ausmachen. Jedes *Manwantara* umfaßt 71 *Chaturyugas* (Vier–Zeitalter), woraus sich 14 X 71 = 994 *Chaturyugas* ergeben. Sechs *Chaturyugas* sind belegt für die Abend- und Morgendämmerung. So kommen wir zu den eingeschätzten 1000 Vier–Yuga–Zeiträumen, was die Zeitspanne der „Existenz" der Sonne ausmacht.

Um die Berechnungen und Schätzungen astronomischer Zahlen bei der Zeitmessung zu erleichtern, haben die Seherwissenschaftler die 1000 Vier–*Yuga*–Zeiträume in Abschnitte von je 71 Vier–*Yuga*–Zeiträumen geteilt. In 14 *Manwantaras* werden 994 Vier–*Yuga*–Zeiträume aufgebraucht. Der Sonnenaufgang und Sonnenuntergang verbraucht in dem fünfzehnten *Manwantara* die restlichen sechs. Diese 15 *Manwantaras* bilden einen Tag in der Lebenszeitspanne der Sonne, und das ist als die *Punyah Kala* oder *Piyusha* Zeit bekannt.

Der Seher Barkali ist fortgefahren mit der Berechnung und Messung der endlosen Zeit statt hier stehen zu bleiben. Danach macht ein *Manwantara* 852.000 *Divya* Jahre bzw. 306.820.000 Menschenjahre aus. Eintausend *Chaturyugas* (vier–*Yuga*–Zeiträume) bestehen aus 120.000.000 *Divya* Jahren bzw. 4.320.000.000 Menschenjahren. Dies bildet 100 Jahre von *Upeshwara*, also die Lebenszeitspanne der Sonne.

Hier treten wir in eine noch andere Ebene der Hierarchie in der Spirale der Zeit ein, die als der *Samvatsara Prajapati* bekannt ist. Die Spanne vom *Upeshwara* kennzeichnet die „Gegenwart" bezogen auf die Lebenszeitspanne der Sonne. Davon ausgehend können wir das Alter des gegenwärtigen Universums schätzen. Wieviel Zeit hat es bereits aufgebraucht? Wieviel bleibt noch zum Verbrauchen übrig? Und welcher ist unser gegenwärtiger Standort auf dieser linearen Zeitskala? Diese letzte Frage wird tatsächlich heute noch immer beantwortet, wann immer etwas Gesellschaftliches wie z. B. Heirat vollzogen wird, weil die vollziehende Person bei jedem solchen Anlaß sich selbst und den genauen Zeitpunkt identifizieren muß. Das wird *Samkalpa* genannt.

Ein *Tithi* (Datum) heißt *Kalpa* auf der Ebene vom *Balsheshwara Prajapati* in der Spirale der Zeit–Skalen. Darin hat jeder Monat 30 *Kalpas*, aufgeteilt in zwei Zeiträume von je 15 *Kalpas*. Die eine ist *Shukla Paksha* (der helle zweiwöchige Zeitraum). In diesem Zeitraum ist der Mond am Himmel sichtbar, deshalb die hellen zwei Wochen. Die andere ist *Krishna Paksha* (der dunkle zweiwöchige Zeitraum). In diesem Zeitraum, nimmt der Mond ab und endet in einer dunklen Nacht, wenn der Mond vollständig unsichtbar ist.

30 „Tage" eines *Brahma* Monats

Shukla Paksha (Tage zunehmenden Mondes	Tag	Tag	Krishna Paksha (Tage abnehmenden Mondes
Name von Kalpa			**Name von Kalpa**
Swetavaraha	1	16	*Narsimha*
Neelalohit	2	17	*Saman*
Vamdeva	3	18	*Agneya*
Rathantaar	4	19	*Saumya*

Raurava	5	20	Manawa
Prana	6	21	Tatpurusha
Brihat	7	22	Vaikuntha
Kandarpa	8	23	Lakshmi
Satya	9	24	Savitri
Ishan	10	25	Aghora
Vyan	11	26	Varaha
Sarasawat	12	27	Vairaj
Udan	13	28	Gauri
Garuda	14	29	Maheshwara
Koorma	15	30	Pitara

Der *Swetavaraha Kalpa* ist der erste Tag des *Brahma* Monats. Dies ist die Grundeinheit der „Gegenwart", bezogen auf die Lebenszeitspanne der Sonne. Es hat 14 *Manwantaras*, sechs davon sind bereits aufgebraucht. Diese sind: 1. *Swayumbhuv*; 2. *Swarochish*; 3. *Uttam*; 4. *Tamas*; 5. *Raiwat*; und 6. *Chakshush*.

Jetzt läuft *Vaivaswata*, das siebente *Manwantara*. Wir leben also im *Vaivaswat Manwantara*. Die übrigen *Manwantaras* sind: 8. *Indra*, 9. *Deva*, 10. *Rudra*, 11. *Dharma*, 12. *Brahma*, 13. *Daksha* und 14. *Soorya*.

Wie schon erwähnt, umfaßt jedes *Manwantara* 71 *Chaturyugas* (vier–*Yuga*–Zeiträumen). Das heißt, sechs *Chaturyugas* (vier–*Yuga*–Zeiträumen) sind einschließlich ihrer jeweiligen Abend– und Morgendämmerungen während sechs Manwantaras, die seit dem Beginn unseres Universums bereits verbraucht sind, schon vergangen. Somit sind 432 *Chaturyugas* (vier–*Yuga*–Zeiträumen) bis zum Ende des sechsten *Chakshush Manwantara* aufgebraucht worden. Von den 1000 *Chaturyugas* (vier–*Yuga*–Zeiträumen) sind noch 568 zum Verbrauchen übrig, ausschließlich des siebten, *Vaivaswat Manwantara*, das gegenwärtig im Gang ist.

Ein *Manwantara* macht vier Zeitalter, 852.000 *Divya* Jahre, umgerechnet in die menschliche Zeitskala sind das 306.720.000

Menschenjahre. Innerhalb des siebten *Manwantara*, in dem wir jetzt leben, sind bereits 27 der 71 Vier–*Yuga*–Zeiteinheiten, die dieses *Manwantara* umfassen, aufgebraucht worden. In der menschlichen Zeitskala ergibt das 116.640.000 Jahre.

Drei *Yugas* – *Satya*, *Treta* und *Dwapara* – sind bereits verbraucht und machen 10.800 *Divya* Jahre, bzw. 3.888.000 Menschenjahre aus. Derzeit leben wir im vierten, *Kali Yuga*. Er umfaßt 1200 *Divya* Jahre und 432.000 Menschenjahre. Dieser gesamte Zeitraum teilt sich auf in vier Teile, ein jeder aus 108.000 Menschenjahren bestehend. Fünftausend der 108.000 Jahre des ersten Teiles vom *Kali Yuga* sind verbraucht, und wir befinden uns in der sechsten 1000–Jahre–Phase von *Kali*. Die gesamte Zeitskala spiegelt sich in der folgenden Tabelle wider:

Manwantaras schon verbraucht	**Bezogen auf Yugas**	**Bezogen auf Menschen–Jahre**
Swayambhuv	71 vier–Yugas	306,720,000
Swarochish	71 vier–Yugas	306,720,000
Uttam	71 vier–Yugas	306,720,000
Tamas	71 vier–Yugas	306,720,000
Raiwat	71 vier–Yugas	306,720,000
Chakshush	71 vier–Yugas	306,720,000
Gesamt (sechs Manwantaras)	426 vier–Yugas	1,840,320.000
Vaivaswata (gegenwärtig)	27 (vier–Yugas schon verbraucht)	11,66,40000
Satya Yuga (28)	Von Vaivaswat Manwantara	1,728,0000
Treta Yuga (28)	Von Vaivaswat Manwantara	1,29,6000
Dwapara Yuga (28)	Wie oben	8,64,000
Kali Yuga (gegenwärtig)	5000 HJs	2056*
Insgesamt (bis zum 4. April 2000 AD)		1,960,850,056

*Am 4. April 2000 wird Kali Yuga 2056 Jahre seiner Gesamtzeitspanne von 5000 Menschenjahren verbraucht haben.

Wir haben gesehen, wie der Seher Barkali die Zeit gemessen hat. Wir haben auch gesehen, wie die alten *vedischen* Seher die Zeit als eine hierarchisch geordnete Spirale, in der jeweils die kleineren in die größte hinein kollabieren, visualisiert haben. Dabei ist festzuhalten, daß die kleinste Zeiteinheit die selben Eigenschaften besitzt wie die größte. Und auch, daß wir uns gegenwärtig im *Swetavaraha Kalpa* (der erste Tag des ersten zweiwöchigen Zeitraumes vom *Balsheshwara Prajapati*, also einen Tag der *Brahma*–Zeitskala) befinden. Die Lebenszeitspanne eines Universums ist das Zeitalter vom *Upeshwara Prajapati*.

Diese Berechnungen weisen auch die schon vergangenen Menschenjahre nach dem Entstehen *dieses* Universums aus und wie viele Jahre es noch vor sich hat. In Mitten dieser beiden, der Vergangenheit und der Zukunft, steht die Gegenwart. Für die Menschen ist die Vergangenheit nicht offenbar, auch nicht die Zukunft. So gesehen ist die Gegenwart nichts anderes ist als eine unbedeutende Phase zwischen der unbegrenzten Vergangenheit und der unbegrenzten Zukunft.

Es ist hervorzuheben, daß das berechnete Alter unseres Universums lediglich einen halben *Tithi* (einen Tag) der *Brahma*–Zeitskala ausmacht. Fügen wir diesem die Zeit für die Nacht hinzu, bekommen wir dann die Berechnung einer Tag-Nacht-Einheit vom *Swetavaraha Kalpa*. Dreißig solche Zeiträume machen einen Brahma Monat, und 12 solche Monate machen die Lebenszeitspanne vom *Balsheshwara*, d.h. seine ein hundert Jahre, aus.

Vom unendlichen zum kleinsten: Einheiten der Zeit

Die Seherwissenschaftler haben nicht nur die Zeiteinheit wie die eines Tages oder einer Stunde addiert bzw. multipliziert. Sie haben sie auch analysiert, identifiziert und ihre Unterteilungen wie in die eines *Muhurtas* benannt. Die folgende Liste stellt die Unterteilungen eines Jahres zusammen. Sie beginnt mit der kleinsten Zeiteinheit. Die zweitkleinste Einheit ist benannt als *Lomgarta*. Buchstäblich heißt das Wort: „ein Loch, durch das ein Haar passieren kann". Die Skala beginnt mit dieser kleinsten Zeiteinheit bis hin zum Jahr:

15 *Swedayana* bilden ein *Lomgarta*
15 *Lomgarta* bilden ein *Nimesh*
15 *Nimesh* bilden ein *En*
15 *En* bilden ein *Prana*
15 *Prana* bilden ein *Idam*

15 *Idam* bilden ein *Etarhi*
15 *Etarhi* bilden ein *Kshipra*
15 *Kshipra* bilden ein *Muhurta*
15 *Muhurta* bilden einen Tag
30 *Muhurta* bilden eine Tag–Nacht–Einheit
15 Tag–Nacht–Einheiten bilden ein *Paksha* (zweiwöchiger Zeitraum)
2 *Paksha* bilden ein *Maas* (Monat)
6 *Maas* bilden ein *Ayan*
2 *Ayan* bilden ein Jahr.

Nach der Berechnung von Barkali gibt es 10.800 *Muhurtas* in einem Jahr. Um einen Eindruck darüber zu vermitteln, wie sich die kleinste Zeiteinheit zur unendlichen Weite der Zeit verhält, hat Barkali das folgende Bild übermittelt: Der *Swedayana*, die kleinste Zeiteinheit, ist der kleinste Regentropfen, der auf den weiten, endlosen, uferlosen Ozean fällt.

Richtung, Raum und Zeit (*Dish, Desha* und *Kala*)

Für *Dish* bzw. *Disha* verwenden wir den Ausdruck „Richtung". Es gibt acht Richtungen: Nord, Süd, Ost, West, Nordost, Nordwest, Südost, Südwest. Zwei zusätzliche Richtungen kommen zu diesen hinzu: oben und unten (Zenit und Nadir). Diese zehn Richtungen wurden bereits in *Shatpatha Brahmana*[9] zitiert.

Der Raum ist jener Platz, den ein materieller Gegenstand einnimmt. Infolge der Erschließung des Weltraums durch den Menschen hat das Wort „Raum" eine neue, spezifische Bedeutung erlangt. Hier wird das Wort „Raum" jedoch in seiner älteren Bedeutung als eine Fläche bzw. Ausdehnung benutzt. Wenn wir von Raum bezogen auf einen Gegenstand reden, kennzeichnen wir dessen Lage.

Die Begrenzungen eines Gegenstandes bzw. Raumes definieren die Richtungen wie beispielsweise auf der einen Seite der Osten, auf der anderen der Westen. Die Zeit gibt die Dauer des Entstehens und des Verbrauchs des Gegenstandes. Die Beschreibung eines Gegenstandes innerhalb bestimmter Grenzen von einem bestimmten Zeitpunkt an kennzeichnet die Wechselwirkungen von Zeit, Raum und Richtung.

---

[9] *Shatpatha Brahmana* 6:8:2:12, zitiert in *Kalatattvakosha* („A Lexicon of the Fundamental Concepts of the Indian Arts"), Band II. S. 159.

Sehen wir einen Gegenstand, so werden wir uns des von ihm eingenommenen Raums und seiner Form bewußt. Danach merken wir seine Eigenschaften, Namen, Funktionen usw. Die Gesamtheit von Form, Eigenschaften, Umriß, Funktion usw. skizziert die Flächen eines Gegenstandes. Aber die Seherwissenschaftler sagen uns, daß dieses Verständnis ernsthafte Mängel aufweist. Sie behaupten, daß unsere Augen nie den Gegenstand sehen, den wir berühren, und daß der Gegenstand, den wir sehen, von uns nie berührt werden kann. Anders ausgedrückt, das sichtbare Universum ist gänzlich anders als das berührbare Universum.

Als Theorie erscheint sie unhaltbar. So ist eine Vertiefung angebracht. Dank der Augen sehen wir einen Gegenstand. Dank des Körpers und seiner Glieder wie Arme und Beine können wir einen Gegenstand berühren. Die supraphysikalische Energie, die unsere Augen erhalten, ist solar. Sie belegt keine Fläche und daher können unsere Augen enorm lange Entfernungen und riesige Weiten bewältigen und können extrem große Landschaften oder Szenerien aufnehmen. Zwar nehmen unsere Augenhöhlen einen begrenzten Raum ein, aber die supraphysikalische Energie, die das Sinnesorgan unserer Augen nährt, belegt keine Fläche. Andererseits geht die supraphysikalische Energie unseres Körpers von der *Prithwi* (der Erde) aus und belegt eine gewisse Fläche. Diese Energie wird *Bhoota* genannt. Im Gegensatz zur solaren Lebensenergie und der Energie zur Erhaltung der Sehkraft der Augen besetzt der *Bhoota* Raum.

Wir können einen Gegenstand nur sehen, wenn er in einer gewissen Entfernung von unseren Augen ist. Würde er unsere Augäpfel berühren, könnten wir ihn nicht sehen. Als anderes Extrem wissen wir, daß er unsichtbar wird, wenn er zu weit von unseren Augen fortgetragen wird. Ein Gegenstand bleibt also nur innerhalb einer bestimmten Entfernung sichtbar. Aber um einen Gegenstand berühren zu können, muß er in die Reichweite unserer Glieder gebracht werden. Der einfache Verstand sagt uns daher, daß es möglich sein sollte, zwischen sichtbaren und berührbaren Gegenständen zu unterscheiden.

Das Licht, die Eigenschaft der Sonne, verleiht unseren Augen das Sehvermögen, basierend auf der vitalen Energie, die um das Licht „herum gewickelt" ist. Lichtstrahlen nehmen die Gestalt des Gegenstandes an, auf dessen Oberfläche sie fallen, und ermöglichen uns, ihn zu sehen. Prallt ein Bündel von Lichtstrahlen auf einen Gegenstand, wird seine Gestalt in unsere Augen projiziert. Wir sehen einen Gegenstand nur, wenn ein solches Bündel von Lichtstrahlen mit unseren Augen in Berührung kommt. Man könnte auch sagen, daß wir eigentlich nicht den Gegenstand *sehen*, sondern eher die widergespiegelten Lichtstrahlen des Gegenstandes.

Jeder Gegenstand strahlt von seinem Mittelpunkt bzw. Herz ein Bündel von *Prana* (supraphysikalische Energie) aus, wie eine Art „Hülle" um den Gegenstand herum. Diese „Hülle" bewirkt, daß die Augen ihn sehen. Die Menge der ausgesandten Bündel vitaler Energie wird kleiner, während wir uns von diesem Mittelpunkt entfernen. Dies ist die Erklärung dafür, warum ein Gegenstand kleiner aussieht, je mehr wir uns von ihm weg bewegen. Diese relative Eigenschaft der Größe bestätigt, daß die sichtbare „Hülle" eines Gegenstandes anders ist als die Masse des Gegenstandes, den wir berühren.

Alle Phänomene ordnen sich in drei Gruppen ein. Eine beinhaltet jene, die von den Sinnesorganen nicht erfaßt werden kann, wie der *Ishwara*, das *Prana*, der *Atma* usw. Diese sind supraphysikalische Phänomene, die eigenständig existieren.

In der zweiten Gruppe finden wir Phänomene, die nicht autonom existieren, aber doch in unserer Wahrnehmung. Sie schließen Richtungen wie Ost und West, Entfernung und Nähe, Kurven, gerade Linien, Winkeleigenschaften, quadratische Eigenschaften usw. ein. Wir erfahren sie im Alltag, aber sie haben keine eigenständige Existenz.

In der dritten Gruppe sind jene Phänomene, die von Sinnesorganen erfaßt werden und auch eigenständig existieren. Es sind Gegenstände wie Töpfe, Häuser, Sonne, Mond, Planeten und Sterne, Vögel und wilde Tiere, Hügel, Flüsse, Ozeane, Gemüse, Blumen und so fort. Nur diese dritte Gruppe von Phänomenen ist für unsere gegenwärtige Diskussion über das Sehen und das Berühren relevant.

Diese drei Kategorien können wir als existentiell, wahrnehmbar und wahrnehmbar existentiell bezeichnen. Für unsere Erörterung hier ist es sinnvoller, diese Kategorien zu definieren. Wir bezeichneten vorhin die Masse eines Gegenstandes als „berührbare Masse" und die „Hülle" eines Gegenstandes als „sichtbare Hülle". Eine Vertiefung offenbart aber, daß eigentlich auch die „Hülle" eines Gegenstandes nicht gesehen wird. Die „Hülle" ist dem existentiellen Aspekt des Gegenstandes einverleibt worden, und die von uns gesehene „Hülle" ist in Wirklichkeit eine Schöpfung unseres Verstandes. Alles, was wir sehen, ist unsere eigene Schöpfung und das Produkt vom *Prajnana Manas*. Die „Hülle" einer existentiellen Masse ist als die innere Welt jenes Gegenstandes beschrieben. Der *Atma Prajapati*, im Herzen bzw. im Mittelpunkt jenes Gegenstandes gelegen, ist Beleg des existentiellen Wesens – der *Prajapati* ist der Regler und der „Seher" der existentiellen Wesen.

Das gesamte Universum, bestehend aus fünf *Bhootas* (Grundelementen), ist die innere Welt vom *Ishwara*, auch *Vishweshwara* genannt. (*Vishwa* ist das Universum und *Ishwara* ist der Kontrolleur jenes Universums). Wenn wir Menschen nicht in der Lage sind, mittels der Sinnesorgane die innere Welt eines anderen zu erkennen, wie sollen wir die innere Welt vom *Ishwara* erkennen, der dieses große Universum bildet? Wir können nur wissen, was in unserer inneren Welt vorgeht. Wir können eigene Erfahrungen, Vergangenheit usw. kennen. Also sind für uns Menschen die Summe unserer Erfahrungen die Wirklichkeit. Wir sind die Schöpfer all dessen was wir wissen, hören, sehen oder erfahren. Unglücklicherweise haben einige Philosophen diesen Tatbestand so interpretiert, daß die Welt eine Illusion und daher falsch sei. Dieser kolossale Fehler hat zu einer katastrophalen Fehlinterpretation der *vedischen* Sicht des Lebens und des Universums geführt, mit schwerwiegenden sozialen und geschichtlichen Folgen, die wir an anderer Stelle dieses Buches angedeutet haben.

Die äußere Form – das Maß[10] von dem die Masse eines Gegenstandes umhüllt ist – zeigt die Richtung, geographische Breite und Länge seines Standortes. Die Eigenschaft des Maßes ist der *Rik*. Der vom Maß eingehüllte Raum (d.h. die Masse) ist das *Yaju* und die „Hülle" selbst ist das *Sama*. Die „Hülle" verhält sich zum umhüllten Gegenstand wie ein Buch zu seinem Inhalt. Das Verhältnis zwischen dem *Rik* und dem *Yaju* ist wie jenes zwischen dem Behälter und der darin enthaltenen Substanz. Die Masse und die Form sind eingepackt in einer „Hülle" supraphysikalischer Energie, welche die Quelle aller objektiven Existenz ist. Es ist gerade deswegen so schwierig, diese „Hülle" supraphysikalischer Energie zu begreifen, weil sie keine Gestalt hat und nicht–offenbar ist. Wir wissen schon, daß diese die Eigenschaften vom *Prana* sind. Die gleiche supraphysikalische Energie ist die gestaltlose, endlose *Kala* (die ewige Zeit), die die Seherwissenschaftler als ein Symbol von *Brahma* beschreiben.

Betrachten wir es von einer anderen Warte. Was vorhin als Maß beschrieben worden ist, wird nur in bezug auf die Masse offenbart. Die Grenze einer Masse weitet sich in die weiten Grenzen der *Kala* aus, das mit dem *Prana* ausgestattet ist. In anderen Worten: die offenbare Form jener großen *Kala* – die ewige Zeit, die der endlose, nicht–offenbare, gestaltlose Ausdruck vom *Prana* ist – ist die offenbare Zeit.

Das gestaltlose *Prana* besetzt keinen Raum und ist im Mittelpunkt einer Masse plaziert. Es verwandelt sich in eine strahlende „Hülle" um

---

[10] *Chhanda* (die *vedische* Hilfswissenschaft der Metrik in der Sprache.)

einen Gegenstand herum. Den Raum, den diese „Hülle" einnimmt, erfährt man mittels Licht, das diesen Gegenstand für unsere Augen sichtbar macht. Die strahlende „Hülle" der Masse des Gegenstandes umwickelt ihn von allen Seiten und durchdringt ihn vollständig.

Die Abgrenzung dieser strahlenden „Hülle" wird *Rathanatar Sama* genannt. Das menschliche Sehvermögen kann es nicht vollständig fassen. Unsere Augen sehen nur einen kleinen Teil davon. Diese ausdehnungsfähige „Hülle" um die Masse eines Gegenstandes umfaßt 1000 *Sama* „Hüllen" bzw. 1000 ausströmende Strahlen. Von jedem *Sama* strömen dann 1000 eigene Strahlen aus. Ein kleiner Strahl dieser weiten, dehnungsfähigen, leuchtenden „Hülle" macht die Gestalt eines Gegenstandes sichtbar.

Alle physikalischen Dinge in der Welt haben ihre Identität, die der Ausdruck ihrer materiellen Form ist. Sie definiert die Individualität eines jeden Dinges. Betrachtet man die Identität näher, kann man die das Ding umfassenden drei *Veden – Yaju, Sama* und *Rik* – beobachten. Ein Gegenstand offenbart sich in seiner Form, seinem Umriß und seinem Bild. Das erste, das sich vor uns offenbart, ist die Form, genannt die *Moorti.* In den *Veden* wurde dies als das Maß (die *Chhanda* oder der *Vayonadha*) beschrieben. Das ist der Umkreis des Gegenstandes, der die darin enthaltene Substanz einschließt.

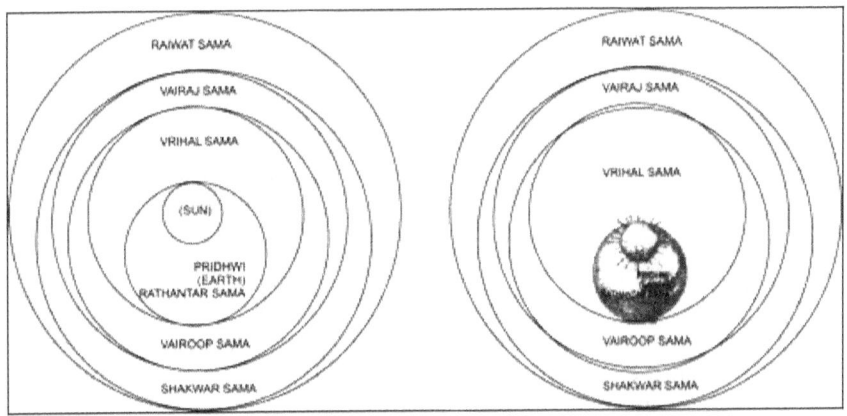

Jedes Ding mit Form hat dennoch die Eigenschaft ständiger Veränderung. Seine Bewegungsfähigkeit bewirkt die Veränderung, indem sie Altes in Neues umwandelt. Das *Prana* im Gegenstand ist in ständiger Bewegung, bewahrt dabei seine Form und regelt seine Funktion. Diese Bewegungsfähigkeit ist mit dem *Rasa* verbundenes *Yaju*, die zweite Facette. Die *Prana Mandala*, der Kreis supraphysikalischer Energie, strahlt selbst dank dem Aufwärtsbewegungsvermögen aus dem Mittelpunkt des Gegenstandes heraus. Dieses extrem feine, sich aufwärts bewegende, ausdehnende *Prana* wird *Teja* genannt, und ist der *Sama Veda*. Das ist die dritte Facette der Identität eines Gegenstandes.

Die Offenbarung eines Gegenstandes als seine eigene Form ist die *Chhanda* (das Maß), welche der *Rik* ist. Das ist die Eigenschaft der Richtung. Seine offenbare Bewegung der *Rasa*. Das ist die Masse, und ist das *Yaju*. Die Eigenschaft der Räumlichkeit ist der *Desha*, während seine Ausweitung das offenbarte *Teja* ist. Das ist das *Sama*, seine leuchtende „Hülle". Die nicht offenbare, gestaltlose Eigenschaft, die das Substrat aller drei *Veden* ist, kennen wir als die *Kala*.

Konzentrieren wir uns nun auf die Form eines Gegenstandes, die der *Rik* ist. Selbst eine Form wie der Kreis hat drei Eigenschaften: Umfang, Durchmesser und Mittelpunkt. Der *Rik* ist der Durchmesser, das *Sama* der Umfang und das *Yaju* der Mittelpunkt. Dies spiegelt sich im *Yajnya* wider, das unaufhörlich im Schöpfungsprozeß fortfährt. Wir können diesen Prozeß vollständig verstehen, wenn wir die Regeln des *Yajnyas* in den *Veden*[11] befolgen. Dieses ist ähnlich einem auf einer wissenschaftlichen Theorie begründeten Laborexperiment.

Der Umfang ist etwa das Dreifache vom Durchmesser. Danach ist der Grundsatz von *Tricham Samah* (das *Sama* ist das Dreifache vom *Rik*) aufgestellt worden. Eigentlich sind alle drei *Veden* beim näheren hinsehen schon von einer Facette der Gegenstände erkennbar, nämlich seiner Form. Die Form bzw. das Maß ist wahrnehmbar, und kann daher mit der Richtung verglichen werden. Umfang, Durchmesser und Mittelpunkt eines Gegenstandes belegen keinen Raum. Nur seine Masse belegt Raum und ist im Maß eingefaßt.

Sehen wir uns nun den *Yajur Veda* bzw. die Facette der Bewegung näher an. Bewegung ist *Prana*. Wie schon gesagt, das *Prana* belegt keinen Raum und besitzt daher nicht die Eigenschaften von Umfang, Durchmesser und Mittelpunkt. Die Bewegung reflektiert die

---

[11] Diese Regeln werden detailliert in *Shatpatha Brahmana* (auch in anderen Werken) erläutert.

supraphysikalische Energie vom *Prana*, und besitzt zwei Merkmale: Fließen nach außen (*Gati*), vom Mittelpunkt in die Richtung des Kreisumfangs und fließen nach innen (*Agati*), vom Kreisumfang in die Richtung des Mittelpunkts. Wenn das *Prana* vom Mittelpunkt zum Kreisumfang fließt, sagt man, daß es „geht" und wenn es in die umgekehrte Richtung fließt, vom Kreisumfang zum Mittelpunkt, sagt man, daß es „kommt".

Die *Gati*, der Ausfluß, ist der *Indra*. Die *Agati*, der Fluß einwärts, wird *Upendra* genannt, ist aber auch als *Vishnu* bekannt. Der *Indra* und der *Upendra*, werden als „Zwillinge" und der ständige Fluß von supraphysikalischer Energie einwärts und auswärts als „Eifersucht" zwischen dem *Indra* und dem *Vishnu* beschrieben. Diese beiden können sich gegenseitig nicht besiegen, und keine andere Energiekraft besiegt sie. In den *Veden* wird dieses Phänomen sehr malerisch als eine Rivalität beschrieben.[12]

Die Bedeutung dieser Allegorie ist, daß es in unserem Universum den ständigen Zustand einer dynamischen Stauung zwischen dem Ausfließen und dem Einfließen supraphysikalischer Energie gibt. Jedem Ausfließen geht ein Einfließen voraus, und jedem Einfließen folgt ein Ausfließen. Dieses Gleichgewicht zwischen dem Fluß von Energie bzw. Lebenskraft ist es, das hinter den malerischen Beschreibungen über den *Indra* und den *Vishnu* steht.[13]

Dieses Gleichgewicht des einwärts und des auswärts gerichteten Energieflusses bewirkt einen Ruhezustand bzw. eine dynamische Stauung, welche die Existenz bedeutet. Das Gleichgewicht ereignet sich in der Mitte, die als *Brahma* (oder als *Brahmaa* in den *Puranas*) bekannt ist, und die Bewegung nach innen und nach außen regelt. Bildlich heißt es, der *Brahma* reguliert den *Indra* und den *Vishnu*. Die Bewegung nach innen ist der *Rik*, die Bewegung nach außen ist das *Sama*, und die Gesamtheit dieser auf Ruhe bzw. Existenz hinauslaufenden Bewegungen ist das *Yaju*.

Bevor wir dieses Kapitel abschließen, wird es hilfreich sein, die Begriffe *Desha* und *Kala* so zu betrachten, wie sie im Reichtum der alten *vedischen* Literatur, der wissenschaftlichen Studien und der philosophischen Formulierungen dargestellt sind. Der *Desha* (Raum, Gebiet) wird als ein Teil der gesamten Raum–Zeit-Dimension und üblicherweise als eine komplementäre Einheit im Zwillingsbegriff von *Desha–Kala* (Raum–Zeit) dargestellt. Der zweite Aspekt vom *Desha* ist

---

[12] siehe Kapitel „Indra und Vishnu: Zwei kriegerische ‚Götter'".
[13] siehe Kapitel „Indra und Vishnu: Zwei kriegerische ‚Götter'".

geographisch und bezeichnet ein Land, eine Region, das „Heimatland", die „Heimatregion", oder auch eine Vorstellung von Zeit. Das frühere Synonym vom *Desha* ist die *Dish*, das Richtung oder Viertel bedeutet, und das wiederum mit der *Kala* (Zeit) gepaart ist, um die Relativität des Raumes zu verdeutlichen. Der Unterschied zwischen den beiden Begriffen ist, daß der *Desha* statisch und die *Dish* auf Bewegung bezogen ist. Alle Ereignisse finden im Spannungsfeld *Desha–Kala* statt. Berechnet wird es üblicherweise nach dem ersten Akt der Schöpfung. Diese Zeit ist der Nullpunkt in diesem großen Ereignis, weil jenseits von dem keine Berechnung von Zeit und Raum angestellt werden kann.

Der *Akasha* ist der unendlich weite Raum, während die *Dish* endlicher Raum ist, wahrgenommen als etwas, was zwischen der Bewegung von einem Punkt zu einem anderen eingefaßt ist. Wenn wir den Anfang und das Ende von irgend etwas kennen, können wir den Abstand messen oder die Richtung der Bewegung prüfen. Wir können gesichert feststellen, daß der *Desha* der gemessene endliche Raum ist, die *Dish* hingegen die wahrgenommene Richtung des Bewegungsvorgangs. *Dish/Desha* wurden als Grundlage aller Vorkommnisse konzipiert. Anders ausgedrückt, jedes Ereignis in der Welt findet innerhalb des Rahmens von relativer Zeit und Raum statt, und ist als solches notwendigerweise verbunden mit allen anderen Ereignissen in einer Kette der Reihenfolge (*Karma*). Bei allen gesellschaftlichen Veranstaltungen (*Samkalpa*) werden zuerst die gegenwärtige Zeit und Raum bedacht, gefolgt vor der „Eingrenzung des Raumes" (*Digbandha*) und der zeitweiligen Aussetzung des Atmungsvorganges (*Pranayama*). Dies bedeutet, daß jeder Schöpfungsakt innerhalb von Zeit und Raum stattfindet, aber doch eine von Zeit und Raum gelöste Abstraktion ist.

Der Vorstellung von Raum ist in der *vedischen* Gedankenwelt auf drei verschiedene Weisen veranschaulicht worden. Erstens ist der Raum eines der fünf Grundelemente, bezeichnet als *Akasha*. Zweitens ist er ein Indikator der relativen Nähe bzw. Ferne der Bewegung vom Fokuspunkt aus. Dieser Fokuspunkt wird bei diesen Berechnungen als konstant angesehen. Drittens ist der Raum ein geographisch bezogener physikalischer Begriff.

Es gibt einen feinen Unterschied zwischen *Dish* und *Desha*, weil *Dish* reine Richtung ist, angegeben als links oder rechts, Ost oder West, Nord oder Süd (*Prachi, Pratichi, Udichi*) oder die vier Ecken. *Agnikona* ist Südost, *Nairata* ist Südwest, *Vayavya* ist Nordwest und *Ishana* ist Nordost. Zu diesen Zwischenrichtungen kommen noch oben (*Urdhva*) und unten (*Adhah*) bzw. Zenit und Nadir. Diese zehn Richtungen sind in *Shatpatha Brahmana* (6:8:2:12) zitiert worden.

Die *Dish* ist also ein relativer Begriff. Sie zeigt den Standort eines Punktes aus der Perspektive eines Betrachters auf. Der *Desha* dagegen ist nicht auf einen Betrachter bezogen und ist eine Unterteilung des endlichen Raumes. Die Wurzel, von der „Desha" abgeleitet wird, ist ein sehr bedeutungsvolles Zeitwort. Die *Dish* bedeutet „hinweisen", „unterweisen", „anzeigen". Diese Deutung wird durch ein Präfix übermittelt wie *Upa-Desha* (Ratschlag), *Aa-desha* (Anweisung), oder *Sam-desha* ((Botschaft). Der *Loka* ist ein breiteres Konzept, das die Bedeutung von *Dish* mit abdeckt, aber das Gegenteil trifft nicht zu: die *Dish* umfaßt nicht die volle Bedeutung, die im Begriff „Loka" enthalten ist. Die transzendentale Welt kann daher *Para Loka* genannt werden, aber niemals *Desha*, der auf ein Universum bezogen ist.

Panini hat das Wort *Dish* in verschiedenen Begriffsinhalten benutzt: im Sinne von Ortschaft und Land, oder Gebiet und die Menschen dieses Landes. Charaka, der große Übermittler von *Ayurveda* (das *vedische* System der Heilkunde), weist in einer seinen *Sutras* darauf hin, daß *Desha* sowohl „Land" als auch der „Körper" eines Patienten bezeichnet. Diese Bedeutung hat großes Gewicht in der *Agama* Literatur, in der der menschliche Körper als ein Mikrokosmos verstanden wird.

Einige philosophische Systeme halten die *Dish* und die *Kala* für Dinge (*Dravya*), während andere meinen, die *Dish* sei eine objektive Realität, die unabhängig von Erfahrung existiere. Andere wiederum behaupten, daß die *Dish* ein Gegenstand von Wahrnehmung sei. Alle diese Systeme interpretieren „Raum" als einen Begriff von Richtungen, markiert durch die Bewegungen der Sonne. In anderen Worten, die Dish dient als das Verbindungsglied zwischen der Bewegung der Sonne und einem Gegenstand.

Zusammenfassend ist festzuhalten, daß Zeit (*Kala*) und Raum (*Desha*) in der *vedischen* Gedankenwelt eine wichtige Rolle spielen. Der *vedische* Intellekt ist wachsam für Zeit und Raum hier und jetzt und ebenso für Zeit und Raum darüber hinaus.

VIERTER ABSCHNITT

Die Seherwissenschaftler und die Götter

yan manasa na manute yenaahur mano matam
tadewa brahma twam viddhi nedam yad idam upasate

Was einer mit dem Verstand nicht begreifen kann,
Was aber, so sagen sie, der Verstand doch fühlt ...
Weiß das allein als Brahmane
Und nicht als (einen Gegenstand) huldigender Mensch.

KENOPANISHAD 1:6

KAPITEL ZEHN – Gott, Götter und Göttinnen

IN JEDER RELIGION NIMMT GOTT EINE ZENTRALE POSITION ein. Aber was ist Religion? Das *Concise Oxford English Dictionary* definiert Religion als „die Anerkennung einer übermenschlich kontrollierenden Macht, und insbesondere eines persönlichen Gottes, der Anspruch auf Gehorsam hat". In der christlichen Wahrnehmung herrschen nach der *Encyclopaedia Britannica, Ausgabe* 1966, die folgenden Charakteristiken vor: 1. Gott als Persönlichkeit, 2. Gott als Schöpfer, 3. Gott als Herrscher des Geschehens, 4. Gott als Richter. Gott wird auch als der Schöpfer von Himmel und Erde angesehen. Es wird geglaubt, daß er die Menschen nach seinem göttlichen Ebenbild geformt und sie zu seinem Untertan gemacht hat.

Das Alte Testament konzentriert sich auf Gott als den Herrscher des Geschehens. Gott hat demnach ein besonderes Volk ausgewählt und es durch ein feierliches Abkommen verpflichtet. So bindet er es als „Gottes Volk" in einer besonderen Weise. Es soll für die Erlösung der Menschen ein Reich Gottes errichten, in dem die Propheten – nach der Methode von Zuckerbrot und Peitsche – für die Guten die Erlösung und Elend für die Treulosen verkünden. „Der Glaube der Israeliten, daß die Offenbarung Gottes durch die Geschichte des göttlich gelenkten Volkes erfolgt, führt mit innerer Logik zur Verkündung Gottes als Herrscher des Weltgeschehens und als Richter der Welt."[1]

Das Neue Testament bindet den Gottesglauben eng an die Person, Lehre und Werk Jesu Christi. Jesus verstand sich als die Einlösung des Versprechens, als der Sohn Messias in menschlicher Gestalt, der die Gläubigen in das Reich Gottes führen sollte. Der Glaube an den Sohn bewirkt das Einssein mit dem Vater. So wird der Sohn zum Vermittler der Herrlichkeit des Vaters für jene, die an ihn glauben.

Die islamische Vorstellung Gottes ist im *Koran*[2], in einer rigoros monotheistischen Lehre verkündet. Gott ist eins und einmalig, hat keinen Partner oder seines Gleichen. Der christliche Glaube der Dreifaltigkeit, daß Gott drei Personen in einem „Wesen" ist, wird hier heftig verworfen. Der Gott des *Korans* ist auch ein persönlicher Gott, empfänglich für jeden, der sich in Not oder Bedrängnis an ihn wendet.

---

[1] *Encyclopaedia Britannica,* CD-ROM Ausgabe 1966.
[2] Alle Hinweise auf islamische Ansichten basieren auf den Veröffentlichungen des *Institute of Islamic Information and Education,* Chicago, Illinois, U.S.A.

Jede Religion hat einen oder mehrere Namen für Gott, und manchmal auch für geringere Gottheiten. Der Islam ist die Ausnahme, weil Allah der Name des einzigen wahren Gottes ist. Nichts anderes darf Allah genannt werden und Allah ist weder Plural noch hat er ein Geschlecht. In anderen Glaubensrichtungen kann das Wort „Gott" im Plural Götter oder im Weiblichen Göttin heißen.

Der Islam lehnt eine Charakterisierung Gottes in jeglicher menschlichen Gestalt ab. Der *Koran* prangert den Götzendienst an und hat alle von den Arabern in ihren Heiligtümern angebeteten Götter und Gottheiten eliminiert. Das hervorragendste unter diesen war Ka'bah in Mekka selbst.

Innerhalb des Islam sind mehrere Sekten mit unterschiedlichen Glaubensrichtungen entstanden. Al Khawaridj, Al Shia und Al Nusayriyya zum Beispiel halten Ali Ibn Abi Talib für einen Gott, während Al Djabriyyah, Al Mutazzila und Al Kadariyya ihm die göttlichen Eigenschaften absprechen. Die Al Ashaira, Al Matridiyya, Al Zaidiyya, Al Imamiyya und Al Ismailiyya erklären, daß die Welt zwei ‚Lenker' hat, von denen der erste Gott ist und der zweite die Seele. Al Bahaiyya betrachtet ihren Führer, Baha Allah, als einen Gott. Die Drusen betrachten ‚Al Hakim bin Amr Allah al– Fatimi' als einen Gott.

Theologen, die sich als Verteidiger des jüdischen, christlichen oder islamischen Glaubens betrachten, setzen sich nicht unbedingt für den Theismus ein. Der einflußreiche protestantischer Theologe des 20. Jahrhunderts, Paul Tillich, betrachtet, zum Beispiel, den Gott des Theismus als ein Götzenbild und weigert sich, Gott als ein Wesen aufzufassen – nicht einmal als das Oberste Wesen oder als ein über endliche Wesen stehendes unendliches Wesen.

Anders als Zeus oder Wotan ist Gott in den entwickelten Formen von Judentum, Christentum und Islam nicht verhältnismäßig einfach als menschenähnlich aufgefaßt. Wer existierte oder auch nur im entferntesten unter Verdacht stünde existiert zu haben, könnte nicht Gott des Judentums und des Christentums gewesen sein. Er muß der Welt transzendent sein, was es unmöglich macht, ihm zu begegnen oder ihn zu erfahren.

Der Islam wie auch das Christentum hat einen von Gott bestellten Propheten oder Beauftragten, um seine Botschaft zu überbringen. Der Islam hat Hazrat Muhammad und das Christentum Jesus Christus. Muhammad's Hauptbedeutung ist als Gründer eines Staates und einer Religion. Er selbst schuf einen Bund arabischer Stämme. In weniger als 20 Jahren nach seinem Tod besiegte dieser Bund die Kaiserreiche

Byzanz und Persien, besetzte ein riesiges Gebiet von Libyen bis Persien und entwickelte sich zu einem Arabischen bzw. Islamischen Reich. Die Lehre des Islam behauptet, daß Allah (Gott) der Stifter der Religion ist, aber bei der Förderung der gestifteten Religion habe Muhammad eine höchst bedeutsame Rolle gespielt. Den Juden und Christen wurden als Gemeinschaften in Besitz von Schriften und daher als „Völker des Buches" (*Ahl al-kitab*) ein besonderer Status eingeräumt. Ihnen wurde Religionsfreiheit gewährt, aber sie mußten eine *Jizyah* genannte Kopfsteuer zahlen. Heiden dagegen mußten entweder den islamischen Glauben annehmen oder sterben.

„Jesus" war Eigenname und bedeutete etwa der „Yahweh erlöst" oder „Yahweh wird erlösen", während „Christus" die griechische Übersetzung von „Messias" ist (buchstäblich: „der Gesalbte"). In einigen Passagen des Neuen Testaments wird „Christus" immer noch als ein Titel verwendet. Aber in der Diktion von Paulus ist es offensichtlich, daß der Titel sehr früh einfach ein Eigenname wurde. Die meisten Heiden faßten ihn als Eigenname auf und so wurden seine frühen Gläubigen als „Christen" bekannt. Im genauen Sprachgebrauch war das Wort „Jesus" dem irdischen Leben des Herrn vorbehalten. Die liturgischen Quellen legen es nah, daß ihm tatsächlich ein feierlicherer Charakter anhaftete als dem Name „Christus".

Wenige Jahre nach der Geburt der christlichen Bewegung konnten wechselweise die Namen Jesus, Christus, Jesus Christus und Christus Jesus verwendet werden, wie Textvariationen im Neuen Testament belegen. Erst in modernen Zeiten ist es Usus geworden, zwischen den Namen klar zu unterscheiden mit dem Ziel, den Jesus der Geschichte und den Christus des Glaubens auseinander zu halten, und dies nur in bestimmten Kreisen. Theologen und viele Kirchgänger benutzen immer noch Wendungen wie „das Leben Christi", weil sie „Christus" in erster Linie als Eigennamen betrachten. Die Verkündung, daß Jesus Christus der Sohn Gottes ist, gezeugt vom Heiligen Geist, geboren von der Jungfrau Maria, ist unumstritten im Neuen Testament.

Christentum und Islam glauben gleichermaßen, daß es ihre Pflicht und ihr Recht ist, Ungläubige (eine Kategorie, die Anhänger anderer Religionen einschließt) zu retten, indem sie diese zu ihrem Glauben bekehren. Dieser Glaube diente als Rechtfertigung für die Zerstörung heidnischer Menschen und ihrer Tempel und Kulturen. Diese beiden Religionen haben sich in der Tat entwickelt durch die Zerstörung früherer Glaubenssysteme, durch das Anzetteln gewaltsamer Konflikte und durch die Vernichtung in großem Maßstab jener, die sich der Verbreitung ihrer Ideologien versagten oder widersetzten.

Stießen sie auf Widerstand so wie in Indien, wurde massiv die Geschichte umgeschrieben. Imaginäre Konflikte zwischen Teilen der indischen Gesellschaft wurden der Geschichtsschreibung übergestülpt. Frühere Weltanschauungen wurden betitelt als unterentwickelt, rückständig, als typische Stammes- oder Eingeborenenkultur. Ohne einen historischen Beleg wurde unterstellt, die vorherrschende Weltanschauung in Indien baute auf die Zerstörung früherer Glauben auf. An dieser Stelle soll nur auf einen grundlegenden Unterschied zwischen Gott im Christentum und im Islam und den „Göttern" anderer Völker hingewiesen werden. Der Christliche oder der Islamische Gott ist eifersüchtig[3], duldet keine anderen Götter und verlangt von seinem auserwählten Volk, die Anhänger anderer Götter zu zwingen, entweder diese zu verstoßen oder die eigene Vernichtung zu riskieren.

Die früheren Götter aber hegten keine solche Feindseligkeit. Sie gewährten jedem die volle Freiheit, sich den eigenen Gott oder Götter auszusuchen. Dem Leben wurde ein eigenständiger Wert beigemessen. Das Ziel war, in Wechselwirkungen zwischen ihnen und ihren Anhängern Leben zu erhalten und zu nähren. Die Vorstellung, im Namen Gottes Ungläubigen Tod und Vernichtung zuzufügen, war nicht aufgetreten, bevor die Christen und Moslems mit ihren „zivilisierenden Missionen" anfingen.

Die Ansicht, Menschen seien Sünder und ihre Erlösung von der Besänftigung Gottes mit Hilfe einer in seinem Namen handelnder Person abhängig, war in der Welt der früheren Götter ebenfalls unbekannt. In den *Veden* (und in den folgenden Traditionen) wird der Mensch als ein Wesen mit uneingeschränktem Potential angesehen, der in der Lage ist, jene von der Gesellschaft und dem physikalischen Universum gesetzten Grenzen zu überschreiten. Das Streben nach Vollendung, Befreiung oder Freude wird als eine persönliche Reise angesehen, die nach hingebungsvoller Bemühung und Beharrlichkeit verlangt, bis das Ziel erreicht ist. Jeder darf auch unterwegs anhalten, wenn er müde oder zerstreut ist, und kann danach neue Kraftreserven mobilisieren und sich erneut auf die Reise machen.

Wie schon angemerkt,[4] ist die *vedische* Ansicht über den Menschen die eines integrierten Ganzen, das den Körper als das Äußere, den Verstand (*Mana*) und Intelligenz (*Buddhi*), und den *Atma* als das Selbst

---

[3] Einige Ideen in dieser Abteilung verdankt der Autor einem grundlegenden Werk von Ram Swarup: *The Word as Revelation: Names of Gods*. („Die Welt als Offenbarung: Namen der Götter')
[4] vgl. Kapitel „Wer ist das ‚Ich'?".

umfaßt. Der *Atma* erscheint in zwei Formen: als der *Jeeva*, das ordnende innere Universum, und als der *Ishwara*, das äußere Universum. Uns sind inzwischen Wörter wie „*Ishwara*" und „*Parmeshwara*" geläufig, die in den Veden und ihren Nebenzweigen vorkommen. Diese Ausdrücke wurden irrtümlich als „Gott" übersetzt. In Wirklichkeit übermitteln sie nicht die Bedeutung von Gott wie sie im Judentum, Christentum oder im Islam stehen. Hierauf kommen wir noch zurück. Zuvor aber eine kurze Begegnung mit den „modernen" Ansichten über die Götter und Göttinnen vorchristlicher Zeit.

Die Entdeckung des königlichen Archivs der Hethiter in Bogazköy (dem antiken Hattusa) in 1907 brachte eine große Menge literarischer Belege über eine anatolische Zivilisation aus dem 2. Jahrtausend v. Chr., also noch vor der Ankunft der Phrygier. Die Entdeckung der auf Tontafeln geschriebenen Belege hat uns dazu geführt, unsere Aufmerksamkeit auf die Religion der Hethiter wie auch auf die frühen Religionen Kleinasiens, zu lenken.

Sehr frühe Zeugnisse religiösen Glaubens sind am Hügel von Çatal Hüyük, südlich des heutigen Konya in der Türkei, ans Licht gekommen. Die Ausgrabungen hier haben Überbleibsel eines aus Lehmhäusern bestehenden neolithischen Dorfes zu Tage gebracht, darunter auch viele Schreine. Ihre Entstehung wird im Radiokarbonverfahren auf ungefähr 6500 – 5800 v. Chr. datiert (berechnet auf Grund eines Halbzeitwertes von 5730 Jahren). Große Figuren von Göttinnen in gebärender Lage, von Leoparden und Köpfen von Stieren und Widdern sind auf den Mauern einiger dieser Schreine in Hochrelief gemeißelt. Eine Reihe kleiner Statuen aus Stein und Terrakotta, gefunden in diesen Schreinen, stellen eine weibliche Figur dar, manchmal von Leoparden begleitet. In früheren Grabungsschichten, eine männliche Figur, entweder bärtig und auf einem Stier sitzend oder jugendlich und auf einem Leoparden reitend. Die Hauptgottheit dieses neolithischen Volkes war offensichtlich eine Göttin, die von Sohn und Gatten begleitet wurde

Nahe des Burdur–Sees, in Hacilar, wurde eine etwas spätere Kultur entdeckt. Auch hier wurden kleine Statuen von Göttinnen in Gesellschaft von katzenartigen Tieren gefunden; hier fehlten aber Sohn und Gatte wie bei Çatal Hüyük. Archäologen haben eine Reihe bemerkenswerter Statuetten aus Zentralanatolien freigelegt (19. Jahrhundert v. Chr.). Die meisten von ihnen sind abstrakte, scheibenförmige Götzen ohne Glieder; viele haben zwei, drei oder sogar vier Köpfe, und andere tragen auf der Brust kleine männliche Figuren in Relief. In einem Fall gesellt sich dieser Figur ein Löwe zu. Es kann kaum einen Zweifel darüber geben, daß dies eine weitere Darstellung einer göttlichen Familie ist, bestehend aus der Göttin – Mutter mit Gatten und Kind oder Kindern. Aus einer archäologischen Ausgrabungsschicht in Bogazköy, zeitgleich mit Kültepe, wurde eine Kalksteinform mit einer „Herrin der Tiere" freigelegt. Die Göttin ist nackt, steht auf einem Paar von Katzen und hält in jeder der beiden Hände jeweils ein Tier hoch. Formen für ein Figurenpaar – einen bärtigen Gott und eine Göttin – wurden an mehreren Stellen während etwas späteren Ausgrabungsebenen gefunden. Der Gott trägt verschiedene Waffen oder Embleme und die Göttin hält für gewöhnlich ein kleines Kind.

Ein ganzes Pantheon von Gottheiten mit unterschiedlichen Merkmalen wie Kleidung, begleitende Tiere, Waffen, Handlungen und Haltungen wurde auf einer alten assyrischen Tafel (einer flachen Steinscheibe) gefunden. Mehrere Wettergötter, alle in Begleitung eines Stiers, Wetter in Gestalt von Regen, der auf den Gott fällt, sind dargestellt. Außerdem noch ein Kriegergott, der verschiedene Waffen trägt, ein Jagdgott, der einen Vogel oder einen Hasen hält, ein Gott auf einem Pferdewagen, eine auf einem Thron sitzende und von Tieren umrandete Göttin, eine nackte Göttin und einige Mischwesen.

Bemerkenswerte archäologischen Entdeckungen dokumentieren die Geschichte Kleinasiens über fünf Jahrhunderte (ca. 1700 – 1200 v. Chr.) gut. Mehrere unterschiedliche Völker bewohnten das Gebiet, die Hethiten in der Mitte, die Luwier im Süden und Westen, die Palaier im Norden und die Hurrier im Südosten. Jedes dieser Völker hatte sein eigenes Pantheon mit eigenen Namen für die Gottheiten mit der Folge einer verwirrenden Anreihung von Götternamen.

Auch wenn in einigen Fällen die Gottheiten statt Namen durch ein Logogramm (ein oder mehrere Zeichen) dargestellt werden, um den Wettergott, den Sonnengott, den Mond usw. zu unterscheiden, scheint es, daß die Gottheit einer jeden „Stadt" als eine eigenständige Persönlichkeit betrachtet wurde. Es gibt sogar den Wettergott des Blitzes, den Wettergott der Wolken, des Regens, einen Gott des Palastes, des Königshauses, des Zepters, und der Armee, und ein jeder dieser Götter wird als eine eigenständige Persönlichkeit aufgefaßt.[5]

Die meist angebetete Gottheit des hethitischen Anatoliens war eindeutig der Wettergott. Der „Wettergott von Hatti", eine große Figur, wurde der Hauptgott des offiziellen Pantheons, der wahrscheinlich den Staat gegenüber ausländischen Mächten repräsentierte. So wird zum

---

[5] Das gesamte Material über antike Religionen in diesem Kapitel entstammt der CD-ROM – Ausgabe von 1996 der *Encyclopaedia Britannica*.

Gott, Götter und Göttinnen

Vertrag mit Ägypten gesagt: er sei „für den Zweck der Verewigung der Beziehungen zwischen dem Sonnengott [von Ägypten] und dem Wettergott [von Hatti] für das Land Ägypten und das Land Hatti abgeschlossen".[6] Er heißt in der luwischen Sprache, und wahrscheinlich auch auf Hethitisch, Tarhun (Tarhund); auf Hattisch wurde er Taru genannt, und auf Hurrisch Teshub. Tarhuns Gattin, die große Göttin der Stadt Arinna, wurde zur Schutzherrin des Staates erhoben. Ihr Name auf Hattisch war Wurusemu, aber die Hethiter beteten sie unter ihrem Beinamen Arinnitti an. Sie war immer als Sonnengöttin bekannt. Der Wettergott einer anderen Stadt, Nerik, wurde als Sohn dieses höchsten Paares angesehen, und sie hatten Töchter genannt Mezzulla und Hulla und eine Enkelin namens Zintuhi. Telipinu war ein weiterer Sohn des Wettergottes und hatte ähnliche Eigenschaften.

Es gab auch eine männliche Sonnengottheit, im Unterschied zur Sonnengöttin von Arinna. Sein Name auf Hethitisch war Istanu, abgeleitet vom hattischen Estan (auf Luwisch war es Tiwat und auf Hurrisch war es Shimegi). Es gab auch einen Mondgott (bekannt als Arma auf Hethitisch und Luwisch, und als Kushukh auf Hurrisch).

Der Jagdgott kommt häufig auf hethitischen Denkmälern vor. Er hält einen Vogel oder einen Hasen und steht auf einem Hirsch. Die Beschreibung der Statuen hat den Anschein, daß es sich um die Gottheit handelt, die in den Texten durch das Logogramm KAL angedeutet wird. Auch der Kriegergott tritt in Erscheinung, obwohl sein hethitischer Name hinter dem Logogramm ZABABA, dem Namen für den mesopotamischen Kriegergott, verborgen ist. Sein hattischer Name war Wurunkatti, das hurrische Gegenstück dazu war Hesui. Sein hattischer Name bedeutet „König des Landes".

Die hethitische Göttin der Liebe und des Krieges verbirgt sich hinter dem Logogramm des babylonischen ISHTAR. Sie war offensichtlich sehr verehrt. Ihr hurrischer Name war Shaushka. Sie wurde dargestellt als eine, auf einem Löwen stehende beflügelte Figur, gekleidet in einer besonderen, knielangen Robe und begleitet von Tauben und zwei weiblichen Dienerinnen. Die Muttergöttin, Hannahanna (oder „die Großmutter"), stand in enger Verbindung mit Geburt, Schöpfung und Schicksal. Es ist unmöglich, hier die geringeren Gottheiten aufzuzählen, von denen viele für uns nur Namen sind. Unter ihnen waren Berge, Flüsse und Quellen, und die Geister früherer Könige und Königinnen, die zur Zeit ihres Todes zu Göttern „geworden" waren. Die Mutter Erde

---

[6] ebenda

nimmt in antiken Religionen einen zentralen Platz ein und bedeutet eine ewig fruchtbare Quelle all dessen was existiert.

Diese antiken Götter vieler asiatischer und europäischer Länder sind heutzutage derart vollständig in Vergessenheit geraten, daß wir sie nicht mehr unmittelbar studieren. Das war einmal als sie den religiösen Bedarf ihrer Verehrer befriedigten, aber später von neu erscheinenden Göttern angegriffen wurden. Sie sind jetzt vollständig ersetzt worden, und ihre Verfolgung wird noch heute fortgesetzt, obgleich in veränderter Form. Ihre neuen Verfolger sind eher gestandene Akademiker als Theologen und religiöse Eiferer.

Die frühen Götter waren für diese „modernen" Gelehrten keine falschen, sondern primitive. Diese Götter wären Ausdruck des Versuchs des primitiven Verstandes gewesen, sich auf unvollkommene Weise über Symbole und Dinge an ein einheitliches Prinzip der Natur heran zu tasten. In jener Stufe der menschlichen Evolution soll es schwierig gewesen sein, aus dem Sinnlichen zum Intellektuellen und Geistigen emporzusteigen, von den Vielen zum Einen. Dieses war einer späteren Generation vorbehalten, die ihren Zenit im Christentum und im modernen Europa erreicht hätte. Wenn aber Götter geboren werden aus religiösem Drängen und aus geistigen Einrichtungen, ist es schwer nachvollziehbar, wie moderne europäische Christen diesbezüglich überlegener seien und wie ihr „alleiniger Gott" wirklicher sei als jene „vielen Götter" ihrer Vorfahren.

Bedenken wir das Wort „Gott", müssen wir feststellen, daß in ihm die Erinnerung an die Vorstellung von Gottheit eines intuitiveren Volkes und spontanerer Zeiten unverändert wach geblieben ist. Dies ist so, obwohl doch der „alleinige Gott" der Mentalität der gegenwärtigen Zeit angepaßt, aufgezwungen, intellektuell getrimmt, nach außen gerichtet angepaßt ist. Etymologen bringen das Wort ‚Gott' in Verbindung mit dem gothischen *Guth*, das auf Sanskrit *Huta* lauten soll. *Huta* kennzeichnet „jemanden, dem Gaben angeboten werden" oder einer, der hochgeachtet wird. Das verknüpft uns mit der Zeit der Evolution, als das Feuer ein großes lebendes Symbol in uns und um uns herum war. In späteren Zeiten wurde dieses Sinnbild als Naturkult einiger Sekten abgewertet, obwohl es davor, zusammen mit der Sonne und dem Himmel universell hochgeachtet war. Sogar Moses erblickte seinen Gott durch das Feuer. Und im Alten Testament werden von dessen Experten bestimmte Hymnen als „Naturhymnen" angesehen.

Etymologen bringen das Wort „Gott" auch in Verbindung mit dem deutschen Wort *Gotse* (Götze), dessen ursprüngliche Bedeutung ein

„Abbild" oder eine „Figur" war. Auf Altnordisch bedeutete das Wort „Abbild einer Gottheit". Dieses Wort mag sich daher auf die Praxis bezogen haben, einen „Gott" über verschiedene Abbildungen und Figuren anzuschauen. Eine in allen Zeiten unter verschiedenen Völkern auf der ganzen Welt recht geläufige Praxis.

Spengler hat uns auf ein weiteres bemerkenswertes Merkmal aufmerksam gemacht. Er sagt uns, daß das alte deutsche Wort für „Gott" sächliches Plural war, das durch die christliche Propaganda in einen männlichen Singular umgewandelt wurde".[7] Dasselbe trifft für das Wort auch in der norwegischen und der teutonischen Sprache zu. Erst nach der Bekehrung der Heiden änderte der Ausdruck „Gott" Geschlecht und Zahl. Als solches kann diese Umwandlung kaum als eine Vertiefung der Bedeutung des Begriffes angesehen werden.

Das hebräische Wort *Elohim* ist ebenfalls ein Plural in Ursprung, Form und Bedeutung, wie das Wort *El* in der semitischen Tradition. El ist nicht der Name einer universellen „Gottheit", sondern eine gemeinsame Bezeichnung für „Gottheiten" in der semitischen Welt. Daraus können wir folgern, daß die ungebildete und spontane Intuition des menschlichen Geschlechts weder die Pluralität der „Götter", noch die Verwendung von Bildern und Natursymbolen ausschließt. Die Verneinung dieser immanenten Aspekte entspringt einer überbegrifflichen mentalen Beschaffenheit oder einem Dogmatismus, der sich schneller als der Verstand entwickelt.

In letzter Zeit gerät der Gott des Christentums in ernste Schwierigkeiten. Die Bewegung „Gottes Tod", eine radikale christliche, hauptsächlich protestantische theologische Richtung, die in den 1960er Jahren in den USA entstand, weckte Aufmerksamkeit, Reaktion und Kontroverse über einen längeren Zeitraum. Die fundamentale Ansicht von vielen unterschiedlichen Ansichten, die sich um diese theologische Richtung gruppierten, ist die Vorstellung, daß der Glaube an Gott in der modernen Welt unmöglich oder bedeutungslos bleiben muß, wenn seine Erfüllung im weltlichen Leben gesucht wird.[8] Die Protagonisten

---

[7] Ram Swarup, ebenda, S. 109.
[8] Thomas J. J. Altizer, der bekannteste Theologe der Sekte „Gottes Tod", hat behauptet, daß der traditionelle jüdisch-christliche Gott in der Kreuzigung des Jesus von Nazareth tatsächlich gestorben und fortan in den Prozeß des weltlichen, historischen Geschehens eingetreten ist. William Hamilton war der Meinung, daß die Abwesenheit oder der Tod Gottes den Menschen ermöglicht hat, volle Verantwortung und Aktivität in der Arbeit und Liebe dieser Welt zu übernehmen, befreit von der Abhängigkeit von einem fürsorglichen Vater im Himmel; er stellte auch Jesus in den Mittelpunkt als Vorbild und Herr aller Christen. Gabriel Vahanian, der tatsächlich eher ein Neo-Kalvinist als ein radikaler Theologe war, meinte, der Tod Gottes sei sowohl ein religiöses als auch kulturelles

dieser Ansicht behaupten, daß das Reden von Gott ein sprachlicher Unsinn ist, weil es besagt, sich mit einer überweltlichen Realität zu befassen, über die eine sinnvolle Unterhaltung nicht mehr möglich ist.

Eine andere Meinung vertreten die Akosmisten, die behaupten, daß Gott die alleinige und ultimative Wirklichkeit ist, und daß Gegenstände und Ereignisse keine selbständige Existenz besitzen. Der Akosmismus wurde mit dem Pantheismus gleichgesetzt, also dem Glauben, daß alles Gott ist. Er wurde auch benutzt, um die Philosophie des *Vedantas* und des Buddhismus zu erklären, was entschieden weit gegriffen ist.

Der „Gott" der verschiedenen Religionen, über den wir bislang diskutiert haben, kommt weder in den *Veden*, noch in der *vedischen* Tradition vor. Die Wörter in der *vedischen* Literatur, die in etwa „Gott" ähneln, sind *Deva* und *Devata*, und diese wurden in der Tat mit „Gottheit" oder „gott" (mit kleinem ‚g') übersetzt. Das Wort *Devi* (die weibliche Form von *Deva*) wurde mit „weiblicher Gottheit oder Göttin" übersetzt.

Wir suchen eine Definition des Wortes „Gottheit" in der *Encyclopaedia Britannica*. Wir finden darin Gott oder Göttin im Zusammenhang mit Gebilden wie eine Sonnen- oder Mond-Gottheit: *„Gott oder Göttin, erdacht als souverän, beständig und alles-sehend, oft identifiziert mit der obersten Gottheit einer Kultur oder mit dem König oder Herrscher."* Dies ist aber in Wirklichkeit völlig falsch. Das Übersetzen von *Ishwara* oder von *Deva* mit „Gott" und *Devi* mit „Göttin" ist lediglich eine Übung, westliche kulturelle Konstruktionen der *vedischen* Gedankenwelt aufzustülpen.

Die gleiche Verdrehung offenbart sich in der Darstellung von *Dharma* als „Religion". Der *Dharma* bedeutet das tragende Prinzip der Gesamtheit der Schöpfung. Jede einzelne Person, Gegenstand und Phänomen im Universum hat einen eigenen *Dharma*. Der *Dharma* des Feuers ist beispielsweise zu brennen und nach oben zu steigen, während es der *Dharma* des Wassers ist, durchzusickern und nach unten zu fließen. Strahlendes Licht und Wärme ist der *Dharma* der Sonne, während es der *Dharma* des Windes ist, waagerecht zu wehen und Geräusch zu erzeugen.

Ereignis, das eingetreten war, weil die (im wesentlichen heidnischen) mythologischen Begriffe, in denen der christliche Glaube traditionell ausgedrückt worden war, in einer modernen wissenschaftlichen Gesellschaft obsolet geworden waren. Seine Aussage: „Ich sehe dem Wiederauftreten des Glaubens in einen tatsächlich transzendenten Gott entgegen, eher als dem falschen Bild eines kulturellen Christentums." Obwohl der Begriff „Tod Gottes" binnen eines Jahrzehnts außer Gebrauch kam, halten seine wesentlichen Impulse und Bedenken in kleinen Kreisen selbst ernannter „radikaler Theologen" an.

Jeder Mensch hat seinen *Dharma*, und das selbe trifft zu für Menschengruppen, also Gemeinschaften und Völker. Der *Dharma* schließt Wertvorstellungen, Pflichten und Verantwortungen ein; er umfaßt individuelle und gesellschaftliche Moralgesetze und natürliche Merkmale, Eigenschaften und Charakteristika. Das spiegelt sich in der Übersetzung des Wortes „*Dharma*" wider, die Sir Monier–Monier Williams angeboten hat: *„Das, was etabliert oder fest ist, beständig, Erlaß, Satzung, Verordnung, Gesetz, Brauch, Praxis, gebräuchliche Übung oder vorgeschriebene Verhaltensweise, Pflicht, Recht, Gerechtigkeit, Tugend, Moralität, Religion, gute Werke, der Natur einer jeden Sache entsprechend, usw."*[9]

Anders als Religionen, die auf einheitlich auferlegten Geboten begründet sind, hat der *Dharma* eine vielschichtige „Beschaffenheit" und ist spezifisch für Situationen, Orte, Berufungen, Beziehungen und Verpflichtungen, sowohl freiwillig als auch gesellschaftlich oder politisch auferlegte. Die Grundwerte vom *Dharma* sind ewig, aber er offenbart sich in Wandlung und deshalb lehrt die *vedische* Tradition, daß alle Wesen dem *Sanatana Dharma* (dem ewigen Lebensweg), folgen sollen.

Der *Sanatana Dharma* ist nicht eine Religion, wie sie im Westen verstanden wird. Tatsächlich ist der *Dharma* überhaupt keine Religion. Weder gründet er auf einen Gott, noch auf einen Propheten oder Boten Gottes, noch auf ein „Buch". Noch verfügt er, daß alle, die den *Dharma* nicht achten, Ungläubige (*Kafirs*) sind. Im Gegenteil, der *Sanatana Dharma* weist an, jedem auf Erden zu helfen und ihn zu lenken, gemäß seinem eigenen Charakter, seinen Eigenschaften und Besonderheiten, seiner Natur und Veranlagungen zu leben. (Der *Sanatana Dharma* ist ausführlich in unserem Kapitel „Begriffe, Definitionen und Metaphern" erörtert.)

Westliche Gelehrte haben oft Bestürzung geäußert angesichts der Pluralität und Unterschiedlichkeit der Lebensart und der Weltanschauungen in der *vedischen* Kultur. *„Die große Weite und die Heterogenität des Hinduismus stellen eine enorme Herausforderung für jeden dar, der versucht, sie zu beschreiben..."*[10] *„Obwohl der Hinduismus viele auffällige Parallelen zu anderen großen Religionen bietet, so kann er trotzdem mit keiner von ihnen verglichen werden."*[11] Dieser Gelehrte ist *„versucht, nicht so sehr eine Parallele zwischen dem Hinduismus und anderen Religionen zu sehen, sondern zwischen*

---

[9] Monier monier-Williams, Sir, *A Sanscrit-English Dictionary*, S. 510.
[10] Klaus K. Kostermaier, *A survey of Hinduism*, S. 15.
[11] ebenda, S. 1

Hinduismus und dem was man, im Augenblick, Europäismus oder Amerikanismus nennen könnte".[12] Hier bezieht sich Klostermaier auf die Tradition von *Sanatana Dharma*, denn der „Hinduismus" ist als Begriff erst einige wenige hundert Jahre alt. Es ist schwer zu sagen, ob dieser Begriff „Hinduismus" die Bandbreite von *Sanatana Dharma* umfassen kann. Der Autor des vorliegenden Werkes bevorzugt es daher, den Begriff „*Sanatana Dharma*" zu verwenden. Auch wenn nur das Wort „*Dharma*" verwendet wird, bedeutet dies *Sanatana Dharma*, den ewigen Pfad.

Dieser Pfad gründet sich auf den Ordnungsprinzipen des Universums, die alle Schöpfung ordnen. Nur wenn wir aufhören, den *Sanatana Dharma* als eine Religion zu betrachten, wird die Botschaft und die Bedeutung des *Veda Vijnana* (der Wissenschaft des *Vedas*) verständlich. Die Hervorhebung dieses Punktes ist notwendig, weil sich Gelehrte und Akademiker mit der Vielfältigkeit der *vedischen* Tradition erst noch anfreunden müssen. Dies schließt sowohl jene ein, die sie wegen dieser Vielfältigkeit getadelt, als auch jene, die einige ihrer Merkmale gelobt haben.

Zusammenfassend: *Ishwara* und *Parmeshwara* sind weder Gott noch Götter, und *Devata* ist auch keine Gottheit. Diese Vorstellungen zeigen uns den Weg zum supraphysikalischen Universum jenseits des Universums der Physik. So können wir jene supraphysikalischen Energien und Kräfte erfahren, welche das Universum schaffen und erhalten. In den folgenden Kapiteln werden wir einigen dieser *Devatas* und *Devis* begegnen.

---

[12] ebenda, S. 1

KAPITEL ELF – Reiner Verstand und absolutes Bewußtsein

(Aus *Sri Tripura Rahasya*:
Geheimnisse der „Göttin" der Drei Städte)

Diese Welt ist ihre lange Reise durch die Nacht,
Die Sonnen und Planeten lichten ihren Weg,
Unsere Vernunft ist die Vertraute ihrer Gedanken,
Unsere Sinne sind ihre vibrierenden Zeugen.
Im Hellen wie im Dunkeln setzt sie ihre unermüdliche Suche fort;
Die Zeit ist ihr Weg unendlicher Pilgerfahrt.
Jeder Gedanke und jedes Gefühl ist eine Tat dort,
Und jede Tat ist ein Symbol und ein Zeichen,
Und jedes Symbol verbirgt eine lebendige Macht.

Aus *Savitri* (Zweites Buch - sechster Gesang)

MAHARSHI AUROBINDO

DIE KLASSISCHE LITERATUR INDIENS REGISTRIERT UND übermittelt große Erkenntnisse in vielen Formen, insbesondere in den *Veden* und in den *Puranas*. In Poesie, Erzählung, Auseinandersetzung, Abhandlung, Dialog und Fabel. Wirkliche Geschehnisse sind oft eingeflochten in Dialoge und Erzählungen großer Seherwissenschaftler als Protagonisten. Eine Erzählung kann eine tiefe Analyse über die Wirklichkeit des Kosmos verbergen und die Kräfte hinter der Oberfläche der erzählten Geschichten offenbaren. Diese Kräfte sind dynamisch und lebendig; sie sprechen und wirken aufeinander, und oft erleuchten sie und klären auf.

Wenn ein Suchender diese Kräfte intensiv erlebt, offenbaren sie ihm die Botschaft und Bedeutungen mit verblüffender Klarheit. Weil sie lebendig sind und nicht träge, erscheinen sie auf unzähligen Wegen und offenbaren sich in vielen verschiedenen Formen. Sie können männlich oder weiblich sein. Es kommt auf die Natur der Suchenden und der erfahrenen Kräfte an.

Die ursprüngliche Quelle all dieser Kräfte (einschließlich der Schöpfung, von der unser Universum nur ein Teil ist) wird beschrieben als das Echte, als die Wirklichkeit oder als die absolute Wirklichkeit. Geringere Geister, eingeschränkt durch organisierte Religion und/oder unfruchtbaren Intellektualismus, tun diese Erzählungen oft als Mythologie ab. So bleiben jenen die supraphysikalischen Energien und deren Wirkungsweise unbegreiflich, die den von der Natur bescherten Verstand nicht weiter geschärft haben. Solche Menschen haben diese Kräfte in Götter und Göttinnen gegossen und dabei den Pfad verschüttet, der sie zur eigentlichen Wirklichkeit hätte führen können.

Es folgt als Probe eine kurze Zusammenfassung einer alten Erzählung, reich an Parabeln und Dialogen, die den Suchenden aber zur Erfahrung des reinen Verstandes als die Höchste Wirklichkeit führt.

Hintergrund: *Sri Tripura Rahasya* ist ein altes Werk, das für seine Tiefe, Feinheit und Bedeutung für das menschliche Wohl hoch geschätzt wird. Es betrifft die drei personifizierten Gestalten der *vedischen* Weltanschauung – Brahma, Vishnu und Mahadeva – also die Kräfte der Schöpfung, der Erhaltung und der Auflösung. Die Geschichte erzählt wie Mahadeva ursprünglich Vishnu die höchste Erkenntnis gelehrt hat, der diese dann an Brahma weitergegeben hat. Später erschien Vishnu auf Erden als Sri Dattatreya und lehrte sie Parasurama, mit der Auflage, daß er sie an Haritayana weitergeben sollte.

Haritayana war innig befaßt mit *Shri* Meenakshi – einer weiteren Erscheinung supraphysikalischer Kraft – in Madurai in Südindien, als der große Weise Narada zu ihm kam. Narada fragte Haritayana, was er der Welt erzählen wollte, um die Höchste Erkenntnis zu übermitteln. Haritayana war bestürzt, weil er sich dessen nicht mehr bewußt war, daß er diese Verpflichtung hatte. Narada bat dann Brahma, er möge Haritayana gnädig sein und ihn die Fähigkeit lehren, die Erzählung zu verfassen. Brahma sagte Haritayana bei dieser Gelegenheit auch, daß seine Unfähigkeit, sich an das zu erinnern, was er gelernt hatte, das Ergebnis seiner Lässigkeit und seiner undisziplinierten Reden sei. Brahma wies Narada außerdem an, er solle als der Erste das vollendete Werk von Haritayana lesen.

Deshalb ist das *Tripura Rahasya* auch als *Haritayana Samhita* (Versen) bekannt. Es ist ein Werk über *Sri Vidya* (buchstäblich „die Wissenschaft des Erfolges und der Auszeichnung"). Es wurde aber als „die Anbetung des Höchsten Wesens als ‚Göttin'" übersetzt. Diese irreführende Deutung wird durch die Höhepunkte der Erzählung selbst offenbart. Wir werden entdecken, daß in der Erzählung der Begriff der Höchsten Erkenntnis nichts anderes als „abstrakter Verstand" bedeutet. „Verstand" in diesem Zusammenhang bedeutet Selbsterleuchtung, während das Adjektiv „abstrakt" ihre unbeschränkte Natur kennzeichnet. Im reinen Selbst sind Abstraktion und Offenbarung enthalten. Diese beiden Aspekte werden auch *Shiva* und *Shakti* genannt. Andere Kräfte gibt es nicht. Der Kosmos und das Selbst, wie der Makrokosmos und der Mikrokosmos, sind im wesentlichen das Gleiche, auch wenn sie in unterschiedlichen Formen der Wirklichkeit offenbart sind. Sie offenbaren sich unterschiedlich, sind aber in sich identisch.

Die Umrisse der Geschichte: *Rishi* Jamdagni und seine Frau Renuka lebten im Wald mit ihren Söhnen. Parasurama war der jüngste und berühmteste. Einige *Kshatriyas*[1] (Mitglieder der herrschenden Sippe) kämpften gegen Parasurama, wurden aber von ihm besiegt und wagten es nicht, ihn weiterhin herauszufordern. Ihr Groll aber blieb und

---

[1] Die alte Gesellschaft war von den Seherwissenschaftlern in vier *Varnas* organisiert worden: *Brahmana, Kshatriya, Vaishya* und *Shoodra*. Die *Brahmanen* strebten eifrig nach Wissen. Die *Kshatriyas* strebten nach Militärmacht, der Erledigung der Staatsgeschäfte und dem Schutz der Gesellschaft gegen Aggression von außen. Die *Vaishyas* waren verantwortlich für den Warenaustausch, den Handel, die Landwirtschaft und die Wahrnehmung aller der Schaffung von Reichtum dienenden Tätigkeiten. Die *Shoodras* stellten Ihre Arbeitskraft zur Verfügung. Diese Kategorien fußten, im Großen und Ganzen, auf den in jedem Individuum vorherrschenden supraphysikalischen Energien. Es gibt Beispiele von Personen, die in einer Kategorie geboren wurden und Aufgaben wahrnahmen, die an sich einer anderen Kategorie zugewiesen waren. Es hat Brahmanen gegeben, die Befehlshaber von Armeen waren, und *Kshatriyas, Vaishyas* und *Shoodras*, die sich dem Wissen widmeten und Gelehrte, Weise und Seher wurden.

als Parasurama einmal abwesend war, griffen sie seinen frommen Vater an und töteten ihn. Als Parasurama zurückkam, erzählte ihm seine Mutter von dem unprovozierten Mord an seinem Vater. Er wurde wütend und schwor, alle *Kshatriyas* auf Erden auszulöschen.

Er trug die Leiche seines Vaters auf seinen Schultern zum Fluß Ganga (dem heutigen Ganges), wo die Leiche auf Verlangen seiner Mutter verbrannt werden sollte. Als sie einen Wald passierten, sah Rishi Dattatreya die beiden. Er begrüßte Renuka als das Sinnbild von *Shakti* (Macht und Energie, die die Welt regieren). Sie segnete ihn und riet ihrem Sohn, immer in Zeiten der Not Dattatreyas Hilfe zu suchen.

Parasuramas Kampagne zur Liquidierung der *Kshatriyas* ist eine andere eigenständige Erzählung und interessiert uns hier nicht. Daher nur kurz: Parasurama wurde von den Älteren überredet, nicht mehr auf Rache zu sinnen. Danach suchte er Dattatreya auf, der ihn dann unterrichtete. Dattatreya war führend in der Linie der großen Lehrer. Er war der Sohn des berühmten Seherwissenschaftlers Atri und der Anusuya (sie wurde als Ideal der Weiblichkeit angesehen),

Jene Erkenntnisse sind im *Tripura Rahasya*, (Geheimnis des *Tripuras*) enthalten, zu denen Dattatreya Parasurama führte. Das Wort „Tripura" bedeutet buchstäblich „drei Städte", steht aber hier für die drei Zustände des Bewußtseins: im wachen Zustand, im Traum und im Tiefschlaf. Eine Unterströmung des Bewußtseins fließt ständig in allen diesen Zuständen und bleibt bei den Übergängen von einem zum anderen unberührt. *Tripura* reguliert sie alle als abstrakter Verstand und wird als die Beschützerin dieser „drei Städte" angesehen. *Tripura* wird als „sie", im Femininum, bezeichnet, weil sie als Grundlage der Schöpfung, wie der mütterlichen Zeugungsfähigkeit, angesehen wird. Die Erzählung beginnt mit einer Huldigung des transzendentalen Bewußtseins als die ursprüngliche und glückselige Ursache. Dieses transzendentale Bewußtsein strahlt wie ein Spiegel, in dem wir die Abbilder unseres Universums in all seiner Verschiedenheit sehen.

Dialog und Abhandlung: Als Parasurama von seinem Rachefeldzug zurückkehrte, niedergeschlagen ob seiner ihm von Rama zugefügten Niederlage, begegnete er Samavarta, einem Avadhoota.[2] Parasurama fühlte sich erquickt durch seine bloße Anwesenheit und fragte ihn, wie er den Zustand erreicht habe, daß jeder Zoll seines Körpers voller Heiterkeit sei. Die Antwort Samavartas drückte klar das

---

[2] Avadhootas sind Anhänger eines besonderen Weges der Selbstverwirklichung und Befreiung, der die Überwindung von acht Fesseln bzw. Fallen, unter ihnen Haß, Scham, Furcht usw. bedeutet

wesentliche im Lebens aus. Aber für Parasurama, der sich wegen seiner Niederlage gedemütigt und betroffen fühlte, waren seine Worte nicht sehr klar. Er flehte Samavarta ernstlich an, die Bedeutung seiner Worte zu erläutern. Dieser verwies Parasurama an Dattatreya.

Im weiteren Verlauf der Erzählung stoßen wir auf zahlreiche Abhandlungen, unterbrochen von Dialogen zwischen der einen und der anderen Person, wie zwischen einem Lehrer und seinem Schüler oder zwischen Mann und Frau. Alle diese Dialoge übermitteln je einen Aspekt der Realität, oft verborgen hinter Verwirrungen bzw. Illusionen.

Beispielsweise erklärte Dattatreya dem jungen Mann, daß: *„Elend ist nicht die bloße Abwesenheit von Glück, sondern eingeschränktes Glück, denn Elend tritt in dem Maße ein, in dem das Glück entweicht."* Die Sätze Samavartas erläuternd sagte Dattatreya Parasurama, daß er Glück hatte, indem er über den verwirrten Zustand des Unglücks hinaus stieg. Mit dem Segen *Tripuras* könne er sich nun auf den Weg zum Zustand der Glückseligkeit und der Wonne machen.

Untersuchung, Überlegung und Bewertung: Der große Lehrer hob die Untersuchung als den ersten und den wichtigsten Schritt zur Analyse der Ursachen des Elends hervor: *„Untersuchung führt zu allen Ursachen und ist der erste Schritt zur höchsten Belohnung unbeschreiblicher Freude. Wie kann jemand ein Gefühl der Sicherheit entwickeln ohne angemessene Untersuchung?*

Fehlende Urteilskraft ist der sichere Untergang, trotzdem bleiben viele in ihren Krallen gefangen. Fortwährendes Erforschen bis das gesetzte Ziel zweifelsfrei erreicht ist, führt zum Erfolg. Das Fehlen einer überlegten und umfassenden Untersuchung ist eine ständige Schwäche, während eine umsichtige Untersuchung eine deutliche Quelle der Kraft ist. Jene mit unzureichender Erfahrung von Untersuchungen erleben oft Rückschläge und geraten in Not. Jene mit der Fähigkeit zur gründlichen Untersuchung und mit dem Willen zu nachhaltigen Bemühungen werden stets glücklich sein. Ein beharrlicher Mensch glänzt über andere. Untersuchung ist wie eine Saat, die zum riesigen Baum des Glücks sprießen kann.

Als Rama[3] versuchte, den goldenen Hirschen zu fangen, rannte er in sein Unglück, weil er es trotz seiner Intelligenz an solidem

---

[3] Hier wird Bezug genommen auf das große Epos *Ramayana*, in dem Ravana, der böse König der Insel Lanka, einen seiner Adjutanten überredete, die Gestalt eines goldenen Hirschen anzunehmen und Rama von seiner Einsiedelei weg zu locken, so daß Ravana mit Gewalt Sita, Ramas Gattin, entführen konnte. Die List hatte Erfolg. Es folgte eine

Urteilsvermögen missen ließ. Es gelang ihm aber die Überquerung des Ozeans zur Insel der Rakshasas und er eroberte sie durch seine Beharrlichkeit und Einsicht.

Die Helden sind ob ihrer Urteilskraft groß und tapfer. Gewöhnliche Menschen halten sich in törichter Weise an ihren Sinnen fest und sind bei jeder Gelegenheit verwirrt. Würden sie aber vor dem Handeln überlegen, könnten sie vom Elend frei kommen. Die Untersuchung ist also die Sonne, die das dichte Dunkel der Trägheit vertreibt."

Die Bedeutung vom Vichara: „Ist die höchste Devi zufrieden mit der Hingabe ihres Anhängers, löst sie sich in ihm als Vichara auf, strahlt aus seinem weiten Herzen wie die gleißende Sonne. Der Vichara harmonisiert das Urteil (zwischen richtig und falsch), Untersuchung (von Fakt und Richtigkeit), Überlegung (über Ursache und Wirkung) und Bewertung (begründet auf allen diesen Faktoren). Er ist der einzige Weg zum höchsten Gut. Die Unsicherheit bleibt bis sich der Verstand von der überwältigenden Betrübnis des Unwissens zum Vichara hinwendet. Dieses ähnelt der Beklemmung, die man für einen phantasierenden Patienten empfindet, bis sich Zeichen der Besserung einstellen."

„Das höchste Gut in diesem Leben ist praktisch erreicht, wenn der Vichara in einer Person Wurzeln geschlagen hat. Bis dahin bleibt der Baum des Lebens unfruchtbar und nutzlos. Die einzige nützliche Frucht des Lebens ist der Vichara."

„Ein Mensch ohne Urteilskraft ist wie ein Frosch in einem Brunnen, der nichts über Gut und Böse weiß und unwissend im Brunnen selbst stirbt. Ein Mensch leidet, wenn er zwischen Leidenschaftslosigkeit (Vairagya) und Unglück, zwischen Vergnügen und Glück nicht unterscheiden kann und bleibt weiterhin im mächtigen Griff des Unwissens. Selbst im Elend behaftet, hört er nicht auf, dem nachzugeben, das zum Elend geführt hat. Aber Du hast durch Deine Urteilskraft das Elend überwunden." Dattatreya sagte dies Parasurama.

Umgang mit dem Weisen: Parasurama war entzückt über die Worte seines Lehrers, und fuhr fort in Demut und Achtung Fragen zu stellen. Er wollte wissen, warum er sich nicht schon früher zu jenen hingezogen gefühlt hatte, deren Worte zu Urteilsvermögen geführt hätten. Dattatreya erwiderte auf diese ehrliche Frage: „Der Umgang mit den Weisen ist absolut unabdingbar, um alles Unglück zu beseitigen und um zum höchsten Gut zu gelangen. Hat je einer ohne Berührung

---

große Schlacht, in der Ravana und andere Übeltäter getötet wurden und Sita gerettet wurde.

mit weisen Menschen Größe erlangt? Die Gesellschaft, die man pflegt, bestimmt die Zukunft. Der Mensch erntet zweifellos die Früchte der Gesellschaft, mit der er sich umgibt."

Zur näheren Erläuterung erzählte Dattatreya dem Parasurama die Geschichte des Prinzen Hemchuda und seiner Frau Hemlekha, der Tochter eines Weisen. Das Liebespaar verlebte sehr glückliche Flitterwochen, aber der betörte Prinz hatte bemerkt, daß Hemlekha seine Annäherungen nicht mehr mit gleicher Intensität und Leidenschaft erwiderte. Er hatte das Gefühl, sie sei unempfänglich und sprach sie darauf an. Er sagte seiner geliebten Frau: *"Auch wenn ich nah bei dir bin, scheinst Du mir woanders zu sein".*

Definition von Glück und Elend: *"O Prinz"*, antwortete Hemlekha, *"es ist nicht, daß ich dich nicht lieben würde, nur versuche ich, herauszufinden, was die größte Freude im Leben ist, die nie ihre Würze verlieren wird."* Sie erklärte ihrem Gatten, was in ihrem Kopf vorging. *"Deiner Meinung nach ist Glück oder Elend das Ergebnis dessen, was gefällt oder nicht. Aber ist dies richtig? Das Gleiche bereitet mal Freude, mal Schmerz. Nimm zum Beispiel das Feuer. Seine Auswirkung ist je nach den Jahreszeiten, dem Standort und seiner Stärke unterschiedlich. Kaltes Klima ist angenehmer als heißes. Freude und Schmerz im Bezug auf Feuer sind daher eine Frage der Jahreszeiten, der geographischen Breiten und der Höhen. Feuer ist gut für Menschen in bestimmter Verfassung, aber nicht für alle. Ähnlich scheint es, daß Freude und Schmerz von den Umständen abhängen.*

Dies gilt auch für Kälte, Reichtum, Söhne, Ehefrau, Königreich usw. Nimm das Beispiel Deines Vaters, des Königs, der jeden Tag besorgt ist, obwohl er umgeben ist von seiner Frau, seinen Kindern und Reichtum. Warum sind andere nicht so besorgt wie er? Was ist mit seinem Glück geschehen? Er möchte sicher glücklich sein – reichen seine Mittel nicht dafür? Es scheint, daß niemand all das besitzt, das zum Glück genügt, so kommt mir die Frage: kann man nicht glücklich sein, auch mit eingeschränkten Mitteln?"

Hemlekha selbst gab die Antwort auf diese Fragen: *"Was einen Anflug von Elend an sich hat, kann nicht Glück sein. Es gibt zwei Arten von Elend – das äußere und das innere. Das erste fällt in den Bereich des Körpers und wird verursacht von den Nerven usw. Das Letztere betrifft den Verstand und wird verursacht durch Begehrlichkeit. Innere Verwirrung ist schlimmer als körperlicher Schmerz und die ganze Welt ist ihr Opfer. Die Begehrlichkeit ist die Saat des elenden Baums, der stets Früchte trägt.*

Der Aufschub, gewonnen durch die Erfüllung einer Begierde bis zur Entstehung der nächsten, ist nicht Glück, weil die Saat des Schmerzes latent da ist. Wenn eine erfüllte Begierde echtes Glück bewirkte, wer wäre auf dieser Welt nicht glücklich?

Ein Mann ist glücklich, wenn seine Geliebte ihn umarmt; unter anderen Umständen bei dem gleichen Akt mag er unglücklich sein. Oder wird das Vergnügen eines Mannes durch seinen Sinn für Schönheit größer? Schönheit ist nur ein Gedanke, der durch das ähnliche Gefühl der Liebenden in ihren Träumen evident wird. Der Grund für die Betörung ist das oft wiederholte, gedankliche Bild von Schönheit. Weder Kinder noch Yogis mit der Kontrolle über sich selbst werden auf die gleiche Weise erregt (weil ihre Gedanken nicht in solchen Dingen verweilen). Die Vorstellung von Schönheit liegt in eigenen Gefühlen und Wünschen des Verstandes. Wäre die Begierde in Dir natürlich, erweckt durch die Schönheit des Liebesobjekts, warum unterliegen die Kinder nicht der gleichen Begierde wie sie es in bezug auf Süßigkeiten oder Speisen tun?"

Hemchuda war von diesen bemerkenswerten Reden beeindruckt. Er dachte über alles nach, was ihm Hemlekha gesagt hatte, und diskutierte immer wieder mit ihr darüber, bestrebt zu ultimativen Erkenntnissen zu kommen. Letztlich wurde ihm klar, daß reines Bewußtsein im Selbst eingewurzelt ist.

Die Stadt Vishala, in der sie lebten, war berühmt. Sogar die Papageien in ihren Käfigen sollen geplappert haben: „O Mensch, das absolute Bewußtsein ist in Dir Selbst. Es hat keine Gestalt. Das reine Bewußtsein erübrigt anderes Wissen. Es ist wie ein selbstleuchtender Spiegel, der viele Dinge reflektiert. Es ist zugleich Objekt, Subjekt und alles andere – mobile und nicht–mobile, belebte und nicht–belebte. Alles strahlt in seinem reflektierten Licht und es strahlt aus sich selbst heraus. Daher, o Mensch, werfe die Verblendung ab! Denke an jenes Bewußtsein, das alle Dinge erleuchtet und durchdringt. Wahre dir einen klaren Blick."

Bei Hemchuda überwog aber die Macht der Gewohnheit. Er schaffte es nicht, sich seines Lebens zu freuen, oder schlagartig jene Verhaltensweisen aufzugeben, die ihm früher stets Freude bereitet hatten. Er war zu stolz, um diese Schwäche seiner Geliebten gegenüber zuzugeben. Er wurde traurig und grübelnd. Hemlekha nahm dieses wahr und fragte ihn, warum er nicht mehr so fröhlich sei. Der Prinz antwortete: *„Was Du das letzte Mal sagtest, hat mir alle Wege zum Glück versperrt. Ich finde nichts, was mich glücklich machen würde.*

So wie ein Mann, dessen Hinrichtung beschlossen ist, keinen Geschmack an den vom Staat gebotenen luxuriösen Speisen finden kann, so kann auch ich an nichts Gefallen finden. Ähnlich wie ein Mann auf königlichen Befehl gezwungen ist, etwas wider seinen Willen zu tun, so muß ich auch gewohnheitsmäßig an alten Verhaltensweisen festhalten. Und nun sag mir, meine Liebe, wie ich zum Glück kommen kann."

Hemlekha dachte darüber nach: ‚Diese Leidenschaftslosigkeit ist sicherlich die Folge meiner Worte. In jenem Feld, in dem solche Symptome auftreten, liegt die Saat von höchstem Gut. Hätten meine wohlüberlegten Worte nicht die geringste Wende in diese Richtung bewirkt, so gäbe es keine Hoffnung, ihn frei zu machen. Diese Leidenschaftslosigkeit entsteht nur bei jemandem, dessen fortgesetzte Hingabe große Freude in Tripura inspiriert, d. h. eigentlich im Herzen des Selbst.'

Sie behielt diese Gedanken für sich und erzählte ihrem Gatten eine Geschichte, um seine Depression zu beseitigen. Es war die Geschichte über das Elend und Leiden eines ihrer guten Freunde, der sich üblen Leuten zugesellt hatte. Schließlich gelang es dem Freund, sich von ihren Krallen zu befreien und er strebte weiterhin das Glück an. Die Personen darin und ihre Erfahrungen bargen eine tief liegende Botschaft, aber der Prinz tat die Geschichte als wenig bedeutend ab.

Der Verstand als ein rastloser Affe: *Hemlekha sagte noch als Erläuterung der Geschichte: „Mißtrauen in die Worte eines Wohlmeinenden ist der sicherste Weg in den Untergang. Der Glaube ist wie eine liebevolle Mutter, die nie versagt, ihren sich auf sie verlassenden Sohn in schwierigen Situationen zu retten. Das Vertrauen hält die Welt zusammen und hegt alle. Wie kann ein Kleinkind gedeihen, wenn es kein Vertrauen in seine Mutter hat?*

Nimm Dich in Acht vor logisch erscheinender unfruchtbarer Polemik. Der uns bekannte Verstand ist eigentlich ein rastloser Affe. So ist der einfache Mensch immer von Sorgen geplagt. Jeder weiß, daß ein rastloser Verstand zu endlosem Ärger führt, während jemand mit einem ruhigen Verstand glücklich ist und einen gesunden Schlaf hat. Halte daher deinen Verstand ruhig, wenn du (den Weisen) zuhörst. Ihnen zuzuhören mit einem zerstreuten Verstand ist wie ihnen überhaupt nicht zuzuhören. Ihre Worte dienen keinem nützlichen Zweck, wenn sie nicht gehört und beachtet werden – ansonsten bleiben sie wie ein mit Früchten beladener Baum in einem Gemälde. Menschen, die sich von der trockenen Logik abwenden und sich in eine fruchtbare Diskussion einlassen, ziehen daraus großen Nutzen. Ziellose Diskussionen sind unfruchtbar; nur ernsthafte Bemühungen sind fruchtbar in der Welt.

Überlegter Fleiß befähigt einen Bauer, das Feld zur richtigen Zeit zu pflügen und einen Prüfer, den Wert von Gold, Silber, Edelsteinen, Heilkräutern usw. zu bestimmen. Nichts Praktisches würde erledigt, wenn die Menschen lebenslang eitel diskutieren würden. Man sollte daher sinnloses Reden bei Seite lassen und sofort mit der Erfüllung des höchsten Lebenszieles beginnen, das in angemessener und ehrlicher Diskussion erarbeitet ist. Und, man sollte individuelles Bemühen nicht unterlassen."

Die Wichtigkeit ernsthafter Bemühung: Dann erläuterte Hemlekha ihrem Gatten die Wichtigkeit ernsthafter Anstrengung: *„Die sich ernsthaft Bemühenden erleiden nie Nachteile. Verfehlt nachhaltiges Bemühen je sein Ziel? Überlege sorgfältig, und sag' mir wann, wo, wie und welcher Vorteil je von einem Menschen erzielt wurde, der sich nur in trockener Polemik geübt hat, statt zu handeln. Die richtige Wahl wird getroffen durch angemessenes Abwägen und in Anlehnung an die Erfahrung der Weisen.*

Die wirkliche Erkenntnis ist wie das Durchschauen der Kunststücke des Jongleurs," fuhr Hemlekha fort: *„Man kann nur durch die Gunst von Maheshwara, dem großen Ishwara, lernen, die universelle Illusion zu überwinden.*[4] *Diese Überwindung beschert einem Menschen das höchste Wissen. Dieses ermöglicht ihm, den ‚Ozean des Universums' zu überqueren. Also kann er reisen und jene Wirklichkeit sehen, die jenseits des Augenscheinlichen liegt. Verfolge die Ursache des Beginns des Universums. Bald wirst Du Illusionen zerstören können.*

Obwohl der Ursprung der Schöpfung von Rätseln verhüllt ist, untersuchen wir seine Ursache anhand der sichtbaren Wirkung, und lassen uns von den Schriften der Seherwissenschaftler leiten."

Hemlekha sagte ihrem Ehemann: *„Es gibt auch gegenteilige Aussagen (zu dem was ich vortrage), und einige Gelehrte und Philosophen akzeptieren nur spürbare Beweise. So wird in einem (philosophischen) System behauptet, daß, wenn das Universum ewig ist, also ohne Anfang oder Ende, würde daraus folgen, das Universum und alle seine Erscheinungen seien selbstexistent. Dieses würde aber bedeuten, daß nicht–fühlende Materie eigenständig handelt und sich erhält, was absurd ist, denn Handeln setzt ausnahmslos Intelligenz*

---

[4] vgl. Kapitel *„Jeeva, Ishwara* und *Parmeshwara"*.

voraus. Bekanntlich zerfallen die unklug regierten Königreiche. (Aber dieses Universum bleibt bestehen)."

Schöpferische Fähigkeit: *"Die schöpferische Fähigkeit des Menschen ist irgendwo zwischen dem Körper und der reinen Intelligenz angesiedelt. Der Körper ist unsensibel und kann nicht aus eigenem Antrieb handeln und der Intellekt kann nichts ohne ein Werkzeug tun. Der Verstand funktioniert auch getrennt vom groben Körper, im Traum beispielsweise. Er ist intelligent und schafft sich ein Umfeld nach seinen latenten Wünschen. Das zeigt deutlich, daß der Körper nur ein Werkzeug für etwas ist und von der Intelligenz gesteuert wird. Für menschliches Handeln sind Werkzeuge notwendig, weil menschliche Fähigkeiten beschränkt sind. Sie sind nicht selbstversorgend wie beim Parmatma[5], der das ganze Universum ohne jegliche äußere Hilfe erschafft und keinen Körper besitzt. Hätte er einen Körper, würde er zu einem glorifizierten menschlichen Wesen zusammenschrumpfen, das unzählige Arbeitswerkzeuge benötigt, abhängig ist von der Jahreszeit und unterschiedlichem Umfeld. Der Parmatma ist eher reine Intelligenz. Sein Bewußtsein ist absolut und transzendental. Diese reine Form von Bewußtsein–Intelligenz ist das Absolute Wesen, die Eine Königin Parmeshwari ('Transzendentale Supraphysikalische Energie'), welche die drei Stätten durchdringt und daher Tripura genannt wird. Obwohl sie ein unteilbares Ganzes ist, offenbart sich in ihr das Universum in all seiner Vielfalt widergespiegelt, als ob sie ein selbst–leuchtender Spiegel wäre. Die Widerspiegelung kann nicht vom Spiegel getrennt werden und ist daher eins mit ihm."*

Dem aufmerksamen Leser kann der Übergang vom *Parmatma*, wofür das männliche Fürwort benutzt wurde, zu *Parmeshwari*, einer „sie", nicht entgangen sein. Im *Sanatana Dharma* stehen das männliche und das weibliche Prinzip weder in Widerspruch, noch im Widerstreit zu einander. Sie sind komplementär, mit einander verwoben, da sie zwei Facetten vom selben grundlegenden *Tattwa* sind. Der Begriff von *Ardhanareeshwara* – einer androgynen Verbindung von Shiva und seiner Gattin in einem Körper, halb männlich und halb weiblich – ist symbolhaft für die Ansicht, daß die beiden supraphysikalischen Energien nicht nur miteinander verwoben, sondern zwei Offenbarungen desselben fundamentalen Prinzips sind.

Die Namen aller überlieferten "Inkarnationen" kommen immer als untrennbare Paare vor: Sita (weiblich) geht mit Rama (männlich), und

---

[5] Die Bedeutung von *Parmatma* ist im Kapitel „*"Jeeva, Ishwara* und *Parmeshwara*" erläutert.

Radha (weiblich) geht mit Krishna (männlich). *Darshana*, die Philosophie, konzentriert sich, wie in anderen Kapiteln angemerkt ist, auf das gemeinsame Handeln von *Prakriti* (weiblich) und *Purusha* (männlich), das zur Schöpfung des Universums führt.

Shakti, das weibliche Prinzip, wird als die reale Macht gefeiert, ohne die *Shiva* (männlich) zum leblosen Körper wird. *Shakti* ist die Kraft von *Shiva*, und ohne sie ist *Shiva* buchstäblich kraftlos. Shakti ist die Schöpferin wie auch die Schöpfung. Dieses fundamentale Prinzip ist an sich jenseits geschlechtlicher Zuordnung, wird aber nach grammatikalischen Regeln zugeordnet, um dieses fundamentale Prinzip in besonderen Bezügen zu beschreiben oder zu identifizieren. Je nach der Nomenklatur wird das gleiche Prinzip beschrieben als männlich, weiblich oder sächlich bzw. als er, sie oder es.

Hemlekha sagte ihrem Gatten weiter: *„(Du solltest) die Natur des Selbst mit einem klaren Verstand untersuchen. Das Selbst ist kein Gegenstand, den man beobachten oder beschreiben kann. Das Selbst besitzt keine Einzelheiten, und kann daher von keinem Lehrer gelehrt werden. Du kannst trotzdem das Selbst in Dir selbst erkennen, weil es dem reinen Verstand innewohnt. Es durchdringt alles, ist aber durch den Verstand oder durch die Sinne nicht erkennbar. Es wird durch von außen her wirkende Kräfte erleuchtet und erleuchtet sie alle, überall und immer. Es steht über Veranschaulichung oder Diskussion.*

Wie, wo und von wem ist es, wenngleich unvollständig, im einzelnen beschrieben worden? Was du von mir verlangst, mein Lieber, ist etwa, als wenn du von mir verlangen würdest, dir deine Augen zu zeigen.[6] *Auch der beste Lehrer kann Dir Deine Augen nicht sichtbar machen. Ein Lehrer kann Dich bestenfalls zum Selbst leiten, nicht mehr."*

Nach Erläuterung der Wege zu sich Selbst, fügte sie hinzu: *„So lange du mit Begriffen wie ‚ich' oder ‚mein' behaftet bleibst (z. B. ‚mein Haus', ‚mein Körper', ‚mein Geist', ‚mein Verstand'), wird das Selbst nicht gefunden werden, weil es jenseits der Wahrnehmung liegt und man es nicht als ‚mein Selbst' wahrnehmen kann. Ziehe dich in die Einsamkeit zurück, analysiere und untersuche diese Dinge, die als ‚mein' wahrgenommen werden, verwerfe sie allesamt und, geh über sie hinaus, suche nach dem wirklichen Selbst. Du kennst mich, zum Beispiel, als deine Frau und nicht als dein Selbst. Ich bin mit dir nur verwandt und nicht ein Teil von dir, noch weniger ein Teil deines*

---

[6] Dieses Konzept wurde mit ausführlichen Einzelheiten im *Prashna Upanishad* beschrieben, in dem der Unterschied und die Beziehung zwischen dem Seher und dem Schauplatz analysiert werden.

eigentlichen Wesens. Analysiere alles auf diese Weise und verwerfe es. Das, was bleibt, was alles übersteigt, jenseits von Vorstellung, Aneignung oder Verzicht – wisse, daß dieses das Selbst ist. Diese Erkenntnis ist die endgültige Befreiung."

Als sie aufgehört hatte zu reden, zog sich Hemchuda in seinen Palast zurück, setzte sich in einem Raum auf ein Kissen und fing an zu überlegen: ‚*Es ist wahr, all diese Leute leiden unter Wahn. Keiner kennt gar die Grenzen des Selbst. Jeder ist aber aktiv beteiligt in Angelegenheiten, die auf das Selbst bezogen sind. Während sie mit verschiedenen Tätigkeiten beschäftigt sind (im Bestreben nach Wissen, Reichtum, Macht und Annehmlichkeiten), fragen sie sich nie, was das Selbst eigentlich sein mag. Warum gibt es diese ganze Verwirrung? Wenn das Selbst nicht bekannt ist, dann ist alles umsonst und wie in einem Traum. Also werde ich nun diese Angelegenheit untersuchen.*

Mein Haus, mein Reichtum, mein Königreich, mein Schatz, meine Frauen, mein Vieh – keines davon ist „ich", sie sind nur „mein". Sicherlich halte ich den Körper für das Selbst, aber es ist einfach ein mir gehörendes Gerät. Ich bin in der Tat der Sohn des Königs, gut aussehend und mit heller Hautfarbe. Auch andere halten an der gleichen Auffassung fest, ihr Körper sei ihr „Selbst".'

Während er diese Überlegungen anstellte, betrachtete er seinen Körper. Er konnte den Körper nicht als das Selbst identifizieren, also begann er, über diesen hinaus zu denken. ‚*Dieser Körper ist „mein", nicht „ich". Er besteht aus Blut und Knochen und verändert sich jeden Augenblick. Wie kann das mein unabänderliches, ununterbrochenes „ich" sein? Er ist von mir so getrennt wie ein wacher Körper vom Traum. „Ich" kann nicht der Körper sein, noch das Prana, die Lebensenergie. Der Verstand und der Intellekt sind eindeutig meine Werkzeuge, also können sie nicht „ich" sein. „Ich" muß etwas sein, das von all diesen, beginnend mit dem Körper und endend mit dem Intellekt, getrennt ist*

Ich bin stets bewußt, erkenne aber den reinen Zustand des Bewußtseins nicht. Es ist mir nicht klar, warum ich dazu nicht fähig bin. Wir erkennen Gegenstände durch die Sinne, nicht auf andere Weise. Der Verstand erkennt das Leben durch den Intellekt. Aber wer macht den Verstand offenkundig? Wie erkenne ich, daß es den Verstand gibt?'

Indem er diese Überlegungen anstellte, machte der Prinz einen ehrlichen Versuch, den Gedanken zu Ende zu führen. Plötzlich fiel er ins Leere, und er entschied, daß es das Selbst war. Als er die Ruhelosigkeit seines Verstandes im Griff hatte, sah er augenblicklich ein loderndes Licht. Er versank in eine Träumerei und es schien, als hätte er die Verbindung zu seiner Umgebung abgebrochen und verlor sein Bewußtsein über die ihm umgebende Welt. Als er wieder zu „Bewußtsein" kam, wurde ihm klar, daß es in der Erfahrung, die er gerade gemacht hatte, keine Beständigkeit gab. Er versuchte es erneut, und schlief für längere Zeit ein, hatte dabei wunderschöne Träume. Als er aber wach wurde, war er wütend gegen sich selbst, weil ihn der Schlaf übermannt hatte. Er dachte, daß das Dunkel und das Licht, das er gesehen hatte, auch ein Traum gewesen sein mußten.

Er verdrängte erneut seine Gedanken, erlangte für eine Weile einen sanften Gemütszustand, glaubte glücklich zu sein. Kurz danach kehrte er zu seinem ursprünglichen Gemütszustand zurück und begann zu überlegen, ob er nicht geträumt oder Halluzinationen erlebt hatte. Er entschied darüber mit Hemlekha zu sprechen, also ließ er sie kommen, beschrieb seine Erfahrungen und stellte verschiedene Fragen, die seinen Verstand beunruhigten. *„Ich unterdrückte mit Gewalt meine Gedanken und blieb ruhig. Dunkelheit kam hernieder, alsdann erschien Licht und letztendlich überkam mich für eine kleine Weile eine einzigartige Glückseligkeit. Ist dies das Selbst, oder etwas anderes?"*

Hemlekha antwortete: *„Was du versucht hast, Deine Gedanken tiefer ins Bewußtsein zu versenken, ist ein guter Anfang. Es ‚erzeugt' aber nicht die Erkenntnis des Selbst, weil das Selbst stets erkannt ist und daher das Selbst nie erlangt werden kann. Wir können nur etwas erlangen, das wir nicht bereits besitzen."*

Sie gab ihm einige Beispiele: Gegenstände, verborgen in der Dunkelheit, werden sichtbar, wenn die Dunkelheit durch das Licht einer Lampe verdrängt wird. Ein verwirrter Mensch verlegt seine Geldbörse, dann nach der Beruhigung seines Verstandes erinnert er sich, wo er sie hingelegt hatte. Nach der Stabilisierung seines Gemüts entdeckt er seine Geldbörse wieder, aber er erzeugt sie nicht. Genau so ist das Selbst immer da. Es wird ob unserer Unwissenheit nur nicht erkannt.

Sie erklärte ihm: *„Als Deine Gedanken unter Kontrolle waren, kam leere Dunkelheit. Kurz bevor es dunkel wurde, also unmittelbar nach der Bändigung Deiner Gedanken, entsteht ein Zustand, der frei von beiden wahrnehmbaren Zuständen ist. Dieser ist der Zustand der vollendeten und transzendentalen Glückseligkeit.*

Auch ein Gelehrter, vertraut mit allen Theorien und Komplexität der Philosophie, kann das Selbst nicht erkennen, weil es nicht erkennbar ist. Es ist bereits da. Du kannst nicht weite Wege auf der Suche nach der Wiedererkennung seiner Existenz machen, sondern Dich eher in die Stille begeben, nicht durch Gedanken (Intellekt), sondern durch das

Aussetzen des Denkens. Andere Mühen wären wie der Versuch, mit dem eigenen Fuß auf den vom eigenen Kopf geworfenen Schatten zu treten. Solche Mühen vertreiben eher wirkliche Erkenntnis.

Die Menschen haben zwar eine Vorstellung vom Raum, sind sich aber dessen nicht bewußt, weil sie von den Dingen im Raum erfüllt sind. Sie stellen sich das Universum im Raum vor, begreifen aber den Raum als solchen nicht. Das trifft auch für ihr Verständnis des ‚Selbst' zu."

Erkenntnis und Gegenstände der Erkenntnis: *Auf diesem gemeinsamen Pfad zur Erkenntnis des Selbst erläuterte Hemlekha ihrem Gatten noch: „Diese Welt besteht aus der Erkenntnis und aus den erkannten Dingen. Die Dinge sind nicht–Selbst. Sie werden durch die Sinne wahrgenommen. Erkenntnis ist offensichtlich. Ohne Erkenntnis gibt es keine Welt. Erkenntnis beweist die Existenz von Dingen, die also von der Erkenntnis abhängig sind. Erkenntnis ist aber vom Erkennenden abhängig. Der Erkennende muß nicht lernen, die eigene Existenz zu erkennen; er ist daher die einzige Wirklichkeit jenseits von Erkenntnis und Dingen. Nur das, was offensichtlich ist, nicht bewiesen werden muß, ist auch wirklich. Wer die Erkenntnis verleugnet, steht nicht auf festem Grund, und ist diskussionsunfähig.*

Nach der Abklärung der Erkenntnis taucht die Frage nach der Existenz von Dingen auf, über die keine Erkenntnis vorhanden ist. Gegenstände und deren Erkenntnis sind nur Widerspiegelungen im ewigen, selbst leuchtenden, höchsten Bewußtsein, welches das selbe wie der Erkennende und allein wirklich ist. Zweifellos erfolgt die Widerspiegelung aller Gegenstände gleichzeitig ohne Bezug auf Zeit und Raum (entgegen unserer Erfahrung), weil Zeit und Raum als solche erkennbare Begriffe und somit Widerspiegelungen sind.

Deswegen, o Prinz, erkenne Deine eigene wahre Natur mit ruhigem Gemüt, die das einzige reine, ungeteilte Bewußtsein ist, das dem rastlosen Verstand zu Grunde liegt. Es setzt sich zusammen aus dem ganzen Universum in all seiner Vielfalt. Erkenne mit stillem Gemüt den Zustand zwischen Schlaf und Wachsein, den Zeitabstand zwischen dem Erkennen eines Gegenstandes nach dem anderen, bzw. die Lücke zwischen den beiden Wahrnehmungen. Dies ist das echte Selbst. Wer es kennt, kann nicht mehr getäuscht werden. Die meisten Menschen kennen es nicht. Sie erben Leid.

Form, Geschmack, Geruch, Tastsinn, Kummer, Vergnügen, Gegenstände erwerben – all dies verliert seine Bedeutung in dieser Transzendenz. In diesem Zustand finden sie keinen Platz, der die

Stütze all dessen ist, was es gibt. Es ist das ‚Sein' in allem, ohne selbst von irgend etwas abhängig zu sein.
Kehre deinen Geist nicht nach außen. Kehre ihn statt dessen nach innen, kontrolliere ihn nur ein wenig, und halte Ausschau nach dem Selbst, stets eingedenk dessen, daß der Suchende selbst das Wesen des Seins ist und das Selbst vom Selbst."

Hemchuda folgte dem, erreichte diesen Zustand und lebte lange friedlich. Nur sich Selbst wahrnehmend wurde er *Jeevanmukta*, das heißt, er erlangte Befreiung zu seiner Lebzeit.

Dattatreya erzählte Parasurama diese Geschichte und sagte abschließend: „Du siehst, Parasurama, der erste Schritt zur Befreiung ist Umgang mit dem Weisen. Also befolge vor allem diesen Rat."

Parasurama hatte doch noch seine Zweifel. Er hielt seinem Lehrer entgegen, daß diese wunderbare Lehre das Gegenteil der Alltagserfahrung zu sein scheine. „Wie kann das sein, daß das wunderschöne Universum nichts anderes sein soll als ein zartes Bewußtsein, das nicht gesehen, sondern nur abgeleitet werden kann? Reine Intelligenz ohne erkannte Gegenstände ist nicht vorstellbar und daher nicht postulierbar. Deshalb ist das folgende Ganze mir nicht klar. Bitte erläutere mir das Thema (weiter), so daß ich es verstehen kann."

In seiner Weisheit schickte sich Dattatreya an, Parasurama die Wirklichkeit der tatsächlichen Welt zu erklären. „Alles Sichtbare hat einen Ursprung. Also muß es dafür eine vorausgegangene Ursache geben. Was kann Ursache anderes sein, als etwas, was von neuem erscheint? Die Welt verändert sich augenblicklich und ihr Aussehen ist jeden Augenblick neu. So wird sie jeden Augenblick geboren. Einige halten dem entgegen, daß dies für einen spezifischen Gegenstand oder Gegenstände zutreffen mag, aber nicht für die Welt selbst, die das Aggregat von all dessen ist, das gesehen wird. Andere sagen, daß die äußeren Erscheinungen nur momentane Projektionen der Erinnerung an die fortschreitende Verbindung sind, nämlich jene des Subjekts und der auf ihm beruhenden weltlichen Handlungen. Der Intellekt aber, der Zeit, Raum und Gegenstände vergleicht, ist unendlich und ewig. Andere wiederum sagen, daß das Universum ein Aggregat von Materie ist – sowohl beweglicher als auch unbeweglicher. Einige behaupten, daß das Universum aus den fünf Elementen Erde, Wasser, Feuer, Luft, und Raum besteht, die beständig sind. Aber Gegenstände wie ein Topf, ein Stück Tuch usw. sind vergänglich.

Alle sind sich aber darüber einig, daß das Universum einen Ursprung hat. Anzunehmen, daß es ohne eine Ursache entstanden sei, ist *unhaltbar und überfordert das Vorstellungsvermögen. Es gäbe keine Ordnung, wenn ein Ding ohne eine Ursache hätte geschaffen werden können. Der grundsätzliche Zusammenhang zwischen Ursache und Wirkung würde außer Kraft gesetzt. Die gegenseitige Abhängigkeit von Ursache und Wirkung wird aus ihrer logischen Abfolge festgestellt und im praktischen Leben bewiesen. Wie kann also ein Universum keine Ursache haben?*

Die Ursache sollte, wo sie nicht augenfällig ist, gefolgert und aus der Wirkung nachgespürt werden. Jedes Geschehen muß seine Ursache haben; das ist die Regel. Selbst wenn die Ursache nicht offensichtlich ist, muß sie gefolgert werden; andernfalls wäre die Welt der Handlungen nutzlos, was absurd ist. Jedes Ereignis ist die Folge gewisser Bedingung oder Bedingungen, und diese Tatsache ermöglicht es Menschen sinnvoll zu arbeiten. Wir beobachten dies stets in der täglichen Praxis. Die Theorie, das Universum sei zufällig entstanden, ist nicht statthaft."

Dattatreya setzte fort: *„Dieses Bewußtsein ist das einzig Existierende, das ganze Universum umfassend und gänzlich vollendet. So wie es Wellen vom Ozean nicht getrennt oder es Licht ohne die Sonne (oder eine andere Quelle) nicht geben kann, so kann das Universum nicht ohne Bewußtsein begriffen werden.*

Die Schöpfung ist eine mentale Konstruktion von Shiva. Er hat als reines Bewußtsein keinen Körper. Bewußtsein hat keine Form. Sri Tripura ist Shakti, die unerschöpfliche Energie, die sich als Bewußtsein offenbart. Sie bezeugt alles, was in dem Geschaffenen vorgeht. Diese (supraphysikalische Energie) durchdringt alles und ist unteilbar.

Zeit und Raum sind die Faktoren der Teilung auf der Welt. Der Raum zeigt die Verortung der Gegenstände und die Zeit übermittelt die Reihenfolge der Ereignisse. Zeit und Raum werden selbst vom Bewußtsein entworfen, wie könnten sie also ihre eigene Basis teilen?

Gegenstände existieren nur, weil sie beleuchtet werden. Dieses beleuchtet werden ist nichts anderes als Bewußtsein, das selbst-leuchtend ist. Gegenstände andererseits sind nicht selbst-leuchtend, da sie nur existieren, wenn sie von bewußten Wesen wahrgenommen werden. So wie Widerspiegelungen außerhalb des Spiegels keine Substanz haben, fehlt es Gegenständen an Substanz außerhalb des Wahrnehmenden, also außerhalb des Verstandes der Wahrnehmenden.

Das Detail und das Greifbare der Dinge ist kein Beweis dafür, daß sie eine festere Substanz besitzen als reine Abbilder. Das Erkennen von Dingen bewirkt ihr Abbild in unserem Verstand, und daher ist das

Entstandene ein Abbild. Es ist nicht selbst–leuchtend, wird aber ein Fakt durch unsere Wahrnehmung. Ich sage damit, daß das Universum nichts anderes ist als ein Abbild auf unserem Bewußtsein. Nicht desto Trotz strahlt das Abbild auf das Bewußtsein. Obwohl kaum greifbar, ist es beständig und nicht schwankend. Wie die Abbilder in einem Spiegel vom Spiegel selbst nicht getrennt sind, so sind die Schöpfungen des Bewußtseins nicht getrennt vom Bewußtsein selbst.

Für Abbilder in einem Spiegel sind Gegenstände erforderlich, aber nicht für solche auf das Bewußtsein, da dieses selbstbildend ist. Die Welt ist nichts anderes als ein gezeichnetes Abbild auf der Leinwand des Bewußtseins. Es unterscheidet sich von einem gedanklichen Bild in der Länge seiner Dauer, die das Ergebnis der das Phänomen erzeugenden Willenskraft ist.

Die Wirklichkeit kann ihre Natur nie ändern, während sich das Unechte stets verändert. Beobachte wie wechselhaft die Natur der Welt ist!

Unterscheide zwischen der unabänderlichen Wirklichkeit und der wechselvollen Scheinwirklichkeit und prüfe die Welt, die zwischen diesen beiden Faktoren eingefaßt ist. Erscheinungen sind stets veränderlich, während das subjektive Bewußtsein unabänderlich ist. Das absolute Bewußtsein erstrahlt als ‚Sein' durch seine eigene Leuchtkraft."

Wir schreiten durch den Rest vom *Tripura Rahasya* von einer aufschlußreichen Erzählung zur anderen, von einer bedeutungsvollen Abhandlung zur nächsten. Es gibt Zweifel und Klarstellungen, Fragen und Antworten, sowie Erläuterungen und Beispiele, um dem Suchenden (Lernenden) zu helfen, die höchste Einsicht oder das absolute Bewußtsein zu erlangen. Philosophische Sätze werden zitiert, geprüft und verworfen. Langsam aber sicher wird der Suchende zur Wirklichkeit geführt. All dies hat nichts mit Mythologie, Magie oder Aberglaube zu tun. Es ist die Reise in das Innere, um zu dem zu kommen was ist und zu entdecken, daß das Universum nichts anderes ist als das Selbst. Es folgen einige Beispiele, die dem ernsthaft Suchenden helfen werden, zu registrieren, wie das wahre Selbst ignoriert werden kann und wie der Körper mit dem Selbst häufig identifiziert wurde.

„In Wirklichkeit bist Du nicht der Körper. Du hältst den Körper in Deinem Besitz und nennst ihn Deinen eigenen, genau so, wie du es mit einem Kleidungsstück tust, das du besitzt."

„Du redest von ‚meinem' Körper, ‚meinem' Augen, ‚meinem' Leben, ‚meinem' Verstand usw. Nun sag's mir, was Du genau bist?"

Im Verlauf lernen wir, daß: *"So lange die Unkenntnis über das Selbst andauert, solange wird es Misere geben."*

Jene, die ignorant über das eigene Selbst bleiben, sind in gleicher Weise erschreckt wie Träumer, dummerweise, durch die eigenen Träume oder wie Tore, die in einer Zaubervorstellung von verzauberten Schlangen getäuscht werden. Sobald der Träumer aus dem Alptraum erwacht oder die von der Zaubervorstellung getäuschte Person über die unwirkliche Natur der Zauberschöpfungen aufgeklärt wird, haben sie keine Angst mehr davor und machen sich lustig über andere, die noch Ängste davor haben. Wer sich aber des Selbst bewußt ist, grämt sich nicht nur nicht über einen, der noch nicht so weit ist, sondern tritt ihm gleichmütig gegenüber und hilft ihm, weiter zu kommen. Der Lehrer zeigt uns, wie wir durch die Erkenntnis über uns Selbst die scheinbar uneinnehmbare Festung der Täuschung besiegen und unser Elend überwinden können. Wir werden ermutigt, auf dem Weg zu dieser ultimativen Entdeckung scharfsinnig vorzugehen.

Das Universum als Traum: In einem faszinierenden Dialog stellte der Prinz Mahasena gegenüber dem Sohn des Weisen Gana die Bedeutung des Vergleichs des Universums mit einem Traum in Frage: *"Einen Traum oder eine Zauberschau erkennt man im nachhinein als Täuschung, während das konkrete Universum stets wirklich und zweckdienlich ist. Wie kann das Universum mit einem flüchtigen Traum verglichen werden?"*

Der Sohn des Weisen antwortete: *"Deine Meinung, daß der Vergleich ohne Sinn sei, zeugt von einer doppelten Täuschung, wie ein Traum in einem Traum. Die erste Täuschung ist die Vorstellung, das Universum sei etwas von einem Selbst Getrenntes; und die zweite ist die Vorstellung, Gegenstände eines Traumes seien illusorisch, im Gegensatz zu Gegenständen, die wir sehen, wenn wir wach sind. Das ist vergleichbar mit der Täuschung, daß ein Träumer das Traumseil mit der Traumschlange verwechselt. Der Traum selbst ist eine Täuschung und die Verwechslung eine Täuschung in der Täuschung.*

Betrachte den Traum, wie es ein Träumer tun würde, und sag' mir, ob die Bäume den Fußgängern keinen Schatten spenden und keine Früchte zum Essen bieten. Wird der Traum innerhalb des Traumes selbst als unwahr und vergänglich empfunden? Willst du behaupten, daß der Traum falsch wird, nachdem man aus ihm erwacht? Wird nicht in ähnlicher Weise die Welt des Wachseins in deinem Traum oder tiefen Schlaf unwirklich?

Behauptest du, daß der Wachzustand nicht illusorisch ist, weil es nach deinem Wachwerden im Wachsein eine Kontinuität gibt? Gibt es keine Kontinuität in deinen Träumen von Nacht zu Nacht? Wenn du sagst, das sei nicht augenfällig, sag' mir, ob nicht die Kontinuität in der Welt des Wachzustandes in jedem Augenblick deines Lebens unterbrochen ist.

Willst du unterstellen, daß die Hügel, die Meere und die Erde selbst wirklich beständige Erscheinungen sind, trotz der Tatsache, daß sich ihre Erscheinungsform stets wandelt? Hat die Traumwelt mit ihrer Erde, Bergen, Flüssen, Freunden und Verwandten nicht ebenfalls Kontinuität?

Hegst Du immer noch Zweifel? Dann betrachte die Natur der Welt im Wachzustand und erkenne, daß sie in gleicher Weise flüchtig ist. Man kann leicht feststellen, daß sich stets verändernde Gegenstände wie der Körper, die Bäume, Flüsse und Inseln vergänglich sind. Sogar Berge sind nicht unveränderlich, weil sich ihre Umrisse in der Folge von Erosion, durch Wasserfälle und Gebirgsbäche, Verwüstung durch Menschen, Wildschweine und andere wilde Tiere, Donner, Blitz, Stürme usw. verändern. Ähnliche Veränderungen wirst du in den Meeren und auf der Erdoberfläche beobachten. Du solltest daher diese Angelegenheit genau untersuchen.

Traum und Wachzustand ähneln einander in ihrer unterbrochenen Harmonie (wie eine aus Gliedern zusammengesetzte Kette). Bei keinem Gegenstand gibt es eine ununterbrochene Kontinuität, weil jede neue Erscheinung ihr späteres Schwinden bedingt. Aber die Kontinuität in den wesentlichen Merkmalen, die den Gegenständen zu Grunde liegen, kann nicht abgestritten werden.

Da eine Traumschöpfung durch gegenwärtige Erfahrung ausgelöscht und als falsch erwiesen wird, welchen Unterschied wirst Du machen wollen in bezug auf wesentliche Merkmale, die den Traumgegenständen und jenen Gegenständen der Gegenwart zu Grunde liegen?

Wenn Du sagst, daß der Traum eine Täuschung ist und seine wesentlichen Merkmale ebenso, während die gegenwärtige Schöpfung nicht so prompt ausgelöscht wird und daher ihre wesentlichen Merkmale wirklicher sein müssen, frage ich Dich: Was ist eine Täuschung? Wird sie bestimmt durch ihre vergängliche Natur, die nichts anderes ist als ihr Auftreten und Verschwinden in unserer Sinneswahrnehmung?

Wird nicht im tiefen Schlaf alles ausgelöscht? Solltest Du behaupten, daß wechselseitige Verneinung als Beweis unzureichend ist und daher nichts beweist, so würde das eigentlich bedeuten, daß der eigene Augenschein allein den besten Beweis liefert.

Nur Kraft der Gewohnheit erscheint uns allen das Universum so wirklich im wachen Zustand. Würden wir es uns als leer vorstellen, so würde es in die Leere verschwinden. Man stellt sich zu Beginn etwas vor, dann betrachtet man es, und nach einiger Dauer beschließt man, daß es wirklich so ist, sofern es keinen Widerspruch erfährt. In dieser Weise erscheint die Welt gewohnheitsmäßig als real.

So wie sich die im Traum geschaffenen Bilder auf der Leinwand des Verstandes bewegen, so ist auch diese Welt – auch Du – das Gegenteil der Natur der reinen Intelligenz. Sie ist nichts mehr als ein Abbild in einem Spiegel."

Der Lehrer bat Mahasena zu begreifen, daß das Selbst eigentlich jener sich selbst versorgende Spiegel ist, der diese Welt widerspiegelt und offenbart. Es ist reines, makelloses Bewußtsein. Das ganze Universum ist so erleuchtet wie es in seiner Selbstgenügsamkeit überall und zu jeder Zeit leuchtet. Genau eine solche Erleuchtung ist das Höchste, das Ultimative Prinzip Ihrer Transzendentalen Majestät Tripura. Sie enthält alles, wie ein Spiegel seine Bilder. Sie ist das Erleuchtende in bezug auf das Erleuchtete. Es ist in Erleuchtung eingefaßt wie das Bild einer Stadt in einem Spiegel. So wie das Abbild Teil des klaren, glatten, kompakten, einzigen Spiegels ist, so ist das Universum Teil des vollendeten, unaufhörlichen und vereinigten Bewußtseins, nämlich des Selbst.

So wie der Spiegel beim Wechsel der Bilder ungerührt bleibt und jedes Bild so klar reflektiert wie das vorangegangene, so werden auch die Zustände des Wachseins und des Träumens im einzelnen Bewußtsein erleuchten. Dies kann durch angemessene Meditation überprüft werden.

Tripura Rahasya erzählt einen Zwischenfall am Hofe eines weisen und gelehrten Königs Janaka. Ein arroganter Dialektiker hatte die Gelehrten am Hof zu einer Debatte herausgefordert und sie mit der Kraft seiner falschen Logik gedemütigt. Er wurde jedoch von Ashtavakra besiegt, der sich aber, mit Stolz aufgepustet, vor versammeltem Hof anstößig benahm. Gerade in diesem Augenblick kam eine asketische Frau an und stellte einige sehr bedeutsame Fragen. Ashtavakra beantwortete diese Fragen, aber es wurde offensichtlich, daß sein Wissen aus zweiter Hand war, also angelesen aus Büchern. Seine Aussagen waren nicht frei von Widersprüchen, weil sein Wissen nicht auf Selbsterkenntnis begründet war. Als dann der junge Ashtavakra sie um Erklärung bat, sagte sie ihm: „*Das reine Bewußtsein übersteigt die drei Zustände (Wachzustand, Traum und Schlaf). Es umfaßt das gesamte Universum und offenbart es. Nichts kann ohne sein Licht wahrgenommen werden.*

Würde für Dich irgend etwas offenbart, wenn es kein Bewußtsein gäbe? Selbst zu meinen, daß es nichts Sichtbares gibt (wie im Schlaf), setzt das Licht des Bewußtseins voraus. Geschieht die Wahrnehmung Deines Nicht-Wahrnehmens (im Schlaf) nicht auch durch das Bewußtsein?

Alle versagen in ihrer Erforschung, wie gelehrt und tüchtig sie auch sein mögen, wenn ihr Verstand nicht nach innen gekehrt ist, sondern sich ruhelos nach außen hin bewegt. So lange der Blick nicht nach innen gekehrt ist, kann das Selbst nicht erkannt werden."

Definition des Verstandes: *„Verstand ist das, womit Gegenstände erkannt werden; er könnte das nicht sein, was er ist, wenn er nicht Gegenstand der Erkenntnis geworden wäre. Was verstanden wird, ist stets zu unterscheiden vom Verstand selbst, ansonsten könnte es durch ihn nicht erkannt werden. Verstand im abstrakten Sinne läßt sich nicht teilen, was charakteristisch für Gegenstände ist. Deshalb nehmen Gegenstände Formen an.*

Wie ein Spiegel sich nach den Bildern färbt, so nimmt der abstrakte Verstand die verschiedenen Formen der Gegenstände an, indem er sie in sich selbst behält.

Du bist weder der Körper, noch die Sinne, noch der Geist, weil sie alle flüchtig sind. Obwohl das Bewußtsein unfaßbar ist, kann der reine Verstand es doch erkennen. Es genügt, andere Wahrnehmungen (nämlich Gedanken) aus dem Verstand auszuschließen, um das Selbst zu erfahren. Der Unterschied zwischen dem Selbst (dem abstrakten Verstand) und dem (individuellen) Intellekt liegt nur in der Kontinuität des Selbst. Der abstrakte Verstand ist der Hintergrund auf dem sich die Erscheinungen zeigen. Er offenbart sich in all seiner Reinheit, wenn Gegenstände und Erscheinungen nicht da sind. Diese Offenbarung mag als etwas neues erscheinen, wenn wir ihn zum ersten mal merken. Er bleibt aber unbeschreibbar, weil er von den anderen sichtbaren Erscheinungen nicht unterscheidbar ist, aber er offenbart sich prompt, wenn diese Erscheinungen gelöscht werden.

Die Existenz des reinen, von gegenständlichem Wissen freien Verstandes, ist bewiesen worden und kann bei vielen Gelegenheiten im täglichen Leben erfahren werden. Er bleibt aber unentdeckt, weil die Menschen im Netz von Maya gefangen und nicht vertraut mit ihm sind. Die Wachsamkeit allein kann ihn offenbaren.

Gegenständliches Wissen wird vom Verstand erlangt; der Verstand wird nicht zum Gegenstand. Es ist dennoch klar, daß es den Verstand auch in Abwesenheit von Gegenständen geben muß. Solch ein reiner Verstand, bar aller Gegenstände (oder Gedanken), ist reine Intelligenz. Das Bewußtsein ist ihre Natur und sie existiert daher in einem ungebrochenen Stand der Erkenntnis.

Wenn die abstrakte Intelligenz einer Änderung unterzogen wird, zieht sie sich zusammen und wird eingeschränkt. Ansonsten ist sie unendlich und ungebrochen. (Sie wird beispielsweise verändert und auf ein Individuum, einen Gegenstand, eine Gruppe von Gegenständen oder das Universum beschränkt, wenn sie diesen einschränkenden Erscheinungen ausgesetzt wird. Wenn sie von diesen, sie verändernden Faktoren frei ist, bleibt sie rein und uneingeschränkt.) Der von Gedanken entblößte Verstand wird rein und ist identisch mit dem Selbst, das allein die Ignoranz zerstört. Das Bewußtsein ist unteilbar, auch wenn es vielfältig ausstrahlt, wie die reine Oberfläche eines Spiegels, der bunte Farben reflektiert.

Merke wie der Verstand im Schlaf zunächst unverändert ist und allein und leer bleibt, später von Träumen verändert wird und sich als Welt der Träume zeigt. Ähnlich blitzt Sri Tripura auf, das eine Bewußtsein, als die vielfältigen Erscheinungen des Universums. Das erkennende Prinzip und die erkannten Dinge werden auch in Träumen gesehen. Auch ein Blinder nimmt Dinge wahr. Wie macht er das, wenn nicht durch mentale Wahrnehmung? Kann man überhaupt etwas wissen, wann oder wo auch immer, wenn das Licht des Verstandes nicht vorhanden ist? Ebenso ist nichts erkennbar, wenn es jenseits des Erkennungsprinzips liegt. Aus dem gleichen Grund sage ich, daß der Verstand nicht getrennt von der abstrakten Intelligenz liegen kann. So wie das Bewußtsein, das Erkennen und das Erkannte vom Verstand in Träumen identifiziert werden, so sind auch der Sehende, das Sehen und das Gesehene im Wachzustand identisch mit dem Verstand.

Im Traum kann eine Axt zum Fällen eines Baumes geschaffen werden – eine Axt wurde ursprünglich für diesen Zweck erfunden –, so ist es der Zweck des Verstandes, Wahrnehmungen zu ermöglichen.

Die reine Intelligenz ist der makellose Verstand, und die anderen Fähigkeiten sind nur Erfindungen, die es erlauben, Wechselwirkungen fortzuführen. Diese fahren fort, weil das Absolute selbstgenügsam ist und sich als Subjekt wie Objekt offenbart.

Das absolute Bewußtsein und der Raum ähneln sich, indem sie perfekt, unendlich, fein, rein, ungebunden, formlos, immanent und auch innen und außen rein sind. Der Raum unterscheidet sich jedoch vom Bewußtsein insofern, als er nicht fühlen kann. Das bewußte Selbst ist eigentlich Raum. Raum ist das Selbst, und das Selbst ist Raum. Nur Unwissende sehen das Selbst lediglich als Raum, infolge ihrer Täuschung, so wie die Eulen im grellen Sonnenlicht das Dunkel finden. Die Weisen aber finden im Raum das Selbst, die abstrakte Intelligenz.

Da das Bewußtsein absolut und all durchdringend ist wie der Raum, kann es nicht über die Sinne entfleuchen; aber sein Licht breitet sich über die Sinne nach außen aus, um im Raum befindliche Erscheinungen zu erkennen. Dieses Erkennen hebt den Schleier der Dunkelheit bis zu einem gewissen Maß und dieses ist die Funktion des Verstandes.

Lichtstrahlen sind in der Atmosphäre unsichtbar, aber wenn sie auf Materie fallen, werden Gegenstände sichtbar dank der Widerspiegelung der Lichtstrahlen auf ihrer Oberfläche. In ähnlicher Weise erschließt das Bewußtsein die Präsenz von Gegenständen im Raum, indem es die Unkenntnis enthüllt, die sie umgibt. Der Verstand ist eigentlich nichts anderes als das Bewußtsein. Nur der Verstand ist rastlos und das Selbst ist ein vollendeter friedlicher Zustand des Bewußtseins. Die Erkenntnis des Selbst bändigt den rastlosen Verstand, welcher der dynamische Aspekt des Bewußtseins ist. Der Verstand strahlt als das Selbst, sobald er von den vielen Gedanken befreit wird. Dann hört jedes Gefühl der Dualität auf zu existieren. In diesem Sinne ist der Verstand nichts anderes als Teilwissen, der dazu neigt, sich auf einen Abschnitt oder Teil des Gesamten oder des Ganzen zu beschränken. Wenn diese Neigung überwunden ist, bleibt allein das reine Wissen übrig. Das ist das Selbst.

Die Wirklichkeit ist in sich offenkundig und braucht keine Hilfen zu ihrer Offenbarung, anders als die Täuschung, ihr Gegenstück."

Tripura Rahasya sagt dem Suchenden, daß der Intellekt aus den kumulativen Auswirkungen der durch Handlung erworbenen Neigungen besteht. So lange diese Anlagen den Intellekt beherrschen, fühlt sich eine Person zu vielfältigen Handlungen bis zu ihrer Erschöpfung gezwungen.

So finden wir, daß das Konzept der „Göttin" im *Santana Dharma* inhaltsschwer ist. *Tripura Rahasya* hilft dem Suchenden, die an sich unverständliche abstrakte Intelligenz (die supraphysikalische Energie) zu verstehen, die das absolute Bewußtsein stützt. Es hat nichts mit Mythologie zu tun, zumindest nicht in dem Sinn, in dem das Wort allgemein gedeutet wird. Die Geschichten und Dialoge im *Tripura*

Rahasya helfen den Lernenden die Werkzeuge ihres Verstandes zu schärfen und die subtilen und komplexen Kräfte, Prinzipien und Erscheinungen unseres Universums zu verstehen.

Für die Übermittlung einer subtilen Idee ist in diesen Erzählungen eine Terminologie verwendet, die für Deuter, Kommentatoren und Übersetzer verwirrend gewesen ist und ob deren Voreingenommenheit die ursprüngliche Idee verwechselt bzw. verfälscht war. Wenn, zum Beispiel, der Seherwissenschaftler sagt, daß: „*Derjenige, der sich vollständig der Göttin ergeben hat, gewiß ist, schnell zur Weisheit zu gelangen*", so ist dies ein Hinweis für den Suchenden, dem Pfad der Entdeckung, Erkennung und Erfahrung der höchsten Intelligenz mit Hingabe zu folgen. Während der Suche soll er Vorurteile, Neigungen und Verzerrungen zu Gunsten dieser höchsten Intelligenz aufgeben. Die Erleuchtung würde dann unausweichlich folgen.

Wie wir in diesem und anderen Kapiteln gesehen haben, ist eine solche Hingabe eine bewußte Vollendung, die durch das Befolgen eines klar definierten Verlaufs erreicht wird. Es ist kein Aberglaube oder eine Halluzination. Es hat einen mystischen Anschein, weil es die Transzendenz der üblichen und konventionellen Forschungswerkzeuge voraussetzt und nur den Verstand, Körper und Intellekt verwendet. Weil es auch bedeutet, daß das Potential eben dieser Werkzeuge gebändigt wird, um über diese hinaus zu gehen. Diese Methode erfordert keine äußeren Stützen, um ihre Wirksamkeit zu stärken, und hat ein deutliches Ziel. Der reine Verstand verbirgt sich hinter einem Schleier der Unwissenheit über sich selbst. Seine wahre Natur offenbart sich nur nachdem dieser Schleier durch den *Viveka* entfernt wird. Das ist äußerst schwierig für jene, deren Verstand nach außen gekehrt ist. Es ist aber leicht, sicher und schnell für jene, die gelernt haben, nach innen zu schauen.

KAPITEL ZWÖLF – Vishnu und seine tausend Namen

anadinidhanam vishnum
sarvaloka maheshwaram
lokadhyaksham stuvan nityam
sarva dukhatigo bhavet

Vishnu ist ohne einen Beginn und ohne ein Ende,
Ist Hauptfaktor in allen Zuständen der Dinge,
Der Ordnungsfaktor des Universums.
Wer nachdenkt über diesen ewigen Faktor
Überschreitet alles Leid.

Die Antwort von Bhishma an Yudhishthir in *Mahabharata*,

ANUSHASHANA PARVA 149:6'

IM LETZTEN KAPITEL HABEN WIR DEN FUNDAMENTALEN Unterschied zwischen der Anrufung einer supraphysikalischen Energie und der „Anbetung" Gottes, Göttin oder Gottheit erörtert. Es ist klar, daß die Anrufung von *Tripura*, der reinen Intelligenz, nicht dasselbe ist, wie die Anbetung einer mythischen Göttin, die als ein Produkt des unterentwickelten Stadiums menschlicher Intelligenz belächelt worden ist. Die Tatsache allein, daß *Tripura Rahasya* den Suchenden anstößt, die Natur der Intelligenz in ihrer reinen Form zu verstehen, weist auf eine hoch entwickelte intellektuelle, kulturelle und geistige Umgebung hin, in dem eine solche Idee konzipiert und artikuliert wurde.

In diesem Kapitel begegnen wir einer den westlichen Gelehrten der klassischen indischen Literatur vertrauten Figur: **Vishnu**. Sir Monier Monier-Williams beschreibt Vishnu als *„eine der wichtigen Hindu-Gottheiten in der späteren Mythologie, der als ‚der Erhaltende' angesehen wird und zusammen mit Brahma ‚dem Schöpfer' und Shiva ‚dem Zerstörer' die wohl bekannte Trimurti bzw. Dreieinigkeit bildet, obwohl Vishnu darin an zweiter Stelle steht, wird er von seinen Anbetern als die höchste Gottheit angesehen; im vedischen Zeitalter rangierte er allerdings nicht ganz oben, obwohl er oft zusammen mit anderen Göttern angerufen wird."* [1]

Diese Interpretation von *Vishnu* hat zwei Komponenten: *Vishnu* sei eine Gottheit und alle auf ihn bezogenen Erzählungen seien Mythologie. Mythen sind Erzählungen, die aus *„weit verbreiteten, aber falschen Vorstellungen ..., traditionellen Geschichten über übernatürliche oder imaginäre Personen* (bestehen)"[2]. Bei unserer Erforschung von *Vishnu* werden wir sehen, wie frivol und irreführend diese ihm von Sanskritisten und Indologen bescherte Konstruktion ist. Dieser Name „Vishnu" bezeichnet das, was bestrebt ist, unser Verständnis über die den Kosmos schaffenden und erhaltenden Kräfte und Faktoren zu vertiefen. Wir müssen aber die Werkzeuge unseres Begriffsvermögens schärfen und die Horizonte unseres Verstandes erweitern, um *Vishnu* zu begreifen, weil wir mittels unserer Sinnesorgane, dem Verstand und dem Intellekt nur endliche Gegenstände leicht begreifen.

Wir können im physikalischen Universum Materie beobachten, Energie hingegen nicht. Wenn die Glühbirne angeht, das Gebläse des Ventilators rotiert, der Kühlschrank kühlt, das Radio oder das Fernsehgerät eingeschaltet wird, sehen wir die offenbaren Formen der elektrischen Energie, die in ihrer reinen Form unsichtbar ist. Die

---

[1] Monier Monier-Williams, Sir, *A Sanskrit – English Dictionary*, S. 999
[2] *Encyclopedia Britannica*, CD-ROM Ausgabe 1996

moderne Wissenschaft sagt uns, daß Energie unerschöpflich ist. Und wir haben schon angemerkt, daß die physikalische Welt in einem riesigen Meer supraphysikalischer Energie schwebt, die unendlich, einzig und unteilbar ist. Sie offenbart sich in der Welt der Pluralität, mit einer endlosen Vielfalt von Namen und Formen. Die Technologie hat zwar viele raffinierte Beobachtungsinstrumente entwickelt, aber wir können trotzdem Energie nicht „sehen". Uns überrascht es daher nicht, daß die subtilere supraphysikalische Energie nicht im üblichen Sinne „gesehen" werden kann. Ihre Auswirkungen können erfahren werden.

Der Suchende nach supraphysikalischer Energie und Wirklichkeit muß die Grenzen seiner normalen Wahrnehmungsinstrumente überschreiten lernen. Die Wahrnehmung hängt vom Gegenstand ab, wie wir schon erörterten. Dennoch führen Seherwissenschaftler Suchende zum Zustand der gegenstandslosen Wahrnehmung, damit Suchende die Wirklichkeit im Herzen dieses Universums erfahren und „sehen" können. Die Seherwissenschaftler haben Wegweiser zu diesem Ziel überliefert, die meist als „Gesänge zum Ruhm des Herrn" beschrieben werden. Die Wegweiser werden als „religiöser Glaube", „heilige Schriften", „fromme Gesänge" oder als „verschiedene Formen der Anbetung Gottes" eingeordnet. In der *vedischen* Tradition bedeuten diese Wegweiser Begegnungen mit Wirklichkeit, Erfahrungen über supraphysikalische Energien, die das physikalische Universum stützen. Die meisten „Gelehrten" haben diese Wegweiser nicht begreifen können und sie als Mythen abgetan, um sich aus der Affäre zu stehlen.

Im großen klassischen Epos *Mahabharata* wird von einem Dialog berichtet zwischen dem Pandava Prinzen Yudhishthir und Bhishma[3], dem großen alten Mann der Kuru-Dynastie, geachtet für seine Weisheit und Erfahrung. Der Prinz stellt Bhishma eine Reihe von Fragen: wer ist in diesem Universum einzig und einzigartig? Wer ist der Höchste von allen, der jedem die letzte Zuflucht bietet? Wessen Ruhm sollte der Mensch besingen, und wem Ehre zollen für seinen Wohlstand und Frieden? Welches ist das wichtigste unter allen *Dharmas*? Wie soll ein fühlendes Wesen von der Knechtschaft des Geborenseins in dieser Welt durch Verrichtung von *Japa*[4] befreit werden?

---

[3] Bhishma ist der große alte Mann der Kuru Dynastie. Yudhishthir ist der älteste der fünf Pandava Brüder. Mahabharata ist das weltgrößte Epos, das den Krieg zwischen zwei königlichen Familien der Gebrüder Dhritrashtra und Pandu beschreibt.

[4] *Japa* ist eine Übung in deren Verlauf ein Wort, eine Formulierung oder ein Satz mehrmals wiederholt wird. Die Zahl der Wiederholungen ist im voraus bestimmt und erstreckt sich oft von z.B. 108 bis 100.000 mal und mehr.

Vishnu und seine tausend Namen

Bhishma nennt Yudhishthir die 1000 Namen *Vishnus* als Antwort. Einige dieser Namen sind männlich, andere weiblich und andere sächlich. Jeder Name öffnet einen Ausblick auf Ideen und inspiriert dazu, sich eine Vorstellung von supraphysikalischen Faktoren zu machen, die kaum mit der gegebenen Ausstattung unseres Verstandes begriffen werden können. *Vishnu* ist das Prinzip Bewußtsein, das alle Erfahrungen erhellt. Weil er der Keimboden aller Eigenschaften ist, kann kein Name oder Begriff, gleich in welcher Sprache oder Ausdrucksform, ihn erfassen. Doch hat er viele offenbarte Formen und daher auch eine unendliche Zahl von Namen je nach seinen Offenbarungen. Eine Definition soll die definierte Sache unmittelbar beschreiben. Hier liegen uns 1000 indirekte und endliche Definitionen vor für etwas, was unendlich ist. Jede Definition nährt den Unbekannten mit bekannten Begriffen. Zusammen besitzen sie das Potential, unsere persönlichen Erfahrungshorizonte zu erweitern, wenn wir durch innere Einkehr unseren Verstand darauf ausrichten.

Wir können in diesem Buch nicht alle Namen von *Vishnu* erörtern, aber doch einige. In dem Maße wie unser Verständnis für Feinheiten und Deutungen in unser Bewußtsein dringt, entfaltet sich auch unser Verständnis.

Wie schon erwähnt, entwickeln sich Sanskritwörter aus einer Wurzel. Sie wird sichtbar, wenn jene ihr Bedeutung verleihenden Vor- und Nachsilben (Präfixe und Suffixe) entfernt werden. Die Wurzel *Vis* bedeutet „eintreten". Das Wort „Vishnu" löst sich auf in *Veveshti Vyaapnoti iti Vishnuh* (was überall durchdringt ist *Vishnu*, was die Eigenschaft der Durchdringung besitzt ist *Vishnu*). Er durchdringt alles und wird selbst von nichts durchdrungen. Die ganze Welt von Dingen und Wesen ist von ihm durchdrungen, und er wird nicht eingeschränkt von Raum (*Desha*), Zeit (*Kala*) oder Masse (*Vastu*). Ein anderer seiner Namen ist *Vashatkara*. *Vashatkara* kennzeichnet den *Yajnya*, so wie die *Upanishaden* es gedeutet haben.[5] Ein *Mantra* lautet: *Yajnyo vai Vishnuh* (*Yajnya* selbst ist *Vishnu*).

Ein anderer Name für *Vishnu* ist *Bhaavah* – einer, der „sich verwandelt in" (*Bhavati iti Bhaavah*) die beweglichen und unbeweglichen Wesen und Dinge auf der Welt. In seinem reinen Zustand ist er nicht–offenbar, aber als erkennbare Dinge, belebte wie unbelebte, offenbart er sich spontan. Er ist das reinste „Sein" in allen

---

5 „*Yajnya*" ist im Kapitel: „*Yajnya*: Deutung und Bedeutung" ausführlich behandelt

fühlenden wie nicht-fühlenden Wesen im Universum. Er ist das eigentliche „Sein" in allen Lebewesen. Das Leben ist unendlich und brodelt in allen sich bietenden Trägern. Alle Räume sind ein und derselbe; so wie eine Wirklichkeit in unterschiedlichen *Atmas* tanzt.

Ein anderer Name *Vishnus* ist *Paramatma* (*Param* und *Atma*) – der höchste *Atma* – womit jener gemeint ist, der alle Begrenzungen der Materie überschreitet. Kurz, er ist die transzendentale Wirklichkeit.

Er wird auch *Purusha* genannt, einer der in der befestigten Stadt weilt.[6] Die Seherwissenschaftler begreifen metaphorisch unseren Körper als eine Festung mit fünf Toren,[7] und sagen, daß *Vishnu* darin wie ein König herrscht. Dieser Begriff kann ebenfalls auf zwei andere Weisen aufgelöst werden, die weitere Hinweise auf die Natur des Selbst geben. So bedeutet *Purusha* auch „das, was es vor allen entstandenen Wesen gegeben hat"[8] und „einer, der überall Existenzen vollendet und erfüllt", was auch bedeutet, daß ohne ihn eine Existenz nicht möglich ist.[9]

Sthaanuh ist ein weiterer Name für *Vishnu*. Im allgemeinen wird *Sthaanuh* für die oft an internationalen Grenzen errichteten Säulen gebraucht, welche die *Grenzen* eines Staates kennzeichnen. Sie sind bleibend, unbeweglich und fest. So ist *Vishnu Sthaanuh*, fest und bleibend, eine Wirklichkeit, die nicht schwankt. In seinem Bereich dauerhaft etabliert. Die *Bhagavad Geeta* erläutert den Begriff so: *„Ewig, alles durchdringend, die Säule, regungslos aus alter Zeit."*[10]

Es folgen nun noch einige der Namen für *Vishnu* mit jeweils kurzer Erläuterung für jeden:

Als *Sambhavah* nimmt er aus eigenem freien Willen verschiedene Formen der Welt an. In Wirklichkeit ist er allein die Quelle all dessen, das erschaffen ist.

Er wird *Prabhavah* genannt, weil er der eigentliche Mutterleib aller fünf großen Elemente ist, aus denen die Begriffe von Zeit und Raum entsprungen sind.

Swayambhu – der sich selbst offenbart. Einer, der sich selbst von selbst offenbart. Alles, was geboren oder erzeugt wird, hat eine Ursache

---

[6] *puri sete iti purushah* – Swami Chinmayananda, *Die Tausend Wege in das Transzendentale: Vishnu Sahasranama*, S. 21.
[7] *nava dvaare pure dehee* – *Bhagavad Geeta*, 5:13.
[8] *puraa aaseet iti purushah* – Swami Chinmayananda – ebenda, S. 21.
[9] *pooryayti iti purushah* – ebends, S. 21.
[10] *Bhagavad Geeta*, 2:24.

Vishnu und seine tausend Namen

und Vishnu ist die Ursache aus der alle Wirkungen entstehen. Er selbst hat keinen Ursprung.

Anaadi–nidanah hat weder Geburt (*Aadi*) noch Tod (*Nidhanam*), weder einen Anfang noch ein Ende; einer, der unveränderlich ist. (Jede Veränderung bedeutet den Tod des vorangegangenen Zustandes und die Geburt eines neuen).

Als *Dhaata* ist *Vishnu* der Nährboden für die Welt der Namen und Formen, der Erfahrung in allen Bereichen unterstützt.

Dhaatur–uttamah – alle körperlichen Formen entstehen aus fundamentalen elementaren Faktoren, genannt *Dhaatus*, wie die Seherwissenschaftler als Wissenschaft des Lebens entdeckt haben. Unter der endlosen Vielfalt von *Dhaatus* in den Existenzen ist *Chit Dhaatu* die feinste (ohne die eine Existenz überhaupt nicht möglich ist), und dies ist *Vishnu*.

Als *Shaashvatah* bleibt er unverändert beständig durch alle drei Perioden der Zeit. Kurz, er ist jenseits der Zeit. Das höchste Bewußtsein selbst macht die Zeit erkennbar bzw. erleuchtet sie, und der Erleuchter kann von dem, was er erleuchtet, nicht berührt werden. Diese unabänderliche Wirklichkeit ist *Vishnu*.

Trikakubdhaama – einer, der die wesentliche Grundlage oder Stütze (*Dhaama*) aller Dreiviertel (*Kakubh*) ist. Diese Formulierung deutet auf die drei Ebenen des Bewußtseins, d.h. den Wachzustand (*Jaagrata*), den Traum (*Swapna*) und den Tiefschlaf (*Sushupti*). Die vierte Ebene des Bewußtseins (Tureeya) ist die Grundlage für die anderen drei.

Als *Pranadah* verleiht er allen Dingen *Prana*. Wie wir inzwischen wissen, bezeichnet das *Prana* alle Offenbarungen des Lebens, oder ist die Quelle aller Tätigkeiten lebender Organismen.

Einer seiner vielen Namen ist *Prajaapatih*. Wir sind schon *Prajapati* begegnet. *Vishnu* ist der Beherrscher (*Pati*) aller Geschöpfe (*Prajaah*).

Bhoogarbhah bedeutet: der eigentliche Mutterleib der Welt (*Bhooh*), aus dem die Welt herausgetreten ist.

Als *Saranam* ist *Vishnu* Zuflucht und Schutz für alle. Nach *Amarakosa* (ein Sanskritlexikon) bedeutet das Wort *Saranam* „Beschützer" und auch „Heim". Da er das letztendliche Ziel ist, so ist er auch das Reiseziel, der „Hafen". Wer ihn begreift, lebt in ihm. Er ist das Heim, zu dem die *Jeevas* letztlich zurückkehren, und er ist nicht nur Heim für die Menschen, sondern für alles, was erschaffen wurde, Bewegliches und Unbewegliches. Alles zieht sich zur Ruhe und Wiederbelebung zurück während des finalen Untergangs (*Pralaya*).

Als *Visvaretaah* ist er die Saat, aus der der Baum des Lebens entsprungen ist (*Retas* bedeutet „Saat"), ist er die eigentliche Ursache für das ganze Spiel der Erfahrungen in der pluralistischen Welt der Gegenstände (*Sarva–Prapancha–Kaaranabhootah*).

Ajah unterstreicht, daß er ungeboren ist; der ewige und unendliche *Vishnu* ist unabänderlich, jenseits von Geburt und Tod. Was geboren wird, muß notwendigerweise sterben [11] und daher ist alles ungeborene auch unsterblich (*Amritah*).

Als *Saarvadhih* ist er der aller erste Anfang (*Aadi*), der bereits vor allem anderen existierte. Vor einer Wirkung gibt es eine Ursache. Was schon vor der Schöpfung war und woraus alle erschaffenen Wesen als Wirkung hervorgegangen sind, ist natürlich die primäre Ursache.

Als *Satya* ist er die Wahrheit bzw. Wirklichkeit. Das Wort *Satyam* hat eine besondere Nebenbedeutung, als das, was durch alle drei Perioden der Zeit hindurch das selbe bleibt. Das, was anscheinend existiert, aber nie gewesen ist und nie sein wird, wird als Täuschung (*A-Satya*) angesehen. Der vor der Schöpfung, während der Existenz und sogar nach der Auflösung der selbe bleibt, ist *Satya*.

Pundareekaaksha ist einer, den man im Herz–Raum (*Pundareekam*) vollständig erfahren kann. Im „Herzen" kann der Meditierende leichter und klarer die all durchdringende Wirklichkeit erfahren. So wird die Wirklichkeit als „in der Höhle des Herzens weilend" beschrieben.

Babhruh herrscht wie ein König über die Welt. Jener ist *Vishnu*, in dessen Anwesenheit alle Instrumente der Wahrnehmung, des Fühlens und des Wissens ihre koordinierte Tätigkeit fortsetzen.

Visvayonih ist einer, aus dem die ganze Welt der Erfahrung (*Visvam*) entstanden ist, der Mutterleib (*Yoni*), aus dem Gedanken und Handlungen hervortreten.

Shaasvata–sthaanuh bedeutet beständig (*Shaasvatah*) und unabsetzbar (*Sthaanuh*). Der Unveränderbare ist unsterblich, da Veränderung der Tod des Bestehenden und die Geburt von etwas Neuem ist. Als Einzelbegriff bedeutet *Shaasvata–sthaanuh* das Ständige und Unveränderliche. *Vishnu* ist also der beständig unveränderliche Faktor im Leben.

Sarvagah ist einer, der überallhin gegangen ist, also alles durchdringt. So wie Armringe, Armbänder, Halsketten und Ringe aus Gold hergestellte Schmuckstücke sind, so daß Gold sie alle durchdringt, und wie das Meer alle Wellen durchdringt, so durchdringt die Ursache

---

[11] *Bhagavad Geeta*, S. 27

ihre Wirkungen. Das unendliche Bewußtsein selbst drückt sich sowohl als die Welt der Materie (*Kshetra*) aus wie auch als das Wissende über die Grenzen bzw. Ziele (*Kshetrajna*).

Samgrahah zeigt *Vishnu* als einen, der die gesamte Welt der Wesen und der Dinge in einer unauflöslichen Umarmung zusammenhält. Wie die Nabe eines Rades durch ihre vielen Speichen die Felge festhält, so leiht *Vishnu* seine Vitalität jeder Zelle im Körper und jedem Gedanken im Verstand und Intellekt.

Als *Ateendriyah* ist er jenseits der Sinnesorgane. Das bedeutet, daß ihn die Sinnesorgane nicht als ihren „Gegenstand" wahrnehmen können und auch, daß er getrennt ist von den Sinnesorganen und ihren Funktionen. Seine bloße Anwesenheit verleiht ihnen ihre ganze Vitalität. Er ist das eigentliche „Subjekt" für den Wahrnehmenden und daher erreichen die Werkzeuge der Wahrnehmung von emotionaler Regung und Denken ihn nicht.

Suparnah–Parna bedeutet „die Flügel", und Supernah „das, was schöne Flügel hat", d.h. ein Vogel. Die Seherwissenschaftler haben den Zauber der Wirklichkeit mit dem Satz zu übermitteln versucht: „Ein Vögelpaar mit weißen Flügeln sitzt in liebevollem Miteinander auf dem Baum; einer ißt die Früchte, der andere ißt nicht und schaut zu." *Jeeva* und *Parmatma* sitzen auf dem selben Baum (dem Körper): einer (*Jeeva*) ißt die Früchte (der Handlungen), während der andere (*Parmatma*, das Selbst) lediglich als Zeuge (*Sakshee*) zuschaut. *Vishnu* ist dieses alles erfahrende Prinzip des Bewußtseins. Er ist nicht der Handelnde; er ist *Sakshee*, der Zeuge aller Handlungen.

Aavartanah ist eine der unsichtbaren Treibkräfte hinter dem ewig wirbelnden Rad der Zeit, jener Bühne für das endlose Drama von Geburt und Tod. Die Wiederholung (*Aavartanam*) dieses Dramas ist die Erfahrung der Welt. Jener, dessen Präsenz allein die Faktoren der Materie animiert, den belebten Tanz des Zerfalls zu beginnen, ist hier beschrieben (*Aavartanah*) als die große Macht hinter der Kontinuität der Veränderung in der Welt der Phänomene. Dieselbe Idee kommt im *Bhagavad Geeta* zum Ausdruck als *Bhagavan* Krishna sagt: *„O Arjuna, der Ishwar weilt in den Herzen aller, und läßt das Universum rotieren als wäre es eine komplizierte mechanische Maschine (Yantra)."* [12]

So verwendet der Bearbeiter der *Veden* und Verfasser des *Mahabharata*, der Seher Veda Vyasa, die verschiedenen Namen, um

---

[12] *Yantra* wird in dem *A Sanskrit–English Dictionary* von Sir Monier Monier-Williams als „ein Instrument oder Apparat, eine mechanische Vorrichtung, Werkzeug, Maschine, Gerät, Gerätschaft" übersetzt.

Vishnu als die Urquelle aller Schöpfung (*Udbhavah*) und als letztendlich die alleinige Lebenskraft zu verdeutlichen, der alle Schöpfungen (*Vajasanaha*) erhält, stützt und ernährt. Es ist auch nicht überraschend, daß Veda Vyasa *Vishnu* als „schön" (*Sundaraha*) mit „zauberhaften Augen" (*Sulochanaha*), und „unbesiegbar" (*Aparajitah*) beschreibt. Er wird auch als „Freund der Welt (*Lok bandhu*) und als „Herr der Welt" (*Lok Nathah*) beschrieben.

Jeder Name *Vishnus* regt uns an, uns zu bemühen, ihn zu erreichen. Denken wir über die durch diese Namen übermittelten Anregungen nach, beginnen wir schrittweise zu erfahren, was der Kern der vielfältigen Erscheinung in unserem Universum ist. Und wir beginnen, die gemeinsamen Faktoren zu erfahren, die im Universum alle Namen und Formen prägen. Wir beginnen, den unabänderlichen Faktor zu „sehen", welcher der vor unseren Augen ununterbrochen stattfindenden Veränderung zu Grunde liegt.

Das Einrichten der supraphysikalischen Energie
(Die Bedeutung eines „Rituals")

Wir kommen zu der von den Seherwissenschaftlern verwendeten Analogie des Körpers als eine Festung zurück, in der *Vishnu* als ein König residiert. Sie ist der Rezitation von *Vishnu Sahasranama* (der 1000 Namen von Vishnu) vorangestellt. Wir schauen in die Installation supraphysikalischer Energie innerhalb dieser Festung, d. h. in den Körper des Suchenden hinein. Der Vorgang der Installierung wird allgemein als ein „Ritual" bezeichnet, obwohl sie tatsächlich eine viel tiefere Bedeutung hat. Die Installierung von *Vishnu* in die eigene physikalische Gestalt des Suchenden ist eine bedeutungsvolle und wunderbare Übung. Technisch ist sie bekannt als *Anga–Nyaasa* („Installierung in den Gliedern") und ist eine Methode, mit der ein Suchender die supraphysikalische Macht mit wohlüberlegten physikalischen Signalen (Zeichen) ankurbelt.

So wird der Körper zum Wohnsitz bzw. „Tempel" der höchsten Wirklichkeit. Seine verschiedenen Gliedmassen werden zu „Altären", worauf der Suchende verschiedene supraphysikalische Energien mit von Liebe und Gewißheit erfülltem Herzen ankurbelt und installiert. Dabei wird die Rezitation jedes *Mantras* mit einem entsprechenden physikalischen Zeichen begleitet, um die Wirkung jener innerhalb dieses Verfahrens enthaltenen tiefen Anregungen zu verstärken. Wir erläutern hier kurz das Verfahren der Rezitation der *Mantras* und die entsprechenden physikalischen Zeichen.

Vishnu und seine tausend Namen

A. *asya vishnu-sahsranaama-strotrasya veda-vyaasa rishih* (Sri Veda Vyasa ist der *Rishi*, der „Die Eintausend Namen des großen *Vishnu*" überliefert hat.)

Der *Rishi* ist der Guru bzw. Lehrer. Der Suchende ist der Schüler, der dieses besondere *Mantra* benutzt, um Anweisung über den Weg zur Erlangung der Erkenntnis zu erbitten. Der *Rishi* eines *Mantras* steht wie eine Krone auf dem Haupt, also an der höchsten Stelle. Die sitzenden Schüler rezitieren erst dieses *Mantra* für sich im Sinn und berühren dann die Spitze ihres Kopfes mit dem Daumen, dem Mittel- und dem Ringfinger der rechten Hand.

B. *amushtup chandah.* (Dieser Tonansatz ist in der *Amushtup* Metrik.)[13]

Die Metrik wird erwähnt, weil sie die richtige Rezitation des *Mantras* anleitet. *Anushtup* ist der Name der besonderen Metrik, in dem die 1000 Namen für *Vishnu* artikuliert werden. Die Artikulation muß aus dem Mund der Schüler kommen und daher kann nur der Mund der „Altar des Verses" sein. Die selben Finger, die vorher die Spitze des Kopfes berührt haben, berühren jetzt die Lippen, während die Schüler das *Mantra* für sich im Sinn wiederholen.

C. *sri vishwaroopo mahavishnur-devatah* (Großer *Vishnu*, die Gestalt des gesamten Universums der vielfältigen Namen und Formen (*Vishwa-roopah*), ist die *Devata* des *Mantras*.)

Vishnu ist das Thema der Rezitation; er ist der Altar, vor dem die Schüler sich selbst einbringen im Geiste demütiger Hingabe und vollständiger Übergabe. Während die Schüler das *Mantra* für sich rezitieren, installieren sie mit vollendetem Ernst und Ergebenheit *Vishnu* in ihr Herz, indem sie die Finger von den Lippen herunter bringend den Bereich des Herzens in der Mitte der Brust berühren.

D. *devakee-nandanah srashteti saktih* (Der Sohn von Devaki ist die offenbarte Energie, die Kraft der Schöpfung.)

Jede *Devata* ist eine offenbarte supraphysikalische Energie; der Schöpfer und Erhalter (*Srashtaa*), der Sohn von Devaki (*Devakeenandana*) ist diese offenbarte Kraft. Diese schöpferische Kraft

---

[13] Ein aus vier Viertelversen bestehende Metrik.

ist im Nabel installiert und deswegen werden die Finger vom Bereich des Herzens zum Nabel bewegt.

E.   *shankha-bhrit nandakee chakree iti keelakam* (Die Seemuschel, das Schwert und der Diskus sind hiermit festgenagelt.)

Die gewaltige am Nabel erzeugte und befestigte schöpferische Kraft der supraphysikalischen Energie kann der Verstand nicht ausdenken. Um sie für uns begreiflich zu machen, schafft dieses *Mantra* ein Bild der supraphysikalischen Energie und der aus ihr hinausgehenden Kraft in menschlicher Gestalt. Diese Gestalt trägt die Seemuschel (*Shankha*), das Schwert namens Nandaka und den Diskus (*Chakra*). Das ist die vertraute Figur von Krishna, der Freund, Philosoph und Wegweiser des verwirrten und bestürzten Pandava Prinzen Arjuna. Die Seemuschel symbolisiert den „Ruf" der Wirklichkeit. Nandaka, das Schwert, straft, um Freude und Glück (Nandana) in das Gemeinwesen einzubringen. Der Diskus symbolisiert die Zerstörung (ohne die eine Evolution nicht möglich ist). Das Erschallen der Muschel stellt das Reden, das Führen des Schwertes das Handeln und der Diskus, der vom handelnden Menschen weg fliegt, das Denken dar. Auf diese Weise wird die große am Nabel befindliche Kraft der Welt durch Sprache, Handlung und Gedanken ausgedrückt.

Diese personalisierte Gestalt unterstützt das Verstehen und die Verinnerlichung des Wirkzusammenhangs der supraphysikalischen Energie. Zur Vervollständigung der Verinnerlichung hält man die Füße von Krishna fest. Also, während dieses *Mantra* innerlich rezitiert wird, bewegen sich die Finger weg vom Nabel und berühren die Suchenden ihre eigenen Füße mit beiden Händen.

F.   *saranga–dhanva–gadaa–dhara iti astram* (Saranga ist der Name des Bogens von *Vishnu* und der Streitkolben ist eine seiner Waffen.)

Jeder Schatz bedarf des Schutzes. Nach der Installation der supraphysikalischen Kraft wird der Körper eine Schatzkammer, die des Schutzes bedarf. Die Suchenden rufen eben die Waffen des *Vishnu* an, damit sie zur Verteidigung dieses Schatzes Wache stehen. Der Bogen von *Vishnu* heißt Saranga, und der Streitkolben *Gada*. Diese beiden Waffen bilden die Artillerie der Verteidigung von Krishna selbst. Die Suchenden erheben ihre Hände weg von den Füßen im Augenblick des innerlichen Rezitierens dieses *Mantras*, strecken den Zeigefinger und den Mittelfinger der rechten Hand aus und schlagen damit auf den offenen Handteller der linken Hand.

G. *rathaangapaanir–akshobhya iti netram* (Der die Zügel des Wagens in seinen Händen hält, ist in den Augen installiert.)

Vishnu erhielt den Namen *Rathaangapaani* („der die Zügel hält") als er die Rolle des Wagenlenkers im *Mahabharata* in der Gestalt des großen Krishnas spielte. Durch die Anrufung des Wagenlenkers mit den Zügeln in seiner Hand wird *Vishnu* in den Augen des Suchenden installiert; die Schüler berühren mit ihren Fingerspitzen beide Augenlider im Augenblick des innerlichen Rezitierens.

H. *trisaamaa saamagah saameti kavacham* (Er selbst ist die Rüstung, dessen Ruhm in allen drei Arten von *Sama* besungen wurde.)

Vishnu ist in allen drei Arten der *Sama* Rezitation (*Deva–Vrata–Prokta*) verherrlicht, und diese Rezitationen (*Saamagah*) selbst sind ruhmreich wie das offenbarte *Sama Veda*.

Während die Suchenden dieses *Mantra* im Gedanken rezitieren, berühren sie zuerst die rechte Schulter mit den Fingern ihrer rechten Hand und die linke Schulter mit den Fingern der linken Hand. Danach kreuzen sie ihre Arme vor ihrem Körper und berühren mit den Fingern einer jeden Hand die jeweils entgegengesetzte Schulter, als würden sie sich in einer göttlichen Rüstung einwickeln.

I. *anandam brahmeti yonih* (Der Brahmane, die unendliche Seligkeit, ist der eigentliche Mutterleib [*Yoni*]).

Die gezeugte Welt unendlicher Vielfalt hat nur eine Quelle, die ist *Ananda* (Seligkeit). Während dieses *Mantra* rezitiert wird, installieren die Suchenden ihn im eigentlichen Ort der Zeugung bei sich selbst. Dieser Ort im herrlichen Sitz („Tempel") des Körpers enthält die alleinige Quelle, aus der die Welt entstanden ist und offenbart sich als die Macht der Zeugung.

J. *viswaroopa iti dhyaanam* (Gedenke dessen, der sich in der Gestalt dieses Universums offenbart.)

Das Ganze der Erfahrung, gewonnen durch die Werkzeuge Körper, Verstand und Intellekt als Wahrnehmungen, Regungen und Gedanken umfassen das Wort *Viswa*. Der sich als die totale Welt der Erfahrungen (*Viswa*) offenbart hat, muß daher *Viswaroopah* sein. In diesem Augenblick haken die Suchenden ihre Finger in einander und sitzen in Meditation.

K. *ritam sudarshanah kaala iti dikbandhah* (Alle Richtungen sind versiegelt durch Wirklichkeit, Sudarshana[14] und Zeit.)

Drei gewaltige Mächte bewachen den Wohnsitz des Lebens, in dem *Vishnu* residiert. Die erste Macht ist die Wahrheit (*Ritam*), was auf die Verpflichtung des Suchenden hinweist, unnachgiebig dem nachzugehen, das wirklich ist. Der Diskus ist das Symbol der Stärke und Überzeugung, mit der jede Neigung der Suchenden vom Pfad des Tatsächlichen abzuweichen, bestraft und vernichtet werden muß. Die Zeit, letztlich, bewacht diesen Wohnsitz und sichert sein Überleben. In diesem Augenblick schnappen die Suchenden mit dem Mittelfinger ihrer rechten Hand am Daumen und lassen den Handteller der selben Hand um ihren Kopf herum laufen.

L. *sree–maha–vishnu–preetyarthe jape viniyogah* (Diese Beschwörung ist zur Freude des großen *Vishnu*.)

Nachdem sie so *Vishnu* in ihr Inneres installiert und sich ihm hingegeben haben, erklären die Suchenden, daß sie nun die Rezitation der 1000 Namen von *Vishnu* beginnen werden. Die Frage mag entstehen, welchen Zweck oder Beweggrund es dafür geben soll. In dem *Mantra* selbst (*Shri* Mahavishnu Preetyarthe) ist die Antwort explizit und unzweideutig gegeben. Die Beschwörung dient allein der Freude und der Würde (Preetyarthe) des großen *Vishnu*. Nachdem sie diese Widmung innerlich rezitiert haben, löffeln die Suchenden etwas Wasser aus dem Handteller ihrer rechten Hand und schütten es auf den Boden vor ihnen. Der Boden stellt die Erde dar, den Ort, auf dem die Suchenden gestellt sind.

Diese zwölf „Schritte" helfen den Suchenden–Schülern zu begreifen, daß sie, obwohl sie *Vishnu* anrufen, ihre eigene Identität in jener supraphysikalischen Macht suchen müssen, ohne sich selbst vom großen *Vishnu* zu unterscheiden. Die endgültige Verwirklichung ist eine vollständige Identität, wie sie in dem großen *Mantra* (*Mahavakya*) bezeichnet steht, „Ich bin Brahmane" (*aham brahmasmi*). Die

---

[14] Sudarshana ist der Name des Diskus von Krishna, den er benutzt, um Übeltäter zu bestrafen und zu vernichten.

Vorgehensweise der Installation erklärt, daß die entzückende Gestalt von *Vishnu* letztendlich als eine unendliche Wirklichkeit ohne Namen und Formen begriffen werden muß, in der sogar das Erkennen des Unterschiedes zwischen dem Meditierenden, dem Meditierten und der Meditation endet. Über diese tiefe Bedeutung hinaus gewinnen die Suchenden auch ein Gefühl der Reinheit und Erhabenheit.[15]

---

[15] Der Autor dieses Werkes bekennt seine tiefe Dankbarkeit gegenüber dem verstorbenen Swami Chinmayananda, der in seinem Kommentar ‚*Die tausend Wege in das Transzendentale: Vishnu Sahasranama*' die Deutung von *Vishnu Sahasranama* ebenso erklärt hat wie die Bedeutung der einzelnen Schritte der Einsetzung. Dieses Kapitel basiert auf seinem Kommentar. Es wurde mit einem zweifachen Zweck in dieses Buch aufgenommen: den Lesern eine Vorstellung der subtilen Deutungsvarianten zu vermitteln, die von den verschiedenen Anrufungen der einen supraphysikalischen Energie suggeriert werden; und die Bedeutung eines „Rituals" zu offenbaren, das ansonsten für einen Betrachter, dem der kulturelle Hintergrund vor dem es vollzogen wird nicht vertraut ist, obskur erscheinen mag.

KAPITEL DREIZEHN – Indra und Vishnu:
Zwei kämpfende „Götter"

wacham deva upjeevanti vishwe
wacham pashawo gandharva manushyah
wachima vishwa bhuvananyarpita
sano vavam jushitam indrapatni

Wak erhält das Universum,
Wak erhält Tiere, Menschen und andere Gattungen,
Wak ist der Schöpfung verpflichtet,
Deshalb grüße ich *Wak*, Gattin Indras.

TATTERIYA BRAHMANA 2:8:842:8:84

Indra und Vishnu: Zwei kämpfende ‚Götter'

DIE SEHERWISSENSCHAFTLER WÄHLTEN VERSCHIEDENE Formen der Darstellung und Überlieferung, um den nachfolgenden Generationen das Speichern, das Wiederfinden und das Weitergeben ihrer profunden Erkenntnisse zu erleichtern. Von diesen vielen Formen ist die für die *Puranas* verwendete extrem wichtig. Sie sind so gültig und so alt wie die Veden. Es gibt mehrere *Puranas*, alle eine Sammlung von Geschichten, welche die selben ewigen Erkenntnisse und Einsichten vermitteln, die in Kurzform in den *Veda Mantras* geäußert sind.

Die *Brahmana*–Bücher[1] sprechen von den *Puranas* mit großer Ehrfurcht. *Maharshi* Badaryan Vyasa sammelte die alten Geschichten in einer *Purana Samhita*, und bezeichnete die Sammlung als den fünften *Veda*. Unglücklicherweise sind, wie Hunderte von Abschnitten der *Veda Samhita* – die *Brahmanas, Aranyakas* und *Upanishaden* –, diese *Purana Samhita*, der fünfte *Veda*, verloren gegangen. Glücklicherweise hat der große Gelehrte *der Puranas Maharshi* Soota die von Sehern und Weisen von Generation zu Generation überlieferten Erzählungen in 18 Bänden zusammengefaßt, die nun als die *Achtzehn Puranas*[2] bekannt sind. Diese sind heute in etwas verstreuter Form verfügbar.

Die *Veda Mantras* (die „Hymnen der *Veden*") haben drei Bestandteile:

1. *Vijnana*, die Wissenschaft der Schöpfung, wie sie von Seherwissenschaftlern entdeckt wurde,

2. *Stuti*, die glorreichen Strophen über supraphysikalische Kräfte, in denen das Hingerissensein jener Weisen beim „Sehen" zum Ausdruck kommt, als sie die verwirrende und bezaubernde Großartigkeit der Wirklichkeit erfuhren und

3. *Itihas*, geschichtliche Episoden, welche die supraphysikalischen Kräfte und ihre Wirkungsweise illustrieren und erklären.

Die *Puranas* illustrieren und erläutern auch die Erkenntnisse, die in den *Veden* aufgestellt sind. Westliche Übersetzer und Kommentatoren waren nicht in der Lage, die Bedeutung und die Tragweite der *Puranas* zu entschlüsseln. Sie haben diese als ein Bündel von Mythen abgetan. Immer wenn sie ein *Veda Mantra* nicht begriffen hatten, beschrieben sie

---

[1] In dem Kapitel: „Die *Veden*: ein Prolog" sind die drei Abteilungen der *Veden* – die *Brahmanas, Aranyakas* und *Upanishaden* – erläutert worden.
[2] Hier ist die übliche Liste der *Puranas*: die *Brahma–, Brahmanda–, Brahmavaivarta–, Markandeya–, Bhavisya–,* und *Vamana–Puranas; Vishnu–, Bhagavata–, Naradiya–, Garuda–, Padma–,* und *Varaha–Puranas;* und die *Shiva–, Linga–, Skanda–, Agni–,* (oder *Vayu–), Matsya–,* und *Kurma–Puranas*.

diese als ein Ergebnis des „einschleichenden Sektierertums in die Mythologie".[3]

Die *Veden* und die *Puranas* enthalten viele Geschichten über Streit und Konkurrenz zwischen Indra und Vishnu, die von den oben erwähnten Übersetzern als „Götter" bezeichnet werden. Aber was ist tatsächlich hinter den beschriebenen „Scharmützeln" zwischen diesen beiden *Devatas*?

In diesem Kapitel beschreiten wir einen Weg, der beispielhaft zur Entdeckung der eigentlichen Bedeutung hinter solchen Episoden führt. Wir schreiten erneut in das Universum der supraphysikalischen Energien, in die Welt der *Devatas* hinein.

Indra und Vishnu: Zwei kämpfende „Götter"

Brahma ist das Fundament aller Gegenstände/Dinge im Universum. Er ist die erste Erscheinung, der Erstgeborene im Vorgang der Schöpfung.[4] Das Wort „Brahma" bedeutet das fundamentale Element, der ursprüngliche Faktor, die grundlegende Substanz. Wir finden in allen Dingen einen Faktor als sein Fundament. Dieser Faktor ist die Quelle, aus der ein Ding entsteht; er ist die „Saat", aus der ein riesiger Baum wächst. Dieser Faktor wird *Pratishtha Brahma* genannt. In einigen Dingen ist diese supraphysikalische Energie in Fülle vorhanden, in anderen hingegen in sehr knapper Menge.

Ein Blitz lodert am Himmel auf und entschwindet so schnell wie er erscheint. Wörter schweben in der Luft und verschwinden. Wolken bilden und verstreuen sich. Blitze, Wörter und Wolken besitzen auch supraphysikalische Energie, aber nur in kleiner Menge. Aber jene Gegenstände haben kurze Verweildauer, in denen der *Indra* in größerem Maß vorhanden ist. Substanzen wie Chloroform oder Methylalkohol verdunsten sofort in der Luft. Eigentlich saugt der *Indra* den Saft aus ihnen heraus und legt sie trocken. Gegenstände wie Bücher, Schreibfedern, Hügel usw. haben ein größeres Maß an der supraphysikalischen Energie der Dauerhaftigkeit, Brahma genannt. Also haben wir die zwei entgegengesetzte Tendenzen: den *Brahma* als den Faktor für Beständigkeit und Dauerhaftigkeit und den *Indra* als den Faktor für Bewegung, Wechsel und Flüchtigkeit.

---

[3] *Encyclopedia Britannica*, CD-ROM Ausgabe 1996.
[4] *brahmai wasya sravsyapratisjta brahmaai sarvasya prathamajam* - zitiert von Pandit Motilal Shastri in *Pratishtha Krishna Rahasya*, S. 1

Der Indra besitzt die Kraft der Dynamik (*Vikshepana*). Diese Eigenschaft ist die *Shachi* und wird als Indras Gattin bezeichnet. Die Kraft Indras offenbart sich in Reden, heißt *Wak*[5] und in dieser dynamischen Form ist „die *Wak als* Indras Gattin" bekannt. Verschiedene so offenbarte Formen der supraphysikalischen Energie werden „Indras Gattin" genannt, was nicht heißen soll, der *Indra* habe mehrere Frauen.

In den *Veden* ist von 14 Indras die Rede, weil er 14 Funktionen vollbringt. Jeder davon hat einen besonderen Namen, wobei die meisten dieser Namen die jeweiligen Funktionen selbst erklären. Der *Vijnan Atma* in unserem Körper ist eine Offenbarung des angesammelten *Indra Prana*, das aus der Sonne kommt. Der *Prajnan Atma* ist ebenfalls aus diesem *Indra* gebildet. Wenn das *Mana* eine Beziehung zum *Indra* herstellt, wird sie *Prajnan Atma* genannt. Das *Vijnana* und das *Prajnana* sind eng verwandt, da Verstand und Intellekt untereinander eng verwoben sind. Das *Prajnana* existiert, weil *Vijnana* existiert.[6]

Der *Indra* als das Sonnen–*Prana* ist das Fundament des *Atmas*. Diese supraphysikalische Energie tritt aus den Augen und anderen mit Ausgängen versehenen Organen und sind daher als *Indriya* (Organe) bekannt. Dieser erste der 14 Indras, der über alle Gegenstände herrscht und sie lebendig und strahlend hält, wird der Atmendra genannt.

Die zweite Funktion ist bekannt als der *Satya Indra* und macht die inhärente Natur eines Gegenstandes aus. Jeder Gegenstand im Universum hat eigene innere charakteristische Züge, die ihn definieren und seine „Bestimmung" festlegen. Das ganze Universum ist abhängig von der „Bestimmung" jedes einzelnen Gegenstandes. Schon immer fließt Wasser nach unten, Feuer steigt nach oben, Luft fließt waagerecht, Hörner wachsen nicht auf Menschen, aber auf dem Vieh. Die ureigenen Eigenschaften der Gegenstände, die Regel des *Satya*, können nie verletzt werden. Der *Satya Indra* ist jener *Indra*, der in jedem Gegenstand ist und seine „Natur" bestimmt.[7] Diese supraphysikalische

---

[5] Sir Monier-Williams übersetzt *Wak* wie folgt: „*Rede, Stimme, Gespräch, Sprache (auch von Tieren), Laut (auch von unbelebten Gegenständen wie Steinen gebraucht für Pressung einer Trommel usw.), in verschiedenen Formen personifizierte Rede, im Veda ist sie auch als von Praja-pati erschaffen und mit ihm vermählt dargestellt, an anderen Stellen wird sie Mutter von Veda und Indras Gattin genannt, aber meistens wird sie mit Bharato oder Saraswati, der Göttin der Rede, identifiziert.*" (A Sanskrit-English Dictionary). Die wirkliche Bedeutung von *Wak* ist in den Kapiteln: „Mana, Prana und Wak" und „Jeeva, Ishwara und Parmeshwara" ausführlich diskutiert.
[6] *sa wa esha prjanatma vijanatma samparishwaktah* – ibidem S. 2.
[7] *antaste dyava prithwi dadhami* – Yajur Veda, 7:5.

Energie reguliert die innere Natur eines jeden Gegenstandes im Universum – Erde, Wasser, Sonne, Luft, Raum, Planeten, Sterne, Reden, Augen usw. Er spielt viele Rollen und ist auch Zuhörer, Seher, Wissender und Denker, indem er sich in verschiedenen Organen und in vielfältigen Formen offenbart.[8]

Wärme ist die ureigene Eigenschaft des Feuers, während das Licht die Eigenschaft vom *Indra* ist. **Das** *Prana*, welches das Licht in der Sonne verursacht, das dann der Sonne entströmt, wird *Jyoti–Indra* genannt.

Die Altersbestimmung ist eine andere Funktion der Sonne. Ein Kind ist ein Jahr alt, wenn sich die Erde 365 mal um die Sonne gedreht hat. Weil das Sonnen–*Prana Indra* ist und das Alter eine Funktion der Sonne ist, wird *Indra* auch *Ayu* (Alter) genannt.

Morgens nach dem Aufstehen sind wir im allgemeinen voller Energie und Lebenskraft. Der *Indra Mahah* („Enthusiasmus", „Kraft" oder „Aufwallung") verursacht diese Vitalität und Ausgelassenheit.

Der Blitz, auch verursacht durch die Sonne, ist der achte *Indra* und wird Vidyut Indra genannt. Der neunte *Indra* heißt schlicht der *Indra*, ohne ergänzende Charakterisierung. Die Kraft in den Dingen entspringt diesem *Indra*.

Die *Wak* ist der zehnte *Indra* und teilt sich in vier Kategorien auf. Die normale menschliche Sprache, zusammengesetzt aus Buchstaben und Wörtern, heißt *Brihati Wak*. Dieser *Indra* ist jene supraphysikalische Energie, die Sprache verursacht. Kommt das entsprechende *Prana* hinzu, wird das Reden möglich. Wie schon erwähnt, wird diese *Wak* auch ‚*Indras* Gattin' genannt.

Der elfte *Indra* ist der Raum. Die in einem Vakuum verweilende supraphysikalische Energie ist der zwölfte *Indra* und wird Swa Indra, manchmal auch der Shuna Indra genannt. (Das Wort *Shunya* bedeutet „Vakuum" oder „Null", ist vom *Shuna* abgeleitet).

Alle Erscheinungen auf der Welt entstammen dem *Prajnan Mana*, dem Formgeber. Der *Indra*, der alle diese Formen herbeiführt, wird *Roopa Indra* genannt und ist im *Mana* (Verstand) verwurzelt. Der Verstand verwandelt sich in Formen und jede Form ist ein besonderer Stand des Verstandes. Wenn der Verstand beginnt etwas nachzujagen,

---

[8] okah sari wa indrah yatra wa indrah poorvam gachhati eve tatraparam gachhayi – Aitereya Brahmana, 6:17:22.

neigt er dazu, dieses immer wieder zu tun. Dieser Indra heißt Okah Sari und ist das Fundament aller Erscheinungen und Formen.[9]

Der vierzehnte Indra ist die Bewegung (Gati Indra). Die Bewegung bzw. der Wechsel ist die entgegengesetzte Eigenschaft von der Dauerhaftigkeit, wie wir schon wissen.

Es ist schon erwähnt, daß der *Brahma* das Fundament ist, das wie eine Bühne wirkt. Auf dieser Bühne tobt ein ständiger Kampf zwischen dem *Vishnu* und dem *Indra*, weil sie in ständigem Widerstreit zu einander stehen. Der *Indra* jagt das *Prana* aus dem Körper heraus, während der *Vishnu* nahrhafte Kost vom Außen in den Körper einführt, um den Verlust an *Prana* auszugleichen. Der *Vishnu* wird „das Fundament aller Fundamente" genannt. Es ist Zufuhr. Es gibt anscheinend einen natürlichen Wettbewerb zwischen Zufluß und Ausfluß, eine fortgesetzte Gegnerschaft zwischen den Faktoren der Stabilität und Standhaftigkeit einerseits und der Veränderung und Bewegung andererseits. Beim genaueren Hinschauen stellen wir aber fest, daß Stabilität oder Dauerhaftigkeit nichts anderes als aneinander gereihte Bewegungen sind. Alles was sich in alle Richtungen nach außen bewegen will, ist zugleich nicht fähig, sich überhaupt in eine Richtung zu bewegen.[10] Das ist Dauerhaftigkeit. Und die Quelle dieses *Brahmas* der Dauerhaftigkeit ist der *Vishnu*. Der *Indra* ist andererseits die Quelle der Bewegung. Aber die Dauerhaftigkeit ist ein Zustand der dynamischen Ruhe. Sie ist ein Zustand des Gleichgewichts zwischen den Kräften des Wandels und der Unveränderlichkeit. Der *Vishnu* ist daher auch bekannt als der *Upendra* oder als der Indravaraj (Indras Bruder).

Das Universum selbst ist voller Aktivität. Es ist ein dynamisches Wesen, in dem überall Bewegungen sind. Bewegung teilt sich in den beiden Kategorien, Zufluß und Ausfluß (von Energie) auf, *Vishnu* der Zufluß und *Indra* der Ausfluß. Eine Bewegung ist aber ohne eine Plattform bzw. Bühne nicht möglich. Der *Brahma* ist die Plattform des Universums, das ewig wandelnde, sterbliche und *Martya* (das Veränderliche).

Da der *Brahma* als erster geboren wird, können wir daraus herleiten, daß die supraphysikalische Energie der Dauerhaftigkeit die erste ist, die in jedem Gegenstand sichtbar wird. Der Geburtsprozeß selbst ist an sich eine Folge der Bewegung, in der sich der Zu- und Ausfluß als die

---

[9] *okah sari wa indrah yatra wa indrah poorvam gachhati eve tatraparam gachhayi* – Aytereya Brahmana, 6:17:22.
[10] *ekkakalawachhena sarvath gati* – Pandit Motilal Shastri – *Aitereya Brahmana*, S. 5

„Mutter" des gesamten Universums kombinieren. Was sich beim Zufluß ereignet, ist der *Soma* und beim Ausfluß der *Agni*. Das ganze Universum wird somit durch die Wechselbeziehung zwischen dem *Agni* und dem *Soma* erzeugt. Die männliche Geschlechtszelle ist der *Soma* und die weibliche der *Agni*; diese vereinigen sich im Vorgang der Befruchtung. Der *Brahma*, der *Vishnu*, der *Indra*, der *Agni* und der *Soma* sind also die fünf supraphysikalischen Faktoren, die dieses Universum erschaffen haben, die wesentlichen „Elemente" der Schöpfung.

Der *Brahma*, der *Vishnu* und der *Indra* weilen im Mittelpunkt eines jeden Wesens bzw. „Individuums". Sie bilden das Herz eines Individuums, den Punkt, wo das Spiel von Zufluß (der *Vishnu*) und Ausfluß (der *Indra*) der supraphysikalischen Energien auf der harmonischen Bühne vom Brahma stattfindet. Dieser kontinuierliche Vorgang ist das, was als der Konflikt zwischen diesen beiden kämpfenden „Göttern" beschrieben wird.

FÜNFTER ABSCHNITT

Vedische Einsichten und ihre praktischen Anwendungen

*sapta homah samidho ha saptah
madhooni saptartavo ha sapta
saptaiyani pari bhoota mayan
tah sapta gridhra iti suhrooma vayam*

Wir haben gehört, daß das Selbst ausgestattet ist
Mit sieben Sinnen *, die Leidenschaften entfachen,
Sieben feinen Sinnen, die das Wissen aufsaugen,
Sieben Neigungen und sieben Begehren,
Entsprungen aus den Organen des Körpers.

ATHARVA VEDA 8:9:18

*

Die sieben Sinne sind: Haut, Auge, Ohr, Nase, Zunge, Verstand, Intellekt.
Die sieben feinen Sinne sind: Laut, Berührung, Sicht, Geschmack, Geruch, Gedanke, Meditation.
Die sieben Neigungen sind: Lust, Ärger, Geiz, Betörung, Stolz, Haß, Selbstlob.
Die sieben Begehren sind: Ruhm, Reichtum, Zeugung, Glück, gesellschaftliche Stellung, Gesundheit, Heil.

KAPITEL VIERZEHN – Bändigung unseres ungenutzten Potentials

Umgestaltung von
Körper, Verstand und Intellekt

FÜR SEHERWISSENSCHAFTLER IST DAS UNIVERSUM ETWAS Ganzes, eine Einheit von Mikro- und Makrokosmos. Der Mensch wird ganzheitlich betrachtet: Körper, Verstand, Intellekt und *Atma*. Hinzu kommt noch, daß es ein Element der Gemeinsamkeit unter allen Wesen im Universum gibt, seien sie unbelebt oder belebt.

So hat jedes Ding eine Form, innerhalb derer sich seine eigene Substanz bzw. Materie befindet. Zu Form und Materie kommen noch Bewegung, Aktivität oder Dynamik als Verursacher der Veränderung hinzu. Dazu noch die Gegenstände erhaltende Energie. Es wäre jedoch falsch, aus diesen Ähnlichkeiten zu folgern, daß sich die Menschen aus Tieren, die Tiere aus Pflanzen bzw. lebendigen Organismen und die letzteren aus träger Materie entwickelt hätten.

Die Seherwissenschaftler berichten uns, daß alle Gegenstände, belebte wie unbelebte, offenbarte supraphysikalische Energie sind. Die endgültige Analyse offenbart, daß sich dieses Universum aus einer einheitlichen, unteilbaren, unendlichen Quelle supraphysikalischer Energie entwickelt hat. Daraus sind unzählige endliche Dinge entstanden, so wie sich ein grenzenloser Ozean in zahlreiche vorübergehende Wellen wandelt. Diese dem kosmischen Vorgang zu Grunde liegenden Prinzipien und Kräfte, fundieren die Wissenschaft, die in den vier *Veden* und ihren Hilfstexten überliefert ist.

Die Menschen: Eine ganzheitliche Perspektive

Der Mensch ist die höchste Offenbarung supraphysikalischer Kraft und das Potential der Menschheit ist unermeßlich. Nur Menschen sind in der Lage, sich dieser Kraft zu nähern. Die Seherwissenschaftler überliefern uns, wie dieses Potential maximal zu nutzen ist und bieten uns Methoden zur Steigerung des jeweiligen persönlichen Niveaus und zur vollen Verwirklichung unserer latenten Möglichkeiten an.

Diese Methoden sind ganzheitlich. Sie teilen die Individuen nicht in getrennte Kästchen auf. Der Körper wird nicht von anderen Aspekten getrennt und isoliert. Sie sind auf das gleichzeitige Wohl von Körper,

Verstand und Intellekt und deren Einklang mit dem *Atma* ausgerichtet. Im grundlegenden Unterschied zu jenen der modernen Wissenschaft, die den Menschen als ein Aggregat seiner Bestandteile betrachtet. Das Hervorheben der Anatomie – wie dies für einen modernen Arzt grundsätzlich ist – isoliert den Körper von anderen Facetten wie Verstand und Intellekt. Bei Krankheiten werden die Teile des Körpers als getrennte Wesen angesehen und behandelt. So kommt es zum Spezialistentum. Dabei gerät die Tatsache in Vergessenheit, daß das Ganze mehr ist als die Summe der Teile.

Die moderne Wissenschaft floriert von einer falschen Annahme zur anderen. Der griechische Arzt Galen wird beispielsweise als Pionier der modernen Anatomie gerühmt, der darauf beharrte, daß das menschliche Herz kleine Poren besitzt, durch die das Blut von der rechten in die linke Herzkammer fließt. Dieser Irrtum galt in ganz Europa für über 1000 Jahre als medizinischer Fakt. Die sogenannte wissenschaftliche Grundlage der modernen Medizin wurde im 19. Jahrhundert gelegt, nicht lange nach dem Auftreten der Psychiatrie als Wissenszweig, und die Grundlagen der medizinischen Wissenschaften wurden erst im 20. Jahrhundert etabliert. Dennoch beherrscht gerade diese moderne medizinische Wissenschaft heute die Szene und bringt viel ältere Systeme der Heilung und Pflege in Verruf.

Die Bedrohung der traditionellen Gesundheitspflege

Die große Mehrheit der Menschen hat unter der Vorherrschaft dieses modernen wissenschaftlichen Denkens leiden müssen und nur wenige haben gewonnen. Selbst in „fortschrittlichen" Ländern beginnt den Menschen die Einsicht in die Unzulänglichkeit der „modernen Medizin" zu dämmern. Im *Journal of the American Medical Association* wurde eine Studie zitiert, wonach ein Drittel aller amerikanischen Erwachsenen auf „unkonventionelle" Medizin zurückgreifen mit einem Kostenaufwand von jährlich 10 Milliarden Dollar. Gewinninteressen und die Macht der Werbung haben die Medizin aufgeteilt in die „konventionelle" bzw. „Schulmedizin" (womit die „moderne" Medizin gemeint ist) und in die „unkonventionelle" bzw. die „alternative" Medizin als Etikett für die alten medizinischen Systeme unserer Welt.

Der *Ayurveda* ist eine solche alte medizinische Wissenschaft, vielleicht die älteste unter den heute uns noch bekannten. Es ist ein umfassendes System der Heilung, Gesundheitsfürsorge und Langlebigkeit. Es hat Jahrtausende lang der Menschheit gedient und wurde uns von den Seherwissenschaftlern der *Veden* vermacht. Sie gaben uns auch den *Yoga*, ein integriertes System für die Nutzung des nicht ausgeschöpften Potentials von Körper, Verstand und Intellekt. Hier skizzieren wir diese Systeme kurz, um nachzuweisen, daß der Gedanke supraphysikalischer Kräfte keineswegs bloße Metaphysik, Mystizismus, Aberglaube oder wilde Spekulation ist. Vielmehr pflegen der *Ayurveda* und der *Yoga* praktisch und kreativ die Wesenseinheit Körper–Verstand–Intellekt im Alltag. Der *Ayurveda* wird im nächsten Kapitel behandelt. Hier konzentrieren wir uns auf den *Yoga*.

Der Yoga und die Wissenschaft der Atmung

Betrachten wir wie der *Yoga* uns hilft, unseren Körper gesund zu halten, obwohl wir auch wissen sollten, daß der *Yoga* mehr ist als nur das. Der *Raja Yoga* ist befaßt mit mentaler Beherrschung, der *Hatha Yoga* hingegen mit der Disziplin des Körpers. An dieser Stelle ist der Körper ein guter Ausgangspunkt für unsere Diskussion, weil er greifbar und offensichtlich ist. Der *Yoga* hat mehrere Bestandteile. Wir beginnen mit einer Untersuchung über die Rolle der Atmung. Wir sind bereits mit dem *Prana* (der supraphysikalischen Energie) vertraut. Unsere Atmung ist die Tätigkeit vom *Prana* in unserem Körper bzw. die Wirkungsweise der supraphysikalischen Energie in uns auf der physischen Ebene.

Wir wissen schon, daß *Prana* als Lebenskraft das gesamte Universum und alle Lebensformen, wie Menschen, Tiere, Vögel, Pflanzen und organische Gewebe durchdringt. Es verbindet uns Menschen mit jedem und allem Lebenden auf dem Planeten. Es macht all die verschiedenen Formen und Gattungen möglich. Ohne das *Prana* würde das Leben auf der Erde und im Universum zusammenbrechen.

Das *Prana* existiert auch als gespeicherte Energie in unbelebten Dingen bzw. Formen der Materie in ihren Atomen und in den von ihnen gebildeten magnetischen, Schwerkraft– oder elektrischen Feldern. Die Intensität *Pranas* in belebten Formen hat aber einen höheren Rang und Zweck als jene in unbelebten Formen. Die Intensität und die Art *Pranas* bei Menschen haben einen höheren Rang als bei anderen Lebewesen.

Die Verwirrung von Gedanken und Atmung führt zur verzerrten Erzeugung und Verteilung des *Pranas* im Körper, verlangsamt die Tätigkeit einiger Teile des Körpers, beschleunigt die Funktion anderer und führt letztlich zum krankhaften Zustand. Das physikalische *Prana* besteht aus Elementen des Bewußtseins und der Energie. Sie vereinigen die fünf charakteristischen Wesenszüge – Festkörper, Flüssigkeit, Form, Luft und Vakuum – und nähren die fünf Elemente der Sinneswahrnehmung des Körpers – Geruch, Geschmack, Farbe, Gefühl und Laut. Ist eine dieser Sinneswahrnehmungen oder Funktionen des physischen Körpers merklich geschädigt, wird die Verteilung des *Pranas* gestört. Fehlt eine wirksame Kontrolle über die Entwicklung des physikalischen *Pranas*, so führt dies im allgemeinen zum Entstehen akuter Krankheiten im physischen Körper.

Die Elemente und die Sinnesorgane

Wir wissen, daß als Sinnesorgane Nase, Zunge, Auge, Haut und Ohr mit Geruch, Geschmack, Farbe, Berührung und Laut zu tun haben. Die fünf vitalen Elemente Erde, Wasser, Wind, Feuer und Raum interagieren mit diesen Sinnesorganen und ihren Zielobjekten.

Ein Sinnesorgan (*Jnana Indriya*) ist etwas materielles, bestehend aus gleicher Materie wie die fünf Hauptelemente, und deshalb kann es die spezifische Eigenschaft des Elements, aus dem es besteht, begreifen. Jedes Element hat eine spezifische Eigenschaft, die es mit keinem anderen teilt: die Erde hat Geruch, das Wasser hat Geschmack, der Wind hat die Berührung, das Feuer hat Farbe und der Raum den Laut. Der Raum ist einzigartig, alles durchdringend und ewig.

Der Begriff *Tanmatra* ermöglicht uns die Verbindung zwischen Sinnesorganen und Elementen zu beschreiben. Die Eigenschaften der Elemente sind spezifisch für besondere Qualitäten, die etwas Gemeinsames mit einander haben. So gibt es verschiedene Laute basierend auf zahlreichen Varianten in Höhen, Volumen, Tempi usw., aber sie alle haben gemeinsam, daß sie Laute sind. Das schlichte und allgemeine Geräusch wird das *Tanmatra* („nur das") genannt und wird als eine Materie im Zyklus der Wandlung angesehen. Das *Tanmatra* ist fein, unterliegt aber der weiteren Umwandlung in ein Hauptelement. In dieser Umwandlung gehen aus den Elementen ein oder mehrere *Tanmatras* hervor, die eine oder mehrere entsprechende Eigenschaften besitzen.

Yoga: Eine Einführung

Das Wort *Yoga* wird von der Wurzel *Yuj* abgeleitet. Es bedeutet „unterjochen". Der *Yoga* ist der Vorgang des Unterjochens, des Stellens unter das Joch, des Beherrschens, des Bändigens. In diesem Sinne ist der *Yoga* die Zügelung mentaler Vorgänge. Da die Wurzel *Yuj* auch „einigen" bedeutet, wurde das Wort „Yoga" als „Einigung" übersetzt, bezogen auf die Erfahrung von Einssein oder Vereinigung mit unserem inneren Wesen bzw. Selbst. So soll sich der Verstand mit dem Körper und der Atmung vereinigen, um eine höhere Ebene des Bewußtseins zu erreichen. Der *Yoga* ist die integrierte Bemühung, den Verstand und den Körper zu kontrollieren, was letztlich zu physischer Gesundheit und zu Glück, ebenso zu innerem Frieden und Gelassenheit führt.

Bald begegnen wir dem *Pranayama*. Das *Prana* verweist auf die supraphysikalische Energie während sie in den Körper hereinfließt. Der *Yama* kontrolliert und lenkt diese Energie. *Pranayama* ist also die Kontrolle und Lenkung dieser vitalen Energie durch gleichmäßige Atmung. Geregelte, bewußte Atmungsart steigert das *Prana* im Körper und führt rundum zur guten Gesundheit. Deshalb ist der *Pranayama* ein so wichtiger Bestandteil in der Praxis von *Yoga*. Er hat drei Atemphasen: nach vorgeschriebenen Zeiten gleichmäßig einatmen (*Pooraka*), Atemanhalten (*Kumbhaka*) und ausatmen (*Rechaka*).

Der *Pranayama* kontrolliert auch den Verstand. Er wird meist mit den *Asanas* geübt, also mit Körperstellungen, in denen die Übenden für eine bestimmte Zeit ohne Anstrengung physisch wie mental unbeweglich und bequem verweilen. Die *Asanas* dehnen Muskeln, verleihen ihnen Spannkraft und Ausdauer, schützen vor Verletzungen, verbessern den Kreislauf, entspannen Muskeln und lösen Spannung und Streß.

Die Meditation ist ein weiterer wichtiger Bestandteil des *Yogas* mit enormer Kraft und Potential. Die Meditation (das *Dhyana*) ist *„ein auf einen besonderen Gegenstand gerichteter Akt der Aufmerksamkeit. Wenn sie zeitlich verlängert und intensiviert wird, führt sie zu Samadhi, d. h. zum Bündeln der Gedanken, was in den Stillstand aller mentaler Vorgänge mündet."*[1] An dieser Stelle begnügen wir uns mit der vorläufigen Feststellung, daß Meditation die Übung der rückhaltlos auf das Bewußtsein ausgerichteten Achtsamkeit ist. Sie führt zu einem Gefühl von Glück, Erfüllung, Zufriedenheit und Frieden und ermöglicht es, Körper, Verstand und Gemüt in Einklang zu bringen.

Nun schauen wir kurz etwas tiefer in den *Yoga* hinein. *Raja Yoga* und *Hatha Yoga* bilden die beiden Hauptrichtungen des *Yogas*. *Raja Yoga* befaßt sich grundsätzlich mit mentaler Beherrschung und *Hatha Yoga* konzentriert sich auf die Beherrschung des Körpers.

Yoga: Tiefer betrachtet

Körper, Verstand und Intellekt sind die Hauptwerkzeuge des Menschen zur Aneignung von Wissen und Kenntnissen über das

---

[1] Fernando Tola und Carmen Dragonetti, *Die Yogasutras von Patanjali: Über die Konzentration des Geistes* (engl. Titel: *The Yogasutras of Patanjali: On Concentration of Mind* – Übers. K.D. Prithpal) S. 149.

Universum und zur Entdeckung der Wirklichkeit. Es ist daher wichtig, diese Werkzeuge in einem gesunden Zustand zu halten und den Verstand und den Intellekt ständig zu schärfen.

Seherwissenschaftler haben uns verschiedene Systeme von *Yoga* überliefert, um über die Vereinigung von Körper, Verstand und Intellekt mit dem *Atma* in uns das ganze Potential erkennen zu können. Das Ziel ist die Selbstverwirklichung für Menschen, die höchste Errungenschaft. In anderen Worten, die Befreiung von Leiden und Trauer und das Erlangen von Freude und Glück sind die höchsten Ziele des Lebens.

Patanjali ist heute der berühmteste Seherwissenschaftler, weil er in seinem großen Werk, *Yoga Sutras*,[2] die Grundsätze und Praktiken des *Yogas*, überliefert hat. *Sutra* bedeutet an sich ein „Bindfaden"; jeder *Sutra* erläutert in Gedankensplittern die Philosophie und die Praxis eines Gegenstandes, hier also des *Yogas*. Der *Yoga* ist ein wichtiger Bestandteil des *vedischen* philosophischen Systems, das sechs Schulen umfaßt: *Vedanta* bzw. *Uttara Meemamsa, Poorva Meemamsa, Samkhya, Yoga, Nyaya* und *Vaisheshika*. Sie sind wie sechs Wege zu einem Ziel, die sich überschneiden und harmonisch miteinander verbunden sind.

Die *Yoga Sutras* von Patanjali führen in einen Zustand von *Samadhi*, d. h. vollständige Versenkung im Selbst, die über lang andauernde und intensive Konzentration der Gedanken zu erreichen ist. In den *Sutras* offenbart er die Mittel und die Übungen, um diesen Zustand zu erreichen. Darunter sind auch (a) die Methode, die den *Samadhi* herbeiführt, also die vollständige und absolute Konzentration bzw. den Stillstand des Denkprozesses; und (b) die Lage des Bewußtseins während dieses Stillstandes beschreibt. Der *Samadhi* ist eine intensive und lange andauernde Konzentration der Gedanken fixiert auf ein spezifisches Objekt (eine Sache, ein Laut, ein Bild, eine Idee). Es besetzt während dieser verstärkten Aufmerksamkeit das ganze Bewußtsein. Der *Samadhi* hat verschiedene Stadien. Die *Yoga Sutras* helfen uns, die Erfüllungen (die *Siddhis*) zu verstehen, die durch die Übungen des *Yogas* erzielt werden können. Die *Yogis* erreichen diese

---

[2] Die Grundtexte von *Raja Yoga* sind: die *Yoga Sutras* von Patanjali – Patanjali verfaßte Aphorismen, um die Philosophie *des Yogas* zu erläutern; das *Yoga bhashya* von Veda Vyasa, dem berühmten Rishi, der das *Mahabharata* verfaßte und die *Veda Mantras* zusammenstellte; und das *Tattvaisaradi* von Vacaspati Misra, einem sehr bekannten Sanskrit-Grammatiker und Philosophen aus dem 10. Jahrhundert. Wir nehmen Bezug auf diese drei Texte. *Hatha Yoga* ist hier das von der berühmten *Yogin* Goraksanatha formulierte *Yoga*.

Erfüllungen im Verlauf ihrer Praxis, welche aber nicht ihr letztliches Ziel ist.

Der menschliche Verstand

Bevor wir begreifen, wie wir uns von Leid und Schmerz befreien können, müssen wir wissen, wie unser Verstand arbeitet. Patanjali beschreibt den *Yoga* als „die Einschränkung der Abläufe im *Chitta*" (*chitta vritti nirodha*). Obwohl wir das Wort *Chitta* als „Verstand" übersetzen könnten, müssen wir doch das *Chitta* von *Mana*, das wir an anderen Stellen als „Verstand" verwendet haben, unterscheiden. Das Chitta sollten wir „als den Sitz, das Organ oder den Zusammenschluß der kognitiven, mit dem Willen und dem Gemüt verbundenen Aktivitäten, Funktionen und Prozesse des Individuums betrachten."[3] Aber hier könnten wir noch den Begriff „Verstand" stehen lassen. Das *Vritti* bedeutet eine Tätigkeit, eine Funktion oder eine Handlung des Verstandes. Es kulminiert nicht zum Ergebnis, obwohl die Tätigkeit und das Ergebnis daraus eng und unauflöslich miteinander verbunden sind. So ist beispielsweise eine der *Vritti Anumanas* die Tätigkeit, der Vorgang oder die Handlung, durch die der Verstand eine Folgerung oder eine Beweisführung konstruiert, die eine Schlußfolgerung bedeutet.

Gemäß der *Samkhya* sind die *Vrittis* tatsächliche Veränderungen im Verstand, wenn er die Form des Gegenstandes annimmt, das er wahrnimmt. Wir ziehen trotzdem den Ausdruck „Prozesse" vor, weil das *Vritti*, obwohl man es als Veränderung begreifen kann, zweifelsohne ein Prozeß, eine Funktion, eine Handlung des Verstandes ist.

Nirodha ist Einschränkung.[4] Er weist hin auf die totale Einschränkung des Denkvorganges und führt zu einer freiwilligen und vorübergehenden Aussetzung eben dieses Vorgangs. Der *Yogi* bewirkt durch den eigenen Willen über eine bestimmte Zeitspanne eine solche Einschränkung in sich selbst.

Der menschliche Verstand hat fünf charakteristische Eigenschaften: er (1) phantasiert, (2) vergißt und (3) schwankt. Durch die Ausübung von Yoga kann er (4) eingeschränkt und (5) auf einen Punkt ausgerichtet werden.

---

[3] Tola und Dragonetti, ebenda, S. 3
[4] Andere Übersetzungen: Unterdrückung (H. Aranya), Hemmung (Taimni), Einengung (Woods), Hindernis (Ballantyne), Kontrolle (Purohit).

Eine innere Einkehr ist unmöglich, wenn der Gedanke schwankt. Andererseits erhellt der auf einen Punkt ausgerichtete Gedanke die Wirklichkeit und beseitigt viele Beschwerden. Auf jede Aktion folgt eine Reaktion. Die gedankliche Aktion und Reaktion bindet uns und verschleppt uns praktisch auf diese Schiene. Wenn die Gedanken auf einen Punkt ausgerichtet sind, lockert sich diese Knechtschaft der Handlungen und deren Folgen und bringt Beherrschtheit. Der auf einen Punkt ausgerichtete Verstand erleichtert die Unterscheidung zwischen richtig und falsch, hilft uns bei der Wahl zwischen konstruktiv und weniger konstruktiv und führt zu einer klaren Einsicht und schließlich zu Freude. Letztlich ermöglicht *Yoga* die Beschränkung jener gedanklichen Aktivitäten, die Elend und Kummer verursachen.

Der Verstand wird von drei Energien beherrscht: Erleuchtung (das *Sattva*), Handlung (der *Rajas*) und Trägheit (der *Tamas*). Der Kern dieser dreien ist der Intellekt; es ist die Bewußtseinslage, die mit jener Energie geladen ist, welche die Qualität der Erleuchtung (des *Sattvas*) aktiviert. Verwirrungen wie eine Sucht zur Macht oder zu anderen Lüsten entstehen, wenn sich die Gedanken mit den beiden anderen Energien, *Rajas* und *Tamas*, in unterschiedlichen Mengen vermengen. Vorlieben und Unwissenheit stellen sich ein, wenn die Eigenschaft der Trägheit (der *Tamas*) überwiegt. Überwiegt dagegen die aktivere Energie des *Rajas*, entwickeln sich Wissen, Abgeklärtheit und Beherrschung. Wenn der Verstand befreit ist von den letzten Spuren von Verunreinigung durch die aktive Energie des *Rajas*, dann werden tiefe Meditation und Kontemplation möglich.

Um die Bewußtseinslage zu unterscheiden, werden verschiedene Begriffe verwendet. *Purusha*[5] ist unabänderlich, rein und unendlich. Die

---

[5] Gemäß der *Samkhya* ist *Prakriti* der Ursprung der ganzen materiellen Wirklichkeit, wovon der Verstand ein Teil ist. *Purusha* ist der Gegensatz von *Prakriti*. *Prakriti* und *Purusha* sind polarisiert. *Prakriti* hat kein Bewußtsein, *Purusha* hingegen ist bewußt. *Prakriti* ist die erste Ursache, *Purusha* ist weder Ursache noch Folge. *Prakriti* ist aktiv, *Purusha* nicht. *Prakriti* verändert sich ständig, *Purusha* ist unveränderlich. *Prakriti* ist das Objekt des Wissens, *Purusha* das Subjekt. Der in einem Individuum verkörperte *Purusha* kommt durch das Bewußtsein und seine Funktionen und Prozesse mit der äußeren materiellen Welt in Berührung. Die *Yogis* als *Yoga* Ausübende verkörpern den *Purusha* – im übrigen jeder andere auch. Weil es kein Äquivalent für diese Begriffe auf Deutsch gibt, haben wir es vorgezogen, die Sanskritwörter zu benutzen. Bangali Baba, ein asketischer und hervorragender Kommentator der *Yoga Sutras*, hat *Purusha* auf Englisch als „Pure Con–Science" [deutsch in etwa „reine Mit-Wissenschaft"], für das *Chitih* (ein Zustand im Chitta) „Con–Science", „Bewußtsein" für *Chaitanya* und „bewußt" für *Chetana* verwendet. Diese Begriffe scheinen zu konstruiert zu sein und daher verwenden wir das Sanskrit Original. Wir hoffen, daß die Leser die Nuancen merken werden, wenn sie den Text weiterlesen.

Buddhi ist die Hauptkraft des Verstandes, die den Intellekt ausrichtet, Eigenschaften bestimmt, und sie wird von Energien aktiviert. So unterscheidet sich die *Buddhi* vom *Purusha*. „*Buddhi ermöglicht Gegenstände als bekannt oder unbekannt aufzuteilen. Ein Krug oder eine Kuh mag für Buddhi bekannt oder unbekannt sein. Für Purusha sind die Gegenstände immer offenbar. Purusha kennt stets seine Objekte. Purusha ist daher unveränderlich und unabänderlich. Buddhi ist etwas anderem untergeordnet, weil es koordinierend funktioniert. Purusha aber existiert um seiner selbst Willen. Buddhi ist mit drei Gunas*[6] *ausgelegt und ist gefühllos, während Purusha das Bewußtsein ist, das in seinen Veränderungen Buddhi offenbart.*"[7]

Am anderen Ende des Spektrums ist der *Viveka*. Unsere Fähigkeit zwischen richtig und falsch, Fakt und Wirklichkeit, Ursache und Folge zu unterscheiden und auf all dieser Grundlage zu urteilen, wird *Vichara* genannt. Wenn diese Fähigkeit verinnerlicht ist, entsteht *Viveka* d. h. die „verstandesmäßige Offenbarung". Das Wort „Offenbarung" soll nicht suggerieren, daß der *Viveka* hellseherische oder okkulte Macht sei. Im Gegenteil. Er ist die Steigerung der Fähigkeiten des menschlichen Verstandes, für jeden erreichbar, der bereit ist, ernsthafte Anstrengungen zu unternehmen, um sie zu entwickeln. Es ist sehr wichtig, diese Unterschiede zu verstehen.

Die Aktivitäten des Verstandes

Der Verstand ist stets aktiv und zeigt seine Aktivitäten pausenlos. Diese vielfältigen sich zeigenden Aktivitäten des Verstandes – einige davon sind schmerzhafte, andere weniger schmerzhafte – müssen eingeschränkt werden. Schmerzhafte Aktivitäten verursachen Leid und bilden den Nährgrund für wachsende *Vasana*, tief verwurzelte Triebkräfte, die wie Katalysatoren für das Handeln wirken. Die *Vasanas* sind die Hauptträger von Aktionen, oft erlebt als nicht unterdrückbares starkes Drängen, als Impulse oder als Begehren.

Jedes Ding besitzt eigene unveränderliche und unveränderbare Eigenschaften. So fließt das Wasser nach unten, der Rauch hingegen steigt. Das Feuer erzeugt Hitze und brennt, während Eis die Dinge kühlt. Alle diese Eigenschaften werden von supraphysikalischen

---

[6] *Sattvaguna* ist die beste Art von Wissen und Seligkeit erzeugender Energie, während *Rajas*, als die motorische Energie, alle Arten von Bewegung und Aktivität erzeugt, und *Tamas* Trägheit oder träge Energie ist, die alles verschleiert, bindet und einschränkt.
[7] Dinesh Chandra Battacharya, *Yoga Psychology of Patanjali*, (Die Yogapsychologie von Patanjali), S. 15.

Energien verursacht. Diese können neutrale, bzw. nicht schmerzhafte Aktivitäten des Verstandes sein und stehen den Funktionen dieser Energien nicht im Wege. Sie können der individuellen Person dienlich sein und mit ihr im Einklang stehen. Andererseits sind Aktivitäten des Verstandes, die schmerzhafte Folgen haben, jene, die den ureigenen Eigenschaften des Individuums feindlich und entgegengesetzt sind.

Gelegentlich kann eine Handlung als schmerzhaft erscheinen, aber bald stellt sich heraus, daß sie tatsächlich nicht so ist, und umgekehrt. Wenn beispielsweise ein Student für sein Studium hart lernen muß, ist das kurzfristig schmerzhaft. Langfristig ist es aber im allgemeinen nützlich und daher nicht schmerzhaft. Andere wenig konstruktive Tätigkeiten bleiben so, auch wenn sie schmerzfrei „verpackt" sind, wie beim Konsum von Drogen oder Alkohol. Das mag im Augenblick angenehm scheinen, ist aber langfristig schmerzhaft.

Alle Aktivitäten hinterlassen Spuren auf den Verstand und schaffen *Sanskaras* (Verhaltensprägungen). Die *Sanskaras* sind unterbewußte Eindrücke. Jede gedankliche Aktivität wie Emotionen, Leidenschaften, Gewohnheiten oder Wünsche hinterläßt auf den Verstand einen *Sanskara* (latenter Eindruck). Diese Eindrücke bilden die Vorbestimmung, die „Saat" für andere neue Äußerungsformen des gedanklichen Lebens.

Die *Sanskaras* üben eine erhebliche Macht aus und sammeln sich kontinuierlich an zu einem Zyklus. Ein Gedanke führt zu einem *Sanskara*, der wiederum zu neuen Gedanken führt. So bleibt das Rad in Bewegung: So werden Verhaltensprägungen verschiedener Art erzeugt, die dann noch weitere produzieren. Ein regelmäßiger Alkoholtrinker erzeugt ebenso regelmäßig *Sanskaras* für Alkohol und diese führen nach und nach zur Sucht nach Alkohol. Dieses Rad von Tätigkeiten und Verhaltensprägungen dreht sich pausenlos weiter.

Fünf Kategorien der Tätigkeit

Die Tätigkeiten des Verstandes lassen sich in fünf Kategorien aufteilen: wirkliches Erkennen, verzerrtes Erkennen, Fiktion, Schlaf und Gedächtnis. Diese technischen Begriffe werden in der Wissenschaft von *Yoga* verwendet, und wir werden hier deren Bedeutung kurz erläutern. Diese Begriffe haben verschiedene Schichten der Deutung. Diese werden den Schülern im Verlauf des Studiums, der Praxis und der Erfahrung von *Yoga* klar.

Wirkliches Erkennen umfaßt Wahrnehmung, Folgerung und verbales Erkennen. Wahrnehmung ist die Verstandestätigkeit bezogen auf außenstehende Objekte. Sie sammelt durch die Sinnesorgane Merkmale, Eigenheiten und Eigenschaften der Dinge und bestimmt ihre allgemeine und spezifische Eigenart. Unser Universum besteht aus unzähligen Dingen, und es ist Aufgabe des Verstandes sie zu erkennen.

Schlüsse ziehen ist eine gedankliche Tätigkeit, in der die Verbindung und Ähnlichkeit unter ableitbaren Dingen der selben Kategorie und die Trennung und Unähnlichkeit einer anderen Kategorie ausgearbeitet wird. Sie bestimmt die allgemeine Natur der Dinge. Unsere Kenntnis eines Objekts gründet sich nicht immer auf unmittelbare Wahrnehmung oder Folgerung. Oft wissen wir von einem Objekt, weil eine sachkundige Person uns darüber erzählte. Eine kompetente Person faßt den von ihr gesehenen oder gefolgerten Gegenstand in Worte, damit dieses Wissen an eine andere Person übermittelt wird. Für die Zuhörer ist die aus Worten übermittelte Erkennung eine gedankliche Leistung des verbalen Erkennens. Solches Erkennen könnte durchaus provisorisch bleiben, weil der fragliche Gegenstand weder gesehen noch gefolgert wird. Für den Übermittler hingegen hat das verbale Erkennen eine starke und beständige Grundlage.

Verzerrtes Erkennen ist falsches Wissen und wird von der wirklichen Erkenntnis getilgt, die auf dem wirklichen Existieren des Gegenstandes basiert. Wir können ein am Boden liegendes Seil mit einer Schlange verwechseln, und ein Schrecken packt uns an der Kehle. Sobald wir aber erkennen, daß es sich lediglich um ein Seil handelt, schwindet das verzerrte Erkennen und die Angst legt sich.

Die *Avidya* verursacht verzerrtes Erkennen. Einige Kommentatoren haben die *Avidya* als „Nichtwissenschaft" oder als das Ausbleiben „wissenschaftlicher" Einstellung übersetzt. Hier sind wir dabei, den wissenschaftlichen Bezug des *Yogas* zu erörtern. Für diese Untersuchung wollen wir unter *Avidya* einen Zustand des Nichtwissens bzw. der Unkenntnis verstehen. Sie verursacht fünf Betrübnisse, unter denen Ignoranz und Egoismus vorwiegen. Sie behindern ernstlich unser Urteils- und Unterscheidungsvermögen. Dank der *Avidya* nehmen wir unser Ego als „Ich" wahr; dann neigen wir zu allem, was wir als günstig betrachten und sind feindselig gegenüber Dingen, die uns als widrig erscheinen.

Die Anhänglichkeit (*Raga*) ist eine ernsthafte Betrübnis des Verstandes, die erhebliche Verzerrung und Störung verursacht. Wenn wir einem Objekt stark anhängen, so folgt daraus verzerrtes Erkennen. Auch der Widerwille (der *Dwesha*) verhindert wirkliches Erkennen wie die Anhänglichkeit, nämlich die Neigung, etwas zu greifen oder daran festzuhalten (der *Abhinivesha*). Wir merken dies, wenn wir uns weigern, unser Verständnis zu ändern, selbst Angesichts von Tatsachen, die zeigen, daß unsere frühere Wahrnehmung falsch war. Das System von *Yoga* ordnet alle Betrübnisse einschließlich Ignoranz, Dummheit und blinde Dummheit. Diese Betrübnisse sind als mentale Unreinheiten bekannt.

Wir haben die „Fiktion" als eine von fünf Formen mentaler Aktivität aufgezählt. Sie ist hier nicht als Erdichtung oder Unwirklichkeit gemeint. Hier ist sie als ein technischer Begriff für etwas ohne eine materielle Substanz gebraucht, was nicht aus wirklichem oder aus verzerrtem Erkennen entsteht. Aber sie ist auch ohne Substanz sichtbar und verständlich. Wirkliches Erkennen kommt durch die wirkliche Natur eines existierenden Gegenstandes zustande. Verzerrtes Erkennen dagegen entsteht, wenn der existierende Gegenstand als etwas wahrgenommen wird, was er nicht ist. Bei der „Fiktion" jedoch gibt es weder eine Substanz noch einen existierenden Gegenstand. Sie ist eine Schöpfung der Worte, eine reine Erfindung. Sprüche wie „Luftschlösser", „Hasenhörner" und „Sohn einer unfruchtbaren Frau" vermitteln eine Vorstellung dessen, was der technische Begriff „Fiktion" als eine mentale Aktivität bedeuten soll.

Selbst im Schlaf ist der Verstand nicht frei von all seinen abbildenden Aktivitäten. Wir alle kennen Gedanken nach dem Wachwerden: wie erholsam oder wie gestört der Schlaf war, oder wie träge und schwach sich unser Verstand danach fühlt. Wäre ein solches Erkennen im Schlaf nicht da, würden wir uns nach dem Wachwerden an nichts erinnern. Es würde keine auf solchem Erkennen begründete Gedanken geben. Der Schlaf ist also eine besondere Form des Erkennens, das mit allen anderen Äußerungen des Verstandes mit kontrolliert werden muß.

Nun müssen wir zurück zum *Atma*. Der *Atma* wird mit „Selbst" übersetzt, und wir besitzen einen höheren und niedrigeren *Atma*. Das niedrigere Selbst durchläuft drei Bewußtseinsphasen: Das *Jagrata* (der bewußte Verstand), der *Swapna* (der unterbewußte Verstand) und die *Sushupti* (der unbewußte Verstand). Diese sind im Wachzustand, in Träumen und im tiefen Schlaf wirksam. Das höhere Selbst bleibt stets in einem Zustand, der in der Wissenschaft von *Yoga* als das *Tureeya* bekannt ist, ein Suprabewußtsein, ein unabänderlicher Verstand. Der Sinn vom *Yoga* ist die Befreiung des niedrigeren Selbst von allen Betrübnissen und so die Öffnung des Weges zur Verwirklichung der wahren Natur des höheren Selbst.

Die *Smriti* wird meistens als das „Gedächtnis" übersetzt. Nach einigen Gelehrten ist diese Übersetzung korrekt nur in bezug auf einen Aspekt der *Smriti*. Sie ziehen es vor, die *Smriti* mit „aufweckendem Gedächtnis" („attention–memory") zu übersetzen, um die beiden fundamentalen Aspekte hervorzuheben. *„Unglücklicherweise gibt es im Englischen kein Wort, das die Bedeutung von Smriti im ganzen abdeckt und alle ihre Aspekte umfaßt. Eine angemessene Übersetzung könnte vielleicht ‚die behaltende Fähigkeit' sein."*[8] Traditionell wird die *Smriti* als der mentale Vorgang des Gedächtnisses in seinen beiden Aspekten des Behalten und des Erinnern akzeptiert. Die *Smriti* umfaßt also sowohl Aufmerksamkeit als auch Erinnerung.

Nach der *vedischen* Psychologie funktioniert das Gedächtnis im Großen und Ganzen so: ein wahrgenommener Gegenstand erzeugt nicht nur einen *Pratyaya* – eine Idee bzw. ein Bild der Form in der der Gegenstand wahrgenommen wird – sondern hinterläßt auch einen *Sanskara*, einen latenten, unterbewußten, unbewußten Eindruck. Das ist die Form, in der das Bewußtsein den Gegenstand speichert. Wenn der *Sanskara* wieder aufgerufen wird, geht er vom Reich des Unbewußten zum Bewußten über: Gedächtnis und Erinnern werden so herbeigeführt. Das impliziert, daß der Gegenstand nicht vollständig aus dem Bewußtsein verschwindet, sondern dort irgendwie behalten wird. Anders ausgedrückt, der Gegenstand wird im Reich des Unbewußten abgelegt, bis er wieder aufgerufen wird. Der Verstand erinnert sich an sein Erkennen. Dieser Vorgang besitzt drei Elemente: das Erkennen, einen wahrnehmbaren Gegenstand und ein Empfangsgerät. Das Erkennen startet die Bildung von *Sanskaras* d. h. die gewohnten Eindrücke der gleichen Art und erzeugt eine Erinnerung der gleichen Form und Natur.

Der Intellekt ist die produktive Kraft, während das Gedächtnis die reproduktive ist. Die Erinnerung hat zwei Seiten: sie ist entweder eine Schöpfung des Verstandes oder eine Schöpfung im Universum. Alle Erinnerungen entstehen aus der Erfahrung des wirklichen Erkennens, des verzerrten Erkennens, der Fiktion, des Schlafs und des aufweckenden Gedächtnisses. Alle diese mentalen Aktivitäten stehen in Verbindung mit Freude, Schmerz und Ignoranz, die in der Philosophie des *Yogas* als Betrübnisse beschrieben werden. Anhänglichkeit entsteht aus freudiger Erfahrung, Abscheu aus schmerzlicher Erfahrung und Ignoranz aus dem mangelhaften Bewußtsein. Es wird in den *Yoga Sutras* hervorgehoben, daß alle diese mentalen Handlungen

---

[8] Tola und Dragonetti, ebenda, S. 3.

eingeschränkt werden müssen, wenn wir unser volles Potential verwirklichen wollen. Wie kann dies erreicht werden?

Die Einschränkung unserer mentalen Aktivitäten

Wir können unsere rastlosen mentalen Aktivitäten einschränken durch Übungen und durch Nicht-Anhänglichkeit. Viele Übungen zu diesem Ziel werden von Seherwissenschaftlern ausführlich erörtert, aber wir sollten zunächst die wirkliche Bedeutung des Begriffs „Nicht-Anhänglichkeit" klären. Schließen wir unsere Augen und versuchen die Aktivitäten unseres Verstandes zu erkennen, wissen wir, daß unsere Gedanken rasch kommen und gehen. Die Gedankenströme fließen in beide Richtungen, mal gute und mal ungesunde Gedanken.

Beim *Yoga* beginnen wir mit der Feststellung, daß Gedanken fließen, entweder zur Glückseligkeit oder zur Bosheit. Der *Viveka* ist die Richtung der Glückseligkeit. Die Ignoranz ist die Richtung der Bosheit. Es gibt kein deutsches Wort für den *Viveka*, was die intellektuelle Fähigkeit der Unterscheidung zwischen supraphysikalisch und physikalisch bzw. zwischen Intellekt und Materie gekennzeichnet. Vereinfacht ausgedrückt, der *Viveka* ist das Vermögen zu differenzieren zwischen richtig und falsch.

Der kritische Punkt hier ist, daß der Fluß der Sinneswahrnehmungen durch die Nicht-Anhänglichkeit aufgehalten wird. Der Fluß von intellektuellem Unterscheidungsvermögen wird durch die Einübung von intellektuellen Offenbarungen gefördert. Hier ist nicht die Rede von Offenbarungen der Art, wie sie in einigen Religionen vorkommen. Sie ist eigentlich nicht einmal Intuition. Intellektuelle Offenbarung ist jener gedankliche Unterscheidungsvorgang, erreicht und geschärft durch Übungen, in dem eine ganze Reihe komplexer Analysen blitzartig sichtbar werden. Diese Fähigkeit wird durch das Praktizieren des *Yogas* entwickelt.

Um sicherzustellen, daß die Einschränkung der mentalen Aktivitäten beständig und dauerhaft wird, sind ernsthafte Bemühungen erforderlich. Wird eine beständige Einschränkung erreicht, ist der Verstand von darstellenden Aktivitäten befreit. Er fließt friedlich. Diese Einschränkung stabilisiert sich durch eine ununterbrochene Übung über einen langen Zeitraum mit einer Hingabe zum Weg und zum Ziel. Die Einschränkung muß mit der *Shraddha* befolgt werden. Sie ist Motivation und Verpflichtung gegenüber einer Person oder einer Idee, in der sich glühende Sehnsucht und Vertrauen mit Liebe, Achtung und Hingabe vermengen. Diese Einschränkung kann nicht schnell erlangt werden, und der Weg über die Praktizierung des *Yogas* ist kein leichter. Die Einschränkung der mentalen Aktivität kann auch nicht durch das Studium von *Yoga* in Büchern allein erreicht werden. Die Rolle des *Gurus* bzw. Leiters und Lehrers ist wesentlich.

Auch die Vorstellung der Nicht-Anhänglichkeit muß im korrekten Sinne verstanden und verinnerlicht werden. Sie bezieht sich auf die Abwesenheit der Begierde nach Sex, Essen und Trinken, Macht usw. Das bedeutet nicht, daß der Übende den „Himmel" und jenseitige Errungenschaften begehrt. Auch keine Versagung von Essen, Sex usw. Nicht-Anhänglichkeit ist das beherrschte Bewußtsein einer Person, die das Sehnen nach handfesten, aber flüchtigen Freuden überwunden hat. Ein nicht-anhänglicher *Yogi* (einer, der im *Yoga* vollendet ist) sehnt sich nicht nach diesen Freuden und ist auch nicht neidisch gegenüber jenen, die sie genießen.

Die Meditation ermöglicht die intellektuelle Kraft, die zur Entwicklung der Einstellung zum Loslösen führen. Das ist die höchste Stufe des Wissens, und wenn sie erreicht ist, erkennt man, daß jene zu beseitigenden Betrübnisse auch beseitigt sind. Nur dann verdient man die Bezeichnung *Yogi*. Erst als *Yogi* kann man den Aufstieg zu höheren Stufen bis hin zur Auflösung des Verstandes im *Atma* und die Freisetzung latenter Energien fortsetzen.

Wir untersuchen nun kurz die nächste Phase, den *Samadhi*, den Zustand des vollendeten Gleichgewichts und der totalen Konzentration. Dieser Phase gehen die Aneignung und die Praktizierung der Eigenschaften der *Shraddha* – Mut, bewahrende Kraft, intellektuelle Vertiefung und Vision – voraus. Die *Shraddha* ist eine vernünftige Mischung von Vertrauen, Überzeugung, Verlaß und Hingabe. Um das Gefühl von *Shraddha* zu übermitteln, wird im allgemeinen das Wort „Glaube" verwendet. Wie bei anderen Übersetzungen von Sanskritwörtern ist es jedoch ein unzureichender Ersatz. Im Zusammenhang mit *Yoga* ist „Glaube" die Akzeptanz der Wirklichkeit von *Yoga* und die Überzeugung von der Vortrefflichkeit des Zieles; darin enthalten ist auch die Überzeugung, daß die Methoden zur Erreichung des Ziels wirkungsvoll sind. Überzeugung und Vertrauen, ohne jeglichen Zweifel, gepaart mit einem Gefühl mentaler Ruhe, sind wesentliche Bestandteile von *Shraddha*.[9]

Shraddha unterhält den *Yogi* wie eine gütige Mutter. Mut kommt auf im aufrichtigen Bewerber auf der Suche nach der intellektuellen Fähigkeit und die Kraft zum Behalten kommt ihm mit Leichtigkeit zu. Der

---

[9] ebenda, S. 72

Verstand ist befreit von Störungen und ist voller Intellektualität. Es ist nötig zu betonen, daß dieser Zustand nicht gleichzusetzen ist mit dem Erreichen eines blanken, ausgeleerten Geisteszustandes durch die Unterdrückung oder Vernachlässigung von Gedanken.

Die *Yoga Sutras* zeigen auch einen alternativen Weg, diese Stufe zu erreichen. Dies ist der Weg der tiefen Meditation über den *Ishwara* bzw. des sich ihm Hingebens. Je intensiver die Hingabe ist, desto näher kommt die Bändigung der mentalen Vorgänge. Einige haben den *Ishwara* mit „Gott" oder „Herr" übersetzt.[10] Wir aber wissen mittlerweile aus den wiederholten detaillierten Begegnungen mit dem *Ishwara*, daß solche Übersetzungen irrig sind. Patanjali sagt, daß der *Ishwara* jene besondere Art vom *Purusha* ist, der von den Überbringern von Betrübnissen (*Kleshas*), deren Folgen (*Vipakas*) und deren Anhäufung (*Ashaya*) unberührt bleibt. Wie schon erwähnt, gibt es fünf verschiedene mentale Vorgänge mit oder ohne Betrübnisse. Die üblichen Rückstände der Handlungen (*Vasanas*) haben die Eigenschaft von Betrübnis, Bewegung und Anhäufung.

An dieser Stelle treten wir in eine subtilere Ebene von Wahrnehmung und Einübung ein. Es ist dies die Ebene tiefer persönlicher Erfahrung, die aus der Erkenntnis sprießt, daß vollendete Erkenntnis ewig ist. Die *vedischen* Wissenschaftler haben entdeckt, daß das Wort und seine Bedeutung ewig miteinander verbunden sind, und daß es daher möglich ist, über den Weg des Wortes die Bedeutung zu fassen.

Diese Seher haben uns den Weg gezeigt, wie wir über die Nutzung des Symbols „*Om*" den *Ishwara* begreifen und erreichen können. Dieses Symbol setzt sich aus den Lauten A-u-m () zusammen und wird als eine Silbe ausgesprochen. *Pranava* ist der passende Eigenname dieses Symbols. Dieses einsilbige Symbol zeigt den *Ishwara* an, so wie die Lampe das Licht. In anderen Worten, der *Ishwara* ist im *Om* eingewurzelt, wie es die Schriftform darstellt:

Der *Yogi* kennt das Verhältnis zwischen *Ishwara* und *Om* und weiß, daß die wiederholte Artikulation vom *Om* letztendlich den *Ishwara* offenbart. Also, jener *Yogi*, der den *Pranava* wiederholt und die

---

[10] Nachdem Tola und Dragonetti *Ishwara* mit „Herr" übersetzt haben, behaupten sie, daß „das Vorhandensein der Vorstellung eines Gottes im System von Patanjali, verwandelt es in ein theistisches System und kennzeichnet sein System als etwas anderes als das Mißverständnis über *Ishwara* und anderen Begriffen in den *Veden* und ihrer Hilfsliteratur."

Wirklichkeit sieht, kann den Verstand auf einen Punkt fixieren. Der *Yoga* hat sich durch Erforschungen entwickelt und die Forschung wird vom *Yoga* bestätigt. Das höchste Selbst wird durch die kombinierte Kraft von Erforschung und *Yoga* offenbart, wobei in dem tiefen Zustand der Meditation über den *Ishwara* alle Hindernisse aufhören zu existieren und der Yogi sein Selbst erfährt.

Hindernisse und mentale Zerstreuungen[11]

Die mentalen Zerstreuungen, die den Weg zum *Yoga* sperren, sind: 1. Krankheit (*Vyadhi*), 2. Schwäche oder Gleichgültigkeit (*Styana*), 3. Zweifel oder Unentschlossenheit (*Samshaya*), 4. Unachtsamkeit oder Nachlässigkeit (*Pramada*), 5. Faulheit oder Trägheit (*Alasya*), 6. Sinnlichkeit bzw. Ruhelosigkeit (*Avirati*), 7. Falsches Verstehen bzw. unberechenbare Wahrnehmung (*Bhrantidarshana*), 8. Kein Ziel verfolgen bzw. ohne Initiative sein (*Alabdhabhumikatva*), und 9. Unstetigkeit bzw. Unbeständigkeit (*Anavasthitatva*). Diese neun Hindernisse resultieren aus mentaler Aktivität und können nicht auftreten, wenn die Aktivität ausbleibt. Patanjali erläutert ein jedes dieser Hindernisse in den *Yoga Sutras*. Unzählige Kommentare sind über diese *Sutras* verfaßt worden, und die Gelehrten sind oft unterschiedlicher Meinung über die Bedeutung eines besonderen Wortes.[12]

Wir müssen nicht in diese Debatten einsteigen. Nur soviel: Die Krankheit (*Vyadhi*) zeigt das Ungleichgewicht und die Ungleichheit der Körpersäfte, der flüssigen Bestandteile und der Sinnesorgane an. Die Kraftlosigkeit (*Styana*) ist eine Trägheit des Verstandes, eine Apathie bzw. Unfähigkeit zu handeln. Die dritte Ursache ist Unentschlossenheit bzw. Zweifel und Nachlässigkeit (*Pramada*), die fehlende Absicht zu handeln bzw. sich bemühen um die Wege, die zum *Samadhi* führen. Ein Zweifel (*Samshaya*) entsteht aus Verwirrung und Unsicherheit, während die Unachtsamkeit aus Mangel an Nachforschung, aus der Trägheit ob der Schwere von Körper und Intellekt folgt. Diese Unachtsamkeit verursacht einen Mangel an Gebrauch des Verstandes und die Nichtnutzung der zum Ziel führenden Mittel. Faulheit ist die fehlende Anwendung von Verstand und Körper.

---

[11] *vyadhi styan samshaya pramda alasya avirati, bhrantidarshanalbdhabhoomikatwanawasthitatwanichittavikshepasteantarayah* – Patanjali, *Yoga Sutras*, 1:30.

[12] Zum Beispiel, Tola und Dragonetti übersetzen diese neun Hindernisse als „Krankheit, Gleichgültigkeit, Unentschlossenheit, Nachlässigkeit, Faulheit, Nicht – aufhören – können, flatterhafte Wahrnehmung, Mangel an Initiative und Unbeständigkeit." (S. 104).

Die Ursache der Sinnlichkeit hat Patanjali mit dem Wort *Avirati* beschrieben, was auch Begierde des Verstandes bedeutet, also in der Essenz der Kontakt mit sinnlichen Dingen ist; es übermittelt auch den Wunsch des Verstandes für deren Besitz. Einige Kommentatoren haben *Avirati* als das „Nichtaufhören" mentaler und physischer Tätigkeit, als die ständige durch die Sinne erfahrene Flut von Ideen und Empfindungen und auch von Gefühlen beschrieben. Falsches Verstehen (*Bhrantidarshana*) ist irrtümliches Wissen bzw. unstete Wahrnehmung. Das Nichterreichen (*Alabdhabhumikatva*) ist das Unvermögen, die Ebene der intellektuellen Vertiefung zu erreichen. Dies ist ein Hinweis, daß eine bestimmte Ebene der mentalen Konzentration nicht erreicht wurde und zeigt die Unfähigkeit einer Person an, überhaupt einen festen Standort zu finden bzw. einzuhalten. Dies wird als der Mangel an Initiative verstanden. Unbeständigkeit (*Anavasthitatva*) ist das Fehlen der Festigung des Verstandes auf der erreichten Ebene. Das vorangegangene Hindernis – Nichterreichung – läßt es nicht zu, daß wir irgendwo einen Standpunkt einnehmen, während dieses Hindernis es uns unmöglich macht, uns darin zu halten.

Alle diese Ausdrücke markieren die Schwäche der menschlichen Natur, die den Erfolg der *Yoga*-Praxis behindert. Diese mentalen Hindernisse werden im *Yoga* die neun Unreinheiten genannt. Ablenkung wird begleitet von Schmerz, Niedergeschlagenheit, Unstetigkeit der Gliedmassen und der Ein- und Ausatmung. Es gibt drei Arten der Atmung: 1. Die mehr oder weniger regelmäßige, normale Atmung, die im Alltag bei jedem Individuum vorkommt. 2. Die aufgeregte, unregelmäßige Atmung, die im allgemeinen den Gemütszuständen der Erregung, Depression oder Krankheit folgt. (Diese beide Arten der Atmung werden als "spontan" qualifiziert.) Dann gibt es 3. die *Pranayamische* Atmung, d. h. die bewußt kontrollierte Atmung. Sie hält einen bestimmten Rhythmus und Umfang der eingeatmeten Luft ein.

Es sollte aber klar sein, daß intellektuelle Vertiefung nicht durch die Atmungskontrolle allein erreichbar ist. Die Praxis der Atmungskontrolle kann eine Vorstufe auf dem Weg zur Kontrolle des Verstandes sein, ist aber nicht in sich die intellektuelle Vertiefung. Der verwirrte Verstand wird von Schmerz und Trübsinn begleitet, was dem intellektuell vertieften, nicht verwirrten, klaren und beständigen Verstand fremd ist. Schmerz ist eine Verletzung bzw. ein Leiden des Körpers und des Verstandes, verursacht durch andere Lebewesen oder natürliche bzw. übernatürliche Kräfte. Trübsinn ist eine Störung des Verstandes, die aus der Nichterfüllung von Begehren entsteht und das Zittern bzw. die Unstetigkeit der Glieder verursacht.

Die beiden Methoden zur Einschränkung der Zerstreutheit hingegen können nie genug hervorgehoben werden: 1. Übung und Loslösen und 2. den Verstand bündeln auf einen einzelnen Punkt. Diese Konzentration des Verstandes führt zu einer Klarheit, in der wir Freundschaft, Mitleid, Freude erfahren und eine Abklärung gegenüber Vergnügen und Schmerz, Tugend und Laster gewinnen können. Dem *Yogi* wird auferlegt, allen Lebewesen freundlich zu begegnen, Mitleid gegenüber Leidenden, Fröhlichkeit mit den Tugendhaften und Distanz zu den Lasterhaften zu pflegen.[13] *„Der Yogi mit solcher Haltung wird mentale Ruhe erlangen, eine der Formen der Beständigkeit. ... Personen mit solcher Haltung werden sich von heftigen Störungen des Verstandes befreit finden; sie werden nicht auf ungebührliches Verhalten heftig reagieren, sie werden auf der Gefühlsebene leben, die mit leisen Tönen zum Ausdruck kommt. Sie werden eine Haltung einüben, die wohlwollend, mild gestimmt, lächelnd, oder, in vielen Fällen, distanziert zu Menschen ihrer Umgebung ist (insbesondere zu ihren negativen Charakterzügen). ... Die empfohlenen Gefühle sollen auf niedriger Meßebene gehalten werden, damit sie den Yogi nicht aus dem Gleichgewicht bringen, und ihn gleichsam an die Situationen, in denen er sich findet, binden oder in diese emotional einbeziehen.*[14]

Zusätzlich wird dem *Yogi* geraten, durch Atmungskontrolle (*Pranayama*) gedankliche Stetigkeit zu erreichen.[15] Das *pranayamische* Atmen wird von dem *Yogi* insofern selbst bestimmt, als er je Zeiteinheit über die Menge der eingeatmeten Luft, die Häufigkeit und die Dauer des Einatmens (*Pooraka*), des Ausatmens (*Rechaka*) und die Dauer des Anhaltens der Luft entscheidet. Sobald die angestrebte Kontrolle des geregelten Atmen einmal erreicht ist, wird sie natürlich mit der Übung automatisch. Dies trifft auch auf die übrigen Übungen des *Yoga* zu.

Das *pranayamische* Atmen ist rhythmisch, was bedeutet, daß die eingeatmete Luftmenge und die Dauer jeder Atmungsphase gleich bleiben, solange der *Yogi* das wünscht. Der *Yogi* kann den Rhythmus seiner Atmung herabsetzen und das Volumen der eingeatmeten Luft stufenweise bis zu extremen Grenzen herabsetzen. Es muß hier hervorgehoben werden, daß *Pranayama* das Ergebnis intensiver und anhaltender Praxis ist. Er muß unter unmittelbarer Aufsicht und Kontrolle eines kompetenten Lehrers bzw. Übungsleiters eingeübt werden, weil eine fehlerhafte Ausübung des *Pranayamas* gefährlich ist

---

[13] Bangali Baba, *Yogasutra*, S. 18.
[14] Tola und Dragonetti, ebenda, S. 124.
[15] *parinamatrayasamyamadateetaanaagatjnanam* – Patanjali, *Yoga Sutras*, 3:16

Der Atmungsvorgang geht den Tätigkeiten der Sinne und des Geistes voraus und daher gibt es eine gegenseitige Bedingtheit zwischen dem Verstand und der Atmung. Das Verhältnis – ja, sogar die strenge Entsprechung – zwischen den Tätigkeiten des Verstandes und der Atmung ist eines der fundamentalen Voraussetzungen der Psycho-Physiologie des *Yogas*. Indem er die Tätigkeit der Sinne und den Fluß der Ideen blockiert, verleiht *Pranayama* dem Verstand die Kraft der Konzentration.

Die mentale Konzentration auf verschiedene Körperteile während des *Pranayamas*, wie auf das Vorderteil der Nase, das Vorderteil der Zunge und auf die Zungenwurzel verstärkt den Geruchssinn, den Geschmackssinn bzw. das Gehör. Diese Erfahrungen festigen die Beständigkeit, zerstören die Zweifel und erhalten und stützen einen hohen Grad der Vertiefung.

Die eigene Erfahrung ist entscheidend bei diesen Übungen, wie Patanjali in den *Yoga Sutras* hervorhebt. Nur dann kann ein Übender das volle Licht des *Yogas* sehen, das jenseits der normalen Äußerungen mentaler Tätigkeit liegt. *Yoga* gründet sich auf Wirklichkeit. Was immer man durch die Wissenschaft des *Yogas*, durch Schlußfolgerung und durch Erläuterungen der Lehrenden lernen mag, bleibt undeutlich, bis der eigene Verstand und die eigenen Sinne die Wirklichkeit erleben.

Um die Lehren der Wissenschaft von Yoga zu festigen, muß man einige auszeichnende Eigenschaften erleben.. Der Verstand kann diese Besonderheiten unmittelbar beobachten, wenn die vollständige Kontrolle mentaler Tätigkeiten erreicht ist. Der Übende erlebt die ungehinderte Sicht im vollen Bewußtsein und in einem schmerzlosen und erleuchteten Befinden. Die Mitte des Bewußtseins, „Lotus des Herzens" genannt, zwischen dem Bauch und dem Brustkorb, kann in tiefer Meditation offenbart werden. Sie leuchtet durch inneres Licht, und jene, die sie sehen, sind von einem außerordentlichen Empfinden von Frieden und Freude erfüllt.

Das Bewußtsein wird ruhig und unendlich wie der stille Ozean. Der *Yogi* erkennt gänzlich das schlichte, einmalige Selbst und begreift seine Offenbarung vollständig als „Ich bin alles". Das Bewußtsein des *Yogis* wird so stetig, daß er auch alles Wissen in Träumen und Schlaf erlangt. Es wird empfohlen, in diesem Stadium über Gegenstände eigener Wahl zu meditieren. Der Verstand, der in der Meditation stetig ist, kann die Stetigkeit auch zu anderen Zeiten erlangen. Nachdem er in das subtile Reich des Erfahrens eingedrungen ist, gelangt er zu einer dauerhaften

Einsicht in die kleinsten Teile der Materie, und dann hört für ihn jedes angewiesen sein auf Trainingstechniken auf. Der Verstand des *Yogis*, dessen mentale Tätigkeiten erledigt worden sind, wird wie ein unschätzbarer Kristall.

Karma Yoga

Auch der *Yoga* der Aktionen (*Karma Yoga*) ist in den *Yoga Sutras* von Patanjali erläutert. Diese Form des *Yogas* beginnt mit der Zerstreuung von Unreinheiten, wie Aktions- und Betrübnisrückständen aus Tätigkeiten der Sinnesorgane und von Gegenständen. *Karma Yoga* wird mit dem Ziel ausgeübt, intellektuell vertieft zu sein und Betrübnisse zu minimieren. Diese Betrübnisse sind so unproduktiv wie ausgedörrte Samen in unfruchtbarer Erde. Sind sie erst gründlich ausgeräumt, bleibt das subtile intellektuelle Bewußtsein frei.

Die Betrübnisse signalisieren die fünf verzerrten Wahrnehmungen und stehen in engem Verhältnis zu dem Zyklus von Ursache und Wirkung bei Handlungen. Bekanntlich werden auch weise Menschen von dem Gefühl beherrscht, sich an das Leben zu klammern. Der ewige eigene Segensspruch aller Lebewesen ist: *„Möge ich nicht aufhören zu existieren. Möge ich weiterleben."* Obwohl wir den Tod nicht erfahren, ist die Angst davor mächtig sogar im neugeborenen Insekt. Diese Plage ist bei extrem Ignoranten ebenso präsent wie bei Weisen. Sie soll der Resterinnerung an die in früheren Geburten erfahrene Qual des Todes entstammen. So lange die Betrübnisse existieren, bleibt der Zug von Aktion und Reaktion am Rollen. Er kann aber für immer aufgehalten werden, wenn ihre Wurzeln zerstört wurden.

Die Ignoranz ist der Nährboden des Egoismus und erzeugt alle anderen Hindernisse. Diese Hindernisse können existieren in potentieller oder verkümmerter Form, können vorübergehend überwunden sein oder sich voll entfaltet haben. Im Ruhezustand verweilen sie im Verstand, wo sie schweben in Erwartung der Aktivierung. Die Meditation bringt sie aber zum Austrocknen und Verwelken, so daß sie nicht einmal angesichts eines aufregenden Auslösers erwachen können. Stufenweise erklimmt der *Yogi* ein Stadium, in dem die Keimfähigkeit der Betrübnisse zerstört ist und die bestehenden Betrübnisse weitgehend geschwächt sind.

Die Annahme ist typisch im ignoranten Geisteszustand, daß Erscheinungen fest und dauerhaft sind. Eine Folge dieser irrigen Ansicht ist, daß viele sich damit abgeben, was als angenehme Handlung erscheint, aber in Wirklichkeit doch Schmerz verursacht.

Diese Vorgänge werden stimuliert und in Gang gesetzt durch Reaktionen, die aus Wechselwirkungen der Sinnesorgane und Sinnesobjekte entstehen. Begierde entsteht aus genußvoller Erfahrung. Sie ist wie Durst oder Begierde nach weiterem Genuß. Die Erinnerung an vorangegangenen Genuß erweckt Sehnsucht nach Wiederholung. Der Widerwille ist die Folge der schmerzvollen Erfahrung, die vermieden werden soll. Er schließt Widerstand, Trauer, zerstörerische Absicht und Wut gegen die Qual bzw. deren Ursache ein; ihr geht die Erinnerung des Schmerzes voraus.

Die Gefühle von Vergnügen, Bindung, Widerwillen und Feindseligkeit sind abhängig von der bewußten, inneren Sphäre des Verstandes und von der unbewußten, äußeren Sphäre des Körpers. Die Wissenschaft von *Yoga* lehrt, wie künftig Schmerz vermieden werden kann (weil nichts gegen den Schmerz getan werden kann, der schon da ist). Der *Yoga* übermittelt die klare Botschaft, daß Erfahrung und Befreiung nur durch das Schärfen des Intellekts erreicht werden können. Das versetzt uns in die Lage, die Fähigkeit zu entwickeln, die Wirklichkeit zu erkennen und zu behalten und die Täuschung zu eliminieren. Man erreicht dieses über eine Reihe von Maßnahmen, die als Bestandteile des *Yogas* unter den folgenden acht Überschriften zusammengefaßt sind: Die Einschränkung (*Yama*), die Einhaltung von Regeln (*Niyama*), regelmäßiges Üben einiger sorgfältig entwickelten körperlichen Stellungen (*Asana*), die Atmungskontrolle (*Pranayama*), die Abstraktion (*Pratyahara*), die Konzentration (*Dharana*), die Meditation (*Dhyana*) und die spirituelle Vertiefung (*Samadhi*).

Die Kategorie der Einschränkung umfaßt ein weites Gebiet der zu verinnerlichenden Werte, wie beispielsweise, gegen die Unterdrückung aller Lebewesen verpflichtet zu sein zu jeder Zeit und mit allen Mitteln. Diese Verpflichtung muß im Denken und Reden verankert sein. Verpflichtendes Reden täuscht nicht, führt nicht in die Irre, ist nicht wirklichkeitsfremd. Das Ganze sollte dem Wohl aller Lebewesen dienen und nicht zu ihrem Schaden. Die Werte des *Yogas* umfassen auch die Ablehnung von Habsucht und die Verweigerung, Handlungen anderer hinzunehmen, die gegen Gesetz bzw. Überlieferung verstoßen, ebenso die volle Beherrschung über sexuelle Triebe und eine Einstellung des Nicht–Zusammenraffen–wollens.

Die Einschränkungen sind universell und nicht beschränkt auf gesellschaftlichen Status, Zeitraum oder Umstand. Es sind dies die großen Verpflichtungen bzw. Versprechungen, die auf alle zutreffen, und nur unter bestimmten Umständen sind Ausnahmen erlaubt, wie beispielsweise nur dem Fischer das Fischen und dem Soldaten das Verletzen des Gegners ausschließlich auf dem Schlachtfeld.

Der *Yoga* empfiehlt dem Praktizierenden auch, die angesammelten Unreinheiten auszustoßen, sich tief dem Lernen zu widmen, asketisch zu leben und als Ziel die Zufriedenheit anzustreben. Asketisch leben heißt das Gegenteil von Hunger und Durst, Wärme und Kälte, Stehen und Sitzen, verbales Schweigen und Schweigen der Gebärden zu akzeptieren. Zufriedenheit und Genügsamkeit ist das Fehlen des Antriebs, mehr haben zu wollen als den aktuell vorhandenen Besitz. Beim Befolgen dieser Werte kommt natürlich mentaler Widerstand auf, der festen Gewohnheiten wegen. Deshalb ist es notwendig, positive Absichten zu kultivieren und neue konstruktive Gedanken zu hegen, um den Körper, Verstand und Intellekt zu trainieren.

Die Übungsstellungen (*Asanas*) sollten ruhig (*Sthira*) und bequem (*Sukha*) sein mit dem Ziel, sie allmählich so zu perfektionieren, daß sie auch mühelos werden. Mit dem Fortschreiten wird der Übende immer weniger von Durst und Hunger oder Wärme und Kälte überwältigt. Das begleitende Training im *Pranayama* (Atmung) fördert es, daß der Atem allmählich fein und lang wird. Er bleibt nach außen, nach innen und im Grenzbereich stets unter Kontrolle. Die äußere Tätigkeit ist der Stillstand nach dem Ausatmen, die innere ist der Stillstand nach dem Einatmen. Im Grenzbereich bedeutet dies, daß mit einer einzigen Bemühung beide stattfinden.

Die *Pranayama* praktizierenden *Yogis* erreichen den Geisteszustand, in dem alle Hindernisse vor den Erkenntnissen schwinden wie die Wolken vor der Sonne. Atmungskontrolle ist von höchstem Wert, durch die alle Unreinheiten getilgt werden und das Licht des Wissens offenbart wird. Sie sichert auch die volle Konzentrationsfähigkeit des Verstandes und ermöglicht die höchste Unterwerfung der Sinne.

Konzentration: der Schlüssel zur Umschulung des Verstandes

Konzentration ist der erste Schritt auf dem Weg zur mentalen Vertiefung. Die Übung besteht darin, den Gedanken in einem der Bewußtseinszentren des Körpers zu halten, oder ihn auf eine Gestalt innerhalb oder außerhalb des Körpers zu fixieren. Der Gedanke muß sich auf einen Standort konzentrieren, wie den Nabelbereich, den Kopf, die Nasenspitze, den Lotus am Herzen, die Zungenspitze oder einen äußeren Gegenstand. Dort wird der Gegenstand der Meditation erkannt, und die Erkenntnis wird in ununterbrochener Ruhe gehalten. Meditation ist ein ununterbrochener Fluß von Gedanken zum Gegenstand der Konzentration, eine Methode, das Unendliche wahrzunehmen.

Der endliche Verstand des Menschen kann durch die Meditation eine genaue Vorstellung des Unendlichen gewinnen. In der mentalen Vertiefung erscheint eine Form so, als wäre sie bar ihres eigenen Charakters. Dann ist die wahre Natur des Objekts in der Meditation offenbart, nicht verzerrt durch den Verstand des Betrachters. Die übliche Sinneswahrnehmung hingegen ist verzerrt und von unserer Einbildung gefärbt. Wir entscheiden im voraus, was wir sehen werden und dieses Vorurteil schränkt unsere Sicht ein. Nur in der Meditation sehen wir die Natur eines Gegenstands frei von unserer Einbildung.

Der *Samyama* ist die Vereinigung von *Dharana* (Konzentration), *Dhyana* (Meditation) und *Samadhi* (mentale Vertiefung), in der die intellektuelle Einsicht erscheint. *Samyama* heißt also die Ausrichtung von Konzentration, Meditation und Vertiefung auf einen einzigen Gegenstand. Durch die Beherrschung vom *Samyama* kommt das Licht des Wissens, das in Stadien erreicht wird.

Während Körper, Verstand und Intellekt umlernen, finden in uns die Auflösung der von uns praktizierten wie auch jener die Evolution hemmenden Gewohnheiten statt. Beobachtbare Gewohnheiten sind eingefleischte Charakteristika des Verstandes. Nur durch das Ersetzen dieser Gewohnheiten mit neuen entgegengesetzten Verhaltensweisen können sie zerstört werden. Intellektuelle Einsichten münden in vernünftige Gewohnheiten, die aus anderen Sphären kommen als jene der Worte oder der abgeleiteten Erkenntnisse. In Auseinandersetzungen zwischen beschränkten Gewohnheiten mit den nach außen gerichteten Gewohnheitsmächten werden diese eliminiert oder ersetzt. Bei den *Yogis* entstehen stets neue Verstandesgewohnheiten und diese zerstören auch die potentielle Macht extrovertierter Gewohnheiten.

Intellektuelle Einsichten entstehen durch Einschränkungen und Vertiefung im *Samadhi*. Im Verlauf der Übungen treten neue Gewohnheiten auf. Betrübnisse werden zerstört und der Verstand wird frei. Die hemmenden Gewohnheiten verändern sich mit jedem Augenblick. Ruhe und Gelassenheit fließt in den Verstand ein. Stoppt dieser Vorgang, wird man von den hemmenden Gewohnheiten überwältigt. Diese Veränderung macht den Unterschied aus zwischen der auf alles gerichteten Aufmerksamkeit und der Konzentration auf einen Punkt. Die Konzentration des Verstandes ist dann erreicht, wenn jene auftretenden und schwindenden Inhalte in zwei unterschiedlichen Augenblicken, exakt die selben sind.

Nur der *Yoga* offenbart den Übenden die aufeinander folgenden Stadien vom *Samyama*. In diesem intellektuellen Stadium vereinigt der *Yoga* die Konzentration, Meditation und Vertiefung. Dieser Vorgang reinigt den Verstand und die Sinne. Der ganze Organismus wird gestärkt, und in die Lage versetzt, sich den kolossalen Erfahrungen zu unterziehen.

Diese Erfahrungen werden *Siddhis* genannt. Während das Wort *Siddhi* im allgemeinen als „Macht" gedeutet wird, bezieht es sich eigentlich auf die Leistungen fortgeschrittener *Yogis*. Es ist von größter Bedeutung, daß der Lernende begreift, daß die besonderen Fähigkeiten eines *Yogis* weder Selbstzweck sind, noch als solche betrachtet werden dürfen. Sie sind Nebenprodukte des steilen Weges zur oder des Ringens um die Verwirklichung des Selbst. Häufig sind *Yogis* zu Beginn fasziniert von den neuen Kräften und Fähigkeiten. Mit der Zeit folgt die Einsicht, daß die sich unvermeidbar einstellenden Fähigkeiten eher den aufrichtigen *Yogi* zu Zerstreuungen und Versuchungen verleiten können. Die *Yoga Sutras* benennen solche Fertigkeiten als vergangenes Wissen, aber die Zukunft wird erreicht durch die Einübung vom *Samyama*.[16]

Der Laut, die Bedeutung und die entsprechenden Ideen werden im Verstand im allgemeinen mit einander verwechselt. Wenn aber der *Samyama* (Kontrolle der Sinne) auf Laute, ihre Bedeutung und Begriffe geübt wird, dann öffnet sich für den Zuhörer das Verständnis der Laute aller Lebewesen.[17] Übt man den *Samyama* auf einen fremden Verstand, gewinnt man Kenntnis seiner mentalen Bilder.[18] Patanjali nennt im einzelnen jene Vervollkommnungen, die beim *Samyama* an einem physischen Körper entstehen, an Eigenschaften wie Freundlichkeit, wie an der Kraft verschiedener Tiere, wie am Licht, der Sonne, dem Mond, dem Polarstern, dem Mittelpunkt des Nabels, dem Schlund, den Zentren der Nerven und dem Herzen.

Patanjali stellt aber klar, daß alle diese Vervollkommnungen (*Siddhis*), nur Versuchungen und Ablenkungen sind, die nur jenen anziehend erscheinen, die in weltlichen Dingen, Egoismus und Streben nach Macht versunken sind.

---

[16] *shabadartha pratyaanamitaretaradhysatsankarast pravibhagsamyatsarvabhootrutajnanam* – Patanjali – *Yoga Sutras* – 3:17

[17] *pratyayasya parachittajnanam* – ebenda, 3:19

[18] *te samadhavupsarga vyuthane siddhayah* – ebenda (Ausgabe Bangali Baba), 3:36

KAPITEL FÜNFZEHN – Ayurveda: Die Wissenschaft von Gesundheit und langem Leben

upasthaste anameewa ayakshma
asmabhyam santu prithwee prasootah
deergham na ayuh pratibudhyamana
vayam tubhyam balihritah syam

O Mutter Erde,
Laß Dein Inneres frei sein
Von Krankheit und Zerfall.
Mögen wir durch ein langes Leben
Aktiv und wachsam sein
Und Dir mit Hingabe dienen.

ATHARVA VEDA 12:1:62

tachchakshurdavahitam
shukramuchcharat
pashyema sharadah shatam
jeevema sharadah shatam

Die Sonne ist das Auge des Universums.
Sie geht mit strahlendem Sonnenschein auf.
Mögen wir leben und sie sehen
Hundert Herbste lang.

RIK VEDA 7:66:16

DIE SEHERWISSENSCHAFTLER BETRACHTEN JEDES menschliche Wesen als ein integriertes Ganzes aus Körper, Verstand, Intellekt und *Atma*. Ein logischer nächster Schritt für sie war es, gesichertes Wissen über jeden dieser Aspekte in ihren wechselseitigen Beziehungen zu sammeln. Bedauerlicherweise zogen westliche Gelehrte es vor, dieses als ein ausschließliches Beschäftigtsein mit „spirituellen" Angelegenheiten, begleitet von einer Gleichgültigkeit gegenüber den materiellen Aspekten des Lebens, zu interpretieren. Der folgende Eintrag in der *Encyclopaedia Britannica* ist überaus deutlich: „*Das indische Denken aber war in erster Linie philosophisch und auf die andere Welt bezogen und mehr bemüht, dieser Welt zu entfliehen als sie zu verstehen.*"[1] Selbst Inder neigen dazu, diese Ansicht zu akzeptieren und haben alle Mühe über Jahrhunderte verwendet, sich in diese Mulde hinein zu fügen. Aber die Tatsache ist anders.

Die *Veden* und ihre Abzweigungen behandeln jede Facette eines Menschen in detaillierter Aufmerksamkeit. In den Abschnitten über den menschlichen Körper wird in diesen großen Texten das System der Gesundheitsfürsorge und Heilung auf beredte Weise demonstriert. Westliche „Experten" beschrieben das umfassende System der Gesundheitsfürsorge in den *Veden* als „religiöse Heilkunst". In vielen Fällen ihrer Studien darüber glaubten sie Magie und Dämonen entdeckt zu haben. Dieses falsche Verständnis und ähnliche Fehlinterpretationen der *vedischen* Literatur sind auch sonst geläufig. Hier erörtern wir aber die Philosophie und die Geschichte des *Ayurveda* etwas detaillierter, um jene Ansicht aus dem Gedächtnis zu löschen, die sich in dem Zitat aus der *Encyclopaedia Britannica* widerspiegelt.

Der *Ayurveda* wird in den *Veden*, namentlich im *Rig Veda* und im *Atharva Veda* behandelt. In letzterem sind 114 Hymnen bzw. Verse dem medizinischen Gebiet gewidmet. Der *Ayurveda* ist eine Wissenschaft des Lebens, der Vorbeugung gegen Krankheiten und der Förderung des langen Lebens. Er ist das älteste, ganzheitlichste und umfassendste uns bekannte medizinische System.

Die weisen Ärzte und Chirurgen jener Zeit waren die selben Seherwissenschaftler, die befaßt waren mit dem „Empfangen" und Übermitteln von Wissen über die Wirklichkeiten der „Schöpfung" und des Kosmos in seinen subtileren Aspekten. Sie betrachteten die körperliche Gesundheit als einen Teil des ganzheitlichen Lebens und „empfingen" das Wissen über direktes Erkennen während der Meditation. Der berühmte Weise Vyasa hat schriftlich das vollständige

---

[1] *Encyclopaedia Britannica*, CD-ROM Ausgabe 1996.

Wissen des *Ayurvedas*, wie auch seine Einsichten in bezug auf Ethik, Tugend und Selbstverwirklichung überliefert.

Der *Ayurveda* wurde später zur eigenen kompakten Gesundheitskunde systematisiert und als ein Hilfszweig der *Veden* betrachtet, genannt *Upaveda* (ein Ast der *Veden*). Auf den *Ayurveda* bezogene Passagen wurden den verschiedenen *Veden* entnommen und zu gesonderten Werken zusammengefügt, die sich ausschließlich mit Aspekten der Gesundheit befassen.

Um 1500 v. Chr. wurde der *Ayurveda* in acht spezifische Zweige der Medizin aufgeteilt. Zu jener Zeit gab es zwei Schulen des *Ayurvedas*: die Schule für Ärzte, Atreya und die Schule für Chirurgen, Dhanvantari. Diese beiden Schulen entwickelten *Ayurveda* zu einem medizinischen System, das der wissenschaftlichen Überprüfung zugänglicher und besser organisiert war. Ihre Forschungen und Experimente zerstreuten die Zweifel selbst der skeptischsten unter ihresgleichen. Menschen aus zahlreichen Ländern kamen zu den Schulen für *ayurvedische* Ausbildung.

Die buchstäbliche Definition von *Ayurveda* ist „die Wissenschaft des Lebens bzw. des langen Lebens". Ihr Ausgangspunkt ist, daß der Mensch ein Teil der Natur ist. Auch er, als ein Produkt eben der selben Prinzipien, muß wie Tiere und Pflanzen in Harmonie mit der Natur und im Einklang mit ihren Regeln leben und damit in seinem Wesen ein ausgeglichenes Wohlbefinden erzeugen und erhalten. Es kann gesagt werden, daß der *Ayurveda* uns hilft, durch die Anwendung der Grundsätze der Natur unsere Gesundheit zu erhalten und zum Gleichgewicht mit dem eigenen Selbst zurückzufinden.

Zwei weise Ärzte, Charaka und Sushruta, haben den *Ayurveda* überliefert. Ihre Werke sind noch erhalten. Es gibt eine dritte größere Abhandlung, *Asthanga Hridaya*. Sie ist eine kombinierte Fassung der beiden Werke. Diese drei wichtigsten überlieferten *ayurvedischen* Texte sind als *Charaka Samhita* (*Samhita* bedeutet „Sammelband"), *Sushruta Samhita* und *Asthanga Hridaya Samhita* bekannt.

Charaka vertrat die Atreya–Schule, die sich mit Physiologie, Anatomie, Ätiologie, Pathogenese, Zeichen und Anzeichen von Krankheiten, Methodik der Diagnose, Behandlung, Verschreibung, Vorbeugung gegen Krankheit und Förderung der Langlebigkeit befaßt. Er studierte sowohl die inneren als auch die äußeren Ursachen von Erkrankung und schloß in seinen Schriften auch die ganze Bandbreite der medizinischen Aspekte von Heilkräutern, der Diät und der Umkehr des Alterungsprozesses ein. Als *Maharshi* („großer Seherwissenschaftler") geehrt, sammelte Charaka alle relevanten Verse aus *Agnivesha Samhita*, dem Pionierwerk von Agnivesha, und edierte sie neu in der *Charaka Samhita*. Agnivesha selbst war ein Schüler des Seherwissenschaftlers Atreya.

Der Text von Charaka ordnet die Wissenschaft des Lebens und der Gesundheitsfürsorge in den folgenden 10 Abteilungen ein:

1. *Shareer* – der Körper: eine Kombination von fünf festen Elementen der Materie und ihren Produkten (Anatomie und Physiologie),
2. *Vritti* – Nahrung, die beschrieben werden kann als: eßbar, trinkbar, genießbar und zum Kauen geeignet, usw., Auswirkungen guter und schlechter Nahrung, und eine ausgeglichene Diät (Diätethik),
3. *Hetu* – Ursachen von Krankheit, ihre Folgen und Methoden der Vorbeugung (Ätiologie und Pathologie),
4. *Vyadhi* – Krankheiten, ihre Erscheinungen, Anzeichen und Symptome (Symptomatologie),
5. *Karma* – Therapiekunde,
6. *Karya* – Erhaltung der Gesundheit,
7. *Kala* – die Beziehung zwischen Krankheit und dem Zeitfaktor (Kala), vom Altersfaktor wie in Kindheit, Jugend oder Alter vorkommende Krankheiten, tägliche und jahreszeitlich bedingte Pflichtübungen,
8. *Karta* – bezieht sich auf den Arzt, seine Pflichten. Vorschriften und Regeln, die ihn verpflichtenden ethischen Vorschriften, die Richtlinien für seinen Beruf (ärztliche Ethik),
9. *Karana* – die guten und schlechten Eigenschaften von Arzneien, Vorschriften für ihre Anwendung, usw. (Wirkstoffe oder Arzneien) und
10. *Vidhivinischaya* – Apotheke und Pharmakologie.

Charaka Samhita ist in acht Hauptabschnitte aufgeteilt, genannt *Sthanas* (Stationen), von denen jeder eine bestimmte Anzahl von Kapiteln enthält. Im ganzen gibt es 120 Kapitel und eine Gesamtzahl von 120.000 Versen. Die das Buch ordnenden acht *Sthanas* sind:

1. *Sutra Sthana* – die grundlegenden Prinzipien von *Ayurveda*,
2. *Nidana Sthana* – die Diagnose der Krankheit,
3. *Vimana Sthana* – in dem die ätiologischen und pathologischen Faktoren gemessen werden,
4. *Shareer Sthana* – Anatomie und Physiologie,

5. *Indriya Sthana* – spezifische Anzeichen und Symptome, genannt *Arista*, an denen die Lebenserwartung und der tödliche Ausgang der Krankheit, oder der Grad der tödlichen Bedrohung erkannt werden kann,
6. *Chikitsa Sthana* – die Behandlung,
7. *Kalpa Sthana* – spezifische Kombinationen und Zubereitungen und
8. *Sidhi Sthana* – erfolgreiche Therapiemethoden.

Der andere bemerkenswerte Überlieferer des *Ayurveda*, Sushruta, gehörte der Dhanvantari–Schule der Chirurgen an. In seinem Werk, dem *Sushruta Samhita*, finden wir eine vollständige Erörterung der menschlichen Anatomie – der Knochen, Gelenke, Nerven, des Herzens, der Blutgefäße, des Kreislaufsystems usw. Es enthält darüber hinaus eine detaillierte und anspruchsvolle Abhandlung über chirurgische Instrumente und Klassifizierungen von Abszessen, Verbrennungen, Knochenbrüchen, Wunden, Amputation, plastischer Chirurgie und analrektaler Chirurgie. Sein Werk hat eine Anordnung mit symmetrischer Struktur ähnlich jener der *Charaka Samhita* und umfaßt 120 Kapitel mit 66 Anhängen.

Das dritte klassische Werk über *Ayurveda*, das oben erwähnte und von Vagbhatta verfaßte *Asthanga Hridaya* besteht aus 120 Kapiteln.

Der Ausdruck „Ayurveda" setzt sich aus zwei Sanskritwörtern zusammen: *Ayu* bedeutet das „Leben" und *Veda* das „Wissen". Der *Ayurveda* ist die Wissenschaft des Lebens. Seine Grundlage ist das „wahre" Wissen. In Sanskrit bedeuten sowohl *Ritam* wie auch *Satya* die „Wahrheit", aber mit einem feinen und bedeutenden Unterschied. *Ritam* ist die reine, absolute, ewige Wirklichkeit, etwas, das stets **ist**, während *Satya* für relative Wahrheit steht, für etwas, das sich je nach der Zeit und Ort ändern kann.

Wie wir wissen, verändern sich die Grundsätze der modernen Medizin ständig. Eine Arznei, die mal für eine bestimmte Krankheit als nützlich bewertet wird, mag sich später nach dem bekannt werden der Nebenwirkungen als schädlich herausstellen. Die „Wahrheit" der modernen Medizin ist daher *Satya*, während jene des *Ayurvedas Ritam* ist, begründet auf dem Wissen aus den *Veden*, heute in gleicher Weise und durch die gleichen Methoden gültig wie einst an ihrem Anfang.

Nach Charaka besteht *Ayu* aus vier wesentlichen Teilen: aus der Kombination von Verstand, Körper, Sinne und Intellekt. Der *Ayurveda* erinnert uns daran, daß wir dazu neigen, uns zu sehr mit unserem physischen Körper zu identifizieren; in Wirklichkeit sind wir mehr als das. Wir können sehen, daß unserem physischen Gerüst der Verstand und der Intellekt zu Grunde liegen, die nicht nur unsere gedanklichen Vorgänge kontrollieren, sondern uns auch beim Vollziehen unserer täglichen physischen Vorgänge wie Atmung, Kreislauf, Verdauung und Ausscheidung unterstützen.

Verstand, Intellekt und Körper arbeiten gemeinsam um unsere Physiologie zu regeln. Wir müssen unsere Sinne gebrauchen um Informationen für unseren Verstand zu sammeln, damit dieser angemessen handeln kann, um unseren physischen Körper zu unterstützen. Wir können uns unseren Verstand als einen Computer vorstellen, und die Sinne als die in diesen eingegebenen Daten. Geruch und Geschmack sind zum Beispiel zwei wichtige Sinne, die den Verdauungsprozeß unterstützen. Nachdem unser Verstand registriert, daß eine bestimmte Speise in unseren Magen–Darm–Trakt eingetreten ist, veranlaßt er den Körper, sich angemessen zu verhalten, indem er verschiedene der Verdauung dienende Enzyme freigibt. Daraus folgt, daß die einwandfreie Erhaltung unserer Sinne ein wesentlicher Teil der Integration der Funktionen von Verstand und Körper ist und uns hilft, gesund und glücklich zu bleiben.

Der *Ayurveda* weiß auch, daß wir in einer subtileren Form schon existieren, bevor sich unsere physische Form mit Unterstützung des Verstandes und der Sinne entwickelt. Wie schon erläutert, identifizierten die Seherwissenschaftler die supraphysikalischen Energien, die der Bildung der physikalischen Wesen vorausgehen. Sie stellten auch die Hypothese auf, daß wir zwar im Laufe der Zeit viele physikalische Körper bekleiden können, aber unser eigentliches Selbst unverändert bleibt. Der Tod hilft auch, diesen Begriff zu erläutern. Wenn sich ein Individuum dem Tod nähert, setzen viele Wünsche aus. Da sich der *Jeeva* nicht mehr mit dem Körper identifiziert, entfallen Wünsche, wie Speisen zu sich zu nehmen oder eine besondere Tätigkeit auszuüben, sogar eine, die für die betreffende Person eine Quelle großer Befriedigung war.

Der *Ayurveda* und der Kosmos

Der *Ayurveda* ist entwickelt im Einklang mit der Evolution im Kosmos. In sehr groben Umrissen kann das Prinzip der Evolution so zusammengefaßt werden: am Anfang war nur der *Avyakta*, das nicht offenbare supraphysikalische Prinzip, das die drei Aspekte von *Sattva*, *Rajas* und *Tamas* umfaßte. Der *Avyakta* ist ewig und die Ursache aller offenbaren Schöpfung. Der *Mahat* (der Intellekt) wird nach dem Beginn des offenbar werden geboren. Auch der *Mahat* besitzt die drei gleichen Eigenschaften, und aus ihm entsteht der *Ahamkara* (das Ich). Auch der *Ahamkara* besitzt die drei gleichen Eigenschaften, genannt *Vaikarika*, *Taijas* und *Bhutadi*. Aus *Vaikarika Ahamkara* und *Taijas Ahamkara* entstehen 11 Organe – fünf Sinnesorgane, fünf motorische Organe und der Verstand. Die Sinnesorgane (*Jnana Indriya*) sind: Ohren, Haut, Augen, Zunge und Nase. Die motorischen Organe (*Karma Indriya*) sind: Kehlkopf, Hände, Füße, Genitalien und Anus. Der Verstand wird als ein „gemischtes Organ" beschrieben. Aus *Bhutadi Ahamkara* und *Taijas Ahamkara* entstehen fünf *Tanmatras*[2]. Diese sind: *Shabda* (der Schall), *Sparsha* (Gefühlssinn), *Rupa* (Sicht oder Vision), *Rasa* (Geschmack) und *Gandha* (Geruch). Aus diesen *Tanmatras* entspringen fünf *Mahabhootas* (Hauptelemente bzw. fundamentale Faktoren). Diese sind: *Akasha* (Raum), *Wayu* (Luft), *Teja* (Feuer), *Apa* (Wasser) und *Prithwi* (Erde).

Diese vierundzwanzig Prinzipien sind im *Ayurveda* als *Purusha* bekannt. Diese 24 *Tattwas* sind:

1. *Avyakta* (nicht offenbar)
2. *Mahat* (der Intellekt)
3. *Ahamkara* (3 Typen – *Sattva* und *Rajas* und *Tamas* – „das Ich")
4. 11 *Indriyas* (Sinne) 3 + 11 = 14
5. 5 *Tanmatras* 14 + 5 = 19
6. 5 *Mahabhootas* 19 + 5 = 24

So können wir sehen, daß sich der *Ayurveda* (Wissenschaft vom Leben) gänzlich aus den grundlegenden Prämissen entwickelt hat, nämlich, wie alles in diesem Universum aus einer Mischung von drei *Gunas* – *Sattva*, *Rajas* und *Tamas* – und aus fünf Hauptelementen besteht.

Die *Doshas*

Der *Ayurveda* ist ein ganzheitliches System der Gesundheitsfürsorge und er leitet zur Ernährung und Lebensführung an. Er hilft gesunden Menschen gesund zu bleiben und bessert die Befindlichkeit jener, denen es nicht so gut geht. Seine Empfehlungen unterscheiden sich nach Personen und alle Empfehlungen stützen sich auf Beobachtung, Befragung, unmittelbare Untersuchung und auf das Wissen, das von

---

[2] *Tanmatra* ist das Bindeglied zwischen den Sinnesorganen und den Hauptelementen. Weitergehende Erläuterungen sind im Kapitel „Definitionen, Begriffe und Metaphern".

den alten Texten abgeleitet ist. Der *Ayurveda* basiert auf der Kenntnis, daß Energiekräfte die gesamte Naturwelt, einschließlich jene der Menschheit, beeinflussen. Diese Kräfte werden *Tridoshas* genannt.

Das *ayurvedische* Konzept der *Tridoshas* (*tri* heißt drei) ist in der Welt der Medizin einmalig. Der *Ayurveda* macht geltend, daß der Körper aus Gewebe (*Dhatus*), Abfallprodukten (*Malas*) und *Doshas* (locker übersetzt als „Energiekräfte") zusammengesetzt ist. Die *Tridoshas* sind es, die die Schaffung aller Gewebe des Körpers unterstützen und alle Abfallprodukte aus dem Körper entfernen. Sie beeinflussen auch die Bewegung, Umwandlung, Sinnesfunktion und viele andere Tätigkeiten des Körpers und des Verstandes.

Der *Ayurveda* betrachtet jede Person als ein einmaliges Individuum, zusammengesetzt aus fünf Hauptelementen – Raum, Luft, Feuer, Wasser und Erde. Mit der natürlichen Welt um uns teilen wir diese Hauptelemente, deren Präsenz auf uns einwirkt. Die Speisen, die wir essen und das Klima, in dem wir leben sind nur zwei Beispiele für die Präsenz dieser Elemente. Während wir eine Zusammensetzung dieser fünf Hauptelemente sind, besitzen einige von ihnen die Fähigkeit, sich zu kombinieren und verschiedene physiologische Funktionen zu bewirken. Raum und Luft, zum Beispiel, kombinieren sich um das zu bilden, was im *Ayurveda* der *Vata Dosha* genannt wird.

Vata

Aus zwei Gründen ist der *Vata Dosha* das wichtigste der drei *Doshas*. Ein Ungleichgewicht von *Vata* kann in den beiden anderen *Doshas* – *Pitta* und *Kapha* – auch ein Ungleichgewicht verursachen. Und *Vata* ist der Haupttreiber oder der „Beweger" des Körpers, einschließlich der beiden anderen *Doshas*, sämtlicher Gewebe und der Abfallprodukte. Es beherrscht das Bewegungsprinzip – Kraft, Nervenimpuls, Kreislauf, Atmung und Ausscheidung.

Pitta

Der *Pitta Dosha* ist verknüpft mit Feuer bzw. Wärme und ist an allen Prozessen der Umwandlung im Körper beteiligt. Die Elemente Feuer und Wasser kombinieren sich, um den *Pitta Dosha* zu bilden. Die Umwandlung von Speisen in Nährstoffe, die unser Körper aufnehmen kann, ist eine der Funktionen von *Pitta*. Pitta ist auch verantwortlich für den Stoffwechsel im System der Organe und Gewebe sowie für den Stoffwechsel der Zellen.

Kapha

Der *Kapha* als der gewichtigste der drei *Doshas* liefert dem Körper die Struktur und die Geschmeidigkeit. Diese Eigenschaften helfen, ein Gegengewicht zur Bewegung (*Vata*) und dem Stoffwechsel (*Pitta*) herzustellen. Die Elemente Wasser und Erde kombinieren sich hauptsächlich, um *Kapha Dosha* zu bilden, der dann für Einheiten des Wachstums und für Schutz sorgt. Die das Gehirn und die Wirbelsäule schützende cerebro-spinale Flüssigkeit ist eine Art *Kapha* im Körper, eine andere ist beispielsweise die Magenschleimhaut.

Wir alle sind gemacht aus einmaligen Mischungsverhältnissen von *Vata*, *Pitta* und *Kapha* und deshalb soll nach dem *Ayurveda* jeder von uns als ein einmaliges Individuum behandelt werden, trotz der Ähnlichkeit unserer Anatomie und physiologischen Funktionen. Wenn sich eines der *Doshas* in unserem System anreichert, wird der *Vaidya* (der ayurvedische Arzt) eine spezifische Lebensweise und Ernährung vorschlagen, um das Niveau jenes *Dosha* zu mindern. Die *Vaidyas* können auch bestimmte Heilkräuter empfehlen, um den Heilungsprozeß zu beschleunigen.

Oft können wir unsere physische, mentale und emotionale Gesundheit durch die Änderung unserer Ernährung und unseres Lebensstils maßgeblich beeinflussen. Wenn jemand beispielsweise Erinnerungsschwäche oder Schlafstörungen hat, kann das die Folge geistiger Überaktivität oder von zu viel Streß sein. In einem solchen Fall wird der *Vaidya* mehr Regelmäßigkeit in Aktivitäten wie Mahl- und Bettzeiten und vielleicht auch eine warme Ölmassage vor dem Bad empfehlen. Eine Herabsetzung von Ruhezeit wird ebenfalls verschrieben. Ein solcher Maßnahmenkatalog, ein Programm, dient zur Beruhigung *Vatas* im Körper.

Verdauungsstörungen werden in der Regel verursacht durch den Verzehr von Speisen, die uns nicht ernähren. Beispielweise gärende, schwere oder übermäßig fette Speisen, und/oder Speisen, die zu würzig, sauer oder salzig sind. Der Vaidya wird empfehlen, daß der Leidende leichtere, leichter verdauliche Speisen verzehrt und verarbeitete Nahrungsmittel und eiskalte Getränke vermeidet, um viele seiner Verdauungsprobleme zu lösen. Das ist Teil eines Programms zur Beruhigung vom *Pitta* für die Entlastung des Verdauungssystems.

Überreizung kann zur Entleerung der Energieebenen (im Westen als „Ausbrennen" bekannt) führen. Die *ayurvedische* Behandlung würde unter anderem eine Erhöhung der Zahl der Schlafstunden, mehr

Regelmäßigkeit in den Ernährungsgewohnheiten und im Lebensstil umfassen, um die Energieebenen wiederherzustellen. Auch mentale Beruhigung ist angesagt, was schlicht einige Minuten des ruhigen Sitzens und des langen, voll und tief Ein- und Ausatmens sein können. Dies ist ein Beispiel eines Programms zur Beruhigung von *Vata*. Der *Vaidya* kann die Empfehlung hinzufügen und dem Leidenden raten, auf übermäßigen Koffein- und Alkoholkonsum zu verzichten und mehr Spaß zu haben!

Hautprobleme entstehen oft durch zu ölige Haut und übermäßige Hitze im Körper. Sehr knusprig gebratene oder übermäßig gewürzte Speisen können zu Hautausschlägen führen und unzureichende Vorsorge gegen die intensive Sonnenbestrahlung kann erschwerend hinzukommen. Scharfe, abschleifende Chemikalien und synthetische Fasern schaden ebenfalls der Haut. Die *ayurvedischen* Empfehlungen gegen solches Hautleiden würde darin bestehen, Kleidung aus natürlichem Gewebe wie Baumwolle, Wolle und Seide zu tragen, sich wann immer möglich vor toxischen Chemikalien zu schützen und Speisen wie Reis, Wassermelone und Koriander zu sich zu nehmen, die als das Hautproblem lindernde Speisen bekannt sind. Wenn es um eine extrem trockene und schuppige Haut geht, würde eine warme Ölmassage ein paar mal jede Woche gut sein, um das Hautgewebe zu reparieren. Die meisten Hautprobleme sind eine Folge von Ungleichgewicht im *Pitta Dosha*.

Aus diesen Beispielen lernen wir, wie die *Tridoshas* in Gleichgewicht gebracht werden können, um viele uns befallende Krankheiten zu vermeiden und den Krankheitsablauf zu bremsen oder umzukehren. Wenn die *Tridoshas* im Gleichgewicht sind, fühlt sich das Individuum gesund auf allen Ebenen: der mentalen, der körperlichen und der intellektuellen. Das ist allerdings viel mehr als nur das Nichtkranksein.

Die acht Zweige der *ayurvedischen* Gesundheitsfürsorge

Die Studierenden vom *Ayurveda* können sich in einem von acht Zweigen spezialisieren und zwar:

1. **Innere Heilkunde (*Kayachikitsa*).** Diese betrifft den Intellekt, den Geist und den Körper, die bekanntlich in psychosomatischer Wechselbeziehung stehen und viele körperliche wie mentale Störungen verursachen. Sie erkennt die Wechselbeziehungen durch das Erfassen des *Atmas* (des „inneren Selbst"), der die jeweiligen Funktionen regelt. Bekannt sind dabei sieben körperliche und

sieben mentale Situationen, und das vorrangigste Ziel *Ayurvedas* ist es, zunächst die Ursache der Krankheit festzustellen.

Der *Ayurveda* kennt sechs Stadien der Krankheitsentwicklung: Erschwerung, Zusammenballung, Überschuß, Rückfall, Neubildung und äußerlich erkennbare Symptome der Krankheit. Einige Spezialisten behaupten, moderne technische Geräte und Diagnose könnten eine Krankheit nur im fünften und sechsten dieser Stadien identifizieren.

Im *Ayurveda* wird Gesundheit als das Gleichgewicht der biologischen Körpersäfte und Krankheit als Ungleichgewicht definiert. Durch Förderung der mangelnden und durch Verringerung der überschüssigen Säfte wird das Gleichgewicht wieder hergestellt. Chirurgie wird als letztes Mittel eingesetzt. Mehr als 2000 Heilpflanzen sind klassifiziert, neben einer einmaligen Methode, bekannt als *Pancha Karma* (Fünf Handlungen), um aus dem Körper die Toxine vollständig zu entfernen. Dabei bewirkt die Methode, daß die Toxine den selben Weg aus dem Körper nehmen, auf dem sie sich im Körper ausgebreitet hatten. Die Toxine werden aus dem Körper mit *Vamana* (Verwendung von Brechmittel), *Virechana* (Verwendung von Abführmitteln), *Bastee* (medizinische Klistiere), *Nasya* (nasale Anwendungen) und *Rakta Mokshana* (Aderlaß) ausgestoßen. Diesen geht *Poorva Karma* (Vorbehandlung) voraus und schließt *Snehana* (Behandlung mit Ölguß) und *Swedana* (Dampfbehandlung) ein. Vor der Anwendung von *Snehana* und *Swedana* werden *Pachana* (Verdauungstherapie) und Behandlungen zur Förderung von *Agni* (Körperwärme) durchgeführt. Nachbehandlungen wie Diäten zur Wiederherstellung von Agni und beruhigende und fördernde Behandlungen sind ein wichtiger Bestandteil vom *Pancha Karma*. Ein signifikanter Teil im *Pancha Karma* ist die Verjüngung, der Prozeß des Wiederaufbaus der Zellen und des Körpergewebes nach der Entfernung der Toxine.

2. **Hals, Nase und Ohren (*Shalakya Tantra*).** Sushruta behandelt ungefähr 72 Augenkrankheiten in diesem Zweig von *Ayurveda*, in dem er auch chirurgische Verfahren für die Beseitigung des grauen Stars und für Krankheiten von Hals, Nase und Ohren bietet.

3. **Toxikologie (*Agada Tantra*).** Gegenstand dieses Zweigs ist die Verunreinigung von Luft und Wasser, Toxine bei Tieren, Mineralien und Pflanzen, Epidemien und andere damit zusammenhängende Vorkommnisse.

4. **Pädiatrie (*Kaumarabhritya*).** Befaßt sich mit der Pflege von Kind und Mutter vor und nach der Geburt, und die Themen sind u.a.: Art der Empfängnis, Wahl des Geschlechts des Kindes, Intelligenz und Verfassung des Kindes, Kinderkrankheiten, Geburtshilfe.
5. **Chirurgie (*Shalya Tantra*).** Obwohl im *Ayurveda* die Chirurgie selten empfohlen wird, kannten die Vaidyas schon vor mehr als 2000 Jahren anspruchsvolle chirurgische Eingriffe. Dieses Wissen breitete sich nach Ägypten, Griechenland und Rom und am Ende weltweit aus. Fälle wie Darmverschluß, Gallensteine, und die Nutzung von Leichen zum Sezieren wurde gelehrt und praktiziert.
6. **Psychiatrie (*Bhuta Vidya*).** Ein ganzer Zweig vom *Ayurveda* ist auf Geisteskrankheiten spezialisiert. Neben Heilkräutern und Diäten, werden *Yoga*–Therapien (wie Meditation, Atmung, *Mantra* usw.) als Behandlung für psychische Krankheiten verordnet.
7. **Aphrodisiaka (*Vajikarana*).** Dieser Zweig befaßt sich mit der Unfruchtbarkeit auf zwei Ebenen: für jene, die Kinder wünschen und für jene, die aus intellektuellem Streben ihre sexuelle Energie in meditative Energie umsetzen möchten. Verjüngung, Krankheitsprophylaxe und die Förderung der Langlebigkeit sind die weiteren Bereiche.
8. **Verjüngung (*Rasayana*).** Vorbeugung und langes Leben sind die Schwerpunkte in diesem Zweig des *Ayurveda*. Charaka sagt, daß zu den Methoden zum Erlangen von Langlebigkeit auch Ethik und tugendhaftes Leben gehören.

Ayurveda heute

Dies ist notwendigerweise eine extrem kurze Einführung in die Mutter aller Heilverfahren unserer heutigen Welt. Das anspruchsvolle und ausführliche Studium des Zusammenhangs von Verstand–Körper–Intellekt im *Ayurveda* dient der Menschheit heute nicht minder als es dies vor mehr als 2000 Jahren getan hat. Wie erinnerlich entsprang der *Ayurveda* den profunden Erforschungen des Menschen als lebendem Organismus aus Zellen, Bewußtsein, Gefühlen, Emotionen und inneren Antrieben. So bietet Uns der *Ayurveda* ein hochentwickeltes System der Pflege des ganzen Menschen auf eine ganzheitliche und schonende Weise.

Während die Unzufriedenheit mit den ‚modernen' medizinischen Systemen in der westlichen Welt wächst, nimmt das Interesse an den „alten" und „alternativen" Formen der Heilung exponentiell zu. Es hat so den Anschein, als würde die erste entwickelte Heilkunst die letzte Wieder-Entdeckung sein. Doch wächst die Popularität *Ayurvedas* exponentiell auf der Weltbühne, obwohl er erst vor kurzem dort aufgetreten ist. Dies mag zum Teil deshalb so sein, weil er eine Vision der Heilung durch die Wiederherstellung des Gleichgewichts in einer Person an den kausalen Wurzeln einer Erkrankung bietet, anstatt Symptome isoliert zu behandeln.

Wir finden im *Rig Veda* 10.572 Strophen (*Mantras*) mit Abhandlungen über die drei *Doshas* (*Vata*, *Pitta* und *Kapha*), über Organtransplantationen, künstliche Glieder ebenso wie über die Verwendung von Heilkräutern, die Heilung mentaler und körperlicher Krankheiten und die Förderung der Langlebigkeit. Die Anatomie, Physiologie und Chirurgie werden in den 5.977 Strophen des *Atharva Veda* behandelt, einige darunter erörtern Themen wie Fieber, Schwindsucht, Wunden, Lepra und Vergiftungsunfälle. Die spätere Forschung des *Ayurveda* baute auf diesen Fundamenten auf und entwickelte die gesamte Heil-Wissenschaft, um ein gesundes Leben zu fördern.

Diese *Mantras* leiten die Vaidyas bei der Behandlung von Leiden. Sie nutzen Wasser, Sonnenschein, Luft, Kräuter, Metalle und Mineralien, ebenso sorgfältig zubereitete Heilmittel, die dem Körper zur Krafterneuerung verhelfen. Beispielsweise enthalten die Versen 6:7 und 6:57:3 des *Atharva Veda* Hinweise auf Krankheiten, die durch die Anwendung von Wasser und Dampf geheilt werden können. Die Bedeutung der Wassertherapie wird wie folgt hervorgehoben:

„Laß Gesundheit und Freude für uns sein.

Laß nichts uns quälen oder verletzen.

Laß Wasser die universelle Medizin sein."

(6:57:3)

Die Verse 1:4, 5 und 6 des *Atharva Veda* enthalten überschwengliche Hinweise auf die Wassertherapie und verkünden in so vielen Worten die Wirksamkeit des Wassers:

(1:4:4) das Wasser enthält Nektar.

(1:4:4) das Wasser ist Medizin.

(1:5:1) das Wasser ist wohltuend.

(1:5:2) das Wasser ist die „Essenz".

(1:6:2) das Wasser enthält alle heilsamen Eigenschaften.

„Das Wasser gesellt sich zur Medizin, um meinen Körper frei von Schaden zu halten; und Wasser vernichtet die Krankheiten der inneren Organe." (Rig Veda 1:23:21)

„Der Regen und das Wasser von Wasserfällen haben elektrische Kraft, die den Körper so elastisch macht wie den eines Pferdes." (Atharva Veda 19:2:4)

„Alle Wasser sind das höchste Heilmittel; Kräuter besitzen göttliche Wirksamkeit." (Atharva Veda 8:7:3)

Der Nachweis auch von Chromopathie findet man in den *Veda Mantras*. Hinweise auf die Behandlung von Herz– Nieren– und Leberkrankheiten usw. mit Sonnenbestrahlung finden sich im *Atharva Veda* 1:22 und 1:83. Im *Atharva Veda* 9:8 wird erwähnt, daß die Sonnenstrahlen die toxischen Elemente des Körpers absaugen, was die Kraft der Sonne beim Heilen von Krankheiten erklärt. Die *Mantras* unterstreichen auch die Tatsache, daß das Sonnenlicht Bakterien tötet:

„Die Sonne, der Zerstörer unsichtbarer Dinge, geht auf im Angesicht aller." (Rig Veda 1:191:8)

„Beim Aufgehen, laß die Sonne die Würmer zerstören." (Atharva Veda 2:32:1)

„Diese Würmer können die Sonne nicht aushalten." (Atharva Veda 8:6:12)

Die Wirksamkeit des Sonnenlichtes bei der Behandlung von Herzkrankheiten und Gelbsucht wird ebenfalls hervorgehoben.

Es gibt einige Verse, die sich mit der Fiebertherapie befassen. *Atharva Veda* 5:22 erwähnt die Fieberarten und deren Heilbehandlung. Es gibt folgende Fieberarten:

1. Jene, die täglich vorkommen.
2. Jene, die jeden dritten Tag vorkommen.
3. Jene, die jeden vierten Tag vorkommen.

Zusätzlich werden auch jene Fieber erwähnt, die saisonbedingt vorkommen:

1. Fieber, das wegen übermäßiger Hitze im Sommer vorkommt.
2. Fieber, das während der Wintermonsune vorkommt.
3. Fieber, das in der Regenzeit vorkommt.
4. Malaria Fieber, das von Schüttelfrost begleitet wird.
5. Fieber, das in Folge der Dürre auftritt.
6. Fieber, das wegen des Schleims entsteht.

7. Fieber, das mit der Bronchitis einher geht.
8. Fieber, bei dem Schleim und Bronchitis als Parallelsymptome auftreten.

Vers 22, *Atharva Veda*, erwähnt die Kategorien von Leuten, die unter Fieberanfällen leiden: die Dünnen und Schlanken oder jene, die zügellos sind (22:6), die Dicken (22:7) und die übermäßig Nachsichtigen oder die Lüstlinge (22:12).

Eine Reihe von Gegenmitteln zu verschiedenen Leiden sind ebenfalls vorgeschlagen.[3] Nun folgen einige Verse aus dem *Atharva Veda* übersetzt aus einer englischen Version. Trotz ihres Anrufungscharakters geben sie doch wichtige Prinzipien der Gesundheitspflege, Heilkräuter, Arzneien und natürliche Heilverfahren wieder, die im Arzneibuch (*Materia Medica*) des *Ayurveda* zu finden sind.

So wie das Licht zwischen der Erde und dem Sternenhimmel hängt, so wirkt Munja, *ein heilendes Kraut, auf Fieber und Ruhr.* [1:2:4]

O Patient, der Du an einer Harnkrankheit leidest, so wie das Wasser der Meeresflut steigt und in die Flüsse hinein strömt, habe ich die Öffnung Deiner Blase aufgeschlossen. Möge jenes Urin von Dir völlig ungehemmt ausfließen. [1:3:8]

Jene Venen, dienlich wie Mägde, die in Blut gekleidet ihrem Fluß folgen, müssen nun ruhig verharren, wie Schwestern, die keine Brüder haben und der Kraft beraubt sind. [1:17:1]

O Patient, wir beherrschen die Gelbsucht mit den Samen des Shuka–Baums *und anderen Arzneien mit starker Heilwirkung. Wir behandeln Deine Gelbsucht durch die Anwendung wirksamer Mixturen.* [1:22:4]

O Pflanze, du sprangst plötzlich hervor in der Nacht, düster, dunkel gefärbt, schwarz. So Rajni, *gib diesen aschfahlen Lepraflecken ihre Farbe wieder.* [1:23:1]

Das Heilkraut namens Shyama, *aus der Erde ausgegraben, verleiht Schönheit und heilt Lepra.* [1:24:4]

O Frau, aus Dir verbannen und vertreiben wir die Ursache Deiner Unfruchtbarkeit. Wir legen sie weg und weit von Dir an eine andere Stelle! [3:23:1].

---

[3] Englische Version entnommen aus: *The Holy Vedas*, herausgegeben und aufgearbeitet von *Pandit* Satyakam Vidyalankar, SS. 389 – 398.

Laß einen männlicher Fruchtkeim in Dich eindringen wie ein Pfeil in den Köcher. Dann wird aus Deiner Seite ein Baby geboren werden, ein 10 Monatskind, Dein heldenhafter Sohn. [3:23:2]

Verwende die verheißungsvollen Samen des Krauts namens Rishbhak *und beschaffe Du Dir, o Frau, einen Sohn. Sei Du eine fruchtbare Mutterkuh! [3:23:4]*

Der Tagesanbruch stimuliert den Körper, die Sonne verleiht unseren Organen Kraft, mein herrisches Wort verschafft ein Verlangen, Vrisha, *die Samen steigernde, Männer schützende Medizin gibt dem Körper Kraft durch ihren stärkenden Saft. [4:4:2]*

O Mann, wenn ein Jäger mit fünf Fingern Deinen Körper mit Gift aus dem gekrümmten Pfeil gefüllt hat, verlange ich von Dir, daß Du dieses mit den Blättern des Krautes Apaskambh *entfernst. [4:6:4]*

Ich zaubere das Gift weg mit dem Stachel eines Stachelschweins, mit der Farbe von Parndhi, *mit* Ajashringi, *gebracht aus einem entfernten Ort und mit der Anwendung des Krauts* Kulmal. *[4:6:5]*

Das Kraut genannt Rohini *ist der Heiler des gebrochenen Knochens. Möge* Arundhati, *das Wund–Heilkraut, diese Wunde heilen! [4:12:1]*

Glücklich ist diese meine linke Hand, doch noch glücklicher ist diese, die rechte. Diese Hand enthält alle heilenden Eigenschaften, ihre sanfte Berührung bringt Frieden und Wohlbefinden. [4:13:6]

Mit unseren Händen mit zehn Fingern, mit unserer Zunge, welche die Stimme führt und ihr vorausgeht, mit diesen zwei Heilwerkzeugen streicheln wir Dich mit einer sanften liebkosenden Berührung. [4:13:7]

O König, strafe die Apotheker, die eine tödliche Arznei verwenden, jene die eine widrige schädliche Medizin in einem nicht gebackenen oder voll gebrannten dunkelroten irdenen Topf zubereiten, oder giftigen Wirkstoff in rohes Fleisch einspritzen! [4:17:4]

Unter allen Pflanzen ist Apamarga *die hervorragendste. Mit dieser wischen wir, o Patient, jede Krankheit, die Dich befallen hat, weg. Werde sie los und lebe lange! [4:17:8]*

Waschen wir die Krankheitskeime mit Wasser weg, so wie ein Strom voller Wasser schnell bergab fließt. Fünf Arzneien sind bei ihrer Vertreibung behilflich: 1. Gulgulu, *2.* Pila, *3.* Naladi, *4.* Aukshagandhi, *5.* Pramandani *[4:37:3]*

Die Strahlen der Sonne lodern wie hundert eiserne Waffen. Zerstören wir mit ihnen die Keime, die sich von Opfergaben und Blyxa Octandra *ernähren. [4:37:8]*

O Weib, wir werden das Gift oder den Krankheitskeim völlig aus dieser Welt vertreiben, der das Sperma in dem Augenblick tötet, in dem es in Dein Gebärorgan fällt, der es im jambischen Stadium tötet, der es tötet, wenn es seine Bewegungen in der Gebärmutter begonnen hat, der es töten will, wenn es geboren ist. [4:96:13]

Die Sonne ist dein Ahnherr, die Nacht deine Mutter, und die Wolke dein Vater. Dein Name ist Silachin *(Wachs), du selbst bist die Schwester des Gelehrten. [5:5:1]*

Du entspringst dem gesegneten Plaxa, *oder* Ashvattha, Khadira, Dhava, *dem gesegneten* Nyagrodha, Parna, *so komm denn zur Anwendung, o Medizin, du Füller der Wunden. [5:5:5]*

Bunt und hell wie Gott, strahlend wie die Sonne, überaus lieblich, o heilende Medizin, dich verabreicht man auf die Wunde oder auf den Knochenbruch. Heilung ist dein Name! [5:5:6]

O Gelehrter, sorge in Konsultation mit anderen Ärzten, daß die Festung dieser Krankheit fallen möge, die uns Schmerzen zugefügt hat, auch unser Fleisch verzehrt hat! [5:29:2]

Was immer die Fleisch verzehrenden Keime aus dem Körper dieses kranken Mannes weg genommen, geplündert, weg getragen oder aufgefressen haben, das, o gelehrter Arzt, gebe ihm zurück durch die Medizin. Wir geben seinem Körper Fleisch und Geist zurück. [5:29:5]

Wenn mich Fleisch verzehrende Keime verletzt haben, die in mein rohes, halb gekochtes oder gar gekochtes Essen eingedrungen waren, vernichte die Keime mit ihrem Leben und ihren Nachfahren, so daß ich von der Krankheit befreit sein möge. [5:29:6]

Das tödliche Gift, das die Feinde in Deine Speise, in Dein Trinkwasser mischen oder es in die rohen Früchte einführen, ich beseitige dieses. [5:31:1]

Mit wirksamer Arznei reibe ich den Körper des Patienten ein. Ströme, Berge, kleine Hügel enthalten nützliche Arzneien. Möge die nahrhafte, den Schlaf einleitende Medizin wirkungsvoll sein. Möge sie Frieden Deinem Mund, Frieden Deinem Herzen bringen. [6:12:3]

O Geschwür, von der Zehrung, von der Augenentzündung, o Pflanze, vom schmerzhaften Juckreiz, Du Kraut, laß kein einziges Teilchen übrig. [6:127:1]

Diese zwei Ausschläge, die Auszehrung, die dicht nebeneinander in Deinen Leisten verborgen sind, ich kenne die Medizin gegen sie. Chipudru *ist ihre magische Heilung. [6:127:2]*

Ich habe das Gift dieses Skorpions entfernt, der unten auf der Erde kriecht und nun ohne Gift ist. [7:56:5]
Die schwarze Vene ist die Mutter, wie wir gehört haben, von rot gefärbten Pusteln. Ich durchsteche sie und dringe in sie mit Hilfe eines Skalpells ein. [7:74:1]
Ich durchsteche die vorderste dieser Pusteln. Ich perforiere eine von mittlerer Intensität. Hier schneide ich die Pustel mittlerer Intensität auseinander wie eine Haarlocke. [7:74:2]
O Mädchen, reif für die Ehe, Deine Mutter lehnt den einen als Deinen Bräutigam ab, der an der Hautkrankheit Lepra leidet und den anderen, der in weit fortgeschrittenem Alter ist. Sie sollten nie begehren, Dich zu heiraten. [8:6:1]
Die Mutter sollte als Ehemann ihrer Tochter ablehnen einen Fleischesser, einen Gefährten eines Fleischessers, einen mit gewalttätigem Naturell, einen wie ein Wolf grausamen, einen Dieb, eine grauhaarige Person, einen an Gonorrhö leidenden, einen Dandy, einen mit einem steifen Nacken wie ein Bär, einen Lichtscheuen. [8:6:2]
O Aussätziger, versuche nicht zu heiraten. Wenn Du irrtümlich verheiratet bist, wohne diesem Mädchen nicht bei. Lebe nicht in ihrem Hause. Für dieses Mädchen wähle ich einen schönen Ehemann aus, als Abhilfe gegen einen, der an Lepra leidet. [8:6:3]
Alle belebende, halbwegs Wachstum fördernde, Gesundheit fördernde, hochgradig reizende, hochwirksame, attraktive Medikamente verwenden wir für die Heilung. [8:7:1:]
Mögen die Heilkräuter, deren Vater die Sonne, deren Mutter die Erde, deren Wurzel das Wasser, diesen Mann von der aus Lust geborenen Schwindsucht befreien. [8:7:2]
Laß die schmerzverbannenden Pflanzen die Krankheit vertreiben, deren Seele Wasser ist, indem sie sie mit ihren scharfen Dornen durchdringen. [8:7:9]
Arzneien, die uns von Krankheit befreien, Wassersucht heilen, stark wirkende Gegenmittel von Gift sind, Husten und Lungenentzündung beseitigen, Schmerz lindern, sollen alle in diesem Ärztehaus gesammelt werden. [8:7:10]
Das Durbha–Gras, Feuer, die Grasssprossen, Ashvaivara [und] Parushawara wirken als Gegenmittel gegen Schlangengift. [10:4:2]
Kairatika oder Kumarika wird auf dem hohen Grat der Hügel ausgegraben. [10:4:14]

O Pflanze, du wirst Taudi, Kauya oder Ghritachi genannt. Ich entnehme von unterhalb deiner Wurzel den Teil, der Gift tötet. [10:4:24]

O Arznei! Vertreibe das Gift aus jedem Glied und befreie das Herz von ihm. Laß so die sengende Hitze des Giftes nach unten und weg von Dir gehen. [10:4:25]

Laß das Jangida–Kraut die tödlichen Krankheiten wie Asharika, Vishrika, Asthma, Krebs des Rückgrats vertreiben, [und] Schwindsucht, welche die Energie des Körpers aufzehrt. [19:34:10]

O Dame, laß den gelehrten Arzt, gut bewandert in der Wissenschaft der Vernichtung von Keimen aller Krankheiten, im Einvernehmen mit einem vedischen Gelehrten, die bösartige Krankheit auslöschen, die Deinen Uterus ergriffen hat. [20:96:11]

O Dame, laß den erfahrenen Arzt mit Wissen und Gelehrtheit der Veden, die bösartige Krankheit gründlich vernichten, die sich latent in Deine Gebärmutter eingenistet hat. [20:96:12]

Diese giftigen Pflanzen sollten an einem sicheren Ort verbleiben! Der rauhe Berg, der diese Kräuter hervorbringt, sollte unter Aufsicht der Regierung bleiben. [21:6:8]

SECHSTER ABSCHNITT

Instrumente des Lernens

*tam aseet tamasa goohyaamagre apraketam
salilam sarvama ah idam
tuchhyenabhyupaihitam yadaseet
tapasastan mahinaajayataikam*

Am Beginn war die Dunkelheit eingehüllt in Dunkelheit;
Diese sichtbare Welt war reduziert auf ihre Ur–Natur.
Diese Ur–Welt war umschlossen
Von der all durchdringenden Macht der Unendlichkeit,
Verborgen in der Leere,
Erzeugt durch die Macht konzentrierter Bemühungen.

RIK VEDA 10:129:1-3

KAPITEL SECHZEHN – Definitionen, Begriffe und Metaphern

EINE REIHE VON SANSKRITBEGRIFFEN IST SINNGEMÄSS INS deutsche übertragen. Hier wiederholen wir die Mahnung zur Vorsicht. Es gelingt nicht immer, den Sinn dieser Begriffe aus jenem kulturellen Umfeld, das sie Jahrtausende durchwandert haben, in ein völlig fremdes Umfeld zu übertragen.

Eine Definition ist die genaue Aussage über die Natur von Eigenschaften, Reichweiten bzw. wesentlichen Qualitäten eines Wesens. Sie ist die Erläuterung eines Begriffs. Eine Definition sollte die formelle, präzise, klare und sorgfältige Erklärung der Bedeutung eines Wortes oder einer Redewendung leisten. In vielen Fällen ist eine dem Zusammenhang gemäße Definition gemäßer als eine wortgenaue oder formale Definition. Die Definition eines Begriffs oder Symbols drückt implizit historische, kulturelle, geographische und soziale Zusammenhänge aus. Gewichtige Risiken behaften kulturübergreifende Übersetzungen, weil sie dazu neigen, sorgfältig definierte Unterschiede gravierend zu verzerren. Bezeichnungen wie *Vedische Offenbarung, Gott des Hinduismus, Gnade Vishnus*, russische Demokratie, erhabener Buddha, äußern Unterschiedliches aus unterschiedlichen sozialen und kulturellen Hintergründen. Unter „Gnade" wird eher die christliche Gnade, unter „Gott" und „Offenbarung" werden die Gottheit und ihre Offenbarung im Sinne der semitischen Religionen verstanden, während „Demokratie" das gleichnamige britische Modell vermitteln mag. Im *vedischen* Lexikon bedeuten Begriffe wie Gnade, Gott und Offenbarung etwas völlig anderes.

Die Seherwissenschaftler haben oft Metaphern zur Hilfe genommen, um komplexe Gedanken zu vermitteln. Ein Name oder ein beschreibender Begriff oder eine Redewendung wird phantasievoll auf einen Gegenstand, eine Handlung oder einen Vorgang angewandt. Ein eloquentes Beispiel hierfür ist „der berühmte Gott mit dem Elefantenkopf" *Ganesh*: er ist standfest und weise wie ein Elefant; er hat einen großen Kopf, worin er die über die Zeit gesammelten Erfahrungen speichert. Buchstäblich übersetzt bedeutet *Ganesh* „Chef" oder „Herrscher" (*Isha*) der Gemeinde oder Gruppe (*Gana*). Weil Weisheit und Erfahrung unentbehrliche Voraussetzungen für eine führende Persönlichkeit sind, wird er vor dem Beginn einer jeden Aktivität oder eines jeden Vorhabens angerufen. Das mag sich auf Studium, Geschäft oder gesellschaftliche Veranstaltung beziehen. Das dient aber dazu, alle an die gewichtige Rolle von Weisheit, Erfahrung, Tiefe, Hingabe und

Standfestigkeit für ein gutes Gelingen zu erinnern. Sich auf *Ganesh* zu beziehen oder aber auch auf *Vishnu, Shiva* oder *Saraswati* bedeutet für jemanden, der mit dem kulturellen Hintergrund vertraut ist, sein Bewußtsein auf eine umfassende Vorstellung einer Reihe von Ideen und Begriffen zu lenken. Würde diese Vertrautheit fehlen, würde eine solche Bezugnahme lediglich den Schein bizarrer Bilder erwecken.

Die Entzifferung eines in den *Veden* gebrauchten Wortes erfordert daher die Identifizierung der Wurzel aus der das Wort gewachsen ist; es entwickelt sich mit der Hinzufügung von Nach- und Vorsilben. Es wird notwendig, die Reise eines jeden Wortes durch ein Labyrinth von Ideen und Begriffen zu verfolgen und diese im kulturellen Zusammenhang des *Sanatana Dharmas* zu orten. Dieser ist irrtümlich als eine „Religion" übersetzt und gedeutet worden, wie wir gleichen erfahren werden.

In einem gewissen Sinne versucht das vorliegende Buch einige wenige Ausdrucksweisen und Begriffe zu definieren, wie sie von den Seherwissenschaftlern beim Übermitteln der *Veden* verwendet wurden. Im Zuge dieses Definierens mußten wir aber auch andere Wörter und Begriffe verwenden, die zum klareren und genaueren Verstehen dessen, was sie übermitteln wollten, nötig wären. Bemühten wir uns aber, alle in diesem Buch verwandter Wörter vollständig zu klären, würden wir den Brennpunkt aus den Augen verlieren. Dieser besteht darin, die eigentlichen, in den *Veda Mantras* verborgenen, Botschaften der Seherwissenschaftler zu entschlüsseln. Deshalb versuchen wir in diesem Kapitel, nur einige der in diesem Werk verwendeten zahlreichen Begriffe beispielhaft zu erläutern. Bei der Auswahl dieser Wörter haben wir auch die Länge des Weges berücksichtigt, den wir bislang gemeinsam bewältigt haben und dessen Bedeutung. Dies auch deshalb, weil einige Wörter uns verleiteten, von einer Deutungsschicht zu einer anderen überzugehen und von einer Dimension in eine andere schreitend auf sie zu schauen. In anderen Fällen haben wir der Versuchung widerstanden, in der Hoffnung, daß der interessierte Leser sich der Mühe unterziehen wird, sich mit Bedeutung, Botschaft und Signifikanz der nicht ausführlich erörterten Wörter aus eigener Kraft vertraut zu machen.

Auch in diesem Kapitel werden alle Sanskritwörter in kursiv gesetzt, aber jene zu definierenden fett, so daß sie auf der Seite leicht gefunden werden können. Einige davon werden nicht gleich bei der ersten Erwähnung definiert. Es ist dringend ratsam, die Konzepte und Metaphern der Seherwissenschaftler sorgfältiger zu studieren als im klassischen Sinne des Wortes „studieren". Also, nicht nur mit

Bemühungen des Intellekts, sondern auch mit freiwilliger Hingabe und spontaner Begeisterung.

In der *vedischen* Tradition erfordert das Studium einen **Guru**, der ein Lehrer oder Ausbilder ist, unabhängig vom Geschlecht. Im *Santana Dharma* aber nimmt niemand einen höheren Platz ein als der *Guru*. *Gu* heißt „Finsternis"; *Ru* kennzeichnet etwas, das vertreibt. *Guru* bedeutet daher „jemand, der die Finsternis vertreibt". Ein Lernender sucht alles was wirklich **ist**. Und ein *Guru* leitet den Lernenden zu all dem Wirklichen.

Gewöhnlich sind wir voller Mängel, die unseren Verstand unbeständig machen. Wir können unseren Verstand nicht einmal für einen Augenblick auf einen einzelnen Gegenstand ausgerichtet halten. Nur wenn wir unsere Meditation auf ein Objekt richten, was reichlich Wissen beinhaltet, und ruhig und standfest ist, können wir zu einem Zustand des Gleichgewichts und der Stille gelangen. Das kann ein Ding oder ein Mensch sein, der von diesen Eigenschaften durchdrungen ist, und dieses Ding oder dieser Mensch ist unser *Guru*. Eine Person gelangt zu *Jnana* nur durch die Gnade des *Gurus*.

Die Wörter *Guru* und **Acharya** werden oft im gleichen Sinne verwendet, aber es gibt zwischen den beiden einen Unterschied. Ein *Acharya* ist vor allem durch das tägliche Verhalten ein lebendiges Vorbild. Ein *Acharya* ist jemand, der – unabhängig vom Geschlecht – die Bedeutung der *Shastras* hinterfragt, andere in die *Shastras* einweist, mit diesen im Einklang lebt und dadurch andere dazu anspornt, auch im Einklang mit diesen zu leben, unterrichtet durch Unterweisung und Praxis, und nicht nur durch reden und schreiben über die *Shastras*. Ein *Acharya* lebt ein nach den von den *Shastras* festgesetzten Bräuchen und Handlungsweisen und nach deren Überlieferungen diszipliniertes Leben. Ein *Acharya* ist eine profund gebildete Person mit der Fähigkeit, die Zweifel anderer zu zerstreuen.

Guru bedeutet auch „gewichtig" oder „groß". Ein *Guru* ist also jemand mit innerer Größe und Wichtigkeit. Die Eigenschaften bzw. Eignungen eines *Acharya* werden durch sein tatsächliches Verhalten und durch seine Rolle als Lehrer sichtbar, obwohl klar ist, daß sich sein innerer Charakter im beobachtbaren Verhalten offenbart. Der *Guru* dagegen braucht nichts äußerlich Wahrnehmbares zu *tun*, auch nicht als eine gelehrte Person im weltlichen Sinne des Wortes zu erscheinen. Ein *Guru* braucht nicht, anders als der *Acharya*, durch das persönliche Verhalten Beispiele zu setzen. Ein *Guru* braucht nicht einmal den Mund aufzumachen, um Leute zu belehren oder ihnen Anweisungen zu erteilen. Es hat viele *Mauna Gurus* gegeben, die im Schweigen versunken nie ein Wort gesprochen haben. Die innere Erfahrung bzw. Verwirklichung ist die Welt des *Gurus* und es ist dieses „Gewicht", das den *Guru* berechtigt, so genannt zu werden. Ein *Guru* ist für einen Suchenden unentbehrlich.

Der eigentliche *Guru* in einem tieferen Sinne ist der Schüler selbst, mit seinem reinen inneren Intellekt und seinem gereinigten Verstand, der aus dem Innersten die Wirklichkeit zu erkennen begehrt. Der wichtigste Faktor ist also das eigene Bemühen. Das Werkzeug dieser Suche, das innere Selbst, muß gereinigt werden. Wenn dieses vollbracht ist, wird der *Guru*, der für die nächste Phase des Wachstums erforderlich ist, da sein. Das ist das Ewige Gesetz.

Der Dialog zwischen dem *Guru* und dem **Shishya** (Jünger oder Lernender) muß letztendlich im Innern stattfinden. So verläuft die Suche nach dem Wirklichen. Wie umfassenden und sorgfältig der Austausch zwischen Lehrer und Lernendem während ihrer physischen Begegnung auch sein mag, es verhilft dem Lernenden nicht, in das Innerste des Seins vorzudringen. Die Kraft des *Gurus* tritt in den Schüler nur durch das *Mantra* ein. Die Wiederholungen lassen die *Mantras* ihre Kraft mit großer Wucht entfalten.

Der *Guru* verhilft dem Suchenden zum **Jnana**, das man mit „Wissen" übersetzt. Er beginnt mit dem Vertrautwerden mit Fakten und mündet in das Informiert- und Bewußtsein. Er ist die intellektuelle Wahrnehmung von Fakt bzw. Wirklichkeit. Das Wissen ist ein klares und bestimmtes Verständnis bzw. Bewußtsein, ein direkter Gegensatz zur Meinung. Aber der *Jnana* ist in dem Sinne ein technischer Begriff, als es die Kenntnis jener Wirklichkeit ist, wonach die Unterschiede und die bunte Pluralität des Universums aus der **einen** Quelle entstehen und letztendlich in der selben Quelle wieder aufgehen. Wie sich diese unteilbare Quelle zur Vielfalt entwickelt, ist das **Vijnana**; wie sich die Pluralität und die Unterschiede in der Einheit subsumieren, ist das *Jnana*. Das Erlangen des reinen Wissens bedeutet in Wirklichkeit die erneute Entdeckung des Selbst in uns, das immer existent ist.

Zu wirklichem Wissen gelangen ist wie eine Übung zur Beseitigung der Dunkelheit. Wir können viel Zeit und Mühe beim Fegen eines dunklen Raumes aufwenden. Der Raum wird dunkel bleiben, weil das Fegen keine geeignete Methode der Beseitigung der Dunkelheit ist. Nehmen wir aber eine Lampe in die Hand und treten in den dunklen Raum, wird dieser augenblicklich heller werden, wie dicht die Dunkelheit auch sein mag. Ähnlich verdunkelt die Ignoranz (der **Ajnana**) das reine

Licht des Wissens und verdeckt es mit einem Schleier des Unwissens. Das leuchtende Bewußtsein, oder das Selbst, ist ewig strahlend. Die ihn umwickelnde Ignoranz braucht nur beiseite geschoben zu werden. Entferne das Mißverständnis über unsere wirkliche Natur und schon ist das Selbst offenbart. Wir brauchen es nicht zu „entdecken", weil Wissen allein das Gegenmittel gegen Ignoranz ist. Der Sonnenschein ist immer strahlend und erhellt die Welt über das ganze Jahr. Die vorübergehenden Wolken verdecken seine Helligkeit, und sie erscheint, sobald die Wolken wegziehen.

Der **Agama** fördert die Aneignung von Wissen. In seinem *Sanskrit-English–Dictionary* (Ausgabe 1990) beschreibt Sir Monier Monier-Williams *„Agama"* als *„näher kommen, sich nähern, Erscheinen bzw. Wiedererscheinen, Einnahme, rechtmäßiger Erwerb von Eigentum, Erwerb von Wissen, Wissenschaft, Sammlung solcher Doktrinen, heiliges Werk, alles Überlieferte bzw. durch Tradition Festgelegte (wie die Deutung eines Textes oder Dokuments)"*. Aus Unverständnis seiner Bedeutung haben einige westliche Gelehrte *„Agama"* als *„eine bedeutungslose Silbe oder Buchstaben, eingeschoben in einen beliebigen Teil des aus der Wurzel gebildeten Wortes"* abgetan. In seiner wirklichen Bedeutung ist der *Agama* die geistige Tätigkeit oder jener Vorgang, der es dem Verstand ermöglicht, etwas zu erkennen, das ihm durch eine vertrauenswürdige Person oder einen maßgeblichen Text als Information übermittelt wurde. Die übermittelnde Instanz ihrerseits war zu der Erkenntnis, die sie übermittelte, durch eigene Wahrnehmung oder Schlußfolgerungen gelangt.

Forscher haben den Begriff *Agama* auf verschiedene Weise übersetzt: Zeugnis, verbales Erkennen, verbale Mitteilung oder kompetenter Beweis. Im allgemeinen wird es mit „Zeugnis" übersetzt, aber diese Übersetzung ist nicht umfassend. *Agama* ist nicht die bloße Übermittlung einer Mitteilung durch eine maßgebliche Person, sondern der Erkenntnisprozeß, den diese Mitteilung in der empfangenden Person auslöst.

Das Ziel all dieser Aktivität ist es, die wirkliche Natur und Bedeutung unserer Existenz zu erkennen – was wir sind, wo wir sind, wie wir hierher gekommen sind und wohin wir gehen. Die Existenz eines Individuums[1] - belebt oder nicht – wird durch drei funktionale Faktoren erkennbar: **Kriya** (Funktion), **Roopa** (Form) und **Nama** (Name). Diese

---

[1] „Individuum" wird hier verwendet im technischen Sinne und nicht als „eine Person". In diesem Sinne ist jedes Ding ein Individuum: Gegenstände und Lebewesen, Sterne und Planeten und alles mit eigener Identität, nicht aber eine Summe anderer Individuen.

drei Bestandteile definieren die Existenz und bilden den **Abhwa**. Die Existenz ist eine unteilbare Erscheinung. Werden wir uns der Existenz eines Gegenstandes bewußt, erlangt diese unteilbare Erscheinung die drei Dimensionen: Funktion, Form und Name.

Das Universum ist die Gesamtheit all dessen, das erschaffen wurde, und diese Gesamtheit hat sich aus der einen Quelle bzw. Grundlage entwickelt, die bekannt ist als der *Brahma*. Es gibt zweierlei *Brahma*: der **Abhu** und der **Abhwa**. Derjenige, der sieht, der Seher, wird der *Abhu* genannt, und das, was gesehen wird, die Szene, ist der *Abhwa*. Das **nicht** durch Richtung, Raum und Zeit Eingegrenzte ist der Seher. Und das durch Richtung, Raum und Zeit Eingegrenzte ist der Akt, die Szene, bekannt als der *Abhwa*.

Auch das **Jagat** übermittelt die Vorstellung des Universums, sollte aber nicht nur als die feste äußere Welt verstanden werden, wie wir dies gewöhnlich tun. Das *Jagat* ist eher die totale Erfahrung eines Individuums in den drei Ebenen der Existenz – Wachzustand, Traum und Tiefschlaf –, wahrgenommen mittels unserer physischen, mentalen und intellektuellen „Ausrüstung". Kurz gesagt, das *Jagat* umfaßt die von Sinnesorganen wahrgenommene Totalität der Dinge, wie Formen, Düfte usw., vom Verstand erfahrene Gefühle und Emotionen, und vom Intellekt gelebte Ideen und Ideologien. Die Totalität der Erfahrung, gewonnen durch unsere festen, subtilen und flüchtigen Körperteile ist das *Jagat*.

Der **Loka** ist eine weitere Bezeichnung für die Welt. Der *Loka* bedeutet ein Erfahrungsfeld – die besondere Welt, in der ich mit eigenen inneren Erfahrungen lebe –, während die äußere Welt der Dinge praktisch für alle gleich bleibt. Der *Loka* ist eher ein nicht-physikalisch begriffener Raum als der physikalische Raum selbst.

Wir haben in einem früheren Zusammenhang den Ausdruck „festen Körper" (gross body) benutzt. Der feste Körper setzt sich aus fünf **Bhootas** (Elementen) zusammen: Raum *(Akasha)*, Luft *(Wayu)*, Feuer *(Teja)*, Wasser *(Apa)* und Erde *(Prithwi)*. Wenn wir den Zerfall des Körpers nach dem Tode betrachten, stellen wir fest: bald nachdem das Leben ihn verlassen hat, tritt die Wärme aus und die Leiche wird eiskalt (Feuer), sie bläht sich und stößt Gas (Luft) aus und verwest bald in ihre eigenen Bestandteile aus Säften (Wasser). Schließlich zerfallen die festen Bestandteile und verwandeln sich in Staub (Erde). Der vom Körper besetzte Raum wird hergegeben (Raum).

In allen Schöpfungen entfaltet sich die feste Form aus seinen feineren Bestandteilen, die Ursache geht der Wirkung voraus. Die

Theorie von **Panchikarana** erläutert ausführlich wie diese fünf *Bhootas* (Elemente) wachsen und sich untereinander vermengen, und wie sie sich aus den feinsten *Tanmatras* entwickeln. Der Begriff von *Bhoota* oder **Mahabhoota** als materielles Element, eingeordnet in fünf Kategorien, wurde insbesondere in den Philosophieschulen von *Samkhya* und *Yoga* entwickelt. Diese fünf festen Elemente werden auch in Korrelation mit den fünf Sinnen und ihre Eigenschaften in Korrelation mit menschlicher Empfindsamkeit definiert.

Der *Bhoota* ist eines der vielen von der Wurzel *Bhu* abgeleiteten Wörter. *Bhu* bedeutet ‚sein' und drückt die Idee von Wachstum, Entwicklung, Gedeih, also den dynamischen Aspekt des Seins aus. *Bhu* weist auf ein Wesen aus der Perspektive des Schöpfungsprozesses, der Erschaffung, der Geburt, des Werdens, des Zugewinns; während sich *Bhava* auf das Wesen aus der Perspektive seines vollendeten Zustands bezieht. Die alten Grammatiker meinen, daß es zwei Wurzeln der gleichen Form gibt, was die vielschichtigen Bedeutungen der Ableitungen erklärt.

Der *Bhoota* ist das Vergangenheitspartizip von *Bhu*. Es wird als Adjektiv im Sinne von „vergangen", „erzeugt" oder „geschehen" gebraucht, aber auch als Substantiv, das männlich ist, wenn es „Lebewesen" oder „Geschöpf" bedeutet, sächlich mit der Bedeutung von „Wohlbefinden", „Realität" oder „Element" und wahlweise männlich oder sächlich, wenn es sich auf ein übernatürliches Wesen bezieht.

Mahabhoota ist eine bestimmende Zusammensetzung aus *Mahat*, das ‚groß' oder ‚fest' bedeutet, und *Bhoota*. Es wird als männlich gebraucht in bezug auf ein „großes Lebewesen" und sächlich in bezug auf die festen Elemente wie die Erde usw.

Viele Ableitungen von *Bhu* bedeuten die Idee von Geburt, Schöpfung und „gedankliche Vorstellung", also eine Schöpfung des Verstandes. *Bhava* weist auf Geisteszustände und auf alle mentalen Schöpfungen. *Bhoota* bedeutet „Wesen" und der Zusammenhang weist auf alles, das erschaffen worden ist, die Welt im allgemeinen oder die Lebewesen.

Der **Akasha**, eines der fünf *Mahabhootas*, ist abgeleitet von der Wurzel „*Kas*", die „leuchten" oder „sichtbar sein" bedeutet, mit dem Präfix *A* bedeutet es den „Raum", der alle Dinge sichtbar macht und sie erkennbar werden läßt, wie die Sonne und andere leuchtende Wesen.

Das Wort *Akasha* und seine Synonyme **Kha** und **Vyoman**, in ihrem ursprünglichen, symbolischen und metaphorischen Sinne gebraucht, decken eine breite Spanne von Bedeutungen auf verschiedenen Ebenen ab, wie physisch und metaphysisch, elementar und transzendental, mikrokosmisch und makrokosmisch, mathematisch und astrologisch. Zu der Reise durch diese Schichten von Bedeutung starten wir von einem kleinen Punkt oder Loch aus und erreichen die ultimative Wirklichkeit. Ihre unterschiedlichen Bedeutungen und Schattierungen sind oft miteinander verbunden und verschmelzen ineinander.

Der Raum ist eines der fünf Elemente auf der physischen bzw. materiellen Ebene. Seine Eigenschaft ist solide und er versorgt alle Dinge mit Raum. Es gibt keinen Konflikt mit anderen Elementen, aber er ko–existiert mit diesen und durchdringt sie. Im Körper erscheint er in der Gestalt der Höhlen. Selbst auf der physischen Ebene ist Raum sowohl innerhalb als auch außerhalb einer Person vorhanden. Die normale Wahrnehmung findet im materiellen Raum statt, während die supranormale Wahrnehmung im Intellekt und im Bewußtsein als Raum stattfinden kann.

Der Raum ist vielleicht der wichtigste der fünf *Bhootas* (Elemente). Diese nehmen einen herausragenden Platz im *Samkhya*, einem der sechs Systeme der alten Philosophie, ein. Es wird auch als *Sankhya* buchstabiert, worin die Bedeutung von „Aufzählung" bzw. „Zahl"' enthalten ist. Im *Mahabharata* werden viele Lehrer dieser Schule namentlich erwähnt. Unter ihnen sind drei, die in der späteren technischen philosophischen Literatur oft als wichtige Vorläufer der *Samkhya* Philosophie genannt sind. Diese drei sind *Kapila*, *Asuri* und *Panchasikha*. Die *Samkhyas* waren die Verfechter der Ansicht, daß die Wirkung potentiell schon in ihrer Ursache existent ist, die nur ein leichter Anstoß benötigt, um die Wirkung beobachtbar zu machen. Diese Schule begriff die Veränderung als einen Prozeß, der in der realen Welt außerhalb unseres Bewußtseins stattfindet. Die *Samkhya* Denker waren unter den ersten, die systematische Techniken entwickelten, welche die Bezeichnung Logik verdienen.

Die *Samkhya* nahmen einen stetigen Dualismus in der Ordnung der Materie **(Prakriti)** und dem Selbst **(Purusha)** an, den man ebenso als einen Dualismus zwischen Materie und reiner Energie empfinden könnte. Ursprünglich sind sie getrennt, aber im Laufe der Evolution identifiziert sich der *Purusha* irrtümlich mit Aspekten der *Prakriti*. Die richtige Erkenntnis besteht eigentlich in der Fähigkeit, den *Purusha* von der *Prakriti* zu unterscheiden. Dieser Dualismus betrifft zwei alles durchdringende ultimative Grundsätze, namentlich das pluralistisch konstruierte reine Bewußtsein und eine urzeitliche materielle Eigenheit. Weil *Purusha* und *Prakriti* hinreichend das Universum erklären, wird die

Hypothese über die Existenz eines „Gottes" in der *Samkhya* Philosophie nicht aufgestellt.

Sie ist der Ansicht, daß die Urmaterie aus den drei konstituierenden Vorgängen *(Gunas)* der Verständlichkeit *(Sattva)*, Tätigkeit *(Rajas)* und Trägheit *(Tamas)* gebildet wird. Wegen der alles durchdringenden Präsenz jener beiden ultimativen Grundsätze, unterliegen diese drei konstituierenden *Gunas* (Vorgänge) der Urmaterie einer ständigen Umwandlung und Zusammenfügung. Analytisch betrachtet sind die verschiedenen Wandlungen und Zusammenfügungen der Urmaterie einfach Teile eines insgesamt funktionierenden Ganzen. Als Synthese betrachtet ist die Urmaterie (mit ihren Bestandteilen) konstruiert als eine grundlegende nicht–offenbare materielle Ursache, aus der 23 vorexistente Wirkungen offenbart werden. Diese sind: 1. der Intellekt, 2. das Ich–Gefühl *(Ahamkara)*[2], 3.-7. eine Gruppe von fünf feinen Elementen, alle beschrieben als sowohl zur Schöpfung fähig wie auch als Geschaffenes, 8.–23. eine Gruppe von 16 zusätzlich auftauchenden Wirkungen, einschließlich des Verstandes, der fünf Sinne, der fünf Aktionsfähigkeiten und der fünf festen Elemente. Die fünf feinen Elemente, die fünf Sinnesfähigkeiten, die fünf Aktionsfähigkeiten und der Verstand machen die Struktur des Ich–Gefühls aus, welches seinerseits aus dem Intellekt entsteht. Die festen Elemente entstehen aus den fünf feinen Elementen und zusammen bilden sie den natürlichen Körper und die Welt der Phänomene.

Der Verstand hält den Schlüssel zu unserer Reise zur Selbstverwirklichung bzw. zur Entdeckung der Wirklichkeit. Dabei ist die Kontrolle unserer intellektuellen Schwächen das wichtigste, um unser volles Potential zu entfalten. Das **Chitta**, oft übersetzt als Verstand, sollte dabei angesehen werden als der Sitz, das Organ oder das Aggregat der intellektuellen, gewollten und emotionalen Tätigkeiten, Funktionen und Prozessen in jedem von uns.

Vor ihrer Offenbarung auf der festen Ebene waren die fünf Hauptelemente – Raum, Luft, Feuer, Wasser und Erde – jedes für sich selbst. In ihrem reinen natürlichen Zustand sind sie als die *Tanmatras* bekannt. Ihre Offenbarung auf der festen bzw. materiellen Ebene findet in fünf genau bestimmbaren Stadien statt. Sie sind:

Stadium 1: sie sind in ihrem eigenen individuellen reinen Zustand.

Stadium 2: jedes *Tanmatra* aller dieser fünf Elemente zeigt die Neigung, sich in zwei gleiche Hälften zu spalten.

---

[2] Einige westliche Gelehrte haben den Begriff „Ich–Bezug" (engl.: „Egoity") für *Ahamkara* benutzt.

Stadium 3: sie spalten sich in zwei Hälften.

Stadium 4: ein halbes *Tanmatra* eines jeden Elements bleibt intakt, während sich die andere Hälfte in vier gleiche Abschnitte teilt, also jeder Abschnitt ein Achtel des ganzen *Tanmatra* beträgt. Somit hat sich jedes *Tanmatra* (des Stadiums 1) in fünf Segmente gespalten: ein Halbsegment und vier Achtelschnitte.

Stadium 5: jede Hälfte bleibt unverändert, und kombiniert sich mit den vier Achtelschnitten, entliehen von allen anderen vier Elementen.

Aus den fünf *Tanmatras* entstehen die fünf *Bhootas* vom *Akasha* usw. Aus dem *Tanmatra* von Laut entsteht Raum, dessen Eigenschaft der Laut ist. Aus dem *Tanmatra* von Berührung, im Verbund mit dem *Tanmatra* von Laut entsteht der Wind, dessen Eigenschaften der Laut und die Berührung sind. Aus dem *Tanmatra* von Farbe, im Verbund mit den *Tanmatras* von Laut und Berührung entsteht Feuer, dessen Eigenschaften Farbe, Berührung und Laut sind. Aus dem *Tanmatra* von Geschmack, verbunden mit den *Tanmatras* von Laut, Berührung und Farbe entsteht Wasser, dessen Eigenschaften Geschmack, Farbe, Berührung und Laut sind. Und aus dem *Tanmatra* von Geruch, verbunden mit den *Tanmatras* von Laut, Berührung, Farbe und Geschmack entsteht Erde, deren Eigenschaften Geruch, Geschmack, Farbe, Berührung und Laut sind.

Die *Samkhya* Schule hat den Begriff *Tanmatra* entwickelt, um die Verknüpfung der Sinnesorgane mit den Elementen zu beschreiben. Die Eigenschaften der Elemente sind mit Merkmalen spezifiziert, welche miteinander etwas gemeinsam haben. Es gibt Laute mit vielen Tonhöhen, Stärken, Tempi usw., aber sie alle haben die Eigenschaft, daß sie Laute sind. Was lediglich der allgemeine Laut ist, wird *Tanmatra* genannt, „nur das". Dieses *Tanmatra* wird als eine Phase der Materie im Zyklus der Wandlung angesehen. Es ist von delikater Feinheit und unterliegt weiterer Umwandlung zum festen Element. Das Wandlungsschema ist so, daß die Elemente aus einem oder mehreren *Tanmatras* hervorgehen und eine oder mehrere der entsprechenden Eigenschaften besitzen. Die folgende Tabelle zeigt die Zahl der *Tanmatras* die jedes Element erzeugt und die Zahl der entsprechenden Eigenschaften eines jeden von ihnen:

Definitionen, Begriffe und Metaphern

Tanmatra	Akasha	Wayu	Tejas	Apa	Prithwi
Shabda	*				
Sparsha		*	*		
Roopa		*	*	*	
Rasa		*	*	*	*
Gandha		*	*	*	*

Tejas (das Wort wird im allgemeinen als Tesa ausgesprochen) ist eines der fünf *Bhootas*, stets sächlich, von der Wurzel *Tija-nisane*, „scharf sein", abgeleitet. Das *Tejas* wird in der Regel mit „strahlend" und „Schein" übersetzt. Seine etymologische Bedeutung, nämlich Schärfe oder Spitze, wird im allgemeinen vergessen, mit Ausnahme des Hindi, in dem *Tej* „scharf" bedeutet. Die ursprüngliche Bedeutung des Wortes hat sich gewandelt zum Ausdruck für die Spitze einer Flamme, für einen scharfen Lichtstrahl und schließlich für Feuer und Licht. Der Gedanke von Schärfe und Heftigkeit ist in den Deutungen erhalten geblieben, die Stärke, Tapferkeit usw. bezeichnen, und auch in anderen Auslegungen – ein gewisses Leuchten in Form von Ausstrahlung, Glanz; und der dynamische, expansive oder gar schädliche Aspekt von Licht und Feuer. Das *Tejas* bedeutet daher Macht, Licht und Kraft.

Bislang haben wir die Begriffe betrachtet, die im allgemeinen gebraucht werden, um die Vorgänge im physikalischen Universum zu erklären. Bewegen wir uns aber von der physikalischen zur supraphysikalischen Welt, wird uns ein höherer Grad der Verfeinerung und eine völlig neue begriffliche Welt abverlangt, um die neuen Probleme zu definieren und zu verstehen. Nehmen wir zum Beispiel das Wort **Ananda**. Buchstäblich bedeutet der *Ananda* das Gefühl von Freude, von Glückseligkeit, von Wohlbefinden, von Gelassenheit. Im *Yoga* ist dieses Gefühl das Ergebnis der Ruhe und Entspannung, die als Folge der Einschränkung des mentalen Vorgangs entsteht. Dies wird im allgemeinen von den Praktizierenden des *Yogas* erfahren und beobachtet.

Der *Ananda* ist die erste Form oder Äußerung vom *Atma*. Er scheint sich in alle Richtungen zu bewegen, aber bleibt doch ortsfest. Im *Veda* gehört der *Ananda* zum supraphysikalischen Universum und übermittelt auf einer viel tieferen Ebene diese Botschaft. Der *Ananda* ist, wenn etwas etwas anderes hervorbringt, ohne sich dabei zu dezimieren oder zu deformieren. Diese „Qualität" unterscheidet ihn von den Dingen des physikalischen Universums. Ein Samen „deformiert" sich, wenn er sich zum Schößling entwickelt. So entsteht Dickmilch durch die „Zerstörung" von Milch. Tiere fressen Gras. Dieses Gras wird „zerstört", wenn sich in ihrem Körper Milch bildet. Aus dem *Ananda* hingegen entstehen immerfort verschiedene Dinge, ohne dabei seine ursprüngliche Form zu zerstören oder in irgend einer Weise zu beeinträchtigen.

Der *Ananda* besteht aus zwei Silben: *Aa* und *Nanda*. *Aa* bedeutet „rund herum" und *Nanda* ‚Ausdehnung, Zunahme oder Vorrücken. Was kräftig vorrückt, aber sich überhaupt nicht bewegt, ist der *Ananda*. Im Kapitel „Jeeva, Ishwara und Parmeshwara" haben wir angemerkt, daß dies ein Symptom vom *Atma* ist. Der *Atma* wird daher der *Ananda* genannt.

Die natürliche Eigenschaft (*Dharma*) von Wasser ist es, ruhig bzw. friedlich zu bleiben. Die Bewegung im Wasser findet wegen äußerer Faktoren, wie dem Wind, statt. Ähnlich ist die „natürliche" Eigenschaft vom **Atma** friedlich zu bleiben, glücklich zu sein. Regungen in ihm entstehen wegen der Ignoranz, die aus äußeren Elementen ausströmt. Während die Ignoranz abnimmt und das Wissen zunimmt, gewinnt der *Atma* an Kraft, seine Bewegungen verringern sich und der Friede folgt. Dieser Friede ist eine Form von *Ananda* und aus diesem Grunde ist der *Atma* als eine weitere Erscheinungsform des *Ananda* bekannt. Man sagt auch, daß der *Atma* vom *Ananda* durchdrungen ist.

Rishi ist ein weiterer wichtiger hier zu erklärender Begriff. Wie das Wort **Devata**, das irrtümlich als „Gottheit" oder „Gott" übersetzt wird, ist auch *Rishi* ein viel mißverstandener und falsch interpretierter Begriff. Westliche Gelehrte haben ihn übersetzt als *„ein Sänger heiliger Hymnen, ein inspirierter Dichter oder Weiser, eine Person, die allein oder mit anderen zusammen mit rhythmischen sakralen Sprüchen oder Gesängen die Gottheiten anruft."*[3] Maharshi Aurobindo, der große Mystiker und Philosoph der modernen Zeit in Indien, hat die Ansicht geäußert, daß *„die Rishis der Upanishaden versucht haben, das verlorene bzw. schwindende Wissen durch Meditation und vertiefende Erfahrung zurückzugewinnen und die Texte der alten Mantras als Stütze oder Zeugnis für ihre eigenen Intuitionen und Wahrnehmungen zu*

---

[3] Monier, Monier-Williams, Sir, *A Sanskrit–English Dictionary* (Ein Sanskrit-*Englisches* Wörterbuch), S. 226

nutzen; oder aber war das Vedische Wort ein Samen von Gedanken oder Vision, durch die sie alte Erkenntnisse in neue Formen hinüber gerettet haben. Was sie fanden, haben sie ausgedrückt in anderen, für ihre Zeit besser verständlichen Begriffen."[4]

Das Wort *Rishi* hat sich aus der Wurzel *Rish* entwickelt, die „sich bewegen", „schieben", „stoßen" bedeutet. Vor dem Beginn der Schöpfung gibt es einen ununterscheidbaren, endlosen, formlosen Ozean von supraphysikalischer Energie. Wie schon erläutert, irgendwann entstehen in diesem Ozean Regungen. *Rishi* ist das, was spontan in diesem stillen Ozean der supraphysikalischen Energie alles in Bewegung setzt. Die Seherwissenschaftler, die diese aus sich heraus in Bewegung geratene Kräfte „entdeckten" bzw. „sahen", wurden ebenfalls *Rishis* benannt, bzw. die *Rishis* erhielten die Namen dieser Seherwissenschaftler.

Die *Rishis* haben uns die *Veden* gegeben. Die Texte, die das supraphysikalische Phänomen, „*Veda*" genannt, erklären, wurden in vier größeren Sammlungen zusammengefaßt. Diese Bücher, die *Veden* sind in zwei Abschnitte geteilt: **Brahma** und **Brahmana**. Der Abschnitt mit den *Mantras* wird der *Brahma* genannt. Dieser erklärt die „Wissenschaft" des Kosmos, der *Veda* all dessen, was existiert. Er ist geteilt in prosaische, dichterische und musikalische Unterabschnitte. Der Unterabschnitt in Versen ist der *Rig Veda*, der Unterabschnitt in Prosa ist der *Yajur Veda* und der Unterabschnitt, der gesungen werden muß, ist der *Sama Veda*. Der Erläuterungsteil des Abschnitts mit den *Mantras* ist der *Brahmana*, der wiederum dreigeteilt ist: **Vidhi**, **Aranyaka** und **Upanishad**.

Der **Dharma** erleichtert die Suche nach der Verwirklichung des Selbst und zeigt zum Erreichen dieses Ziels drei Wege auf. Sie sind *Jnana*, *Karma* und *Upasana*. Sie sind nicht unterschiedlich im Wesen, sondern sind drei Facetten des selben Weges. Der *Karma*–Teil ist der *Vidhi*, der *Upasana*–Teil ist der *Aranyaka* und der *Jnana*–Teil ist der *Upanishad*. Der *Vidhi* lehrt uns die konkreten Aktionen bzw. Praktiken, die uns auf jenem Wege vorwärts bringen. Der *Aranyaka* erzählt uns über die *Upasana* und er umfaßt die Anrufung der supraphysikalischen Energien, um die Nähe zu ihnen und letztlich die vollständige Identifizierung mit ihnen zu erreichen. Der *Upanishad* lehrt uns das *Jnana* bzw. die Methode des Weges zur Verwirklichung des Selbst durch das Streben nach Wissen.

---

[4] Aurobindo, Sri, *The Secret of the Veda* (Das Geheimnis des Veda), S. 12

Die *Veden* teilen also alles Notwendige in zwei Abschnitte auf: *Brahma* und *Brahmana*. Der *Aranyaka* befaßt sich mit dem *Ishwara* in Gestalt und der *Upanishad* unterrichtet uns über den *Ishwara* ohne Gestalt, während der *Vidhi* die weltlichen Angelegenheiten erläutert. Obwohl sich der *Aranyaka* und der *Upanishad* auf den *Ishwara* mit und ohne Gestalt beziehen, werden sie im allgemeinen zusammen behandelt. Es gibt darin Übungen bzw. Anwendungen, in denen die Mittel und die Ziele weltlich bzw. physikalisch sind. Es gibt aber auch Aktionen, bei denen sowohl die Mittel wie auch die Ziele bzw. die Ergebnisse supraphysikalisch sind. Die zu solchen Tätigkeiten anleitenden Bücher werden *Brahmana* genannt. Die Seherwissenschaftler haben das, was sie im physikalischen und supraphysikalischen Universum „gesehen" haben, in der Form von *Mantras* überliefert.

Im Wörterbuch wird das *Mantra* definiert als: „*sprechen, reden, sagen, beschließen, beraten, sich mit (jemandem) beraten, (über etwas) entscheiden, (über etwas) beraten, diskutieren, mit magischen Texten weihen, mit Beschwörungen oder Zaubersprüchen bezaubern*". Daraus wird das Wort **Mantri** abgeleitet, das „*Denker, Berater, Ratgeber*" bedeutet.[5] Im allgemeinen Sprachgebrauch und in bezug auf die *Veden* sind die *Mantras* Hymnen, Verse, aus denen sich die *Vedischen* Texte zusammensetzen. Das *Mantra* ist die Grundlage aller praktischen Anwendungen, ebenso des *Yogas*, der Meditation und der Erkenntnis. Die *Vedische* Definition des Begriffs *Mantra* ist: „*das, was denjenigen schützt, der es rezitiert*".

Das *Mantra* besitzt Laut, und der Laut hallt wider im ganzen Universum. Wenn Wasser fließt, macht es ein glucksendes Geräusch. Wenn der Wind durch die Bäume weht, macht er ein rauschendes Geräusch. Wenn wir auf der Erde schreiten, erzeugen unsere Füße einen Laut. Auch innerhalb der Menschen gibt es ein unaufhörliches Geräusch, das die Atmung begleitet.

Der Laut hat gewaltige Macht; tatsächlich hat er die Macht, ein ganzes Universum zu erschaffen. Einige Seherwissenschaftler haben darauf hingewiesen, daß ursprünglich das fundamentale Prinzip der Schöpfung sich als Laut offenbart hat. In den *Upanishaden* wird gesagt, daß am Beginn ein Laut war, der als **Om** oder **Aum** widerhallte, und daß aus diesem Laut alles in Erscheinung trat. Es gibt eine Vibration, die unaufhörlich im ganzen Kosmos widerhallt, und diese Vibration ist die Unterlage aller Materie und der Nährboden von allem. So wie sie in allen Dingen im Universum pulsiert, tut sie es auch in unserem Inneren.

---

[5] Monier-Williams, ebenda, S. 786

Definitionen, Begriffe und Metaphern

Dieses innere Pulsieren können wir tief in uns selbst entdecken, an der Wurzel des Bewußtseins, es ist das eigentliche *Mantra*. Eine endlose Zahl von Buchstaben und Silben steigt aus diesem inneren Pulsieren auf, die sich uns alle als innere und äußere Welten offenbaren.

Das *Mantra* kann unser inneres Wesen vollständig verwandeln. Die ständig in uns entstehenden Gedanken und Gefühle bilden unser inneres Selbst. Nach außen hin kann es so scheinen, als hätten wir unterschiedliche Identitäten – ein Lehrer, ein Student, ein Ingenieur, ein Arzt oder ein Arbeiter – aber im Inneren sind wir alle eine sich stets ändernde Ausdehnung von Bewußtsein. Wenn wir den Strahl vom *Mantra* in diese sich verändernde Ausdehnung projizieren, stabilisiert und richtet er sich in eine Richtung, in die Richtung des Selbst. Das *Mantra* kann uns helfen, unsere Verwirrung zu überwinden und die unaufhörlichen Schwankungen und Veränderungen im Verstand zu regulieren und zu stabilisieren. Das *Mantra* beginnt während der Wiederholungen alle Bestandteile unseres Körpers zu durchdringen.

Es gibt zwei Arten von *Mantra*: das **Chaitanya**–*Mantra*, das lebendig bzw. bewußt ist, und das **Jada**–*Mantra*, das träge ist. Ein träges *Mantra* ist kraftlos; es ist lediglich eine unwirksame Sammlung von Buchstaben. Aber ein *Chaitanya Mantra* erhält man von einem *Guru*, der es von seinem eigenen *Guru* bekommen hat und der durch volle Entfaltung seiner Kraft die Verwirklichung des Selbst erlangt hat. Ein solches *Mantra* wirkt umgehend innerhalb eines Suchenden. Während der Suchende das *Mantra* wiederholt, wird die schlummernde Kraft erweckt, die in dem Inneren zum neuen Leben führt. Das *Mantra* ist somit die Leiter über die wir zum gestaltlosen Bewußtsein aufsteigen.

Die Sprache als eine interessante Form des Lauts offenbart sich in einem Menschen auf vier Ebenen. Die meisten Leute begreifen die Sprache nur auf ihrer allgemeinsten Ebene, auf der Ebene der als die **Vaikharee** bekannten artikulierten Sprache. Tatsächlich spricht aber die Zunge nicht von alleine. Der allgemeine Laut entspringt einer delikateren Ebene, genannt die **Madhyama**, die aber in der Kehle erfahren wird. Unterhalb dieser Ebene gibt es noch eine tiefere Ebene, genannt die **Pashyanti**, die Ebene der Sprache, die im Herzen erfahren wird. Der Ursprung des Lauts liegt aber noch tiefer, in der transzendentalen Ebene der Sprache. Diese wird als der **Paravani** in der Nabelgegend erfahren.

Bis die Wörter die Zungenspitze erreichen, haben sie eine feste Form angenommen. Aber bevor sie die Zunge erreichen, durchlaufen sie den Weg über alle eben erwähnten Ebenen. Die subtilste Ebene von allen ist die des *Paravanis*, jene Ebene des reinen nicht-offenbaren Lauts, jenseits der Unterscheidung. Der *Paravani* ist tatsächlich all-durchdringend. Er ist die feine Vibration, aus der das gesamte Universum mit all seinen Dingen hervorkommt. Hier entspringen alle Laute, alle Wörter und alle Sprachen aus dem reinen Bewußtsein. Alle Silben und Wörter existieren innerhalb des *Paravani* in einer noch nicht differenzierbaren Keimform.

Wenn der Laut sich erhebt, durchläuft er die *Pashyanti*, die dritte Ebene der Sprache, und beginnt eine Form anzunehmen, erreicht aber noch nicht eine differenzierbare Form. Erst auf der Sprachebene *Madhyama* nimmt der Laut in der Kehle eine erkennbare Prägung an. Dies ist der Punkt, an dem er beginnt, in unserem Inneren über Wörter die Welt der Unterschiede zu offenbaren. Hier werden Wörter vollständig ausgebildet, obwohl sie noch nicht ausgesprochen worden sind. Endlich gehen sie zur gröberen Zunge über, zur *Vaikharee* Sprachebene, wo sie artikuliert und gehört werden können.

Das *Mantra* besitzt die Kraft, die festen und feinen Ebenen des Lauts zu durchdringen, unsere Fähigkeit der Unterscheidung zu löschen und uns zu seiner Quelle zurückzuführen. Wenn wir *Mantras* wiederholt rezitieren, wandern sie von der festen zu feineren Ebenen, bis sie das reine Bewußtsein erreichen, dem sie entsprungen sind. Auf jeder folgenden Ebene gewinnen sie größere Kraft.

Wir artikulieren das *Mantra* zunächst auf der Zungenebene, hören ihm bei der Wiederholung zu und konzentrieren uns auf die Zungenspitze, wo es vibriert. Nachdem wir es für eine Weile auf der Ebene der Sprache wiederholt haben, geht es tiefer in die Kehle, zur *Madhyama*-Ebene. Aus der Mitte der Kehle sinkt es zur *Pashyanti*-Ebene im Herzen herab, wo seine Vibrationen noch mächtiger werden. Während es auf der *Pashyanti*-Ebene wiederholt wird, erfahren wir Wellen der Glückseligkeit und erlangen außerordentliche Kräfte. Endlich erreicht es die *Paravani*-Sprachebene, wo es schließlich das Zentrum, das Selbst erreicht. Dann hat das *Mantra*, seine Kraft entfaltend, die ganze Persönlichkeit durchdrungen. Die *Veda Mantras* sind nach *Maharshi* Aurobindo *„eine Art perfekter Algebra, die die ewigen Formeln des Wissens auf die fortwährende Reihenfolge der Eingeführten übermittelt."*[6]

Gestützt auf richtigem *Yoga* gewinnen Wörter die Kraft, Ignoranz zu beseitigen und Wirklichkeit zu offenbaren. Das wiederholte Rezitieren von *Mantras* ist ein Mittel zur Kräftigung. Je mehr Restspuren zu

---

[6] Aurobindo, *Sri*, ebenda., S. 9

überwinden sind, desto häufiger muß rezitiert werden. Wie die Wahrnehmung eines Gegenstandes aus Entfernung oder im Halbdunkeln wiederholte Bemühung erfordert, bevor wir ihn richtig erkennen, so führt die Wiederholung der *Mantras* zur Wahrnehmung des *Sphotas* in all seiner Vollständigkeit. Der Sprecher denkt und der Hörer versteht die Äußerung als eine einzige Einheit. Jene, die der Sprache mächtig sind, werden den Gedanken und den Ausdruck als eine einzige Einheit verstehen wie ein Aufblitzen der Einsicht.

Wenn ein Maler ein Bild konzipiert hat, kann er beim Malen auf der Leinwand verschiedene Farben verwenden und verschiedene Pinselstriche machen; was nicht bedeutet, daß das Bild keine Einheit ist. In der Tat sehen wir das Bild eher als eine Einheit denn als eine Zusammenfügung verschiedener Farben und Pinselstriche. Wenn die Bedeutung einheitlich, ganzheitlich und unteilbar ist, so muß auch das Symbol, das sie kennzeichnet, einheitlich und unteilbar sein. Dieser Begriff heißt *Sphota*. Ein Satz wird in seiner Gesamtheit als Symbol betrachtet, dessen offenbarte Teile als Teile für das Ganze ohne Bedeutung sind.

Eines der sechs *Darshanas* (Philosophiesysteme) ist der *Yoga*, die anderen sind *Vedanta* bzw. *Uttara Meemamsa, Poorva Meemamsa, Samkhya, Nyaya* und *Vaisheshika. Raja Yoga* und *Hatha Yoga* sind die zwei wichtigsten *Yoga* Richtungen. Die grundlegenden Texte *Raja Yogas* sind: die *Yoga Sutras* von Patanjali, das *Yoga Bhashya* von Vyasa und das *Tattvaisaradi* von Vachaspati Mishra. *Hatha Yoga* ist durch den berühmten *Yogi* Goraksanatha überliefert.

Raja Yoga befaßt sich grundsätzlich mit mentaler Kontrolle, während *Hatha Yoga* größeren Wert auf die Körperbeherrschung legt. Alle Arten *Yogas* befürworten verschiedene Methoden je nach Temperament, aber das Ziel bleibt das gleiche – die Verwirklichung des Selbst. Alle Arten *Yogas* befähigen den Übenden, die **Vrittis** des Verstandes zu regulieren. Die *Vrittis* sind die mentalen Vorgänge, die von Patanjali in seinen *Yoga Sutras* definiert und analysiert werden. Diese Vorgänge sind Wahrnehmung, Schlußfolgerung, Zeugnis, Irrtum, „**Vikalpa**" und Schlaf.

Fernando Tola und Carmen Dragonetti, zwei berühmte westliche Kommentatoren der *Yoga Sutras* von Patanjali, meinen: *"Es gibt in der englischen Sprache keinen Ausdruck, der die Vielfalt an Erscheinungen des mentalen Lebens kennzeichnen würde, wie sie in ‚vikalpa' enthalten sind.*"[7] Deshalb ziehen wir es vor, das Wort *Vikalpa* nicht zu übersetzen, das häufig als „*prädikative Beziehung, Einbildung, vages Erkennen, Täuschung, verbale Täuschung, Einfallsreichtum, Abstraktion, Konstruktion*" übersetzt worden ist. Patanjali weist in seinen *Yoga Sutras* auf zwei besondere mentale Vorgänge hin: Erstens folgt der *Vikalpa* dem Wissen von Wörtern; und zweitens hat er kein materielles Gegenstück. Jedes Wort schafft Wissen für das Bewußtsein. Man hört das Wort und begreift die Bedeutung. Die Merkmale einer Vorstellung oder eines Abbilds eines Gegenstandes erscheinen im Bewußtsein. Das Wissen wird „durch Worte erschaffen", und wird „verbales Wissen". Ähnlich erzeugt die Wahrnehmung eines Gegenstandes auch das Wissen über diesen Gegenstand; aber dieses Wissen ist ein „objektives Wissen". Vom Gegenstand selbst übermittelt und nicht über Wörter. Der *Vikalpa* entsteht also als Folge von „verbalem Wissen".

Die *Vritti* hingegen ist eine Tätigkeit, Funktion oder Akt des Verstandes. Es ist nicht ein Produkt in dem eine Tätigkeit gipfelt, obwohl die Tätigkeit und ihr Produkt engst und wesentlich miteinander verbunden sind. Sie sind unauflöslich mit einander vermengt. Zum Beispiel, wird die *Vritti* **Anumana** genannt, wenn die Tätigkeit oder der Prozeß oder der Akt den Verstand zu einer Schlußfolgerung oder zu einem Denkvorgang durch eine Schlußfolgerung führt. Nach der *Samkhya* sind die *Vrittis* eigentlich Veränderungen des Bewußtseins, in dem es jeweils die Form des Gegenstandes annimmt, das es wahrgenommen hat. Dieser Hinweis erklärt die Übersetzung von *Vritti* als „Veränderung". Der **Nirodha** schränkt diesen mentalen Vorgang ein. Wie schon gesagt, der *Yoga* verhilft dem Übenden diese Einschränkung zu erreichen. Das Wort *Nirodha* ist auch als „*Unterdrückung, Hemmung, Restriktion, Verhinderung oder Kontrolle dieser Prozesse*" übersetzt worden.

Ein weiteres weit und breit mißverstandenes Wort ist *Karma*. Das Wissen über *Karma* wurde als Fatalismus abgetan, obwohl das Gesetz des *Karmas* eine tiefe Bedeutung hat. Aus dem Samen sprießt der Baum: der Samen ist die Ursache und der Baum die Wirkung. Aus Baumwolle wird Stoff gemacht: Baumwolle ist die Ursache und Stoff die Wirkung. In allen denkbaren Fällen ist die Ursache wie der Vater und die Wirkung wie das Kind, das geboren wird. Offensichtlich existiert der Vater, bevor das Kind beginnt zu werden. Ursache ist also das, was *war*, und Wirkung ist das, was *ist*. Die Vergangenheit verursacht die

---

[7] Fernando Tola und Carmen Dragonetti, *The Yogasutras of Patanjali* (Die „Yoga Sutras" von Patanjali), S. 24

Gegenwart und die Gegenwart verursacht die Zukunft. Daraus folgt, daß die Zukunft kein Geheimnis ist, kein unbekanntes Wunder, auf dessen betäubende Offenbarungen die Menschheit warten muß. Die modifizierte Vergangenheit als Gegenwart ist allein die Zukunft. Alles Künftige ist nie die bloße Fortsetzung der Vergangenheit. Dies kann nie sein. Die Freiheit, die Vergangenheit umzumodeln und dabei die Zukunft zu schaffen, zum Besseren oder zum Schlechteren, ist selbst verantwortet (**Purushartha**).

So ist das Gesetz des *Karmas*, wenn es richtig verstanden wird, die größte Lebenskraft. Es macht aus uns die Architekten unserer eigenen Zukunft. Das *Karma* bedeutet eigentlich nichts anderes als die Folgen der **Vasanas** zu verhindern oder zu verändern. *Vasana* ist der Wunsch, der als Ergebnis unserer eigenen Taten im Bewußtsein verbleibt. Negative Wünsche werden oft als **Papa** beschrieben, das in der Regel mit „Sünde" übersetzt wird. Sie schwächen sich ab, wenn wir eine Zeit lang Selbstkontrolle üben. Gelingt uns durch bewußte und hingebungsvolle Selbstkontrolle (**Tapas**) die physische Erregung zu beruhigen, entsteht ein wachsendes Gefühl von Ruhe. Und wenn sich der Verstand auf diese Weise beruhigt hat, reduziert sich der fluktuierende Schwung des Begehrens und der Neigung auf ein Minimum. **Vichara** und **Viveka** sind bei dieser Bemühung sehr hilfreich.

Der Begriff *Vichara* wird als „*Erwägung, Unterscheidung, klare Vision, Bewußtsein der Unterscheidung*" und von einigen Gelehrten als „Meditation" übersetzt. Wir meinen, daß „Analyse subtiler Dinge" die zutreffendere Übersetzung ist. Der *Vichara* ist eine mentale Tätigkeit und, wie Patanjali es ausdrücklich betont, eine auf subtile Gegenstände bezogene Tätigkeit. Der *Vichara* ist die Tätigkeit, die alle feinen Besonderheiten und Bestandteile eines noch nicht fest definierten Gegenstandes zum Bewußtsein bringt. Es ist das Erkennen der feinen Aspekte eines Gegenstandes.

Der *Viveka* ist die Fähigkeit, das Wirkliche vom Unwirklichen, das Echte vom Falschen, den Gegenstand von seinem Schatten zu unterscheiden. All dies wird von jenen mühelos erreicht, die im Einklang mit dem **Dharma** leben. Der *Dharma* wurde übersetzt als „*beständiges Urteil, Satzung, Verordnung, Gesetz, Brauch, Praktik, gebräuchliche Verhaltensweise oder vorgeschriebenes Benehmen, Pflicht, Recht, Gerechtigkeit (oft als Synonym für Bestrafung), Tugend, Moral, Religion, religiöses Verdienst, gute Werke*".[8]

---

[8] Monier-Williams, ebenda, S. 510

Die meist verbreitete Deutung von *Dharma* ist „Religion". Nur, der *Dharma* ist nicht Religion, wie wir an anderer Stelle schon hervorgehoben haben. Er ist vielmehr die wahre innere Natur eines jeden Individuums, belebt oder nicht–belebt. Der *Dharma* des Feuers ist zu brennen oder zu heizen, des Wassers zu nässen oder zu kühlen, der Sonne Licht oder Wärme auszustrahlen. Die *Vaisheshika* Schule der Philosophie deutet *Dharma* als etwas, das Glück und Wohlstand in diesem Leben und Frieden im Leben danach erleichtert.[9]

Die Seherwissenschaftler haben Theorie und Praxis, Analyse und Tat in ein integriertes Ganzes vermengt. Die theoretische Abhandlung über die Grundlagen der Schöpfung ist das *Darshana* (Philosophie) und die Abhandlung über deren praktische Anwendung ist der *Dharma*. Auf einer anderen Ebene ist der *Dharma* die Integration vom Idealismus mit dem Realismus bzw. Pragmatismus. Die Wurzel vieler Übel in der indischen Gesellschaft – und dies gilt auch für andere Gesellschaften – ist die Trennung zwischen Theorie und Praxis, zwischen der Analyse der Grundlagen und der Anwendung dieser Analyse im wirklichen Leben, zwischen *Darshana* und *Dharma*.

Dieses unser Universum wird nach Gesetzen geregelt, die ewig sind und die alle Facetten des Kosmos beherrschen. Individuen sind im Universum gruppiert in verschiedenen **Jatis** oder Gattungen, wobei jede *Jati* jeweilige kollektive Eigenschaften besitzt. Diese Gruppen werden auch **Sargas** genannt. Bodendecker, Büsche, Sträucher, Gemüse, Pflanzen usw. fallen in den **Stamba** *Sarga* (oder *Jati*). Die Gruppe der Individuen mit Sinnen wie Würmer, Insekten, Vögel, Tiere und Menschen fallen in **Chetana** *Sarga*. Es gibt 14 Arten im **Deva** bzw. im supraphysikalischen *Sarga*. Der *Dharma* ist das, was die Existenz jeder Art im Einklang mit ihrer eigenen angeborenen Natur regelt.

Der in den *Veden* erläuterte *Dharma* ist *Sanatana*, was „ewig" bedeutet. Deshalb wird er *Sanatana Dharma* genannt. Die Entdecker der Gesetze des *Sanatana Dharmas*, die Seherwissenschaftler, gaben ihnen keinen spezifischen oder charakteristischen Namen, wie, sagen wir, das Christentum oder der Islam. Sie wiesen schlicht auf „den ewigen *Dharma*" hin. *Sanatana Dharma* ist keine Religion im Sinne wie das Wort im Westen verstanden wird. *Sanatana Dharma* ist nicht der „Hinduismus", obwohl sich jene, die sich heute als Hindus bezeichnen, sich als Anhänger vom *Santana Dharma* bekennen mögen (oder auch nicht).

---

[9] *yato abhudaya nishreyas siddhi sa dharma* – Vaisheshika Sutra, 6:1:1

Definitionen, Begriffe und Metaphern

Es kann nicht oft genug wiederholt werden, daß der *Dharma* überhaupt keine Religion ist. Er enthält nichts dergleichen wie eine von einem Gott oder von Göttern einem Auserwählten oder den Menschen offenbarte Botschaft. Er beruht nicht auf „heiligen" Büchern und behauptet nicht, daß alle, die nicht an diesen Gott, an dieses „heilige" Buch oder an diesen Propheten glauben, Ungläubige sind.

Wie der Name andeutet, enthält der *Santana Dharma* eine Reihe von Praktiken, Werten, ethischen Vorgaben, Ansichten und Bekenntnissen, die ewig und dauerhaft sind. Diese besitzen bleibende Kraft, weil sie das Ergebnis von Begegnungen und Wechselwirkungen zwischen Menschen und den kosmischen Kräften sind, wie auch das Ergebnis der Erfahrungen zwischen Mensch und Natur in ihrem weitesten und tiefsten Sinne. Im Laufe dieser Begegnungen haben Menschen ernsthaft und aufrichtig versucht, die Schönheit und das Geheimnis der Mutter Natur zu verstehen. Diese Suche hat sie schnell mit der Tatsache konfrontiert, daß der Verstand (oder der Intellekt) ein jämmerlich unzulängliches Instrument ist, um die Erhabenheit und die weite Ausdehnung der Natur zu erfahren.

Im Laufe dieses Prozesses begannen sie auch jene Wirklichkeit zu erblicken, die an sich jenseits des Fassungsvermögens des menschlichen Verstandes liegt. Zwar regelt und beeinflußt die Natur unsere Gedanken und Taten, aber doch gibt es noch etwas, was die Bewegungen, Tätigkeiten und Prozesse des Kosmos leitet, beeinflußt und gestaltet. Der *Dharma* versucht, diese Wirklichkeit zu entdecken, zu erfahren und anzuwenden und sie zu nutzen, um Harmonie im Leben herzustellen.

Oft haben die Seherwissenschaftler einen einfachen Begriff gewählt, eine Silbe oder ein Symbol, um komplexe und anspruchsvolle Ideen zu speichern und zu übermitteln. *Om/Aum* ist das einleuchtendste Beispiel dafür, wie das getan worden ist.

pranavo dhanuh sharohyatma brahma tallakshnamuchyate
apramattena veddhavyam sharavattanmayo bhavet

„Om ist der Bogen, das Selbst der Pfeil und Brahma(n) das Ziel. Von einer unbeirrbaren Person muß das Ziel getroffen werden. Man muß *eins werden mit ihm, wie ein Pfeil* (eins wird mit dem Ziel)." *Mundaka Upanishad* 2:4.

Das Universum ist, was wir um uns herum sehen. Es ist was wir im Leben erfahren. Die Wörter „sehen" und „erfahren" werden hier in ihrem weitesten Sinne gebraucht. Sie schließen alle Ausweitungen ein, die unsere Sinne, unseren Körper, Geist, Verstand und deren Werkzeuge erreichen können. Wir „sehen" das Universum, wenn wir wach sind. Die Philosophie spiegelt üblicherweise das Leben nur in diesem „wachen Zustand" wider. Die *vedischen* Wissenschaftler haben das Leben als Ganzes – in allen seinen Lagen – erforscht und das Ergebnis ihrer Forschung ist die Erkenntnis der Erkenntnisse. Und dies ist nichts anders als die Erkenntnis des Selbst.

Diese großen Lehrer der *Veden* nehmen uns mit durch vier Stadien des Bewußtseins: den Zustand im Wachen, im Traum, im Tiefschlaf und letztlich im vierten Stadium, genannt **Tureeya**, im befreiten, jenseits der anderen drei Stadien. Die Kraft des Symbols *Om/Aum,* das uns von den großen Sehern beschert wurde, liegt in der Tatsache, das es alle diese vier Stadien verkörpert und so die totale Wirklichkeit.

Ein Suchender, der Schüler, fragt, ob es eine fundamentale einzige Wirklichkeit hinter der von uns um uns herum erkannten vergänglichen Vielfalt gibt. Der Lehrer, der *Guru,* sagt in seiner Antwort, daß es hinter all dieser Vielfalt nur ein bestimmendes Prinzip gibt. So wie Millionen von Lehmtöpfen – in einem gewissen Sinne – nichts anderes sind als Lehm, so gibt es einen ewigen Faktor aus dem die pluralistische Welt entstanden ist. Die Töpfe wurden aus der Erde (Ton) geboren, werden in Erde erhalten und nach ihrer Zerstörung wieder zu Erde werden. Ähnlich hat die pluralistische Welt der Phänomene keinen anderen Beistand als Stütze als das Wirkliche. Die Phänomene existieren in der Wirklichkeit und kehren zur Wirklichkeit zurück, wenn sie von ihrem offenbaren Zustand zurückgezogen werden. Dieses fundamentale Prinzip, das ultimative, das ewige, alles durchdringende bewußte Prinzip, ist *Om* – das ist es, das dem suchenden Schüler gesagt wird.

Mandukya Upanishad, einer der 10 wichtigsten *Upanishaden*, hilft dem Suchenden, jenen alle Schichten des Bewußtseins durchdringenden fundamentalen Faktor zu sehen und zu erfahren, indem er sich ausführlich mit dem tiefern Sinn und Zweck des *Om/Aum* befaßt.

Mandukya nimmt die drei Ebenen des Bewußtseins, die wir im Leben durchwandern und dabei unsere Erfahrungen gewinnen, und beobachtet sie einzeln genau und erforscht sie gründlich. Er weist auf die Silbe *Om/Aum* hin, die vier Teile hat (Wachzustand, Traum, Tiefschlaf und den „vierten") und symbolisch identisch ist mit dem *Brahma(n),* dem Selbst.

„*Es gibt vier Stadien des Selbst. Der wache Zustand,* Vishwa *genannt, wird als erster erwähnt und steht für die Silbe* „a" *in* Aum, *dem Symbol von* Brahma(n). *Zweiter ist der Traumzustand,* Taijasa *genannt, dem* „u" *entsprechend. Der dritte ist der* Prajnya *genannte Zustand des Tiefschlafs, der mit* „m" *verbunden ist und dem keine Gegenstände gegenüberstehen. Schließlich ist das vierte Stadium,* Tureeya, *der Zustand der Befreiung, verbunden mit der Stille, die dem Ausspruch des würdevollen Symbols folgt.*"[10]

Der Name und der Gegenstand mit diesem Namen sind ein und dasselbe. Im *Mandukya* ist dies durch die Fokussierung auf den Namen, d. h. auf *Om/Aum,* erklärt worden.

„*Om, dieser Laut, ist all dieses*", sagt der Seher. Mit „*all dieses*" unterstreicht er die Tatsache, daß alles *Om* ist, was Vergangenheit, Gegenwart und Zukunft heißt. Alles was war, was ist und was sein wird – d. h. die ganze Welt der Dinge erkannt durch unsere Vorfahren, uns selbst und unsere Kinder. Die ganze Welt hat nur eine Grundlage, die unabänderlich in allen drei Abschnitten der Zeit ist, und die vom Symbol und vom Namen *Om* verkörpert wird. *Om* ist die Grundlage für alles zeitlich Begrenzte und auch für alles, was nicht zeitbedingt ist – das sogar jenseits dieses dreifachen Zeitbegriffs liegt.

Wir nehmen unsere Aufmerksamkeit zurück vom Wachzustand und verlegen unser Bewußtsein von der äußeren gegenständlichen Welt und vom Körper weg und erhellen die Welt des Verstandes und des Intellekts. Nun treten wir in den Traumzustand ein. Wenn wir dann unsere Aufmerksamkeit vom Traumzustand verlagern und unser Bewußtsein noch weiter in die innere Welt führen, wo das Bewußtsein zu einer homogenen Masse wird, wird jener Zustand des Tiefschlafs erreicht, der jenseits des Wachseins oder der Traumwelt liegt. In diesem Zustand des Tiefschlafs arbeitet unser Verstand nicht und er ist nicht nach außen gerichtet. Daher sind wir uns der äußeren dinglichen Welt überhaupt nicht bewußt. Weil wir keine Gegenstände wahrnehmen, können sie uns weder verführen, noch uns mental beunruhigen. Es ist für uns gewöhnlich sehr schwer den „Tiefschlaf" zu verstehen, weil für uns die Wahrnehmung nur über Meldungen stattfindet, die unsere Sinnesorgane übermitteln.

---

[10] *Encyclopedia of Indian Philosophies* (Enzyklopädie der indischen Philosphien), Band III, S. 89.

Der Tiefschlaf ist ein Zustand, in dem weder die Organe der Erkenntnis noch die Erkenntnis selbst funktionieren. In einem solchen Augenblick, in dem wir uns in einer eigenen Welt befinden, in der keines der uns bekannten Werkzeuge zur Erkenntnis verfügbar ist, befinden wir uns an sich in einem seltsamen, unbekannten und unerkennbaren Bereich.

In diesem Zustand des Tiefschlafs sammelt unser inneres Bewußtsein alles zusammen, was als Bruchstücke des bewußten Seins während der anderen Stadien vorhanden war, und erhellt nichts anderes als jenen Zustand, den die Seher als **Sarveshwara** beschrieben haben, als den, der alles regelt und kontrolliert. Das reine Bewußtsein also. Ohne dieses Bewußtsein könnte keiner von uns das vitale, empfindende Wesen sein, das wir alle sind.

Das Bewußtsein wird als „das Allwissende" beschrieben, weil wir keine Kenntnis der Welt haben würden – im Wachzustand oder im Traum, oder gar im Tiefschlaf –, gäbe es nicht die Tatsache, daß dieses erhellende Prinzip, dieser Funke Leben, dieses reine Licht stetig in uns vibriert. Die Aussage ist offensichtlich, daß „er" (*Sarveshwara*) „der Herrscher im Inneren" ist. Wenn in uns kein Bewußtsein wäre, würde es weder die Sonne, den Mond, die Sterne, die gesamte dingliche Welt geben, noch die Welt der Gedanken. Sie existieren nur durch unsere Fähigkeit, sie wahrzunehmen.

Wenn dieses „Bewußtseinsprinzip" durch den Verstand, den Intellekt und die Sinnesorgane nach außen projiziert wird, äußert es sich in der Wahrnehmung der Welt der Dinge wie auch der Ideen und Gedanken. Würde dieses Prinzip der Wahrnehmung oder des Bewußtseins von einem Körper entfernt, würde dieser Körper die Vorstellung der Außenwelt nicht mehr für sich selbst erhellen können. Die Außenwelt und die Innenwelt entstehen aus diesem reinem Bewußtsein, sie existieren in ihm und werden, wenn das Bewußtsein zurückgezogen wird, in das Bewußtsein selbst zurückfließen.

Während das Bewußtsein in uns durch das „Prisma" des Verstandes und des Intellekts projiziert wird, eignen wir uns Kenntnisse von der Vielfalt in der Welt an. Schaffen wir es, die Apparaturen des Verstandes und des Intellekts zu überschreiten, zu transzendieren, dann verschmelzt sich die von uns projizierte Wahrnehmung mit jenem Bewußtsein, das um uns herum und über uns allgegenwärtig ist und wir begreifen die alles durchdringende Wirklichkeit von Namen und Formen. Das Symbol *Om/Aum*, und die Meditation über dieses Symbol, geben uns die Technik, durch die dieses erreicht werden kann. *Mandukya* sagt

Definitionen, Begriffe und Metaphern

uns das Ergebnis der Meditation über jeden Teil dieses Symbols: *a, u* und *m*. Der Meditierende wird zu dem, worüber er meditiert.

Wie schon erwähnt, ist *Om/Aum* das Symbol der Erfahrung des Wachseins, des Traums und des Tiefschlafs, und in seinem lautlosen Teil stellt es *Tureeya* bzw. *Atma* dar. In seinen weitesten Verflechtungen schließt und verleibt sich *Om/Aum* die vitale Dynamik ein, die in den Herzen aller Lebewesen funktioniert.

Der wache Zustand des Menschen wird mit dem Buchstaben „A" von *Aum* identifiziert und wird *Vishwa (Vaishwanara)* genannt. Nachdem er die Welt der Dinge erfahren hat, speichert er seine Eindrücke der äußeren Welt in jenem mentalen Bereich, wo diese Eindrücke entstehen, um für den Träumenden die Traumwelt zu schaffen. Das Ego entspringt dem subtilen Körper – Träumender genannt – als Ergebnis der Identifizierung, der während des Traums in einer inneren Welt der subtilen Gegenstände schwelgt. Dieses muß auf den zweiten Buchstaben von *Aum*, auf das *u*, gesetzt werden. Dies wird dann mit *Taijasa* identifiziert. Wie in *Aum* der Buchstabe *u* zwischen *a* und *m* liegt, so liegt der Traum zwischen dem Wachen und dem Tiefschlaf.

Die *Prajnya*, deren Tätigkeitsgebiet der Tiefschlaf ist, liegt im *m*, dem dritten Buchstaben von *Aum*. Sie ist sowohl das „Maß" wie auch „das, worin alles eins wird". Jemand, der diese Identität von *Prajnya* und *m* kennt, kann die wahre Natur der Menschen und der Dinge in dieser Welt erkennen und ebenso alles des inneren Selbst verstehen.

Beim Aussprechen des Lauts *Aum* verschmelzen sich die Buchstaben *a* und *u* zum Endlaut, *m*; während der Artikulation, scheint sich der Laut *u* zu erhöhen. Ähnlich scheinen sich die Erfahrungen des Wach- und Traumzustands zu einer Masse homogener Wahrnehmung im Tiefschlaf zu verhalten; beim Aufwachen steigen die Erfahrungen des Wach- und Traumzustands aus dieser homogenen Masse von Bewußtsein (Schlafzustand) wieder empor. Die andere Gemeinsamkeit zwischen der letzten Silbe in *Aum* und dem Zustand des Tiefschlafs ist die offensichtliche Tatsache, daß sich bei beiden die frühere Vielfalt und Unterschiede zu einem Ganzen vermengen.

Der Laut des Buchstaben *a* hilft dem Meditierenden, eine wohl entwickelte Persönlichkeit in wachen Zustand (*Vishwa*) zu werden. Über *u* gelangt er zum wohl entwickelten *Taijasa* (Verstand und Intellekt), während er über *m* die *Prajnya* erreicht. *Vishwa, Taijasa* und *Prajnya* sind auf die Ultimative Wirklichkeit gesetzt, die als das vierte Stadium, als *Tureeya* bekannt ist, als ewig und unsterblich, als absolutes Wissen, und eigentlich nichts anderes ist als „Glückseligkeit".

Wenn eine *Om/Aum* Artikulation beendet ist, entsteht ein Augenblick der glückseligen Stille, bevor der Meditierende den nächsten *Aum* herausartikulieren kann. Dieser stille Augenblick zwischen zwei auf einander folgenden *Aums* ist unvermeidbar (wie unmerklich er auch sein mag), wenn ein Meditierender sie wiederholt. Während dieser Stille können unsere Sinnesorgane nicht funktionieren, weil sie in der Stille keine Eindrücke registrieren können. Der Verstand kann nichts verstehen. Dieser lautlose *Aum* ist die Erfahrung vom *Tureeya*.

Im *Mandukya Upanishad* erläutert der *Rishi* Mandukya seinen Schülern alle Bedeutungen von *Aum* und die Glücksgefühle, die ihnen durch Meditieren über die Stille des Unendlichen erwachsen werden. Das unermüdliche Bemühen der großen *Rishis* zielt darauf, ihre Schüler zu jenem Punkt der Meditation zu bringen, in dem sie zumindest für den Bruchteil eines Augenblicks ohne einen Bezug auf ihre Vergangenheit oder Zukunft leben. Die *Rishis* sind bemüht, daß ihre Schüler mindestens einen Augenblick unabhängig von allen Zeiträumen leben. Der Inhalt eines solchen Augenblicks umfaßt den Inhalt des Unendlichen.

Während sie versuchen, die Stille zwischen zwei aufeinander folgenden *Aums* einzufangen, bleibt ihr Verstand und Intellekt beständig, scharf und zugespitzt. Auf diese Weise beginnen sie im Meditationssitz langsam zum Rand des Rads der Zeit vorzustoßen.

Nachdem ihre Schüler diese innere Stille erreicht haben, sollten sie keine neuen Gedankenwellen auslösen. Sie sollten danach trachten, in diese Stille einzutauchen und so lange wie möglich dort zu verweilen, das bewußte Sein regungslos und beständig zu halten; an nichts anderes sollte gedacht werden.

Gedanken entstehen und wachsen nur im Verstand. Alle mit Ausdauer und Geduld verfolgten *Yoga* und *Sadhana* (intellektuelle Übungen) bezwecken, die Produktion von Gedanken sparsam zu gestalten und ihren Fluß im Bewußtsein zu kontrollieren und zu regeln. Wenn das Bewußtsein so auf einen Punkt zugespitzt ist, und durch kontinuierliche Artikulation von *Aum* alle Gedankenströme bis auf den *Aum* aus dem mentalen Raum ausgeschlossen bleiben, wird es mit dem *Aum* vereint bzw. in seinen Vibrationen aufgesogen. Wenn das Bewußtsein so mit dem *Aum* vereint ist, wird die Erfahrung von *Aum* zur Erfahrung von *Brahma(n)*, denn *Aum* <u>ist</u> *Brahma(n)*. Wenn das Bewußtsein mit dem *Aum* vereint ist, gibt es im Individuum kein eigenes Gedankenzentrum, weil ein Verstand mit nur einem Gedanken kein Verstand ist. Wo kein Verstand ist, ist auch keine Angst. Die Angst ist letztlich ein mentaler Komplex. (Angst ist hier nicht im engen Sinne zu verstehen wie die Furcht als bekannte mentale Emotion. Sie umfaßt alle unsere Regungen und Begehren, Leidenschaften und Hoffnungen, die alle auf die verursachende Wurzel der Angst zurückgeführt werden können).

Ein anderer Name für *Om/Aum* ist **Pranava**. *Pranava* bzw. *Aum* ist der Anfang, die Mitte und das Ende von allem. Dieses Wissen führt unmittelbar zu jener Höchsten Wirklichkeit. (Es gibt einen großen Unterschied in der Bedeutung dieses Wissens im Vergleich zum Wissen über andere Gebiete und über den *Vedanta*. Hier bedeutet „Wissen" sich verwirklichen, es werden).

Der *Pranava*, das Symbol von *Brahma(n)* oder der Höchsten Wirklichkeit, ist das, was hinter der Schöpfung *(Adi)*, der Erhaltung *(Madhyama)* und der Auflösung *(Anta)* ist.

Wer *Aum* erfahren hat – der wie lautlos mit unendlichen Lauten ist, und der wegen des Fehlens jeglicher Dualität in ihm stets friedlich ist – ist nach dem *Mandukya Upanishad* kein anderer als der wahre Seher:

„Nur jener ist ein Weiser, der es wiederentdeckt, daß er selbst nichts ist als das Selbst, die alles durchdringende und Ewig Absolute Erkenntnis, angezeigt durch die ehrwürdige Silbe Aum."

„Om/Aum ist der Bogen, das Selbst der Pfeil und Brahma(n) sein Ziel. Es muß getroffen werden von einer unfehlbaren Person. Man sollte eins mit ihm werden wie ein Pfeil."[11]

Wie der Bogen die Ursache dafür ist, daß der Pfeil das Ziel trifft, so ist *Om/Aum* der Bogen, der den Eintritt des Selbst in *Brahma(n)* verschafft, der die unvergängliche grenzenlose Unendlichkeit ist, aus der alle endlichen Dinge entstehen. Das innere Selbst einer Person wird durch die Wiederholung von *Om/Aum* gereinigt, so daß es ohne ein Hindernis in *Brahma(n)* verankert werden kann, sich wie ein Pfeil, geschossen aus einem Bogen, in sein Ziel einbettet.

In seinem geregelten Zustand tritt der *Atma* in den Körper ein, und ist als solcher wie der Pfeil. Der *Atma* als das Selbst, ist der Zeuge aller Erscheinungsformen des Intellekts, und dieser Pfeil wird auf das „Ziel" *Brahma(n)* geschossen. (Dieses „Ziel" wird von einem angepeilt – versunken in sich selbst und in tiefer Konzentration – der unfehlbar ist, frei vom Irrtum durch Begierden nach äußeren Dingen, von allem losgelöst, alle Sinne kontrollierend und von der Konzentration des

---

[11] *pranavo dhanunh sharohyatma brahma tallakshnamuchyate apramattena veddhavyam sharavattanmayo bhavet – Mundaka Upanishad,* 2:4.

Bewußtseins besessen. Nachdem das „Ziel" getroffen ist, bleibt so einer mit dem „Ziel" identifiziert wie ein Pfeil, der seine Zielscheibe trifft. Kurz, der Meditierende wird eins mit dem unvergänglichen *Brahma[n]* dadurch, daß er alle Ablenkungen eliminiert.)

Die *Rishis* erklären wiederholt, was mit dem Wort „unvergänglich" gemeint ist, weil der Sinn nicht leicht zu begreifen ist. *„Wisse, daß allein das Selbst einzig ist, an dem die Erde, der Raum dazwischen und jenseits davon, das Mana (der Verstand) und das Prana (die supraphysikalischen Energien), mit anderen Organen zusammen angebunden sind. Dies ist die Brücke, die zu* **Amrita** *führt."*[12] In diesem Zusammenhang vermittelt *Amrita* die Vorstellung von „immerwährender Befreiung", im allgemeinen übersetzt mit „Unsterblichkeit". Es wird mit einer Brücke verglichen, weil es das Mittel ist, um den großen Ozean der Welt zu überqueren. Der Lehrer bzw. der *Guru* leitet seine suchenden Schüler an, *„über das Selbst mit der Hilfe von Om zu meditieren"*; somit *„magst Du frei sein von Hindernissen beim Übergang zum anderen Ufer jenseits der Finsternis."*

***

Mandukya Upanishad hat nur 12 *Mantras*. Seine Kürze macht den Schülern Schwierigkeiten, ohne hinreichende Erklärung seinen ganzen Sinn zu verstehen. Deshalb hat *Shri* Gaudapada, der Groß–Guru von *Shri* Sankaracharya (der am meisten verehrte und berühmte Kommentator der *Upanishaden*) eine *Karika* (Kommentar) zu diesem *Upanishad* geschrieben.

Der Verfasser ist dem Swami Chinmayananda, dem Gründer der Chinmaya Missionsbewegung, dankbar für seinen klaren Kommentar zu diesem *Upanishad*, der zu dem Teil über die Bedeutung von Om/Aum einen erheblichen Beitrag geleistet hat.

---

[12] *om ityevam dhyaayatha aatmaanam svasti vah paraaya tamsah parasta – Mundaka Upanishad*, 2:6.

KAPITEL SIEBZEHN − Wort und Bedeutung

Die Wichtigkeit der Grammatik
beim Studium der *Veden*

---

*chatwari wak parimita padani
tani vidur brahmana ye maneeshinah
guha treeni nihita nengayanti
tureeya wacho manushaym vadanti*

Ganz bestimmt gibt es vier Entwicklungsstufen der Sprache;
Die Gelehrten und die Weisen kennen sie.
Drei dieser Stufen sind im Verborgenen angelegt;
Für gewöhnliche Menschen sind sie nicht von Bedeutung.
Menschen sprechen in der vierten Abstufung der Sprache,
Die phonetisch zum Ausdruck kommt.

RIK VEDA 1:164:45

DIE SPRACHE IST ALS EIN MITTEL DER KOMMUNIKATION MIT ihren Stärken und Schwächen außerordentlich herausgefordert, insbesondere wenn es um die Übermittlung der entdeckten (über)feinen Tatsachen und komplexen Zusammenhänge geht. Die *vedischen* Wissenschaftler mit ihrem Scharfsinn erfanden einige ausgefeilte Techniken, um die Leistung der Kommunikation durch Sprache zu steigern. So schufen sie auch Sanskrit – die Sprache der *Veden*. Die *vedischen* Wissenschaftler haben ihre Entdeckungen in dieser Sprache gespeichert, einer Sprache, die nach genauen Gesetzen und Regeln funktioniert. Diese werden im folgenden kurz erläutert.

Wie sich ein Wort in Sanskrit entfaltet

Wörter in Sanskrit entwickeln sich aus einer Wurzel. Eine Wurzel in Sanskrit ist im allgemeinen einsilbig, aus einem oder mehreren Konsonanten kombiniert mit einem Vokal, manchmal auch nur aus einem einzigen Vokal. In der Regel hat sie einen unabänderlichen Anfangsbuchstaben. Ihre allgemeine Eigenschaft kann mit einem formbaren Stoff verglichen werden, der zu unzähligen, veränderlichen Formen gehämmert oder gegossen werden kann. Es ist als würden neue Formen aus dem ursprünglichen einsilbigen „Erz" getrieben. Präfixe und Suffixe weiten diese Formen aus. So ausgeweitete Formen können durch Präpositionen wiederum erweitert werden. Auch durch das Verbinden mit anderen Wörtern und durch Zusammensetzen von Zusammensetzungen, bis eine fast unendliche Kette von Ableitungen entstanden ist. Diese charakteristische Ausweitung ist deshalb möglich, weil der Vokal jeder Sanskrit Wurzel als ein selbständiger Bestandteil erkannt wird, der das wesentliche in den Ableitungen konstituiert und manchmal als die einzige Wurzel da steht. Zur Erläuterung nehmen wir das Beispiel *Bhu*, was „sein" oder „existieren" bedeutet. Aus dieser Wurzel entsteht eine lange Kette von Ableitungen. Hier sind nur einige wenige: *Bhava* oder *Bhavana* – Dasein, *Bhava* – Existenz, *Bhavana* – das Sein verursachend, *Bhavin* – existierend, *Bhuvana* – die Welt, *Bhu* oder *Bhumi* – die Erde, *Bhu–dhara* – Stütze der Erde oder Berg, *Bhu-dhara-ja* – im Berg geboren, d.h. ein Baum, *Bhu-pa* – ein Beschützer der Erde, ein König, *Bhupa–putra* – ein Königssohn, ein Prinz, *Ud–bhu* – aufstehen.

Als Sir Monier-Williams bei der Vorbereitung seines *Sanskrit–Englisch–Wörterbuches* war, erklärte er: *"Ich mußte bedenken, wenn also die Sanskrit Sprache in Ganzen aus ungefähr 2.000 Wurzeln oder "Elternstämmen" bestünde, wäre ein Plan, im Wörterbuch Wurzel für Wurzel vorzunehmen und entsprechend die Biographien von 2.000 "Eltern" mit den "Unter–Biographien" ihrer zahlreichen Nachkommen in der Reihenfolge ihres Entstehens und ihrer Entwicklung niederzuschreiben, zwar die Verwirklichung eines schönen philologischen Traumes, aber eines Traumes, der keine praktische Gestalt bekommen könnte, ohne das Lexikon auf die Ebene der wissenschaftlichen Vollkommenheit zu erheben, das aber für den Bedarf gewöhnlicher Studenten ungeeignet sein würde."*[1]

Andererseits hat er angemerkt, daß die Methode, *"jedes Wort als eine separate und selbständige Einheit zu behandeln, die eine separate und selbständige Erläuterung erforderte, sicherlich nicht in der Lage sein würde, einen befriedigenden Begriff einer solchen Sprache wie Sanskrit, und ihrer charakteristischen Prozesse von Synthese und Analyse zu übermitteln."*[2] Er wählte daher einen Kompromiß und verwob die beiden lexikographischen Methoden. Sie ermöglichte den Englisch sprechenden Gelehrten und Studenten Sanskrit Wörter zu lesen und zu übersetzen, raubte ihnen aber die Möglichkeit, die Vitalität und die Dynamik dieser Sprache zu erfahren. Im Verlaufe der Zeit verblaßte die wirkliche Bedeutung und verschwand dann allmählich. Irreführende, ungeeignete und letztlich unverständliche Vorstellungen wurden diesen Wörtern übergestülpt.

In einigen Sammlungen werden 1.750 selbständige *Dhatus* (Wurzeln) benannt. Da aber viele Formen mit gleichem Klang unterschiedliche Bedeutungen haben und unterschiedlich gebeugt werden, hält man sie für selbständige Wurzeln. Dies läßt die Zahl auf 2.940 ansteigen. Viele dieser *Dhatus* sind aber Ableitungen bzw. Entwicklung einfacherer Elemente. Die wirkliche Zahl der elementaren Wurzeln in Sanskrit läßt sich auf einen verhältnismäßig kleinen Katalog reduzieren. Einige Sprachwissenschaftler behaupten sogar, daß es nicht mehr als 120 ursprüngliche Wurzeln gibt.

---

[1] Monier Monier-Williams, Sir, *A Sanscrit– English Dictionary*, Einleitung, S. XIII.
[2] ebenda, S. XIV.

Die Wurzel ist also das Kernelement, dem Beiwörter, primäre und sekundäre Suffixe, Endungen von Namen oder Zeitwörtern hinzugefügt werden. Die strengen Regeln der Vereinigung verschiedener Elemente und Wörter in einem zusammengesetzten Wort oder in einem Satz verleihen dieser Sprache eine einzigartige Strenge und Disziplin. Die Regeln der Syntax werden ebenso sorgfältig angewandt. Jene Faktoren werden ausgemacht, welche die integrale Einheit bilden. Das Studium der Grammatik (*Vyakarana*) und der Etymologie (*Nirukta*) ist die wesentliche Voraussetzung für die Erforschung der Schätze der *Veden*. Sonst würden die Leser der Willkür oder der Spekulation über die Bedeutung einer gegebenen Formulierung zum Opfer fallen. Wie schon erwähnt, sind *Vyakarana* und *Nirukta* zwei der sechs Glieder der *Veden*. Die anderen vier sind: *Chhanda* (Lehre der Silbenmessung), *Shiksha* (Lehre der Aussprache), *Jyotisha* (Lehre der Astronomie) und *Kalpa* (Lehre der Regeln, Bräuche und Praktiken).

Panini (um 500 v. Chr.) perfektionierte die beschreibende Grammatik der Sanskritsprache in seinem *Ashtadhyayi*. Auch der Architekt der modernen Sprachwissenschaft Leonard Bloomfield mußte dieses außerordentliche Werk loben. Er erklärte, es sei *„das größte Denkmal menschlicher Intelligenz"*. Panini kodifizierte das, was vor ihm Jahrtausende lang gebraucht worden sein muß.

Für Jahrhunderte haben Grammatiker vieler Denkschulen Studien durchgeführt, um die Wirkungsweise der Sprache zu begreifen. Ihr Interesse beschränkte sich nicht auf die Beschreibung und Analyse einer bestimmten Sprache, sondern erstreckte sich auf die tatsächliche Natur und auf das Potential der Sprache, einschließlich ihrer Rolle im Herbeiführen von Befreiung. Verschiedene Schulen haben dazu verschiedene Positionen bezogen. Wie auch immer ist Vertrautheit mit den Begriffen, Regeln und Traditionen, die das Reden und die Sprache und deren Bedeutung bestimmen, eine wesentliche Voraussetzung für jeden, der die Bedeutung der *Veda Mantras* entdecken will.

Bedeutung: Ein augenblicklicher Blitz der Einsicht

So wie ein Buchstabe oder ein Phonem keine Teile hat, so sollen auch das Wort und der Satz eher als vollständige Einheiten betrachtet werden und nicht als seien sie bloß aus kleineren Elementen zusammengesetzt. Beim Reden erfolgt die Kommunikation immer durch vollständige Aussagen. Der Redner erdenkt und der Zuhörer begreift die Aussage als eine einzelne Einheit. Aber jene, die die Sprache nicht gründlich kennen, müssen dazu neigen, die Aussage in Wörter und kleinere Elemente zu zerlegen, um daraus einen zusammenhängenden Sinn abzuleiten. Und jene, die die Sprache gut kennen, formulieren den Gedanken und die Aussage als eine einzige Einheit, und können dies auch so ausdrücken; der Zuhörer, der die Aussage als Ganze versteht, erlangt das Verständnis der Bedeutung als einen augenblicklichen Blitz der Einsicht. Dieser Vorgang ist bekannt als *Sphota* – der den Satz als ein integrales Symbol begreift, in dem die offenbaren Teile als Teile irrelevant bleiben.

Dies ist nicht eine hypothetische Annahme, um Sprachverhalten zu erklären; vielmehr wird dies durch Wahrnehmung bekannt und tatsächlich erfahren. Die *Sphota*-Theorie behauptet, daß das Hören des ganzen Satzes die wirkliche Erfahrung ist, während jene, die die Sprache nicht kennen, nur die Klangelemente als scheinbare Erfahrung hören.

Wie wichtig es ist, die Kultur einer Sprache zu kennen, wird klar, wenn man auf ein Zeitwort und seine Funktionen schaut. Ein Zeitwort übermittelt eine Reihe von Operationen oder Tätigkeiten, die in einer besonderen zeitlichen Abfolge stattfinden. So übermittelt das Wort „kocht" beispielsweise die Vorstellung einer Reihe von Tätigkeiten – das Vorbereiten der Hitzequelle, das Setzen des Topfes auf sie, das Gießen des Wassers in den Topf, das Waschen des Reis, dessen Hineingeben in den Topf, das Regeln der Temperatur der Hitzequelle, dann das Löschen der Hitzequelle, das Abgießen des überschüssigen Wassers, und so weiter. Das Wort „kocht" sammelt alle diese Tätigkeiten in eine einheitliche, vollständige Handlung, und jede Tätigkeit kann wiederum analysiert werden durch Zerlegung in eine Reihe von Tätigkeiten, die im Zeitverlauf stattfinden.

Diese Grammatiker haben das Konzept der Zeit und ihrer Unterteilungen mit bemerkenswertem Tiefgang diskutiert, weil die Unterteilung der Zeit in Vergangenheit, Gegenwart und Zukunft für die grammatikalische Praxis und Theorie wichtig ist. Das Tempus des fortgesetzten Präsens bezeichnet die gesamte Zeitspanne vom Anbeginn einer Tätigkeit bis zu ihrer Beendung. „Er kocht" kann bedeuten, daß er angefangen hat zu kochen, aber noch nicht zu Ende gekocht hat., weil das Präsens nicht augenblicklich sein muß. Redewendungen wie „die Berge stehen" und „die Flüsse fließen" zeigen an, daß sie weiterhin stehen oder fließen.

Die bezeichnende Macht (*Shakti*) der Wörter

Es gibt unter den alten Philosophen der Grammatik solche, die den Buchstaben (die dauerhafte, artikulierte Einheit des Lauts) bzw. das Phonem (*Varna*) als Einheiten der Sprache (*Shabda*) und als Träger der Bedeutung betrachten. Sie gehen davon aus, daß Phoneme dauerhaft und jedes Aussprechen ihre Verwirklichung sind. Für andere jedoch bedeutet *Shabda* einen von Sprecher erzeugten und vom Zuhörer gehörten Laut, der nicht dauerhaft ist; *Pada* bedeutet für sie ein Morphem, oder eine bedeutungsvolle Einheit.

Nach einer Lehrmeinung bedeuten Wörter Substanzen bzw. Individuen, während andere behaupten, daß sich Wörter (einschließlich der Eigennamen) auf *Jati*, die universelle Eigenschaft, beziehen. Die erste Bedeutung eines Wortes in einem Satz sei die universelle, und die besondere Bedeutung komme entweder durch die untergeordnete Bedeutungskraft oder durch die gleichzeitige Wahrnehmung der universellen wie auch der besonderen Bedeutung zustande. Die bezeichnende Kraft des Wortes (*Shakti*) basiere auf der Beziehung, die zwischen einem Wort und seiner Bedeutung besteht.

Da die Sprache Gegenstände unvollständig kennzeichnet, kann sie nur eine der vielen Tätigkeiten auswählen, die mit einem Gegenstand verbunden sind. So entsteht eine Art bleibender Beziehung zwischen einem Wort und seiner Bedeutung. Aber die Reichweiten der Bedeutung ändern sich oft durch die konkreten Faktoren im Zusammenhang, nicht nur bei zweideutigen Wörtern, sondern auch bei gewöhnlichen Wörtern. Zum Beispiel: „Der Mensch ist sterblich" bedeutet nicht, daß „die anderen Gattungen unsterblich sind". Obwohl jedes Wort eine stabile Kernbedeutung hat, in der Praxis verändert sich der Sinn in Metapher und in sekundären Anwendungen. Wenn die primäre Bedeutung unklar ist, muß der Textteil erläutert werden, indem dann die sekundäre Bedeutung zur Hilfe gerufen wird.

Es gibt drei Gründe in die sekundäre Bedeutung auszuweichen. Erstens bei Unvereinbarkeit bzw. Widersinnigkeit der Wörter, wenn die Bedeutung im buchstäblichen Sinne aufgefaßt wird. Ein Satz wie „Er ist ein Esel" oder „Er ist ein Feuerbrand" kann offensichtlich nicht buchstäblich genommen werden, weil der Mensch hier weder ein Tier noch ein unbelebtes Ding sein kann.

Zweitens, wenn die tatsächliche und die primäre Bedeutung miteinander verwandt sind. Dies kann geschehen auf der Grundlage von Ähnlichkeit oder einer gemeinsamen Eigenschaft, oder einer anderen Beziehung wie z. B. die Nähe sein. Das Beispiel „Er ist ein Esel" kann erklärt werden, wenn der Ausdruck „Esel" als „Dummkopf" interpretiert wird.

Drittens, wenn dies in der Umgangssprache üblich geworden ist, wie in Fällen verwelkter Metaphern, oder sie einem besonderen Zweck dient, wie im Fall beabsichtigter Metaphern.

Erwartung *(Akanksa)*, Folgerichtigkeit *(Yogyata)* und Nähe *(Asatti)* sind die drei Hauptfaktoren, die einen Satz zusammenschließen und uns einen abgerundeten Sinn übermitteln. *Akanksa* (gegenseitige Erwartung) bedeutet, daß ein Wort ohne ein weiteres Wort einen runden Sinn übermitteln kann. *Yogyata* (Folgerichtigkeit) ist verbunden mit der Beurteilung, ob ein Satz sinnvoll ist oder nicht. Wenn im Satz die *Yogyata* nur scheinbar fehlt und durch die metaphorische Bedeutung eines Wortes diese behoben werden kann, gibt es keine Schwierigkeit, den Sinn des Satzes zu verstehen. *Asatti* (Nähe) ist das ununterbrochene Aussprechen oder das ungebrochene Auffassen der Wörter in einem Satz.

Die Sprache ist von Natur aus zweckdienlich. Menschen bedienen sich der Wörter in der Absicht, Zusammenhängendes und Sinnvolles zu übermitteln. Der Redner nimmt also an, daß jene nebeneinander plazierten Wörter seinen Gegenübern den von ihm beabsichtigten Sinn übermitteln. Erwartung, Folgerichtigkeit und Nähe helfen, den Sinn des Gesprochenen zu verstehen. Wir folgern daraus, daß die Übermittlung etwas mehr bedeutet als die bloße Summe der Bedeutung der Wörter.

Die bezeichnende Kraft des Wortes (*Shakti*) wird als das Verhältnis zwischen einem Wort (*Shabda*) und seiner Bedeutung (*Artha*) definiert. Ein Gespräch wird möglich, weil dieses Verhältnis beständig und stabil ist. Die Funktion der Wörter für die Übermittlung von Sinn ist nicht auf die *Shakti* (ursprüngliche Kraft) beschränkt. Ein binäres Verhältnis – in dem es für jede Bedeutung nur ein Wort und für jedes Wort nur eine Bedeutung gibt – ist jener verwirrungsfreier und eindeutiger Idealfall. Es gibt aber in allen natürlichen Sprachen viele Ausnahmen zu dieser Regel. Nicht einmal die Abgrenzungen der Bedeutung sind immer fest. Sie sind von Zusammenhängen der Situation und Syntax abhängig.

Durch unbewußte Verschiebungen der Bedeutung, bildhafter Wortgebrauch, bewußte absichtliche Kunstgriffe wird das Herausfinden der wirklichen Bedeutung noch erschwert. Deshalb sind mehrere verfeinerte Konzepte entwickelt, um den wirklichen Sinn eines Wortes herauszufinden. Sie erläutern verschiedene Arten der Bedeutung, die durch eine Rede übermittelt werden kann. Es sind die Funktionen: *Abhidha* (buchstäbliche Bedeutung), *Laksana* (sekundäre Bedeutung), *Gauni* (beabsichtigte Bedeutung), *Tatparya* (Tenor), *Vyanjana* (Anspielung), *Bhavakatva* (Universalisierung der Emotion durch dichterische Redewendung) und *Bhojakatva* (emotionale Beteiligung des Hörers an der dichterischen Kraft).

Unter ihnen ist das *Laksana* (die sekundäre bezeichnende Kraft) die wichtigste und am meisten benutzte Funktion. Das *Laksana* kann nicht nur für Wörter, sondern auch für Sätze als Ganzes gelten. Sekundäre Bedeutungen (*Laksana*) und Metaphern *(Upachara)* helfen der Sprache, mit der Realität umzugehen.

Verschiedene Ebenen des Wissens

Die Grammatiker begannen schlicht zu erforschen, wie Worte angeeignet und gebraucht wurden. Die systematische Untersuchung der Sprachpraxis führte zu einem Bewußtsein, das zu immer höheren Ebenen der Sprache voranschritt, bis das Absolute Wort, *Shabda Brahman*, entdeckt wurde. Aus dieser Perspektive ist *Shabda Brahman* das grundlegende Prinzip der Einheit, das Verschiedenheit möglich macht.

Wort und Bedeutung

Bei den ersten Begegnungen übersahen bzw. mißverstanden die modernen Gelehrten, daß in der *vedischen* Gedankenwelt die Sprache und das Wissen auf verschiedenen Ebenen existierten. So folgte notwendigerweise eine auf einem Prinzip beruhende Hierarchie: so wie die Phoneme nur wesenlose Abstraktionen des Wortes sind, so sind auch die Wörter wesenlose Abstraktionen des Satzes und die Sätze wesenlose Abstraktionen des Absatzes. Selbst der Absatz ist nicht die ultimative Einheit, weil er einfach eine künstliche Unterteilung des Kapitels im Buch ist. Denn auch das Buch wie das Kapitel, der Absatz, der Satz und das Wort offenbaren nur unwirkliche Formen der menschlichen Ignoranz bzw. Beschränkungen (*Avidya*). Bis die eine unteilbare Wirklichkeit innerhalb unseres literarischen Selbst an der Spitze dieser Sprachhierarchie offenbar wird. Das grundlegende Prinzip ist, daß jeder Unterschied eine Einheitlichkeit voraussetzt. Wo es Unterschiede oder Teile gibt, muß es auch eine zugrundliegende Identität geben, sonst stünden sie nicht im Verhältnis zu einander und würde jedes ein Wort bilden.

Für *vedische* Gelehrte ist die Gliederung der Sprache in Wörter und Buchstaben ein nützlicher pädagogischer Kunstgriff, um Wörter präzise und ökonomisch zu unterrichten. Die elementare Aufteilung von Sätzen in Wörter und dieser in die Wurzeln der Haupt- und Zeitwörter mit ihren etwaigen Nachsilben ist nur ein Konstrukt und nicht real. Diese Gelehrten bieten eine klare Analyse der hierarchischen Ebenen der Sprache. Diese Analyse geht von der *Vaikharee* (Artikulation) über *Madhyama* (inneren Sprache), alle vorangehenden Ebenen logisch berücksichtigend zu mehr einheitlichen Phasen, *Pashyanti* genannt, in denen es noch keine Abbildung von Wörtern und Deutungen gibt, sondern nur einen ursprünglichen Ansporn sich zu äußern. Alle diese Konzepte setzen eine einheitliche Grundlage voraus, aus der sich Unterschiede offenbaren. Es ist jene Grundlage, die bekannt ist als *Shabda Brahman*, die der Zugang zum und die Offenbarung des Absoluten (*Brahman*) über Wörter (*Shabda*) bedeutet. Diese philosophische Analyse ist keine bloße logische Übung zur Befriedigung intellektueller Neugier, sondern eine ernsthafte und nachhaltige intellektuelle Bemühung, um sich selbst mit der Grundlage aller sprachlichen Phänomene, mit dem *Shabda Brahman*, zu identifizieren.

Die Wirkung der Sprache wird mindestens auf zwei Ebenen erfahrbar. Sie kann uns wie ein innerer Blitz (wie eine Comicfigur durch eine plötzlich aufleuchtende Glühbirne sichtbar wird) treffen. Oder durch *Vaikharee Vak*, als die erläuterten Wörter und Sätze. Dies sind die erzeugten Laute, die zusammengefügt, den Satz, das Buch oder ein anderes literarisches Werk ausmachen. Der innere Gedanke (*Sphota*) heißt zutreffend die *Pashyanti Vak*, der intuitive Blitz des Verständnisses des Satzes, des Buches bzw. des Werks als Ganzes.

Zwischen diesen beiden Ebenen liegt die *Madhyama Vak*, die mittlere Ebene des Gedankens. Hier erscheint die einheitliche Vorstellung, der *Sphota*, in getrennter Reihenfolge von Gedanken, Wörtern und Redewendungen, welche noch nicht die Ebene des erzeugten Lautes erreicht haben. Die *Vak* (die Sprache) durchläuft stets diese drei Ebenen. Der *Shabda*, der im Inneren entsteht, wird stufenweise zur Artikulation nach außen verlegt. Das Hören verläuft natürlich in umgekehrter Richtung. Ganz gleich ob es sich um einen nüchternen wissenschaftlichen Bericht oder um eine Dichtung handelt, deren Verständnis auf verschiedenen Ebenen liegen mag, bietet die *Sphota*–Theorie eine befriedigende Erklärung, weil sie den vollständigen Ablauf des Erkennens abdeckt. Wissen, Bewußtsein und das Wort sind unauflöslich miteinander verwoben. Ist diese Annahme akzeptiert, so ist die Vorstellung von Sprachebenen logisch.

Ebenen der Sprache

Wir untersuchen nun jede Ebene etwas detaillierter. *Vaikharee* ist die äußerste und differenzierteste Ebene, in der die *Vak*, (die Sprache) gewöhnlich gesprochen und gehört wird. Das *Prana* (der Atem) befähigt die Organe zu artikulieren und zu hören, Laute in zeitlicher Reihenfolge zu erzeugen und wahrzunehmen und kann daher als die instrumentelle Ursache der *Vaikharee Vak* betrachtet werden. Ihr Hauptmerkmal ist, daß sie eine vollendete zeitliche Reihenfolge hat. Auf dieser Ebene sind die individuellen Besonderheiten des Sprechers (wie z. B. ein Akzent) ebenso vorhanden wie die linguistisch relevanten Teile der Sprache.

Weiter nach innen, erreichen wir die *Madhyama Vak* (die mittlere Ebene), die hauptsächlich mit dem Verstand oder dem Intellekt verbunden ist. Dies ist der Gedanke bzw. eine Reihe von Wörtern, wie sie vom Verstand nach dem Hören und vor dem Antworten konzipiert wird, etwa wie ein inneres Gespräch. Hier sind alle linguistisch relevanten Teile der Rede in latenter Form vorhanden und auf dieser Ebene ist auch die Vielfalt der Äußerung gegeben. Derselbe *Sphota* (die Bedeutung) kann auf vielfältige Weise in *Madhyama* ausgedrückt werden. Es kommt auf die Redewendung an. Zwar ist hier keine vollendete zeitliche Reihenfolge wie bei gesprochenen Worten vorhanden, sind aber doch Wort und Bedeutung getrennt und ist eine Wortordnung vorhanden. So muß auch hier das *Prana* (der Atem) als Verursacher der zeitlichen Reihenfolge präsent sein. Der überlieferte *Yoga* kann diesen Zusammenhang durch eine subtile, aber doch direkte, Verbindung zwischen der Atmung und dem Erkennen nachweisen.

Das nächste und innerste Stadium ist die *Pashyanti Vak*. *Pashyanti* ist die unmittelbare Erfahrung von *Vakya Sphota* (die Bedeutung als Ganzes). Auf dieser Ebene gibt es keinen Unterschied zwischen Wort und Bedeutung. Auch keine zeitliche Reihenfolge. Die phänomenologischen Unterschiede verschwinden mit der Intuition der echten Bedeutung in sich.

Doch ist auf dieser Ebene eine Art des entstehenden Impulses bzw. der Sehnsucht der Äußerung vorhanden. Dieser Impuls ist der *Pratibha*–Instinkt, der in einem gewissen Sinne zur Herausbildung von Sätzen und Wörtern nach *Pashyanti* leitet, so daß Kommunikation zustande kommen kann. So wird die vedische Sicht der *Rishis*, eigentlich die *Pashyanti*, durch das ausgesprochene Wort so herausgebildet, daß der Mensch sich aus der Ignoranz erheben und über das Erkennen die ultimative Wirklichkeit begreifen kann.

Weil aber die *Pashyanti* per Definition jenseits des differenzierten Erkennens liegt, läßt sie sich nicht in Wörtern oder Sätzen definieren. Sie entsteht auf der Ebene der unmittelbaren Ahnung und muß letztlich über Erfahrung begriffen werden. Es hat trotzdem keinen Mangel an Spekulationen über ihre genaue Natur und über die Möglichkeit einer noch höheren Ebene der Sprache, etwa einer *Para Vak*, gegeben.

Sphota: die transzendente Grundlage

Der *Sphota* kann als die transzendente Grundlage beschrieben werden, auf der die gesprochenen Silben und ihre übermittelten Bedeutungen als Wort (*Shabda*) vereint werden. Die ursprüngliche Vorstellung des *Sphotas* geht anscheinend auf das *vedische* Zeitalter zurück. Der *Sphota* ist der beständige Teil im Wort und kann als sein Wesen betrachtet werden. *Dhwani*, der erzeugte Laut, ist das veräußerte und flüchtige Element und ist ein Aspekt des *Sphotas*. Der äußere Aspekt von *Sphota* ist der erzeugte, von Sinnesorganen wahrgenommene Laut (oder das geschriebene Wort), der nur dazu dient, das innere *Sphota* mit seiner inhärenten Wortbedeutung zu offenbaren.

Das Wort existiert zunächst im Gedanken des Sprechenden als eine Einheit (*Sphota*). Während er es ausspricht, erzeugt er eine Reihenfolge der Laute, die sich anscheinend voneinander unterscheiden. Obwohl der Hörende die Abfolge der Lauten hört, nimmt er letztlich doch das Gesprochene als ein *Sphota* wahr, und zwar denselben, mit dem der Sprechende begonnen, und danach die Bedeutung übermittelt hatte.

So wie sich ein im Wasser spiegelnder Gegenstand anscheinend bewegt, wenn das Wasser in Bewegung ist, so übernimmt das Wort bzw. der *Sphota* die Eigenschaften des Ausgesprochenen (Abfolge, Lautstärke oder Sanftheit, Akzent usw.), und offenbart sich. Die Frage entsteht natürlich, warum überhaupt das unabänderliche Ganze (der *Sphota*) in der Vielfalt sprachlicher Erscheinungen zum Ausdruck kommt. Solche Phänomenalisierung ereignet sich, weil der *Sphota* selbst eine innere Energie besitzt, die danach trachtet, sich zu äußern. Somit enthält der an sich einheitliche *Sphota* alle Potentiale für die Vielfalt, wie der Samen und der Schößling oder das Ei und das Huhn.

Obwohl die *Sphota*–Theorie verschiedene Unterteilungen beinhaltet, akzeptiert der berühmte Philosoph der Sanskritgrammatik Bhartrahari nur den Satz (*Sphota*) als die wirkliche Einheit der Sprache. Buchstaben und Wörter haben demnach nur einen pragmatischen Wert als nützliche Einheiten zum Aufbau höherer Spracheinheiten wie z. B. der Satz. Die Bedeutung dieser einzelnen, unteilbaren Äußerungen ist die *Pratibha*, ein Blitz der Einsicht, dessen wirkliche Natur nicht definiert werden kann. Seine Existenz bestätigt sich nur in der individuellen Erfahrung und der Erfahrende kann dies nicht hinreichend beschreiben.

Während wir das universelle Merkmal eines Gegenstandes wahrnehmen, sehen wir auch seine partikularen Eigenschaften, aber das wesentliche Erkennen besteht doch in seinen universellen Merkmalen. Anders ausgedrückt: wenn wir etwas als Ganzes erkennen, tun wir das auch anhand seiner Teile, die das Ganze ausmachen, aber das Erkennen des Ganzen ist vorherrschend. Wenn wir beispielsweise ein Stück Stoff wahrnehmen, erkennen wir den ganzen Stoff, und der sieht durchaus anders aus als seine partikularen Fäden und Farben.

Die geltenden Regelfragen zum richtigen Verstehen der *vedischen* Textabschnitte, übrigens auch für andere Texte, sind: welchen Zweck soll er haben (*Artha*), welcher Inhalt soll diskutiert werden (*Prakarana*), gibt es Hinweise aus anderen Textteilen (*Linga*), eignet sich der Text (*Auchitya*), wo (*Desha*) und wann (*Kala*). Es gibt sechs Methoden um die Bedeutung zu bestimmen: *Shruti*, die unmittelbare Aussage, *Linga*, die Verwicklung mit anderen Wörtern, *Vakya*, die syntaktische Verbindung, *Prakarana*, der situative Zusammenhang, *Sthana*, die Örtlichkeit, und *Samakhya*, die etymologische Bedeutung. Von diesen sechs ist eine jede stärker als die jeweils nachfolgenden.

Bei der Deutung der zweideutigen Ausdrücke müssen sowohl die Faktoren des situativen Zusammenhangs wie auch die Zusammensetzung innerhalb des Satzes berücksichtigt werden. Selbst um den Tenor eines Essays oder eines Textes als Ganzes zu verstehen, müssen ganz bestimmte Faktoren berücksichtigt werden. Folgende sechs Faktoren bestimmen den Sinn und Zweck eines Textes: Folgerichtigkeit zwischen der Einleitung und der Schlußfolgerung, Wiederholung des Hauptthemas, das Neue im gegenständlichen Inhalt, das beabsichtigte Ziel, über das Hauptthema hinausgehende, bestärkende und lobende Anmerkungen und Argumente zu Gunsten des Hauptthemas. Der Zusammenhang aus der Situation des Sprechenden wie der Hörenden, der Ort und die Zeit, der Ton, der soziale und kulturelle Hintergrund spielen beim Herausfinden der Bedeutung eine wichtige Rolle.

In vielen Texten ist nicht die buchstäbliche Bedeutung die beabsichtigte. Die sich aus dem Zusammenhang ergebenden Faktoren haben eine vitale Rolle in der Bestimmung des beabsichtigten Sinns eines Textabschnitts. Eine Gruppe von Wörtern dient dem einzigen Zweck, einen Satz zu bilden, wenn die einzelnen Wörter analytisch eine wechselseitige Nähe aufweisen. In dieser Definition verdienen zwei Begriffe besondere Aufmerksamkeit: *Arthaikatva* (Einheitlichkeit des Zwecks) und *Akanksa* (Einheitlichkeit der Bedeutung). So betrachtet, können die Faktoren aus dem Zusammenhang auch auf alle Sätze angewendet werden..

Der Satz ist die Einheit von *Sphota*, und die Einheit der Bedeutung ist erforderlich. Wir können sagen, daß in allen Fällen die Einheit der Bedeutung gegeben ist, wenn sie als eine Einheit gesehen werden und aus der Perspektive der einzelnen Teile die Interdependenz im Vordergrund steht.

Die Standpunkte des Sprechenden und des Hörenden

Die Bedeutung eines Satzes kann natürlich von zwei Seiten betrachtet werden: vom Gesichtspunkt des Sprechenden und des Hörenden. In der „modernen" Betrachtungsweise wird in der Regel vom Gesichtspunkt des Sprechenden ausgegangen, in der *vedischen* Kultur grundsätzlich von der Perspektive des Hörenden. Im üblichen Gespräch kann es verschiedene Aspekte der Bedeutung einer Äußerung geben: was hat der Sprechende im Sinn; was will er dem Hörenden zu verstehen geben; und was hat der Hörende im Sinn.

Bei einem perfekten sprachlichen Austausch müssen alle diese Bedeutungen zusammentreffen. Oft stehen aber verschiedene Gründe einer reibungslosen Kommunikation im Wege. Es geht immer schief, wenn der Sprechende im Augenblick der Äußerung etwas anders im Sinn hat, als das, was er dem Hörenden eigentlich übermitteln wollte. Sehr häufig versteht der Hörende anderes als das, was der Sprechende beabsichtigte zu übermitteln. Es kann ursächlich an mangelhafter Ausdruckskraft des Sprechenden oder auch im Unvermögen des Hörenden zu verstehen liegen. Der fehlende Zugang zu dem, was der Sprechende vor dem Sprechen im Sinn hat oder dessen, was der Hörende nach dem Hören der Äußerung im Sinn hat, bedeutet, daß eine objektive wissenschaftliche Analyse über diesen Zusammenhang kaum Ergebnisse liefert. Die tatsächliche Äußerung kann objektiv in ihren Bestandteilen aus Wörtern, Morphemen und Phonemen untersucht und analysiert werden. Dies bedeutet allerdings nicht, daß die anderen Aspekte weniger wichtig sind.

Symbol und Bedeutung sind nur zwei Aspekte der Besonderheit der Sprache. Diese Besonderheit erscheint in der Form verschiedener Vorstellungen und Bedeutungen einerseits, und deren Symbole, also Wörter und Sätze, andererseits. Sie bildet die Welt der Phänomene, und ist die Natur des Bewußtseins. Obwohl sie unabänderlich und ohne Teile ist, erscheint sie auf Grund ihrer eigenen Kräfte evolutionär und pluralistisch zu sein. Die Zeit ist eine solche Kraft, die, obwohl in der Tat mit ihr identisch, doch unterschiedlich zu sein scheint. Das ewige, zeitlose Prinzip der Sprache scheint wegen der Einwirkung des Zeitfaktors veränderlich zu sein. Die Zeit ist eine inhärente Kraft des Absoluten, aber ihre Selbständigkeit auf der relativen Ebene bedeutet, daß sie ihren Einfluß bei Herbeiführen der anderen Kräfte auf die Besonderheit der Sprache ausübt. (Also gehören Reihenfolge und Zeit nicht wirklich zum Satz, sind aber doch unvermeidliche Mittel der Offenbarung der Bedeutung des Satzes).

Nachdem nun einige der grundsätzlichen Regeln und Gesetze erörtert worden sind, die Sanskrit beherrschen, wird im nächsten Kapitel der Sprachgebrauch durch die Seherwissenschaftler näher untersucht, deren Hauptanliegen es war, ihre Erkenntnisse zu bewahren und sie vor Verzerrung und Mißverständnis zu schützen.

*****

Der Autor hat auf die wertvollen Werke einiger Grammatiker und Philosophen zurückgegriffen, deren Abhandlungen in der *Encyclopedia of Indian Philosophies, Vol. V: The Philosophy of Grammarians* – (Enzyklopädie der indischen Philosophien, Band V: Die Philosophie der Grammatiker), herausgegeben von Motilal Banarsidass, Delhi, Indien, 1990, veröffentlicht sind.

KAPITEL ACHTZEHN – Die Sprache und
die Seherwissenschaftler in den *Veden*

---

uta twah pashyan na dadarha wacham
uta twah shrunwan na shrunotyenam
uto twasmai tanwam vi sasre
jayewa patya ushati suwasah

Es gibt Personen, die zwar mit den Augen sehen,
Aber sie sehen die Quelle der Sprache nicht.
Es gibt Personen, die zwar hören, aber nicht die Fähigkeit besitzen,
Die tiefere Bedeutung der Wörter zu verstehen.
Aber es gibt Seher und Weise, denen sich
Die Patin der Sprache in ihrer lieblichen Gestalt offenbart.

RIK VEDA 10:71:4

EIN WORT IST EIN LEBENDER ORGANISMUS. ES KANN SICH verändern, wachsen und mehrere unterschiedliche Bedeutungen entwickeln. Eine besondere Eigenschaft der Wörter in Sanskrit, besonders im *vedischen* Sanskrit ist, daß diese mehrere Schichten von Nuancen bzw. Bedeutungen besitzen. Diese Bedeutungen entstehen, wenn das Wort sein Umfeld ändert, seinen Standort wechselt, neue Begleitung findet und in einem spezifischen Zusammenhang zu einem besonderen Zeitpunkt zum Stillstand kommt.

Wir erläutern dies mit ein paar Beispielen. Das Wort *Bindu*[1] bedeutet buchstäblich ein „Tropfen" oder ein „Punkt". Es bezieht sich auf einen Punkt, der im Universum als ein materielles Wesen erscheint. In diesem Zusammenhang bedeutet *Bindu* auch Samen.

Man beschreibt die *Bindu* als einen Kreis oder ein Dreieck (von dem man denkt, es sei das Symbol des Universums), wobei sie gleichzeitig die Höchste Wirklichkeit darstellt. Die *Bindu* ist nicht nur die Quelle, Basis und Sitz der Ruhe, sondern auch reine Erleuchtung und vibrierender Laut, die sich ununterbrochen in der Gestalt von Begriffen und Gegenständen äußert, während sie selbst in ihrem ursprünglichen Glanz von verdichtetem oder bedingungslosem Bewußtsein bleibt. Sie bedeutet auch „heller Funke", Null und das Symbol für Null, welches *Shunya* ist.

Obwohl sie ein Punkt ist, besteht die *Bindu* tatsächlich aus einer Einheit von zwei (Bestandteilen), einem statischen und einem dynamischen. Ihr dynamischer Aspekt äußert sich als das Universum der Vielfältigkeit, aber die Basis bleibt die Einheit – die Miniatur von allem. Kommt die *Bindu* in Bewegung, so verursacht sie, daß das Eine zweifach wird und, nachdem dies geschehen ist, wird es mehrfach. Wie gesagt wird die *Bindu* symbolisch dargestellt als der Mittelpunkt eines Kreises oder Dreiecks; und seine Ecken, die Berührungspunkte jeder Seite, werden aus zwei Paaren von *Bindus* gebildet. Nach der modernen Geometrie ist ein Punkt die kleinste Einheit mit der eine Linie gezogen wird. Er ist unteilbar und ohne Länge oder Breite. Obwohl der *Bindu* ein konkreter Körper fehlt, wird sie irgendwie Bestandteil eines physischen Körpers, entweder als eine Masse oder als eine Kombination von drei *Anus* (Atomen).

---

[1] Aus einem Artikel von K. A. Jacobson in *Kalavattvakosha* („Ein Lexikon der grundsätzlichen Begriffe der indischen Künste"), Band III, SS. 1-47.

Der Ausdruck *Bindu* – Tüpfelchen, Punkt, Fleck, Tropfen, Samen – kann aus der Zeitwort–Wurzel *Bid (Bidi Avayave),* was „spalten, zerteilen" bedeutet, abgeleitet werden. Nach Yaska (dem Autor von *Nirukta,* einer Erläuterung der *vedischen* Texte) wird *Bindu* von der Zeitwort–Wurzel *Bhid* abgeleitet, was „durchbohren" bedeutet, woraus wir das Wort und den Begriff von „Loch" ableiten. In der Grammatik wird die *Bindu* als *Anusvara* benutzt, der nasale Laut, der in der *Devanagari*[2] Schrift mit einem Punkt oberhalb der Silbe markiert wird.

Die Bindu bedeutet auch *Indu,* einen glänzenden Tropfen oder Funken. In einem anderen Zusammenhang hat sie die Bedeutung von *Avayava* (Ast, Glied, Teil, Unterteilung oder Bestandteil eines Ganzen). Vorrangig bedeutet sie den Punkt, der einen Körper bildet und sich selbst als *Nabhi,* den Nabel oder Mittelpunkt in der Mitte eines Dreiecks oder Kreises bezeichnet. Von der *Bindu,* dem Ausgangspunkt heraus wird ein Dreieck oder Kreis offenbar gemacht und das ist der Grund warum sie (der Punkt) als Urquelle von allem betrachtet wird, sei es eine physikalische Form oder ein Begriff. Nach einigen Gelehrten besteht jede *Bindu* aus der Einheit von zwei *Bindus*; das heißt, aus der Einheit von zwei entgegengestelzten Energien – der statischen und der dynamischen, des männlichen und des weiblichen Prinzips.

Die *Bindu* ist anscheinend weder eine Zeiteinheit wie *Kshana* – ein Augenblick – noch eine räumliche Einheit wie *Anu* – das Atom. Sie ist eher eine Einheit des Bewußtseins, die gleichzeitig zum Körper der materiellen Welt wird. Sie ist daher eine Synthese aus Materie, Raum und Zeit und glänzt als das eigentliche Leben dieser Elemente, aber als Kraft die transzendiert.

Prakriti: Mehrer Schichten der Bedeutung

Ein weiteres Beispiel eines Wortes mit mehreren Schichten der Bedeutung ist *Prakriti.*[3] Dieses Wort bezeichnet das weibliche Prinzip und ist am besten bekannt als der Ausdruck für die materielle Seite des Dualismus von Materie und Bewußtsein. „Als nicht offenbarte Materie ist die *Prakriti* ungebunden und alles durchdringend. Sie ist noch vor der Existenz von Zeit und Raum, ein transzendentes materielles Prinzip,

---

[2] Sanskrit wird, wie Hindi, in der Devanagari Schrift geschrieben. Einige weitere indische Sprachen werden in Schriften geschrieben, die eine Variante des Devanagari sind. Die meisten *Veden* sind in der Devanagari Schrift in Sanskrit erhalten; diese sind aber auch in anderen indischen Schriften vorhanden.

[3] K. A. Jacobson, a.a.O., S. 1.

unermeßlich mächtig, hält die ganze Welt in einem nicht differenzierbaren Zustand."[4]

Die *Prakriti* übermittelt die Bedeutung von „originell", „erst" oder „primär" und *Vikriti* vom Sekundären. In einer ihrer Bedeutungen ist *Prakriti* die materielle Quelle von Lauten. Klänge, Atem und die „h"-Laute sind die materiellen Ursachen des Silbenlautes, so wie der Ton die materielle Ursache von Krügen und das Garn die materielle Ursache von Stoff ist. In einem gewissen Zusammenhang bezeichnet *Prakriti* eine Hierarchie der Töne, die in einem Musikstück gespielt werden.

In der Grammatik bedeutet *Prakriti* die Wurzeln bzw. Stämme der Wörter. In *ayurvedischen* Texten bedeutet *Prakriti* das Normale, die gewöhnlichen Muster oder den natürlichen Weg, auch die Natur der Person, ihrer physischen Verfassung und Gesundheit. Die *Prakriti* ist jene subtile materielle Kraft innerhalb von Dingen, die ihre offenbarte Form bewirkt. Sie ist der produktive Aspekt der Natur, das innere Prinzip, das Gegenstände zum Entstehen bringt und somit die innere Natur sowohl der Welt der Lebewesen als auch der materiellen Welt in ihrer Totalität. Sie drückt die Wechselbeziehung des Mikrokosmos und des Makrokosmos aus. Sie ist das kreative Material der Welt, das generierende Prinzip aus dem die Welt erzeugt wurde und in dem sie sich auflösen wird im ewigen Rhythmus von Tod und Wiedergeburt, von Verschwinden und Offenbaren.

Die *Prakriti* wird beschrieben als subtile, ewige, Ursachen und Wirkungen umfassend, dauerhaft, selbsthaltend, unermeßlich, nicht der Verwesung unterliegend, beständig, ohne Laut, Gefühlssinn, Farbe und als die Quelle der Welt. Sie drückt die organische Metapher der Schöpfung aus. Gelegentlich ist sie auch ein Symbol von Wachstum und Zerfall in der Natur, Geburt und Tod, Nacht und Tag, saisonalem Wechsel der Vegetation usw. (und vielleicht ein Versuch, sie auf einer abstrakten Ebene begrifflich zu machen).

Wenn sich ein Universum auflöst, gehen alle in ihm verkörperten Dinge in die *Prakriti* auf. Weil sie eine inhärente Erzeugungskraft besitzt, steht die *Prakriti* am Anfang eines jeden offenbar Werdens; sie ist aber auch das subtile Stadium des aufgelösten Universums, weil das Universum ständig zwischen dem offenbaren und dem nicht offenbaren Zustand pendelt.

Die *Prakriti* ist im ständigen Wechsel, weil sich das nicht Offenbare offenbart und das Offenbare wieder verschwindet.

---

[4] ebenda, S. 1.

Das Studium der *vedischen* Sprache

Es sind zwei Beispiele der Bedeutungsnuancen um die Realitäten, welche die Seherwissenschaftler versucht haben, mit einem Maximum an Genauigkeit zu übermitteln. Sie wußten, daß sie sorgfältig sein mußten, um sicherzustellen, daß das ihnen offenbarte Wissen nicht in die Hände der Unwürdigen oder der Ungeduldigen fiele. Das vedische Lexikon ist reich an Wörtern mit mehreren Schichten von Bedeutungen. Die ernsthaften Forscher müssen lernen, eine lebendige Verbindung zu einem Wort aufzubauen, weil sie nur so hoffen können, eine richtige Antwort auf ihre Fragen zu erhalten.

Es bedarf eines interdisziplinären Verständnisses sehr hohen Grades, um die tieferen Bedeutungen und die feinen Nuancen der von großen Weisen verwendeten Begriffe zu entwirren. Das Übersetzen *vedischer* Texte ist daher für westliche „Experten", von denen keiner die sechs Glieder der *Veden* beherrschte oder deren Beherrschung erlangen konnte, ein entmutigendes Unterfangen. Ohne eine solche Beherrschung konnten sie nicht hoffen, die wirkliche Bedeutung der Hymnen zu entdecken oder die Nuancen eines Begriffes in dem spezifischen Zusammenhang, in dem er verwendet wurde, zu verstehen.

Vollständiges Unwissen über die Kultur der *Veden* und das Verfangensein im System der christlichen Werte waren ernsthafte Hindernisse für jene westlichen Übersetzer, die versucht hatten, die *vedischen* Hymnen in europäischen Sprachen wiederzugeben. Eine große Zahl dieser Übersetzer waren Missionare, beginnend mit Heinrich Roth, dem ersten Europäer, der eine Grammatik der Sanskritsprache zusammenstellte. Ihre Befangenheit wird eloquent vorgeführt in ihren Versuchen, *Shatpatha Brahmana* und jene Teile der *Veden* zu übersetzen, welche die Anwendung der grundlegenden Prinzipien von *Vijnana* als Anweisungen, Übungen, und Hilfen beschreiben.

Aber auch indische Gelehrte sind nicht frei von diesem Mangel an Verständnis der *Veden*. Mit der wachsenden „Spezialisierung" nahm die Tradition, dem Studium aller sechs Abzweigungen Zeit und Energie zu widmen, ab. Die Situation verschlechterte sich infolge politischer Anschläge, der kulturellen Invasion und der daraus entstehenden sozialen Unbeständigkeit. Sogar Vyakarana wurde ein zu schwieriger Gegenstand für hingebungsvolles Studium. Es wundert nicht, daß dies geschehen mußte, angesichts der zerstörerischen Folgen einer langen Periode politischer Aufwallung und des sozialen Chaos.

Die *Rishis* bzw. die Seher liebten es, Wissen in herausfordernden Formulierungen zu verpacken. Die Bedeutung war hinter einem Schleier verborgen, wie das zauberhafte Gesicht der eigenen Geliebten.[5] Und wie eine Geliebte muß man diese tiefen und subtilen Bedeutungen geduldig und ehrlich umwerben. Manchmal hebt sich der Schleier ein wenig und man hat einen flüchtigen Einblick in die erstaunliche Schönheit, die dahinter lauert. Nur wenn die eigene Verpflichtung und Hingabe überzeugend sind, hebt sich der Schleier vollständig, so daß man den fesselnden Zauber der Bedeutung des Lebens und der Schöpfungsvorgänge erblicken und die unbeschreibliche Freude der Teilhabe an den Geheimnissen der Natur erfahren kann.

Der Veda und die Strenge des Lauts

Die umfassende und strenge Disziplin, die beim Artikulieren der *Veda Mantra* verlangt wird, nimmt einen entscheidenden Platz im Studium der *Veden* ein. Der Laut spielt eine entscheidende Rolle in der *vedischen* Erklärung des kosmischen Geschehens. Der Laut ist eine Art Strahl-Energie, die als Druckwelle in die Materie übertragen wird. Eine vibrierende Lautquelle schiebt Teilchen von Materie enger zusammen. Wo es eine Vibration gibt, gibt es auch einen Laut. Umgekehrt, um einen Laut zu erzeugen, muß auch eine entsprechende Vibration herbeigeführt werden.

Der Atem, der während der Atmung durch unsere *Nadis* und Blutgefäße fließt, verursacht Vibrationen, von denen unser Gesundheitszustand abhängt. Jene, die während der Praxis von *Yoga* ihre Atmung unter Kontrolle halten, bleiben gesund. Die Atmung ist nicht nur für den Körper lebensnotwendig, sondern auch für den Intellekt. Er als die Quelle des Gedankens und die supraphysikalische Energie als Quelle der Atmung sind innig verwandt. Gesunde und ungesunde Gedanken sind unterschiedlichen Vibrationen der *Nadis* zuzuschreiben. Wir können den Unterschied merken, wenn wir uns beobachten, wie wir atmen, wenn wir friedlich sind und wie wir atmen, wenn Begehren oder Zorn unseren Geist aufregt. Wenn uns eine Freude gehobener Art widerfährt, atmen wir durch das rechte Nasenloch. Wenn wir sinnliche Freuden genießen, atmen wir durch das linke Nasenloch. Wenn wir mit zunehmender Konzentration meditieren fließt die Atemluft langsam, gleichmäßig und rhythmisch durch beide Nasenlöcher.

---

[5] Im *Shatpatha Brahmana* heißt es, daß die *Devatas* das Subtile lieben (*parokshapriya hi devah*).

Die Wichtigkeit der mündlichen Überlieferung

Die *Veden* werden als *Shruti* beschrieben. Die *Shruti* bedeutet „jenes, das gehört wird". Sie bezieht sich auf die Tatsache, daß die *Veden* von Generation zu Generation mündlich überliefert wurden. Sie wurden weder gelehrt, noch aus irgend einem geschriebenen Text gelernt. Diese Texte konnten nicht niedergeschrieben werden, weil eine korrekte Transkription der Laute der *Veden* nicht möglich ist. Sie enthalten Laute bzw. Phoneme, die in keiner der bekannten Schriften genau darstellbar sind. Solche Laute müssen durch das Zuhören der die Verse rezitierenden Lehrer aufgenommen werden.

Dann gibt es noch die *Swaras* (Klangvariationen, richtige Betonung) für *Veda Mantras: Udatta* (angehobene Silbe), *Anudatta* (tiefer gelegte Silbe) und *Swarita* (fallende Silbe). Irrtümer in der Aussprache sind sogar dann möglich, wenn diakritische oder andere Zeichen in den gedruckten Texten verwendet werden. Es gibt einen sehr großen Unterschied in den durch die Aussprache einer Silbe verursachten Vibrationen, wenn dies mit Nachdruck geschieht oder wenn dies ohne jeglichen Nachdruck geschieht. Bei der Intonation von *Veda Mantras* wird feine Abstimmung verlangt und es ist von entscheidender Wichtigkeit, daß nicht der geringste Fehler vorkommt. Wie wir in unserem Funkgerät unterschiedliche Sender je nach der Wellenlänge empfangen, so ist das Ergebnis unterschiedlich, wenn wir von der korrekten Intonation der *Veda Mantras* abweichen.

Aus diesem Grund haben die Seherwissenschaftler die Praktik des Erlernen der *Veden* durch Zuhören eingeführt und fortgesetzt. Die Weisen hörten den Laut der Vibrationen, der im normalen Ablauf des Geschehens durch die Sinnesorgane nicht wahrgenommen werden kann. *Shruti* ist ein passender Name für die *Veden*, da die *Mantras* erstmalig in der Welt kund getan wurden, nachdem die Seherwissenschaftler sie gehört hatten.

Die *vedischen* Seher werden *Mantra–drashtas* genannt. Ein *Drashta* ist „einer der sieht". Das „Sehen" oder das „Schauen" kennzeichnet nicht nur das durch die Augen Wahrgenommene, sondern sind dies Begriffe, welche die gesamte Bandbreite der Wahrnehmungen und Erfahrungen umfassen. Wenn gesagt wird, daß ein Mensch in seinem Leben alle Leiden „gesehen" hat, umfaßt der Ausdruck „gesehen" klar nicht nur was er mit seinen Augen „gesehen" hat. Es bedeutet auch das, was er „erfahren" hat. Ähnlich bezieht sich der Begriff *Mantra-drashta* auf das durch Erfahrung Wahrgenommene. Keine Schrift ist daher angemessen, um die Laute der *Veden*, ihre *Swaras*, niederzuschreiben.

Es ist möglich, daß die *Mantras* der *Veden* den Rishis im Zuge tiefer Betrachtung und Meditation wie ein Blitz in den inneren Bereichen ihres Intellekts erschienen sind.

Bewahrung der klanglichen Reinheit

In alten Zeiten wurden eine Reihe von Methoden erdacht, damit die ungeschriebenen *Veden* in ihrer Originalform erhalten und die Reinheit ihres Klanges und ihrer Wörter bewahrt wurden. Regeln sollten sicherstellen, daß beim Artikulieren keine einzige Silbe gewechselt und kein einziges *Swara* geändert wurde. Für das Aussprechen jeder Silbe eines Wortes wurde die erforderliche Zeit, die *Matra*, festgelegt. Die *Shiksha* – eines der sechs Glieder der *Veden* – erläutert die Regulierung der Atmung zur Erzeugung der erwünschten Vibration in einem besonderen Teil unseres Körpers, so daß der Laut der ausgesprochenen Silbe in seiner reinen Form erzeugt wird. Die Ähnlichkeiten und Unterschiede zwischen den *Swaras* der Musik und der *Veden*, und ebenso zwischen den von Vögeln und Tieren erzeugten Lauten einerseits und den *vedischen Swaras* andererseits werden in der *Shiksha* abgehandelt. Solch ein peinlich genaues Studium stellt sicher, daß die korrekte Methode für die Intonation der *Veda Mantras* befolgt wird. Eine bemerkenswerte Methode wurde ersonnen, um das selbe Ziel – die Unabänderlichkeit von Wörtern und Silben – zu sichern. Die Wörter der *Mantras* werden nach verschiedenen Mustern aneinander aufgereiht.

Einige vedische Gelehrten sind als *Ghanapathins* bekannt. Sie rezitieren die *Mantras* mit Tiefgang und singen die Verse deutlich vernehmbar in einem fortgeschrittenen Stadium, genannt der *Ghana*. Während wir einem *Ghana* singenden Gelehrten zuhören, bemerken wir, daß einige Wörter des *Mantras* hin und zurück in unterschiedlicher Weise angestimmt werden. Die natürliche Klangfülle für das *vedische* Rezitieren wird im Ghana verfeinert und ist feierlicher als andere Methoden des Artikulierens. Der Hauptzweck solcher Methoden ist es, wie schon erwähnt, sicher zu stellen, daß keine einzige Silbe auch nur im geringsten Maße geändert wird.

In einigen Formen werden die *Mantras* in ihrer natürlichen Abfolge rezitiert und es wird kein besonderes Muster angewandt. In anderen Formen werden einige Wörter in den *Mantras* zusammengefügt, was man *Sandhi* nennt, eine euphonische Kombination. Jeder Satz in Sanskrit wird als eine euphonische Kette angesehen, in der am Ende eines Satzes eine Pause eintritt. In der Sanskritgrammatik ist der

Sandhi die Verbindung der End- und Anfangsbuchstaben. Diese euphonische Verbindung bewirkt Änderungen in den End- und Anfangsbuchstaben getrennter Wörter eines Satzes und in den Endbuchstaben von Wurzeln und Stämmen, wen sie mit Endungen zur Bildung solcher Wörter zusammengesetzt sind. (Im Englischen werden die Wörter nicht zusammengesetzt, im Deutschen häufig.) Wegen dem *Sandhi* sind die einzelnen Wörter, die eine Zusammensetzung eingehen, weniger leicht erkennbar.

In einer anderen Form wird jedes Wort des *Mantras* deutlich getrennt vom nächsten. In einer anderen wiederum ist das erste Wort eines *Mantras* am zweiten angehängt, das zweite am dritten, das dritte am vierten und so fort, bis das endgültige Wort gebildet ist. Es gibt eine andere Form, in der das erste Wort des *Mantras* mit dem zweiten intoniert wird, dann in der umgekehrten Reihenfolge, so daß das zweite mit dem ersten gesungen wird. Dann wird noch einmal das erste Wort mit dem zweiten gesungen, dann das zweite mit dem dritten, das dritte mit dem zweiten und das zweite wieder mit dem dritten, und so weiter. So hin und zurück wird das ganze *Mantra* gesungen. Im *Sikhapatha* besteht das Muster aus drei Wörtern eines *Mantras*, anstatt aus zwei.

Den *Ghanapatha* zu rezitieren und zu singen ist schwieriger als andere Formen des Vortrages *vedischer* Verse. Diese Methode hat vier Varianten. In allen werden die Wörter eines *Mantras* nach einem genau festgelegten System von Änderung und Kombination hin und her gesungen. Die Seherwissenschaftler haben diese Methoden des Vortragens erfunden, um den Laut *vedischer* Verse vor unabsichtlichen Veränderungen und Entstellungen zu schützen. Alle unterschiedlichen Methoden des Vortragens haben nur den Zweck, die Reinheit der *Veden* in Laut und Wort für alle Zeiten sicher zu stellen. Im *Pada* werden die Wörter in ihrer natürlichen Folge gesprochen, im *Krama* zwei Wörter zusammen, im *Jata* gehen die Wörter hin und zurück.

Yoga des Wortes

Die Seherwissenschaftler haben darauf bestanden, daß die *Veda Mantras*, oder die Hymnen, auswendig gelernt und mit dem korrekten Akzent und Versmeter vorgetragen werden müssen. In der *vedischen* Tradition ist die Sprache nur voll lebendig, wenn sie gesprochen wird. Und im Einklang dazu wird das Denken als inneres Sprechen angesehen, dem ungenügendes *Prana* (Atem) zugeführt wurde, um es offenkundig zu machen. Während sich die Aufmerksamkeit des

Westens auf die Schrift konzentriert, wird diese vom *Vyakarana*[6] als bloß eine kodifizierte Niederschrift des Gesprochenen betrachtet, die nie alle Nuancen des gesprochenen Wortes vollendet darstellen kann und daher stets zweitrangig ist.

In der *vedischen* Tradition macht die stets korrekte und klare Aussprache des Wortes eine lebendige Sprache und Schrift aus. Nur wenn Textstellen so vollendet auswendig gelernt und verinnerlicht sind, daß sie mit uns sind, wo auch immer wir gehen, hat man wirkliche Kenntnis des Wortes. In einem solchen Stand werden die Wörter beim Sprechen Teil unseres Bewußtseins, oder, genauer, sie *sind* unser Bewußtsein. Bücher und andere Formen der Schrift sind in diesem Sinne des Wortes kein Wissen; sie stellen eine niedrigere, zweitrangige Stufe der Sprache dar.

Der erste erforderliche Schritt ist die Säuberung unserer Umgangssprache von unreinen Formen. Wenn die Sprache durch das Anwenden der grammatikalisch korrekten Formen gereinigt ist und alle Hindernisse in Gestalt inkorrekter Formen beseitigt sind, entsteht daraus die Erfahrung des Wohlbefindens.

Das Erkennen, daß unsere Sprache der Reinigung bedarf, ist der erste Schritt im *Yoga* des Wortes. Der wiederholte Gebrauch von grammatikalisch korrekten Formen ebnet den Weg über die niedrigeren Schichten der Sprache (*Vaikharee* und *Madhyama Vak*) hin zum Dämmern der höheren Vision (Pashyanti).

Der inkorrekte Gebrauch resultiert aus Versuchungen von Menschen, die Reihenfolge der Sprache nach ihrem Gutdünken zu ändern. Ohne die Hilfe der Grammatik und ihrer reinigenden Regeln ergibt sich für gewöhnlich ein verwirrter Geisteszustand. Die Wirklichkeiten der *Veda Mantras* werden im Bewußtsein infolge der Spuren verdunkelt, die ein inkorrekter Gebrauch der Wörter hinterläßt. Das strikte Einhalten der Grammatik beseitigt nach und nach die verdunkelten Spuren aus dem Bewußtsein.

Wenn die richtige, nicht auf das Ego fixierte Reihenfolge der Sprache eingetreten ist, kann man die Wirklichkeit der *vedischen* Lehre sehen und wird man für diese empfänglich sein. Man erfährt dann gesteigerte Kraft und die ersten Einblicke in das Wort. Diese Errungenschaft ist die wahrlich kreative Funktion des Wortes, die Offenbarung der Natur der Wirklichkeit durch die zurückstrahlende Kraft der Sprache. Die wiederholte Übung des richtigen Wortes gibt der Sprache ihre spiegel–

---

[6] *Encyclopedia of Indian Philosophies*, Band V.: „The Philosophy of the Grammarians" (Die Philosophie der Grammatiker), S. 37.

ähnliche Eigenschaft wieder und macht es möglich, daß eine Widerspiegelung des transzendenten Wortes stattfindet. Eine solche Verfeinerung und Reinigung des Intellekts und die entsprechenden Wortstrukturen sind die Ziele der ersten Stufe des *Yogas* der Worte.

Die zweite Stufe kommt, wenn wir uns auf die gereinigte zurückstrahlende Kraft des Wortes konzentrieren bis die Vereinigung mit dem *Shabda Brahman* (die Sprache stützende supraphysikalische Energie) zustande gekommen ist. Die Sprache wird also im ersten Stadium gereinigt, bis der Geist nur korrekte grammatikalische Strukturen verwendet. Dann, im zweiten Stadium, erfolgt die Reinigung von der Ego–Bindung, was wesentlich in einem solchen Reinigungsvorgang ist. Das Aufgeben der Bindung an die sequentielle Sprache, so gereinigt sie auch sein mag, bedeutet ein Wegbewegen von gesprochenen Wörtern (*Vaikharee*) und inneren Gedanken (*Madhyama*) zu den direkten (*Pashyanti*, *Pratibha* oder *Sphota*). So erreicht das nach Intellekt strebende Wesen das Wesentliche der Sprache, das reine leuchtende ewige Verbum, das jenseits der vitalen Ebene liegt. Man erreicht dies, indem man den Verstand von der äußeren Natur abzieht und ihn auf die innere Natur fixiert, was die Auflösung der zeitlichen Reihenfolge der gedanklichen Tätigkeit bedingt. Das führt zum Erlangen des inneren Lichtes und zu einem Zusammenschmelzen mit dem unsterblichen und nicht zerfallenden Intellekt, dem Absoluten Wort.

Der *Yoga* des Wortes beweist, daß der Bedeutungsreichtum von Wörtern nicht nur intellektuell, sondern auch transzendent ist. Der passende *Yoga* verleiht Wörtern die Kraft, Unwissen (*Avidya*) zu beseitigen, die Wirklichkeit (*Dharma*) zu offenbaren und das Freisein (*Moksha*) zu verwirklichen.

Im Wort *Yoga* ist die Wiederholung der *Mantras* ein Instrument der Kraft. Je mehr Spuren beseitigt werden müssen, um so häufigere Wiederholungen sind nötig. Der wiederholte Gebrauch richtiger *Mantras* beseitigt die Unreinheiten und reinigt alles Wissen. Das wiederholte Singen der *Mantras* führt zur Wahrnehmung von *Sphota* in all seiner Fülle. Die großen Rishis bzw. Seher haben diese Tatsache erkannt und machten sich wie zu leeren Kanälen, durch die das supraphysikalische Wort mit geringer Verzerrung zurückstrahlen konnte.

Diese Einführung in die *vedische* Sicht der Sprache kann uns erklären helfen, wieso wir manchmal nicht hören, wenn wir zuhören. Sie lehrt uns auch, wie die Hindernisse im Bewußtsein zu beseitigen sind, damit wirkliches Hören möglich wird, und gibt Hinweise auf einen anderen Weg, um Zugang zur absoluten Weisheit der Beobachtung zu schaffen.

Die Unterscheidung zwischen dem Wort (*Shabda*) und dem Laut (*Dhwani*) ist für das Verständnis der Sprache in der *vedischen* Philosophie grundlegend. Den physikalischen Laut als das Wort anzunehmen, hieße zwei Wesen zweier verschiedener Ordnungen zu vermengen, wie die Verwechslung des Verstandes mit dem Körper. Nach den *vedischen* Grammatikern ist das Wort – wie der Verstand – eine physikalische Verkörperung im Laut und wird durch den Laut offenbar, aber die Übermittlung der Bedeutung ist die Funktion des Wortes; der Laut ruft lediglich das Wort an.[7]

Das Verhältnis zwischen Wort und Bedeutung ist ewig, nicht abgeleitet und unpersönlich. Ein solches Verhältnis ist keine beliebige Vereinbarung etabliert durch Menschen oder durch „Gott".

Die Übermittlung von Gedanken, nicht von Wörtern allein

Die *vedischen* Seher waren sich der Wichtigkeit der Sprache und der Probleme der genauen Übermittlung inniger persönlicher Erfahrungen sehr bewußt. Die Sprache wurde in Beziehung zum Bewußtsein untersucht – dies war in der Tat die Reichweite ihrer Suche – und sie war nicht einmal beschränkt auf das menschliche Bewußtsein. Alle Aspekte der Welt und die menschliche Erfahrung wurden als durch die Sprache erhellt angesehen. Es wurde ein halbwegs technisches Vokabular entwickelt, um sprachliche Fragen wie z. B. Grammatik, dichterische Schöpfung, Inspiration, Erleuchtung usw. zu behandeln.

Auch wenn es ein sorgfältiges Interesse für die phänomenalen bzw. äußeren Aspekte der Sprache gab, wurde doch gleiche Aufmerksamkeit ihren inneren Aspekten gewidmet. Es scheint den *vedischen* Sprachphilosophen gelungen zu sein, die zwei reduktionistischen Fehler zu vermeiden, die von Gelehrten der „modernen Sprachen" oft begangen werden: sie haben weder die Sprache zu einer bloßen menschlichen Konvention mit lediglich wissenschaftlichen oder sachlichen Bezugspunkten reduziert, noch haben sie sich auf die Seite des metaphysischen Reduktionismus geschlagen. Letzteres würde die Bedeutung menschlicher Wörter in einem Maße abwerten, als seien sie etwas obskures und mystisches. Im klassisch *vedischen* Denken wird sich das Studium eines Phänomens und seiner Betrachtung als ein

---

[7] *Encyclopedia of Indian Philosophies*, Band V., „The Philosophy of the Grammarians" („Die Philosophie der Grammatiker"), S. 53.

Geheimnis nicht gegenseitig ausschließen, vielmehr wird es als zwei Teile einer systematischen Ansicht der Wirklichkeit angesehen.

Ein anderer Aspekt der überlieferten *vedischen* Philosophie der Sprache muß vom modernen Leser verstanden werden. Während der zeitgenössische Schriftsteller oft im Sinne einer kreativen Benutzung der Sprache denkt, das heißt, etwas „Originelles" bzw. „Neues" zu schaffen, ist die *vedische* Auffassung ganz anders. In dem korrekten bzw. einsichtigen Gebrauch der Sprache wird die Enthüllung des alten durch Ignoranz verdeckten Wissens gesehen. Die *vedischen* Wissenschaftler erzeugen nicht irgend etwas Neues aus ihrer Einbildungskraft, sondern bringen alltägliche Dinge in Beziehung zur vergessenen, ewigen Wirklichkeit. Das Studium der Sprache und der korrekte Gebrauch der Grammatik werden somit als „das Unwissen beseitigende" Tätigkeiten angesehen, die gemeinsam den Weg zu einer unmittelbaren Wahrnehmung der Wirklichkeit eröffnen.

Wie gesagt, die Sprache ist Gegenstand des Studiums im *Vyakarana*. Jedes Denken über die Sprache muß aber, wegen der menschlichen Einschränkung, in der Sprache selbst erfolgen. Wir sind nicht in der Lage, außerhalb der Sprache zu stehen, um diese objektiv zu untersuchen. Wir müssen die Sprache gebrauchen, um sie von innen heraus zu studieren. Das *Vyakarana* scheut dieses Hindernis nicht, sondern erfreut sich der Herausforderung. Es erkennt an, daß es die Sprache ist, die uns alles Wissen über uns selbst und über die Welt bringt. Eine korrekte und genaue Kenntnis der Sprache ist daher die Grundlage für alle anderen Zugänge zur Wirklichkeit, oder zu den *Darshanas*.

Im *Asyavamiya Suookta* (Rig Veda 1:164) ist die Aussage enthalten, daß der ultimative Sitz der Sprache (*Vach*) *Brahmana* ist, und die Sprache wird beschrieben als sei sie am Gipfel des Universums. Drei Viertel der Sprache bleiben in einer Höhle verborgen, während der vierte Teil die Schöpfung gestaltet. Im *Rig Veda* 10:71 wird erläutert, daß die Erscheinungen von Brahman in der Sprache nicht von jedem in gleicher Weise wahrgenommen werden. Jene, die sich gereinigt haben – nämlich die Rishis (Seher) –, erfahren die volle Offenbarung der Sprache. Andere, deren Unwissen ihren Geist und ihre Sinnesorgane verdunkelt, hören wenig von der sprachlichen Fülle. Die *vedischen* „Seher" werden nicht als Verfasser der Hymnen angesehen, sondern eher als diejenigen, die die ewige Wirklichkeit „gesehen" haben. Im *Rig Veda* 1:164:37 wird die Sprache zur kosmischen Ordnung in Bezug gesetzt und als *Logos* verstanden, das sowohl als das gesprochene Wort (für den Gebrauch der Anrufung) wie auch als das innere Wort die

Wirklichkeit offenbart. Eine tiefere Erfahrung der Sprache der *Veden* führt uns zum urtümlichen ursprünglichen Laut – Om –, aus dem alle Wörter entstanden sind. Daraus ist in der Tat das gesamte Universum entstanden. Die Geschichte der Evolution der Sprache ist daher die Geschichte der Evolution des Universums. Diese Beziehung ist der Schlüssel zum Verständnis der *Veden*.

Im Gegensatz zu „westlichen" Ansichten über Offenbarung, hat es in dem offenbar Werden der *Veden* für die Rishis nichts Wundersames gegeben. Sie „sahen" nicht die „göttliche Wahrheit" durch einen Gnadenakt, sondern weil sie sich durch heldenhafte Bemühungen der Selbstreinigung dazu fähig gemacht hatten, die Wirklichkeit unmittelbar zu „sehen". Diese haben sie dann durch die *Veda Mantras* im gesprochenen Wort ausgedrückt, um anderen, immer noch im Unwissen verhafteten, zu helfen, sich zu reinigen, bis sie auch eine unmittelbare Erfahrung des *Shabda Brahmans* haben konnten.

Das *Vyakarana* hat die einmalige Aufgabe, die *Veden* unverdorben zu erhalten, so daß die Offenbarung des *Shabda Brahmans* in ihrer ursprünglichen Form für alle erhalten bleibt. Sollte das *Vyakarana* versagen, diesen Dienst zu leisten, und erlauben, daß die *Veden* durch nachlässigen Gebrauch und Übermittlung verzerrt werden, könnte die Möglichkeit, die Wahrheit zu erkennen, für kommende Generationen in diesem Zyklus der Schöpfung verloren gehen. Die Verantwortung, die die Seherwissenschaftler übernommen haben, ist daher Ehrfurcht gebietend in ihrem Ziel und ihrer Bedeutung.

KAPITEL NEUNZEHN – Methoden der Analyse

Die Wissenschaft macht seit den letzten vier- oder fünfhundert Jahren ununterbrochen Fortschritte; jede neue Entdeckung hat zu neuen Problemen und zu neuen Methoden der Lösung geführt und neue Felder für die Forschung erschlossen. Bislang sind die Wissenschaftler nicht zum Anhalten gezwungen worden; sie haben stets Mittel gefunden, um weiter voranzuschreiten. Aber welche Gewißheit haben wir, daß sie nicht an unüberwindbare Barrieren anstoßen werden?

J.B. Bury in: The Ideas of Progress (Die Ideen von Fortschrift), 1932

EINE DER WICHTIGSTEN FRAGEN DER MODERNEN Wissenschaft, ganz besonders der Kosmologie, ist die nach dem Anfang und dem Ende des Universums. Die Kosmologie ist bemüht Antworten auf folgende Fragen zu geben: Geht das Universum irreversibel auf seinen Untergang zu oder wird es zurückprallen? Ist das Universum in seiner Ausdehnung und dem Inhalt endlich oder ist es unendlich? Ist es ewig oder hat es einen Anfang? Wurde es erschaffen? Wenn nicht, wie ist es entstanden? Wenn ja, wie wurde es erschaffen und was können wir über die Kräfte und über die Umstände der Schöpfung wissen? Wer bzw. was bestimmt die Gesetze und die Konstanten der Physik? Sind solche Gesetze Zufallsprodukte oder wurden sie geplant? Wie verhalten sie sich zum Erhalt und zur Entwicklung von Leben? Gibt es andere Existenzen jenseits der anerkannten Dimensionen des Universums?

Das moderne Bewußtsein hat das akzeptiert, was man die „wissenschaftliche Methode" der Beobachtung, Ableitung, Hypothese, Experiment und Falsifizierung nennt. Diese Überlegungen schlagen vor, daß *„nicht das Kriterium der Verifizierung, sondern jenes der Falsifizierung als die Trennlinie gelten muß"*, zwischen dem, was wissenschaftlich ist und dem, was nicht ist.[1] Diese Wissenschaft nimmt für sich in Anspruch, strenge Verfahrensstandards festgelegt und die Vernunft über irrationalen Glauben gestellt zu haben. Jede Entdeckung enthält aber ein „irrationales Element" bzw. eine „kreative Intuition". Einstein spricht von der *„Suche nach jenen wahrscheinlich universellen Gesetzen, aus denen durch reine Ableitungen ein Weltbild gewonnen werden kann. Es gibt keinen logischen Pfad,"* sagt er, *„der zu diesen... Gesetzen führt. Man kommt zu ihnen nur durch Intuition, gestützt auf so etwas wie eine intellektuelle Einfühlung der Erfahrung."*[2]

Zur Unterstützung der Ansicht, daß das Universum einen Anfang haben muß und es eine höhere Macht gibt, um die kosmische Ordnung zu regeln, werden einige Argumente gebracht. Das kosmologische Argument besagt, weil die Existenz des Universums eine Wirkung sei, so muß es auch eine Ursache dazu gegeben haben. Die Teleologen behaupten, der Entwurf des Universums impliziere einen Zweck bzw. eine Zielrichtung, während die Rationalisten uns glauben machen möchten, daß so wie das Universum nach dem Naturgesetz geordnet wirke, setze einen Verstand dahinter voraus. Das ontologische

---

[1] Karl Popper, *The Logic of Scientific Discovery* (Die Logik der wissenschaftlichen Entdeckung), S. 40.
[2] ebenda, S. 32 (im Original hervorgehoben).

Argument ist, daß die menschliche Vorstellung von Gott (das Gottes-Bewußtsein) einen Gott impliziere, der ein solches Bewußtsein geprägt hat. Nicht zuletzt ist das moralische Argument, daß der den Menschen eigene Sinn für das Richtige und für das Falsche sich nur erklären lasse durch die angeborene Wahrnehmung eines gesetzlichen Kodex, die ein höheres Wesen eingepflanzt haben muß.

Letztlich akzeptierte Einstein widerwillig das, was er „die Notwendigkeit eines Anfangs" nannte und folglich doch „das Vorhandensein einer höheren vernünftigen Macht", akzeptierte, aber nie die Existenz eines persönlichen Gottes. Wissenschaftler sind nach wie vor über diese Fragen und über die Existenz oder Nichtexistenz Gottes uneins.

Der Widerstand gegen die Vorstellung eines bestimmten Anfangs des Universums geht auf das kosmologische Argument zurück. Also: (a) alles was existiert, muß eine Ursache haben, (b) da das Universum existiert, dann (c) muß es auch eine Ursache dazu gegeben haben. Dieses Argument bereitet einigen Physikern erhebliches Unbehagen. Aber das Bewußtsein darüber wächst, was *„die Wörter ‚bedeutungslos' oder ‚sinnlos' übermitteln, oder übermitteln sollen, nämlich eine geringschätzige Bewertung"* der Metaphysik, übermittelt durch jene Wissenschaftler, die darauf aus sind, *„zu beweisen, daß die Metaphysik aus der Natur der Sache heraus nichts anderes ist als sinnloses Gequassel, ‚Spitzfindigkeit und Illusion'."*[3]

Eine überwältigende Mehrheit der westlichen Kommentatoren und Interpreten der *Veden* verraten eine ähnliche Haltung, wenn sie jene Teile der *Veden*, die sie nicht verstehen konnten, als Rituelles, Abergläubisches und Unwissenschaftliches abtun. Die *Veden* und ihre Hilfszweige der Forschung und Untersuchung basieren nicht auf Aberglauben und in der Ablehnung von Vernunft, wie diese „Experten" uns glauben machen möchten. Denn nach dem *Vedanta Sutra* wird jede These in fünf Schritten untersucht: 1. Eine These wird dargelegt. 2. Zweifel daran werden erhoben. 3. Eine Gegenthese wird formuliert. 4. Eine Synthese bzw. die richtige Schlußfolgerung wird angestrebt. Und 5. Die Vereinbarkeit der These mit anderen Thesen wird überprüft.

Die Ansicht, die *Veden* verlangten blinden Glauben, geht auf das Unwissen über Untersuchungsmethoden wie die obige zurück. Oft hat die „moderne" Wissenschaft etwas als „wahr" akzeptiert, weil dies unmittelbar nützlich zu sein schien. So wurde häufig sogar falsches Wissen verewigt, weil es „nützlich" gewesen ist. So haben Wissenschaftler jetzt entdeckt, daß die Geometrie des Euklides nicht

---

[3] ebenda, S. 36.

korrekt ist. Sie wird aber weiterhin in Schulen gelehrt, weil sie für den praktischen Zweck in den meisten Fällen nach wie vor eine recht gute Annäherung liefert.

Während der kurzen Geschichte der modernen Wissenschaft haben sich einige Theorien später als falsch und unhaltbar erwiesen, die lange als wahr gegolten haben. Sie wurden verstoßen als ihre Falschheit entdeckt wurde; bis dahin wurde an sie geglaubt, weil sie für den Alltag „angemessen" erschienen. Die Theorien in den *Veden* hingegen haben Bestand seit einigen Jahrtausenden. Jenes angewandte Wissen aus Grundsätzen, Theorien, Beobachtungen und Richtlinien in der Sammlung der *vedischen* Literatur, dargelegt insbesondere durch die Seherwissenschaftler, diente der Menschheit Jahrtausende lang. Daß einige der wohltuenden Lebensweisen, die diesen Grundsätzen entsprungen sind, außer Gebrauch gekommen sind, weil Protagonisten der „modernen" Wissenschaft (gestützt auf staatliche Macht) eine rücksichtslose Kampagne entfesselt und trotz gegenteiliger empirischer Beweise diese als „irrational" und „abergläubisch" herabgesetzt haben, ist für die gesamte Menschheit ein großer Verlust.

Moderne wissenschaftliche Methoden enthalten deutliche Elemente der Arroganz und Unschlüssigkeit. Die Allianz der Wissenschaft mit dem Handel hat sich als tödlichste aller Kombination erwiesen. Als der Staat sich dem „Gewinnstreben" des Handels unterwarf und die Wissenschaft als williges Instrument begann, dieser Koalition von Staat und Handel zu dienen, wuchs ihre Macht immens. Sie hat nicht gezögert, diese Macht hemmungslos zu gebrauchen und dabei andere Vorgehensweisen zum Erkennen der Wirklichkeit ernsthaft zu untergraben. Darunter fallen auch Intuition, Einsicht und Offenbarung.

Als Diener der etablierten Interessen in der neuen Gesellschaft versuchen die „modernen Wissenschaftler" das über mehrere Jahrtausende durch subtiles Beobachten und Betrachten erworbene Wissen und Fertigkeiten zu verstoßen und abzuwerten. Und damit zu vernichten. Diese Fertigkeiten und Wissenszweige lassen sich nicht für den Handel instrumentalisieren. Also mußten sie älteres Wissen und Fertigkeiten vernichten, damit das „Moderne" und das „Wissenschaftliche" gedeihe. Das Ergebnis ist unschätzbarer Schaden für das Wohl der Menschheit wie auch für die Wissenschaft. Aber die Unzulänglichkeit der „modernen Wissenschaft und Technologie rückt allmählich ins Bewußtsein und man ist dabei, die älteren, abgelegten und lächerlich gemachten Systeme neu zu beleben.

Nehmen wir vorerst nur ein Beispiel, den *Ayurveda*, jenes uralte Wissen über Heilung und Gesundheitsfürsorge. Diese angewandte Wissenschaft der Langlebigkeit beruht auf den Grundsätze der *Veden*. Wir haben bereits ausführlich über die Philosophie, Grundsätzen und Anwendungen des *Ayurvedas*[4] diskutiert. Sie hat auch die Hohlheit der oft wiederholten Behauptung bloßgestellt, wonach die *vedische* Kultur „spirituell orientiert" gewesen sei und sich nicht um die Probleme der materiellen Welt gekümmert habe. Der *Ayurveda* hat über mehrere Jahrtausende der Menschheit gedient, zahlreiche Generationen zu einem gesunden Lebenswandel angeleitet und körperliche Leiden bekämpft und sie überwunden.

Als die „moderne Medizin" begann, ihre Vorherrschaft mit Hilfe der wachsenden Finanzmacht der pharmazeutischen Industrie im Bereich der Gesundheitspflege zu etablieren, schwärzte sie den *Ayurveda* zur Förderung der Allopathie bösartig an und versuchte ihn zu vernichten. Aber in letzter Zeit lebt der *Ayurveda* wieder auf und weitet seinen Einflußbereich aus. Die Zahl der Anhänger dieses Systems der Gesundheitsfürsorge nimmt auch im Westen rasch zu. Mittlerweile haben die sogenannten wissenschaftlichen Methoden der westlichen Medizin sowohl vorzeitige Todesfälle wie auch körperliche und seelische Schäden verursacht.

Die moderne Wissenschaft ist auf die Hoffnung gegründet, daß die Welt in all ihren beobachtbaren Aspekten rational sei. Aber wir wissen, daß wir heute vieles beobachten können, was früher nicht beobachtet werden konnte. Das heutige Beobachtungsvermögen beruht auf Instrumenten zur Beobachtung. Die Leistung des Beobachtungsvermögens durch die Sinnesorgane der Menschen wird durch Technologien gesteigert. Selbst wenn wir akzeptierten, daß *„uns nur Beobachtung ‚Wissen in bezug auf Fakten' bringen kann"*, und daß wir, wie Otto Hahn sagt, *„nur durch Beobachtung Fakten wahrnehmen"*, würde diese Wahrnehmung, dieses unser Wissen, nach Popper, „die Echtheit irgend einer Aussage nicht rechtfertigen oder begründen".[5] Die Reduzierung der menschlichen Begegnungen mit der Wirklichkeit auf die Begrenzungen der heutigen Leistungskraft der Sinnesorgane würde bedeuten, der Menschheit die Gelegenheit zu nehmen, ihr volles Potential zu verwirklichen.

---

[4] siehe Kapitel mit dem Titel: *„Ayurveda*: die Wissenschaft von Gesundheit und Langlebigkeit".
[5] Karl Popper, ebenda, S. 98.

Obwohl die Unzulänglichkeit der Instrumente der modernen Wissenschaft bei der Untersuchung von Wirklichkeit erwiesen ist, verharren einige Wissenschaftler in ihrer Position und lehnen jeden Versuch ab, weiter und tiefer vorzudringen, weil dies keinen praktischen Wert habe. Nach der Theorie des Urknalls ist das ganze Universum abrupt entstanden, ungefähr vor 15 Milliarden Jahren, in einer gigantischen Explosion. In seiner Vorlesungsreihe unter dem Titel *The Beginning of Time* (Der Anfang der Zeit) hat Stephen Hawkins die Ansicht geäußert, daß: *„Da die Ereignisse vor dem Urknall nicht mehr beobachtet werden können, kann man sie aus der Theorie streichen und behaupten, daß die Zeit mit dem Urknall begonnen hat. Ereignisse vor dem Urknall sind einfach nicht definiert, weil es keine Möglichkeit gibt, zu ermessen, was bei diesem geschah."*[6] Während er zugibt, daß die Theorie nicht erklärt, was den Urknall verursacht hat, verneint er die Notwendigkeit weiterer Erforschung, weil diese für praktische Zwecke wertlos wäre.

Die Beschränkungen der Instrumente für Untersuchung

Bei der Erforschung der wahren Natur der Wirklichkeit berücksichtigten die *vedischen* Wissenschaftler die Beschränkungen der den Menschen zur Verfügung stehenden Werkzeuge. Die Wirklichkeit ist unendlich, aber jene den Menschen unmittelbar verfügbaren Werkzeuge Verstand– Körper–Intellekt sind *endlich*. Deshalb entwickelten sie Methoden, um die Wirksamkeit dieser Ausstattung zu erhöhen und die Werkzeuge zu schärfen. Sie „sahen" die Phänomene der Kontinuität und des Wandels im Universum und entdeckten deren Verwicklungen. Sie erfuhren auch das Verhältnis zwischen dem Unendlichen und dem Endlichen, und entdeckten dabei, daß die unendliche Vielfalt im Universum einem fundamentalen Prinzip bzw. Faktor entsprungen ist. Diese Erkenntnis ist der Entdeckung der modernen Physiker sehr ähnlich, daß alle Materie letztlich Energie ist. Der wichtige Unterschied ist jedoch, daß die Seherwissenschaftler bei der Betrachtung verschiedener Formen physikalischer Energie nicht stehen blieben. Sie schritten weiter in die Domäne der supraphysikalischen Energie.

Die *Veden* stellen eine ganze Reihe fundamentaler Fragen. Wie entstand dieses Universum? Was war da, bevor dieses Universum entstand? Was wird geschehen, wenn es nicht mehr da ist? Wer oder

---

[6] Stephen Hawking, *The Beginning of Time* (Der Anfang der Zeit), Internet Site: http://www.pbs.org/wnct/hawking/strange/html/bigbang.html.

was ist für sein Entstehen verantwortlich? Als einige „Experten" begannen, auf die Antworten in den *Veden* zu schauen, vernebelten sie unglücklicherweise jene von den *vedischen* Wissenschaftlern gelieferten Erläuterungen durch ihre eigenen Fehlinterpretationen und ihr fehlerhaftes Verständnis.

Die Wissenschaft von Schöpfung in den *Veden*

In diesem Zusammen taucht in den *Vedischen* Texten häufig das Wort „Ishwara" auf. Christliche Gelehrte haben *Ishwara* mit „Gott" übersetzt, was erhebliche Verwirrung gestiftet hat. So wurden die *Veden* in die Kategorie von Mystik, Spiritualität, Metaphysik bzw. der „Religion" eingeordnet. In Wirklichkeit sind die *Veden* eine systematische Ausforschung der Natur und des Universums. Und der *Ishwara*[7] ist nicht Gott und der *Dharma* ist nicht Religion.

Wie schon erwähnt, hat der *Atma* zu Beginn keine Eigenschaften. Er erwirbt sie im Verlauf und wird so zur Ursache der Schöpfung. Aber wie geschieht das? Wie verwandelt sich die gesamte Schöpfung, wenn die Zeit der Auflösung gekommen ist, zum *Atma,*? Diese beiden Vorgänge werden in den *Veden* und ihren Zweigen tiefgreifend diskutiert. Das Wort „Vidya" steht für Wissen, wissenschaftliche Kenntnis, Wissenschaft. Die Kenntnis, wie der *Atma* zum Universum wird, heißt *Sanchar Vidya* bzw. *Sarga*, die Wissenschaft der Schöpfung bzw. des Offenbarwerdens. Der umgekehrte Vorgang, wie sich das Universum zum *Atma* verwandelt, heißt *Pratisanchar Vidya* bzw. *Pratisarga*, die Wissenschaft der Auflösung. Der eine Vorgang ist also die Wissenschaft des Offenbarwerdens dessen, was nicht-offenbar war, und der zweite ist die Wissenschaft davon, wie alles offenbare nicht-offenbar wird.

Die *Sanchar Vidya* entsteht aus dem „Einen", dem fundamentalen Faktor der Schöpfung, und erklärt, wie sich aus dem „Einen" vielfältige Ungleichheit entwickelt und wie der „Eine" zu vielen wird. Sie beobachtet und erforscht die fundamentale Einheit in der enormen Mannigfaltigkeit in unserem Universum. Einige Abschnitte in den *Veden* befassen sich mit den facettenreichen Erscheinungen dieses fundamentalen „Einen", der fundamentalen Einheit, aus der die faszinierende und betörende Heterogenität des Universums hervorgeht.

Die Erforschung der Wandlung der Vielfalt zur Einheit hingegen ist eine Reise aus dem Universum zum *Atma*, ein Ausflug aus dem Äußeren zum Inneren. Dies ist der *Jnana*, das wirkliche Wissen,

---

[7] Für eine Erläuterung von *Ishwara* vgl. unsere Kapitel „Wer ist das ‚Ich'?" und *„Jeeva, Ishwara* und *Parmeshwara"*.

Methoden der Analyse

während die Reise von einem zu vielen, vom *Atma* zum Universum, vom Inneren zum Äußeren der *Vijnana* ist. *Jnana* und *Vijnana* werden mit „Wissen" und. „Wissenschaft" übersetzt. In den vorangegangenen Absätzen wurde das Wort „Wissenschaft" im Sinne vom *Vijnana* verwendet. In den *Veden* beschreiben diese beiden Begriffe zwei verschiedene Vorgänge, die zur selben Wirklichkeit führen.

Einige Gelehrte haben diese Begriffe mit „Philosophie" und „Wissenschaft" übersetzt. Dies verringert nicht die Verwirrung, macht sie eher größer. Es ist wichtig, diese beiden *vedischen* Begriffe, *Jnana* und *Vijnana* zu verinnerlichen, weil sie eine spezifische Nebenbedeutung haben, die durch keine europäischen Äquivalente vermittelt wird. Das Problem der interkulturellen Kommunikation ist komplex und die Aufgabe wird zunehmend delikat, wenn ein Wort oder eine Gruppe von Wörtern Gedanken ausdrücken, die auf zwei völlig unterschiedlichen Ebenen angesiedelt sind – in diesem Falle der supraphysikalischen und der physikalischen.

Drei Kategorien des Wissens

Das Wissen bzw. die Wissenschaft ist in den *Veden* in drei Kategorien eingeordnet: 1. Die Wissenschaft der materiellen Welt. 2. Die Wissenschaft der physikalischen Welt. Und 3. Die Wissenschaft der supraphysikalischen Welt.

Zur Erörterung dieses Themas verwenden wir einige jener Methoden, welche die Lehrer (Seherwissenschaftler) angewandt hatten, um die Fähigkeiten ihrer Schüler zu entwickeln, zu schärfen und auszuweiten, insbesondere jene zur Beobachtung, zur Analyse und zur Interpretation.

Wenn wir alles über einen Baum wissen wollen, können wir zwei Wege gehen. Wir können beginnen mit seiner Wurzel und dann die Eigenschaften von Stamm, Ästen, Blättern, Blüten, Früchten usw. untersuchen. Umgekehrt können wir mit der Analyse der Früchte beginnen und arbeiten uns zurück, über Blüten, Blätter, Ästen, den Stamm usw., um letztendlich zur Wurzel zu gelangen und so die Untersuchung des Baumes vollenden. Anders ausgedrückt, wir können von der mikrokosmischen Ebene zur makrokosmischen schreiten, oder umgekehrt. Die *vedischen* Wissenschaftler bedienten sich beider Wege und haben uns die Dialektik im Universum aufgezeigt, die simultane Prozesse von Kontinuität und Wandel offenbaren.

Kontinuität und Veränderung

Wenn wir einem Freund begegnen, sagen wir, nach 10 Jahren, entstehen gleichzeitig zwei Gedanken in uns. Es fällt uns auf, daß der Freund sich in diesen Jahren erheblich verändert hat. Gleichzeitig wissen wir, daß er die selbe Person ist, der wir vor einem Jahrzehnt begegnet sind. So begegnen wir gleichzeitig den Elementen von Kontinuität und Wandel. Beide Gedanken entstehen simultan. Beide Erfahrungen ereignen sich zusammen.

Eine scharfe Beobachtung zeigt, daß sich alle Dinge mit jedem Augenblick wandeln. Obwohl sich ein Ding ständig verändert, bleibt es aber in einiger Hinsicht immer das selbe. Etwas in ihm bleibt konstant und statisch. Der Eßtisch, den wir während der letzten fünf Jahre benutzt haben, hat sich verändert, als die Tage, Wochen, Monate und Jahre vergingen. Es ist aber der selbe Eßtisch, den wir vor fünf Jahren gekauft haben. Tokio, London, New York und Delhi haben sich während der letzten 50 Jahre verändert, aber sie bleiben Tokio, London, New York und Delhi. So hat jeder Gegenstand zwei Komponenten: ständige Veränderung und ununterbrochene Kontinuität.

Wenn Wasser zu Dampf wird, hört etwas auf zu existieren und etwas Neues entsteht. Wasser wird „vernichtet" und Dampf wird „erschaffen". Veränderung bedeutet die Vernichtung des Bestehenden und das Entstehen eines anderen. Die Seherwissenschaftler nennen dies *Asata*. Gleichzeitig gibt es einen anderen Faktor, der konstant ist und sich nicht verändert. Dieser Aspekt stirbt nicht. Er besteht und bleibt stabil. Dies nennen sie *Sata*.

Es gab unter den Seherwissenschaftlern eine lebhafte Debatte darüber, welcher dieser beiden ‚Bestandteile', das *Sata* oder das *Asata*, primär sei. Auch eine kurze Zusammenfassung dieser Diskussion und der Argumente zur Stützung der Standpunkte, wie sie in der *vedischen* Literatur überliefert ist, offenbart die Kultiviertheit ihrer Methoden der Erkundung, Analyse und Untersuchung. Als ausschließlich an dem Wachsen ihrer Schüler interessierte Seherwissenschaftler verfolgten sie als Lehrer eine Methode, die eine Schicht der Wirklichkeit nach der anderen offen legt und sich schrittweise der Wirklichkeit nähert.

Wir betrachten nun die beiden Begriffe, *Asata* und *Sata*, genauer. Wie schon erwähnt, das *Asata* ist die sich stets verändernde Komponente, während das *Sata* der stabile bzw. unveränderliche Faktor ist. In einer Ansicht ist das *Asata* primär. Am Anfang war *Asata*, aus dem *Sata* hervortritt. Wir wissen, daß Stoff aus Zwirn und Zwirn aus Baumwolle gemacht wird. Es gab also eine Zeit als es das Stück Stoff,

Methoden der Analyse

das wir jetzt ansehen, noch nicht gab. Das gab es erst, als es aus Baumwolle hergestellt wurde. So kam etwas zustande, das nicht existiert hatte.

Die gleiche Analogie kann auf das Universum angewendet werden. Einst existierte das Universum nicht. Keiner hätte es aus dem Nichts erschaffen können. Die Frage nach Jemanden, der etwas aus irgend etwas anderem erschafft, stellt sich nicht, weil es nichts gab, woraus etwas hätte erschaffen werden können. Es wird also erschaffen aus dem, das es nicht gibt. Dann ist es also selbst erschaffen, was in Sanskrit der *Swakrit* genannt wird, jener, der sich selbst erschaffen hat. Der berühmte Seher Tatteriya hat diese Lehre vorgelegt.

Andere Seherwissenschaftler machten geltend, daß das *Asata* niemals aus dem *Sata* entstehen kann. Etwas, was eine Existenz hat, kann niemals nichtexistent sein. Eine solche Aussage ist schon *prima facie* unmöglich und unhaltbar. Deshalb sollte von der Annahme ausgegangen werden, daß das *Sata* primär ist. Das *Asata* entsteht aus dem *Sata*. Nur das was existiert, kann sich verändern und zerstört werden. Ein Stück Stoff, das existiert, wandelt sich für immer zu einem Zustand der Nicht-Existenz um, wenn es zerstört wird. Nach diesem Gesichtspunkt ist das *Asata* eine Täuschung, denn sogar das existiert, was als das *Asata* beschrieben wird. Wenn wir sagen, daß der Zwirn vernichtet wurde, ist in dieser Aussage die Vorstellung der Existenz des Zwirns mit enthalten. Nach der Vernichtung ist er von einem Zustand zu einem anderen mutiert, gleichsam wie das Wasser verschwindet, wenn Dampf erzeugt wird, sich also in einen anderen Zustand umwandelt. Also, das *Sata* ist primär.

Wenn wir um uns herum Ausschau halten, könnten wir sagen, das alles *Sata* ist. Das Universum war *Sata* in der Vergangenheit, ist *Sata* jetzt und wird auch in Zukunft *Sata* bleiben. In anderen Worten, dieses Universum war immer da und wird für immer bleiben. Steigen wir nun ein wenig tiefer in die Betrachtung ein und nehmen wir den Fall von etwas, das existiert und dann nach Ablauf einer Zeitspanne aufhört zu existieren. Da ist etwas, was sich dann in etwas anderes verwandelt. Es „ist", und dann „ist es nicht". Die Aussage, daß es „nicht ist", beinhaltet auch das Wort „ist", das auf Existenz hinweist. Wenn etwas „ist", nennt man es *Sata*.

Nach *Maharshi* Yajnyavalkya sind beide Standpunkte unrichtig. Es ist falsch zu sagen, daß am Anfang etwas existiert und es dann aufhört zu existieren, daß das *Sata* vorhanden ist, und daß es später das *Asata* wird. Es ist ebenfalls falsch zu sagen, daß am Anfang *Asata* war, aus dem *Sata* hervorgeht. Es ist falsch, einen Vorrang dieser beiden zu konstatieren, weil beide Aspekte zeitgleich vorhanden sind. Das was *Sata* ist, ist faktisch auch *Asata*. Diese sind nicht zwei getrennte Kategorien, weil Kontinuität und Wandel nicht getrennt sind.

Wir stellen also fest, daß die Seherwissenschaftler die Phänomene von Kontinuität und Wandel auf drei verschiedene Weisen gesehen und den Weg für drei verschiedenen Denkrichtungen geöffnet haben. Weitere detaillierte Untersuchungen haben zu sieben verschiedenen Ansichten[8] bezüglich der Theorie von Kontinuität und Wandel auf der Grundlage dieser drei Hauptstandpunkte geführt. Nämlich: 1. der Wandel ist primär, 2. die Kontinuität bzw. Unveränderlichkeit ist primär, und 3. keine der beiden ist primär. Aus der detaillierten Diskussion über die sieben Standpunkte sind 21 Theorien entstanden. Wir wenden uns nun den sieben Hauptlehren zu und sehen uns verschiedene Theorien an, die sich im Rahmen dieser sieben Lehren entwickelt haben.

1. Die Dialektik der Wahrnehmung: Der Seher und die Szene

(a) Ich schaue um mich herum und betrachte die Wirklichkeit, die das Universum ist. Diese Wirklichkeit hat zwei Komponenten: die eine sieht (der Seher) und die andere ist das, was er sieht (die Szene). Der Seher ist das *Sata* und die Szene ist das *Asata*, und diese scheinen unterschiedlich zu sein. Im obigen Satz „Ich schaue um mich herum" ist der Teil „Ich" das *Sata*. Das spezifische „Ich", die Person die das Universum betrachtet, bleibt die selbe. Der Teil „herum" ist das *Asata*, der sich verwandelt, weil all das was diese Person betrachtet, sich fortwährend verwandelt. Es kommt hinzu, daß verschiedene Personen die Dinge verschieden sehen. Die beiden zusammen – der Seher und die Szene – bilden die Erkenntnis über die Wirklichkeit.

Bei weiterer Verfeinerung unserer Untersuchung, könnten wir sagen, daß der Seher die primäre Komponente ist. Es ist die Sicht des Sehers, welche die Szene möglich macht. Wir könnten auch sagen, daß das vom Seher hinausgehende Licht – die Sicht – die Szene gestaltet, so daß keine andere Szene gesehen werden kann als jene durch den Seher. Der Seher und die Szene sind eigentlich das selbe.

(b) Nach dem zweiten Gesichtspunkt ist die Szene primär. Der Seher ist keiner ohne die Szene. Können wir den Seher nicht sehen, können wir ihn nicht beschreiben. Sagen wir aber, daß wir den Seher sehen,

---

[8] Diese sieben Theorien sind bekannt als: 1. *Prtyayadwaita Vad*; 2. *Prakritya Dwaite Vad*; 3. *Tadatimya Vad*; 4. *Abhkarya Vad*; 5. *Guna Vad*; 6. *Samanjasya Vad*; 7. *Akshara Vad*.

dann wird er *gesehen* und es entsteht eine Szene. Also, wie kann dann der Seher anders sein als die Szene? Einige meinen, daß die Szene ein kleiner Teil bzw. Objekt in einer all durchdringenden Leinwand ist, über die der Seher als Subjekt verfügt. Bei genauerem Anschauen entdecken wir, daß eine solche Unterscheidung fehlerhaft ist. Einige Seher sind nachdenklicher und aufmerksamer und können mehr sehen, andere wiederum sind weniger intelligent und sehen und wissen demzufolge weniger. Deshalb sehen einige weit und andere nicht.

(c) Nach dem dritten Gesichtspunkt sind die Szene und der Seher unterschiedliche Dinge. Der Faden der Erkenntnis (über die Wirklichkeit) beginnt beim Seher und wo er endet ist die Szene. Wenn sie also den Anfang und das Ende ausmachen, können sie nicht das selbe sein. Doch könnten wir sagen, daß das, was einen Anfang und ein Ende hat, eine Realität bildet und ein Gegenstand ist. Erkenntnis oder Realität sind eins, aber mit zwei Komponenten.

2. Der Dualismus der Wirklichkeit

(a) Nichts scheint in unserer Welt auch nur für einen Augenblick gleich zu bleiben. Was wir als unveränderlich oder konstant ansehen ist lediglich unsere Illusion. Zu gegebener Zeit sehen wir, daß ein Ding alt geworden und nicht mehr neu ist. Es wird nicht plötzlich alt, sondern setzt seinen Veränderungsprozeß unaufhörlich fort. Ein Ding umfaßt unzählige Partikeln, die sich ebenfalls unaufhörlich verändern. Diesen Prozeß nehmen wir kaum zur Kenntnis, während er im Gange ist, und werden uns dessen erst bewußt, wenn er auffallend geworden ist.

Diese Veränderung spiegelt wider, was in dem Ding selbst vor sich geht; sie ist eine Folge der Bewegung innerhalb des Dings, und diese Bewegung erklärt, warum ein Ding nie unveränderlich, stetig und stabil bleiben kann. Wirklichkeit ist ständige Veränderung. Was nicht ewig fortbesteht oder dauert, ist das *Asata*; wenn es das *Sata* wäre, wäre es nie „zerstört" worden. Wie schon bemerkt, die Veränderung ist die „Zerstörung" bzw. der „Tod" von etwas da gewesenem, und auch die „Geburt" von etwas, was nicht da war. Der Anschein des Werdens, auch für einen Augenblick, ist ebenfalls eine Illusion, weil alle Tätigkeit bzw. Bewegung *Asata* ist. Wie auch schon bemerkt, die Wirklichkeit ist im ewigen Wandel. Dies hat einige Seherwissenschaftler zu der Behauptung bewogen, die ganze Welt sei *Asata*.

(b) Andere Seherwissenschaftler „sahen" die Wirklichkeit anders. Sie meinten, es sei eine Funktion des Denkens, ob es einen Gegenstand gibt oder nicht. Gegenstände erhalten ihre Besonderheit ob der

Zuschreibung von Gedanken oder Ideen durch den Betrachter. Wenn wir von einem Gegenstand keine Vorstellung haben, wenn er in unseren Gedanken nicht existiert, können wir nichts über ihn sagen. Wir können nicht sagen, ob er groß oder klein oder schwarz oder rot ist, weil die Zuordnung solcher Eigenschaften über ihn eine Funktion des Gedankens ist. So ist die Gesamtheit also nichts außer Gedanke bzw. Vorstellung. Jene, die annehmen, die Welt sei ein Ausdruck von Tätigkeit, ein Produkt von Bewegung, irren sich, weil Bewegung kontinuierliche Veränderung ist und daher *Asata*. Diese Welt war zu einer früheren Zeit da, sie gibt es jetzt und wird es in der Zukunft geben.

(c) Kehren wir zurück zu unserem Freund, dem wir nach etwa 10 Jahren wieder begegnet sind und uns dabei das gleichzeitige Vorhandensein von Kontinuität und Veränderung auffiel. Wir kennen Personen von Geburt bis zum Tod, als Kinder, als Erwachsene und als alte Menschen. Wir haben die selbe Person in drei verschiedenen Lebensphasen gesehen. Wir wissen aber auch, daß die alte Person die selbe Person ist, die wir als Kind gekannt haben. Es ist fehlerhaft anzunehmen, daß die Person die gleiche sei, wenn sie nicht die selbe ist. Es ist falsch, Gleichheit anzunehmen, wenn es doch einen Unterschied gibt. Da aber dieses ist, was auf der Welt geschieht, könnten wir sagen, daß beide Aspekte vorhanden sind: Gleichheit und Unterschied, Vielfalt und Einheitlichkeit, Kontinuität und Wandel. Was die Wahrnehmung der Gleichheit verursacht, ist das *Sata*, und was zur Wahrnehmung des Wandels führt, ist das *Asata*. Jeder Gegenstand setzt sich sowohl aus dem *Sata* wie auch aus dem *Asata* zusammen.

3. Die verwobene Natur der Wirklichkeit

(a) Die dritte Gedankenrichtung legt die Theorie vor, daß Wandel und Kontinuität miteinander verwoben sind. Sie existieren im Doppelpack, parallel zu einander, und sie entsprechen einander. Zum Beispiel: Feuer und Wärme sind miteinander verbunden. Gibt es Feuer, gibt es Wärme. Und gibt es Wärme, ist das Feuer latent darin. Wenn die Wärme ein bestimmtes Niveau erreicht hat, schmilzt und verbrennt entweder der Gegenstand – wie im Falle eines Brandes – oder es entfacht sich tatsächlich Feuer. Keiner kann ohne den anderen existieren. Genauso sind *Sata* und *Asata* miteinander verbunden oder parallel vorhanden. Das eine kann ohne das andere nicht existieren. Das *Asata* bedeutet Tätigkeit (*Kriya*) und das *Sata* bedeutet Verstand (*Jnana*), das auch als Wissen oder Bewußtsein wahrgenommen wird. Von diesen beiden ist die Tätigkeit primär und das Bewußtsein ist eine ihrer Eigenschaften bzw. Funktionen. Wir können nicht sagen, daß sich das Bewußtsein von der Tätigkeit unterscheidet, weil es aus der Tätigkeit hervorgeht; es entwickelt sich aus der Bewegung innerhalb eines Gegenstandes.

(b) Wir könnten auch die Tätigkeit als eine Eigenschaft des Bewußtseins ansehen und so das Bewußtsein als primär ansehen. Weil das Bewußtsein da ist, gibt es die Tätigkeit. Sie ist eine spezielle Form des Bewußtseins und deshalb unterscheidet sie sich von letzterem nicht.

(c) In jedem Gegenstand im Universum sind der Wandel und die Kontinuität miteinander verbunden, genau so wie Bewußtsein und Tätigkeit miteinander verwoben sind. Es gibt daher keinen besonderen Anlaß oder eine besondere Logik zu sagen, das eine sei primär. Jedes ist der *Atma* des anderen.

4. Die Lehre der Wirkung

Die vierte Gedankenrichtung konzentriert sich auf die Wirkung, wohingegen sich die vorherigen drei Lehren mit der Ursache befaßten. Der *Brahma* nimmt in dieser Lehre eine herausregende Position ein.

(a) In diesem Universum gibt es sowohl *Brahma*(n), die Ursache, wie auch *Karma*, die Wirkung. Der *Brahma*(n) ist stets *Sata*, nie *Asata*. Dies ist unbestritten. Das *Karma* ist in beiden Kategorien, in *Sata* und *Asata*, wahrnehmbar, da Wirkung die Folge von Ursache(n) ist. Die Wirkung war vorher nicht da und wird nachher nicht da sein, aber sie existiert für eine Weile. Deshalb ist sie *Sata*; sie ist aber auch *Asata* bevor sie als Wirkung erkannt wird; und sie ist wiederum *Asata* nachdem die Wirkung zu sein aufgehört hat. In der Zwischenzeit, solange sie existiert, ist sie *Sata*. Dieser Dualismus verursacht Zweifel darüber, ob es *Sata* oder *Asata* ist. Also, aus einer Sicht ist das *Karma* oder die Wirkung auch dann *Asata*, wenn es den Anschein hat, *Sata* zu sein.

(b) Eine andere Ansicht ist, daß sich, wenn das Karma *Asata* wäre, es also keine Existenz hätte, sich die Frage nach einer Tätigkeit oder Bewegung in ihm nicht stellen würde. Wenn das *Karma Asata* wäre, wie könnte es als *Sata* erscheinen? Wenn es doch existiert haben sollte, auch nur für einen Augenblick, dann muß akzeptiert werden, daß es so war, bevor es sich veränderte bzw. aufhörte zu existieren. In anderen Worten, es existierte und hörte dann auf zu existieren. Es erscheint und verschwindet dann, und dieses Verschwinden wird *Asata* genannt.

(c) In dieser Lehre gibt es einen dritten Standpunkt. So wie wir vorausgesetzt haben, daß der Brahma(n) *Sata* ist, sollte Karma *Sadasata* sein (sowohl *Sata* als auch *Asata*). Dies ist so, weil die Natur der Dinge einzigartig ist. Das *Karma* ist von Natur aus *Sata* und *Asata*. Dem Einwand, daß es nicht beides, *Sata* und *Asata*, sein kann, muß die Beobachtung entgegen gehalten werden, daß wir Kontinuität und Veränderung in jedem Ding sehen. Wir sehen, daß ein Ding existiert, und daß es sich gleichzeitig jeden Augenblick verändert oder „zerstört" wird.

5. Die Eigenschaften vom Atma

Der Seher Yajnyavalkya hat eine andere Lehre entwickelt. Der *Atma*, in dem die ganze Schöpfung stattfindet, hat die drei Eigenschaften: *Mana*, *Prana* und *Wak*. Von diesen dreien ist das *Mana* das *Sadasata*, das *Prana* das *Asata* und die *Wak* das *Sata*. Das *Mana* entsteht zuerst, gefolgt vom *Prana* und der *Wak*.

Die Lehre des *Asatas* behauptet andererseits, daß das *Prana* zuerst kommt und das *Mana* und die *Wak* aus ihm heraus erschaffen werden. Die Lehre des *Satas* besagt, daß die *Wak* das erste ist und das *Mana* und das *Prana* aus ihr heraus erschaffen werden. Wenn alle drei – *Mana*, *Prana* und *Wak* – den *Atma* definieren, wäre es falsch zu versuchen herauszufinden, welches Element das primäre ist. Alle drei sind ewig, weil sie identisch mit dem *Atma* sind und somit haben sie keinen Anfang. Aus diesen drei Eigenschaften vom *Atma* heraus erscheinen im Universum drei Strömungen: der Strom der Erkenntnis (*Jnana*), der Strom der Tätigkeit (*Kriya*) und der Strom der Substanz (*Artha*). Bezogen auf den Strom der Erkenntnis besagen die *Veden*, daß es am Anfang *Sadasata* gegeben hat, was *Mana* ist. Das *Prana* ist der Urheber der *Bala* d. h. des Stroms der Tätigkeit (Bewegung) und daher *Asata*. Die *Wak* ist der Urheber des Stroms der Substanz, welche *Sata* ist. (Die Theorie, daß sich das Universum mit all den erschaffenen Dingen aus dem *Atma* entwickelt hat, der eigentlich die *Mana–Prana–Wak*–Triade ist, kann auf andere Weise verstanden werden: unser Universum ist eine Folge der Wechselwirkung von Verstand, Bewegung und Materie; es ist ein Produkt von Bewußtsein, Tätigkeit und Substanz.)

6. Die Lehre der Kompatibilität

Im ersten Blick scheint es zwischen den erörterten verschiedenen Lehren Widersprüche zu geben. Bei näherem Hinschauen zeigt sich aber, daß dieser Schein ein Trugschluß ist. Alle existierenden Dinge sind *Sata*. Dennoch können sie als *Asata* beschrieben werden, weil sie zu Beginn der Schöpfung nicht existierten. Aber sie alle sind aus etwas gemacht, das existiert haben muß, weil Dinge nicht aus dem Nichts entspringen können. Wirkungen sind nicht ohne eine Ursache möglich. Es muß daher am Beginn der Schöpfung irgend ein ‚Ding' da gewesen sein.

Diese Frage könnten wir aus einer anderen Perspektive betrachten: jeder Gegenstand im Universum „ist" etwas und „ist nicht" etwas anderes. Ein Pferd „ist" ein Pferd und „ist nicht" ein Elefant. Weil alle Gegenstände beide Aspekte, „ist" und „ist nicht", beinhalten, sind diese beiden Aspekte unter einander kompatibel. Daraus folgt, daß es zwischen *Sata* und *Asata* eine Harmonie und einen Einklang gibt.

7. Die Lehre vom *Akshara*

Eine wichtige Schule der alten Philosophie, *Samkhya*, betrachtet den *Purusha* und die *Prakriti* als die zwei fundamentalen Gründe für das Werden des Universums. Der *Purusha* ist *Sata*, während die *Prakriti* *Asata* ist. Während der *Purusha* gelassen bleibt und immer im gleichen Zustand ist, verwandelt sich die *Prakriti* zu zahlreichen Formen. Die *Prakriti* ist die Bezeichnung für die materielle Seite des Dualismus von Materie und Bewußtsein. Die fundamentale *Prakriti* wird auch das *Pradhana*, der *Avyakta* oder der *Akshara* genannt.

Die *Prakriti* ist als die Materialität das Gegenstück zum reinen Bewußtsein (*Purusha*). Die nicht-offenbare Materialität ist unabhängig, alldurchdringend, geht der Existenz von Zeit und Raum voraus und ist ein materiell transzendentes Prinzip, immens mächtig, und beinhaltet die ganze Welt in einem undifferenzierten Zustand.

Samkhya macht sich einen beständigen Dualismus der Kategorien Materie (*Prakriti*) und Selbst (*Purusha*) zu eigen. Ursprünglich sind sie voneinander getrennt, aber im Lauf der Evolution identifiziert sich der *Purusha* mit Aspekten der *Prakriti*. Der *Purusha* ist allgegenwärtig, allbewußt, alldurchdringend, unbeweglich, unabänderlich, immateriell und frei von Begehren. Die Evolutionskette beginnt, wenn der *Purusha* auf die *Prakriti* übergreift, ziemlich so, wie ein Magnet Eisenspäne anzieht. Der *Purusha* als ursprünglich reines gegenstandsloses Bewußtsein konzentriert sich auf die *Prakriti* und hieraus entwickelt sich der *Mahat* (der „Große") oder die *Buddhi* („Intellekt" bzw. „Bewußtsein"). Als nächstes entwickelt sich der *Ahamkara* ((der Begriff vom „Ich", das individualisierte Bewußtsein).

Der *Ahamkara* teilt sich weiter auf in die fünf festen Elemente (Raum, Luft, Feuer, Wasser, Erde), in die fünf feinen Elemente (Schall, Gefühl, Sicht, Geschmack, Geruch), in die fünf Tätigkeitsorgane (womit man spricht, greift, sich bewegt, zeugt, ausscheidet) und den Verstand (*Mana*).

Die drei ursprünglichen Eigenschaften der Materie, die Gunas (Qualitäten), bilden die *Prakriti*, haben aber auch Bedeutung als physio-psychologische Faktoren. Der höchste *Guna* ist *Sattva*, was Erleuchtung, erleuchtende Erkenntnis und Leichtigkeit bedeutet; der zweite ist *Rajas*, was Energie, Leidenschaft und Ausdehnungsfähigkeit bedeutet; der dritte ist *Tama* („Dunkelheit"), was Unkenntnis, Ignoranz und Trägheit bedeutet. Diesen drei entsprechen die Moralmuster: jenes der unwissenden und faulen Person entspricht dem *Tamas*, das der impulsiven und leidenschaftlichen Person dem *Rajas*, das der aufgeklärten und heiteren Person dem *Sattva*.

Wann immer in den *Veden* erwähnt wird, daß sich die Schöpfung aus dem *Akshara* entwickelt hat, wird auf die fundamentale Natur der *Prakriti* hingewiesen. Dieses ist die Interpretation nach Asadwad, der Lehre des Primats von *Asata*. Nach der Lehre des Primats von *Sata* jedoch, worin die *Veden* dem *Akshara* die Schöpfung zuschreiben, bedeutet dies *Purusha*. Er ist der *Avyakta*, bekannt unter dem Namen *Akshara Purusha*, und er ist *Sata*.

Wir schließen hiermit unsere kurze Einführung zu den sieben alternativen Theorien über *Sata* und *Asata*. Diese Theorien wurden sehr detailliert in den Haupttexten der *Veden* und ihrer Nebenwerke untersucht und tiefgreifend durchleuchtet. Es ist nicht leicht, diese Abstraktionen zu verstehen. Dennoch ist das Studium dieser Lehren ein wichtiger Teil der Übung für den Intellekt bei seinem Streben nach der Entdeckung der Wirklichkeit. Der Prozeß des Verstehens dieser Bemühung und die dazu aufgewendete intellektuelle Arbeit helfen Zweifel und Verwirrung zu beseitigen.

SIEBENTER ABSCHNITT

Die Entstellung der Bedeutung

Ich bin an Wissenschaft und Philosophie nur deshalb interessiert, weil ich etwas über das Rätsel der Welt erfahren möchte, in der wir leben, und über das Rätsel des Wissens über diese Welt. Und ich glaube, nur eine Wiederbelebung des Interesses an diesen Rätseln kann die Wissenschaften und die Philosophie aus der verengenden Spezialisierung und aus einem aufklärungsfeindlichen Glauben an die spezifischen Fähigkeiten des Experten, an sein persönliches Wissen und in seine Autorität retten.

Wenn wir das ignorieren, was andere Leute denken, oder in der Vergangenheit gedacht haben, dann wird eine rationale Diskussion ihr Ende gefunden haben.

KARL POPPER: *THE LOGIC OF SCIENTIFIC DISCOVERY* (Die Logik der wissenschaftlichen Entdeckung), VORWORT ZUR AUSGABE 1958

KAPITEL ZWANZIG – Die *Veden*: Entstellung und falsche Darstellung

WANN GENAU DAS WISSEN ÜBER DIE *VEDEN* ZU SCHWINDEN begann und sich die tiefe Bedeutung der *Mantras* verfinsterte, ist schwer zu sagen. Ein Großteil der wertvollen Literatur über die *Veden* und ihre Nebenwerke wurde durch eine Serie von Invasionen in den letzten 1200 Jahren zerstört. Wiederholt wurden wertvolle Bücher geplündert und verbrannt und Zentren des Lernens zerstört. Gelehrte und andere Träger der *Veden* fielen einem großangelegten Genozid zum Opfer und mit ihnen auch Bräuche und feierliche Veranstaltungen.

Hinzu kommt noch: britische und andere europäische „Gelehrte" haben über die letzten 200 Jahre hin die *Veden* nachhaltig entstellt und verbreitet. In der Einleitung wurde dies kurz erwähnt. Diese Entstellung beinhaltet auch willkürliche Datierungen der *vedischen* Literatur. Wichtiger noch: diese „Gelehrten" interpretierten die Themen in diesen ältesten Niederschriften der intellektuellen Errungenschaften der Menschheit falsch. Ihre Übersetzungen der *Veda Mantras*, zum Beispiel, sind ein Skandal monumentalen Ausmaßes.

Als Konsequenz hat Indien sehr gelitten. Aber der Schaden betraf nicht nur Indien. Die ganze Menschheit wurde des in diesen Texten enthaltenen reichen Wissens beraubt, als sich eine Schicht von Ignoranz über die andere legte und es mit diesem dicken Nebel der Verdrehungen in mehreren Schichten zudeckte. Ein anstrengender und schmerzhafter Prozeß des „Umlernens" ist notwendig, um diesen Smog von Ignoranz und Verwirrung zu beseitigen.

Diese Entstellungen resultierten aus zwei klar erkennbaren Gründen: den Interessen des britischen Kolonialismus zu dienen und zweitens, die Bekehrungstätigkeiten christlicher Missionare zu unterstützen. Die „East India Company" hatte durch Trug und Betrug ihre Fangarme nach Indien hinein ausgebreitet,[1] und darauf folgten Unternehmungen, die

---

[1] W. M. Torrens (MP), *Empire in Asia: How We Came By It: A Book of Confessions,* (Das Imperium in Asien: wie wir dazu kamen: ein Buch der Geständnisse), 1872. Die bemerkenswerte Publikation aus dem 19. Jahrhundert basiert auf Originalbriefen, veröffentlichten und nicht veröffentlichten Dokumenten und im britischen Parlament gehaltenen Reden, Chroniken des Verrats, des Betruges, der Täuschung, des zynischen und vorsätzlichen Vertragsbruchs, des Freundschaftsbruchs und anderer verwerflicher Mittel, die eingesetzt wurden, um in Indien die Herrschaft der ‚East India Company' zu errichten. „*Wie wird unser Erwerb des Imperiums im Osten und unsere derzeitige Lage dort aus der Sicht jener aussehen, die nach uns kommen werden? Wie sieht es aus in der*

britische Besetzung in Indien zu konsolidieren, angesichts der zunehmenden und nachhaltigen Widerstände in verschiedenen Teilen des Landes. Die wachsende Erbitterung gegen wirtschaftliche Ausbeutung und kulturelle Unterwanderung brach in 1857 in einen massiven Aufstand des indischen Volkes gegen den britischen Kolonialismus aus. Aber die Briten hatten bereits ein perfides Projekt für das „Lenken des Denkens" des indischen Volkes in die Wege geleitet.

Initiator dieses Projekts war Thomas Babington Macaulay. Die Kernelemente seines Plans waren die Zerstörung des indischen Bildungssystems und seine Ersetzung durch das englische Erziehungssystem. In einem Brief an seinen Vater schrieb Macaulay 1836 begeistert: *„Unsere englischen Schulen blühen prächtig. Die Wirkung dieser Erziehung auf die Inder ist großartig... Es ist mein fester Glaube, daß, wenn unsere Ausbildungspläne befolgt werden, es binnen dreißig Jahren von nun an unter den achtbaren Klassen in Bengalen[2] keinen einzigen Götzendiener geben wird. Und dies wird sich vollziehen ohne jegliche Bekehrungsanstrengung, ohne die geringste Einmischung in die Freiheit der Religion, lediglich durch das natürliche Wirken von Kenntnis und Überlegung. Diese Aussicht erfreut mich herzlich."*

Angesichts der enttäuschenden Ergebnisse ihrer Bekehrungskampagne dachte die Kirche inzwischen besorgt darüber nach, wie sie ihr Verständnis „heidnischer" Denkweisen, indischer Kultur und Religion verbessern könnte. Dieses führte zu einem steilen Aufschwung des europäischen Interesses an Sanskrit. Ein neuer Spezialisierungszweig entstand – die Indologie –, und wurde ein bevorzugtes Studienfach. Mehrere Gelehrte wurden beauftragt, die Sprachen, Geschichte, Religion und Lebensweise der indischen Bevölkerung zu erforschen.

Sicht des Himmels?" – fragt der Autor mit Entsetzen. (S. 4). *„Diese sind nicht bloß komische Fragen, geeignet, die Spekulanten und die Müßigen zu amüsieren."* Der Autor insistiert (S. 4) darauf, daß *„Wäre die öffentliche Moral eine Realität, und gäbe es so etwas wie ein nationales Gewissen und eine nationale Verantwortlichkeit, obliegt es uns, als eine freie Nation, darüber nachzudenken, wie wir zum Imperium in Asien gekommen sind. Das Streben nach der verbotenen Frucht scheint unausrottbar zu sein, und wenige unter den großen Namen, die wir gewöhnt sind, mit Bewunderung zu erwähnen, sind gänzlich frei von dieser Anklage. Die selbe Feder, die nach sechs Jahren eines kostspieligen und unglückseligen Krieges, die Anerkennung der amerikanischen Unabhängigkeit widerwillig unterzeichnete, zeichnete einen größeren Plan in Hindustan zum territorialen Ausgleich der Verluste."* (S. 7). Es folgen 400 Seiten lebhafter Beschreibung von Operationen, *„welche die Gemeinheit eines Hausierers mit der Zügellosigkeit eines Piraten kombinierten."* (S. 129).
[2] Ein Bundesstaat im östlichen Teil Indiens, in dem die Briten bis dahin ihre koloniale Herrschaft konsolidiert hatten. Diese weitete sich später auf andere Teile des Landes aus, begleitet von Macaulays Erziehungssystem.

Dieses wurde als notwendig erachtet, um die Arbeit christlicher Missionare zu fördern wie auch die britischen Besatzungen in Indien zu festigen. Eine große Zahl der frühen Indologen waren Missionare, oder stark beseelt durch diese Motivation. (Frühe katholische Missionare werden nicht zu den „Indologen" gezählt. Die Indologie wurde in Bengalen geboren, und zwar eindeutig nach der Schlacht von Palassey.)

Die East India Company fand in Max Müller einen extrem effektiven Agenten. Sie bot ihm in der Größenordnung von einem *lakh* Rupien, ein Gegenwert von ungefähr 10.000 Pfund Sterling – eine enorme Summe in jenen Tagen –, wenn er sich verpflichten würde, den *Rig Veda* so zu übersetzen, daß der Glaube moderner Inder an die „*Vedische* Religion" zerstört würde. Obwohl ein glühender deutscher Nationalist, nahm der 25jährige Max Müller das Angebot an, hauptsächlich, weil er sich in einem gewaltigen finanziellen Engpaß befand. Er erklärte sich bereit, für die Company zum Wohle des Christentums zu arbeiten, was nichts anderes bedeutete als für die Britische Regierung Indiens.[3]

Wie schon in der Einleitung angemerkt, legte Max Müller drei Thesen vor: 1. Der *Rig Veda*, älteste Buch der *Veden*, wurde um 1200 v. Chr. verfaßt; 2. Der *Rig Veda* ist ein Werk der Arier; und 3. Die Arier waren als eine fremde Rasse in Indien eingefallen und hatten die eingeborene Bevölkerung unterworfen. Alle diese Thesen sind absolut falsch. Solche Lügen über die Geschichte Indiens haben sich – tragischer Weise – in den Köpfen vieler festgesetzt, gestützt auf etablierte Interessen. Das ist bis zum heutigen Tage so geblieben.

Es überrascht nicht, daß jene aus der von Max Müller beeinflußten „Schule der Indologie" stammenden Übersetzungen und Interpretationen nicht verläßlich sind. Wer immer auch versucht, die Lebensanschauung anderer zu kommentieren und zu interpretieren, ohne sie zu teilen, wird sehr wahrscheinlich Fehler und Verzerrungen produzieren. Diese „Gelehrten" aber verfolgten von Anfang an ein zweifelhaftes Ziel, nämlich zu beweisen, daß die indischen „Heiden" ignorant und ihre „religiösen" Texte voller irrationaler Glaubensinhalte und daher Unsinn seien. Wir haben in den vorangegangenen Kapiteln gesehen, daß die Texte der *Veden* mit „Religion" so wie sie in den europäischen Sprachen definiert und verstanden wird, nichts zu tun haben.

---

[3] Rajaram, Navaratna S. und David Frawley. 3rd edition: 2001. *Vedic Aryans and the Origins of Civilization: A Literary and Scientific Perspective* (Vedische Arier und die Ursprünge der Zivilisation: Eine literarische und wissenschaftliche Perspektive), S. 32–33

Das Studium der *Veden* für die Christianisierung nutzen zu wollen, war ein Plan, entstanden aus einer Mischung kolossaler Ignoranz und erstaunlicher Arroganz. Max Müller war von den scharfsinnigen komplexen Formulierungen der Texte von *Brahmana* vollends verwirrt. Anstatt sich auf eigene Beschränkungen zu besinnen, verwarf er jene Passagen in den Texten, die er nicht entziffern konnte, als „*Unsinn von Idioten, und das Phantasieren des Wahnsinns*".[4]

Tatsächlich sind die *Brahmana*–Texte den Original–*Samhitas* am nächsten und von zentraler Bedeutung für ein Verständnis der *Veden*. Das vollständige Verständnis der *Brahmana*–Texte ist eine wesentliche Grundlage zum Verstehen der Bedeutung und der Nuancen der Texte von *Samhita, Aranyaka* und *Upanishad*.

Die Verdrehungen und das mangelnde Verständnis der *Veden* sind der logische Gipfel des Vorurteils und der Verachtung seitens der christlichen Gelehrten Europas gegenüber Indien und seiner philosophischen Tradition. Ziegenbalg offenbart diese Einstellung in beredeter Weise: „*Trotz der Erkenntnis, daß es nur ein einziges göttliches Wesen gibt, haben diese Heiden dennoch zugelassen, daß sie vom Teufel und von ihren alten Dichtern dazu verführt wurden, an eine Vielzahl von Göttern zu glauben, und sind dabei so weit von den Zeichen des einen Gottes abgekommen, daß sie nicht wissen, wie sie ihren Weg zurück finden sollen. Die Inder verstanden nicht mehr den wahren, verlorenen Ursprung ihrer eigenen Religion; das ist der Grund, weswegen sie vom Christentum aufs neue erweckt werden müssen.*"[5]

Halbfass hat hervorgehoben: „*Die Werke von Henriques, Stephens und anderen frühen Pionieren waren als praktische Instrumente für das Propagieren der christlichen Lehren gedacht; sie zeigten keinerlei Interesse am Hinduismus an sich, noch boten sie Perspektiven für hermeneutische Betrachtung.*"[6]

In ihrem Eifer, christliche Lehren zu verbreiten, bedienten sich diese „Gelehrten" nicht immer fairer Mittel. Roberto de Nobili, ein italienischer

---

[4] „*Die Brahmanas stellen zweifelsohne eine sehr interessante Phase in der Geschichte indischen Denkens dar, aber beurteilt als literarische Werke sind sie äußerst enttäuschend. Der allgemeine Charakter dieser Werke ist gekennzeichnet durch flache und geschmacklose weitläufige Eloquenz, durch priesterliche Einbildung und antiquierte Pedanterie. Diese Werke verdienen es, so erforscht zu werden, wie der Arzt den Unsinn von Idioten und das Phantasieren des Wahnsinns erforscht.*" (Max Müller, zitiert von Pandit Motilal Shastri in *Upanishad Vijnan Bhashya*, Band I.)

[5] W. Caland (Hrsg.), *Malabarisches Heidentum*, S. 43

[6] Wilhelm Halbfass, „*India and Europe, An Essay in Philosophical Understanding*" (Indien und Europa, ein Essay über philosophisches Verständnis), S. 38.

Jesuit, tituliert als *„der Vater der tamilischen Prosa"* und *„der erste europäische Sanskritgelehrte"*, wurde der Inkompetenz, der Fälschung, und der Scharlatanerie verdächtigt und von Christen wie auch von Brahmanen angegriffen.[7] Nobili forderte die Brahmanen auf, seine Schüler zu werden, um von ihm über den „verlorenen Veda" zu erfahren. Halbfass stellt fest, daß Nobili auch behauptete, daß *„man den Indern zeigen sollte, daß es für sie möglich war, die fremde Religion als eine Wiederentdeckung und Erfüllung der ursprünglichen Substanz ihrer eigenen Tradition zu akzeptieren."*[8]

Bei dem Streben nach der Christianisierung der Inder fabrizierten die Jesuiten sogar „Veden". Unter diesen war *Ezourvedam* das skandalöseste. Voltaire und andere zitierten ihn als ein Dokument der alten indischen Literatur, das 1778 veröffentlicht und 1779 ins Deutsche übersetzt wurde. 1782 erklärte Sonerat es als eine Fälschung: *„1782 wurde bekannt, daß Ezourvedam nur eines in einer Gruppe von Pseudo–Veden war, die von den Jesuiten in Indien entweder hergestellt wurden oder zu deren Herstellung sie andere angestiftet hatten."*[9]

Neben den Zerstörungen wertvoller Schriften durch militärische Invasionen, vergrößerten christliche Priester den Gesamtverlust, indem sie eine große Zahl aus dem Land wegschleppten. Der Jesuit J. F. Pons lebte in den ersten Jahrzehnten des 18. Jahrhunderts in Indien. Er begann auf organisierte Art und Weise mit dem Wegschleppen. Pons und mehrere andere sammelten indische Manuskripte und verschickten sie nach Europa.

Jeder Verdacht, daß ein Buch indisches Denken im günstigen Licht für Europäer erscheinen ließ oder europäisches Denken zu beeinflussen drohte, wurde rücksichtslos zensiert. A. H. Francke weigerte sich kategorisch, die Veröffentlichung eines der beiden Hauptwerke von Ziegenbalg, die *Genealogie der Malabarischen Götter*, verfaßt 1713, zu erlauben, weil *„die Missionare ausgesendet wurden, um das Heidentum in Indien auszurotten, und nicht um heidnischen Unsinn in Europa zu verbreiten."*[10] (Trotz seiner anderen abwertenden Kommentare über die Inder und ihren Glauben, zog sich Ziegenbalg Franckes Zorn durch seine Anmerkung zu, daß *„diese Heiden erkennen im Lichte der Natur, daß es einen Gott gibt, eine Wahrheit, sie benötigten keine Christen, die sie diese lehrten."*[11] In England wurden

---

[7] ebenda, S. 38
[8] ebenda, S. 42.
[9] ebenda, S. 48.
[10] ebenda, S. 47.
[11] ebenda, S. 48.

das Sanskritstudium, die Produktion von Wörterbüchern und anderen Hilfsmitteln oft explizit in den Dienst der Verkündung der christlichen Bibel gestellt. Das war auch der Fall mit dem Sanskrit Wörterbuch von Sir Monier Monier-Williams, das heute noch hauptsächlich in Gebrauch ist.

Die Exegese und Aneignung überlieferter indischer Vorstellungen als Mittel zur Verkündung des Christentums begannen in Südindien. Später wurden sie in einem erweiterten Rahmen von Praktikern und Theoretikern, von Missionaren und Kolonialisten, übernommen.

Selbst Studien des indischen Denkens wurden nicht unternommen aus dem Glauben an ihren inneren Wert, sondern aus anderen Gründen. Im 19. Jahrhundert war I. R. Ballantyne einer der hingebungsvollsten Förderer und Organisatoren des Studiums der indischen Philosophie und einer Zusammenarbeit mit indischen Pundits. Er hob hervor, daß er ein solches Studium nicht wegen des „inneren Wertes" der indischen Philosophie empfahl, sondern um in der Lage zu sein, die Aufmerksamkeit gebildeter Inder zu wecken und zu vermeiden, daß die christliche Lehre nicht ob der ungenügenden Berücksichtigung des indischen Hintergrunds mißverstanden würde.

Die Strategie des Umgangs der christlichen Missionare mit indischem geistigen Leben und Denken schloß die Idee der Erfüllung ein. Sie wollte nicht indische metaphysische Begriffe und Überzeugungen widerlegen oder verwerfen, sondern deren Beschränkungen mit Hilfe der christlichen Missionare überwinden und sie zu vervollkommnen lernen, wozu die Inder selbst nicht in der Lage wären.

Max Müller und, noch wirkungsvoller, Sir Monier Monier-Williams, trugen zur Popularität dieser Idee bei, obwohl der Letztere sie später als „eine lahme, träge, einer Qualle ähnliche Art der Toleranz" brandmarkte.[12]

Die *Upanishaden* und der *Vedanta* wurden, insbesondere als die Höhepunkte indischen „religiösen" Denkens als Übergänge, als Wegweiser auf dem Weg zum Christentums und als die Grundlage für seine Verkündung präsentiert. Der *Vedanta* wurde begriffen als eine „Vorahnung christlicher Wahrheit", als eine Andeutung auf das Leben und Leiden Christi und als eine Vorbereitung für das Christentum. Der Generalgouverneur von Bengalen, Warren Hastings, formulierte explizit dieses Motiv, als er kund tat, daß *„das Studium der indischen Tradition*

---

[12] ebenda, S. 51

und begrifflichen Welt gleichzeitig bei der Steuerung und Kontrolle der Inder im Rahmen ihrer eigenen Gedankenwelt half."[13]

Macaulay sprach von „monströsem Aberglauben", „falscher Geschichte" und „falscher Religion" in indischen Texten, und behauptete, daß alle jene Werke, die je auf Sanskrit geschrieben wurden (und ebenso auf Arabisch), „weniger wertvoll" wären „als das, was in den meisten unscheinbaren Zusammenfassungen drin ist, die in England in den Vorschulen verwendet" würden.[14] Er setzte das Ziel für das Bildungssystem in Indien: eine Klasse englisch erzogener Inder zu rekrutieren, *„die Vermittler sein könnten zwischen uns und den Millionen, über die wir herrschen."* Er sah keinen Grund, die indische Kultur und Geschichte um ihrer selbst Willen zu studieren. Max Müller sah in der Übersetzung der Upanishaden ins Englische durch Ram Mohan Roy die Grundlage für eine kommende Christianisierung Indiens. 1803 verfaßte Ram Mohan Roy eine Abhandlung, in der er die indischen „Religionen" und ihre Abzweigungen denunzierte und sie als Aberglauben ins Lächerliche zog. Er wurde 1805 von John Digby, einem unteren Funktionär der Company, beschäftigt und durch Ihn in die westliche Kultur und Literatur eingeführt.

In den folgenden 10 Jahren trieb sich Roy innerhalb und außerhalb der East India Company als Assistent von John Digby herum. Er suchte eine philosophische Grundlage für seinen „religiösen" Glauben in den Upanishaden und in den Veden, dabei übersetzte er diese alten Sanskritabhandlungen in Bengali, Hindi und Englisch und verfaßte darüber Zusammenfassungen und Abhandlungen. Als Anerkennung seiner Übersetzungen wählte ihn die französische Société Asiatique zum Ehrenmitglied. Er begann, sich für das Christentum zu interessieren und lernte Hebräisch und Griechisch, um das Alte und das Neue Testament zu lesen. 1820 veröffentlichte er die ethischen Lehren von Christus, entnommen den vier Evangelien, unter dem Titel *Die Gebote Jesus, der Weg zu Frieden und Glück.*

Hegel teilte diese europäische Verachtung Indiens, klar erkennbar in seiner Behauptung – die er später modifizierte –, daß es in Indien *„keine wirkliche Philosophie"* gab, nie die *„Freiheit des Individuums"* als Voraussetzung für die *„Wirklichkeit"* der Philosophie erreicht wurde, und daß sich die Philosophie nie von der Religion und Mythologie befreite.[15]

---

[13] ebenda, S. 62
[14] ebenda, S. 68
[15] ebenda, S. 135.

Marx schloß 1853 eine Artikelserie über Indien mit den folgenden, eher allgemeinen Bemerkungen: *„So konnte Indien dem Schicksal nicht entgehen, erobert zu werden, und die gesamte Geschichte seiner Vergangenheit, wenn dies überhaupt Geschichte ist, ist das Erdulden auf einander folgender Eroberungen. Die indische Gesellschaft hat überhaupt keine Geschichte, zumindest keine bekannte Geschichte. Was wir ihre Geschichte nennen, ist lediglich die Geschichte der aufeinander folgenden Eindringlinge, die ihre Imperien auf jenem Fundament einer passiven und sich nicht verändernden Gesellschaft gründeten. ... Aus jenen indischen Eingeborenen, die unter englischer Oberaufsicht widerwillig und unzulänglich in Kalkutta erzogen worden sind, ist eine frische Klasse im Entstehen, ausgestattet mit den Qualifikationen für das Regieren und durchdrungen von europäischer Wissenschaft. Die Dampfmaschine hat Indien zu regelmäßigen und schnellen Verbindungen mit Europa gebracht, hat seine wichtigen Häfen mit jenen des ganzen südöstlichen Ozeans verbunden, und hat es aus der isolierten Lage heraus geführt, welche der wesentlichste Grund seiner Stagnation war. Der Tag ist nicht weit, daß eine Kombination von Eisenbahnen und Dampfern, die Entfernung zwischen England und Indien, an der Zeit gemessen, auf acht Tage verkürzt, und dann wird dieses früher märchenhafte Land tatsächlich in die westliche Welt annektiert sein.*[16]

Der Marxismus gewann einen enormen Einfluß über einen Großteil der indischen Intelligenz. Es überrascht nicht, daß sie diesen Schmäh für alles Alte in der indischen Geschichte, Gesellschaft, Philosophie, Überzeugung und Lebensweisen und „Religion" verinnerlichten. Dieses Gefühl der Selbstentwertung ist so stark eingebettet in ihrem Denken, daß alles alte in dieser alten Zivilisation als „reaktionär" denunziert wird und jeder der sich in diese Denunziation einbringt, gilt als „progressiv". Die Konvergenz der Haltung von christlichen Missionaren, britischen Kolonialisten und marxistischen Revolutionären in bezug auf Indien ist ein äußerst faszinierendes Untersuchungsthema.

Einige europäische Gelehrten haben behauptet, daß Asiaten nicht fähig seien, Philosophie zu produzieren. *„Kein asiatisches Volk... hat sich erhoben zu den Höhen des freien menschlichen Nachsinnens, aus denen die Philosophie entspringt; die Philosophie ist die Frucht des Hellenischen Geistes."*[17]

---

[16] ebenda, S. 138.
[17] ebenda, S. 152. Zitat aus: F. Michelis, *Geschichte der Philosophie von Thales bis auf unsere Zeit*, Bransberg, S. 23.

Und weiter: *„Die Philosophie als Wissenschaft konnte unter den Völkern des Nordens nicht entstehen, die sich durch ihre Kraft und Tapferkeit und nicht durch Kultur auszeichneten, noch unter den Orientalen, die eigentlich fähig sind, die Elemente einer höheren Kultur hervorzubringen, aber doch eher dazu neigen, solche Elemente passiv zu erhalten als sie durch mentale Aktivität zu verbessern, sondern ausschließlich unter den Hellenen, die in harmonischer Weise geistige Kraft und Empfänglichkeit in sich vereinen."*[18]

Das europäische Verständnis der indischen Geschichte macht hinreichend klar, warum diese Gelehrten die Bedeutung der *vedischen* Botschaften nicht begreifen konnten. Einige hatten keine Absicht, weil sie ja beauftragt waren, diese so zu präsentieren (also zu entstellen), daß sie dem Ziel der Christianisierung dienten; andere wurden ausdrücklich rekrutiert, die Pläne der Kolonisierung des indischen Denkens zu unterstützen und umzusetzen. Diese „gelehrten" Bemühungen haben eine nachhaltige Wirkung hinterlassen.

Das europäische Vorurteil hält den modernen indischen Intellekt so fest im Griff, daß es ihm nicht gelingt, auf seine eigene Geschichte und Vermächtnis kreativ und unvoreingenommen zu schauen. Halbfass hebt pointiert hervor: *„Das moderne indische Denken befindet sich in einem von Europa geschaffenen historischen Kontext, und es hat Schwierigkeiten, für sich zu sprechen. Sogar in seiner Selbstdarstellung und Selbstbehauptung spricht es weitgehend in einer europäischen Ausdrucksweise."*[19]

Das erklärt einigermaßen einen Aspekt der Verdrehung und falschen Darstellung der *Veden* durch westliche christliche „Gelehrte" und ihre modernen indischen Ebenbilder. Aber es erklärt nicht ganz, warum althergebrachte indische Gelehrte, die einen bedeutenden Beitrag zur Erhaltung der *Veden* geleistet haben, die darin enthaltenen subtilen und tieferen Botschaften aus dem Blick verloren haben. Untersuchen wir nun diesen Aspekt.

Eine vorläufige Hypothese wäre, daß der Verfall des rigorosen Studiums der *Veden* um die Epoche des Mahabharata Krieges begonnen hatte, der nach verfügbaren Belegen ungefähr vor 5000 Jahren stattfand. Dieser Große Krieg forderte einen hohen Tribut an wertvollen Menschenleben. Er versetzte auch der politisch-ethisch-moralisch-intellektuellen Struktur einen herben Schlag, welche den Rahmen ganzheitlicher Betrachtung für die Gesellschaft wie auch für

---

[18] ebenda, S. 153, F. Überweg / M. Heinze zitiert von Wilhelm Halbfass.
[19] ebenda (Auszug aus dem Vorwort zur deutschen Originalausgabe).

den Einzelnen trug. Obwohl die Gelehrten in den Zeiten nach Mahabharata beachtliche Zeit und Energie in das Studium der Philosophie, Grammatik, Logik, Astronomie, Literatur usw. investierten, litt doch das profunde Studium der *Veden* auch weiterhin.

Aber die Texte der *Veden* sind nicht vollständig verloren. Dank der bemerkenswerten Methoden der Aufzeichnung und Speicherung der *Mantras* durch die Seherwissenschaftler ist dieses Wissen über die Tumulte der Geschichte hindurch in einem gewissen Umfang aufbewahrt worden. Darüber hinaus hat der Alltag eine ganze Fülle praktischer Anwendungen behalten, die im Einklang mit den in den *Mantras* ausgedrückten Grundsätzen und Theorien stehen. Diese dienen als wertvolle Instrumente, weil über das Nachdenken darüber nachvollzogen werden kann, wie sehr die *Veden* ein integraler Bestandteil des individuellen und gesellschaftlichen Lebens gewesen waren.

Die in den *Veden* und ihren Zweigen erläuterten praktischen Hinweise und Verfahren (insbesondere die *Brahmana* Texte) sind in Umlauf geblieben. Das Rezitieren der *Veda Mantras*, oft als Hymnen eingestuft, und das Studium der *vedischen* Texte setzte sich von einer Generation zur anderen in zahlreichen Familien von Gelehrten und Zeremonienmeistern fort, die hingebungsvoll zur Erhaltung dieser alten Überlieferungen trotz extremer Widrigkeiten beigetragen haben. Einige gelehrte Abhandlungen enthalten wertvolle Hinweise, um die in der Literatur der *Veden* verwendeten Symbole und Codewörter zu entziffern.

Während der letzten 2500 Jahre hinterließen einige herausragende Kommentatoren der *Veden* und ihrer Hilfszweige tiefe Spuren ihrer Gelehrsamkeit im Bewußtsein der Leute, die geplagt waren von einem Gefühl der Richtungslosigkeit, Hilflosigkeit und Zusammenhanglosigkeit, verstärkt noch durch politische Rückschläge und Mangel an gesellschaftlicher Orientierung. Diese unschätzbaren Beiträge der traditionellen Gelehrten Indiens, der Pundits und der Acharyas (großen Lehrern) sind hier mit Bewunderung und Verehrung zu erwähnen. Aber die Tatsache bleibt, daß indische Gelehrten von einem ganzheitlichen Verständnis der *Veden* abgekommen waren, so daß ihr Verständnis dieser Texte partiell und etwas oberflächlich geworden war.

Die *Shastras* (Lehrstücke) sind unschätzbare Hinterlassenschaften der Seherwissenschaftler für die Menschheit. Diese sind unter drei Hauptüberschriften eingeordnet: *Shruti*, *Smriti* und *Purana*. *Shruti* enthält die Analyse der Grundsätze, *Smriti* legt aus diesen Grundsätzen abgeleiteten Prinzipien fest, die das individuelle und gesellschaftliche Leben regeln sollen und die *Puranas* zeichnen auf und halten die Ereignisse, Episoden und Erfahrungen fest, die das kulturelle Umfeld gestalten. Zusammen skizzieren sie den *Dharma*, der ewig und dauerhaft ist. Die Befolgung des *Dharmas* sichert die innere Bereicherung und das materielle und physische Wohl einer Person.

Die Bedeutung und die Botschaft dieser drei Bestandteile –*Shruti Smriti* und *Purana* – waren für die indische Gelehrtenschicht ob ihrer Entfremdung von der wirklichen Bedeutung der Wörter, Sprüche und Formulierungen der Seherwissenschaftler verloren. Das Streben nach der Verwirklichung des Selbst wurde schwach und die Suche nach dem ewigen – *Sanatana* (ewig) *Dharma* – wich den im Wandel begriffenen Gewohnheiten, Feiern und Moden der Zeiten. Dieser Prozeß setzte sich fort über einen Zeitraum von ungefähr 3000 Jahren und ließ zahlreiche Probleme und tiefes Unbehagen entstehen. Die Menschen Indiens, Nachfahren der Seherwissenschaftler, wurden innerlich rastlos, intellektuell verwirrt, mental erschöpft und physisch geschwächt. Diese bittere Wirklichkeit allein erklärt, warum ein Volk, ausgestattet mit einem so reichen Erbe und gesegnet mit allen Ressourcen der Natur, im Laufe der letzten wenigen Jahrhunderte eine solche Schmach erlitten hat.

Die Neigung im zeitgenössischen Indien alles – den gegenwärtigen Zustand materieller Entbehrung, physischer Unterernährung und politischer Rückschläge der sich verändernden Zeit – dem Beschäftigsein mit „Spiritualität" und dem Schicksal bzw. der Vorbestimmung oder anderen Formen von Flucht vor der Wirklichkeit zuzuschreiben, verrät eine Tendenz, die Wirklichkeit nicht sehen zu wollen. Versuche werden mißbilligt, die wirklichen Ursachen der Mißgeschicke zu orten. Die mächtige Flut der Zeiten und des ebenso mächtigen Anschlags des Westens hat zu einem Gefühl der Hilflosigkeit im Ganzen geführt.

Fatalismus oder Isolationismus waren nie die Hauptmerkmale der *vedischen* Moral, wie dies in neuerer Zeit einige indische Gelehrten glauben machen wollen. Tatsächlich haben die Seherwissenschaftler eine vernünftige Mischung von Streben nach Wissen, dynamischen Bemühungen und materiellem Wohlstand hervorgehoben.[20] Sie setzten den Menschen an die Spitze der Evolution und erklärten, daß niemand

---

[20] In einem der folgenden Bände erörtert der Autor im Einzelnen die von den Seherwissenschaftlern artikulierten Grundsätze individuellen und gesellschaftlichen Lebens.

größer sei als der Mensch.[21] Sie forderten jeden auf: *„richtet Eure Kräfte zum Wohle der gesamten Menschheit aus ... Laßt Eure Beziehungen zu allen von Freude und Harmonie geprägt sein. Laßt Eure Herzen im Einklang sein mit allen menschlichen Herzen."* [22]

Es gibt mehrere Gründe, warum Indien und Inder von jenem Gipfel zu einem Zustand elender Selbstabwertung, des Verlustes von Selbstachtung und Selbstvertrauen heruntergekommen sind. Eine Analyse darüber erscheint in einem späteren Band des Autors.[23] Der wichtigste Grund ist vielleicht die damals dem Staat bzw. den Herrschenden zuerkannte überragende Stellung. Als jene Staatsform zerfiel, konnten die Gelehrten zunehmend schwieriger ihrem Beruf in angemessener Atmosphäre nachgehen, weil auch die Unterstützung für das Streben nach Wissen zusammenbrach und der Überlebenskampf schwierig wurde. Das Verständnis für das Ganze schwächte sich zu Gunsten der Teilaspekte ab. Mit der Zeit vergaßen die Gelehrten den engen Zusammenhang zwischen der Grundlagenforschung und der Anwendung des Wissens im Alltag. Folgerichtig entstanden verschiedene Trends, die allesamt höchst bedeutsam schienen. Die Anhänger dieser Trends bzw. Wege übersahen deren tiefer liegende Einheit.

So schwächte sich die Praxis umfassender und integrierter Studien der *Veden* und ihrer Hilfszweige unter den Gelehrten ab, die sich eigentlich mutig für ihre Bewahrung und ihren Schutz trotz Widrigkeiten einsetzten. Dem folgte ein massiver und anhaltender Angriff durch westliche Indologen und „Gelehrte". Die neue indische intellektuelle Klasse war vollständig von dieser Invasion beherrscht und es entstand ein Bruch zwischen ihnen und der überlieferten Gelehrsamkeit.

Die Aufgabe, diese Bresche zu reparieren, ist nicht leicht, aber sie ist von höchster Bedeutung für die Menschheit, ganz besonders im Zusammenhang mit dem Stillstand der „modernen Wissenschaft" auf der Suche nach dem absoluten Wissen. Das Unvermögen der Physiker auch nur eine einzige nahtlose Gesamttheorie zu finden, markiert den Stillstand. Ein Studium der *Veden* mit Bescheidenheit und ohne Vorurteile und ohne Arroganz könnte für die Suche nach der Entdeckung der Wirklichkeit aller Wirklichkeiten förderlich sein.

---

[21] *guhyat brahma tadidam bahami, na hi mmanushat shertshthataran him klinchit* – zitiert von Veda Vyasa im *Mahabharata*.
[22] *samaniwakootih samanhridayaniwah*
   samanamstuwomanoyarthawah suhasatihi – Rig Veda, 8:49:4.
[23]*Barathavarsha Through the Millennia* (Barathavarsha durch die Jahrtausende), ein Essay über die politischen und philosophischen Fluktuationen.

ACHTER ABSCHNITT

Vor dem Anfang und nach dem Ende

GEDANKEN

Was genau ist der Anfang? Und wann kommt das Ende? Genauer: wann komme ich dazu, einen Anfang zu erkennen? Wann merke ich, daß das Ende gekommen ist?

Nichts ist da.
Ich öffne meine Augen. Alles beginnt.
Ich bin im tiefen Schlummer. Nichts ist da.
Der Schlaf endet, ich öffne meine Augen und alles beginnt.

Die Augen vertreten alle meine Sinne. Ich merke die Berührung, den Geruch, und den Geschmack. Ich merke Bewegung. Und es beginnt.
Ich bin mitten in einem weiten Ozean. Ich schaue um mich herum. Es gibt kein Ende. Rundum ist furchteinflößende Unendlichkeit.
Plötzlich – weit, weit weg – taucht der Horizont auf. Vager Schimmer, unbestimmbarer Schimmer. Je näher ich komme, desto weiter weicht er zurück. Seine Grenzenlosigkeit überwältigt mich. Dann tauchen die Umrisse auf. Ich erkenne die Küstenlinie und dann das Ufer. Begrenzungen werden erkennbar. Was grenzenlos war wird abgegrenzt und eingeschränkt.

Es herrscht tiefe Dunkelheit. Nichts ist da.
Ist das wirklich so?
Alles ist da: Männer und Frauen, Kinder und die Alten, Gebäude und Straßen, Vögel und Tiere, Berge und Meere. Ich sehe sie nicht. Noch merke ich irgendwas anderes.

Dunkelheit ist überall. Völlige Dunkelheit. Nichts ist da. Es herrscht ein endloses Nichts. Rund herum ist nichts außer einer undifferenzierbaren Gleichartigkeit. Dunkelheit eingehüllt in der Dunkelheit. Und dann geht eine kleine Lampe an. Verschwommene Umrisse tauchen auf. Die Umrisse werden zu Männern und Frauen, Kindern und den Alten, Gebäuden und Straßen, Vögeln und Tieren,

Bergen und Meeren. Langsam, plötzlich tauchen Unterschiede auf und die Vielfalt. Das Universum ist entstanden.

Das Bewußtsein merkt den Anfang. Das Wissen von Existenz. Die Existenz von Dingen. Das Wissen über Männer und Frauen, Kindern und den Alten, Gebäuden und Straßen, Vögeln und Tieren, Bergen und Meeren. Als werde ein leerer Raum mit vielen Dingen gefüllt.

Das Bewußtsein ist wie ein weiter, leerer Raum. Es enthält unzählige Dinge. Jedes Ding ist im Raum. Innerhalb eines jeden Dings ist Raum. Der Platz ist im Raum. Da ist Raum innerhalb des Platzes.

Das Universum ist im Bewußtsein. Das Bewußtsein ist im Universum. Das Bewußtsein ist im Kosmos. Der Kosmos ist im Bewußtsein.

Das Bewußtsein nimmt wahr und gibt Namen.

Es entdeckt. Eine Form wird eingeprägt.

Es beobachtet und erkennt die Funktionen.

All dies – Namen geben, Formen einprägen und Funktionen erkennen – geschieht nicht in dieser Reihenfolge. Es geschieht fast gleichzeitig. Gibt es eine Form, gibt es einen Namen, und gibt es einen Namen und eine Form, gibt es auch eine Funktion. Es ist die Triade – Name, Form und Funktion. Das Universum umfaßt unzählige solcher Triaden.

Ohne diese Triaden ist das Bewußtsein unendlich. Es wird endlich, wenn Triaden entstehen. Das Unendliche wird durch Name, Form und Funktion in die Umklammerung des Endlichen gebracht. Jede Triade ist endlich. In ihrer Gesamtheit, eingetaucht im Einklang, ist sie unendlich.

Worte sind endlich und endliche Wörter können das Unendliche nicht vollständig offenbaren. Deshalb nehmen wir Beispiele. Wir illustrieren. Wir probieren es mit dem Deuten auf einen oder zwei Aspekte. Wir trachten zu definieren.

Das Unendliche ist in seiner Totalität undefinierbar.

Worin existiert ein Stück Tuch? Hat es eine andere Existenz als die des Garns? Würden wir alles Garn beseitigen, wo wäre das Tuch? Das

Tuch ist ein Muster der Fäden. Ohne die Fäden gäbe es kein Muster. Namen und Formen und Funktionen erzeugen das Muster. Was ist vor den Namen und Formen da? Da ist nichts. Was ist das Nichts? Wir wissen es nicht. Ist es ein Zustand in der „Negierung" aller physikalischen Eigenschaften? Gar weniger als ein Vakuum? Ein Vakuum kann noch Dimension und Ausdehnung haben. Das Nichts würde keine Ausdehnung haben, keine Struktur. Es ist jenes wesentliche Prinzip, das zu einem Namen wird, eine Form annimmt und sich verschiedene Funktionen aneignet. Es riecht. Es ist berührbar. Es ist sichtbar. Es ist erfahrbar. Aus dem Nichts taucht etwas auf, die Dinge.

Da ist der weite unendliche Ozean. Still. Gelassen. Ohne sich zu kräuseln. Ohne eine Bewegung. Ohne die geringste Störung. Stumm. Ruhig. Als ob er nicht da wäre. Nicht bemerkbar. Nicht erkennbar. Nicht beschreibbar.

Dann eine leichte, eine winzige Störung. Ein Luftbläschen. Ein sehr winziges Luftbläschen. Es ist ein Anfang. Ein zarter Anfang. Dann ein weiteres Bläschen. Dann noch eins. Ein Bläschen gerät an ein anderes. Es gibt mehr Bewegung. Ein neues Etwas taucht auf. Die Luftbläschen werden mehr. Sie geraten mehr an einander. Neue Dinge entstehen. Der Vorgang setzt sich fort. Wo nichts war, dort entsteht der Kosmos.

Worte sind endlich und endliche Wörter können das Unendliche nicht vollständig offenbaren. Vor den Wörtern ist Stille. Absolute Stille. Unendliche Stille. Dann gibt es einen Laut. Er zeigt sich und schwindet. Er wird geboren und dann stirbt er. Er beginnt und endet. Was grenzenlos war, wird begrenzt. Das Unendliche wird endlich. Es gibt einen Anfang und es gibt ein Ende.

Was ist da, wenn es nichts gibt? Was ist da vor dem ersten Luftbläschen im riesigen grenzenlosen Ozean? Was ist da, bevor der erste Strahl die grenzenlose Dunkelheit durchbricht? Was ist da vor der ersten Triade? Was ist da, bevor der erste endliche Gegenstand auftaucht? Worte sind endlich und endliche Wörter können das Unendliche nicht vollständig offenbaren.

Ich bin endlich. Ich bin auch das Unendliche. Ich schließe meine Augen und schaue nach innen. Da ist der weite grenzenlose Himmel. Unzählige Dinge schweben in diesem Firmament. In der Endlosigkeit innerhalb meines endlichen Wesens reise ich über lange Entfernungen, begegne zahlreichen Leuten, schreite in die Vergangenheit und laufe in die Zukunft, lebe in der Gegenwart. Es gibt das Unendliche innerhalb des Endlichen. Schaffe das Endliche weg. Und das Unendliche ist da.

Vor dem Beginn und nach dem Ende

Das Bewußtsein ist der grenzenlose Himmel. In jenem blauen Himmel schweben unzählige endliche Dinge. Worte sind endlich und endliche Wörter können das Unendliche nicht vollständig offenbaren.

Ich bin in tiefem Schlummer. Da ist nichts. Ich existiere nicht. Es gibt eine winzige Regung, eine sehr winzige Regung. Ein winziges Luftbläschen im grenzenlosen unendlichen Ozean. Ich beginne zu träumen. Ich schaffe ein Universum. In diesem Universum begegne ich Freunden und Feinden. Ich renne und schreie. Ich liebe und streite. Ich bin glücklich und im Schmerz. Ich lache und weine. Ich werde reich und ich werde notleidend. Ich bin auf dem Gipfel eines Berges und ich segle auf einem Fluß. Es gibt eine weitere Störung. Der Traum platzt. Das Universum verschwindet. Es gibt einen Anfang. Es gibt das Ende. Es gibt unendliches Nichts vor diesem Beginn. Es gibt unendliches Nichts nach diesem Ende. Worte sind endlich und endliche Wörter können das Unendliche nicht vollständig offenbaren.

Ich werde geboren und ich wachse. Ich spiele und lese. Ich streite und ich liebe. Ich mache mir Freunde und Feinde. Ich fliege in der Luft und kreuze auf dem Meer. Ich bin glücklich und ich bin deprimiert. Ich werde stark und reich. Ich werde arm und schwach. Ich werde alt und ich sterbe. Es gibt einen Beginn und es gibt ein Ende. Was ist da vor dem Beginn? Was ist da nach diesem Ende?

Es gibt einen Rhythmus im Universum. Die Planeten bewegen sich regelmäßig. Die Sterne reiten ihre vorgegebenen Bahnen. Überall ist das Gesetz des Rhythmus. Alles folgt diesem Gesetz.

Das Nichts ist Null – *Shunya*. Es ist die Unendlichkeit. Füge eine Null zu einer Null. Es bleibt Null. Ziehe eine Null von einer Null ab. Es bleibt Null. Addiere die Unendlichkeit zur Unendlichkeit. Es ist die Unendlichkeit. Ziehe die Unendlichkeit von der Unendlichkeit ab. Es bleibt die Unendlichkeit. Diese Unendlichkeit wird endlich und markiert den Beginn. Jeder endliche Gegenstand wird letztendlich in die Unendlichkeit subsumiert. Das markiert das Ende. Ein Luftbläschen taucht im Meer auf. Es markiert den Beginn. Die Luftbläschen werden im Meer subsumiert. Das markiert das Ende. Für das Luftbläschen bleibt das Meer so wie es war. Unendlich und still, vor dem Beginn und nach dem Ende.

Es flackert in den Augen und das Universum öffnet sich. Die Augen schließen sich und das Universum endet. Es ist da, bevor sich die Augen öffnen. Es ist da, nachdem sich die Augen schließen. Ich werde geboren und mein Universum beginnt. Ich sterbe und mein Universum

endet. Es ist da, bevor ich geboren werde und es ist da, nachdem ich gestorben bin.
Es gibt einen Beginn und es gibt ein Ende. Es gibt etwas vor dem Beginn und etwas nach dem Ende. Es gibt Unendlichkeit vor dem Endlichen und es gibt Unendlichkeit nach dem Endlichen.
Das ist wirklich. Das ist die Wirklichkeit. Das ist der grenzenlose Ozean, still und ruhig. Das ist *Brahma*.

Brahma begehrt. Das ist das *Mana*.
Mana bewegt sich. Das ist das *Prana*.
Die erste Luftblase taucht auf. Das ist die *Wak*.
Das ist die Stille vor dem ersten Laut.
Diese Stille ist das Entzücken. Unendliches Entzücken.

Wir erfahren die Endlosigkeit als *Sat, Chit* und *Ananda*: als Wirklichkeit, Bewußtsein und Entzücken.
Vor dem Beginn ist da nichts. Nichts ist die Negation physikalischer Dinge. Es ist das Universum supraphysikalischer Energien. Diese sind die ersten Regungen. Sie geraten spontan in Bewegung. Sie verursachen den Beginn (des physikalischen Universums). Nach dem Ende (des physikalischen Universums) subsumieren sie alles. Die Wellen entstehen im Ozean. Sie markieren den Beginn. Die Wellen verschwinden im Ozean. Das markiert das Ende. Der Ozean ist vor dem Beginn da. Der Ozean ist nach dem Ende da.
Rishis sagen uns, was vor dem Beginn ist. Sie sagen uns, was nach dem Ende ist. Sie sagen uns, daß es keinen Anfang und kein Ende gibt. Sie nehmen uns mit in das supraphysikalische Universum. Sie helfen uns, in dem grenzenlosen Himmel zu schweben, der in uns ist. Sie segnen uns mit dem kleinen Licht (des Wissens), welches das Flackern verursacht, das unsere Augen öffnet. Sie geleiten uns in die Welt des Lichts.
Ich gehe zeitlich zurück zu dem Beginn. Das ganze Universum ist auf einen Punkt reduziert. Materie, Energie und Raum verschwinden. Mit dem Verschwinden dieser drei, verschwindet auch der Raum. Es gibt weder einen Beginn noch ein Ende.
Worte sind endlich und endliche Wörter können das Unendliche nicht vollständig offenbaren. Aber das Bewußtsein ist unendlich. Deshalb kann es das Unendliche erfahren. Wie kann ich diese Begegnung

beschreiben? Das Geschehene zeichne ich als *Vishnu*. In Mitten eines Ozeans (Unendlichkeit) ruhend, gebettet auf einer gewundenen Schlange (die beängstigende Turbulenz des physikalischen Universums), mit seiner Gattin *Lakshmi* (die weibliche Zusatzfunktion).

Ich skizziere das Bewußtsein als eine bezaubernde Frau, eine endliche Figur auf der grenzenlosen Leinwand der Unendlichkeit. Ein Bildhauer haut sie in den Stein. Ein Maler zeichnet sie auf die Wände einer Höhle. Das sind Bemühungen, das nicht Mitteilbare zu übermitteln. Ekstase in einem Gedicht eingefangen, Unendlichkeit in der Endlichkeit festgehalten, Grenzenloser Himmel in den Grenzen meines Denkens eingeschlossen, Unbeschreibliche Schönheit in einem Bildnis eingekerkert.

Liebe in der Stille ausgedrückt.

NEUNTER ABSCHNITT

Anhänge

ANHANG EINS – Vedic Aryans and the Origins of Civilization
(*Die vedischen Arier und die Ursprünge der Zivilisation*)

Von Navaratna S. Rajaram und David Frawley

DIE KONSTRUKTION DER INDISCHEN GESCHICHTE DURCH westliche Experten, Historiker und Anthropologen war in letzter Zeit Gegenstand gründlicher Überprüfungen. Sie haben offenbart, daß diese „Historiker" in ihrem Eifer, den Interessen kolonialer Herrscher dienten. Sie erfanden großzügig Tatsachen und frisierten Fakten, um die kolonialen Absichten zu rechtfertigen. Die Entstellungen bei der Deutung der *Veden* und der *vedischen* Literatur haben große Verwüstung angerichtet. In der **Encyclopaedia Britannica** (1996) liest sich das Ganze so: *„Der Veda ist das Produkt der* **arischen Eindringlinge** *in den indischen Subkontinent und deren Nachfahren, obwohl die Ureinwohner (in den Veden verächtlich Dásyus, oder ‚Sklaven' genannt) sehr wohl das endgültige Produkt beeinflußt haben mögen."* (Hervorhebung von uns).

In *Vedic Aryans and the Origins of Civilization: A Literary and Scientific Perspective* (Vedische Arier und die Ursprünge der Zivilisation: Eine literarische und wissenschaftliche Perspektive) widerlegen Navaratna S. Rajaram und David Frawley diese Theorien und bieten revolutionäre Alternativen an: *„Die Fülle der heute verfügbaren Beweise (aus Archäologie, Geologie, Satellitenfotos und einem angemesseneren Verständnis alter literarischer Dokumente) widerlegen die meisten Behauptungen, auf welchen die Theorie der arischen Invasion und die Datierung der frühen indischen Literatur sich gründeten. Es ist denkbar, daß nicht alle diese Schlußfolgerungen, auch wenn sie auf Fakten gestützt sind, eine erneute kritische Überprüfung bestehen werden. Es scheint aber sicher, daß von jenen in den Lehrbüchern gefundenen früheren Theorien inhaltlich wie formal wenig übrig bleiben wird, wenn überhaupt."*

Diese beiden Autoren heben auch hervor, daß: *„Im nachhinein ist es klar, daß das kolonialmissionarische Modell eher die theologische Arbeitsweise als die wissenschaftliche Methode verkörpert. Während die Verfasser dieses Modells ihre Sprache mit Fachausdrücken – insbesondere der Philologie – schmücken, verraten ihre Ziele und Methoden eine theologische Orientierung. Sie geben sich nicht so sehr* *dem Ziel hin, über die wirkliche indische Geschichte und Zivilisation zu erfahren. Sie manipulieren Fakten, um ein besonderes Glaubenssystem zu präsentieren und zu rechtfertigen. Das ist die Methode der Theologie, nicht die der Wissenschaft."*[1]

In diesem Anhang bringen wir Auszüge aus diesem grundlegenden Werk als eine Hilfestellung, um den Hintergrund der Entstellungen der Veden durch westliche Experten und Indologen zu begreifen. Unglücklicherweise hat dieser verderbliche Einfluß auch das Denken der indischen intellektuellen Klasse über die letzten 200 Jahre geprägt. Erst jetzt beginnt man damit, die Folgen dieser sorgfältigst ausgearbeiteten Gehirnwäsche in der Geschichte der Menschheit zu beseitigen.

Als Konsequenz der anderthalb Jahrhunderte langen europäischen Kolonisation und der wiederholten, extrem gewaltsamen Anstürme der vergangenen fast tausend Jahre haben die indische Geschichte und Tradition schlimme Entstellungen und falsche Interpretationen erfahren.

*****

Albert Einstein äußerte im Interview mit R. S. Schankland, das sein letztes werden sollte, seine Frustration über die Unzulänglichkeit der Geschichtsschreibung, insbesondere die der Wissenschaft. Einstein sah das Problem, daß „fast alle Wissenschaftshistoriker Philologen sind und nicht verstanden haben, was die Physiker wollten, wie sie dachten und mit Problemen kämpften." (Miller 1981, S. 1).

In Übereinstimmung mit Einstein schrieb Shankland: „Es muß eine Schreibweise gefunden werden, die jene Denkprozesse übermittelt, die zu Entdeckungen geführt haben." (Ibid). Schließlich hat kein geringerer Wissenschaftler als Max Planck, der Erfinder der Quantentheorie, gemeint, wie man weiß, nur der Tod könne die Menschen von ihrem lang gehegten Glauben trennen.

*****

Kein anderer als Max Müller ist verantwortlich für die Erfindung der Theorie der arischen Invasion und der absurden Chronologie der späten vedischen Literatur. Er datierte den Rigveda auf 1200 v. Chr.. Später mußte er unter dem Druck der Kritiker seine Chronologie widerrufen und eingestehen: „Ob die vedischen Hymnen in 1000, 1500 oder 2000 oder 3000 v. Chr. verfaßt wurden, wird keine Macht auf Erden je bestimmen

---

[1] Vorwort zur zweiten Ausgabe, S. XIII.

können." *Es ist aber wert zu notieren, daß er in seiner Chronologie stark von jenem gängigen biblischen Glauben beeinflußt wurde, daß die Schöpfung der Welt am 23. Oktober des Jahres 4004 v. Chr. um 9.00 Uhr morgens stattgefunden habe!"*

*****

Im späten neunzehnten Jahrhundert waren die Briten gezwungen, sich mit der indischen Geschichte, Literatur, Gesetzgebung und Tradition besser vertraut zu machen, um ihre wachsenden Verwaltungsaufgaben in Indien bewältigen zu können. Und dies führte sie natürlich zum Studium des Sanskrits. Einer der ersten war Sir William Jones (1746–1794), ein wahrer Gelehrter und begabter Linguist, der sein Studium des Sanskrits 1784 mit Hilfe des Hindugelehrten, Pandit Radhakant (nicht zu verwechseln mit dem Freund von Max Müller, Raja Radhakant, der viel später kam) begann. Jones nahm bald auffallende Ähnlichkeiten zwischen Sanskrit und europäischen Sprachen wie Griechisch und Latein wahr. Er wurde ein großer Bewunderer des Sanskrits und notierte: „...die Sprache Sanskrit, wie alt sie auch sein mag, hat einen wunderbaren Aufbau, ist vollendeter als **Griechisch**, *wortreicher als* **Latein** *und viel geschliffener als beide." (Jones 1806: S. 420; Hervorhebung im Original).*

Er gründete dann die Royal Asiatic Society und wird heute zu Recht als der Gründer des Faches Indologie angesehen. Ihm folgte bald sein Assistent Sir Henry Thomas Colebrooke (1765 – 1837), der Größte der frühen Indologen. Aber sie waren nicht die ersten modernen Europäer, welche die Ähnlichkeiten zwischen europäischen Sprachen und Sanskrit bemerkten. Diese Ehre gebührt wahrscheinlich Filippo Sassetti, einem florentinischen Kaufmann, der nach einem fünfjährigen Aufenthalt in Goa (1583–88) behauptete, daß es eine bestimmte Verbindung zwischen Sanskrit und europäischen Sprachen gibt.

*****

Für die Briten – noch taumelnd unter dem Schock des Aufstandes von 1857 – war die Vorstellung, daß sich das uneinige indische Volk unter den Brahmanen vereinigen könnte, ein stets wiederkehrender Alptraum. Schon lange vor dem Aufstand von 1857 hatte man eigentlich erkannt, daß die britische Herrschaft keinen einzigen Tag bestehen könnte, würde sich das Volk Indiens – unter welchem Zeichen auch immer – vereinigen. So wie die Franzosen beabsichtigten, das deutsche Volk gespalten zu halten, um sich selbst abzusichern, sahen auch die Briten in einem geteilten Indien die beste Hoffnung für das Überleben ihres indischen Imperiums. Sie wußten auch, daß nur die Brahmanen als Gruppe die Achtung aller Bevölkerungsgruppen Indiens weit und breit genossen; die meisten anderen Kasten, wie die Marathas, die Rajputs, die Reddis waren regional.

Auch die Missionare mit ihrem Bekehrungsauftrag reichten dieser Administration die Hand angesichts der parallelen Interessen. Und dies führte bald zu einer Lawine europäischer Missionare, die ebenfalls Sanskrit lernten. Bei Betrachtung der Personalliste der Indologen jener Zeit ist man erstaunt, ... wie viele von ihnen kirchlichen Hintergrund hatten. Das sehr starke Vorurteil gegen die Brahmanen, das die Literatur über Indien des neunzehnten Jahrhunderts dominierte, ja bis zum heutigen Tage, muß zumindest teilweise auf die politischen und missionarischen Interessen dieser Epoche zurückgeführt werden.

Obwohl die Brahmanen jener Zeit kaum frei von Tadel waren, so waren sie nicht das vollendete Übel wie dies die britischen Behörden und Missionare portraitiert haben. Selbst wenn sie so konservativ und sogar reaktionär wie die japanischen Samurais waren, übernahmen sie doch die Führungsrolle im Sozialen, im Erziehungssystem und in den kulturellen Reformen – bekannt als die indische Renaissance – im neunzehnten Jahrhundert. Schließlich geht die Bewahrung der Veden und anderer alten Werke auf den unschätzbaren Beitrag der so heftig als boshaft dargestellten Brahmanen zurück. Und dank dieser gewaltigen Bemühung sind wir nun in der Lage, die Geschichte der alten Welt zu rekonstruieren.

*****

Das höhere Erziehungswesen in Indien ist heute noch geprägt von Thomas Babington Macaulay (1800–1859). Er führte zwei Dinge in das indische Erziehungswesen ein: die englische Sprache und die eurozentrischen, ja die christlichen Werte. Macaulay glaubte, daß die Ausweitung des Christentums bei der Verwaltung Indiens sehr hilfreich sein würde. ... Die Inder nahmen bereitwillig die englische Erziehung an, und Macaulay verwechselte diese indische intellektuelle Neugier und Anpassungsfähigkeit mit religiöser Begeisterung. So schrieb Macaulay 1836 an seinen Vater:

„Unsere englischen Schulen blühen wunderbar. ... Die Auswirkung dieser Ausbildung auf die Hindoos ist wunderbar. ... Es ist mein fester Glaube, daß es, wenn unsere Erziehungspläne befolgt werden, innerhalb von dreißig Jahren von nun an keinen einzigen Götzendiener unter den achtbaren Schichten in Bengalen geben wird. Und dies wird erreicht werden ohne jegliche Bemühungen zur Bekehrung, ohne die geringste Einmischung in ihre Religionsfreiheit, lediglich durch die natürliche Wirkung von Wissen und Überlegung. Ich habe herzliche Freude an diesem Vorhaben." (Macaulay 1876, I: S. 398-99).

Interessant ist hier Macaulays Überzeugung, daß die Hindus, insbesondere die Brahmanen, durch „Wissen und Denken" veranlaßt werden würden, ihre althergebrachte Überzeugung zu Gunsten des Christentums aufzugeben.

Max Müller sollte in diesem großen Vorhaben Macaulay vertreten. Er konnte seinen Plan erst fast fünfzehn Jahre nach seiner Rückkehr aus Indien zusammenstellen und voll finanziert bekommen, also 1854. Macaulay sagte Max Müller, daß die East India Company eine Summe von einem Lakh Rupien – ungefähr 10000 Pfund, damals eine riesige Summe – für ihn bereit halten würde, wenn er den Auftrag übernähme, den Rigveda auf eine Weise zu übersetzen, die den Glauben der Hindus in die vedische Religion zerstören würde. Obwohl er ein feuriger deutscher Nationalist war und die Arbeit für die Company in jeder praktischen Hinsicht eine Arbeit für die britische Regierung Indiens bedeutete, übernahm Max Müller den Auftrag im Interesse des Christentums. Und dies war die Genese seines großen Unternehmens – der Herausgabe der Heiligen Bücher des Ostens – das den damals fast unbekannten Max Müller zum westlichen Sanskritgelehrten des Jahrhunderts katapultieren sollte, wenn nicht aller Zeiten. ...

Er schrieb 1866 seiner Frau über seine Übersetzung des Rigveda:

„...diese meine Veröffentlichung und die Übersetzung des ‚Veda' wird von jenem Zeitpunkt an großen Einfluß auf das Schicksal Indiens und auf die Entwicklung von Millionen Seelen in jenem Land haben. Es ist die Wurzel ihrer Religion, und ich bin sicher, ihnen zu zeigen, was diese Wurzel ist. Das ist der einzige Weg, um alles zu entwurzeln, was während der letzten 3,000 Jahre daraus entsprungen ist." (Max Müller 1902, I: S. 346).

Obwohl ein Gelehrter, war Max Müller ein Agent der britischen Regierung, bezahlt um deren koloniale Interessen zu fördern. Dies schmälert nicht im geringsten seinen monumentalen Beitrag; aber es bürdet den Gelehrten unserer Zeit stets eine ernste Verantwortung auf, Schieflagen und politische Faktoren zu erkennen, die seine Interpretationen der Veden und anderer indischer Werke geprägt haben. Viele moderne Historiker haben versagt, dieses zu tun, genau so, wie sie versagt haben, seine schwerwiegende Ignoranz gegenüber der Wissenschaft zu erkennen.

Die Gelehrten des neunzehnten Jahrhunderts waren geprägt von starkem religiösen Glauben und von geringem oder nicht vorhandenem *wissenschaftlichen Hintergrund. Diese beiden wesentlichen Punkte dürfen beim Studium jedes beliebigen Werkes nie außer Acht gelassen werden. ... diese haben sie oft zu völlig fehlerhaften Schlußfolgerungen über Astronomie und Mathematik geführt. Im Falle von Max Müller war dies noch komplizierter wegen seines dringenden Bedarfs nach Förderern in England für seine ehrgeizigen Pläne und seiner emotionalen Einbindung im deutschen Nationalismus. ...*

Kein anderer als Max Müller ist verantwortlich dafür, daß das Wort „Arier" den rassistischen Inhalt erhielt, der aber in Sanskrit fremd ist. Zwar korrigierte er später diese Behauptung und meinte, es handle sich um einen linguistischen Begriff, doch gibt es reichlichen Beweis, daß er wie viele seiner Zeit das Wort „Arier" im rassistischen Sinne gebrauchte. Tatsache ist, daß er seine berühmt gewordene Interpretation des Rigveda mit den folgenden Wörtern eingeleitet hat:

„... So lange sich der Mensch an der Geschichte seiner Rasse interessieren wird, und so lange wir in Bibliotheken und Museen die Relikte vergangener Epochen sammeln, wird der erste Platz in jener langen Reihe von Büchern, die Niederschriften über den Arischen Zweig der Menschheit enthalten, für immer dem Rigveda gehören." (RS, Band I, S. 2).

Keiner kann im Ernst behaupten, daß Max Müller nie das Wort Arier gebraucht habe, um eine Rasse zu bezeichnen. Und im Gegensatz zu den meisten deutschen Romantikern und Nationalisten hatte er als Sanskritgelehrter gewußt, daß sich in Sanskrit das Wort Arya nicht auf irgend eine Rasse bezieht. So mißbrauchte er das Wort „Arier" und verlieh dem Rassismus eine vedische Legitimation, obwohl er sehr wohl wußte, daß es für Rassismus in den Veden keinen Anhaltspunkt gibt. Zwar wäre es offensichtlich absurd, ihn in irgend einer Weise für die Nazi-Greuel verantwortlich zu machen, beging er doch die schwerwiegende Sünde, dem schlimmsten Vorurteil aller Zeiten eine „vedische" Billigung zu zollen. Und dies aus populistischem Eifer. Darin trägt Max Müller als ein hervorragender Gelehrter des Sanskrits und der Veden eine schwere Bürde. Es wäre bei einem Ignoranten verzeihlich gewesen, nicht aber bei einem Gelehrten seiner Statur.

Dann, kurz nach dem Französisch-Preußischen Krieg von 1871, änderte er abrupt seinen Standpunkt. In 1872 sprach er in einer Universität in Straßburg – damals besetzt von Deutschland – und gab seine neue Lehre bekannt, daß das Wort arisch nur eine Sprachfamilie bedeuten könnte, die Sanskrit, Griechisch, Latein, Avestisch und andere einschloß, und nie eine Rasse bedeuten könnte. Diese außerordentliche

Kehrtwende wird nur durch die politischen Entwicklungen in Europa verständlich. Es war 1871, das Jahr der deutschen Vereinigung, die dem preußischen Sieg über Frankreich folgte. So insistierend wie er zwanzig Jahre lang bis 1871 das Wort im rassistischen Sinne verwendete, bezog er in den nächsten fast dreißig Jahren das Wort arisch nur auf eine Sprachfamilie oder Kultur. Allerdings nutzte das wenig bzw. gar nichts. Er konnte die Geister, die er selbst gerufen hatte, nicht aufhalten. Unerbittlich vertrat er seinen neuen Standpunkt, was untypisch für ihn war, schließlich platzte es 1888 aus ihm heraus:

„Ich habe es immer wieder erklärt, daß wenn ich arisch sage, meine ich weder Blut noch Knochen, weder Schädel noch Haar; ich meine schlicht jene, die die arische Sprache sprechen ... Ein Ethnologe, der von arischem Blut, arischer Rasse, arischen Augen und Haaren spricht, ist für mich ein ebenso großer Sünder wie ein Linguist, der von einem dolichokephalischen Wörterbuch oder einer brachykephalischen Grammatik spricht." *(Max Müller 1888: S. 120).*

*****

Die Veden sind die umfangreichste literarische Überlieferung aus der alten Welt. Der **Rigveda** *– der älteste vedische Text – besteht aus 1017 Hymnen und über 10.000 Versen. Die vier Veden und die dazugehörenden Brahmanas, Aranyakas und frühen Upanishaden werden von allen Gelehrten als vor Buddha datiert, also vor 500 v. Chr.. Über 5000 Seiten Materialien. Die dazugehörende Literatur zu den zwanzig Brahmanas, die großen Epen Ramayana und Mahabharata und die Sutra Literatur behandeln vieles aus der früheren Zeit und Traditionen, die mindestens zum Teil aus der Zeit vor Buddha sind. Diese nach–vedische, aber noch alte Literatur ist umfangreicher als die der Veden selbst. ...*

Das vedische Sanskrit ist eine komplexe Dichtung in präziser metrischer Form. Die korrekte Betonung und Aussprache wurden mindestens für dreitausend Jahre bewahrt. Auch ist Sanskrit eine der meist verfeinerten und kultivierten Sprachen der Welt. Es wird heute wegen seiner Eindeutigkeit von einigen als die ideale Sprache für Computer angesehen.

*****

(Dann gibt es noch das Paradoxon der Wissenschaften. Die Befürworter der Theorie der arischen Invasion erzählen uns, die Inder hätten die Geometrie und die Astronomie nach der Invasion Alexanders von den Griechen ausgeliehen. Aber die sogenannten Indus (Harappa)

Ausgrabungen in Mohenjo-Daro, Harappa und vielen anderen Orten zeigen, daß die Einwohner dort schon sehr sachkundig in Geometrie und grundlegender Arithmetik gewesen sein mußten. Seit Urzeiten war Stadtplanung mit sorgfältig ausgelegten Systemen von Straßen und Kanalisation das Markenzeichen der Hindustädte gewesen. Die Welt mußte einige zweitausend Jahre warten, bis zum Römischen Reich, bevor Städteplanung und sanitäre Anlagen das gleiche Niveau erreichten wie in den Städten von Harappa. Wie konnte das möglich sein, wenn die Inder vor Alexander keine Geometrie gekannt hätten? Wo kam für alle diese Dinge die notwendige Mathematik her?)

*****

Der berühmte amerikanische Mathematiker und Wissenschaftshistoriker A. Seidenberg berichtet in seiner monumentalen Schrift „Der Ursprung der Mathematik" über die Existenz zweier völlig getrennter Traditionen der überlieferten Mathematik: der algebraischen bzw. der rechnerischen und der geometrischen bzw. der konstruktiven. Er schreibt auch:

„Wenn nachgewiesen werden könnte, daß jede von diesen eine einzige Quelle hat – und viele ziemlich bekannte Tatsachen weisen darauf hin, daß dies der Fall ist –, und wenn sich darüber hinaus herausstellte, daß die Quelle der beiden Traditionen dieselbe ist, wäre es plausibel zu behaupten, daß wir den Ursprung der Mathematik gefunden haben." (Seidenberg, 1978, S. 301).

Und der Gipfel von Seidenbergs fast zwanzigjähriger epochaler Forschung nach der Urquelle der Mathematik war die Entdeckung einer Sammlung spät-vedischer Texte, genannt die Sulbasutras. Während sein primäres Interesse im Ursprung der Mathematik lag, so stellte er eher indirekt doch fest, daß die Sutra-Literatur ... die am Ende der Vedischen Ära entstand, sowohl der Mathematik des alten Babyloniens (1700 v. Chr.) als auch jener des ägyptischen Mittleren Reiches (2050 – 1800 v. Chr.) vorangegangen sein mußte.

Das Wort Sutra heißt buchstäblich „Bindfaden", und Sutra wirkt wie eine auf Schnur gezogene Reihe kurzer Aussagen, zweifellos um das Auswendiglernen zu erleichtern, ähnlich wie in dem herausragenden Meisterwerk Astadhyayi von Panini. (Es ist auch möglich, daß sie „Formeln" wie in der modernen Mathematik waren, deren Aufschlüsselung im Laufe der Jahrtausende verloren gegangen ist.) Diese rätselhaften Aussagen (Sutras), werden von modernen Gelehrten im allgemeinen als „Aphorismen" bezeichnet, aber der Ausdruck „Prinzipien" (oder „Formeln") würde dem Original näher kommen. So könnte der Grhyasutra *die „Prinzipien der Haushaltführung" und der* Sulbasutra *die „Prinzipien der Geometrie" genannt werden. Die Sutra-Literatur enthält sowohl abstraktes wie auch alltägliches Material. Die* Sulbasutras *sind besonders interessant, weil sie die frühesten Beispiele der Bewahrung mathematischen Wissens in Abläufen feierlichen Brauchtums sind. ...*

Allein die Existenz der sorgfältig geplanten Städte wie Harappa, Mohenjo-Daro und andere, die weit in das dritte Jahrtausend v. Chr. zurückreichen, setzt umfassende Kenntnisse der Geometrie voraus, ...

„Die objektiven Anforderungen der Architektur verlangen Kenntnis einer solchen Mathematik". Ein Vergleich zwischen den Sulbasutras von Baudhayana, Apastamba und Katyayana und der Mathematik von Altbabylonien und Ägypten legten offen, daß die absolut unterste Grenze der Datierung der frühen Sutra-Literatur 2000 v. Chr. sein muß. Kommen noch die astronomischen Daten aus dem Asvalayana Grhyasutra, dem Sathpatha Brahmana und anderen Werken hinzu, muß die Datierung um weitere tausend Jahre zurückverlegt werden. Dann stimmte auch die überlieferte Datierung 3012 v. Chr. für den Mahabharata-Krieg. ...

So verschwindet die ganze Vorstellung spurlos, die vedische Mathematik sei eine Leihgabe des Alexandrinischen Griechenland. Sie war nichts anderes als reine Einbildung von Romantikern des neunzehnten Jahrhunderts, die nichts über behutsame und oft beschwerliche Wege der Wissenschaft wußten. ...

Wie sah nun die alte gemeinsame Quelle aus? Seidenberg lieferte selbst die Antwort: „Es war eine Mathematik, sehr ähnlich wie in den Sulbasutras. *Erstens war sie verbunden mit Regelungen der Alltagspraxis. Zweitens gab es keine Zweiteilung von Zahl und Größe: ... In der Geometrie kannte sie den Satz Pythagoras und wie ein Rechteck in ein Viereck umzuwandeln war. Sie kannte das gleichschenklige Trapezoid und seine Fläche zu berechnen. Sie verfügte über ganze Zahlen und kannte eine Zahlentheorie, die sich auf die Existenz des Dreisatzes des Pythagoras stützte. Sie hatte eine Regellösung für die Umwandlung des Vierecks in einen Kreis: und, in ihren Versuchen, die Quadratur des Kreises zu erreichen, verfügte sie über die Berechnung der Quadratwurzel." (Seidenberg 1978: S. 329).*

Dies ist nichts anderes als der Sulba. *Die Quelle ist also der* Sulba *selbst bzw. das was Seidenberg „vedische Mathematik" genannt hat. Seine bemerkenswertesten Funde über die alte Geschichte, deren volle Bedeutung er nicht realisiert zu haben schien, sind:*

Die arithmetischen Tendenzen, denen er hier (in den Sulbas*) begegnete, wurden ausgeweitet, und diese führten in Verbindung mit Beobachtungen über das Rechteck zur Babylonischen Mathematik. Eine gegenläufige Tendenz, nämlich eine Besorgnis um die Genauigkeit des Denkens (oder der Mythos seiner Wichtigkeit), in Verbindung mit der Erkenntnis, daß arithmetische Methoden nicht exakt sind, führte zur Mathematik des Pythagoras. (Seidenberg 1978: S. 329).*

Die Bedeutung der Genauigkeit des Denkens auf der höchsten Stufe der Abstraktion war den Indern bekannt, wie die Upanishaden und die Sutra-Werke von Panini und Patanjali offenbaren. Hinzu kommt noch der Begriff von Beweis in den Sulbas, *der von den Griechen ebenfalls ausgeliehen und in brillanter Weise im Werk des Euklides zur Vollendung gebracht wurde. Ohne Zweifel der größte griechische Beitrag. ...*

Um zusammenzufassen: „die in Ägypten und Babylonien gefundenen Elemente der alten Geometrie stammten aus einem Regelsystem der feierlichen Gebräuche, jener in den Sulbasutras beobachteten Art." (Seidenberg 1962: S. 515).

In den Worten von Datta, dem herausragenden unter den modernen Forschern der Sulba, heißt es:

„Die Sulbas, *oder wie sie heute von Orientgelehrten genannt werden, die Sulba-sutras, sind Anleitungen für den Bau von erhöhten Plätzen für Zeremonien der Vedischen Hindus. Sie sind Bestandteile der Kalpa-sutras, insbesondere der Shrauta-sutras, also einer der sechs Vedantas („Glieder des Vedas") und befassen sich vornehmlich mit feierlichen Bräuchen. Jeder Shrauta-sutra hatte anscheinend seinen eigenen* Sulba *Abschnitt. Höchstwahrscheinlich gab es in der frühen Zeit mehrere solche Werke. Gegenwärtig haben wir nur sieben Sulba-sutras. ... zur Verfügung" (Datta 1993: S. 1)*

Die vedische Mathematik, genauer die Mathematik der Sulbasutras, muß in Indien nicht später als 2100 v. Chr. bekannt gewesen sein. ... Viele der Bauten und Städte des Indus-Tals setzten beachtliche Kenntnisse der Geometrie voraus, die beinahe tausend Jahre vor Altbabylonien und vor dem ägyptischen Mittleren Reich errichtet wurden.

*****

Die im Rigveda vorgefundene Kenntnis der Astronomie ist wesentlich größer als je einer früher ahnte. In Folge dessen müssen wir eingestehen, daß auch ihre Kenntnis der Mathematik nicht geringer war. Die beiden – Mathematik und Astronomie – gehen immer zusammen.

Das Besondere der vedischen Mathematik, anders als jener Babyloniens oder Ägyptens, ist die geometrische Algebra: Probleme werden in geometrischer Form gestellt, deren Lösung aber führt oft zu algebraischen Methoden. Die zwei eindrucksvollsten Beispiele hierfür sind: der Satz Pythagoras und die Umwandlung des Vierecks in einen Kreis. Beide werden in den Sulbas ausführlich behandelt. Eine der interessantesten Anwendungen geometrischer Algebra ist Baudhayanas Konstruktionsmethode von Speichenrädern. Es ist ein einfallsreiches Herangehen, in dem ein beachtliches Zusammenspiel zwischen Geometrie und Algebra sichtbar wird. Es ist für jene Zeit eine verblüffende Synthese der zwei grundlegenden Probleme: das Viereck auf der Diagonale (Pythagoras) und die Umwandlung des Vierecks in einen Kreis.

Das Speichenrad ist eine häufig wiederkehrende Metapher im Rigveda. Daraus können wir schließen, daß die vedischen Seher damit gut vertraut waren. Die folgenden Beispiele illustrieren diesen Tatbestand. Diese sind der dem Dirghatamas zugeschriebenen großen Hymne I.164 entnommen (Übersetzung von Rajaram).

„Alle weltlichen Wesen verweilen in dem sich drehenden Rad mit fünf Speichen: die Achse trägt ein immenses Gewicht, in Bewegung seit ewiger Zeit – doch verschleißt sie nicht, noch rutscht die Nabe raus.

Das Rad mit sieben Felgen, das nie zerfällt, rollt ewiglich. An zehn Pferde gespannt, trägt es alle Dinge. Die Sonne schreitet in ihrem Kreis voran, gefüllt mit Wasser für alle Wesen. (I.164.13-14).

Das Rad ist eins, die Felgen sind zwölf, und drei sind die Achsen, aber wer weiß es? Darin gesetzt sind dreihundert Speichen, ruhig, aber dennoch in Bewegung. (I.164.48)."

*****

Das Festlegen der günstigen Zeit zur Annäherung an höhere Kräfte (Gods), welche die Elemente kontrollierten und das Leben und das Wohlbefinden erhielten, war eine primäre Aufgabe der vedischen Zeremonienmeister (Priests). Die Astronomie diente vom Beginn an zum Festlegen und war ein unentbehrlicher Bestandteil des zeremoniellen Handwerks. Diese Aufgabe erforderte sorgfältige Beobachtungen des Himmels, um das Herannahen der Jahreszeiten und der vier Hauptwendepunkte des Jahres – der beiden Tag–und Nachtgleichen und der Sommer wie Wintersonnenwenden –

voraussagen zu können. Und so wurden, wie es scheint, der vedische Kalender und auch die vedische Astronomie geboren.

*****

Ohne die mündliche Überlieferung würde die ganze Unternehmung vedischer Studien nie das Licht der Welt erblickt haben. Während große Imperien aus alter Zeit beinahe spurlos verschwunden sind, hat diese mündliche Überlieferung die Veden so bewahrt, wie sie vor Tausenden von Jahren rezitiert wurden. Statt sie abzutun, sollten wir, wie es uns scheint, für den monumentalen Aufwand zu deren Bewahrung dankbar sein. Moderne Gelehrte wie der junge Franzose Jean Le Mée haben es begriffen:

„Edelsteine oder haltbare Materialien wie Gold, Silber, Bronze, Marmor, Onyx oder Granit sind von den meisten alten Völkern verwendet worden, in dem Versuch, ihre Errungenschaften zu verewigen. Aber nicht so die Arier. Sie verwendeten das scheinbar flüchtigste und substanzloseste Material – das gesprochene Wort –, und schufen aus dieser Luftblase ein Denkmal, das dreißig, vielleicht vierzig Jahrhunderte später unangegriffen von Zeit und Elementen dasteht. ... Die Pyramiden sind vom Wüstenwind angefressen worden, Marmor von Erdbeben gebrochen, und das Gold von Räubern gestohlen, aber die Veden werden täglich rezitiert von einer ungebrochenen Kette von Generationen und reisen wie eine große Welle durch die lebende Substanz des Geistes." (Le Mée 1975; S. IX).

Kennt die Welt eine andere vergleichbare intellektuelle Leistung?

*****

Wir begannen diese Diskussion mit einer detaillierten Analyse der linguistischen Methoden der europäischen Philologen des neunzehnten Jahrhunderts bei ihrem Studium der alten indischen Literatur, Geschichte und Chronologie. Unsere Analyse hat gezeigt, daß nicht nur ihre Chronologie den Fakten ernstlich widerspricht, sondern auch ihre Methodologie insgesamt Strenge und wissenschaftliche Disziplin missen läßt. Sie haben in großem Stil Fakten durch subjektive Meinungen ersetzt. Ihre Theorien sind wenig mehr als eilige Mutmaßungen, basiert auf kärglichen Daten. Diese und deren Deutungen werden als Beweise derselben herangezogen. Beinahe jeder neue Fund widerspricht ihren Schlußfolgerungen. Deshalb müssen nicht nur jene Versionen der Geschichte und Chronologie verworfen werden, sondern der philologische Zugang insgesamt, der diesen zu Grunde liegt.

Vor dem Beginn und nach dem Ende

Eine vergleichende Analyse der vedischen Mathematik, der Mathematik von Altbabylonien (1700 v. Chr.) und des Ägyptischen Mittleren Reiches (2000 bis 1800 v. Chr.) öffnet einen alternativen Zugang. Danach muß die Schicht der (post-vedischen) Sutra-Literatur, also die Werke von Baudhayana, Asvalayana, Apastamba und Katyayana (und möglicherweise auch anderer) weit vor 2000 v. Chr. bestanden haben. Dieses Ergebnis, kombiniert mit astronomischen Daten, stützt das überlieferte Datum von ca. 3100 v. Chr. für das Ende der vedischen Ära und den Mahabharata Krieg. Die sich daraus ergebende chronologische Synthese ist in der Tabelle 5 zusammengefaßt.

Tabelle 5: Chronologie des vedischen Zeitalters

Daten	Ereignisse oder Zeitspanne
3800 v. Chr. und früher	Hohe vedische Ära, der Rigveda
3800 bis 3700 v. Chr.	Abschluß der Rigvedischen Ära mit der siebten und der dritten Mandala. Die Epoche von Vasistha and Visvamitra. Die Schlacht der zehn Könige (ca. 3730 v. Chr.) Die Epoche von Rama, dem Sohn Dasharathas.
Ca. 3100 v. Chr.	Der Mahabharata Krieg. Festschreibung der Veden durch Vyasa und seine Schule.
Ca. 3100 bis 2000 v. Chr.	Die Sutra-Brahmana Periode; Yajnyavalkya, Baudhayana, Asvalayana, Apastamba und Katyayana. Panini? Yaska?
Ca. 1900 v. Chr.	Endgültiges Austrocknen des Saraswati. Ende der vedischen Ära.

Die größte Abweichung von der üblich akzeptierten Chronologie ist vielleicht die Erkenntnis, daß die Ruinen von Harappa und die frühe Brahmana–Sutra–Periode zeitgleich sind, eine stark beweisgestützte Entdeckung. Wir müssen nun die Möglichkeit einer früheren Zivilisationsschicht in Betracht ziehen als jene aus alter Zeit der großen Zivilisationen – Ägypten, Sumer, der Saraswati-Indus und China. Der Rigveda gehört aller Wahrscheinlichkeit nach der uralten Zeit an. Ob der Rigveda selbst das Überbleibsel einer noch früheren Quelle ist, müssen wir sicherlich auch fragen. Er geht gewiß auf die frühere Zeit zurück, weil der häufige Refrain im Rigveda ist: purvebhih rsibhih nutanaih (alte und moderne Weisen) ...

All dies deutet darauf hin, daß der Rigveda einer älteren Zivilisationsschicht noch vor dem Aufstieg von Ägypten, Sumer und des Indus–Tals angehört. So scheint der Gedanke nicht mehr zu halten, daß die mesopotamische Region Tigris–Euphrat die Wiege der Zivilisation gewesen ist.

Nicht viel später als 3750 v. Chr. endete das Zeitalter des Rigvedas; etwa zur gleichen Zeit wie Silber in Indien aufkam. Also begann – buchstäblich und bildlich gesprochen – die Silberne Zeit mit dem Ende der Rigvedischen Ära. Der Rigveda kennt Gold und gehört daher – wieder buchstäblich wie auch bildlich gesprochen, zur Goldenen Zeit ...

Die Vorläufer der indischen Zivilisation gehen zurück mindestens auf 7000 v. Chr., wie die Funde in Mehrgarh und anderen Orten belegen. Auch die bisherigen Funde der Harappa Zivilisation entfalten ein so hohes Niveau der Reife und Verfeinerung, daß wenig Zweifel bleiben kann, daß sie Vorläufer gehabt haben muß, die weitest in das Altertum zurück reichen. Mit der besseren Kartographie des Saraswati Flusses wird wahrscheinlich offenbart, daß sich die alte Zivilisation vom Kernland des Saraswati–Drishadvati nach Südwesten erstreckte. Dieses Gebiet war von frühester Urzeit an immer dicht besiedelt und deshalb sind nicht viele Spuren dieser urzeitlichen Zivilisation übrig geblieben. ...

Die vedische Zivilisation war vorwiegend eine evolutionäre. Alle notwendigen Voraussetzungen für die Entwicklung der Menschen waren gerade dort in diesem Kernland seit undenklicher Zeit gegeben. Nichts war angezeigt, fremde Invasionen zu bemühen, um eine der größten Zivilisationen der Weltgeschichte zu erklären. Die Linguisten im 19. Jahrhundert aber taten dies, also zu einer Zeit als die Anthropologie in ihren Kinderschuhen und die Archäologie virtuell nicht existent war. Es ist Zeit, diesen Kunstgriff zu verwerfen und dem Pfad der Wissenschaft und der Primärliteratur zu folgen, die das vedische Volk in reichlichem Maße hinterlassen hat. ...

David Frawley, der Koautoren dieses Buches, hat in seinem Werk „Götter, Weisen und Könige" (Gods, Sages and Kings) gemeint, daß die urzeitliche Zivilisation vom Rigveda und die seit Tausenden von Jahren florierende Arische Zivilisation eine solche Urzivilisation bildeten. Und jetzt, dank der Wissenschaft, nimmt diese Vision konkrete Gestalt an. ... Diese Ansicht wird gestützt durch die Überarbeitung in der Archäologie des vorgeschichtlichen Europa, ermöglicht durch das, was Colin Renfrew die „zweite Radio–Kohlenstoff Revolution" nennt.

Der Rigveda muß dann bis auf das entfernteste Altertum zurückdatiert werden, fast bis zu jener Grenze der Zeit, als sich die Flüsse Nordindiens gegen Ende der letzten Eiszeit vom gefrorenen Himalaja freimachten. Wie sah diese uralte Zivilisation aus – diese Welt vor der Dämmerung der Zivilisationen? Was können wir über die Menschen wissen, die diese Zivilisation aufbauten? Hier können wir uns auf ziemlich festem Grund bewegen. Dank der kürzlich von Shrikant Talageri verfaßten brillanten Synthese der Berichte in den Veden und in den Puranas wissen wir wahrscheinlich, wer diese Menschen aus der alten Zeit waren. Sie waren jene ursprünglichen Indo-Europäer, deren linguistische und intellektuelle Nachfahren sich später aus Indien und Sri Lanka in ein großes Territorium bis England und Irland ausbreiteten...

Es darf noch erwähnt werden, daß die nunmehr unabhängige Datierung von ca. 3700 v. Chr. für das Ende der Rigvedischen Ära, die überlieferte Datierung des Mahabharata–Krieges (ca. 3100 v. Chr.) zusätzlich stützt. Es ist nützlich, sich dessen bewußt zu werden, daß ungefähr 3800–3700 v. Chr. der Beginn des Aufkommens von Silber und das Ende des Rigvedas wahrscheinlich eine untere Abgrenzung markieren, also, das späteste mögliche Datum.

*****

Das Szenario über den Verlust des beständigen Saraswati wird von den neuesten Satelliten–Daten gestützt. Nach und nach wird sichtbar, daß das Austrocknen des Saraswatis nicht durch eine einmalige Naturkatastrophe verursacht wurde. Es war ein Vorgang, der viele Jahre andauerte und die ganze Region tangierte. Nach einem neuerlichen Bericht von Paul–Henri Francfort (1992), gestützt auf Satelliten–Vermessungen und Bilder vom französischen Satelliten SPOT, scheinen das frühe und das späte Harappa–Zeitalter eine große Zahl von klein angelegten Kanälen und Bewässerungsanlagen genutzt zu *haben, um die Population zu halten.* „Während dieser Zeit gab es keinen großen beständigen Fluß, der durch dieses Gebiet floß", *bemerkte Francfort vor kurzem:* 'Dank der Feldarbeit der Indo-Französischen Expedition wissen wir eigentlich erst jetzt, daß dort schon lange kein großer beständiger Fluß mehr floß, als sich die proto-geschichtlichen Menschen in diesem Gebiet ansiedelten." *(Francfort 1992; S. 91).*

Der mächtige „vom Berg zum Meer" fließende Saraswati muß also aus einer früheren, eigentlich aus einer viel früheren Zeit sein. Sie kann nun nicht mehr viel später als in die frühen Jahrhunderte des vierten Jahrtausends v. Chr. datiert werden. Dasselbe gilt auch für die siebente Mandala des Rigvedas *(Vasistha war der Seher), die den Saraswati als von „den Bergen zum Meer fließend" (giribhyah a smaudrat) beschreibt.*

*****

Die nächste Frage ist: was geschah mit dieser alten Welt? Jener Welt, die im vedischen Indien am Ende der letzten Eiszeit um 8000 v. Chr. begann und mit dem Zusammenbruch der Sutra-Harappa Zivilisation um 2000 v. Chr. endete. Die deutlichste Antwort auf diese Frage ist das vollständige Austrocknen des Flusses Saraswati ...

Die Rigvedische Ära endete nicht viel später als 4000 v. Chr., ihr folgten die anderen Veden und die Brahmanas. Und knapp vor dem Ende des Jahrtausends wurde die Welt erschüttert vom Schock des Mahabharata Krieges. ... Nach den alten Überlieferungen fand dieser Krieg im Jahre 3012 v. Chr. statt. Er führte zur Vernichtung der herrschenden Familien Indiens und beendete praktisch das vedische Zeitalter. Die dominierende Persönlichkeit der Zeit, Krishna, versuchte verzweifelt den Holocaust zu verhindern, aber er scheiterte. Vyasa wird als der Verfasser des Epos Mahabharata genannt, der einer Schule vorstand, die die Veden zusammenfaßte. Die Überlieferung, daß Vyasa der Autor war, ist nie in Frage gestellt worden.

Es wird aber auch allgemein akzeptiert, daß uns das Epos nicht in der Form, wie Vyasa es verfaßte, überliefert wurde, obwohl einige Passagen darin in der Sprache so archaisch sind, daß sie beinahe den Veden nahekommen. Im Mahabharata selbst wird Vaisampayana als Autor genannt, ein Schüler Vyasas, Schüler am Hofe des Kuru Königs Janamejaya. Diese Version wurde zunächst von Ugrasravas gehört, der später diese vor einer Versammlung von Brahmanen im Naimisha-Wald rezitierte. All dies wird im Mahabharata selbst erwähnt. Selbst in diesem frühen Stadium wurde das Epos also dreimal überarbeitet.

Diese ursprüngliche Datierung des Krieges ist von vielen modernen Historikern angezweifelt und die Datierung auf ca. 1400 v. Chr. vorgezogen worden. Damit wurde das Ereignis der mythischen Arischen Invasion von 1500 v. Chr. angepaßt. Fällt dieser Mythos, verschwindet auch die künstliche Barriere. Beurteilt nach den Beweisen aus den vielfältigen Quellen, ist die überlieferte Datierung eindeutig. Insbesondere wird im Mahabharata eine städtische und seemännische Gesellschaft beschrieben, die der frühen Harappa–Gesellschaft (ca. 3000 v. Chr.) eher entspricht als jener der Post–Harappa–Zeit, die der Großen Dürre von 2200 – 1900 v. Chr. folgte. Auch die Ökologie schließt das Datum um 1400 v. Chr. aus.

*****

Die Sutra–Ära kam (nach der Rigveda Ära) mit dem Aufstieg der Harappa Völker in Indien, der Sumerer–Akkadier in Mesopotamien und des Alten Reiches in Ägypten. Alle drei fielen gegen Ende des dritten Jahrtausends eintretenden Naturkatastrophen zum Opfer.

Dieses Szenario bringt Übereinstimmung der Fakten nicht nur in Indien, sondern auch im westlichen Asien. Es war wie ein Rätsel, wie und warum fast alle sich über eine Million Quadratkilometer erstreckende Harappa–Siedlungen mehr oder weniger gleichzeitig ihr Ende fanden. Das Schicksal ihres westlichen Nachbarn – der Akkadischen Zivilisation in Mesopotamien – war auch so rätselhaft gewesen. Vergleichsweise war sie recht klein. Ihr plötzliches Verschwinden war dennoch nicht leicht zu erklären. Moderne Historiker haben es der Invasion der Amoriten, Nomadenvölkern aus dem Norden, zugeschrieben.

Ein solches Invasionsszenario aber erzählt mehr über diese Historiker als über die Geschichte, wie die Arische Invasion auch. Die Encyclopedia Britannica bemerkt: „Moderne Gelehrte wissen genau so wenig über das Ende wie über den Anfang der Akkadischen Zivilisation" (1984, 21; S. 916). Wir wissen heute, daß was sie beendete, eine ökologische Katastrophe war – die Dürre, die 2200 v. Chr. begann und dreihundert Jahre andauerte.

Dies bringt uns zurück zu Indien. Wie war die Rigveda Ära, und was gab ihr jenen eigentümlichen Elan, der sie zumindest intellektuell zur kreativsten Zivilisation führte, die die Welt je gekannt hat? Die Puranas, und in geringerem Maße die Veden dokumentieren diese urzeitliche Zivilisation vor dem Aufstieg jener, die wir unrichtiger Weise die erste Zivilisation nennen. Als letztes untersuchen wir nun, was sie über den Ursprung der Rigveda Ära gesagt haben. Um dies zu tun, müssen wir zunächst die einzigartige Ökologie der Region in den Jahrhunderten und Jahrtausenden nach dem Ende der letzten Eiszeit untersuchen. Ein schwacher Schimmer davon ist in der Legende von Vrtra bewahrt.

Die letzte Eiszeit begann zu enden, in Anläufen wohl vor etwa zehntausend Jahren. Mit dem Schmelzen des angehäuften Eises, änderte das Ghaggar System, der mächtige Saraswati, mehrere Male seinen Lauf und trocknete letztendlich aus. Als der Mahabharata–Krieg stattfand, war der Fluß nur noch ein Schatten seiner selbst. ... Die Zivilisation spaltete sich dann in ihre östlichen und westlichen Teile. Östliche Gebiete wie Kuru-Pancala, Kosala, Kashi und schließlich Magadha wurden zu Zentren der Orthodoxie. Die westlichen Völker fuhren fort, große Werke rationalen Denkens hervorzubringen, Meisterwerke wie das Baudhayana Sulbasutra *und die linguistischen Studien, die im Werk von Panini gipfelten. Alle entsprangen aber letzten Endes einer einzigen großartigen Quelle – dem* Rigveda *aus dem Kernland des Saraswati.*

*****

Das Kali Datum

Dies ist das von indischen Kalendermachern und Chronologen benutzte Bezugsdatum. Es entspricht dem 18.–19. Februar 3102 v. Chr.. Die in alten Werken angegebene Position der Planeten an diesem Tag ist von modernen Astronomen mit Computern überprüft worden. Danach entsprechen sie realen Beobachtungen, und nicht einer „Rückrechnung" wie einige der Wissenschaft unkundige moderne Gelehrten behaupten. (Solche Rückrechnungen erfordern Kenntnis des Newton'schen Schwerkraftgesetzes und die Lösung einiger Differentialgleichnisse. Beides hat es in alten Zeiten nicht gegeben.)

Das Kali Datum von 3102 v. Chr. ist ein chronologischer Bezugspunkt erster Ordnung in der alten indischen Geschichte und Überlieferung. Es ist stets als die Mahabharata–Ära, im allgemeinen mit dem Tod von Krishna überliefert. Auf der Grundlage unserer Vorgehensweise konnten wir das letztere nicht genau feststellen, aber fest steht, daß das Kali Datum zur Mahabharata–Ära gehört. Der Mahabharata–Krieg selbst muß nach unserer Festlegung um 3100 v. Chr. datiert werden. Krishna gehört in Folge dessen zur selben Ära. Dafür gibt es die besten wissenschaftlichen Stützen, während Daten wie 1400 v. Chr. oder 950 v. Chr. überhaupt keine haben. ...

Die Ereignisse, wie sie im Mahabharata beschrieben sind, signalisieren die Schwelle des Übergangs von der weitgehend intellektuellen Zeit der Veden und der Brahmanas zur materiellen Zeit der Sutras. Der wirklich bedeutsame Punkt ist: die Wissenschaft heute stützt jene Überlieferung, wonach das Kali Datum mit der Mahabharata– Ära verbunden ist und diesen Übergang kennzeichnet. Wir dürfen daher annehmen, daß dieses Datum für das Studium des alten Indiens historisch von grundlegender Bedeutung ist. Hinzu kommt noch, das es alle in den Puranas bewahrten Geschichten kohärent macht (vgl. z. B. K. D. Sethna: Ancient India in a New Light [Das alte Indien in einem neuen Licht]).

Auch archäologisch gehört die Mahabharata–Ära zur frühen Harappa Periode. Wie schon erwähnt, sah diese den Anfang der Sutra– Ära, welche die technologische Grundlage für ihre materiellen Errungenschaften lieferte. Dies wird auch von frühen Sutra–Autoren wie Asvalayana gestützt, die den Mahabharata Krieg als aus alter Zeit betrachten. Wissenschaft und Überlieferung finden sich so weitgehend im Einklang. Deswegen war und bleibt das Kali Datum ein passendes chronologisches Merkzeichen, unabhängig von seiner exakten historischen und/oder kosmologischen Identität.

*****

Diese Auszüge sind dem Werk entnommen mit dem Titel *Vedic Aryans and the Origins of Civilization: A Literary and Scientific Perspective* (Die Vedischen Arier und die Ursprünge der Zivilisation: ein literarischer und wissenschaftlicher Ausblick) von Navaratna S. Rajaram und David Frawley, zweite überarbeitete und erweiterte Auflage, veröffentlicht von The Voice of India, New Delhi. Die erste Auflage wurde 1995 von World Heritage Press, Quebec, Kanada, veröffentlicht. Die Autoren dieses Werkes behalten die Rechte über das hier zitierte Material. Wir danken für die Erlaubnis, Auszüge aus ihrem profunden und bedeutungsvollen Buch zu verwenden.

ANHANG ZWEI – Das Gefühl von Macht

Eine Kurzgeschichte von Isaac Asimov

Jede Ära bringt bestimmte Fertigkeiten hervor, welche die Bedürfnisse dieser Zeit erfordern, und die in der Vielfalt ihre Kultur und Zivilisation prägen. Aber das Erlernen von Fertigkeiten von einem Zeitalter in das nächste ist kein vorbestimmter linearer Vorgang. Menschen erwerben neue Fertigkeiten und verinnerlichen sie durch fortwährenden und häufigen Gebrauch, bis jener Punkt erreicht ist, wo die erworbene Fertigkeit zur zweiten Natur wird. Aber diese erworbenen Fertigkeiten können auch durch Vernachlässigung verloren gehen, wie sie durch Veränderungen in der Wertschätzung entstehen können, die einer besonderen Fertigkeit zugeschrieben wurde.

Isaac Asimov demonstriert in seinen „Science–Fiction–Geschichten" diesen Vorgang lebhaft, in dem er die Vorstellung des Lesers in jene Zukunft projiziert, in der den Menschen neue Technologien „natürlich" geworden sind. Seine berühmte Kurzgeschichte *„Das Gefühl der Macht"*[1] illustriert das Phänomen vom Verlust der einst angeeigneten Fertigkeiten durch den Nichtgebrauch für längere Zeit. Wir bringen Auszüge aus dieser Geschichte als eine Metapher für die tragische Vernachlässigung jener „Fertigkeiten" von Weisheit und Wissen in den Veden, welche relativ „moderne" Gelehrte so verdunkelten und versteckten, daß sie uns in den vergangenen Jahrhunderten vorenthalten blieben. Asimov sagt: *„Diese Geschichte geht mir stets sehr nahe, [weil] ... ich in der Geschichte von ‚Taschencomputern' rede und mich mit der Möglichkeit befasse, daß die Leute ihre mathematischen Fertigkeiten durch die übermäßige Abhängigkeit von diesen verlieren werden. Selbstverständlich kennt mittlerweile jeder das eine und macht sich Gedanken über das andere, aber diese Geschichte wurde 1957 geschrieben!"*

*****

„Aub! Wieviel ist neun mal sieben?"

Aub zögerte einen Augenblick. Seine blassen Augen blinzelten in leichter Sorge. „Dreiundsechzig", sagte er.

---

[1] *The Best Science Fiction of Isaac Asimov, as chosen by the SF Grandmaster Himself,* (Die besten ‚science fiction' Geschichten von Isaac Asimov, vom SF-Großmeister selbst ausgesucht), Grafton Books, 1988.

Vor dem Beginn und nach dem Ende

Der Kongreßabgeordnete Brant hob seine Augenbrauen. „Ist das richtig?"

„Prüfen Sie es selbst, Herr Kongreßabgeordneter."

Der Abgeordnete nahm seinen Taschenrechner heraus, stupste zweimal die geprägten Ränder, schaute auf die Oberseite als er in seiner Handfläche lag und legte ihn wieder zurück. Er sagte: Ist dies die Begabung, die Sie uns gebracht haben, um sie zu demonstrieren? Ein Zauberkünstler?"

„Mehr als das, Sir. Aub hat sich einige Rechenarten gemerkt und kann so auf dem Papier rechnen."

„Ein Papier Computer?" fragte der General. Er sah gequält aus.

„Nein, Sir", sagte Shuman geduldig. "Nicht ein Papier Computer. Einfach auf einem Blatt Papier. Herr General, würden Sie bitte eine Zahl nennen?"

„Siebzehn", sagte der General.

„Und Sie, Herr Kongreßabgeordneter?"

„Dreiundzwanzig".

„Gut! Aub, multipliziere diese Zahlen und zeige bitte den Herren die Art, wie Du es tust."

„Jawohl, Herr Programmierer", sagte Aub, und senkte seinen Kopf. Er fischte einen kleinen Notizblock aus einer Tasche seines Hemdes und einen „feinen Zauberstab" aus der anderen. Seine Stirn runzelte sich als er mühevoll auf das Papier kritzelte.

General Weider unterbrach ihn harsch. „Lassen Sie uns das sehen."

Aub reichte ihm das Papier, und Weider sagte: „Nun, es sieht aus wie die Zahl siebzehn."

Der Kongreßabgeordnete Brant nickte und sagte: „So ist es. Aber ich nehme an, daß jeder Zahlen aus einem Computer abschreiben kann. Ich glaube, daß ich selbst eine annehmbare siebzehn malen könnte, selbst ohne dies geübt zu haben."

„Wenn Sie Aub fortfahren lassen würden, meine Herren," sagte Shuman ohne Aufregung. Aub fuhr fort, seine Hand zitterte ein wenig. Dann sagte er mit leiser Stimme: „Die Antwort ist dreihunderteinundneunzig."

Der Kongreßabgeordnete Brant zog ein zweites Mal seinen Computer heraus und betätigte ihn. „Zum Teufel, so ist es. Wie hat er es geraten?"

Es ist nicht geraten, Herr Kongreßabgeordneter, sagte Shuman. „Er hat das Ergebnis errechnet. Er tat es auf diesem Blatt Papier."

„Humbug", sagte der General ungeduldig. „Ein Computer ist eine Sache und Zeichen auf Papier sind was anderes."

[Aub ist dann dran zu erklären, wie er zu seinem Ergebnis gekommen ist]

Es gab einen Augenblick des Schweigens und dann sagte General Weider: „Ich glaube es nicht. Er zieht ein Brimborium durch und zeichnet Zahlen auf und multipliziert und addiert sie in dieser und jener Weise, aber ich glaube es nicht. Es ist zu kompliziert und es kann nichts anderes sein als Quatsch."

„Oh, nein, Sir", sagte Aub in Schweiß gebadet. „Es *scheint* nur kompliziert, weil Sie es nicht kennen. Eigentlich sind die Regeln sehr einfach und gelten für alle Zahlen."

„Alle Zahlen, was?" sagte der General. „Also komm," Er zog seinen eigenen Rechner heraus (ein im strengen Stil gehaltenes GI-Modell) und drückte willkürlich die Tasten. „Mal fünf sieben drei acht aufs Papier. Das ist fünftausendsiebenhundertachtunddreißig."

„Jawohl, Sir", sagte Aub und nahm ein neues Blatt Papier.

„Jetzt" (er drückte weitere Tasten auf seinem Computer) „sieben zwei drei neun. Siebentausendzweihundertneununddreißig. ... Und nun multipliziere diese beiden."

„Es wird eine weile dauern", stammelte Aub.

„Nimm Dir Zeit", sagte der General.

„Mach schon, Aub", sagte Shuman schneidig.

Aub machte sich an die Arbeit, tief nach vorne gebeugt. Er nahm ein zweites Blatt Papier und noch eins. Der General nahm letztlich seine Uhr heraus und schaute darauf. „Bist Du fertig mit Deinem Zauberkunststück?"

„Ich bin fast fertig, Sir. Da ist es, Sir. Einundvierzig Millionen, fünfhundert siebenunddreißig tausend, dreihundertzweiundachtzig." Er zeigte die gekritzelten Ergebniszahlen.

General Weider lächelte etwas bösartig. Er drückte auf den Multiplikationsknopf seines Computers und wartete, bis die ratternde Zahlen zum Halt kamen. Und dann starrte er und quiekte überrascht, „Großer Himmel, der Kerl hat recht!".

Der Präsident der Terrestrischen Föderation war im Amt abgehärmt und ließ, in privaten Augenblicken, einen Anblick gelassener

Melancholie auf seinen sensiblen Gesichtszügen erscheinen. Nach seinem frühen Beginn mit großem Tempo und hoher Popularität hatte sich der Denebische Krieg zu einer schmutzigen Angelegenheit von Manöver und Gegenmanöver mit ständig steigender Unzufriedenheit auf der Erde reduziert. Möglicherweise traf dies auch auf Deneb zu.

Und nun war der Kongreßabgeordnete Brant dabei, der Vorsitzende des wichtigen Komitees für den Militärhaushalt, seinen halbstündigen Termin fröhlich und leicht mit dem Unsinn zu verbrauchen.

„Rechnen ohne Rechner", sagte der Präsident ungeduldig, „ist ein Widerspruch in sich".

„Das Rechnen", sagte der Kongreßabgeordnete, „ist nur ein System der Datenverarbeitung. Eine Maschine kann es tun. Eventuell auch das menschliche Gehirn. Lassen Sie mich ein Beispiel anführen." Und unter Benutzung der neuen Fertigkeiten, die er erlernt hatte, erarbeitete er Summen und Multiplikationsergebnisse, bis der Präsident, trotz seines Widerwillens, begann, sich zu interessieren.

„Klappt das immer?"

„Jedesmal, Herr Präsident. Es ist absolut sicher."

„Ist es schwer zu erlernen?"

„Es hat mich eine Woche gekostet, es richtig zu begreifen. Ich glaube, Sie könnten es schneller."

„Nun gut", sagte der Präsident, nachdenklich, „es ist ein interessantes Salonspiel, aber was ist der Nutzen davon?"

„Was ist der Nutzen eines Babys, Herr Präsident? Momentan hat es keinen Nutzen, aber sehen Sie nicht, daß es den Weg zur Befreiung von der Maschine aufzeigt?". „Bedenken Sie, Herr Präsident", der Kongreßabgeordnete stand auf und automatisch nahm seine tiefe Stimme etwas von dem Tonfall an, den er in öffentlichen Debatten anwendete, „daß der Denebische Krieg ein Krieg von Computern gegen Computer ist. Ihre Computer bilden einen undurchlässigen Schutzschild von Verteidigungsraketen gegen unsere Raketen, und unsere bilden einen gegen die ihren. Wenn wir die Effektivität unserer Computer erhöhen, tun sie dasselbe mit ihren, und seit fünf Jahren hat es ein prekäres und nutzloses Gleichgewicht gegeben.

„Nun haben wir eine Methode in unseren Händen, um über den Computer hinaus zu gehen, über ihn hinweg zu springen, durch ihn durchzudringen. Wir werden die Mechanik des Computers mit dem menschlichen Denken kombinieren, wir werden das Äquivalent intelligenter Computer haben, Billionen davon. Ich kann nicht im einzelnen voraussagen, was die Folgen sein werden, aber sie werden unberechenbar sein. Und wenn uns Deneb dabei schlägt, könnten sie unvorstellbar katastrophal sein."

Besorgt sagte der Präsident: „Was möchten Sie, daß ich tue?"

„Setzen Sie die Macht der Regierung in die Einrichtung eines geheimen Projektes für menschliches Rechnen. Nennen Sie es Projekt Zahl, wenn Sie wollen. Ich kann für mein Komitee gerade stehen, aber ich werde den Rückhalt der Regierung brauchen."

„Aber wie weit kann menschliches Rechnen gehen?"

„Es gibt keine Grenze. Nach dem Programmierer Shuman, der mich als erster in diese Entdeckung eingeweiht hat, ..."

„Ich habe natürlich von Shuman gehört."

„Ja. Nun, Dr. Shuman sagt mir, daß es theoretisch nichts gibt, was der Computer tun kann, das der menschliche Geist nicht kann. Der Computer nimmt nur eine endliche Zahl von Daten auf und führt mit diesen eine endliche Zahl von Operationen durch. Der menschliche Geist kann das Verfahren verdoppeln."

*****

Neun mal sieben, dachte Shuman mit tiefer Genugtuung, ist dreiundsechzig, und ich brauche keinen Computer, der mir das sagt. Der Computer ist in meinem eigenen Kopf.

Und es war erstaunlich, welches Gefühl von Macht ihm das gab.

BIBLIOGRAPHIE

Asimov, Isaac, *The Best Science Fiction of Isaac Asimov, as chosen by the SF Grandmaster Himself*, London: Grafton Books, 1988.

Aurobindo, Maharshi, *Essays on the Gita*, Pondicherry: Sri Aurobindo Ashram, 1922 (ninth reprint 1989).

Aurobindo, Maharshi, *The Secret of the Veda*, Pondicherry: Sri Aurobindo Ashram, 1956 (reprinted 1990).

Baba, Bangali, *The Yogasutra of Patanjali*, Delhi: Motilal Banarsidass, 1976 (reprinted 1990).

Barrass, Robert, *Mastering Science*, London: Macmillan Education, 1991.

Bharti, Brahm Datt, *Max Müller — A Lifelong Masquerade*, Delhi: Era Books, 1992.

Bhattacharya, Dinesh Chandra, *Yoga Psychology of Patanjali*, Calcutta: Sanskrit College, 1984.

Caland, W. (ed.), *Malabarisches Heidentum*, Amsterdam, 1926.

Chambers Technical Dictionary, 1961.

Chambers Twentieth Century Dictionary, 1966.

Chinmayananda, Swami, *The Thousand Ways to the Transcendental: Vishnu Sahasranama*, Mumbai: Central Chinmaya Mission Trust, 1984 (reprinted 1996).

Chinmayananda, Swami, *Atma Bodha*, Mumbai: Central Chinmaya Mission Trust, 1987 (reprinted 1993).

Chinmayananda, Swami, *Mundakopanishad*, Mumbai: Central Chinmaya Mission Trust (reprinted 1988).

Chinmayananda, Swami, *Mandukya Upanishad*, Mumbai: Central Chinmaya Mission Trust (reprinted 1994, from lectures given in 1953).

Coward, Harold G. and Raja Kunjunni K., *Encyclopedia of Indian Philosophies*, Vol V, Delhi: Motilal Banarsidass, 1990.

BIBLIOGRAPHIE

Einstein, Albert, "The Problem of Space, Ether and the Field in Physics" in *Ideas and Opinions*, Crown Publishers, 1982.

Encyclopedia Britannica, 1995 and CD-ROM edition 1996.

Encyclopedia of Indian Philosophies, Vol. III: "Advaita Vedanta: up to Samkara and his Pupils", New Delhi: Motilal Banarsidass, 1981.

Encyclopedia of Indian Philosophies, Vol. IV: "Samkhya", New Delhi: Motilal Banarsidass, 1987.

Encyclopedia of Indian Philosophies, Volume V: "The Philosophy of the Grammarians", New Delhi: Motilal Banarsidass, 1996.

Feyerabend, Paul, *Farewell to Reason*, London: Verso, 1987.

Glass, Bentley, "Milestones and Rates of Growth in the Development of Biology" in *Quarterly Review of Biology*, March 1979.

Halbfass, Wilhelm, "India and Europe, An Essay in Philosophical Understanding", New York: SUNY, 1988; New Delhi: Motilal Banarasidass, 1990.

Hawking, Stephen W., *A Brief History of Time*, New York: Bantam Books (export edition), 1989.

Hawking, Stephen, *The Beginning of Time*, web site: <http://www.pbs.org/wnet/hawking/strange/html/bigbang.html>, 10 August 1997.

Horgan, John, "The Twilight of Science" in *Technology Review*, Vol. 99, January 1996.

Horgan, John, *The End of Science*, New York: Broadway Books, 1997.

Kalatattvakosha, Vols. I to III (Kapila Vatsyayan gen. ed. and Bettina Baumer ed.) Delhi: Indira Gandhi National Centre for the Arts & Motilal Banarsidass,1996.

Kasture, Vaidya H.S., *Concept of Ayurveda for Perfect Health and Longevity*, Nagpur: Shree Baidyanath Ayurveda Bhavan, 1990.

Kezwer, Glen Peter, *Meditation, Oneness And Physics*, Delhi: Sterling Publishers, 1996.

Klostermaier, Klaus K., *A Survey of Hinduism*, Delhi: Munshi Manoharlal Publishers, 1990.

Larson, Gerald James and Bhattacharya Ram Shankar, *Encyclopedia of Indian Philosophies*, Vol IV, Delhi: Motilal Banarsidass, 1987.

Lindlahr, Henry MD, *Philosophy and Practice of Nature Cure*, Hyderabad: Sat Sahitya Sahayogi Sangh, 1990 (reprinted 1995).

Mizrach, Steve, "An Unusual Anthropology of High Energy Physics", web site: <http://web.clas.ufl.edu/users/seeker1/scholarly/anth-of-phys.html>, 1996.

Monier-Williams, Sir Monier, *A Sanskrit–English Dictionary*, Delhi: Motilal Banarasidass, 1990.

Ojha, Pandit Madhu Sudan, *Brahma Vijnana*, Jaipur: Rajasthan Patrika, 1943.

Olliville, Patrick, *The Early Upanishads*, New York: Oxford University Press, 1998.

Oxford Dictionary of Technical Words, 1956.

Popper, Karl, *The Logic of Scientific Discovery*, New York: Science Editions Inc., 1961.

Potter, Karl H., *Encyclopedia of Indian Philosophies*, Vols. I to III, Delhi: Motilal Banarsidass, 1977–1981.

Prabhavananda, Swami, *Patanjali Yoga Sutras*, Madras: Sri Ramakrishna Math, 1991.

Rajaram, Navaratna S., *The Politics of History — Aryan Invasion Theory and The Subversion of Scholarship*, Delhi: Voice of India, 1995.

Rajaram Navaratna S. and David Frawley, *Vedic Aryans and the Origins of Civilization*, Delhi: Voice of India, 1997 (second edition).

Russell, Bertrand, *The ABC of Relativity*, London: Routledge, 1993.

Saletore, R. N., *Encyclopedia of Indian Culture*, Vols. I to V, Delhi: Sterling Publishers, 1985.

Shastri, Pandit Motilal, *Samvatsarmoola Agnisom Vidya*, Jaipur: Rajasthan Patrika Prakashan, 1956 (reprinted 1994).

BIBLIOGRAPHIE

Shastri, Pandit Motilal, *Pratishtha Krishna Rahasya*, Jaipur: Rajasthan Patrika Prakashan, 1977.

Shastri, Pandit Motilal, *Upanishad Vijnan Bhasya*, Vol. I, Jaipur: Rajasthan Vedic Tattwa Shodh Sansthan.

Spengler, Oswald, *The Decline of the West*, New York: Oxford University Press, 1991 (paperback).

Stent, Gunther, *The Coming of the Golden Age*, Garden City New York: Natural History Press, 1969.

Swarup, Ram, *The Word as Revelation: Names of Gods*, Delhi: Impex India, 1980.

Toffler, Alvin, *The Third Wave*, London Pan Books, in association with Collins, 1981.

Tola, Fernando and Carmen Dragonetti, *The Yogasutras of Patanjali: On Concentration of Mind* (trans. K. D. Prithpal), New Delhi: Motilal Banarsidass, 1987 (reprinted 1995).

Torrens, W. M. MP, *Empire in Asia: How We Came By It: A Book of Confessions*, London: Trubner & Co., 1872.

Tripura Rahasya — The Mystery Beyond The Trinity (trans. Swami Sri Ramananda Saraswathi), Tiruvannamalai: Sri Ramanashrama, 1959 (reprinted 1994).

Vidyalankar, Pandit Satyakam, *The Holy Vedas*, Delhi: Clarion Books, 1984.

Werner, Tom, "A Treatise on the Nature of Unpredictability", web site: <xxvii@dubuque.net>, 27 February 1996.

ÜBER DEN AUTOR

Der Autor dieses Werkes, Rishi Kumar Mishra, wurde „entdeckt" von seinem Guru, den herausragenden Gelehrten Pandit Motilal Shastri. Anders als die übliche Praxis, daß der „Suchende" seinen Guru sucht, ortete in diesem Fall der Guru seinen Schüler, schüttelte ihn innerlich durch, erhob ihn von der Welt, in der er verstrickt war, gab ihm Einsichten über die „verlorengegangene" Bedeutung der Botschaften in den uralten Texten und lehrte ihn, die tiefen Verwicklungen der *Veda Mantras*, der ewigen Verse, zu enträtseln.

Das war auch deshalb bemerkenswert, weil der Autor trotz einiger Kenntnisse über die alten Schriften – sein Vater war Sanskritgelehrter und Zeremonienmeister – die Welt der Veden als „obskurantistisch" vollständig ablehnte und beherrscht war von „modernen" Ideen und Philosophien, einschließlich des Atheismus und Marxismus. Sein Guru, der Lehrer, stellte aber alles auf den Kopf. Er säte den Samen der mächtigen kosmischen Sicht und schickte ihn zurück in die Welt, in die er verstrickt war, um das Gelernte zu verinnerlichen und darüber zu berichten. Es war der schwierigste Auftrag. Es war eine Herausforderung mit dem Lernen, Anwenden, Überprüfen und Vertiefen fortzufahren, ohne sich dabei von den verlangenden Anforderungen und Verantwortungen der normalen Existenz zurückzuziehen. Dieses Buch ist das Ergebnis dieses rigorosen Vorgehens von über 30 Jahren.

Während dieser langen Zeit arbeitete der Autor als Journalist und stieg auf zum Chefredakteur der einzigen linken Tageszeitung Indiens, „The Patriot" und des Wochenmagazins „Link". Er sammelte auch Erfahrungen über das komplexe Leben als Gewerkschaftler und Sozialaktivist. Er wurde in das „Oberhaus" des Indischen Parlaments gewählt (1974–1980) und beobachtete genauer, wie die größte Demokratie der Welt funktionierte. Er arbeitete eng mit den Ministerpräsidenten Frau Indira Gandhi und Rajiv Gandhi zusammen. Er wurde 1990 Vorstandsvorsitzender der „Observer Medien Gruppe", die auch das bekannte, gleichzeitig in Bombay und Delhi erscheinende, Finanztageblatt „The Observer of Business and Politics" herausgab, dessen Chefredakteur er auch war.

Der Autor ist weit gereist als Parlamentarier und als Journalist. Er besuchte unter anderen Frankreich, Griechenland, Großbritannien, die USA, Deutschland, Rußland, Ägypten, Algerien, Tansania, Sambia, Angola, Vietnam, Kambodscha, Libanon, Pakistan, Italien, die Schweiz, Kuba, Portugal, Polen, Thailand, China. Er begegnete während dieser

Die Veden: Ein Prolog

Reisen Präsidenten, Ministerpräsidenten, Ministern, Gelehrten, Intellektuellen und anderen Personen des öffentlichen Lebens.

Während der ganzen Zeit, als er offensichtlich in Politik und Journalismus versunken war, setzte er seine innere „Pilgerfahrt" zur Entdeckung des Selbst fort, eine Reise, die seinen Mitstreitern in der Welt der Politik, der Medien und in der Öffentlichkeit vollständig verborgen blieb. Er lebte in einer quellenden „Außenwelt", während dessen er innerlich beschäftigt war mit seinem „wirklichen" Auftrag.

Wie sein Guru stammt auch der Autor vom Rishi Bharadwaj ab, dem bekannten Seherwissenschaftler, der in den Veden häufig erwähnt ist. Ihm war es gelungen, vor Tausenden von Jahren einige der kosmischen Geheimnisse zu enträtseln.

Das nächste Buch im **Acharyya Verlag** für kritische Wissenschaft

Die Auffassung des **Ayurveda**
Für perfekte Gesundheit und langes Leben

Von Vaidya Haridas Shridhar Kasture
Übertragen aus dem Englischen
durch
Gisela Aich, Prodosh Aich und Aldo Stowasser

Ayurveda ist in Europa nicht mehr fremd. Aber was Ayurveda tatsächlich bedeutet, genaues darüber ist so gut wie nicht bekannt. Altindische Medizin? Ganzheitliche Medizin? Alternative Medizin? Medikamente auf Kräuterbasis? Kräuterpräparate als Nahrungsmittel-Ergänzung? „Pancha Karma" als „Jungbrunnen" für Reiche?

Die Gerichtsbarkeit in diesem Land hat es sich einfach gemacht. Der Ayurveda wird wissenschaftlich nicht anerkannt. Wie die Richter dies gewußt haben? Eine gute Frage.

Nach Auffassung der höchsten Richter sind Präparate nach dem Ayurveda keine Heilmittel, auch wenn sie nachweislich kranken Personen Gesundheit schenken, weil der Gesetzgeber sie nicht auf der Liste der „Medikamente" aufgeführt hat. Wie diese Liste entstanden ist? Auch eine gute Frage.

Ayurveda ist eine Wissenschaft vom Leben. Haridas Shridhar Kasture ist einer der großen Vaidyas, so heißen die Ayurveden in Indien. Er ist Autor zahlreicher Bücher in Hindi, Gujarati, Sanskrit und Englisch.

Er gestaltet die Ausbildung der Vaidyas, berät in Sachen Ayurveda die indische Regierung, internationale Einrichtungen wie die Welt-Gesundheit-Organisation (WHO), ist viel gereist, um Vorträge für „Schulmediziner" in Kanada, in der Schweiz und in den USA zu halten. Über die Diskussionen nach seinen Vorträgen mit „Schulmediziner" hat er nachgedacht.

Das Ergebnis dieses Nachdenkens ist in diesem Buch zusammengefaßt zum Nachlesen. Schon im Jahre 1991. Jenseits aller Polemik und Missionseifer. Es ist eine andere Welt. Eine Lektüre für alle.